D1877634

भारतीय शासन के संरचनात्मक आधार रीडर मूलतः भारतीय संविधान निर्माण और भारतीय राज्य व्यवस्था की विभिन्न संस्थाओं पर विभिन्न लेखकों के आलेखों का संकलन है, जो विभिन्न पुस्तकों, शोध एवं अन्य पत्रिकाओं में प्रकाशित हुए हैं। आलेख दृष्टि सम्पन्न हैं और संविधान के निर्माण, विचार और विभिन्न संस्थाओं एवं पदों पर नये तरीके से सोच को विकसित करने का कार्य करते हैं।

संकलन में 5 खण्ड हैं। प्रथम खण्ड संविधान के स्रोतों, संविधान सभा के विवेचन से सम्बन्धित है। इसमें भारतीय संविधान के निर्माण में नेहरू के प्रभावों को समझने का भी प्रयास किया गया है। इसके अलावा वैचारिक सन्दर्भ में संविधान की समीक्षा की चर्चा की गयी है। द्वितीय खण्ड भारत की राज्य व्यवस्था पर है। भारत की व्यवस्था संसदात्मक हो अथवा अध्यक्षात्मक इस विषय पर हुई बहस, उस पर हुए रचनात्मक संवाद व उससे उभरी समझ का भी विश्लेषण है। केन्द्र और राज्य के सम्बन्धों के मसले को ऐतिहासिक और विश्लेषणात्मक दृष्टि से प्रस्तुत किया गया है। तृतीय खण्ड में भारत की व्यवस्थापिका, उसके संगठन, कार्यों और उससे जुड़े प्रश्नों को उठाया गया है। भारत के राष्ट्रपति, उनकी शक्तियों और पद के स्वभाव की विस्तार से व्याख्या है। चौथे खण्ड में भारतीय न्याय व्यवस्था की स्वतन्त्रता, शक्तियों और महत्त्व को रेखांकित किया गया है तथा क़ानून तन्त्र के सुधार पर भी चर्चाएँ की गयी हैं। संसदीय व्यवस्था के न्यायिक पहलू पर महत्त्वपूर्ण बातचीत है। पाँचवें खण्ड में भारत के संविधान के उस पक्ष पर चर्चा है जिसके सन्दर्भ सामाजिक बदलाव से जुड़े हैं और जिसे सामाजिक क्रान्ति कहकर सम्बोधित किया गया है। इस खण्ड में रखे गये धार्मिक स्वतन्त्रता और अभिव्यक्ति की स्वतन्त्रता से जुड़े दस्तावेज़ वर्तमान सन्दर्भ में महत्त्वपूर्ण हैं। इसमें धर्मान्तरण के संवैधानिक और क़ानूनी पक्ष की समीक्षा विशेष महत्त्व रखती है। ख़ासतौर पर नीति निदेशक तत्त्वों के सन्दर्भों में एक व्यापक और अच्छी बहस है। सम्मिलित लेख यह दर्शाते हैं कि भारतीय संविधान एक समृद्ध व सोचा समझा दस्तावे़ज है।

यह संकलन हिन्दी में प्रामाणिक और स्तरीय सामग्री की आवश्यकता को पूरा करने का एक प्रयास है। इसमें शामिल अधिकांश लेख मूलतः हिन्दी में लिखे गये हैं। यह संकलन कुछ हद तक इन मिथकों को तोड़ने का भी प्रयास है कि हिन्दी में लेखन नहीं हुआ है और जो हुआ वह स्तरीय नहीं है। इन प्रयासों के बावजूद भी इसमें दो राय नहीं है कि हिन्दी में और अधिक काम करने की आवश्यकता है।

अज़ीम प्रेमजी विश्वविद्यालय
सर्वे नम्बर 66, बुरुगुंटे विलेज, बिक्कनाहल्ली मेन रोड,
सरजापुरा, बेंगलूरु, कर्नाटक-562 125
Email: publications@apu.edu.in
website: www.azimpremjiuniversity.edu.in

द्वितीय रीडर

भारतीय शासन के संरचनात्मक आधार

सम्पादक

- वेददान सुधीर
- नरेश भार्गव
- अरुण चतुर्वेदी
- संजय लोढ़ा

शोध सहायक

निधि जैन

वाणी प्रकाशन

JANBODH

Azim Premji University

संयुक्त तत्त्वावधान
जनबोध, सामाजिक और सांस्कृतिक शोध संस्थान, उदयपुर
एवं
अज़ीम प्रेमजी विश्वविद्यालय, बेंगलूरु

2023

वाणी प्रकाशन

4695, 21-ए, दरियागंज, नयी दिल्ली 110 002

फ़ोनः +91 11 23273167 फ़ैक्सः +91 11 23275710

शाखाएँ

अशोक राजपथ, पटना 800 004, बिहार

कॉफ़ी हाउस कैम्पस, महात्मा गांधी मार्ग, इलाहाबाद 211 001, उत्तर प्रदेश

महात्मा गांधी अन्तरराष्ट्रीय हिन्दी विश्वविद्यालय, वर्धा 442 001, महाराष्ट्र

www.vaniprakashan.com
marketing@vaniprakashan.in
sales@vaniprakashan.in

Bharatiya Shasan Ke Sanrachnatmak Aadhar

Editor Team Veddan Sudhir, Naresh Bhargava
Arun Chaturvedi, Sanjay Lodha
Research Assistant: Nidhi Jain

ISBN : 978-81-19014-48-4
Education/Political Science

पेपरबैक प्रथम संस्करणः 2023, प्रकाशित प्रतियाँः 300

मूल्यः ₹ 599

आर. टेक ऑफ़सेट प्रिंटर्स, दिल्ली-110 032 में मुद्रित

वाणी प्रकाशन का लोगो मक़बूल फ़िदा हुसेन की कूची से

अनुक्रम

खण्ड : 5

प्रस्तावना

अज़ीम प्रेमजी फ़ाउंडेशन का व्यापक नज़रिया और उद्देश्य समाज में गुणवत्तापूर्ण और समतामूलक शिक्षा के लिए किये जाने वाले प्रयासों में पहलक़दमी व सहयोग प्रदान करना है। अज़ीम प्रेमजी विश्वविद्यालय द्वारा अंग्रेज़ी माध्यम में संचालित विभिन्न कोर्सों को दो भारतीय भाषाओं, हिन्दी और कन्नड़ में शुरू करने की ओर बढ़ने का प्रयास फ़ाउंडेशन के इसी व्यापक उद्देश्य को समर्थन देने का प्रयास है। अज़ीम प्रेमजी विश्वविद्यालय के 'अनुवाद पहल' कार्यक्रम के अन्तर्गत अंग्रेज़ी की उत्कृष्ट पठन सामग्री का हिन्दी और कन्नड़ में अनुवाद करने के प्रयास इस दिशा में किये जाने वाले ज़रूरी और गम्भीर प्रयासों में से एक है। यह प्रयास इन भाषाओं में उच्च शिक्षा के लिए उपयुक्त सामग्री को इन दोनों भाषाओं में उपलब्ध कराने के लिए है। 'अनुवाद पहल' के उद्देश्यों की पूर्ति की राह में एक क़दम यह भी है कि पहले से उपलब्ध हिन्दी या कन्नड़ भाषा की इधर–उधर बिखरी सामग्री को खोज कर इस तरह संकलित किया जाये कि वह पाठक के लिए सार्थक अध्ययन सामग्री बन जाये। यह ऐसी सामग्री हो जो न सिर्फ कोर्स की पठन सामग्री का हिस्सा बन सके बल्कि एक सामान्य पाठक (चाहे वह विद्यार्थी हों, शिक्षक हों अथवा अन्य कोई) को भी विषय के बुनियादी मसलों से परिचित करा सके। इस लक्ष्य के लिए कॉपी राइट मुक्त अथवा क्रिएटिव कॉमंस 4 के तहत आने वाली सामग्री से लेखों का चयन किया जा रहा है।

इन संकलनों में विभिन्न शैक्षिक पत्र–पत्रिकाओं और शोध अध्ययनों से लेख लिये गये हैं। इसमें अनूदित सामग्री जोड़ी गयी है जो कहीं–कहीं विशेष तौर पर अनूदित की गयी है। प्रयास है कि इनमें चुने गये लेख मूलभूत अवधारणाओं, वैकल्पिक विचार, दृष्टिकोण, तरीक़ों आदि तक

पहुँचने का रास्ता बनाने में मदद करें। वे विभिन्न परिप्रेक्ष्य से विषयों/मुद्दों को प्रस्तुत कर उनके बारे में समग्र व व्यापक समझ विकसित करने में भी मददगार हों। हमारा यह भी विचार है कि उच्च शिक्षा के विद्यार्थियों में पढ़ने की रुचि तभी बनेगी जब उन्हें सरल भाषा व शैली में पढ़ने को सामग्री मिलेगी। इससे उनका अपने विषयों के व्यापक दायरों से परिचय भी होगा व उस पर कुछ महारथ भी। उम्मीद है कि इस तरह की सामग्री के अध्ययन से उनमें विषयों पर स्वामित्व और सीखने में स्वतन्त्रता की भावना भी विकसित हो सकेगी।

इन्हीं उद्देश्यों के आलोक में अलग–अलग विश्वविद्यालयों से अथवा शिक्षा में काम कर रही संस्थाओं से जुड़े विद्वानों की मदद से विभिन्न विषयों पर ऐसे और रीडर तैयार किये जा रहे हैं।

'भारतीय शासन के संरचनात्मक आधार' इसी क्रम में तैयार किया गया रीडर है जिसे फ़ाउंडेशन ने जनबोध संस्थान, उदयपुर से जुड़े कुछ विद्वानों के सहयोग से तैयार किया है। इस रीडर का प्रमुख उद्देश्य पाठकों को भारतीय संविधान और राजनीतिक व्यवस्था के प्रक्रियात्मक पहलुओं से अवगत करना है। रीडर के पाँच खण्डों में कुल 27 अध्याय सम्मिलित किये गये हैं। इन खण्डों में भारतीय संविधान के निर्माण, विशेषताओं, संस्थाओं के उल्लेख के साथ ही साथ मौलिक अधिकारों, कर्तव्यों, नीति निदेशक तत्त्वों इत्यदि का भी विस्तृत उल्लेख किया गया है। साथ ही संसद, राष्ट्रपति, मन्त्रिमण्डल, न्यायपालिका आदि का भी वर्णन इस रीडर में मिलता है। यह आशा है कि पाठक इस रीडर का अध्ययन कर भारतीय संवैधानिक व्यवस्था की बेहतर समझ हासिल कर पायेंगे।

–हृदय कान्त दीवान

'अनुवाद पहल', अज़ीम प्रेमजी विश्वविद्यालय, बेंगलूरु

सम्पादकीय

'भारतीय शासन के संरचनात्मक आधार' मूलतः भारतीय संविधान निर्माण और भारतीय राज्य व्यवस्था की विभिन्न संस्थाओं पर अलग–अलग लेखकों के अलग–अलग समय पर लिखे आलेखों का संकलन है, जो विभिन्न पुस्तकों, शोध एवं अन्य पत्रिकाओं में प्रकाशित हुए हैं। इन आलेखों की विशेषता यह है कि ये दृष्टि सम्पन्न हैं और संविधान के निर्माण, विचार और विभिन्न संस्थाओं एवं पदों पर नये तरीक़े से सोच को विकसित करने का कार्य करते हैं।

यह संकलन पाँच खण्डों में विभाजित है।

खण्ड–1 में संविधान के स्रोतों, संविधान सभा के विवेचन से सम्बन्धित है। इस खण्ड में भारतीय संविधान के निर्माण में नेहरू के प्रभावों को समझने का भी प्रयास किया गया है। इसके अलावा वैचारिक सन्दर्भ में संविधान की समीक्षा की चर्चा की गई है और भारतीय संविधानवाद को दक्षिण एशियाई पृष्ठभूमि में विश्लेषित किया गया है।

खण्ड–2 में भारत की राज्य व्यवस्था पर विस्तार से चर्चा है। इस मसले पर भी चर्चा है कि भारत की व्यवस्था संसदात्मक हो अथवा अध्यक्षात्मक। खण्ड में इस मसले पर हुई तीखी बहस के साथ–साथ ही उस पर हुए रचनात्मक संवाद व उससे उभरी समझ का भी विश्लेषण है। इस हिस्से में केन्द्र और राज्य के सम्बन्धों के मसले को ऐतिहासिक और विश्लेषणात्मक दृष्टि प्रस्तुत किया गया है।

खण्ड–3 में भारत की व्यवस्थापिका, उसके संगठन, कार्यों और उससे जुड़े प्रश्नों को उठाया गया है। इस हिस्से में भारत के राष्ट्रपति, उनकी शक्तियों और पद के स्वभाव की विस्तार से व्याख्या है।

खण्ड–4 में भारतीय न्याय व्यवस्था की स्वतन्त्रता, शक्तियों और महत्त्व को रेखांकित ही नहीं किया गया है वरन क़ानून तन्त्र के सुधार पर भी चर्चाएँ की गयी हैं। इस खण्ड में संसदीय व्यवस्था के न्यायिक पहलू पर महत्त्वपूर्ण बातचीत है।

खण्ड–5 में भारत के संविधान के उस पक्ष पर चर्चा है जिसके सन्दर्भ सामाजिक बदलाव से जुड़े हैं और जिसे सामाजिक क्रान्ति कहकर सम्बोधित किया गया है। इस खण्ड में रखे गये धार्मिक स्वतन्त्रता और अभिव्यक्ति की स्वतन्त्रता से जुड़े दस्तावेज़ वर्तमान सन्दर्भ में महत्त्वपूर्ण हैं। इस संकलन में धर्मान्तरण के संवैधानिक और क़ानूनी पक्ष की समीक्षा विशेष महत्त्व रखती है। ख़ास तौर पर नीति निदेशक तत्त्वों के सन्दर्भों में एक व्यापक और अच्छी बहस है। इस रीडर में सम्मिलित लेख यह दर्शाते हैं कि भारतीय संविधान एक समृद्ध व सोचा–समझा दस्तावेज़ है। संविधान का अध्ययन करने वाले अध्येताओं के अनुसार यह विस्तृत संवैधानिक व्यवस्था का दस्तावेज़ होते हुए भी, इस बात के प्रति सचेत है कि बदलती हुई स्थितियों में इसमें उचित आवश्यक संशोधन की गुंजाइश रखनी होगी। अतः भारतीय संवैधानिक दस्तावेज़ में संशोधन कैसे हों इसके लिए आवश्यक प्रक्रियाओं के समावेश का प्रावधान संविधान में नज़र आता है। भारत की राजनीतिक व्यवस्था के सम्बन्ध में संविधान सभा की बहसों में राजनीतिक और आर्थिक बदलावों के मसलों पर निरन्तर चर्चा और उत्पन्न प्रसंगों में तनावों को समाप्त करने के लिए लगातार रचनात्मक विमर्श की आवश्यकता पर बल दिया गया था। यह संविधान के दस्तावेज़ में दिखता है। इस रीडर में भारत में नागरिकता के प्रश्नों को लेकर एक प्रामाणिक और महत्त्वपूर्ण विमर्श है, जो इन सारे प्रश्नों पर सोचने के लिए बाध्य करता है।

यह संकलन इस विषय पर हिन्दी में प्रामाणिक और स्तरीय सामग्री की आवश्यकता की माँग को पूरा करने का एक प्रयास है। शामिल लेखों में से अधिकांश लेख मूलतः हिन्दी में लिखे गये हैं। हमारी ओर से यह संकलन कुछ हद तक इन मिथकों को तोड़ने का भी प्रयास है कि हिन्दी में कार्य नहीं हुआ है और जो हुआ वह स्तरीय नहीं है। इन प्रयासों के बावजूद इसमें दो राय नहीं है कि हिन्दी में और अधिक काम करने की आवश्यकता है।

सम्पादक गण उन सब लेखकों के प्रति कृतज्ञ हैं, जिनके आलेख उनकी सहमति से इस संकलन में सम्मिलित हैं। हम उन विभिन्न पत्रिकाओं और पुस्तकों के प्रकाशकों के प्रति भी आभारी हैं, जिनमें से लेकर रचनाएँ यहाँ सम्मिलित की गयी हैं।

–सम्पादक मण्डल

सम्पादक मण्डल

वेददान सुधीर

विगत पैंतीस वर्षों से राजनीतिशास्त्र का अध्ययन एवं अध्यापन। मुख्य पुस्तकें हैं भारत की विदेश नीति एक मूल्यांकन, भारतीय संविधान के चर्चित प्रसंग, भारत की विदेश नीति : बदलते सन्दर्भ (उत्तर प्रदेश साहित्य अकादमी से पुरस्कृत), भारतीय संविधान एवं राजनीति में महत्त्वपूर्ण संविधान सभा के कतिपय प्रसंगों का सांगोपांग विवेचन द क्राइसिस ऑफ़ इंडिया का सम्पादन। भारत में पंचायती राज पर पुस्तक। दस वर्ष तक धरातल की संस्थाओं के जनप्रतिनिधियों का शिक्षण–प्रशिक्षण, मेवाड़ की आंचलिक लोककथाओं का संकलन, पंचायती राज संस्थाओं के विविध पहलुओं पर शोध प्रबन्धों का निर्देशन। पत्रिका मूलप्रश्न का विगत 40 वर्षो से निरन्तर सम्पादन।

नरेश भार्गव

मोहनलाल सुखाड़िया विश्वविद्यालय, उदयपुर से सेवामुक्त। तीन पुस्तकें, दो अनुवाद तथा राष्ट्रीय और अन्तर्राष्ट्रीय पत्रिकाओं में कई लेखों का प्रकाशन। राजस्थान समाजशास्त्र परिषद की पत्रिका राजस्थान जनरल ऑफ़ सोशियोलॉजी के प्रधान सम्पादक। राजस्थान समाजशास्त्र परिषद के पूर्व अध्यक्ष। अखिल भारतीय समाजशास्त्र परिषद की शोध समिति पन्द्रह के संयोजक (कृषक संरचना एवं सामाजिक रूपान्तरण)। अन्तर्राष्ट्रीय समाजशास्त्र परिषद के सदस्य। राजनीतिक समाजशास्त्र, जनसंचार के समाजशास्त्र तथा ग़ैर–बराबरी के समाजशास्त्र में विशेषज्ञता। लेखन कार्य में निरन्तर कार्यरत।

अरुण चतुर्वेदी

मोहनलाल सुखाड़िया विश्वविद्यालय, उदयपुर में राजनीतिशास्त्र के

आचार्य और अध्यक्ष रहे। इससे पूर्व विक्रम विश्वविद्यालय, उज्जैन और राजस्थान सरकार के महाविद्यालयों में भी अध्यापन किया। वर्धमान महावीर खुला विश्वविद्यालय, कोटा और विद्याभवन, उदयपुर से भी जुड़े रहे हैं। अन्तर्राष्ट्रीय राजनीति, भारतीय विदेशनीति, अन्तर्राष्ट्रीय क़ानून, मानवाधिकार, भारतीय राजनीति और तृणणूल स्तर की राजनीति पर पुस्तकें लिखीं और पुस्तकों का सम्पादन किया। वर्तमान में भी लेखन और सम्पादन में सक्रिय हैं। नये राष्ट्र और अन्तर्राष्ट्रीय विधि, इंडियाज़ फारेन पालिसी इन चेंजिंग वर्ल्ड, भारतीय राजनीति : एक विमर्श, साउथ एशियन स्टेटस एंड सी लॉज, भारत में मानवाधिकार प्रमुख प्रकाशन हैं।

संजय लोढ़ा

लगभग सैंतीस वर्षों तक राजनीति विज्ञान के शिक्षक के रूप में सेवाएँ प्रदान करने के पश्चात 2020 में सेवानिवृत्त। सात पुस्तकों का लेखन एवं सम्पादन। 50 से अधिक शोध लेखों का विभिन्न समाचार पत्रों तथा पत्रिकाओं में प्रकाशन। 25 शोधकर्ताओं को पीएच.डी. और पीडीएफ के लिए मार्गदर्शन। स्टेट पॉलिटिक्स, वोटिंग बिहैवियर और चुनाव विश्लेषण से सम्बन्धित गम्भीर शोध। यू.जी.सी., आई.सी.एस.एस.आर., आई.डी.एस., सी.एस.डी.एस. तथा अन्य संस्थाओं के तत्त्वावधान में शोध परियोजनाओं का संचालन। अज़ीम प्रेमजी विश्वविद्यालय के रीडर निर्माण और ट्रांसलेशन इनिशिएटिव से जुड़ाव। आजकल 'साँझी न्यास' के माध्यम से जनजातीय क्षेत्र की महिलाओं को स्वावलम्बी बनाने के प्रयास में संलग्न।

निधि जैन

सामाजिक शोधकर्ता और कार्यकर्ता। 'पंचायत राज में ग्रामसभा की भूमिका और स्थिति का मूल्यांकन : बाँसवाड़ा जिले के विशेष सन्दर्भ में एक व्यावहारिक अध्ययन' पर पीएच.डी.। चुनाव, कल्याण कार्यक्रमों के प्रभाव का मूल्यांकन, ग्रामीण स्थानीय स्वशासन से सम्बन्धित कई शोध अध्ययनों में शामिल रही हैं। सामाजिक शोधकर्ता के रूप में भारत और विदेशों में कई प्रमुख अनुसन्धान संगठनों के साथ जुड़ाव। सामाजिक कार्यकर्ता के रूप में आस्था, सेवा मन्दिर, राजीव गाँधी फ़ाउंडेशन के अलावा उन जैसे कई अन्य संगठनों के लिए काम किया है। वर्तमान में कुशलगढ़, राजस्थान में वंचित और पिछड़ी महिलाओं की आर्थिक बेहतरी के लिए काम कर रही हैं। इन दिनों सी.एस.डी.एस. राजस्थान टीम के साथ सम्बद्ध हैं।

खण्ड : 1

परिचय

भारत का संविधान लम्बे विमर्श का विस्तृत आख्यान है, जो उस समय के राजनीतिक विचार और राजनीतिक व्यक्तियों के विचारों का प्रतिबिम्ब भी है। इसमें उस समय के प्रमुख देशों के संविधानों, उनकी परम्परा और आचरणों का प्रभाव भी नज़र आता है और उन्हीं को समझने के लिए चुने हुए आलेख इस खण्ड में सम्मिलित हैं। यह खण्ड संविधान के अर्थ व भारतीय संविधान के विकास की यात्रा की संक्षिप्त प्रस्तुति व संविधान सभा की बहस के दौरान संविधान विकास के ढंग, संविधान सभा की संरचना, प्रमुख विचार श्रृंखलाएँ और उनके विवेचन पर केन्द्रित है। खण्ड इनके पहलुओं में व्याप्त मूल धाराओं को एक दृष्टि से प्रस्तुत करता है। खण्ड जवाहरलाल नेहरू की संविधान सम्बन्धित समझ व संविधान में उस समझ के योगदान को भी रेखांकित करता है। इसके अलावा यह खण्ड संविधान की समीक्षा और उसमें परिवर्तन की सम्भावनाओं पर भी प्रकाष डालता है। इसमें संविधान संशोधन की प्रक्रिया व उसके लिए हुए प्रयास व उस पर न्यायालयों के फ़ैसलों की झलक भी है। प्रजातन्त्र व संविधानवाद की सैद्धान्तिक समझ, उसके विकास में अड़चनें, उसके बढ़ने के आधार प्रस्तुत करने के साथ–साथ भारत के सन्दर्भ में इन पहलुओं का विवेचन भी है। यह खण्ड भारत में संविधानवाद के अंगीकरण अर्थात संविधान की मूल भावनाओं को फलीभूत करने की प्रक्रिया को प्रभावित करने वाले कारकों का विवेचन भी करता है। हालाँकि इस खण्ड में सम्मिलित लेख काफ़ी पहले लिखे गये थे, तब भी यह प्रासंगिक हैं और आज की परिस्थितियों का विश्लेषण करने व आज हो रही बहसों व विवादों का सन्दर्भ समझने में मदद करते हैं।

अध्याय–1

भारतीय संविधान के स्रोत

–निधि जैन

"संविधान उस जीवन पद्धति का प्रतीक होता है, जो किसी राज्य द्वारा अपने लिए अपनायी जाती है।"

स्वाधीन राष्ट्र का अपना एक संविधान होता है जिसके अनुसार उस राष्ट्र की शासन व्यवस्था का संचालन होता है और वही संविधान राष्ट्रीय विकास में भरपूर योगदान दे सकता है, जिसे उस राष्ट्र की जनता ने स्वयं बनाया हो अथवा जिसे उस देश की संविधान निर्मात्री सभा द्वारा बनाया गया हो। संविधान निर्मात्री सभा द्वारा संविधान का निर्माण स्वाधीन राष्ट्र का लक्षण है।

"संविधान राजनीतिक समाज का ऐसा ढाँचा है जिसे क़ानून के माध्यम से और क़ानून के द्वारा संगठित किया गया हो अर्थात जिसमें क़ानून ने ऐसी स्थायी संस्थाएँ स्थापित कर दी हों जिनके साथ मान्यता प्राप्त कृत्य व सुनिश्चित अधिकार जुड़े हों।"

भारत में संविधान सभा की अवधारणा का विकास

संविधान सभा के सिद्धान्त के सर्वप्रथम दर्शन 1895 के 'स्वराज्य विधेयक' बिल में होते हैं। बीसवीं सदी में इस विचार का संकेत महात्मा गाँधी ने 1922 में दिया और कहा कि "भारतीय संविधान भारतीयों की इच्छानुसार ही होगा।" 1924 में भी पण्डित मोतीलाल नेहरू ने ब्रिटिश सरकार के सम्मुख संविधान सभा के निर्माण की माँग प्रस्तुत की।

औपचारिक रूप से संविधान सभा का विचार एम.एन. राय ने किया। दिसम्बर 1936 के लखनऊ कांग्रेस अधिवेशन में संविधान सभा के अर्थ व महत्त्व की व्याख्या की गयी। 1937–1938 के अधिवेशनों में महात्मा गाँधी ने कहा कि "हम एक ऐसी संविधान सभा चाहते हैं जो भारतीय मस्तिष्क का वास्तविक दर्पण हो।"

अगस्त 1940 के प्रस्ताव में ब्रिटिश सरकार ने अन्तर्राष्ट्रीय दबाव के कारण कहा कि "भारत का संविधान स्वयं भारतवासी ही तैयार करेंगे।"

इस योजना के क्रम में 1942 की क्रिप्स योजना व अन्त में 1946 की केबिनेट मिशन योजना में भारतीय संविधान सभा के प्रस्ताव को स्वीकार कर इसे व्यावहारिक रूप प्रदान कर दिया गया।

संविधान सभा के प्रमुख सदस्य : संविधान निर्माता

संविधान सभा में पण्डित जवाहरलाल नेहरू, सरदार वल्लभ भाई पटेल, डॉ. भीमराव आम्बेडकर, के. एम. मुंशी, गोपालस्वामी आयंगर, अल्लादि, कृष्णास्वामी, पट्टाभि सीतारमैया, श्रीमती दुर्गा बाई, ठाकुरदास भार्गव, मौलाना अबुल कलाम आज़ाद का महत्त्वपूर्ण योगदान रहा। संविधान सभा के स्थायी अध्यक्ष डॉ. राजेन्द्र प्रसाद थे।

संविधान का अर्थ

अंग्रेज़ी शब्द 'कॉन्स्टीट्यूशन' का प्रयोग किसी भी वस्तु के ढाँचे या संगठन के लिए किया जाता है। राज्य के संविधान का आशय भी राज्य के ढाँचे व उसके संगठन से है। राज्य के संविधान में राज्य की सरकार के विभिन्न अंगों, उसके संगठन व शक्तियों, जनता के अधिकारों आदि का उल्लेख रहता है।

संविधान की परिभाषा

"संविधान उन नियमों को कहते हैं जो सरकार के आकार का निर्णय व उसके प्रति नागरिकों के अधिकारों एवं कार्यों को निश्चित करते हैं।"

"वे मौलिक सिद्धान्त जिनके द्वारा किसी राज्य का स्वरूप निश्चित होता है संविधान कहलाते हैं।"

–गैटेल पोलिटिकल सिद्धान्त

भारतीय संविधान के स्रोत

"संविधान केवल राजनीतिक संगठन की रूपरेखा प्रस्तुत नहीं करता बल्कि वह शासन के विभिन्न अंगों की शक्तियों का विवरण देता है और इन शक्तियों पर अंकुश रखने के साधन जुटाता है।"

—एस.ई. फाइनर, कंपेरेटिव गवर्नमेंट, 1970

शासन व्यवस्था का संचालन उस देश के संविधान के अनुसार होता है। हमारे संविधान निर्माताओं का ध्येय ऐसे व्यावहारिक संविधान का निर्माण करना था जिसे भारत की विशिष्ट परिस्थितियों व संकट की घड़ियों में चलाया जा सके। तत्कालीन परिस्थितियों को देखते हुए संविधान निर्माताओं ने एक सुन्दरतम आलेख का निर्माण किया जिसके स्रोत उल्लेखनीय हैं।

1. **भारतीय संविधान का मूल दस्तावेज़** : भारत का संविधान 'संविधान निर्मात्री सभा' द्वारा निर्मित लिखित आलेख है। इसमें 395 अनुच्छेद, 12 अनुसूचियाँ व 22 भाग हैं। इस संविधान को स्वरूप की दृष्टि से विश्व का सबसे बड़ा संविधान कहा जा सकता है। संविधान में 400 पृष्ठ हैं। हमारे संविधान में केन्द्रीय शासन के विभिन्न अंगों के संगठन, राज्यों के प्रशासन, संगठन का विस्तार से उल्लेख किया गया है।
2. **संविधान के वाद–विवाद** : भारतीय संविधान को समझने के लिए संविधान सभा की 'डिबेट्स' यानी बहसों का गम्भीर अवलोकन अनिवार्य है। संविधान सभा के वाद–विवाद प्रतिवेदन के अध्ययन से संविधान निर्माताओं के ध्येयों व इच्छाओं का बोध होता है। 'गोलकनाथ बनाम पंजाब राज्य' के विवाद में भारत के सर्वोच्च न्यायालय ने संविधान के वाद–विवाद का पर्याप्त लाभ उठाया ताकि अनुच्छेद 13 व 21 की समुचित व्याख्या की जा सके।
3. **पुराने संवैधानिक अधिनियम** : भारतीय संविधान पर संवैधानिक क़ानूनों जैसे 1858, 1892, 1909, 1915, 1935 का अत्यधिक प्रभाव है। भारत का वर्तमान संविधान एक बड़े अंश तक 1935 के भारत शासन अधिनियम पर आधारित है। संविधान की लगभग 200 धाराएँ बहुत कुछ अक्षरशः या रचना में साधारण परिवर्तन करके नये संविधान में ले ली गयी हैं।

4. **संविधियाँ, अध्यादेश, नियम, विनियम, आदेश** : संविधान के मूल प्रलेख अतिरिक्त संविधियाँ, अध्यादेश, नियम, विनियम, आदेश आदि भी हमारे संविधान के क़ानूनी तत्त्व हैं। संविधियाँ केन्द्रीय व राज्य विधानमण्डलों द्वारा बनायी जाती हैं। केन्द्रीय संसद ने अनेक क़ानून बनाये हैं जो संविधान के अभिन्न अंग बन गये हैं। इन अधिनियमों में भारतीय नागरिकता अधिनियम 1959, जन प्रतिनिधित्व अधिनियम 1957, राष्ट्रपति व उपराष्ट्रपति निर्वाचन अधिनियम 1952, अस्पृश्यता दण्ड सम्बन्धी अधिनियम 1955 प्रमुख हैं। इनके अतिरिक्त संसद को अपने कार्य संचालन एवं कार्यप्रणाली हेतु नियम बनाने की भी शक्ति प्राप्त है।

5. **संवैधानिक संशोधन** : भारतीय संविधान में 1 जनवरी, 2001 तक 83 संवैधानिक संशोधन हो चुके हैं। ये सब भारतीय संविधान के अभिन्न स्रोत हैं।

   42वाँ संशोधन (1976)–इस संशोधन में कुल 59 प्रावधान थे। इसके द्वारा संविधान की प्रस्तावना में 'धर्मनिरपेक्ष' व 'समाजवादी' शब्द जोड़े गये। और मूल कर्तव्यों की व्यवस्था, आपातकालीन उपबन्ध, केन्द्र राज्य सम्बन्ध आदि विषयों पर संशोधन में नयी बातें जोड़ी गयीं। यह संशोधन संविधान में महत्त्वपूर्ण स्थान रखता है।

   44वाँ संवैधानिक संशोधन (1978)–इस संशोधन द्वारा सम्पत्ति के मूल अधिकार को रद्द कर दिया गया है। इसके अतिरिक्त इस संशोधन में आपातकालीन प्रावधान, राष्ट्रपति की स्थिति, लोकसभा, राज्यों की विधानसभाओं का कार्यकाल 5 वर्ष कर दिया गया है।

   73वाँ संवैधानिक संशोधन (1993)–इस संशोधन द्वारा संविधान में नया भाग, भाग 9 तथा नयी ग्यारहवीं अनुसूची जोड़ी गयी है। 'पंचायती राज व्यवस्था' को संवैधानिक दर्जा दिया गया है।

   74वाँ संवैधानिक संशोधन (1993)–इस संशोधन के अन्तर्गत 'नगरीय क्षेत्र में स्वायत शासन की व्यवस्था' संरचना, अन्य पिछड़े वर्गों के लिए आरक्षण, नगरपालिकाओं की शक्तियाँ प्राधिकार व उत्तरदायित्व कर लगाने की शक्ति व नगरपालिकाओं की निधियाँ आदि सम्बन्धित महत्त्वपूर्ण बातों का उल्लेख किया गया है।

6. **विश्व के अन्य संविधानों का प्रभाव** : हमारे संविधान निर्माता तो समस्त ज्ञात शासन–विधानों के कार्यकारण से प्राप्त अनुभव अपने संविधान में सँजोना चाहते थे। इसी कारण हमारा संविधान विदेशी संविधानों की आदर्श व्यवस्थाओं का अपूर्व संग्रह बन गया है।

ब्रिटेन का प्रभाव–हमारे संविधान में ब्रिटिश आदर्श की संसदीय शासन प्रणाली अपनायी गयी है जिसके अन्तर्गत मन्त्रिमण्डल सामूहिक रूप से लोकसभा के प्रति उत्तरदायी है तथा राष्ट्रपति ब्रिटिश सम्राट की भाँति औपचारिक प्रधान ही है। ब्रिटिश संसद की भाँति हमारी लोकसभा देश की राजनीतिक गतिविधियों का केन्द्र बना दी गयी है।

अमेरिकी प्रभाव–अमेरिकी संविधान के बुनियादी सिद्धान्तों का प्रभाव भी हमारे संविधान पर प्रकट है। संघात्मक शासन व्यवस्था, मौलिक अधिकारों का अध्याय, स्वतन्त्र व निष्पक्ष सर्वोच्च न्यायालय व न्यायिक पुनःनिरीक्षण का सिद्धान्त असंदिग्ध रूप से अमेरिकी संवैधानिक आदर्श पर ही अपनाये गये हैं।

फ्रांस का प्रभाव–फ्रांस के संविधान से भारत के स्वतन्त्र लोकतन्त्र को गणतन्त्र बनाना स्वीकार किया है व अन्य संघों की भाँति हमारे संविधान द्वारा भी संघ व राज्यों के बीच शक्ति का विभाजन किया गया है।

कनाडा का प्रभाव–हमारी संघात्मक व्यवस्था कनाडा की संघीय व्यवस्था के समान है। कनाडा का आदर्शवाद व अविशिष्ट शक्तियों को राज्य को नहीं बल्कि केन्द्र को दिया गया है।

ऑस्ट्रेलिया का प्रभाव–संविधान में समवर्ती सूची का जोड़ा जाना, प्रस्तावना की भाषा व केन्द्र राज्यों के परस्पर झगड़ों को सुलझाने की पद्धति ऑस्ट्रेलिया के संविधान से ली गयी है।

आयरलैंड का प्रभाव–आयरलैंड के संविधान से हमने राज्य नीति के निर्देशक सिद्धान्तों की प्रेरणा ली है।

जापान का प्रभाव–क़ानून द्वारा स्थापित प्रक्रिया जापान के संविधान से ली गयी है। संकटकाल में राष्ट्रपति के स्थगन सम्बन्धी जो अधिकार दिये गये हैं, वो संविधान के अनुच्छेद 48 से लिये गये हैं।

7. **न्यायिक निर्णय**—न्यायाधीश संवैधानिक क़ानून की व्याख्या करते हैं और उनके निंर्णय तब तक प्रभावी रहते हैं जब तक कि न्यायपालिका स्वयं के द्वारा इस सम्बन्ध में कोई अन्य निर्णय न दे दे।

8. **प्रथाएँ व अभिसमय**—भारतीय संविधान के स्रोत के रूप में प्रथाओं व अभिसमयों का महत्त्वपूर्ण स्थान है। संविधान के अलिखित भाग के रूप में प्रथाओं, अभिसमयों या परम्पराओं का विशिष्ट महत्त्व होता है।

अध्याय–2

भारतीय संविधान सभा : विवेचन के प्रमुख प्रसंग

–वेददान सुधीर

बीसवीं शताब्दी के चौथे दशक में नव–स्वतन्त्रता प्राप्त भारत की संविधान सभा द्वारा लोकतान्त्रिक प्रणाली की स्थापना को एक युगान्तकारी घटना कहें तो अतिशयोक्ति नहीं होगी। युगान्तकारी इसलिए भी कि एक संविधान सभा ने लगभग 3 वर्ष के प्रयत्न के पश्चात इस महादेश को संवैधानिक व्यवस्था प्रदान की। एशियाई भूभाग में यह एक नये युग का सूत्रपात था। उपनिवेश और साम्राज्यवाद के इतिहास के पतन का भी प्रथम किन्तु महत्त्वपूर्ण चरण था। एशिया और अफ्रीकी देशों के जनसमुदाय के लिए तत्कालीन परिस्थितियों के परिप्रेक्ष्य में विश्लेषकों ने भारत की स्वतन्त्रता की घटना को महत्त्वपूर्ण क्रान्ति की संज्ञा दी थी। 14 अगस्त, 1947 की मध्य रात्रि को भारत के अन्तिम वॉयसराय लार्ड माउंटबेटन ने जनप्रतिनिधियों को सत्ता का हस्तान्तरण कर दिया। भारत के इतिहास में यह एक अद्भुत एवं आह्लादित करने वाली घटना थी। पण्डित नेहरू ने इस अवसर पर देशवासियों को अपने ऐतिहासिक उद्बोधन में कहा :

> "बहुत वर्ष पहले हमने क़िस्मत के साथ बाज़ी लगायी थी। अब वह समय आ गया है। हमें उन सभी प्रतिज्ञाओं को आधे–अधूरे ढंग से नहीं, बल्कि ठोस रूप से पूरा करना है। आधी रात को ज्यों ही घड़ी की सुई 12 पर आयेगी हमारे जीवन की नयी यात्रा प्रारम्भ होगी। सारा संसार सो रहा है, लेकिन इसी घड़ी में भारत एक नया एवं स्वतन्त्र जीवन लेकर उदित हुआ है। इतिहास में ऐसा क्षण बहुत कम आता है जब हम एक पुराने युग से नये युग में प्रवेश करते हैं।

जब एक उम्र समाप्त होती है, एक राष्ट्र की सुषुप्त और दमित आत्मा जाग्रत होती है। ऐसे पवित्र ऐतिहासिक क्षण में हम यह शपथ लेते हैं कि हम सब भारत राष्ट्र, उसके कोटि–कोटि जन और सम्पूर्ण मानवता के लिए पूर्ण समर्पण भाव से कार्य करेंगे।"[1]

भारत के संविधान ने एक लम्बी बहस के बाद शासन व्यवस्था का जो स्वरूप अपनाया वह भी बेमिसाल है। इसे आश्चर्य ही कहा जाना चाहिए कि जिस देश के राजनीतिक अभिजन ने अंग्रेज़ी हुकूमत के विरुद्ध लम्बे समय तक मुक्ति का संघर्ष किया, अवसर आने पर उन्हीं लोगों ने इंग्लैंड की राजव्यवस्था को ही अन्य व्यवस्थाओं की तुलना में उपयुक्त एवं श्रेयस्कर समझ कर स्वीकार कर लिया। इंग्लैंड की राजव्यवस्था का भारत में प्रतिस्थापन सम्बन्धी निर्णय उपयोगिता और प्रासंगिकता के आधार पर प्रारम्भ से ही आलोचना और विवाद का विषय रहा है। विदेश के संविधानवेत्ताओं, राजशास्त्रियों और भारतीय राजनीति के अध्येताओं ने इस व्यवस्था को भारतीय सन्दर्भ में अनुपयुक्त तथा अव्यावहारिक बताया है। संविधान सभा के अन्दर भी इसका जमकर विरोध हुआ। प्रारूप संविधान पर हुई बहस के अध्ययन–विश्लेषण से यह ज्ञात होता है कि संविधान सभा के कतिपय सदस्य स्वतन्त्र भारत के लिए इंग्लैंड की शासन व्यवस्था के घोर विरोधी थे। उनका तर्क स्थानीय परिस्थितियाँ और जनसंस्कृति पर आधारित था। उन महानुभावों का बहस के दौरान आरोप था कि यह संविधान जनप्रतिभा और जनसंस्कृति की अभिव्यक्ति नहीं है। भारतीय गाँव को राजव्यवस्था की इकाई मान कर राजव्यवस्था स्थापित किये जाने के पक्षधरों ने संविधान के प्रारूप को आड़े हाथों लेते हुए कहा कि प्रारूप समिति ने इस सम्पूर्ण व्यवस्था में गाँवों की उपेक्षा कर राष्ट्रपिता महात्मा गाँधी का तिरस्कार किया है। कतिपय महानुभावों ने इसे गुलामी का प्रतीक बताया। उनका कहना था कि यह संविधान 1935 के अधिनियम की प्रतिकृति है और पश्चिमी जगत का अन्धानुकरण मात्र है। इसमें भारतीयता कहीं ढूँढ़े नहीं मिलती। दूसरे कुछ सदस्यों ने संविधान की भाषा को ले कर आलोचना की। उनका कहना था कि इस संविधान में शब्दाडम्बर कहीं अधिक है, इसलिए यह संविधान अस्पष्ट, जटिल एवं विस्तृत हो गया है। एक महानुभाव ने इस पर व्यंग्य करते हुए कहा कि यह संविधान वकीलों के लिए स्वर्ग और सामान्यजन के लिए अर्थहीन है।

आलोचकों ने सामाजिक और आर्थिक न्याय के प्रश्न को अपनी आलोचना का आधार बनाया। उनका कहना था कि सामाजिक और आर्थिक न्याय के अभाव में संविधान द्वारा स्थापित जनतन्त्र अर्थहीन सिद्ध होगा। संविधान में केन्द्रीय सरकार के हाथ में असीमित सत्ता के केन्द्रीयकरण का भी कतिपय लोगों ने खुलकर विरोध किया। सभा के सदस्य श्री दामोदर सेठ ने संविधान सभा के गठन और क़ानूनी अधिकारों का प्रश्न उठाया। उनका कहना था कि अंग्रेज़ी शासन की छत्र–छाया में गठित संविधान सभा को स्वतन्त्र भारत के लिए संविधान निर्माण का न तो क़ानूनी अधिकार है और न ही नैतिक अधिकार। इन सब बिन्दुओं को देखते हुए साढ़े पाँच दशक के पश्चात यदि हम संविधान की उपादेयता, प्रासंगिकता और संशोधन आदि प्रसंगों पर विचार करें तो संविधायकों द्वारा उठाये गये प्रश्नों को नज़रअन्दाज़ करना उचित नहीं है। संविधान के अन्यान्य पहलुओं और इसके संस्थागत स्वरूप की विशद विवेचना से पूर्व आलोचना के कतिपय बिन्दुओं पर विचार करना समीचीन होगा। मोटे तौर पर निम्न बिन्दु समालोचना की दृष्टि से हमारा ध्यान आकर्षित करते हैं।

संविधान सभा : अल्पमत की प्रतिनिधि

संविधान के सैद्धान्तिक आधार और संगठनिक स्वरूप पर बहस से पूर्व इस सभा की वैधता और नैतिकता का प्रसंग संविधान सभा में महत्त्वपूर्ण रूप से उभरा था। वर्तमान सन्दर्भों में संशोधनवादी और परिवर्तन के पक्षधर भी इस बात को दोहराते हैं कि अंग्रेज़ों की छत्र–छाया में संगठित संविधान सभा जनप्रतिनिधि होने का दावा नहीं कर सकती। साठ के दशक में कुछ क्षेत्रों में एक नयी संविधान सभा बना कर नये संविधान निर्माण की बात उभर कर आयी थी। इसलिए यह सभा न तो वैधानिक अधिकार रखती है और न ही नैतिक अधिकार। इस प्रसंग पर दामोदर सेठ ने कहा कि :

> "महोदय, एक स्वतन्त्र राष्ट्र की पहली विशेषता यह होनी चाहिए कि वह सभा सम्पूर्ण जनमानस की इच्छा की अभिव्यक्ति करे। मैं आपकी स्वीकृति से माननीय सदस्यों से यह पूछना चाहता हूँ कि क्या वे इस देश के सम्पूर्ण जनसमुदाय का प्रतिनिधि होने का दावा कर सकते हैं? मैं यह दावे के साथ कह सकता हूँ कि यह सदन उन 15 प्रतिशत लोगों के प्रतिनिधि होने का दावा कर सकता है जिन्होंने प्रान्तीय सभाओं का चयन किया था।

इस सदन के सदस्यों का चुनाव प्रत्यक्ष रूप से नहीं हुआ बल्कि उनकी यह उपस्थिति अप्रत्यक्ष चुनाव का परिणाम है। ऐसी स्थिति में जबकि देश के 85 प्रतिशत लोगों का प्रतिनिधित्व न हो, उनकी कोई आवाज़ न हो, तो मेरी राय में यह मान लेना चाहिए कि प्रस्तुत सदन को संविधान बनाने का अधिकार है, ग़लत होगा।"[2]

श्री दामोदर सेठ ने संविधान सभा के अध्यक्ष के समक्ष जो प्रश्न रखा, वह वर्तमान सन्दर्भों में भी विचारणीय है। क्या यह सभा जनप्रतिनिधिक संस्था थी? क्या यह सार्वभौमिक सभा द्वारा रचित संविधान को वर्तमान पीढ़ी अंगीकृत करने के लिए बाध्य है? प्रासंगिक प्रश्न यह भी है कि प्रजातन्त्रीय व्यवस्था की उद्घोषणा करने वाली यह सभा क्या अपनी कार्यप्रणाली और रचना प्रक्रिया में प्रजातन्त्रीय थी अथवा एक छोटे से गुट ने अपनी इच्छानुसार प्रारूप बना कर स्वीकार करा लिया। संक्षेप में कहा जाए तो ये ही कुछ प्रश्न हैं जो भारतीय संविधान के अध्येता के लिए विवेचना की दृष्टि से महत्त्वपूर्ण हैं।

स्वतन्त्रता आन्दोलन के पुरोधा और भारतीय–जन के सर्वाधिक लोकप्रिय नेता महात्मा गाँधी ने भी इस सभा की वैधता पर प्रश्न खड़ा करते हुए कहा था कि यह सभा सार्वभौमिक नहीं कही जा सकती है। उनका कहना था कि चूँकि यह सभा ब्रिटिश शासन की देन है। इसलिए इसे सार्वभौमिक सभा कहना उचित नहीं होगा। गाँधी जी के इस विचार से देश के अन्य चोटी के नेता सहमत नहीं थे। पण्डित नेहरू, वल्लभभाई पटेल, डॉ. राजेन्द्र प्रसाद और मौलाना आज़ाद जैसे नेताओं का कहना था कि यह संविधान सभा पूर्णरूपेण सार्वभौमिक है, क्योंकि इसमें निहित शक्ति का स्रोत देश का जनसमुदाय है। पण्डित नेहरू का कहना था कि यह सार्वभौमिक इसलिए भी है कि ब्रिटिश सरकार इसे केवल शक्ति के बल पर ही बर्ख़ास्त कर सकती है।

दूसरा प्रश्न इस सभा के जनप्रतिनिधित्व को लेकर है। दूसरे शब्दों में, क्या हम इसे जनप्रतिनिधिक सदन कह सकते हैं? भारतीय संविधान के लेखक ग्रेवलिन ऑस्टिन ने अपनी पुस्तक *द इंडियन कॉन्स्टीट्यूशन : कार्नर स्टोन ऑफ़ द नेशन* में इस समूचे प्रसंग पर बड़े विस्तार से प्रकाश डाला है। विद्वान लेखक ने संविधान सभा, उसकी संरचना, प्रकृति तथा संविधान निर्माताओं की वैचारिक पृष्ठभूमि के परिप्रेक्ष्य में गहनता से विचार किया है।

लेखक का कहना है कि यद्यपि संविधान सभा में भारतीय कांग्रेस दल का सर्वाधिक प्रभुत्व था, लेकिन वह बहुमत विभिन्न विचारधाराओं का प्रतिनिधित्व करता था। अतः संविधान सभा द्वारा पारित संविधान को केवल कुछ लोगों की इच्छा अथवा अल्पमत का न कह कर इसे बहुमत की आकांक्षाओं की अभिव्यक्ति कहा जाये तो असंगत नहीं होगा। संविधान सभा की संरचना प्रान्तीय विधानसभाओं के माध्यम से अप्रत्यक्ष रूप से हुई थी। इन सभाओं में कांग्रेस का भारी बहुमत था इसलिए संविधान सभा में अखिल भारतीय कांग्रेस दल का वर्चस्व स्वाभाविक था। प्रजातन्त्रीय दृष्टि से यह आदर्श स्थिति तो नहीं है। ऑस्टिन ने सूची प्रक्रिया के अध्ययन के उपरान्त यही कहा है कि कांग्रेस की इस स्थिति से अधिक अन्तर नहीं पड़ा। क्योंकि संविधान सभा के निर्णयों में आपाधापी और दलगत संकीर्ण दृष्टिकोण की अपेक्षा कहीं अधिक व्यापक दृष्टिकोण अपनाया गया था। पण्डित नेहरू ने भी इसी तरह के विचार व्यक्त किये हैं। उन्होंने तात्कालिक कांग्रेस दल की सांगठनिक और वैचारिक स्थिति पर कहा था कि :

> "कांग्रेस के संगठन में वैचारिक और विभिन्न मत–मतान्तरों के समूह विद्यमान हैं। कांग्रेस यदि राष्ट्रीय जीवन का दर्पण होने का दावा करती है तो यह विविधता स्वाभाविक भी है।"[3]

भारतीय संविधान के अध्येता ऑस्टिन कांग्रेस दल के बहुमत को संविधान की संरचना में महत्ती भूमिका को वरदान की संज्ञा देते हैं। हम इस तथ्य को भले ही स्वीकार न करें, सत्य यह है कि तात्कालिक परिस्थितियों में कांग्रेस दल का कोई विकल्प विद्यमान नहीं था। वैसे देखा जाये तो वह सभा केवल संविधान सभा ही नहीं, अपितु कांग्रेस दल, कामचलाऊ सरकार और संविधान सभा इस त्रिकोण का मिला–जुला रूप था जो संविधान निर्माण की दृष्टि से उपयोगी कहा जा सकता है। जहाँ तक व्यापक जनप्रतिनिधित्व का प्रश्न है, इस पर विचार करने से प्रतीत होता है कि साम्यवादी और समाजवादी दलों का रवैया सहयोगपूर्ण नहीं रहा। सभी के प्रतिनिधित्व पर विहंगम दृष्टि डाल कर देखें तो प्रतीत होता है कि इसमें कई समूह और विद्वानों का प्रतिनिधित्व था। हिन्दू महासभा के डॉ. श्यामाप्रसाद मुखर्जी, अनुसूचित जाति संघ के प्रतिनिधित्व के रूप में डॉ. भीमराव आम्बेडकर, देशी रियायतों के प्रतिनिधियों के रूप में श्री वी.टी. कृष्णामाचारी और रामास्वामी मुदलियार, श्री एन. माधवराव तथा

श्री बी.एल. मित्र का नाम उल्लेखनीय है। देश के ख्याति प्राप्त नेताओं में पण्डित जवाहरलाल नेहरू, आचार्य कृपलानी, सरदार वल्लभभाई पटेल, डॉ. राजेन्द्र प्रसाद, के. एम. मुंशी, मौलाना आज़ाद आदि के नाम लिये जा सकते हैं। इन नेताओं को भी ऑस्टिन ने शक्तिशाली समूह (ऑलीगार्की) की संज्ञा दी है। श्री नेहरू और श्री पटेल सामाजिक और आर्थिक विचारों की दृष्टि से दो विपरीत ध्रुव अथवा धड़ों में होते हुए भी संविधान संरचना के सशक्त स्तम्भ थे। इन्हें हम सभा के मेडिसन और वाशिंगटन की संज्ञा दे सकते हैं।

राजनीतिक दलों और उनके प्रतिभाशाली जननेताओं के अतिरिक्त बुद्धिजीवी वर्ग की उपस्थिति न्यूनतम होते हुए भी संविधान निर्माण की दृष्टि से महत्त्वपूर्ण थी। इन महानुभावों में श्री अलादी कृष्णास्वामी, श्री के.एम. मुंशी, बख्शी टेकचन्द, श्री वी.के. सेन, श्री एल.एल. गोपालस्वामी, श्री आयंगर, श्री एच.वी. कामथ तथा श्री हृदयनाथ कुंजरू के नाम लिये जा सकते हैं। प्रोफेसर वर्ग में से डॉ. सर्वपल्ली राधाकृष्णनन, प्रो. एस.सी. मुखर्जी तथा के.टी. शाह जैसे लोग उपस्थित थे। सभा में कतिपय ख्याति प्राप्त महिलाएँ भी उपस्थित थीं। इनमें श्रीमती विजयलक्ष्मी पण्डित, श्रीमती दुर्गा बाई देशमुख, सरोजिनी नायडू, बेगम रसूल आदि के नाम उल्लेखनीय हैं। श्री बी.एन. राव सभा के संवैधानिक परामर्शदाता थे। क़ानून और संविधानशास्त्र में गहरी सूझ–बूझ के कारण क़ानूनी जगत में उनका बड़ा सम्मान था। मोटे तौर पर संविधान सभा इन्हीं लोकप्रिय नेताओं, वकीलों, संविधानवेत्ताओं से मिलकर बनी थी। संविधान की संरचना और उसका स्वरूप इन्हीं लोगों के वर्ग चरित्र, शैक्षणिक और राजनीतिक पृष्ठभूमि तथा मानस का प्रतिबिम्ब है।

रीति–नीति का प्रश्न

संविधान सभा में जनप्रतिनिधियों के साथ दूसरा महत्त्वपूर्ण पहलू सभा की प्रक्रिया से सम्बन्धित है। क्या सभा द्वारा अपनायी गयी रीति–नीति एवं निर्णय प्रक्रिया प्रजातन्त्रीय थी अथवा नहीं? दूसरा, क्या यह संविधान एक शक्तिशाली गुट द्वारा थोपा गया प्रलेख है अथवा सभा द्वारा आम सहमति से स्वीकार किया गया था? ये दोनों प्रश्न संविधान की निर्माण प्रक्रिया के आकलन की दृष्टि से विशेष महत्त्व रखते हैं। संविधान सभा के कतिपय सदस्यों का आक्षेप था कि संविधान सभा की निर्माण प्रक्रिया प्रजातन्त्रीय

परम्पराओं के अनुपालन की दृष्टि से त्रुटिपूर्ण थी। श्री. के. वी. राव ने अपनी पुस्तक *भारत में संसदीय जनतन्त्र* में संविधान सभा की प्रक्रिया पर कहा था कि "एक प्रजातन्त्रीय संविधान की संरचना करते समय सभी विचारधाराओं को समान रूप से मत प्रकट करने का अवसर प्रदान किया जाना चाहिए।" उनकी दृष्टि में संविधान निर्माताओं ने इसे पूर्णतया दृष्टि ओझल किया है। इस बिन्दु पर प्रकाश डालते हुए श्री राव ने कहा :

> "अगर हम यह मापदण्ड ले कर चलें तो ज्ञात होता है कि जिस संविधान को जनकृति की संज्ञा दी गयी है, वह वास्तव में कुछ प्रभावशाली लोगों की रचना है, जिनकी आवाज़ शक्तिशाली और अर्थवान थी। कुछ सीमा तक स्वतन्त्र बहस हुई भी और हर अनुच्छेद सभा में पारित हुआ, किन्तु यह कहना अतिशयोक्ति नहीं होगा कि एक भी निर्णय ऐसा नहीं लिया गया जो सभा में हुई बहस का परिणाम कहा जा सके। हर निर्णय पर्दे के पीछे लिया गया। संविधान सभा के अतिरिक्त कई अन्य एजेंसियाँ जिनमें भारत सरकार के मन्त्री, प्रान्तों के मुख्यमन्त्री, कांग्रेस कार्यसमिति के सदस्य तथा कई व्यक्तियों ने निर्णयों को प्रभावित किया।"[4]

श्री के.वी. राव ने इस सम्पूर्ण प्रसंग पर विवेचना की है कि :

> "संविधान सभा में अनुच्छेदों पर गम्भीरतापूर्वक विचार नहीं किया गया। जो कुछ भी हुआ वह जल्दबाज़ी में हुआ। अनुच्छेदों को टुकड़ों में अनियमिततापूर्वक प्रस्तुत करना, निर्णयों में आकस्मिक परिवर्तन, शब्दों में बार–बार हेरफेर और प्रारूप समिति के अध्यक्ष डॉ. आम्बेडकर का आतंकपूर्वक व्यवहार सभा की कार्य प्रणाली और प्रक्रिया सम्बन्धी दोष प्रकट करते हैं। सभा में सदस्यों को बहस का स्वतन्त्र अवसर तो था, किन्तु यह अधिकार उसी प्रकार था जैसे कक्षा में विद्यार्थियों का होता है।"[5]

अपनी पुस्तक *इंडियन कॉन्स्टीट्यूशन : कार्नर स्टोन ऑफ़ नेशन* में ग्रेवलिन ऑस्टिन ने इस विचार पर असहमति प्रकट करते हुए लिखा कि "भारत की संविधान सभा की निर्णय प्रक्रिया आपाधापी या जल्दबाज़ी की नहीं थी, अपितु जनतान्त्रिक थी। उनका कहना है कि संविधान के

महत्त्वपूर्ण उपबन्धों पर आम सहमति और समायोजन का सहारा लिया गया है।" इस पहलू पर उन्होंने लिखा है कि :

> "संघात्मक शासन प्रणाली और भाषा सम्बन्धी उपबन्धों को स्वीकृत करते समय सभा ने प्रान्तीय सरकारों के महत्त्वपूर्ण व्यक्तियों और केन्द्र के नेताओं के बीच आम सहमति स्थापित की थी।"[6]

संविधान सभा में जो आम सहमति बन पायी, उसके पीछे हम तात्कालिक परिस्थितियों और राजनीतिक अभिजन में समान आदर्शों की ललक देख सकते हैं। संविधान निर्माण का दूसरा महत्त्वपूर्ण पक्ष समायोजन का है। एक दृष्टि से भारतीय संविधायकों का यह महत्त्वपूर्ण योगदान माना जा सकता है। संविधान सभा में एक ओर जहाँ सशक्त केन्द्रीकृत सरकार की माँग थी, तो दूसरी ओर ग्राम स्तर पर विकेन्द्रीकरण की बात कही जा रही थी। ऐसी स्थिति में भारतीय संविधान इन दोनों विपरीत और वैकल्पिक व्यवस्थाओं में अद्भुत समायोजन का उदाहरण प्रस्तुत करता है। दूसरा उदाहरण गणतन्त्रीय भारत का 'ब्रिटिश कॉमनवेल्थ' का सदस्य बने रहने का है। इस निर्णय में भारत ने अपनी सार्वभौमिकता को अक्षुण्ण बनाये रखते हुए सम्राट को कॉमनवेल्थ का अध्यक्ष भी स्वीकार किया। मोटे तौर पर, ये कुछ ऐसे निर्णय हैं जो विपरीत धाराओं के बीच समायोजन स्थापित करने के उदाहरण प्रस्तुत करते हैं। संविधायकों ने इन अन्तर्विरोधों में समायोजन कर विभिन्न मत–मतान्तरों को आश्वस्त करने का प्रयत्न किया है।

संविधान सभा से सम्बन्धित इन प्रश्नों का सर्वमान्य उत्तर ढूँढ़ना संविधान के अध्येता के लिए कठिन कार्य है। ब्रिटिश राज की छत्र–छाया में गठित सभा को सार्वभौमिक कहें अथवा नहीं? दूसरा उसमें उपस्थित प्रतिभाशाली नेतृत्व, वकील, प्रोफ़ेसर, अवकाश प्राप्त न्यायाधीश तथा प्रशासकों के जमघट को प्रतिनिधि सदन कहा जा सकता है अथवा नहीं? इन प्रश्नों के उत्तर अपने–अपने दृष्टिकोण और वैचारिकता पर निर्भर करते हैं। यह सही है कि इस सभा की संरचना वयस्क मताधिकार के आधार पर नहीं हुई। इस विवाद का उत्तर पाठ्यपुस्तकों में वर्णित सिद्धान्तों और क़ानून की अक्षरतः परिभाषा के आधार पर नहीं दे सकते। यदि हम तात्कालिक विषम परिस्थितियाँ और स्वतन्त्रता की ओर अग्रसर इस महादेश की कठिनाइयों को ध्यान में रख कर विश्लेषण करें तो इन प्रश्नों के उत्तर सहजता से ढूँढ़े जा सकते हैं। संविधान सभा का रचनाकाल विकट परिस्थितियों से गुज़र रहा था।

उसे हम राजनीतिक उथल–पुथल का काल कह सकते हैं। यह वह समय था जिसमें मुस्लिम लीग देश विभाजन पर अडिग थी। रियासतों के राजा–महाराजा समय एवं परिस्थितियों से सर्वथा अनभिज्ञ, अनिश्चय और कुछ लोग स्वतन्त्र रियासतों का षड्यन्त्र कर रहे थे। इनके अतिरिक्त भी सम्पूर्ण देश के समक्ष अनेक चुनौतियाँ मुँह बायें खड़ी थीं। अतः विचारणीय प्रश्न यह है कि क्या भारत के लोग ब्रिटिश शासन से पूर्ण स्वतन्त्र होने तक संविधान निर्माण कार्य को स्थगित कर सकते थे? दूसरा प्रश्न यह भी है कि क्या संविधान सभा द्वारा निर्मित संविधान राष्ट्रीय हित की दृष्टि से अनुपयुक्त था? तीसरा यह प्रश्न भी विचार योग्य है कि क्या स्वतन्त्रता के पश्चात गठित संविधान सभा के मूल स्वरूप और निर्माताओं का चरित्र इससे भिन्न हो सकता था?

संविधान सभा से सम्बन्धित इन प्रश्नों पर यदि तुलनात्मक दृष्टि से विचार कर देखें तो संविधान सभा द्वारा किये गये परिश्रम की सराहना ही की जा सकती है। संविधान सभा ने जो महत्त्वपूर्ण निर्णय लिये वे राष्ट्रीय सुरक्षा और एकता की दृष्टि से बहुत ही महत्त्वपूर्ण थे। इसी सभा ने भारत को प्रभुत्व सम्पन्न गणतन्त्रीय राज्य घोषित कर प्रजातन्त्रीय प्रणाली का वरण किया। सभा का गठन भले ही वयस्क मताधिकार के आधार पर नहीं हुआ, किन्तु संविधान सभा ने वयस्क मताधिकार को स्वीकार कर इस महादेश के कोटि–कोटि जन की व्यवस्था में जनभागीदारी को सुनिश्चित कर दिया। तात्कालिक परिस्थितियों के परिप्रेक्ष्य में भारत की संविधान सभा की ऐतिहासिक एवं महत्ती भूमिका को भी आस्टिन ने बहुत ही विवेकपूर्ण ढंग से व्याख्यायित किया है। उन्होंने लिखा है :

> "अतीत में ऐसे कई संविधानों की रचना हुई है, जिसमें स्वतन्त्र राज्यों के प्रतिनिधियों ने समान हितों के लिए सरकार का निर्माण किया। स्विट्जरलैंड, ऑस्ट्रेलिया तथा अमेरिका इसके ज्वलन्त उदाहरण हैं। सन् 1873 में फ्रांस में, 1936 में सोवियत रूस और 1949 में जर्मनी में जब संविधानों की रचना की गयी तो वे सार्वभौमिक थे। नाइजीरिया ने अपना संविधान उपनिवेशीय छत्र–छाया में बैठ कर तैयार किया। किन्तु भारत का उदाहरण अनुपम है। भारत के सार्वभौमिक लोगों ने सन् 1935 के अधिनियम के अन्तर्गत कार्य करते हुए ऐसे समय में संविधान का निर्माण किया, जब भारत

उपनिवेशवाद के चंगुल से निकल कर स्वतन्त्रता की ओर अग्रसर हो रहा था। बर्मा और पाकिस्तान का उदाहरण ठीक इसके विपरीत है। बर्मा में संविधान निर्माण का कार्य एक बहुत ही छोटे समूह द्वारा जल्दबाज़ी में तैयार किया गया था। सन् 1935 के अधिनियम के अन्तर्गत बर्मा को संघ राज्य की संज्ञा देना उचित नहीं है, जबकि पाकिस्तान 1960 तक संविधान सभाओं और संविधान निर्माण के परीक्षणों में सर्वथा असफल रहा है। वहाँ संविधान सभा के लिए शासन चलाना और संविधान की रचना करना असम्भव हो गया था।"[7]

ग्राम पंचायतों की अनदेखी : गाँधीवादी मॉडल का तिरस्कार

संविधान सभा के स्वरूप और उसकी कार्यप्रणाली को लेकर जो आक्षेप थे, उनके अतिरिक्त व्यवस्था सम्बन्धी एक और प्रश्न पर संविधान सभा और उसके बाहर निरन्तर बहस होती रही है। गाँधीवादी विचारधारा के समर्थकों ने संविधान निर्माताओं पर खुले तौर पर यह आक्षेप लगाया कि नवनिर्मित राजव्यवस्था में ग्राम पंचायतों की अवहेलना राष्ट्रपिता महात्मा गाँधी का तिरस्कार है। उनका कहना था कि गाँधी जी के पंचायत मॉडल की अनदेखी कर संविधायकों ने देश की सांस्कृतिक धरोहर का अपमान किया है। उन्होंने पश्चिमी प्रणाली का घोर विरोध करते हुए ग्रामीण जगत में प्रचलित पंचायती राज को व्यवस्था का आधार बनाये जाने की पुरज़ोर शब्दों में वकालत की थी। सभा के सदस्य श्री महावीर त्यागी ने प्रारूप संविधान की आलोचना करते हुए कहा था कि "मैं यह स्वीकार करता हूँ कि प्रस्तुत संविधान में गाँधी जैसी कोई वस्तु नहीं है। यह देख कर मुझे घोर निराशा हुई है।"[8]

संविधान सभा के मुखर सदस्य श्री दामोदर सेठ ने प्रारूप संविधान की आलोचना करते हुए कहा कि "ग्राम पंचायतों की अवहेलना किये जाने के परिणामस्वरूप संविधान पाँवों की जगह सिर के बल खड़ा लगता है।" श्री एच.वी. कामथ ने कहा कि "अगर हम अपने ग्रामीण भाइयों के प्रति सहानुभूति, प्रेम और श्रद्धा नहीं रखते हैं, तो ग्रामोत्थान में कैसे सफल हो सकेंगे? गाँधी जी ने मरते समय तक पंचायती राज का मन्त्र फूँका था।" आलोचकों की बात को ध्यान में रख कर यदि विचार करें तो निश्चय ही ग्राम पंचायतों की अवहेलना हुई है। स्वाधीन भारत की राजव्यवस्था के बारे में गाँधी जी की अपनी एक कल्पना थी। भारत की स्वाधीनता को गाँधी

के सम्पूर्ण दर्शन के परिप्रेक्ष्य में देखने का प्रयत्न करने पर हमें ज्ञात होगा कि स्वाधीनता उनकी दृष्टि में भारतीय जनजीवन के उत्थान का सपना था। उनके सामने प्रश्न केवल राजव्यवस्था का ही नहीं था, बल्कि भविष्य के लिए भारतीय समाज की जीवन शैली और अहिंसा पर आधारित समाज का मानचित्र था। विगत शताब्दी के तीसरे दशक में गोलमेज़ कांफ्रेंस में भाग लेने के लिए लंदन जाते हुए जब एक संवाददाता ने स्वाधीन भारत के बारे में जानना चाहा, तो उन्होंने एक मोटी रूपरेखा प्रस्तुत की थी। उन्होंने अपने उद्‌गार प्रकट करते हुए कहा था कि :

> "मैं एक ऐसे संविधान की आकांक्षा रखता हूँ जो हिन्दुस्तान को सारे बन्धनों से मुक्त कर दे और हो सके तो उसे पाप करने का भी अधिकार प्रदान कर दे। मैं एक ऐसे भारत के निर्माण में सतत् कार्यरत रहूँगा। जिसमें एक ग़रीब–से–ग़रीब व्यक्ति यह महसूस करे कि यह उसी का देश है और उसके भाग्य निर्माण में समान रूप से साझीदार है। एक ऐसा भारत जिसमें उच्च और निम्न वर्ग में भेद नहीं होगा, ऐसा भारत जिसमें सभी समुदाय के लोग परस्पर सहयोग करेंगे। ऐसे भारत में छुआछूत का कोई निशान नहीं होगा। शराब और नशे का कोई स्थान नहीं होगा। महिलाओं को पुरुषों के समान अधिकार प्राप्त होंगे। हम सभी राष्ट्रों के साथ शान्तिपूर्ण व्यवहार करेंगे। न तो शोषण होने देंगे और न ही शोषण करेंगे। इसलिए हमारे पास सबसे कम सेनाएँ होंगी। सभी के हितों का सम्मान होगा, चाहे वह हमारे देश के हित में हो अथवा विदेश के हित में। व्यक्तिगत रूप से मैं अपने देश और विदेश के विभेद को नापसन्द करता हूँ। आने वाले भारत के लिए यही कल्पना है। इसके अतिरिक्त और इससे कम में मुझे किसी तरह का सन्तोष नहीं होगा।"[9]

मोटे तौर पर, ये उद्‌गार सामाजिक, आर्थिक और राजनीतिक व्यवस्था कोई ठोस स्वरूप प्रस्तुत नहीं करते हैं। जहाँ तक राजव्यवस्था का प्रश्न है, गाँधी, सत्ता के विकेन्द्रीकरण के पक्षधर थे। वे पश्चिमी अतिकेन्द्रित राजनीतिक व्यवस्था, औद्योगिकीकरण और मशीनीकरण पर आधारित अर्थव्यवस्था के घोर विरोधी थे। उनका रुझान ग्राम पंचायतों की ओर था। गाँधी जी ग्राम पंचायत को राजव्यवस्था का आधार बनाने के पक्षधर थे। उनका कहना था कि ये प्राचीन परम्परागत संस्थाएँ हमारे ख़ून में हैं, संस्कृति की धरोहर हैं और देश की आत्मा में रची बसी हैं।

संविधान सभा में ऐसे कई लोग थे जो गाँधी के इन विचारों से सहमत थे। उन्होंने ग्राम पंचायतों को व्यवस्था का आधार बनाये जाने की पुरज़ोर वकालत की थी। एस.एल. सक्सेना का कहना था कि ''यदि इन पंचायतों में प्राण फूँके जायें, तो ये बहुत ही क्षमतावान सिद्ध हो सकती हैं।'' आयंगर का कहना था कि ''ऐसे प्रजातन्त्र का कोई अर्थ नहीं है, जिसमें जनमानस कुछेक व्यक्तियों को चुनने के लिए एक बार सम्मिलित होकर बिखर जाते हों।'' सारतः इन महानुभावों का कहना था कि पश्चिमी लोकतान्त्रिक व्यवस्था और अतिकेन्द्रीयकरण हमारे लिए हानिकारक है।

गाँधी जी की इच्छा के अनुरूप ग्राम पंचायतों को व्यवस्था का आधार नहीं बनाये जाने पर कतिपय सदस्यों ने इसे गाँधी का ही नहीं, अपितु जनसंस्कृति का अपमान करार दिया। संविधान सभा की बहस का बारीकी से अध्ययन विश्लेषण करने से ज्ञात होता है कि सभा के अधिकांश सदस्यों और प्रभावशाली सभासदों की दृष्टि में यह बात व्यावहारिक प्रतीत नहीं हुई। प्रारूप समिति के सदस्यों के समक्ष मूलप्रश्न नव–स्वतन्त्रता प्राप्त राष्ट्र के सामाजिक और आर्थिक परिवर्तन का था और दूसरा प्रश्न तात्कालिक परिस्थितियों के सन्दर्भ में ऐसी व्यवस्था का वरण करना था, जो आधुनिक युग की चुनौतियों का सामना करने में समक्ष हों। प्रश्न यह था कि क्या पंचायत व्यवस्था इस देश में अपेक्षित सामाजिक और आर्थिक परिवर्तन का वाहक बनने में सक्षम होगी? दूसरे शब्दों में, क्या भारत का आधुनिकीकरण इन परम्परागत ग्राम पंचायतों के माध्यम से सम्भव होगा? सभा के अधिकांश महानुभावों की राय ग्राम पंचायतों के पक्ष में नहीं थी। प्रारूप समिति के अध्यक्ष डॉ. आम्बेडकर ग्रामीण समाज और पारम्परिक पंचायत व्यवस्था के सख़्त विरोधी थे। उनका कहना था कि ग्राम पंचायतों को राजव्यवस्था का आधार बनाना आत्मघाती और ख़तरनाक सिद्ध होगा। डॉ. आम्बेडकर जाति पर आधारित सामाजिक व्यवस्था की क्रूरताओं से न केवल परिचित थे, अपितु भुक्तभोगी भी थे। इसलिए चार्ल्स मैटकॉफ़ जैसे लोगों द्वारा ग्रामीण गणराज्य के सम्बन्ध में जो रूमानी तस्वीर प्रस्तुत की गयी, उससे वे पूर्णतया असहमत थे। उन्होंने स्पष्ट कहा कि भारतीय बुद्धिजीवियों में ग्रामीण जीवन के प्रति आस्था और मोह मैटकॉफ द्वारा उत्पन्न किये गये भ्रम का परिणाम है। डॉ. आम्बेडकर ने मैटकॉफ के बहुचर्चित और लुभावने वादों को अक्षरतः प्रस्तुत करके अपनी तीखी प्रतिक्रिया व्यक्त की। उन्होंने मैटकॉफ को उद्धृत किया। मैटकॉफ के वक्तव्य पर डॉ. आम्बेडकर ने कहा :

"ग्रामीण समुदाय ने अपने देश के इतिहास में इस तरह की भूमिका अदा की है। यह जानते हुए हम किस बात पर गर्व करें? वे समय के थपेड़ों में जीवित रहे, यह सत्य है। किन्तु केवल जीवित रहना ही अपने आप में मूल्य नहीं है। प्रश्न यह है कि वे किस धरातल पर जीवित रहे? निसन्देह बहुत ही निम्न और स्वार्थ की धरोहर पर। मेरी यह पुख्ता धारणा है कि इन ग्रामीण गणतन्त्रों ने देश का सत्यनाश कराया है। मुझे यह जान कर आश्चर्य होता है कि जो लोग प्रान्तीयवाद और सम्प्रदायवाद के घोर विरोधी हैं, वे ही गाँवों की वकालत कर रहे हैं। गाँव एक बदबूदार संकीर्णता का खड्डा है। वह अज्ञान, अन्धविश्वास, संकुचित दृष्टिकोण तथा साम्प्रदायिकता की अँधेरी गुफा के अतिरिक्त और है ही क्या? मुझे प्रसन्नता है कि संविधान में गाँवों को इकाई न मान कर व्यक्ति को महत्ता दी गयी है।"[10]

डॉ. आम्बेडकर का ग्रामीण समाज के सम्बन्ध में विश्लेषण तत्कालीन ग्रामीण समुदाय की वास्तविकता को ही उद्घाटित करता है। इसके पीछे जो भी कारण रहे हों, स्वतन्त्रता प्राप्ति के समय भारत का गाँव परम्परागत सामन्ती सामाजिक अवस्था का जीवन्त उदाहरण था। डॉ. आम्बेडकर और अन्य आधुनिक वैचारिक पृष्ठभूमि के लोग ग्रामीण जगत को इकाई मान कर व्यवस्था की संरचना करने के कतई पक्षधर नहीं थे। उनका कहना था कि ग्राम पंचायतों को व्यवस्था का आधार बना कर सामाजिक और आर्थिक परिवर्तन की आशा करना व्यर्थ है। पश्चिमी जगत में हुए राजनीतिक परिवर्तन को देखते हुए संविधान सभा के अधिकांश महानुभावों का यही मत था कि आधुनिकीकरण, औद्योगिकीकरण तथा समतावादी समाज के निर्माण में ग्राम पंचायतें पूर्णतया अक्षम हैं। अतः डॉ. आम्बेडकर के विश्लेषण की भाषा भले ही कटु हो, वह यथार्थ का ही प्रतिनिधित्व करती है।

आलोचकों ने गाँधी जी के विचारों की अवहेलना का जो प्रश्न उठाया, वह अपनी जगह है। लेकिन उसे कोई व्यावहारिक नहीं माना जा सकता। प्रश्न यह नहीं है कि संविधान सभा ने गाँधी जी के दर्शन के अनुकूल व्यवस्था स्वीकार नहीं की। प्रश्न यह है कि क्या गाँधी जी द्वारा सुझायी गयी व्यवस्था तत्कालिक भारत की परिस्थितियों और चुनौतियों के लिए कारगर थी? इसी के साथ प्रश्न यह है कि संविधान निर्माण

में कार्यरत महानुभाव और तात्कालीन नेतृत्व का वर्ग चरित्र क्या था? गाँधी या उन जैसे अन्य महापुरुषों के आदर्शों पर चलने और व्यवस्था बनाने की बात हर युग में की जाती रही है। आदर्श और यथार्थ में ज़मीन–आसमान का अन्तर होता है। महात्मा गाँधी भारतीय राष्ट्र के अग्रज पुरुष कहे जाते हैं। स्वतन्त्रता आन्दोलन में उनकी महत्ती भूमिका को कोई नज़रअन्दाज़ नहीं कर सकता। स्वतन्त्रता के बाद जो परिस्थितियाँ उभर कर सामने आयीं, वे ही संविधान की संरचना का आधार बनीं। संविधान सभा ने तात्कालिक धरातल के यथार्थ को ध्यान में रखते हुए व्यवस्था का निर्माण करना अधिक श्रेयस्कर समझा।

स्वतन्त्रता प्राप्ति का काल काफ़ी संकट एवं चुनौती भरा काल कहा जा सकता है, जैसा कि भारतीय संविधान के अध्येता परिचित हैं। देश का विभाजन एक बहुत बड़ी त्रासदी थी। उससे अनेक समस्याएँ जैसे, देशी रजवाड़ों का एकीकरण, क़ानून और व्यवस्था तथा अन्य उथल–पुथल की घटनाएँ व्यावहारिक दृष्टिकोण की माँग करती थीं।

व्यवस्था की संरचना पर ज़रा गहराई से विचार कर देखें तो ज्ञात होगा कि गाँधी जी की समूची राजनीतिक व्यवस्था केन्द्रीकृत राजव्यवस्था के विरुद्ध थी। वे पश्चिमी जनप्रतिनिधिक प्रणाली के घोर विरोधी और ग्रामीण पंचायतों के ज़बर्दस्त पक्षधर थे। वास्तव में देखा जाये तो संविधान सभा में विराजमान बहुमत समसामयिक परिस्थितियों और चुनौतियों को देखते हुए गाँधी जी के आदर्शवाद और सांस्कृतिक धरोहर के नाम पर किसी भी तरह का जोखिम उठाने के पक्ष में नहीं था। उनका रुझान पश्चिमी विचारों और जनप्रतिनिधिक राजनीतिक प्रणाली की ओर अधिक था। गाँधी जी का तिरस्कार विश्व इतिहास की कोई नयी घटना नहीं है। हर युग में हर एक पीढ़ी गाँधी जैसे महापुरुषों की हत्या करती है और उसके पश्चात उनके आदर्शों पर चलने की कसमें खाती है। वास्तविकता यह है कि समाज में एक समय के पश्चात वह व्यक्ति अप्रासंगिक हो जाता है। संविधान सभा ने राजनीतिक व्यवस्था के सन्दर्भ में जो निर्णय लिया, वह गाँधी जी की आकांक्षा और आदर्शों के अनुरूप नहीं था। लेकिन तात्कालिक परिस्थितियों के परिप्रेक्ष्य में जो व्यवस्था स्थापित की, उसके आकलन का सही समय अब आया है।

पश्चिम का अन्धानुकरण : मौलिकता का अभाव

संविधान लिखने वालों पर आलोचकों का एक अन्य आक्षेप यह है कि यह संविधान पश्चिमी देशों के संविधानों का अन्धानुकरण है और इसमें कोई मौलिकता नही है। उनका कहना है कि इस संविधान में जनप्रतिभा और जनसंस्कृति की पूर्णतया अवहेलना की गयी है। संविधान निर्माताओं ने देश की परम्पराओं की बिना चिन्ता किये ऐसी संस्थाओं को स्थापित करने का प्रयास किया है, जिनका इस धरती पर फलीभूत होना असम्भव है। उनका तर्क यह था कि पश्चिम की राजनीतिक संस्थाओं की जड़ें यहाँ गहरी नहीं हैं और न ही इसके लिए उपयुक्त वातावरण है। आलोचक इसे गुलामी का प्रतीक मानते हैं। श्री दामोदर सेठ जैसे सदस्यों का कहना था कि हमारी शासन प्रणाली मौलिक होनी चाहिए। यह मौलिकता इस धरती की संस्कृति में ही निहित है। श्री दामोदर सेठ ने संविधान सभा में इस पक्ष पर कहा था :

> "मुझे यह कहने की आवश्यकता नहीं है कि सारी दुनिया स्वतन्त्र भारत की ओर आशा की दृष्टि से देख रही है। वह हमसे कुछ नवीनता की अपेक्षा करती है। ऐसे समय में हमे संसार के समक्ष एक ऐसा संविधान रखना चाहिए था जो सबके लिए आदर्श प्रस्तुत कर सके, जबकि हमने ठीक इसके विपरीत अन्य संविधान के कुछ भागों को समाविष्ट कर अपना अलग संविधान तैयार किया है। जैसा कि मैंने कहा है कि संविधान की प्रकृति से लगता है जैसे यह पाँव की अपेक्षा सिर के बल खड़ा हो।"[11]

संविधान सभा के एक अन्य सदस्य श्री एच.वी. कामथ ने इसी प्रसंग पर प्रारूप समिति के अध्यक्ष डॉ. आम्बेडकर के कथन पर टिप्पणी की कि :

> "डॉ. आम्बेडकर ने बड़े गर्व से कहा है कि यह संविधान अधिकांशतः सन् 1935 के अधिनियम का अनुकरण मात्र है और काफ़ी सीमा तक इंग्लैंड, अमेरिका और कनाडा के संविधानों से लिया गया है। मैंने उनके भाषणों को काफ़ी रुचि से सुना, किन्तु उससे कोई लाभ नहीं हुआ। मैं यह जानना चाहता था कि संविधान में हमारी प्राचीन राजव्यवस्था का कहाँ तक अनुसरण किया है और इस देश की राजनीतिक, आध्यात्मिक विरासत को कहाँ तक समाविष्ट किया है।"[12]

संविधान सभा में भारत की जनसंस्कृति परम्परागत राजव्यवस्था की मौलिकता के सम्बन्ध में उठाये गये प्रश्न ऊपर से काफ़ी सीमा तक तर्कसंगत एवं लुभावने लगते हैं। यदि हम भारत की परम्परागत सामाजिक और राजनीतिक व्यवस्था पर दृष्टि डाल कर देखें, तो ज्ञात होगा कि वह व्यवस्था स्वतन्त्रता और समानता जैसे सिद्धान्तों के आधार पर न होकर विषमतामूलक वर्ण व्यवस्था पर आधारित रही है। वर्ण व्यवस्था के मूल में असमानता और शोषण मुख्य तत्त्व हैं। भारत की सामाजिक संरचना में राजसत्ता, धर्मसत्ता और अर्थसत्ता सवर्ण कही जाने वाली जाति समूह की बपौती रही है, जबकि दूसरी ओर एक बहुत बड़े जनसमुदाय को सत्ता से वंचित रखा गया है। धर्मशास्त्र इस विषमतामूलक सामाजिक संरचना के मूल स्रोत रहे हैं। अतः देश की सामाजिक, राजनीतिक और आर्थिक व्यवस्था रचना को देखते हुए संस्कृतिवादियों की यह वकालत विवेकसम्मत नहीं लगती। इससे तो यही प्रतीत होता है कि परम्परागत सत्ता अभिजन नयी राजनीतिक व्यवस्था में अपना प्रभुत्व बनाये रखने के लिए भी संस्कृति और परम्परा का ढोल पीट रहा है।

भारत के संविधान निर्माण काल में प्राचीन संस्कृति को गौरवान्वित करने का तर्क कोई नया नहीं है। उपनिवेशवादी सत्तासीन गोरे प्रभुओं के विरुद्ध संघर्ष करने के दौरान जनाकांक्षाओं को उभारने तथा समूची जाति को परतन्त्रता से मुक्त कराने की दृष्टि से सांस्कृतिक पुनरुत्थान की महत्ती भूमिका होती है। भारत इसका अपवाद नहीं है। स्वतन्त्रता आन्दोलन के दौरान देश के पुरोधा नेताओं ने देश की महान परम्पराओं को पुनर्जीवित करने तथा देश के जनसाधारण को अपने अस्तित्व का अहसास कराने की दृष्टि से इसका सहारा लिया। इसके परिणामस्वरूप विदेशी शासन का सामना करने का एक आधार तैयार हुआ और राष्ट्रीयता के सिद्धान्त को सुदृढ़ धरोहर मिली। लेकिन सांस्कृतिक तत्त्व को यथोचित महत्त्व दिये जाने के उपरान्त भी संविधान में उसे किस प्रकार समाविष्ट किया जाये, यह प्रश्न विचारणीय है। विचारणीय प्रश्न यह है कि क्या कोई भी जनसमुदाय अपने इतिहास के कटु अनुभवों और वर्तमान की जीवन्त स्थितियों के दबाव को नज़रअन्दाज़ कर अतीत के अँधेरे में समाहित होने का जोखिम उठा सकता है। दूसरे शब्दों में, क्या कोई राष्ट्र अतीत के पृष्ठों पर अपने भविष्य के सपने बुन सकता है और उन पृष्ठों पर किसी राजव्यवस्था का निर्माण कर सकता है? दूसरा प्रश्न यह है कि क्या हज़ारों वर्ष पूर्व अपनायी गयी व्यवस्था वर्तमान और अपने वाले समय की समस्याओं को सुलझाने तथा

नये विचारों को आत्मसात करने में समर्थ हो सकती है? भारत के अतीत और आधुनिक युग के अन्तराल में कितना जल पुल के नीचे से बह गया है, कितनी राजनीतिक उथल–पुथल हुई है, देश के इतिहास और भूगोल में कितना परिवर्तन आ गया है, क्या हम इसे अनदेखा कर सकते हैं? इतिहास के विभिन्न चरणों में जो झंझावत और परिवर्तन आये, क्या वे महत्त्वहीन हैं? अतीत के धुँधले पृष्ठ सांस्कृतिक धरोहर को बनाये रखने और जनसमुदाय को अपनी पहचान के लिए प्रेरणा के स्रोत हो सकते हैं, लेकिन आधुनिक युग की आवश्यकताओं को बदलते मूल्यों और विश्व में आये क्रान्तिकारी परिवर्तन को देखते हुए नयी राजव्यवस्था को सुदृढ़ आधार प्रदत्त करने में सक्षम हो, इसकी कोई गुंजाइश नहीं है। अमेरिका और यूरोप में औद्योगिकीकरण और मशीनीकरण के साथ–साथ जो सामाजिक, आर्थिक परिवर्तन आया, उससे एशिया–अफ्रीका के देश भी अछूते नहीं रहे हैं। इस भूभाग के संविधान निर्माता इस बनते–बिगड़ते इतिहास से भलीभाँति परिचित थे। अतः वे अपने आन्तरिक और बाह्य परिवेश से अलग हो कर शासन व्यवस्था करने की कल्पना नहीं कर सकते थे। उन्होंने आधुनिक युग की माँग के अनुरूप संसदीय व्यवस्था का वरण किया।

1935 के अधिनियम का रूपान्तरण

भारतीय संविधान के आलोचकों का एक आरोप यह है कि यह संविधान ब्रिटिश संसद द्वारा पारित सन् 1935 के अधिनियम की अक्षरशः नकल है। संविधान सभा के सदस्यों ने कहा कि जिस अधिनियम को भारत के नेताओं और प्रबुद्धों ने अनुपयुक्त, आधारहीन, अप्रजातान्त्रिक और भारत विरोधी करार दिया था, वहीं अधिनियम प्रारूप संविधान का मुख्य स्रोत कैसे बना? यह संविधान तो केवल उस अधिनियम प्रारूप की प्रतिकृति है। आलोचकों का कहना था कि ऐसी स्थिति में इसे मौलिक प्रलेख नहीं कहा जा सकता। डॉ. पी.सी. देशमुख ने इस प्रसंग पर टिप्पणी की थी कि :

> "अगर हम वर्तमान संविधान की संक्षेप में व्याख्या करें तो प्रतीत होता है कि यह केवल विद्यमान प्रशासन में अपने को समाविष्ट करने हेतु बनाया गया है। इसमें न तो मौलिकता है और न ही कोई आश्चर्यजनक बात है। इसीलिए इसके प्रति उत्साह पैदा करने जैसी कोई बात नहीं है, क्योंकि यह ब्रिटिश शासनकाल द्वारा छोड़ी गयी विरासत का नवीन रूप है।"[13]

डॉ. पी.सी. देशमुख की आलोचना को प्रारूप समिति के अध्यक्ष डॉ. आम्बेडकर ने परिस्थितिजन्य एवं वैचारिक तर्क के आधार पर स्वीकार किया है। इस प्रसंग के विश्लेषण से पूर्व डॉ. आम्बेडकर के कथन को उद्‌धत करना समीचीन होगा। डॉ. आम्बेडकर ने इस तथ्य को स्वीकार करते हुए कहा :

> "जहाँ तक इस आक्षेप का प्रश्न है कि प्रस्तुत प्रलेखन बहुत सीमा तक सन् 1935 के अधिनियम की पुनरावृत्ति है, सत्य है। क्योंकि अनुकरण करना कोई लज्जाजनक बात नहीं है। इसे साहित्यिक चोरी की संज्ञा देना भी अनुचित है। संवैधानिक जगत में मूल सिद्धान्तों पर किसी का एकाधिकार नहीं है। किन्तु मुझे इस बात का अफ़सोस है कि इस संविधान में सन् 1935 के अधिनियम से उद्धृत प्रावधान अधिकतर प्रशासनिक विस्तृतता से सम्बन्धित हैं। मैं यह स्वीकार करता हूँ कि प्रशासनिक प्रावधानों सम्बन्धी बातों का संविधान में इतना विस्तृत वर्णन नहीं किया जाना चाहिए।"[14]

डॉ. पी.सी. देशमुख और श्री एच.वी. कामथ द्वारा की गयी आलोचना पर दृष्टि डाल कर देखें तो कहना होगा कि उनके कथन एक रूप से सही प्रतीत होते हैं। समिति द्वारा प्रस्तावित संविधान के प्रारूप और सन् 1935 के अधिनियम में बहुत सीमा तक समरूपता पायी जाती है। यह भी सही है कि ब्रिटिश शासन द्वारा स्थापित राजव्यवस्था को थोड़े बहुत हेर--फेर के साथ उसी रूप में प्रस्तावित कर दिया गया है। विहंगम दृष्टि डाल कर देखें तो कार्यपालिका का स्वरूप, संघात्मक व्यवस्था, न्यायपालिका और प्रशासनिक प्रणाली सम्बन्धी अनुच्छेद 1935 के अधिनियम की याद दिलाते हैं। लेकिन इन दोनों के लक्ष्यों में विभेद को भी समझना आवश्यक है। सन् 1935 का अधिनियम ब्रिटिश राज द्वारा अपने साम्राज्यवादी हितों के संरक्षण को ध्यान में रखते हुए बनाया गया था, जबकि संविधान सभा द्वारा निर्मित संविधान राष्ट्रीय हितों को आधार मान कर तैयार किया गया है। शासन की संरचना में निरन्तरता और समरूपता ऐतिहासिक परिस्थितियों की देन है। भारत में उपनिवेशीकालीन इतिहास के अध्येता इस तथ्य से भली–भाँति अवगत हैं कि अंग्रेज़ी शासन के दौरान भारत में एक वर्ग केवल रंग रूप में भारतीय रह गया था। अंग्रेज़ी शिक्षा, प्रशासन, उदारवादी विचारधारा

और खान–पान की शैली से प्रभावित यह वर्ग अंग्रेज़ी विरासत के वारिस बनने में अपने को गौरवान्वित महसूस करता था। यह विरासत प्रभुवर्ग के रग–रग में विद्यमान थी। भारतीय शासन के अध्येता मोरिस जोंस ने इस बात को रेखांकित करते हुए लिखा है कि "यह विरासत केवल पाठ्यपुस्तकों और दफ्तरों की नियमावलियों तक ही सीमित नहीं थी और न ही सरकारी इमारतों, कमरों, बरामदों तथा मानव शरीर के रूप में विद्यमान थी, अपितु वह स्थायी आदतों, पूर्वाग्रहों, विशिष्ट हितों तथा अपेक्षाओं के रूप में जन साधारण और सरकार के भीतर एक सेना के रूप में उपस्थित थी!"[15]

संविधायकों के लिए शिक्षित भारतीयों के रक्त में प्रवाहित इस विरासत को नज़रअन्दाज़ करना शायद सम्भव नहीं था। अगर सम्पूर्ण ध्वंस अहितकारी था, तो अक्षरशः अनुकरण करना भी बुद्धिमतापूर्ण नहीं था। भारतीय संविधान में पश्चिमी प्रजातन्त्र प्रजातन्त्रीय प्रणाली अपनाये जाने के साथ प्रशासनिक मशीनरी को वैसे ही समाविष्ट किये जाने का प्रश्न काफ़ी महत्त्वपूर्ण हैं। सच कहा जाये तो संविधान निर्माताओं ने इस प्रश्न पर अधिक दूरदर्शिता का परिचय नहीं दिया है। संविधान जहाँ एक ओर कल्याणकारी राज्य की स्थापना का दावा करता है, वहीं दूसरी ओर उपनिवेशकालीन नौकरशाही को उसी रूप में स्थापित करता है। संविधान सभा के प्रबुद्ध सदस्य इस तथ्य से भली–भाँति परिचित थे कि राज्य संस्था का कार्य बदली हुई परिस्थितियों में क़ानून व्यवस्था बनाये रखने तथा समाज में शान्ति स्थापित करने तक सीमित नहीं रहेगी, अपितु नये भारत के लिए सामाजिक और आर्थिक परिवर्तन आवश्यक है। ऐसे राज्य में उपनिवेशवादी छत्रछाया में फली–फूली नौकरशाही कहाँ तक उपयोगी और सहायक सिद्ध होगी, इस बिन्दु पर बहुत कम ध्यान दिया गया है। संविधायकों से यह अपेक्षा थी कि वे किसी नये आयाम की शुरुआत करते। वास्तव में, उन्होंने ठीक इसके विपरीत उसी प्रशासनिक व्यवस्था को स्वीकार कर एक विशेष वर्ग के हितों को संरक्षित किया है। वर्तमान में यदि हम भारत की नौकरशाही की कार्यशैली, पूर्वाग्रह और मानसिकता का आकलन करें, तो यह कहना शायद ग़लत नहीं होगा कि यह अफ़सरशाही अपेक्षित विकास और जनतन्त्रीकरण की प्रक्रिया में अवरोधक सिद्ध हुई है। लगता है कि संविधान सभा की बहस और सदस्यों के क्रान्तिकारी विचारों के उपरान्त उन्होंने इस वर्ग के समक्ष समर्पण ही किया है। अंग्रेज़ चले गये, किन्तु इस नौकरशाही के रूप में अपने वारिस छोड़ कर गये हैं।

जटिल संविधान : वकीलों का स्वर्ग

विधि निर्माण अपने आप में जटिल प्रक्रिया है और उसे अधिकाधिक जटिल बनाने में संविधान सभा ने बड़ा भारी योगदान दिया है। नेपोलियन ने एक बार कहा था, ''संविधान सरल तथा संक्षिप्त होना चाहिए।'' भारतीय संविधान निर्माताओं ने ठीक इसके विपरीत पेचीदा प्रलेख तैयार कर यह स्थापित कर दिया कि सरल तथा संक्षिप्त प्रलेख संविधानों की श्रेणी में नहीं गिना जा सकता। संविधान जटिल, अस्पष्ट और विस्तृत होना चाहिए। भारत के संविधान की अस्पष्टता और जटिलता का श्रेय देश के नामी–गिरामी वकीलों को दिया जा सकता है। किसी भी सहज, सरल और सामान्य विधि को शब्दाडम्बर से परिपूर्ण और पेचीदा बनाने में हमारे बुद्धिजीवियों की तरह इस वर्ग में भी अपार क्षमता है। संविधान के इस स्वरूप के लिए उनके अनुभव की कमी को क्या कहें किन्तु यह कहना कदाचित अतिशयोक्ति नहीं होगी कि सभा में उपस्थित वकीलों ने विधि के क्षेत्र में दक्षता का दबदबा बना कर राजव्यवस्था में अपने भविष्य को पूर्णतया सुरक्षित कर लिया। इन प्रावधानों को देखने से यही ज्ञात होता है कि भारत की शासन व्यवस्था की इमारत वकीलों के विश्वास पर खड़ी है। सर आईर जेनिंग्स ने कहा है कि भारतीय संविधान हम वकीलों में अपार विश्वास क़ायम रखे हुए है। संविधान के प्रारूप पर तीखी प्रतिक्रिया व्यक्त करते हुए एक सदस्य ने कहा भी था कि ''प्रस्तुत प्रलेखन लोगों को अधिकाधिक क़ानून के पचड़े में पड़ने, उन्हें न्यायालय में जाने के लिए प्रेरित करने, असत्य बोलने तथा सत्य और अहिंसा के मार्ग से विचलित करने का अधिक अवसर प्रदान करता है। अतः मैं यही कहना चाहूँगा कि यह प्रलेख वास्तव में वकीलों का स्वर्ग है। यह संविधान क़ानून के क्षेत्र में अखाड़ेबाजी के विविध मार्ग खोलता है और हमारे योग्य वकीलों को बहुत सारा काम दिलाने में सहायता प्रदान करेगा।[16]

संविधान की विशालता, जटिलता और कई अर्थों में अस्पष्टता के आक्षेप पर दृष्टि डाल कर देखें तो हमें इसमें कुछ सचाई नज़र आती है। भारत का संविधान विश्व के अन्य संविधानों की तुलना में विशाल है। इसे हम किसी भी दृष्टि से आदर्श प्रलेख नहीं कह सकते। अमेरिका और यूरोप की शासन व्यवस्था का अध्येता भारत के संविधान को पढ़ते हुए अधीर हो जाये तो आश्चर्य की बात नहीं है। संविधान की इस विशालता के पीछे, जैसा कि कतिपय आलोचक कहते हैं, वकील वर्ग का प्रभाव देखा जा सकता है।

कुछ विद्वान इस तर्क को स्वीकार नहीं करते। उनका कहना है कि संविधान की विशालता और जटिलता तत्कालीन परिस्थितियों, वैचारिक भिन्नता तथा विविध समस्याओं का परिणाम है, न कि किसी वर्ग विशेष के दिमाग़ की उपज का। इन दोनों बातों पर विचार करें तो कहना होगा कि परिस्थितियों के दबाव का तर्क आधारहीन नहीं है। संविधान की विशालता और जटिलता के पीछे निम्नलिखित तत्त्वों की प्रधानता देख सकते हैं :

1. पहला तो यह कि भारतीय संविधान एक संघ राज्य की स्थापना करता है। संघीय व्यवस्था में केन्द्र तथा इकाई राज्यों के बीच शक्ति विभाजन आवश्यक हो जाता है। भारतीय संविधान में केन्द्र तथा राज्यों के बीच प्रशासनिक, वित्तीय एवं विधायी शक्तियों के वितरण का विस्तृत उल्लेख किया गया है, जिससे दोनों के बीच विवाद की सम्भावना कम–से–कम रहे।
2. कार्यपालिका की शक्ति पर रोक लगाने और नागरिक के अपने विकास के लिए संविधान के तीसरे अध्याय में 'नागरिकों के मौलिक अधिकारों' का विस्तृत उल्लेख किया गया है। अनुच्छेद 12 से 32 लोकतान्त्रिक व्यवस्था के मुख्य आधार भी हैं।
3. सामाजिक और आर्थिक न्याय की उपलब्धि के प्रयोजन की दृष्टि से नीति निदेशक तत्त्वों को समाविष्ट किया गया है। हालाँकि ये अनुच्छेद वादयोग्य नहीं हैं, फिर भी राज्य के नीति निर्धारण में इन्हें यथोचित स्थान दिये जाने की अपेक्षा की गयी है (अनुच्छेद 37 से 51)।
4. देश के विभिन्न भाषा–भाषी समूहों, अनुसूचित जाति एवं अनुसूचित जनजातियों, धर्म एवं सम्प्रदायों के लोगों को संरक्षण की दृष्टि से विशेष प्रावधान रखे गये हैं, जिससे कि वे बहुसंख्यकों की तानाशाही का शिकार न हों।
5. राष्ट्र की सुरक्षा, एकता को अक्षुण्ण बनाने की व्यवस्था की सुरक्षा, राज्यों में संवैधानिक तथा वित्तीय संकट का सामना करने की दृष्टि से 'आपातकालीन अधिकारों का उल्लेख किया गया है (अनुच्छेद 352 से 360)।'
6. ब्रिटिशकालीन भारतीय अभिजन में सरकार तथा क़ानून के प्रति संशय की मानसिकता भी इसका एक कारक रहा है। परिणामतः कार्यपालिका और न्यायपालिका को अलग करने, राज्य तथा

व्यक्ति के बीच स्पष्ट सीमा रेखा पर विशेष ज़ोर दिया गया है। इस तरह अनेकानेक आन्तरिक और बाहरी कारकों को संविधान की विशालता तथा जटिलता का कारक मान सकते हैं।

संविधान की विशालता एवं जटिलता की पृष्ठभूमि पर सहानुभूतिपूर्वक विचार करने के उपरान्त भी सर आइवर जेनिंग्ज से सहमत हुए बिना नहीं रहा जाता, जब वे कहते हैं कि "संविधान की यह जटिलता वकील वर्ग की देन है।" परिस्थितिजन्य तर्क भारत के वकील वर्ग को दोषमुक्त करने के लिए पर्याप्त नहीं है। आखिर भारत ही ऐसा देश नहीं है जिसके संविधायकों ने कठिनाइयों का सामना किया हो। उनके समक्ष भी देश की एकता, अखण्डता और सुरक्षा के प्रश्न उपस्थित रहे होंगे। तो फिर क्या कारण है कि वे भारत की तुलना में कहीं अधिक सरल एवं स्पष्ट संविधान की रचना कर पाये? ऐसा लगता है कि भारत के संविधायत्तों ने महत्त्वपूर्ण और अमहत्त्वपूर्ण के बीच विभेद को अधिक गम्भीरता से नहीं लिया। कतिपय ऐसे भी अनुच्छेद समाविष्ट कर लिये गये जिनका उल्लेख संविधान में करना युक्ति संगत नहीं है। उदाहरण के लिए, गोहत्या पर पाबन्दी, नशाबन्दी, भूतपूर्व नरेशों के प्रीवीपर्स, पशुओं की नस्ल सुधारने जैसी बातों का उल्लेख करना संविधान में कतई आवश्यक नहीं था। इन प्रावधानों को देख कर लगता है जैसे संविधायकों को आने वाली पीढ़ी की बुद्धिमता पर तनिक भी विश्वास नहीं था। इसी तरह संविधान में वर्णित अनुच्छेदों के साथ अपवाद, अहर्ताएँ तथा प्रतिबन्ध भी जटिलता तथा अस्पष्टता को बढ़ावा ही देते हैं। सामान्य पाठक की दृष्टि से यदि इस पक्ष पर दृष्टि डालें तो प्रश्न यह कुरेदता है कि इतनी सावधानी बरतने के उपरान्त भी अस्पष्टताएँ और जटिलताएँ क्यों उत्पन्न हुईं? हर अनुच्छेद की भाषा को सोच–समझ कर क़लमबद्ध करने के उपरान्त सौ से अधिक संशोधन क्यों कर किये गये? वे उलझनें और अस्पष्टताएँ आज भी विद्यमान हैं। राष्ट्रपति और प्रधानमन्त्री, राज्यपाल और मुख्यमन्त्री, न्यायपालिका और संसद से सम्बन्धित विवाद जगत प्रसिद्ध हैं। अतः भारत की विशिष्ट परिस्थितियों के परिप्रेक्ष्य में मूल्यांकन करने के बावजूद तत्कालीन संविधान शिल्पी इस दोष से मुक्त नहीं हो सकते। इस सम्बन्ध में श्री पंजाब राव देशमुख का वक्तव्य उद्धृत किया जा सकता है। संविधान के इस पक्ष पर उन्होंने कहा :

"मैं यह कहना चाहता हूँ कि डॉ. आम्बेडकर द्वारा प्रस्तुत अनुच्छेदों का यह प्रलेख मेरे विचार में काफ़ी कष्टदायक है और क़ानून की पुस्तिकाओं का गुम्बद है। संविधान होने का दावा करने वाले प्रलेख में इतने शब्दाडम्बर और वाक प्रपंच की आवश्यकता नहीं है। यह सारा वाक प्रपंच हमारे वकीलों के मानस का प्रतिबिम्ब है, जिन्होंने अपना सारा जीवन अदालतों में शब्दों के विवाद में बिताया है। यह जनसाधारण की आत्मा की अभिव्यक्ति नहीं करता और न यह उन लोगों की आकांक्षाओं का प्रतिनिधित्व करता है जिन्होंने स्वतन्त्रता संग्राम में काफ़ी कष्टों का सामना किया। दुर्भाग्य से प्रारूप समिति उन महानुभावों का संगठन है, जिन्होंने अपने घोड़े छाया में बाँध रखे थे। ये लोग हमारे तेजस्वी और प्रकाशयुक्त मूल आदर्शों से अप्रभावित रहे हैं, क्योंकि इन्होंने अपना सारा जीवन ब्रिटिश राज की सेवा में व्यतीत किया है। मेरे विचार में उन लोगों के लिए एक क़ानून की पुस्तिका की अपेक्षा सामाजिक–आर्थिक योजना तथा नवजीवन प्रदत्त करने वाला प्रलेख तैयार करना कठिन था। यह हमारा दुर्भाग्य है कि ऐसा नहीं हो सका और हम पर केवल शब्दों और शब्दों का भार लादा गया है, जिसे सहजता से टाला जा सकता था।"[17]

सामाजिक और आर्थिक न्याय की अवहेलना

संविधान की प्रस्तावना में भारत के नागरिकों को सामाजिक, आर्थिक और राजनीतिक न्याय प्रदत्त करने की घोषणा की गयी है। प्रस्तावना की सारी पंक्तियाँ पढ़ने से यही प्रकट होता है कि संविधान के निर्माता एक समतावादी समाज की स्थापना करने के इच्छुक थे। किन्तु संविधान के किसी भी अनुच्छेद में आर्थिक और सामाजिक परिस्थितियों को देखते हुए यहाँ के नागरिक को रोटी और रोज़गार की सुरक्षा प्रदान करने की बात उल्लेखित नहीं है। इसके अभाव में नागरिक के गौरव, गरिमा तथा सामाजिक–आर्थिक न्याय की प्राप्ति की कल्पना दूभर है। व्यक्तित्व का सम्मान और नागरिक गौरव तभी सम्भव है, जब वह आर्थिक दृष्टि से सुरक्षित हो। आर्थिक सुरक्षा सामाजिक और आर्थिक न्याय की धरोहर है। यह सब जानते हुए भी संविधायकों ने इस पक्ष को नज़रअन्दाज़ किया है।

संविधान सभा में इस ओर ध्यान आकर्षित कराते हुए श्री ए.एस. आयंगर ने कहा कि :

> "जनसाधारण के लिए आर्थिक प्रजातन्त्र के अभाव में राजनीतिक प्रजातन्त्र का कोई महत्त्व नहीं है। मौलिक अधिकारों के अन्तर्गत भाषण, अभिव्यक्ति और सभा–संगठन बनाने की तो गारण्टी दी गयी है, लेकिन जीविकोपार्जन के अधिकार की कोई व्यवस्था नहीं है। भोजन और वस्त्र मानव जीवन की अहम आवश्यकता है। संविधान में यह कहीं नहीं लिखा हुआ है कि नागरिक को भोजन और वस्त्र राज्य द्वारा मुहैया कराया जायेगा। हर व्यक्ति के लिए जीवन यापन का साधन जुटाया जाना राज्य का प्रथम कर्तव्य है। सोवियत रूस में इसका समाधान उत्पादन के साधनों को अपने हाथ में लेकर तथा उत्पादन बढ़ा कर किया गया है। इंग्लैंड में यदि कोई व्यक्ति भूख से मर जाता है, तो वहाँ की सरकार एक दिन के लिए भी नहीं टिक सकती। हमने अभी हाल में बंगाल में दुर्भिक्ष के कारण 95 लाख लोगों की भूख के कारण हुई मृत्यु से भी कुछ ग्रहण नहीं किया। क्या इस संविधान में एक शब्द भी ऐसा है जो आने वाली सरकारों को इसके लिए बाध्य करता हो कि इस देश में एक भी आदमी भूख से नहीं मरेगा? जीविकोपार्जन के अधिकार के अभाव में शिक्षा और अन्य अधिकारों का अर्थ ही क्या है? इंग्लैंड में सरकार रोज़गार अथवा रोज़गार भत्ता देने को बाध्य है। मुझे इसका सख़्त अफ़सोस है कि इस संविधान में ऐसा कोई प्रावधान नहीं है। मैं सदन से निवेदन करूँगा कि इस प्रश्न को प्राथमिकता देकर अन्य बातों पर बाद में विचार करें।"[18]

संविधान सभा में और भी कई सदस्यों ने आर्थिक सुरक्षा प्रदान करने की वकालत की थी, लेकिन प्रारूप समिति एवं तत्कालीन प्रभावी अभिजन गुट ने उन्हें कृतार्थ नहीं किया। समाजवादी जगत की उपलब्धियों पर मोहित होते हुए भी उन्होंने पश्चिमी दुनिया में प्रचलित राजनीतिक जनतन्त्र के मार्ग को ही श्रेयस्कर समझा। इसलिए उन्होंने मौलिक अधिकारों के अध्याय

में भाषण, अभिव्यक्ति, धर्म, शिक्षा, सम्पत्ति आदि अधिकारों को तो कलमबद्ध किया, परन्तु आर्थिक सुरक्षा के प्रश्न को नज़रअन्दाज़ कर दिया, जबकि भारत जैसे ग़रीब और अर्द्धविकसित देश के लिए इसकी आवश्यकता कहीं अधिक थी। दूसरा, देश में अन्यान्य विघटनकारी शक्तियों के साथ–साथ शोषण और विषमता को लेकर जो विस्फोटक स्थिति थी, उसका भी उचित निराकरण नहीं किया गया। स्थिति ज्यों–कि–त्यों बनी रही। एशिया के सन्दर्भ में अगर विचार करें तो कहना होगा कि जिन देशों में इस पक्ष को नज़रअन्दाज़ कर संसदीय व्यवस्था का वरण किया, वहाँ ये व्यवस्थाएँ टूट कर बिखर गयीं। बिखराव और टूटन की यह चुनौती भारत के समक्ष निरन्तर मुँह बाये खड़ी है। विषमता, शोषण और बेरोज़गारी के परिणामस्वरूप इस देश में भी समय–समय पर कई तरह की अप्रिय घटनाएँ हुई हैं। नक्सलवादी आन्दोलनों की पृष्ठभूमि में भी हम इस कारक की भूमिका देख सकते हैं। युवा पीढ़ी में व्याप्त आक्रोश, हिंसात्मक आन्दोलन, हड़ताल तथा कुछ क्षेत्रों में हिंसा की राजनीति की तह में हम रोज़ी–रोटी का प्रश्न जुड़ा हुआ पाते हैं। मज़ेदार बात यह है कि देश के शिक्षाविद् और धार्मिक नेता इसे मूल्यों के अवमूल्यन और नैतिक पतन की संज्ञा देते हैं, जबकि वास्तविकता यह नहीं है। जनसाधारण की व्यवस्था में अनास्था का कारण नैतिक मूल्यों में पतन आदि नहीं हैं, बल्कि सुरक्षा का पहलू कहीं अधिक प्रबल है।

आर्थिक सुरक्षा और उससे जुड़े हुए प्रश्नों से संविधायक सर्वथा अनभिज्ञ भी नहीं थे। उन्हें इस बात का अहसास था कि रोज़ी–रोटी के प्रश्न के समुचित निराकरण बिना जनतन्त्र का ढाँचा ढह जायेगा। श्री नेहरू जैसे संवेदनशील व्यक्ति इसे दृष्टि से ओझल कर भी नहीं सकते थे। उन्होंने इस पक्ष पर कहा भी कि इन समस्याओं को सुलझाने के और भी कई माध्यम हो सकते हैं। यह प्रश्न साम्यवाद, समाजवाद अथवा पूँजीवाद के सिद्धान्तों का नहीं है, अपितु वास्तविक तथ्यों पर आधारित है। भारत में अगर हम लोगों की खाद्य, कपड़ा तथा आवास सम्बन्धी मूल समस्याओं का समाधान नहीं कर पाये, तो भले ही हम आपको समाजवादी, साम्यवादी, पूँजीवादी अथवा कुछ भी कहें, कोई अर्थ नहीं रखता। नवम्बर, 1963 के कांग्रेस अधिवेशन में समाजवादी योजना को लागू किये जाने पर बल देते हुए उन्होंने कहा कि "यदि इस देश में कोई ठोस समाजवादी योजना लागू नहीं की गयी, तो आने वाले दस–पन्द्रह वर्षों में जनसाधारण शान्तिपूर्ण मार्ग में विश्वास खो बैठेंगे।"

जनतन्त्रीय व्यवस्था में आर्थिक सुरक्षा प्रदान किये जाने का प्रश्न आज भी विवादास्पद बना हुआ है। सामान्यजन की रोटी, रोज़गार और आवास जैसी बातों को अनिवार्यतः लागू करने के लिए अर्थतन्त्र पर राज्य का स्वामित्व अपरिहार्य है। उत्पादन के साधनों तथा अन्य प्रतिष्ठानों पर राज्य के नियन्त्रण–प्रबन्ध बिना यह सम्भव नहीं होगा। इसके साथ ही सत्ता–अभिजन की वैचारिक प्रतिबद्धता भी एक महत्त्वपूर्ण कारक है, जो इस तरह के निर्णय की व्याख्या करता है। संविधान सभा में उपस्थित विभिन्न समूहों के वैचारिक धरातल पर दृष्टि डालें तो यही ज्ञात होता है कि वे एक उदारवादी, कल्याणकारी राज्य के पक्ष में थे। उनके वर्ग चरित्र एवं शिक्षा–दीक्षा की पृष्ठभूमि को देखते हुए समाजवादी राज्य की कल्पना दूभर थी। सोवियत रूस तथा अन्य साम्यवादी देशों में राज्यवाद के बढ़ते शिकंजे के प्रति वे अति संवेदनशील थे और क्यों न हों? स्वतन्त्रता आन्दोलन और उसके पश्चात जिन सामाजिक–आर्थिक क्षेत्रों में निहित हितों का वर्चस्व था, वे अपनी आँखों के सामने ऐसी किसी भी व्यवस्था का समर्थन कैसे कर सकते थे जो उनके अस्तित्व पर सीधी चोट करती हो? यही कारण था कि संविधायकों ने सामाजिक–आर्थिक सुरक्षा के समूचे प्रसंग को नीति निदेशक तत्त्वों में समाविष्ट कर सन्तोष कर लिया।

संविधान सभा के कतिपय सदस्यों ने इस पक्ष की अवहेलना किये जाने की ओर ध्यान आकर्षित किया। प्रो. के.टी. शाह का नाम इस सन्दर्भ में विशेष रूप से उल्लेखनीय है, जिन्होंने समाजवाद शब्द को समाविष्ट करने का प्रस्ताव रखा था। प्रारूप समिति के अध्यक्ष डॉ. आम्बेडकर को यह स्वीकार नहीं था। उनका कहना था कि ऐसा करना लोकतन्त्रीय व्यवस्था के अनुकूल नहीं है। सामाजिक और आर्थिक व्यवस्था का स्वरूप संविधान में वर्णित करने का अर्थ जनसाधारण को इच्छानुसार व्यवस्था निर्माण के अधिकार से वंचित करता है। सामाजिक और आर्थिक प्रश्नों के निर्णय हमें जनसाधारण के हाथों में सौंप देने चाहिए। संविधान सभा के अभिजन गुट की यही वैचारिक दिशा थी, जिसे आम्बेडकर ने स्पष्ट रूप से अभिव्यक्त किया। व्यवस्था का निर्णय भी उन्हीं के पक्ष में रहा और इस तरह सामाजिक–आर्थिक सुरक्षा का प्रश्न पश्चिम की उदारवादी राजनीतिक लोकतन्त्रीय व्यवस्था के नीचे दब कर रह गया।

भारतीय संविधान के अध्येताओं के लिए आज भी यह प्रश्न विचारणीय है कि संविधायकों का यह निर्णय कहाँ तक विवेकसम्मत था?

क्या यहाँ का जनसमुदाय इस व्यवस्था के माध्यम से अपनी सामाजिक–आर्थिक सुरक्षा के प्रयत्न में सफल हुआ या नहीं? हमने एक प्रकार की तानाशाही के विरुद्ध किलेबन्दी तो की, लेकिन क्या हम उद्योगपति, पूँजीपति और न्यस्त हितों की तानाशाही से बच पाये? और सवा लाख का प्रश्न तो यह है कि यदि कोई संवैधानिक व्यवस्था कोटि–कोटि लोगों की स्वतन्त्रता पर आधारित है, तो इसी स्थिति में वह कब तक बनी रह सकेगी? वे कौन लोग अथवा व्यक्ति समूह हैं जो आर्थिक सुरक्षा के क्षेत्र में किये जाने वाले प्रयत्नों को पीछे धकेल रहे हैं और तानाशाही का भूत खड़े किये हुए हैं? क्या लोकतन्त्र और आर्थिक सुरक्षा में विरोधाभास अन्तर्निहित है? ऐसे ही अन्य प्रश्न हमारी आत्मचेतना को झकझोरते हैं और व्यवस्था के सफल संचालन के आगे प्रश्न चिह्न लगाते हैं।

नियन्त्रित लोकतन्त्र : तानाशाही के प्रावधान

संविधान सभा और उसके बाहर संविधायकों की आलोचना की गयी थी। आलोचकों का आक्षेप यह है कि संविधायकों ने मौलिक अधिकारों के नाम पर जो स्वतन्त्रताएँ प्रदत्त की हैं, उन्हें अपवादों और अहर्ताओं ने इतना सीमित कर दिया है कि वे अपना अर्थ खो बैठी हैं। कतिपय सदस्यों ने तीसरे अध्याय में वर्णित अधिकारों की वस्तुस्थिति को देखते हुए इसे 'स्वतन्त्रता पर प्रतिबन्धों' का अध्याय कहा था। राष्ट्रपति के आपातकालीन अधिकारों सम्बन्धी अनुच्छेदों (352 से 360) से तो वे बहुत उद्वेलित भी हुए। उनका कहना था कि इन उपबन्धों के माध्यम से हम कहीं तानाशाही की तो स्थापना नहीं कर रहे हैं? कुछ लोगों का आज भी यही अभिमत है कि हमारी जनतान्त्रिक व्यवस्था में तानाशाही के बीज निहित हैं। कोई भी मनचला और महत्त्वाकांक्षी व्यक्ति संविधान के उपबन्धों के माध्यम से समूची व्यवस्था का स्वरूप बदल सकता है।

भारतीय संविधान की समूची संरचना पर दृष्टि डालें तो हम एक विरोधाभास और विडम्बना की स्थिति का सामना करते हैं। निश्चय ही एक जनतन्त्रीय नागरिक समाज क़दम–क़दम पर अवरोधों की स्थिति में स्वतन्त्र समाज की रचना करने का दावा नहीं कर सकता। लोकतन्त्र और पुलिस राज के बीच पतली रेखा होती है। एक राजनीतिक समाज जनतन्त्रीय मूल्यों को सँजोकर रखने के साथ–साथ राष्ट्र के अस्तित्व और उसके ताने–बाने को यथावत बनाये रखने के प्रयत्न में ऐसी दुविधा की

स्थिति में आता है, जहाँ एक के पक्ष में निर्णय लेने का जोखिम नहीं उठा सकता। उसे अनेकानेक जाति और साम्प्रदायिक समूहों के बीच सामंजस्य तथा एक संविधान और एक झण्डे के नीचे बने रहने के लिए कई तरह की चुनौतियों का सामना करना पड़ता है।

राष्ट्र की एकता और अखण्डता बनाये रखने का प्रश्न इतना सरल नहीं है, जितना हम मान कर चलते हैं। वह स्वयं अपने अन्तर्विरोधों और झँझावतों के बोझ से दबा रहता है। अनेकानेक ऐतिहासिक कारकों, पूर्वाग्रहों, समय विशेष में उपस्थित चुनौतियों तथा यथार्थ के अनुभवों को नज़रअन्दाज़ करना सम्भव नहीं होता। भारत के संविधान में वर्णित उपबन्धों का यदि हम इस परिप्रेक्ष्य में अध्ययन करें तो प्रतीत होता है कि संविधायक ऐसी ही स्थितियों के भँवर में फँसे हुए थे। एक ओर जहाँ वे नागरिक स्वतन्त्रताओं के प्रति उत्साही थे, तो दूसरी ओर राष्ट्र की सुरक्षा, एकता और अखण्डता के प्रश्न पर संवेदनशील थे। इस कारण वे एक भी खेमे को सन्तुष्ट नहीं कर सके। एक ओर आर्थिक सुरक्षा के प्रश्न को नज़रअन्दाज़ कर उन्होंने समाजवादी लॉबी को अप्रसन्न किया, वहीं नागरिक अधिकारों को सीमित कर उदात्त प्रजातन्त्रवादी तबके के कोप के भी भाजन बने। संविधान में वर्णित 'संकटकालीन अधिकार' और अन्य उपबन्ध इस समूची व्यवस्था के चेहरे को बदलने की क्षमता रखते हैं, इसमें सन्देह नहीं। लेकिन इनके अभाव में क्या हम समूचे ताने–बाने को बनाये रख सकते थे? यह प्रश्न भी विचारणीय है। आलोचना के इन कतिपय पहलुओं का अध्ययन–मनन संविधान में वर्णित कतिपय कमज़ोर पक्षों को उजागर करते हैं। कई बार ये अभाव खलते हैं। लेकिन इसके उपरान्त भी हम संविधान निर्माताओं को बधाई दिये बिना नहीं रह सकते। जिन विषम और संकटपूर्ण परिस्थितियों में इसका निर्माण हुआ, उन्हें देखते हुए संविधायकों की उपलब्धि निस्सन्देह सराहनीय है। जो लोग भारतीय जन को 'क़ानून के राज्य' और लोकतन्त्रीय व्यवस्था के अयोग्य समझते थे, उनके भ्रम निवारण के लिए और कौन–सा मार्ग हो सकता था? संविधान सभा ने एक लोकतन्त्रीय गणराज्य की स्थापना कर यह सिद्ध कर दिया कि यह किसी समूह की बपौती नहीं है। वह समूचे मानव समुदाय की पूँजी है और एशिया के भूभाग में रहने वाले लोग भी स्वतन्त्र जीवनयापन करने के अधिकारी हैं। संविधान भारत की विभिन्न जाति–समूहों, सम्प्रदायों तथा विविध संस्कृतियों की एकता का भी एकैकिय रूप से प्रतिनिधित्व करता है।

इस देश के प्राचीन इतिहास के पृष्ठों के परिप्रेक्ष्य में यदि अवलोकन करें तो इसकी महत्ता स्वतः ही समझ में आ जाती है। पहली बार समूचा देश एक संविधान की छत्र–छाया में कार्य करने को प्रतिबद्ध हुआ। एक ध्वज, एक सेना और एक ही न्याय व्यवस्था स्थापित कर संविधान सभा ने निश्चय ही एक नयी राजनीतिक व्यवस्था के माध्यम से कोटि–कोटि जन की आकांक्षाओं और सपनों को अभिव्यक्ति दी है। एक ग़ैर–पश्चिमी परम्परागत जातिगत तथा साम्प्रदायिक समूहों में विभक्त समाज के लिए धर्मनिरपेक्ष, लोकतान्त्रिक राज्य की स्थापना न केवल इस देश के लिए अपितु एशिया और अफ्रीकी दुनिया के लिए सचमुच आश्चर्य और गौरव की बात है। एशिया के अन्य देशों में जहाँ जनतन्त्रीय व्यवस्था के स्थान पर सैनिक तानाशाही अपने पाँव पसार रही है, वहाँ भारत के संविधायकों की यह देन वन्दनीय है।

संविधान के संरचनात्मक स्वरूप और उससे सम्बन्धित उपबन्धों पर वर्तमान में बहस नये रूप में उभर कर आयी है। समस्त संविधान में परिवर्तन और आंशिक संशोधन की प्रासंगिकता तथा उपादेयता पर कई तरह के तर्क दिये जा रहे हैं। परिस्थितियों के सन्दर्भ में इस संविधान को उपयुक्त और भारतीय जन के लिए सुसंगत ठहराते हुए डॉक्टर आम्बेडकर ने जो कहा, उसका उल्लेख करना स्वतन्त्रता के साठ वर्षों के पश्चात भी युक्ति संगत लगता है। उन्होंने कहा :

"मैं यह महसूस करता हूँ कि यह संविधान काम चलाने की दृष्टि से उपयुक्त और लचीला है। यह शान्ति तथा युद्ध, दोनों ही परिस्थितियों में देश की एकता और अखण्डता बनाये रखने में समर्थ है। यदि यह संविधान सुचारु रूप से कार्य करने में असफल रहा तो मेरे विचार में इसका कारण यह नहीं कि हमारा संविधान दोषपूर्ण था, अपितु यह कि मनुष्य में विवेकहीनता बहुत पहले से ही कहीं अधिक विद्यमान रही है।"

सन्दर्भ

1. नेहरू, जवाहरलाल, *इंडिया फारेन पॉलिसी,* पृ. 13
2. सेठ, दामोदर, *संविधान सभा बहस, खण्ड*–7, पृ. 44
3. नेहरू, जवाहरलाल, *यूनिटी ऑफ़ इंडिया,* पृ. 139
4. राव, के.वी., *भारत में संसदीय जनतन्त्र* , पृ. 8
5. वही
6. ऑस्टिन, ग्रेनविल, *इंडियन कॉन्स्टीट्यूशन,* पृ. 312

7. वही, *द इंडियन कॉन्स्टीट्यूशन : कार्नर स्टोन ऑफ़ द नेशन*, पृ. 17
8. त्यागी, महावीर, *संविधान सभा बहस, खण्ड*–6, पृ. 360
9. सेठ, दामोदर, *संविधान सभा बहस, खण्ड*–6, पृ. 213
10. आम्बेडकर, *संविधान सभा बहस, खण्ड*–7, पृ. 213
11. सेठ, दामोदर, *संविधान सभा बहस, खण्ड* –7, पृ. 44
12. आम्बेडकर, *संविधान सभा बहस, खण्ड*–7, पृ. 213
13. देशमुख, पी.एस., *संविधान सभा बहस, खण्ड*–7 पृ. 250
14. आम्बेडकर, *संविधान सभा बहस, खण्ड*–7, पृ. 213
15. जोंस, मोरिस, *इंडियन गवर्नमेंट एंड पोलिटिक्स*, पृ. 25
16. सिंह, हिस्मत, माहेश्वरी, के. *संविधान सभा बहस, खण्ड*–7, पृ. 293
17. देशमुख, पी.एस, *संविधान सभा बहस, खण्ड*–7, पृ. 250
18. आम्बेडकर, *संविधान सभा बहस, खण्ड*–7, पृ. 213

(सन्दर्भ ग्रन्थ : नेशनल पब्लिशिंग हाउस, दिल्ली से प्रकाशित लेखक की पुस्तक 'भारतीय संविधान और राजनीति')

अध्याय–3

जवाहरलाल नेहरू का सांविधानिक दर्शन

–सोहन लाल मीणा

"मैं भी उन अदना हस्तियों में से हूँ जिनका संविधान से कुछ वास्ता रहा है।"

–जवाहरलाल नेहरू, 11 अप्रैल, 1955

बहुआयामी व्यक्तित्व के धनी पण्डित जवाहरलाल नेहरू एक महान देशभक्त, संसद–विद, संविधानवेत्ता, राष्ट्र निर्माता, शान्ति के दूत एवं कर्मण्यतावादी के रूप में सर्वविदित हैं। अतः नेहरू जी के बारे में ठीक ही कहा गया है कि वे एक व्यक्ति नहीं बल्कि व्यक्तियों का समूह थे। वे सचमुच एक ऐसे व्यक्तित्व के धनी थे जिसकी प्रतिभा का प्रस्फुटन और सुगन्ध का फैलाव चहुँमुखी था। उनका योगदान अद्वितीय और बहुविध था। इस शोध पत्र में नेहरू जी की सांविधानिक अन्तर्दृष्टि, दर्शन एवं मूलतत्त्व को केन्द्र बिन्दु बनाया गया है।

भारत की स्वाधीनता को सुदृढ़ करने का श्रेय यदि किसी एक व्यक्ति को दिया जा सकता है तो नेहरू जी उसके पात्र हैं। उन्होंने ही सर्वप्रथम देश के सामने यह बात रखी कि स्वाधीन भारत के लिए संविधान का निर्माण हमारी अपनी संविधान सभा द्वारा किया जाये। अतः यह उचित ही होगा कि नेहरू को न केवल भारतीय क्रान्ति और प्रतिनिधिक तथा संसदीय लोकतन्त्र शासन प्रणाली का जनक कहा जाये बल्कि संविधान सभा का भी जिसने भारत के संविधान की रचना की थी।

नवोदित स्वाधीन भारत के प्रधानमन्त्री के रूप में नेहरू के कन्धों पर एक भारी दायित्व था। चारों ओर से चुनौतीपूर्ण उत्तरदायित्व थे, उनमें एक प्रमुख दायित्व देश के लिए एक सम्यक संविधान तैयार करने का भी था।

अन्य चुनौतियों के साथ–साथ इसे भी स्वीकार करते हुए उन्होंने संविधान निर्माण में अपनी दिव्य दृष्टि प्रदान की जो नेहरू जी के सर्वोत्कृष्ट सांविधानिक सोच की ओर इंगित करती है। अतः बड़े ही महत्त्व की बात है कि जहाँ अन्य लोगों ने भारत के संविधान को शरीर और रंगरूप प्रदान किया, वहाँ नेहरू ने भारत के संविधान को उसकी रूह और आत्मा, उसका दर्शन और दिव्य दृष्टिकोण दिया। प्रारम्भ में ही उन्होंने उसकी सामान्य रूपरेखा का निर्धारण कर दिया था और संविधान सभा में जो कुछ हुआ, उस पर बराबर उनका प्रभाव रहा। इस दृष्टि से संविधान उन्हीं के हाथ की कारीगरी का नमूना है।[1]

नेहरू संविधान सभा के दार्शनिक, मार्गदर्शक और उसके प्रमुख संवैधानिक चिन्तक थे। उन्होंने मसलों पर बौद्धिक और आदर्शवादी दृष्टिकोण से विचार किया। नेहरू जी ने संविधान के मूल तत्त्वों पर पूरा व्यक्तिगत ध्यान दिया और उन पर बारीकी के साथ विचार किया। इसके लिए संविधान सभा के अध्यक्ष डॉ. राजेन्द्र प्रसाद ने भी नेहरू की भूरि–भूरि प्रशंसा की थी।[2]

नेहरू मूल अधिकारों, अल्पसंख्यकों के अधिकार संरक्षण और संविधान के समाज–सुधार विषयक पक्षों में विशेष रुचि रखते थे। यहाँ उल्लेखनीय है कि मार्च, 1931 में ही मूल अधिकार तथा राष्ट्रीय आर्थिक कार्यक्रम सम्बन्धी प्रस्ताव कराची के भारतीय राष्ट्रीय कांग्रेस के वार्षिक अधिवेशन को नेहरू की देन था। नेहरू ने संविधान सभा में मूल अधिकारों को संविधान में सम्मिलित करने का समर्थन किया और कराची अधिवेशन में उल्लेखित अनेक मूल अधिकार अन्ततोगत्वा संविधान में प्रतिष्ठित हुए।[3] उसमें न केवल आदर्श को छूने वाले प्रावधान हैं बल्कि व्यावहारिक, प्रशासनिक और तकनीकी स्वरूप के उपबन्ध भी हैं।[4]

संविधान सभा में नेहरू सबसे चमत्कारी नेता थे। उनके व्यक्तित्व का करिश्मा सर्वविदित था। उनमें एक महान गुण था कि वह लोकतन्त्र में अटूट निष्ठा रखते थे। उन्हें हमेशा यह ध्यान रहता था कि संविधान सभा जो भी निर्णय करे, उसके साथ लोकतन्त्र की सर्वोत्तम परम्परा और मानदण्ड जुड़े रहे। नेहरू इस बात के प्रबल समर्थक थे कि सभी मसलों पर पूरी और खुली बहस और यथा सम्भव सर्वसम्मति अथवा लगभग सर्वसम्मति से निर्णय किये जाये।[5] उन मामलों पर जहाँ नेहरू तीखे विचार रखते थे। उन्होंने समर्थन प्राप्त करने के लिए लोगों को राज़ी करने का

तरीक़ा आज़माया और जहाँ वह ऐसा न कर सके, उन्होंने अपने साथियों के बहुमत की इच्छा के आगे अपना सिर नवा दिया।

उल्लेखनीय है कि नेहरू संविधान सभा की तीन अति महत्त्वपूर्ण समितियों के अध्यक्ष रहे। वे तीन समितियाँ थीं :

1. रियासतों सम्बन्धी समिति,
2. संघ शक्ति समिति और
3. संघ संविधान समिति।

नेहरू उस विशेषज्ञ समिति के भी अध्यक्ष थे जिसकी स्थापना कांग्रेस कार्यकारिणी ने की थी। इस विशेषज्ञ समिति ने वास्तव में उस पथ का निर्धारण किया जिस पर कि संविधान सभा को अग्रसर होना था।

भारतीय संविधान के विविध उपबन्धों पर जवाहरलाल नेहरू के प्रभाव एवं दिव्य दृष्टि को निम्नलिखित आधारों पर देखा जा सकता है :

राज्यपाल का पद

संविधान सभा में नेहरू ने नामजद बनाम निर्वाचित राज्यपाल सम्बन्धी बहस में बड़े प्रभावशाली ढंग से हस्तक्षेप किया और कहा कि समय, शक्ति और पैसे की दृष्टि से चुनाव बड़े ही व्यय साध्य हैं, ज़्यादा चुनाव लोकतन्त्र के लिए हितकर नहीं होते। अतः अच्छा यही होगा कि राज्य के बाहर से एक नामजद राज्यपाल की व्यवस्था हो। उनका विचार था कि राज्यपाल के निर्वाचन से प्रान्तों में विभेदकारी वृत्तियों का शोषण हो सकता है और केन्द्र के साथ और केन्द्र तथा प्रान्तों के आपसी सम्बन्धों में दरार पड़ सकती है।[6]

भाषायी उपबन्ध

हिन्दी अथवा देवनागरी अंकों के मुकाबले अंकों के अन्तर्राष्ट्रीय रूप को अपनाये जाने के प्रश्न पर नेहरू ने शीघ्र ही निर्णय ले लिया कि अन्तर्राष्ट्रीय क्षेत्र में प्रयुक्तरूप को स्वीकार करना ही ठीक रहेगा। उन्होंने कहा कि यह एक दूरदर्शितापूर्ण नीति है और 'आज के साइंस और आर्ट के ज़माने में' देश की धुआँधार प्रगति के लिए सर्वोत्कृष्ट रहेगी।[7]

भाषा के प्रश्न पर नेहरू ने दृढ़ता का परिचय दिया। उन्होंने जहाँ यह स्वीकार किया कि भारत के लिए राजभाषा और राष्ट्र–सम्पर्क–भाषा के रूप में उसकी अपनी निज की ही भाषा होनी चाहिए, वहाँ उन्होंने किसी

भाषा को लादने की भी निन्दा की। उन्होंने ज़ोरदार शब्दों में कहा कि एक ऐसी अखिल भारतीय भाषा की सख़्त ज़रूरत है जो जनता में से ही पनपे! संविधान सभा में उन्होंने भाषा सम्बन्धी अयंगर सूत्र के क्रमिक विकास और उसकी अन्तिम स्वीकृति में एक बड़ी ही महत्त्वपूर्ण भूमिका निभायी।

मूल अधिकार एवं नीति निदेशक तत्त्व

नेहरू ने संविधान सभा में संविधान के मूल अधिकार और नीति निदेशक तत्त्व सम्बन्धी प्रावधानों पर हुई बहस में बड़ी ही सक्रिय भूमिका अदा की। संविधान में कतिपय नीति निदेशक सिद्धान्त निर्धारित किये गये हैं, जिन्हें काफ़ी चर्चा के बाद हमने उन्हें स्वीकार किया। वे हमें बताते हैं कि किस राह पर हमें चलना है। संविधान में कतिपय मूल अधिकारों की भी व्यवस्था की गयी है : ये दोनों ही महत्त्वपूर्ण हैं। राज्य के निदेशक तत्त्व किसी लक्ष्य की ओर निरन्तर गतिमान प्रक्रिया के प्रतीक हैं। मूल अधिकार एक ऐसे तत्त्व के प्रतीक हैं जो कतिपय ऐसे अधिकारों का संरक्षण करता है जो विद्यमान हैं। दोनों ही ठीक हैं लेकिन कभी–न–कभी किसी–न–किसी तरह ऐसा हो सकता है कि गतिशीलता और स्थिरता का आपस में मेल न बैठे। मूल अधिकारों की समूची संकल्पना का आधार है व्यक्तिगत स्वातन्त्रय और स्वाधीनता की रक्षा। वह एक मूल संकल्पना है।[8]

नेहरू जी ने अल्पसंख्यकों, जनजाति क्षेत्रों और पिछड़े वर्गों के लिए पर्याप्त संरक्षण के प्रावधान का समर्थन किया। मूल अधिकार समिति की अन्तरिम रिपोर्ट पर हुई बहस में नेहरू ने कहा कि जनजाति क्षेत्रों और जनजाति के लोगों का हर प्रकार से संरक्षण होना चाहिए। उनका कथन है कि हमारा यह पक्का इरादा और पक्की ख्वाहिश है कि जितनी भी हो सके, जितने भी बढ़िया तरीक़े से हो सके, अपने उन भाई–बन्धुओं की जो अपने किसी दोष के बिना ही केवल समाज के रीति–रिवाजों के कारण पिछड़े हैं उनके खूँखार पड़ोसियों से रक्षा करें और उन्हें आगे बढ़ने का मौका दें।[9]

विधानमण्डल और न्यायपालिका के बीच सम्बन्ध

विधानमण्डल और न्यायपालिका के बीच क्या सम्बन्ध हों और उनकी क्या–क्या भूमिका हो इस बारे में नेहरू संविधान सभा में बहस के दौरान काफ़ी कुछ बोले। उनका विचार था कि संविधान की शब्दावली के अनुसार

संसद की इच्छा सर्वोपरि है और न्यायपालिका को इस बात की अनुमति नहीं दी जा सकती कि वह समाज सुधार विधानों को निष्फल करने के लिए तीसरे सदन के रूप में काम करे।[10]

नियति के साथ प्रतिज्ञा

14–15 अगस्त, 1947 की परम भाग्यशाली अर्द्धरात्रि से कुछ ही क्षण पूर्व नेहरू ने प्रस्ताव प्रस्तुत किया कि यह संकल्प लिया जाये कि ठीक अर्द्धरात्रि के बाद संविधान सभा के सभी सदस्य यह प्रतिज्ञा करें कि वे अपने आपको भारत तथा भारतवासियों की सेवा हेतु समर्पित करेंगे। संकल्प प्रस्तुत करते समय नेहरू की वक्तृता देखने लायक थी। उनका 'नियति के साथ प्रतिज्ञा' नामक भाषण तब से इतना प्रसिद्ध हो चुका है कि आज भी अक्सर उसका उल्लेख किया जाता है।[11]

उद्देश्य प्रस्ताव

13 दिसम्बर, 1946 को संविधान सभा में जवाहरलाल नेहरू द्वारा प्रस्तुत उद्देश्य प्रस्ताव जो बाद में संविधान की प्रस्तावना बना, नेहरू की अपनी कलम की नोक का कमाल था। उसमें वे मूल विचार अथवा मूल सिद्धान्त और वह सामान्य रूपरेखा निर्धारित की गयी थी जिस पर समूचे संविधान का महल खड़ा किया जाना था।[12]

उद्देश्य प्रस्ताव के अलावा कई अन्य महत्त्वपूर्ण प्रस्ताव नेहरू ने प्रस्तुत किये जैसे :

1. संविधान सभा द्वारा स्वीकृत नये संविधान के प्रावधानों के आधार पर 1950 में किये जाने वाले चुनावों के लिए मतदाता सूचियों की तैयारी विषयक प्रस्ताव,
2. भारत के राष्ट्रमण्डल का सदस्य बने रहने के निर्णय की पुष्टि विषयक प्रस्ताव,
3. भारत के राष्ट्रध्वज को अंगीकार करने का प्रस्ताव।

शासन की संसदीय प्रणाली

नेहरू राष्ट्रपतीय तथा अन्य पद्धतियों की तुलना में संसदीय पद्धति के प्रबल समर्थक थे। के.एम. मुंशी के अनुसार, मध्यमार्गी समाजवादी होने के नाते, भारत की काया–पलट करने के आतुर नेहरू संसदीय सर्वोच्चता के पक्षधर थे। उन्हीं के शब्दों में ''महज़ इसलिए नहीं कि किसी हद तक पहले भी

उसी तरह की बात हम सोचा करते थे बल्कि इसलिए भी कि हमने सोचा कि वह हमारी पुरानी मान्यताओं से मेल खाती है।" नेहरू कहते थे कि "संसदीय प्रणाली की सरकार उन प्रणालियों के मुकाबले ज़्यादा सफल हो सकेगी जो किसी न किसी तरह की तानाशाही लायेगी। अपनी भारी कमियों के बावजूद संसदीय प्रणाली में यह गुण है कि वह ज़िन्दगी के बदलते हुए ढर्रे में अपने आपको ढाल सकती है।"[13]

संविधान की लोचशीलता

नेहरू संविधान में ज़रूरी लोच के भारी समर्थक थे। 13 जुलाई 1947 को संघ संविधान समिति के अध्यक्ष की हैसियत से लिखते हुए उन्होंने संविधान के संशोधनार्थ प्रावधान के प्रारूप की सिफ़ारिश संविधान सभा के अध्यक्ष से की थी। काफ़ी बहस एवं चर्चाओं के पश्चात उसने संविधान के अनुच्छेद 368 का रूप धारण किया।[14] डॉ. बी.आर. आम्बेडकर द्वारा प्रस्तुत प्रारूप सम्बन्धी संविधान प्रस्ताव पर नेहरू ने कहा :

> "अगर आप किसी चीज़ को ऐसी बना दें कि वह ठस हो जाये और अपनी जगह से हिल–डुल न सके तो आप राष्ट्र की तरक्की का दरवाजा बन्द कर देते हैं, उन लोगों की तरक्की का जो जानदार हैं, हाड़–मांस के पुतले हैं। इसलिए जब हम एक ऐसा आईना बनाते हैं जो हर तरह से ठोस है, बुनियादी है, तो उसमें लोच भी होना चाहिए और कुछ समय के लिए तो वह ऐसा होना चाहिए ताकि ज़रूरत पड़ने पर हम उसमें आसानी से फेर–बदल कर सकें।"[15]

धर्म निरपेक्षता

नेहरू ने धर्मनिरपेक्षता के प्रति अपनी गहन निष्ठा रखी। उनका अभिमत था कि धर्म–निरपेक्षता का मार्ग एकता को सुदृढ़ करने वाला है। धर्म–निरपेक्षता पर अपने एक भाषण में उन्होंने कहा, "भारत एक धर्म निरपेक्ष राज्य है इसका अर्थ धर्महीनता नहीं, इसका अर्थ सभी धर्मों के प्रति समान आदर भाव तथा सभी व्यक्तियों के लिए समान अवसर हैं, चाहे कोई भी व्यक्ति किसी धर्म का अनुयायी क्यों न हो। इसलिए हमें अपने दिमाग़, अपनी संस्कृति के इस आदर्शमय पहलू को सदा ध्यान में रखना चाहिए जिसका आज के भारत में सबसे अधिक महत्त्व है।"[16]

नेहरू की धर्मनिरपेक्षता से यह अर्थ निकालना भ्रामक होगा कि वे अधार्मिक थे अथवा धर्म और ईश्वर शब्दों से उन्हें घृणा थी। नेहरू की प्रवृति सत्य को ग्रहण करने की संकीर्णता और अन्धविश्वास से मुक्त रहने की थी। औपचारिक अथवा संस्थाबद्ध धर्म में नेहरू की कोई आस्था नहीं थी। उनके जीवन–दर्शन में अन्धविश्वास, कट्टरता, कर्मकाण्ड और संस्कारवाद को स्थान न था। धर्म से उनका आशय था कि निष्ठापूर्वक सत्य की खोज करना, सत्य के लिए सब कुछ बलिदान करने को उद्धत रहना।

राष्ट्रीय एकता

जवाहरलाल नेहरू ने देश को एक सन्तुलित, संयमशील और आदर्श राष्ट्रवाद के मार्ग पर चलने की प्रेरणा दी। राष्ट्रीयता सम्बन्धी उनकी मान्यता संकुचित नहीं थी। उनका कहना था कि मातृभूमि के प्रति भावुकता से भरे सम्बन्ध को 'राष्ट्रीयता' कहते हैं। उन्होंने कहा 'हिन्दुस्तान मेरे ख़ून में समाया हुआ है और उसमें बहुत कुछ ऐसी बात है जो मुझे स्वभावतः उकसाती है।[17] पर मातृभूमि के प्रति नेहरू का प्यार अन्धा नहीं था। मानवता के कल्याण में नेहरू भारत के कल्याण का दर्शन करते थे। वे टैगोर के विश्ववाद व विश्वबन्धुत्व की भावना से प्रभावित थे।

नेहरू का विचार था कि राष्ट्रीयता एक परम्परागत शक्ति है जिसे प्रत्येक देशवासी स्वेच्छा से स्वीकार करता है। लोगों को यह नहीं समझना चाहिए कि राष्ट्रीयता की भावनाएँ उन पर लादी जा रही हैं क्योंकि राष्ट्रीयता तो वह गम्भीर और शक्तिशाली चीज़ है जो लोगों को आपस में जोड़े रखती है। राष्ट्रवाद को नेहरू ने एक भावनात्मक वस्तु बताया और विश्वास प्रकट किया कि विदेशी शासन के दौरान राष्ट्रीयता की भावना अधिक महत्त्वपूर्ण हो जाती है तथा राष्ट्रीय आन्दोलन को गतिशील बनाये रखने के लिए शक्तिशाली प्रेरणा का काम करती है। जब कभी किसी देश पर संकट उपस्थित होता है तो राष्ट्रवाद अपना प्रभुत्व स्थापित कर लेता है।

नेहरू यद्यपि संशयवादी थे लेकिन अत्यधिक भावुक और संवेदनशील होने के नाते उन्हें भारत माता के आदर्श ने अत्यधिक प्रभावित किया। उनके लिए राष्ट्रवाद वास्तव में आत्मविस्तारवाद का ही एक रूप था।[18]

नेहरू ने राष्ट्रीय आत्म–निर्णय के सिद्धान्त पर अत्यधिक बल दिया और साम्राज्यवाद का प्रबल विरोध किया। उन्होंने कहा कि राष्ट्रवाद के नाम पर धर्म, जाति और संस्कृति का सहारा नहीं लेना चाहिए।

नेहरू ने एक सच्चे राष्ट्रवाद के रूप में हर देश की आज़ादी को समर्थन दिया। उन्होंने कहा, "हर गुलाम देश के लिए राष्ट्रवाद की भावना से ओत–प्रोत होना सर्वथा स्वाभाविक है। पुनश्च एक पराधीन देश के लिए शान्ति का कोई अर्थ नहीं है क्योंकि शान्ति तो स्वतन्त्रता के बाद ही स्थापित हो सकती है, इसलिए साम्राज्यों को मिटाना ही चाहिए। उनका ज़माना बीत चुका है।"[19]

संविधान सामाजिक परिवर्तन के साधन के रूप में

ग्रेनविल ऑस्टिन ने कहा है कि भारतीय संविधान सर्वप्रथम एक सामाजिक दस्तावेज़ है। उसके अधिकांश उपबन्धों का सीधा उद्देश्य या तो सामाजिक क्रान्ति के लक्ष्यों को प्रस्फुटित करना है अथवा उसकी प्राप्ति के लिए आवश्यक परिस्थितियाँ उत्पन्न करके इस क्रान्ति के पोषण का प्रयास करना है। इस सम्बन्ध में नेहरू का कथन है कि अन्ततः संविधान शासन पद्धति तथा जन–जीवन पद्धति को समर्पित एक प्रकार का क़ानूनी निकाय है। कोई भी संविधान जो जन–जीवन, जनहित तथा जनाकांक्षाओं से अछूता है निहायत खोखला–सा बन जाता है। यदि वह इन लक्ष्यों से गिर जाता है, तो वह लोगों को भी नीचे गिरा देता है। उसे कुछ बुलन्दी पर होना चाहिए ताकि वह लोगों के दिल और दिमाग़ को किन्हीं बुलन्दियों तक ले जा सके।[20]

महज क़ानूनों और विधानों से ही कोई देश महान नहीं बन जाता। लोगों की लगन, ताक़त और लगातार कोशिश ही किसी देश को महान बनाते हैं। नेहरू को भारत पर और उसके महान भविष्य पर पूरा भरोसा था। उन्होंने कहा था कि क़ानूनी विधान बनते हैं लेकिन दरअसल बड़े–बड़े आला दिमाग बुलन्द हौसले और मज़बूत हाथों से ही इतिहास का निर्माण होता है वह लोगों के श्रम, आँसू और पसीने से बनता है।[21]

नेहरू का विचार था कि राष्ट्रीय प्रयास का लक्ष्य एक ऐसी नई समाज व्यवस्था का निर्माण करना है जिसमें आम लोगों की बुनियादी ज़रूरतें पूरी हो सकें। सभी को मूल मानवीय अधिकार प्राप्त हो सकें और समान अवसर मिल सकें। संविधान सभा और उसके द्वारा निर्मित संविधान दोनों एक बृहत्तर राष्ट्रीय प्रयास के अंग मात्र होने थे।

नेहरू ने संविधान सभा में कहा था कि "संविधान का पहला काम यह होगा कि भारत को स्वतन्त्र कराये, भूखे लोगों का पेट भरे, नंगों को कपड़ा दे और हर भारतवासी को उसकी क्षमता के अनुसार उसके विकास

का पूरा–पूरा अवसर प्रदान करे।'' दूसरे शब्दों में कहा जाये तो उनके लिए संविधान की संगति केवल इतनी थी कि वह सामाजिक परिवर्तन का साधन बने। नेहरू ने कहा, ''मुझे यकीन है कि खुद संविधान हमें असली आज़ादी का रास्ता दिखायेगा जिसके लिए हम मरते–खपते रहे हैं और बदले में असली आज़ादी हमारी भूखी जनता के लिए खाना मुहैया करेगी। उन्हें तन ढँकने के लिए कपड़ा देगी, रहने के लिए मकान देगी और वह सब कुछ देगी जो उनकी तरक्की के लिए ज़रूरी हो।'' इस तरह नेहरू ने संविधान सभा में जो उद्‌गार प्रकट किये वे आज भी उतने ही सार्थक हैं जितने कि उस समय थे। उन्हीं के शब्दों में ''फिलहाल भारत के सामने सबसे बड़ा और सबसे ज़रूरी मसला है ग़रीब और भूखे लोगों की समस्या सुलझाना। जिधर भी हम नज़र उठाएँ, हमें यही मसला दीख पड़ता है। अगर हम इस मसले को जल्दी ही हल नहीं कर सके तो हमारा सारे का सारा काग़ज़ी विधान बेकार और बेमानी हो जायेगा।''[22]

इस प्रकार नेहरू ने संविधान सभा में संविधान और उसकी समितियों के निर्माण की विभिन्न अवस्थाओं में एक अहम और नाजुक रोल अदा किया और भारत के संविधान को अपनी ओर से दर्शन और मूलतत्त्वों से विभूषित किया। किन्तु यह तो केवल शुरुआत थी। संविधान को सच्चा अर्थ और रूप केवल उसकी इस बात से मिलता है कि उसके अन्तर्गत काम किस ढंग से किया जाता है। भारत के संविधान का निर्माण वास्तव में उसके जीवन के प्रारम्भिक वर्षों में हुआ जब जवाहरलाल नेहरू के कुशल नेतृत्व में उसे कार्यरूप दिया गया और उसकी अग्नि परीक्षा हुई। नेहरू ने राष्ट्र के भवन को सुदृढ़ आधार प्रदान किया एवं संविधान के तन में जीवन और जीवात्मा को प्रतिष्ठित किया। प्रारम्भिक 14 वर्षों की लम्बी अवधि तक एक नये संविधान का सफल कार्यकरण कोई साधारण बात नहीं थी। इस कार्यकरण के दौरान, संविधान की इमारत में जब–तब जो कुछ दरारें दीख पड़ीं, नेहरू ने स्वयं अपने हाथों से उनकी मरम्मत की। उन्होंने संविधान में आवश्यक संशोधन प्रस्तुत करके संविधान निर्माताओं की वास्तविक भावनाओं को स्पष्ट करने का प्रयास किया। संविधान संशोधन विधेयकों का कुशल संचालन करते समय तथा अन्य महत्त्वपूर्ण विषयों पर नेहरू ने सांविधानिक चिन्तन के क्षेत्र में महत्त्वपूर्ण योगदान किया। इसमें कुछ विषय थे, मूल अधिकार बनाम निदेशक तत्त्व, वाक स्वातन्त्र्य पर बन्धन, व्यक्तिगत अधिकार बनाम समाजहित, संसद की सर्वोच्चता तथा

न्यायालयों का क्षेत्राधिकार, सम्पत्ति का अधिकार, पिछड़े वर्गों को संरक्षण, भाषा समस्या सम्बन्धी प्रस्ताव, राष्ट्रपति तथा प्रधानमन्त्री आदि का दर्जा। नेहरू के इस योगदान को सदैव याद किया जायेगा।

सन्दर्भ

1. लैम्ब, पिटने, 1967. द *नेहरूज ऑफ़ इंडिया, थ्री जेनरेशंस ऑफ़ लीडरशिप,* न्यूयार्क : मैकमिलन, पृ. 164
2. *कॉन्स्टीटुएंट असेम्बली डिबेट्स खण्ड–11,* पृ. 987
3. मुंशी, के.एम., *पिलग्रिआमेज टू फ्रीडम,* 1902–1950 पृ. 28, 183, 193
4. ऑस्टिन, ग्रेनविल, *द कॉन्स्टीट्यूशन ऑफ़ इंडिया : कार्नरस्टोन ऑफ़ नेशन,* ऑक्सफोर्ड, 1966, पृ. 315
5. *कॉन्स्टीटुएंट असेम्बली डिबेट्स, खण्ड–2,* पृ. 299
6. *कॉन्स्टीटुएंट असेम्बली डिबेट्स, खण्ड–3,* पृ. 454–56
7. *कॉन्स्टीटुएंट असेम्बली डिबेट्स, खण्ड–9,* पृ. 1409–16
8. संविधान (प्रथम संशोधन) विधेयक, 1951 पर बोलते हुए, संसदीय वाद–विवाद भाग–2, दिनांक 16 मई, 1951
9. *कॉन्स्टीटुएंट असेम्बली डिबेट्स, खण्ड–3,* पृ. 455, खण्ड–7, पृ. 323 और खण्ड–8, पृ. 329–32
10. *कॉन्स्टीटुएंट असेम्बली डिबेट्स, खण्ड–8,* पृ. 246–47
11. *कॉन्स्टीटुएंट असेम्बली डिबेट्स, खण्ड–5,* पृ. 3–4
12. कश्यप, सुभाष, *संविधान की आत्मा,* दिल्ली : नेशनल, 1971, पृ. 16–18
13. *कॉन्स्टीटुएंट असेम्बली डिबेट्स, खण्ड–4,* पृ. 915 / के. एम. मुंशी, पिलग्रिमेज टू फ्रीडम, 1902–1950, पृ. 193
14. कॉन्स्टीटुएंट असेम्बली फाईल नं. 3–सी/47, प्रसाद पेपर्स, राष्ट्रीय संग्रहालय / *कॉन्स्टीटुएंट असेम्बली डिबेट्स, खण्ड–7,* पृ. 322–23
15. प्रकाशन विभाग, भारत सरकार, *जवाहरलाल नेहरू श्रद्धांजलि* पृ. 111
16. वर्मा, विश्वनाथ प्रसाद, *आधुनिक भारतीय राजनीतिक चिन्तन,* पृ. 383
17. *कॉन्स्टीटुएंट असेम्बली डिबेट्स, खण्ड–10,* कॉलम्स, 455–56
18. प्रकाशन विभाग, भारत सरकार, *जवाहरलाल नेहरू, श्रद्धांजलि* पृ. 111
19. *कॉन्स्टीटुएंट असेम्बली डिबेट्स, खण्ड–7,* पृ. 318
20. नेहरू, दिल्ली के लाल किले के प्रचीरों से 15 अगस्त, 1949
21. *कॉन्स्टीटुएंट असेम्बली डिबेट्स, खण्ड–7,* पृ. 316–17, 299–302, 322
22. संविधान प्रथम, चतुर्थ, नवम् दशम्, 12वाँ, 13वाँ, 14वाँ, संशोधन विधेयक राज्य पुनर्गठन आयोग विधेयक, राज भाषाएँ विधेयक आदि पर भाषणों से उद्धरण।

(सन्दर्भ ग्रन्थ : समकालीन राजनीति के प्रमुख आयाम : सम्पादक अरुण चतुर्वेदी और संजय लोढ़ा, पंचशील प्रकाशन, जयपुर)

अध्याय–4

संविधान समीक्षा : दर्शन एवं दृष्टि

-अनिल कुमार वर्मा

इक्कीसवीं शताब्दी में प्रवेश करते हुए भारत में संविधान समीक्षा की पहल हुई। संविधान समीक्षा के अन्तर्गत या तो वर्तमान संविधान में संशोधनों की बृहद् शृंखला प्रस्तावित की जाती है अथवा एक पूर्णतः नूतन संविधान प्रस्तावित किया जा सकता है, पर पूर्णतः नूतन संविधान बनाने पर विभिन्न राजनीतिक दल नवीन संविधान सभा की माँग कर सकते हैं। फिर वर्तमान संविधान में कोई ऐसा प्रावधान भी नहीं है जो सम्पूर्ण संविधान को ही निरस्त करने का अधिकार संसद को देता हो। संविधान समीक्षा के लिए कोई भी विधि अपनायी जाये पर समीक्षा के उपरान्त संविधान को न्यायिक पुनर्निरीक्षण की प्रक्रिया से गुज़रना होगा तथा नवीन संशोधनों व प्रावधानों को संविधान के 'मूल ढाँचे' के अनुरूप होना होगा।

सर्वोच्च न्यायालय ने केशवानन्द भारती बनाम् केरल राज्य (AIR 1973, SC 1461) मुक़दमे में संविधान के 'मूल ढाँचे' की अवधारणा का प्रतिपादन किया। उस मुक़दमे में न्यायालय ने यह निर्णय दिया कि संसद मूल अधिकारों संहित संविधान के किसी भाग में परिवर्तन कर सकती है पर संविधान के 'मूल ढाँचे' में परिवर्तन नहीं कर सकती। यद्यपि न्यायमूर्ति सीकरी, शेलेट, ग्रोवर, हेगड़े और मुखर्जी ने संविधान की सर्वोच्चता, गणतन्त्रात्मक व प्रजातान्त्रिक सरकार, पन्थ निरपेक्षता, संघीय स्वरूप, व्यवस्थापिका, कार्यपालिका व न्यायपालिका में शक्तियों का बँटवारा, सम्प्रभुता, देश की एकता व अखण डता, व्यक्ति का आत्म–सम्मान, लोक–कल्याणकारी राज्य आदि को संविधान का 'मूल ढाँचा' बताया पर उन्होंने उसका विस्तृत व अन्तिम सीमांकन नहीं किया। धीरे–धीरे न्यायालय इस सूची को विस्तृत भी करता रहा है।

मिनर्वा मिल्स मुक़दमे (1980) में न्यायालय ने 'न्यायिक पुनर्निरीक्षण' एवं 'संविधान संशोधन की सीमित शक्ति' तथा किहोटो होलोहन बनाम जैचिल्यू (1992) में क़ानून के शासन को 'मूल ढाँचे' की मान्यता दी। अनेक विधि विशेषज्ञों व विद्वानों ने कुछ अन्य तत्त्वों जैसे संसदात्मक व्यवस्था, स्वतन्त्र व निष्पक्ष चुनाव, स्वतन्त्र न्यायपालिका आदि को भी मूल 'ढाँचा' माना है। इस प्रकार जनता व संसद की संविधान को संशोधित/परिवर्तित करने की शक्ति को एक ऐसी विधिक अवधारणा से प्रतिबन्धित कर दिया गया है जो स्वयं ही स्पष्ट नहीं है। 'मूल ढाँचे' की बढ़ती परिधि से इस बात की सम्भावना बढ़ी है कि कहीं आगे चल कर लगभग पूरा संविधान ही अपरिवर्तनीय न हो जाये।

मूल ढाँचे की अवधारणा मात्र एक विधिक अवधारणा है जिसे समाज व राज्य के द्वारा मान्य व्यापक राजनीतिक दर्शन के अन्तर्गत होना चाहिए और यदि समाज अपने राजनीतिक दर्शन में गत्यात्मकता दिखाये तो विधिक अवधारणाओं में भी गत्यात्मकता आनी चाहिए। इतिहास गवाह है कि कभी भी किसी राजनीतिक या विधिक अवधारणा को समाज ने सदैव श्रेष्ठ नहीं माना, समाज का दृष्टिकोण बदलता रहता है। संशोधन व समीक्षा में एक मूल अन्तर यह है कि समीक्षा एक व्यापक प्रक्रिया है। इसके अन्तर्गत संविधान को त्याग कर एक नूतन संविधान बनाने की सम्भावना से इनकार नहीं किया जा सकता। अतः जहाँ मूल ढाँचे जैसी विधिक अवधारणा संविधान पर लागू की जा सकती है, वहीं 'समीक्षा' उसकी परिधि से बाहर है। यह सम्भव है कि संविधान के मूल ढाँचे में भी परिवर्तन किया जा सके, पर समाज प्रजातन्त्र व लोक–सम्प्रभुता के व्यापक राजनीतिक दर्शन से प्रतिबद्ध रहे।

जनता को लोक सम्प्रभु होने के कारण संविधान संशोधन की शक्ति प्राप्त है और केशवानन्द भारती मुक़दमे में तो न्यायालय ने स्वयं को संविधान संशोधनों पर न्यायिक पुनर्निरीक्षण की शक्ति दे डाली। इन्दिरा गाँधी ने संविधान के 42वें संशोधन द्वारा अनुच्छेद 368(4) व (5) जोड़ा जिसमें स्पष्ट प्रावधान किया गया कि न्यायालय संशोधनों पर न्यायिक पुनर्निरीक्षण न कर सकेगा, और संसद की संविधान संशोधन की शक्ति पर कोई भी प्रतिबन्ध न रहेगा पर सर्वोच्च न्यायालय ने मिनर्वा मिल्स मुक़दमे (1980) में अनुच्छेद 368(4) व (5) को ग़ैर–संवैधानिक घोषित कर दिया। इस प्रकार सर्वोच्च न्यायालय ने वस्तुतः स्वयं को 'न्यायिक वीटो' का वह अधिकार

प्रदान कर दिया जिसकी कल्पना भी संविधान बनाने वालों ने न की होगी, और जो स्वयं भी मूल ढाँचे की अवधारणा (व्यवस्थापिका, कार्यपालिका व न्यायपालिका में शक्तियों का बँटवारा) के प्रतिकूल है। वास्तव में प्रत्येक राष्ट्र व जनता को अपना संविधान बदलने का पूर्ण अधिकार है।

क्यों हमें अपने संविधान की समीक्षा करने की आवश्यकता महसूस हो रही है? हमें अपने संविधान में कुछ असुविधाएँ व कुछ अपर्याप्तताएँ दिखायी देती हैं। प्रथम, संवैधानिक असंगतियाँ, द्वितीय, राजनीतिक असुविधाएँ तथा तृतीय, सामाजिक–आर्थिक विसंगतियाँ। वर्तमान संविधान में संवैधानिक असंगतियों का कारण यह है कि अनेक संवैधानिक प्रावधानों को लिखते समय हमने ब्रिटिश अभिसमयों को आधार बनाया। अतः संविधान के लिखित प्रावधान सही संवैधानिक स्थिति व्यक्त नहीं करते। अनुच्छेद 53 समस्त कार्यपालिका शक्तियाँ राष्ट्रपति में व्यक्त करता है, परन्तु वास्तव में शक्तियाँ प्रधानमन्त्री व मन्त्रिमण्डल की हैं। अनुच्छेद 74 के अनुसार प्रधानमन्त्री व मन्त्रिपरिषद की सलाह पर राष्ट्रपति कार्य करेगा, जबकि वास्तविक स्थिति में सलाहकार की भूमिका राष्ट्रपति की है, अनुच्छेद 75(2) के अनुसार मन्त्रिगण राष्ट्रपति के प्रसाद–पर्यन्त पद धारण करेंगे, जबकि व्यवहार में वे प्रधानमन्त्री के प्रसाद–पर्यन्त पद पर बने रहते हैं। समीक्षा का औचित्य तभी है जब सही संवैधानिक स्थिति को प्रावधानों में व्यक्त किया जाये।

राजनीतिक असुविधाओं के अन्तर्गत अस्थिरता एवं केन्द्र–राज्य सम्बन्धों का मुद्दा प्रमुख है। स्थिरता वांछित अवश्य है जिससे सरकारें अपने कार्य पर ध्यान दे सकें, पर उससे भी ज़्यादा महत्त्वपूर्ण सुशासन का मुद्दा है। संसदात्मक संविधान में भी कुछ सूक्ष्म परिवर्तन करके (जैसे–लोकसभा और विधानसभाओं को भंग करने का प्रावधान समाप्त करना तथा 'अविश्वास प्रस्ताव के साथ ही विश्वास प्रस्ताव लाना) उसे स्थिरता प्रदान की जा सकती है। केन्द्र–राज्य सम्बन्धों के तनाव दूर करने के लिए वित्तीय संसाधनों का सम्यक विभाजन तथा सातवीं अनुसूची का पुनर्लेखन होना चाहिए। संविधान से यह भी अपेक्षा की जाती है कि वह सामाजिक–समस्याओं के समाधान का साधन बने। वास्तव में कोई संविधान ऐसी समस्याओं का समाधान नहीं कर सकता, वह उत्तरदायित्व उसके अन्तर्गत निर्मित सरकार का होता हैं और सरकार के उत्तरदायित्वों का निर्वहन समाज की राजनीतिक संस्कृति पर निर्भर है। अतः संविधान के प्रति लोगों की अपेक्षाओं का नियमन अत्यन्त आवश्यक है जिससे समीक्षा के उपरान्त प्राप्त संविधान से लोगों को निराशा न हो।

समीक्षा का एक और दायित्व यह है कि वह भारतीय संविधान को संक्षिप्त कर सरल भाषा में प्रस्तुत करे जिससे नागरिकों में संविधान पढ़ने की रुचि जागृत हो सके।

(प्रस्तुत लेख शोधार्थी, अंक प्रथम, संख्या एक, जनवरी–मार्च 2005 से साभार। मूल लेख इंडियन जर्नल ऑफ़ पोलिटिक्स, अंक 34, संख्या 3–4 जुलाई–दिसम्बर 2000 में 'रिव्यूइंग द कॉन्स्टीट्यूशन : दी फिलॉसफी एंड द विजन' शीर्षक से प्रकाशित)

अध्याय–5

भारत में प्रजातन्त्र और संविधानवाद : कतिपय विचार

–रमाकान्त

प्रजातन्त्र, संविधानवाद एशिया और अफ्रीका के देशों में एक आकर्षक विचारधारा और एक ज्वलन्त प्रश्न रहा है। दक्षिण एशिया के क्षेत्र में जहाँ दुनिया की कुल जनसंख्या का एक चौथाई हिस्सा रहता है, इससे भी अधिक महत्त्वपूर्ण है कि यह क्षेत्र प्रजातन्त्र और प्रजातान्त्रिक आन्दोलन के लिए इस क्षेत्र और इस क्षेत्र से बाहर प्रेरणा का स्रोत रहा है। इसलिए इस क्षेत्र में प्रजातन्त्र और प्रजातान्त्रिक आन्दोलन की स्थिति और उसके क्रियान्वयन के मूल्यांकन की आवश्यकता है।

सैद्धान्तिक और वैचारिक दृष्टिकोण

प्रजातन्त्र और संविधानवाद दोनों ही विषय ऐसे हैं जिन्हें महत्त्वपूर्ण लेखकों ने अलग–अलग तरीक़े से प्रभावित किया है। ये उपयोगितावादियों और शास्त्रीय उदारवादियों के हस्तक्षेप दृष्टिकोण से लेकर समाजवादी प्रजातान्त्रिक और मार्क्सवाद के विभिन्न विचार विषय रहे हैं। स्वाभाविक है कि कोई सर्व सम्मत दृष्टिकोण नहीं हो सकता है। यह कार्य व्यवहारवादियों या अनुभववादियों के कारण और भी जटिल हो गया है। इसमें तीसरी दुनिया के अभिजन ने स्थितियों को और भी कठिन बनाया है। दोनों ही वर्तमान पद्धतियों को तार्किक, व्यावहारिक और कार्यगत कहकर प्रजातन्त्र के औचित्य को सिद्ध करते हैं (कुछ स्थितियों में वे विशिष्ट हैं और उन्हें पहचान लिया गया है)। इनको मार्क्सवादी और उदारवादी दोनों ही अस्वीकार करते हैं।

विश्लेषण की सुविधा के लिए सैद्धान्तिक दृष्टिकोणों को दो व्यापक वर्गों में बाँटा जा सकता है :

(1) प्रजातन्त्र शासनतन्त्र की व्यवस्था के रूप में भारत में प्रजातन्त्र और संविधानवाद।

(2) प्रजातन्त्र जीवन पद्धति के रूप में--जिसमें उसके उद्देश्य और स्वरूप पर विशेष आग्रह रहता है।

प्रजातन्त्र शासन व्यवस्था के रूप में : आरम्भिक रूप से संस्थावादियों और बाद में व्यवहारवादियों का यह विचार है कि नागरिक स्वतन्त्रताएँ और चुनाव वे अवसर प्रदान करते हैं जिनमें विकल्पों के लिए प्रतिस्पर्धा होती है और यह प्रजातन्त्रात्मक व्यवस्था के लिए केन्द्रीय विचार है। अपने निबन्ध संकलन की भूमिका में लारा डाइमंड, जे.जे. लिंज और एस.एम. लिपसेट ने प्रजातन्त्रात्मक व्यवस्था के लिए तीन स्थितियों को आवश्यक माना है :

(1) सरकारी स्थितियों के लिए प्रतिस्पर्धा

(2) राजनीतिक साझेदारी चुनाव और वयस्क मताधिकार के आधार पर

(3) राजनीतिक और नागरिक स्वतन्त्रताएँ।

वे जानबूझ कर आर्थिक और सामाजिक प्रजातन्त्र को अपने परिभाष्यात्मक क्षेत्र से अलग कर देते हैं। प्रजातन्त्र की यह सीमित और यान्त्रिक परिभाषा कई प्रश्नों और पक्षों को सम्मिलित नहीं करती है। यह इस तथ्य को अनदेखा करती है कि सरकार जनता के द्वारा, जनता की और जनता के लिए महत्त्वपूर्ण भी है। यह उन शक्तियों की अवहेलना भी करती है जो बाज़ार से प्रभावित हैं, यहाँ एकाधिकारवादियों और कुलीनवादियों का विरोध है। सी.वी. मेकफरसन यह खे़द ज़ाहिर करते हैं कि व्यवहारवादी और उत्तर–व्यवहारवादी व्यक्तियों की दार्शनिक मान्यताओं से पीछे हटे हैं। वे सहकारी अर्थ व्यवस्था को तर्कसंगत बतलाते हैं जो प्रतिस्पर्धा को सीमित करती है।

प्रजातन्त्र जीवन प्रणाली के रूप में : इस विचार के समर्थक प्रजातन्त्र की समस्याओं को व्यापक परिप्रेक्ष्य में देखते हैं जिसमें व्यक्ति, समाज, राज्य और उनके सम्बन्ध हैं, जिसकी दिशा व्यक्ति की सम्भावनाओं को विकसित करना है। ये प्रजातन्त्र के बहुमतात्मक दृष्टिकोण को अनुचित मानते हैं। राज्य के उद्देश्यों पर विचार करते समय वे जीवन प्रणाली,

व्यक्ति का सम्मान और उसके व्यक्तित्व के विवादों व विकास को प्रजातन्त्र का केन्द्रीय तत्त्व मानते हैं। यह इस पर आधारित है कि विवादों और हितों को व्यापक समझौते और सहमति से निपटाया जाये। स्पष्टतः इस व्यवस्था में शक्ति के प्रयोग का कोई स्थान नहीं है। इसमें इस बात की आवश्यकता बनी रहती है कि संसाधनों का पुनः वितरण हो जिन्हें विभिन्न बड़े संगठनों ने अपने स्वामित्व में ले रखा है। एस.एम. लिपसेट इस प्रक्रिया को वर्ग संघर्ष का प्रजातान्त्रिक रूपान्तरण कहते हैं। नागरिक स्वतन्त्रताओं का विचार विकासोन्मुखी है और जो इस व्यवस्था की अधिक सकारात्मक स्वतन्त्रता के लिए आग्रह करता है।

संक्षिप्त में हम यह भी देखते हैं कि विभिन्न प्रकार के मार्क्सवादी पूँजीवादी विचारक प्रजातन्त्र की इस बात के आलोचक हैं कि यह असमानतावादी और शोषणवादी स्वभाव की व्यवस्था है। किन्तु साम्यवादी राष्ट्रों में जहाँ बवण्डर आया है और वे सिद्धान्त जो राजनीतिक अलगाव की समस्या को नहीं सुलझा पाये हैं, वे पुनः परीक्षण की माँग करते हैं। इनमें से कुछ समस्याओं का पूर्वाभास ग्रामस्की और डिजलास को हो गया था।

संविधानवाद

संविधानवाद जैसा कि पश्चिमी देशों में विकसित हुआ है उसका सम्बन्ध न केवल सरकार की सीमाओं से है वरन उसकी गतिविधियों को मौलिक नियम से सँवारना है। साथ ही अधिक महत्त्वपूर्ण है उन्हें स्वीकृत आचरण संहिता से सीमित करना। सी.जे. फ्रेडरिक ने इसे इस प्रकार विकसित किया है : 'संविधानवाद इस सरल मान्यता पर विकसित है कि सरकार उन गतिविधियों का समूह है जो जनता द्वारा और उसके लिए संचालित किया जाता है, किन्तु वह विभिन्न नियन्त्रणों द्वारा प्रतिबन्धित है जो इसे सुनिश्चित करते हैं कि जिन्हें शासन करने का अधिकार है वे उस शक्ति का दुरुपयोग न कर लें।

अतः संविधानवाद मूलतः तीन विचारधाराओं से जुड़ा है। ये हैं व्यक्तिवाद, उदारवाद और तर्कवाद, जो प्रजातन्त्र के निर्धारक तत्त्व भी हैं। एक अर्थ में दोनों एक–दूसरे से जुड़े हैं। संविधानवाद से यदि क्रियात्मक आचरण संहिता अलग कर दी जाये, तो वह संविधान की व्यवस्थाओं के लिए जनसमर्थन और औचित्य को प्राप्त करने का आडम्बर मात्र रह जायेगा।

संविधानवाद, प्रजातन्त्र और विकासशील देशों की समस्याएँ

ये दोनों विचार अपने उद्‌भव और विकास में निश्चित रूप से पश्चिमी ही हैं। इसका यह अर्थ नहीं है कि वहाँ इनमें पूर्णता ही आ गयी है। कुछ विद्वानों ने इसे रेखांकित किया है कि वहाँ ग़ैर–उदारवाद की प्रवृत्ति, साधनों के केन्द्रीकरण, विरोध को दबा कर और व्यक्ति स्वतन्त्रता पर अतिक्रमण के द्वारा आ रही है। फिर भी पश्चिमी देश एक सन्तुलन परस्पर विरोधी प्रवृत्तियों के बीच स्थापित करने में सफल रहे हैं जिससे राजनीतिक सद्‌भाव और सन्तुलन बना रहे। क्रमिक विकासवाद, राजनीति का मूलमन्त्र रहा है जिसने विभिन्न क्षेत्रों में बदलाव के बीच समन्वय किया है और व्यवस्था के अवरोधों को दूर किया है।

विकासशील देशों की समस्याएँ इस दृष्टि से अलग प्रकार के वर्ग में आती हैं। विकास की आकांक्षा, प्रजातन्त्र और संविधानवाद बहुत ही व्यापक विचार हैं जैसा कि अपनी मुक्ति से पूर्व और उसके पश्चात दोनों ही कालखण्डों में सजग राजनीतिक समूहों और आन्दोलन के नेताओं ने इनके प्रति जागृति को बढ़ाया है। किन्तु वे इनको ठीक प्रकार से व्यावहारिक रूप में लागू नहीं कर सके। 140 विकासशील राज्यों में प्रजातन्त्र के तो केवल द्वीप हैं, जहाँ राजनीतिक प्रतिस्पर्धा, नागरिक अधिकार और कुछ स्थितियों में न्याय उपलब्ध कराया जाता है। अन्य बहुसंख्यक राज्यों में अधिनायकवादी शासन चल रहा है और यदि कुछ राज्यों में चुनाव हो भी रहे हैं तो वे सत्ता के विकेन्द्रीकरण की माँग को लेकर हो रहे आन्दोलनों को कम करने के लिए हैं।

तीसरी दुनिया की राजनीतिक समस्याओं का विश्लेषण कई लेखकों ने किया है। इसमें आरम्भिक पहल जो आलमंड, ल्युशन पाई, जी. पावैल, कोलमैन, डी. लर्नर द्वारा की गयी। इन लोगों ने विकासशील देशों की बीमारी का कारण यहाँ की अविकसित राजनीति को माना। उन्होंने राजनीतिक विकास के विभिन्न सिद्धान्तों का प्रतिपादन किया किन्तु उनकी मुख्य चिन्ता शासनों की स्थिरता थी जो निर्धारित शक्तियों का आनन्द ले रहे थे। इन लोगों के निष्कर्ष के अनुसार विकासशील देशों में प्रजातन्त्र का भविष्य इस पर निर्भर करता है कि शासन राष्ट्र निर्माण और राज्य की विभिन्न समस्याओं को किस प्रकार सुलझाते हैं। इनमें से कुछ विद्वानों की चिन्ता प्रजातन्त्र से अधिक राजनीतिक व्यवस्था की क्षमताओं के बारे में है।

लायड और सुसेन रुडोल्फ ने इसे निर्देश की क्षमता कहा है, जिससे माँग की राजनीति नियमित होती है। ऐसा ही पाकिस्तान में अयूब खाँ कर पाये थे इसलिए उनके अधिनायकवाद की प्रशंसा होती है। हटिंगटन इससे आगे बढ़ते हैं और जनता की साझेदारी पर नियन्त्रण की बात करते हैं और मोरिस जोंस मतदाताओं की उपेक्षा की कार्यगत क्षमता पर प्रभाव की बात करते हैं।

उपरोक्त सैद्धान्तिक मान्यताएँ तीसरी दुनिया के विद्वानों की तीखी आलोचना की शिकार रही हैं। उनके अनुसार यह सिद्धान्त उन विकासशील देशों के शोषण की योजनाओं का आवरण है, जो विश्व अभिजन और स्थानीय शासक अभिजनों द्वारा खड़ा किया जाता है। जनता निर्भरता वाले सिद्धान्तों में फँसी रहती है। अन्तर्राष्ट्रीय निर्भरता का सिद्धान्त, जो फ्रेंक और अन्य लैटिन अमेरिकी देशों के विद्वानों ने विकसित किया है, के अनुसार ये सम्बन्ध अमेरिका के अत्यधिक भारी विनियोग द्वारा प्रभावित हैं और वे प्रजातन्त्र के रोगों का एक भिन्न प्रकार का विश्लेषण करते हैं। वे मार्क्सवादी भाषा में राजनीतिक व्यवस्था को एक सर्वोच्च संरचना मानते हैं जहाँ यदि निर्भर आर्थिक विकास है और विश्व श्रम व्यवस्था में हाशिये का दर्जा है, तो वहाँ जनता को राजनीतिक अलगाव और जनसमर्थन को दमन के दौर से गुज़रना पड़ता है।

1980 के दशक में विद्वान दो समूहों में प्रजातन्त्रों के विश्लेषण को लेकर विभाजित रहे हैं। पश्चिमी विश्लेषण के अनुसार विकासशील देशों की राजनीतिक प्रक्रियाओं में राजनीतिक सन्तुलन पर अधिक बल दिया जाता है न कि उदारवादी समतावादी प्रजातान्त्रिक मापकों पर। वह इस बात पर चिन्ता जताते हैं जिसमें माँग राजनीति का जो कि अत्यधिक प्रजातान्त्रिकरण का परिणाम है और इसका राज्य की व्यवस्था बनाये रखने की क्षमता पर प्रभाव पड़ता है। वे राष्ट्रीय निर्णय प्रक्रिया में अतिरिक्त क्षेत्राधिकार में हस्तक्षेप को उचित मानते हैं। उनके अनुसार बढ़ती हुई राजनीति और आर्थिक प्रक्रियाओं के अन्तर्राष्ट्रीयकरण में सार्वभौमिकता राज्य व्यवस्था का पूरा आवश्यक तत्त्व है (यही निर्भरता का एक और नाम है)। आर.एल. हार्डग्रेव, पाल ब्रास, मायरन वीनर, लायड और सुसेन रुडोल्फ भारत के बारे में तथा विलाकाक्स और क्रेग बैक्सटर तथा सेलिग हैरीसन द्वारा पाकिस्तान पर इस कोटि के लेखन का यदि सर्वेक्षण किया जाये तो यह बात उभर कर सामने आती है।

इसकी तुलना में तीसरी दुनिया के लेखकों का दृष्टिकोण भिन्न है। उनके अलग–अलग दृष्टिकोण, वैचारिक परियोजनाएँ और राजनीतिक व्यवस्था के उभरते स्वरूप का अलग विशिष्टीकरण कुछ सामान्य प्रवृत्तियों को बतलाते हैं जो पश्चिमी विद्वानों से भिन्न है। वे राज्य तन्त्र के अनुपात से अधिक विकसित हो जाने पर चिन्तित हैं क्योंकि उनका मानना है कि राज्य को सन्तुलित करने के लिए विभिन्न राजनीतिक और नागरिक संगठनों का विकास नहीं हुआ है। ऐसी स्थिति में जहाँ वर्ग संरचना चाहे मार्क्सवादी अर्थों में हो या स्वायत्त सामाजिक प्रक्रियाएँ, पश्चिमी अर्थ में विकसित हो, वहाँ जनान्दोलनों का दमन होता है। दक्षिण एशियाई राष्ट्रों के सन्दर्भ में इनके अलग–अलग वर्णन हैं जैसे–प्रजातान्त्रिक बुर्जुआवादी 'अर्द्ध सामन्ती राज्य', 'मध्यम शासनातन्त्र', 'पूर्ण राज्य', 'निर्भर पूँजीवाद', 'उपानेवैशिक प्रजातन्त्र' आदि।

राज्य की शक्ति और सुविधाओं के अलग–अलग प्रकार और उससे लाभान्वित होने वाले लोग इन सिद्धान्तों के अनुसार अलग–अलग हो सकते हैं। शक्ति के केन्द्रीकरण की इन सभी में सामान्य प्रवृत्ति है और अधिकांशतः उसका प्रयोग सुविधा सम्पन्न लोगों के लिए किया जाता है। इसके फलस्वरूप बड़ा समूह नाराज़ और असन्तुष्ट रहता है। प्रजातान्त्रिक व्यवस्था में उसके पास अपने असन्तोष को प्रकट करने का अवसर और विकल्प उपस्थित होता है। किन्तु जहाँ ग़ैर–प्रजातन्त्रात्मक व्यवस्थाएँ हैं या जो राज्य प्रबन्धन पर अधिक ध्यान देते हैं वहाँ दमन के रास्ते अपनाये जाते हैं और आन्तरिक सुरक्षा कर राज्य के संसाधनों का अनुपात से अधिक उपयोग किया जाता है। इसमें अन्तिम रूप से प्रजातान्त्रिक प्रक्रियाओं को नियन्त्रित किया जाता है।

जनाकांक्षाओं, सामान्य मूड और प्रजातन्त्र के भारत में क्रियान्वयन को यदि छोड़ भी दिया जाये तो उसकी अपनी समस्याएँ हैं। हमें राजनीतिक वातावरण का सही आकलन करना होगा और प्रजातन्त्र के भविष्य का मूल्याकंन करना होगा।

राजनीतिक ऐतिहासिक विरासत

स्थान के अभाव के कारण विभिन्न तर्कों में न जाकर उन परम्पराओं का उल्लेख किया जाये जो स्वतन्त्रता के बाद भी प्रजातन्त्र के लिए प्रासंगिक रही हैं।

इसका सम्बन्ध राजनीतिक और राष्ट्रीय आन्दोलन से है, विशेषकर उसके स्वभाव और सघनता से। जो ब्रिटिश साम्राज्यवाद की सीधी उपज तो नहीं था, किन्तु उनकी शिक्षा, आर्थिक, वैज्ञानिक और तकनीकी नीतियों का परिणाम था। इसके फलस्वरूप शहरी केन्द्रों और संचार क्रान्ति ने जन्म लिया। राष्ट्रीय आन्दोलन के स्वरूप की जानकारी, काफ़ी विस्तार से है, अतः कुछ उन प्रवृत्तियों का उल्लेख किया जाये जो महत्त्वपूर्ण तो हैं, किन्तु उन पर चर्चा कम हुई है : (1) राजनीतिक राष्ट्रीय आन्दोलन जिसने गाँधी के नेतृत्व में व्यापक जनाधार प्राप्त कर लिया था वह समझौतावादी तो था, किन्तु समन्वयवादी नहीं, (2) नेतृत्व ने जागरूक होकर उग्रता को सीमित करने की कोशिश की जिसके अन्तर्गत जनता को क्रमिकवाद के प्रति आकर्षित कर अपने वर्ग प्रभुत्व को बनाये रखा, (3) इसने हमेशा आदेश की एकता पर बल दिया। अतः असन्तोष को स्वीकार नहीं किया गया, केवल छोटे स्तर पर ही इसका आभास होता है। असन्तोष को समाप्त करने के लिए मान–मनुहार के तरीक़े थे न कि दबाने के। इस प्रकार कांग्रेस आन्दोलन संघात्मक पहचान के लिए तैयार था। जिसमें कार्यगत स्वायत्तता भी प्रदान की गयी। यह साम्प्रदायिकता की प्रवृत्ति को सीमित करने में असफल रहा। इसका कारण ब्रिटिश व्यवस्थाएँ और कांग्रेस की एकता और समन्वय के प्रति आग्रह की नीति रहा है। प्रजातान्त्रिक संस्थाओं की कार्य प्रणाली पर राष्ट्रीयता जिस तरीक़े से विकसित हुई है, उसकी छाप है।

क्षेत्र में संविधानवाद और संवैधानिक व्यवस्थाएँ

जैसा कि आरम्भ में कहा गया है, संविधान और संवैधानिक व्यवस्थाएँ, प्रजातन्त्र के प्रमुख लक्षण हैं, लेकिन वे प्रजातन्त्र के रक्षक हों यह स्वाभाविक नहीं है। यह दोनों ही संकेत हैं : यह वह घोषणा पत्र जिसमें सरकार का मूल रूप होता है और वह भी जैसा कि मेकलवेन ने कहा है कि 'राष्ट्र की वास्तविक संस्थाएँ और उनका विकास।' इस दृष्टि से व्यवहारवादी विद्वानों की यह भूल है कि वे तीसरी दुनिया के अध्ययन के समय वहाँ के संविधानों का अध्ययन नहीं करते हैं। उनका यह तर्क नहीं माना जा सकता है कि राजनीतिक संरचना में कार्यगत स्पष्टता के अभाव के कारण उन्हें छोड़ा जा सकता है, विशेषकर भारत के सन्दर्भ में, यह उचित नहीं है। एशिया और अफ्रीका की अलग–अलग संवैधानिक व्यवस्थाएँ एक नये वर्गीकरण की योजना को प्रस्तुत कर सकती हैं।

भारत में संविधानवाद के विकास का प्रतिमान, दक्षिण एशिया में सब से अलग हटकर है, जो केवल अपनी स्थिरता और निरन्तरता के लिए ही नहीं वरन् प्रजातन्त्र और व्यक्तिवाद की भावनाओं के लिए भी महत्त्वपूर्ण है। यह संविधान निर्माण सभा की बहस के दौरान पूर्णरूप से प्रतिबिम्बित हुआ है, विशेषकर मौलिक अधिकारों के न्यायिक औचित्य और नीति निदेशक सिद्धान्तों के महत्त्व में जो अन्यथा न्यायिक दृष्टि से न्यायालयों में सुरक्षित नहीं हो सकते हैं। संविधान सभा को निवारक नज़रबन्दी से जुड़ी कुछ व्यवस्थाओं को बदलना पड़ा, क्योंकि इन व्यवस्थाओं के प्रति कुछ संवेदनशीलता और विरोध रहा था। सरकार के कार्यों को सीमित करने वाली अन्य व्यवस्थाएँ हैं, संघवाद, न्यायपालिका और स्वतन्त्र निर्वाचन आयोग।

संवैधानिक व्यवस्थाओं का सम्पूर्ण मूल्यांकन यह बताता है कि कभी–कभी केन्द्रीकरण और व्यक्ति की स्वतन्त्रताओं को सीमित करने के प्रयास संसदीय कार्यों और संवैधानिक संशोधनों के द्वारा हुए हैं। एक समय गम्भीर रूप से यह प्रयास किया गया था कि वेस्ट मिनिस्टर प्रारूप को बन्द कर डिगालवादी अध्यक्षात्मक प्रणाली आरम्भ की जाये। ये प्रयास 25 जून, 1975 के 19 माह के आपातकाल के अन्तिम चरण में दक्षिण पन्थी लोगों ने संजय गाँधी के द्वारा आरम्भ कराये थे। कांग्रेस के बाहर ही नहीं वरन् कांग्रेस में उदारवादियों ने स्वर्ण सिंह समिति के द्वारा इस प्रयास को टलवा दिया। हम यह भी देखते हैं कि जो केन्द्रीकरण के प्रयास संविधान की व्यवस्थाओं के अन्दर किये गये वे व्यक्ति से अधिक संघीय इकाइयों से सम्बन्धित थे। कुछ जो व्यक्तिगत स्वतन्त्रताएँ सीमित की गयी थीं जैसे टेलीफोन आदि वे पुराने साम्राज्यवादी राज्य का परिणाम थे या फ़िर आपातकाल में लागू होने वाली व्यवस्थाएँ। किन्तु ऐसे भी उदाहरण हैं जब कठोर अधिनियम को, ख़ास कर संसद में राजीव सरकार द्वारा प्रस्तुत प्रेस बिल, तीव्र विरोध के कारण वापस लेना पड़ा। उसके अलावा राजनीतिक दलों ने तथा जनमत और न्यायपालिका ने मूल व्यवस्थाओं को बचाये रखने का कार्य किया है। गोलकनाथ, केशवानन्द भारती और मिनर्वा मिल्स के मामलों में न्यायिक निर्णय अनुकरणीय हैं। अन्त में, व्यक्ति की स्वतन्त्रता की रक्षा के लिए भारतीय न्यायपालिका ने सार्वजनिक हितों के मामलों को न्यायिक प्रोत्साहन दिया है। इसके फलस्वरूप जो विधि सम्मत प्रक्रिया से जुड़ी व्यवस्थाएँ संविधान में नहीं जुड़ पायीं, वे भी आंशिक रूप से पूरी होती हैं।

उपरोक्त विवाद उदारवादी एवं गणतन्त्रात्मक परम्पराओं के, जो पश्चिम में भी महत्त्वपूर्ण मानी गयी हैं, भारतीय संविधान और संविधानवाद के प्रमुख उदाहरण हैं। किन्तु समान रूप से ही कमज़ोर पक्षों के प्रति भी सजग रहने की आवश्यकता है। सब से पहले नीति निदेशक तत्त्वों की न्यायिकता के अभाव में जो आर्थिक–सामाजिक पक्ष अधिक प्रबल होते और इनके परिणामस्वरूप राजनीतिक और नागरिक स्वतन्त्रताओं को अधिक शक्ति मिलती वह नहीं हो पाया। इन्हें संवैधानिक संशोधनों के द्वारा पूरा करने का प्रयास किया गया, जैसे कि भूमि सुधार और सम्पत्ति में अधिकार को समाप्त करने के संशोधन। ये प्रयास अधिक प्रभावशाली नहीं हुए। दूसरा, संवैधानिक परम्पराओं का विकास जो संविधान का आधार होती हैं, उनका विकास नहीं हो पाया और फलस्वरूप कई कार्यकारियों में शक्तियों के दुरुपयोग की आशंकाएँ बढ़ गयीं। तीसरा, संघवाद की संवैधानिक योजना में वह राज्यों की शक्तियों को सुरक्षित रखने में अधिक सफल नहीं हो पायी क्योंकि देश में एक ही राजनीतिक दल का प्रभुत्व था।

किसी संवैधानिक व्यवस्था को शक्ति प्रदान करने के लिए एक राजनीतिक समुदाय की आवश्यकता होती है। यह केवल राष्ट्रीय सहमति के द्वारा सम्भव है जो व्यवस्था के मूलभूत सिद्धान्तों और कार्यप्रणालियों पर आधरित होती है। कुछ अर्थों में बहुमत को (औपचारिक रूप से नहीं) अल्पमत को एक निषेधाधिकार देना होता है जिसकी एवज़ में अल्पमत को भी अपने उत्तरदायित्वों का आकलन कर विधि सम्मत सरकार के कार्यों में बाधा नहीं डालनी चाहिए। स्पष्टतः बहुमतवाद का अधिनायकवाद किसी भी सुदृढ़ संवैधानिक व्यवस्था के संचालन की शर्त नहीं है। सेना का सर्वाधिकार वाद तो किसी भी तरह से समाधान नहीं है।

सरकार व्यवस्था का लेखा–जोखा

संवैधानिक व्यवस्था वह मूल आधार प्रदान करती है जिसके अन्तर्गत सरकार अपने आपको संचालित करती है। वैसे सरकार इसके लिए उत्तरदायी है कि वह नियमित करने की रोज़मर्रा की कार्रवाई और विकास के प्रशासन को सम्पादित करे। उसका कार्य निष्पादन इस बात का मापक है कि उसकी जड़ें प्रजातन्त्र और संविधानवाद में कितनी गहरी हैं। इस बात पर व्यापक विचार–विमर्श होना चाहिए। यह स्वीकार करते हुए कि आधुनिक समय में राज्य की गतिविधियों में कल्याणकारी भूमिका के कारण बहुत तेज़ी

से बढ़ोतरी हुई है। लोगों की आकांक्षाओं में वृद्धि तथा सक्रिय सामाजिक राजनीतिक आधुनिकीकरण के फलस्वरूप लोगों की आकांक्षाओं में बहुत तेज़ी के साथ वृद्धि हुई है। इनका पूरा न होना असन्तोष, अलगाव और आन्दोलन तक को जन्म देते हैं। इन दबावों में सरकार के आने की सम्भावनाएँ अधिक बनी रहती हैं जिसके फलस्वरूप उस पर पक्षपात, भेदभाव और शोषण को निरन्तर बनाये रखने के आरोप लगते रहते हैं।

हम यहाँ सरकार व्यवस्थापन पर चर्चा दो दृष्टियों से करना चाहते हैं कि क्या वे अधिक प्रजातान्त्रिकरण को अपनी कार्यप्रणाली और प्रभावों में प्रतिबिम्बित करते हैं। ये दृष्टिकोण हैं : (1) निर्णय प्रक्रियाओं के और (2) प्रशासकीय प्रक्रियाओं के।

(1) निर्णय प्रक्रियाओं की जटिलताओं को आधुनिक समय में जिस तरह से समझा गया है तथा जो जानकारी दी जाती है वह तो बहुत ही कम है। अतः अलग–अलग सामान्यीकरण हैं, जो पैतृक से नरम राज्य तक या प्रधानमन्त्रीय व्यवस्था या डिगालीय व्यवस्था से प्रतिस्पर्धात्मक और बहुलतावादीय व्यवस्था के हैं। इनमें से कुछ तो एक ही बिन्दु का आवश्यकता से अधिक फैलाव है। अतः भारतीय प्रधानमन्त्री द्वारा पिछले कुछ वर्षों में मुख्यमन्त्रियों की नियुक्ति और बर्ख़ास्तगी को भारतीय प्रणाली के पैतृक (Patarnalistic) होने का संकेत माना जाता है। यदि ऐसा है तो उस चरण को क्या कहा जाये जहाँ कुछ मुख्यमन्त्रियों का एक नहीं दो प्रधानमन्त्रियों की नियुक्ति में हाथ था और फिर उन्हें हटा दिया गया हो! इसी तरह ग्रामीण पृष्ठभूमि के विधायकों के अनुपात में वृद्धि इस बात का संकेत तो नहीं है कि राजनीति ग्रामीण हो गयी है या बैल शक्ति का उदय हो गया है। एक सामान्यकरण करते समय व्यापक प्रवृत्तियों पर ध्यान देना होगा जो निर्णय लेने की प्रक्रिया में लम्बे समय तक दबाव का कार्य करती हैं और उनकी दिशा को भी निर्धारित करना होगा। अतः योजना में ग्रामीण क्षेत्रों के धन का निर्धारण इस राजनीति के ग्रामीणीकरण का मापक हो सकता है न कि ग्रामीण विधायकों की संख्या में वृद्धि।

इस दृष्टिकोण से निर्णय प्रक्रिया की बढ़ती हुई जटिलताएँ स्पष्ट हैं। बढ़ता हुआ राजनीतिकरण कई नये केन्द्रों को भी शक्ति के केन्द्र में ला खड़ा करता है। उनका मापक, विकास का चरण और सम्पूर्ण ताक़त एक राज्य और दूसरे राज्य में अलग–अलग होता है। सम्पन्न किसानों का राजनीति में प्रवेश एक राज्य में पहले हुआ और दूसरे राज्यों में बाद में।

मध्यम वर्ग के निर्माण की प्रक्रिया भी ऐसी ही रही जो अधिनायकवादी आन्दोलन विरोधी और प्रजातन्त्र के समर्थकों का मुख्य आधार होती है। बाह्य तत्त्वों में विश्व बैंक और अन्य वित्तीय संस्थाओं के आर्थिक निर्णयों में भूमिका की चर्चा बुद्धिजीवी व्यापक रूप से कर चुके हैं।

एक अनिश्चित और अस्थिर राजनीतिक परिदृश्य में, बढ़ते हुए अनेक दबावों के कारण स्पष्ट तौर पर निर्णय प्रक्रिया सम्बन्धी दो प्रवृत्तियाँ नज़र आती हैं, पहली केन्द्रीकरण की है और दूसरी विकेन्द्रीकरण की, जिसमें शक्ति का आधार अधिक व्यापक होता है। पहली प्रवृत्ति की परिचायक वे नयी संवैधानिक व्यवस्थाएँ हैं जिनमें संघीय इकाइयों के क्षेत्राधिकार, व्यक्तियों के अधिकार आदि पर अतिक्रमण है और प्रधानमन्त्री सचिवालय की शक्तियों को संस्थागत रूप प्रदान करना है। सरकार के अन्य समकक्ष संगठन, उदाहरणार्थ संसद और न्यायपालिका भी कार्यपालिका के द्वारा व्यवस्थापन के प्रति संदिग्ध है। अध्ययन यह बतलाते हैं कि भारतीय संसद में ठीक प्रकार से बजट माँगों पर बहस करने का समय नहीं है। कतिपय सनसनीखेज़ घोटाले ही अन्य महत्त्वपूर्ण कार्यों का समय खा जाते हैं। यह प्रवृत्ति विकसित देशों में भी, जिनमें अमेरिका और इंग्लैंड सम्मिलित हैं, नज़र आती है। उसके कारण भी काफ़ी कुछ एक से ही हैं जैसे आधुनिक जीवन की आर्थिक और सामाजिक प्रश्नों की जटिलता, विज्ञान और तकनीक के द्वारा संसाधनों के केन्द्रीकरण की समस्या आदि।

केन्द्रीकरण के तत्त्व का विरोधी विचार ही उसकी प्रतिक्रिया के रूप में है जहाँ नीतियों के आधार पर भेदभाव किया जाता है या ऐसा हुआ मान लिया जाता है। इसके अधिक समर्थन से अलगाव और विरोध उत्पन्न होता है। अतः कार्यपालिका ऐसे प्रस्ताव लाती है जिससे संसाधनों और सत्ता की साझेदारी बढ़ती है। निर्णय के आधार को बढ़ाने का एक दबाव भारत में सोये हुए से वर्ग के राजनीतिकरण से हुआ है जिसे अपने मताधिकार की ताक़त का आभास हुआ। यह प्रवृत्ति चुनावी राजनीति के आरम्भ से देखी जा सकती है।

इन दो विरोधी प्रवृत्तियों का परिणाम यह रहा कि व्यवस्था केन्द्रीय, मुख्य कार्यपालक पर आधारित रही। सरकारी अभिकरण और जनता दोनों ही उसकी ओर नेतृत्व और दिशा निर्देश के लिए निर्भर करते हैं। आंशिक रूप से विज्ञान और तकनीक ने केन्द्रीकरण को बढ़ाया और आंशिक रूप से ही सामन्तवादी अवशेषों ने भी इसकी मदद की। वैसे इस प्रवृत्ति के

लिए अन्य दबाव समूहों का आग्रह भी रहा है। उदाहरणस्वरूप औद्योगिक समूह भी एक ही खिड़की द्वारा अपने प्रश्नों को सुलझाना चाहते हैं जो मुख्य कार्यपालक की अधिनायकवादी शैली को बल प्रदान करते हैं।

(2) नौकरशाही सरकार व्यवस्था का महत्त्वपूर्ण अंग है, जिसे ब्रिटिशराज का 'फौलादी ढाँचा' कहा जाता है, इसके मूल स्वरूप और व्यवस्थाओं को स्वतन्त्रता के बाद वाले काल में भी बनाये रखा गया है। भारत में उच्च सेवा वर्गों में एकता और सामंजस्य बनाये रखा गया है। वैसे विभिन्न सेवाओं में परस्पर प्रतिस्पर्धा और नाराज़गी रही है, जैसे प्रशासकीय और पुलिस सेवा में या सामान्य प्रशासकों और विशेषज्ञों के बीच। स्वतन्त्रता के बाद उसके स्वरूप में कुछ परिवर्तन आये हैं और कुछ वैसे ही हैं, जैसे पहले थे। इस दूसरे वर्ग में सबसे अधिक महत्त्वपूर्ण कार्य क़ानून और व्यवस्था को बनाये रखना है जो बढ़ते हुए असन्तोष के कारण कठिन हो गया है। आन्दोलन के समय राजनीति नेपथ्य में हो जाती है और क़ानून तथा व्यवस्था प्रमुख बन जाते हैं। इसलिए क़ानून व्यवस्था बनाये रखने वालों के व्यय में सौ गुना से भी अधिक वृद्धि स्वतन्त्रता के बाद हुई है। बदली हुई विशेषताओं में महत्त्वपूर्ण है राजनीतिक तटस्थता के साथ समझौते की। भारत में नागरिक सेवाओं ने अपने राजनीतिक स्वामियों को आचरण संहिता को तोड़ने में मदद दी है, किन्तु उन्होंने प्रतिबद्ध नौकरशाही या प्रतिबद्ध न्याय प्रणाली के लिए इन्दिरा गाँधी के खुले आमन्त्रण की अस्वीकार कर दिया। भारत में नौकरशाही हमेशा संरक्षण के पीछे भागी है और उसके विनिमय में राजनीतिक सत्ता के चाहने वालों की मदद की है चाहे वह आर्थिक हो या राजनीतिक।

नौकरशाही के राजनीतिकरण के परिणाम स्वरूप शासक अभिजन के द्वारा सत्ता का दुरुपयोग बढ़ा है। इसमें व्यक्तिगत और समूह हित, जिनमें वर्ग और जाति के हित जुड़े हैं, सम्मिलित हैं। इसके कारण एक ओर भिन्न दमनकारी और दूसरी ओर अन्यायपूर्ण गतिविधियाँ अधिक जुड़ी थीं। यह प्रजातन्त्र की मान्यता के विरुद्ध है, ऐसी व्यवस्था विकासशील देशों के कतिपय विद्वानों ने दी है।

उभरती प्रवृत्तियाँ और बिम्ब

भारत में प्रजातन्त्र की स्थिति के बारे में निष्कर्ष प्रस्तुत करने से पहले एक सामान्य सर्वेक्षण और भविष्य के लिए कुछ कल्पनाओं का निर्माण

किया जा सकता है। इस पर आगे बढ़ने से पहले यह कहना अनुचित नहीं होगा कि यहाँ जो विश्लेषण किया गया है वह उन दृश्यों का वर्णन है जो प्रजातन्त्र की वास्तविकता को स्पष्ट करते हैं। जो शक्तियाँ उसके लिए उत्तरदायी हैं या जो उसकी कार्यप्रणाली को प्रभावित करती हैं, उन पर पूरा ध्यान नहीं दिया गया है। किसी भविष्य योजना का निर्माण करते समय एक व्यापक और एकीकृत दृष्टिकोण अपनाना होगा जिसमें वे सभी प्रेरणाएँ जो विभिन्न यथा सामाजिक, आर्थिक, तकनीकी, राजनीतिक और जो विभिन्न कारक हैं उनकी अन्तःक्रियाओं का आकलन आवश्यक है। इससे यह कार्य बहुत बड़ा हो गया है।

उपरोक्त विश्लेषण से यह स्पष्ट हो गया है कि जनता के मनोविज्ञान में प्रजातन्त्र की जड़ें काफ़ी गहरी हैं। एक शासन को यदि औचित्य प्राप्त करना है, तो उसे लोगों का विश्वास और सहमति भी प्राप्त करना होगी, जिसे लोकप्रिय सम्प्रभुता के महत्त्वपूर्ण अंश के रूप में देख सकते हैं। भारतीय प्रजातन्त्र काफ़ी स्थिरता प्राप्त कर चुका हैं और यहाँ सन्तुलन और नियन्त्रण की कई व्यवस्थाएँ व्यापक स्तर पर विकसित हो चुकी हैं, किन्तु राजनीतिक दलों के स्तर पर तथा प्रशासन में केन्द्रीकरण की प्रवृत्ति के कारण कुछ गड़बड़ाने वाले सन्देश प्राप्त होते हैं। इसी के साथ–साथ आर्थिक संसाधनों का केन्द्रीकरण नये उद्यमियों और राजनीतिक अभिजन के बीच हुआ है, जिसका हित मज़बूत राज्य के निर्माण में है। किसी स्तर पर अन्य राष्ट्रों में यह गठबन्धन और अधिक मज़बूत रूप में है।

राजनीतिक व्यवस्था पर साथ ही साथ नीचे से यह दबाव बना हुआ है कि विकेन्द्रीकरण हो और संसाधनों का वितरण अधिक समतावादी हो। प्रजातीय राष्ट्रवादी आन्दोलन मूलतः प्रजातन्त्र की कुछ विकृतियों के प्रति जागरूक है। सामान्य स्तर पर तो यह इसका संकेत है कि प्रजातन्त्र में बहुमतवाद के कारण प्रजातीय और राजनीतिक अल्पसंख्यक अलगाव और असन्तोष का अनुभव करते हैं। आर्थिक रूप से हाशिये पर आये समूह भी ऐसा महसूस करते हैं और राजनीतिक बदलाव के फलस्वरूप सभी प्रजातीय समूहों में मध्यम वर्ग का विस्तार हुआ है।

वर्तमान में दो प्रकार के आन्दोलनों के बीच आपसी सम्बन्धों के प्रति ठीक से जागरूकता नहीं हो पायी है, जिनमें एक ओर राजनीतिक आन्दोलन हैं, जो प्रजातन्त्र चाहते हैं और दूसरी ओर प्रजातीय आन्दोलन हैं जो स्वायत्तता चाहते हैं। किन्तु भविष्य का आकलन और बिम्ब निर्माण इन

दोनों के बीच आपसी सम्बन्धों पर आधारित होना चाहिए। साथ–ही–साथ सामान्य सामाजिक व राजनीतिक वातावरण का भी आकलन आवश्यक है क्योंकि वह प्रजातन्त्र और प्रजातान्त्रिक आन्दोलनों को प्रभावित करता है।

भारत में प्रजातन्त्र और संविधानवाद के लिए भविष्य का निर्माण और कठिन है क्योंकि वर्तमान स्थितियों की अपनी जटिलताएँ हैं। यह कई बातों पर निर्भर है जैसे अर्थ व्यवस्था के प्रयोग, समाज के आधुनिकीकरण का स्तर और राजनीतिकरण की गहनता जो सब मिलकर आकांक्षाओं और उनके पूरा होने के स्तर तथा उनके समाज में विभिन्न वर्गों के बीच अन्तराल को तय करते हैं। खुली अर्थ व्यवस्था को विश्व बैंक के दबाव में अपनाया गया है, जिसका प्रभाव पड़ना स्वाभाविक है। विशेषकर अभिजन और जनता के बीच की खाई बढ़ेगी। शहरी केन्द्रों पर ग्रामीण क्षेत्रों से आवाजाही बढ़ी है और उसके प्रभाव विभिन्न प्रजातीय समूहों में राज्यों का बढ़ता हुआ सर्वाधिकारवाद साफ़ नज़र आ रहा है। इससे अधिक चिन्ता का विषय वह मनोविज्ञान है जिसमें सैनिक शक्ति को सम्मान और नागरिक सत्ता के प्रति गिरती आस्था है।

दूसरा राजनीतिक संस्कृति के वातावरण की विशिष्टताओं का प्रजातन्त्रात्मक भावना से सकारात्मक सम्बन्ध नहीं है। सामाजिक राजनीतिक पद सोपानों पर आग्रह उचित नहीं है। इसमें राजनीतिक दलों और नेतृत्व की भूमिका बहुत ही महत्त्वपूर्ण हो जाती है। जैसे सत्ता के लिए प्रतिस्पर्धा गहरी होगी वैसे संस्थागत मूल्य जो उनकी गतिविधियों को निर्धारित करेंगे और दलों में आन्तरिक प्रजातन्त्र में और भी कमी आयेगी।

उपरोक्त सभी प्रजातान्त्रीकरण की प्रणालियों को नियन्त्रित करने के विश्लेषण हैं, किन्तु कुछ सकारात्मक विकास के पहलू भी हैं जिन पर बल दिया जाना चाहिए। मध्यम वर्ग की विभिन्न श्रेणियों का विस्तार ग्रामीण और शहरी क्षेत्रों में हुआ है, जिन्हें प्रजातन्त्र का रक्षक और परम्परागत अभिजन के विकल्प में नेतृत्व प्रदान करने वाला माना जाता है। भारत में इन्होंने 'परम्परागत नेतृत्व' को प्रभावी चुनौती दी है। उनके राजनीतिक भागीदारी के अधिकार को आसानी से टाला नहीं जा सकता है। यदि उनके दबाव का भली–भाँति उपयोग किया जाये तो प्रजातान्त्रिक मान्यताओं का सही प्रकार से पालन और सही समीकरण बन पायेंगे, जिससे प्रजातान्त्रिक संरचनाओं के प्रति अधिक विश्वास बन पायेगा। ठीक इसी प्रकार से यदि आर्थिक और सामाजिक पहलुओं पर विकास की गति नियन्त्रित रखी

जाये तो आकांक्षाओं और उनके पूरा होने के अन्तराल को कम किया जा सकता है।

ऐसी स्थिति में सकारात्मक और नकारात्मक पक्षों का सन्तुलन, जो भारत में प्रजातन्त्र और संविधान के भविष्य को निर्धारित करता है, राजनीतिक दलों और राजनीतिक नेतृत्व पर निर्भर करता है। कुछ मान्यताओं के प्रति आग्रह और संस्थाओं के प्रति सम्मान तथा कुछ नरम और समन्वयकारी शैली से अन्तर्विरोधों का निपटारा व देश में प्रजातन्त्र और संविधानवाद का विस्तार कर सकते हैं।

(सन्दर्भ ग्रन्थ : समकालीन राजनीति के प्रमुख आयाम : सम्पादक अरुण चतुर्वेदी और संजय लोढ़ा, पंचशील प्रकाशन, जयपुर)

खण्ड : 2

परिचय

भारत मूलतः बहुलतावादी समाज है, जिसमें भाषा, धर्म, सामाजिक रीति–रिवाज़ अलग–अलग स्वरूपों में विकसित हुए हैं और इसकी अभिव्यक्ति भारत के संविधान में मिलती है। भारत का संविधान, राज्य की भूमिका के सन्दर्भ में यह कहता है कि राज्य को सामाजिक न्याय स्थापित करने तथा सामाजिक, आर्थिक और राजनीतिक वंचनाओं को दूर करने के लिए प्रयासरत रहना होगा। इस खण्ड के पाँच लेखों में भारत की राज्य व्यवस्था की विशेषताओं की विस्तार से चर्चा है। इन विशेषताओं में संसदात्मक व्यवस्था, मौलिक अधिकार, संघात्मक व्यवस्था जैसे पहलू हैं। खण्ड राज्य व्यवस्था के स्वरूप को चुनाव के जरिये विमर्श व उससे उभरे निष्कर्षों को प्रस्तुत करता है। खण्ड भारतीय राज्य व्यवस्था की मुख्य विशेषताओं का निर्णय के आधारों के सन्दर्भ में परीक्षण करता है व पन्थ निरपेक्षता के मॉडल को रखते हुए यह स्थापित करता है कि स्वतन्त्रता आन्दोलन में लोगों को प्रेरित कर लामबन्द करने के लिए धर्म को एक प्रमुख हथियार के रूप में चुना गया था। यह कहा जा सकता है कि इस प्रक्रिया से उभरी जन समझ व संविधान में व्यक्त आकांक्षा में अन्तर्विरोध था व संविधान में व्यक्त व्यवस्था को लागू करने में उसी कारण से हिचक थी, जो लगातार रही है। खण्ड के लेख नागरिकता की आदर्श समझ व उसके प्रत्यक्षीकरण के बीच की दूरी के बारे में बात करते हैं और नागरिकता को एक हैसियत के रूप में और व्यवहार के ढंग के रूप में प्रस्तुत करते हैं। इसी तरह खण्ड नागरिकता शब्द के आयामों को भी उल्लेखित करते हुए उन पर विमर्श प्रस्तुत करता है। खण्ड केन्द्र व राज्य के सम्बन्धों और संघीय व्यवस्था के विवरण व कार्यप्रणाली पर भी टिप्पणी करता है।

अध्याय–6

राज्य व्यवस्था का स्वरूप : निर्णय के आधार

–वेददान सुधीर

भारत की राजव्यवस्था के स्वरूप के प्रश्न पर संविधान सभा और उसके अहाते के बाहर निरन्तर विमर्श होता रहा। सभा के कतिपय सदस्यों ने भारत की आज़ादी को एक अलग ही नज़रिये से देखा था। उनका यह दृष्टिकोण था कि ब्रिटिश उपनिवेशवाद से मुक्ति और स्वतन्त्र राज्य के रूप में भारत का अभ्युदय एक राजनीतिक क्रान्ति की उपलब्धि तथा सामाजिक और आर्थिक क्रान्ति की शुरुआत कही जा सकती है। वास्तव में देखा जाये तो राजनीतिक स्वतन्त्रता एक राष्ट्र को अपनी आकांक्षाओं, इच्छाओं और चिरसंचित सपनों को व्यावहारिक बनाने का सुअवसर प्रदान करती है। एक अर्थ में यह कृत संकल्प जनसमुदाय के लिए नयी सामाजिक, आर्थिक और राजनीतिक संरचना का मार्ग प्रशस्त करती है। इस सन्दर्भ में पण्डित जवाहरलाल नेहरू का यह कथन कि "स्वतन्त्रता अपने आप में कोई साध्य नहीं अपितु साधन है", युक्ति संगत लगता है। अंग्रेज़ी राज के ताने–बाने से जुड़े विशिष्ट हितों की जगह अन्य नये विशिष्ट हितों की रचना स्वतन्त्रता प्राप्ति का लक्ष्य नहीं था। व्यापक धरातल पर यदि देखें तो इसका मूल ध्येय परम्परागत सामाजिक ढाँचे के स्थान पर एक ऐसी सामाजिक, आर्थिक व्यवस्था की नींव रखना थी, जो भारतीय जनसमुदाय की अपेक्षित आकांक्षाओं के अनुकूल हो।

व्यवस्था संरचना और उसके मूल आधारों पर संविधान सभा में हुई बहस पर विहंगम दृष्टि डाल कर देखें तो प्रतीत होगा कि संविधान निर्माताओं ने शासन व्यवस्था के रचना काल के दौरान सामाजिक और आर्थिक पक्ष को काफ़ी महत्ता प्रदान की थी। स्वतन्त्रता संग्राम के दौरान भी देश के अग्रणी राजनेता और बुद्धिजीवियों की सोच भी इसी का संकेत देती है।

इसलिए कतिपय महानुभावों ने यह स्पष्ट कहा कि संविधान मात्र क़ानून प्रलेख नहीं है, अपितु सामाजिक, आर्थिक और राजनीतिक व्यवस्था में परिवर्तन का एक माध्यम है। स्वतन्त्रता प्राप्ति से काफ़ी पहले भारत के प्रथम प्रधानमन्त्री श्री जवाहरलाल नेहरू का चिन्तन, मनन इसी की ओर संकेत करता है। उन्होंने इंडियाज़ फ्रीडम में इस पक्ष की ओर ध्यान आकर्षित करते हुए लिखा है कि :

> "विदेशी शासकों के स्थान पर यदि यहाँ स्वतन्त्र भारत की सरकार होती है और वह भी विशिष्ट हितों को यथावत बनाये रखती है, तो वह भारत की स्वतन्त्रता तो क्या उसकी परछाईं तक की प्रतिनिधि होने का दावा नहीं कर सकती। भारत का प्रमुख उद्देश्य यहाँ के लोगों को शोषण से मुक्ति देना है। राजनीतिक दृष्टि से हमारा ध्येय बरतानिया से सम्बन्ध विच्छेद कर स्वतन्त्रता प्राप्त करना है। दूसरे शब्दों में इसका अर्थ है साम्राज्यवाद का अन्त करना। सामाजिक और आर्थिक दृष्टि से हमें विशिष्ट वर्गों की सुविधाओं और हितों को समाप्त करना है।"[1]

बीसवीं शताब्दी के मध्य में एशिया के अग्रणी साम्यवादी बुद्धिजीवी रजनी पाम दत्त ने अपनी पुस्तक इंडिया टुडे में भारत की बहुमुखी समस्याओं का उल्लेख करते हुए जो व्याख्या की है, वह इस परिप्रेक्ष्य में बड़ी प्रासंगिक लगती है। विद्वान लेखक ने भारत की स्थिति पर टिप्पणी करते हुए लिखा है कि :

> "भारत एक रोगग्रस्त और पिछड़ा हुआ देश है, जिसका विकास अवरुद्ध हो चुका है। बीमारी और निर्धनता से उत्पीड़ित इस देश की दुनिया के किसी अन्य देश से तुलना करना कठिन है। देश की असीमित सम्पदा, उसमें निहित क्षमता और विविध कठिनाइयों से घिरे विरोधाभास की ओर किसी भी पर्यवेक्षक का ध्यान आकर्षित किये बिना नहीं रहता, चाहे वह किसी भी मत का क्यों न हो। भारत की प्रमुख समस्या सामाजिक और आर्थिक है। राष्ट्रीय स्वतन्त्रता और प्रजातन्त्र की लड़ाई तो वस्तुतः इस समस्या की अभिव्यक्ति और संघर्ष की यह पहली सीढ़ी है।"[2]

स्वतन्त्रता प्राप्ति के लगभग दो दशक पश्चात भारत की आर्थिक और सामाजिक स्थिति पर करारा व्यंग्य करते हुए दी क्राइसिस ऑफ़ चेंजिंग

इंडिया के लेखक रोनाल्ड सिगल ने जो लिखा है, वह भी यथार्थ को प्रकट करता है। लेखक का कहना है कि "निर्धनता यहाँ के जनजीवन में इतनी रची–बसी है कि वह भारतीय सामाजिक ढाँचे का उसी प्रकार अंग बन गयी है जिस प्रकार उष्णता यहाँ की प्रकृति का अंग है।"[3] वास्तव में, निर्धनता और दरिद्रता भारतीय सामाजिक जीवन की चिरसंगिनी रही है और स्वतन्त्रता प्राप्ति के साथ यहाँ के जनसामान्य को समान रूप से विरासत में मिली है।

भारत की राजव्यवस्था के सम्बन्ध में विभिन्न विद्वानों के दृष्टिकोण एवं चिन्तन–मनन की दिशा की व्याख्या करते समय हम भारत के परम्परागत सामाजिक ढाँचे को नज़रअन्दाज़ नहीं कर सकते, क्योंकि इस ढाँचे ने उनकी सोच को बहुत हद तक प्रभावित किया है। वास्तव में देखा जाये तो भारत की सामाजिक संरचना तथा उसका ताना–बाना भी एक रूप में निर्धनता और उससे जुड़ी असमानता, शोषण एवं दरिद्रता का परिपोषक रहा है। अनादिकाल से यहाँ की सामाजिक संरचना, पवित्रता और अपवित्रता की अवधारणा पर छोटी जाति और उच्च जाति समूहों में बँटी हुई रही है। यह ढाँचा पदसोपान पर आधारित है। श्रेष्ठ और निचली जातियों में बँटा यह सामाजिक तन्त्र अपनी एक अलग ही पहचान रखता आया है। सामाजिक पदसोपान में सवर्ण जातियों के शिखर पर होने के कारण अर्थसत्ता और राजसत्ता इन्हीं के हाथों में केन्द्रीभूत रही है। छोटी जाति के लोग आर्थिक उत्पादन के साधनों के स्वामी न होकर सेवक रहे हैं। उनका कार्य तथाकथित उच्च जातियों की विभिन्न आवश्यकताओं की पूर्ति करना था। दूसरे शब्दों में, जाति व्यवस्था हमारे समाज में शोषण का ज़बरदस्त माध्यम रही है। अस्पृश्यता जैसी घिनौनी संस्था का उद्गम भी इसी सामाजिक ढाँचे की देन है।

मूलतः इस ब्राह्मण समाज की संरचना की नींव असमानता पर ही रखी गयी थी, जो समय के साथ अधिक दृढ़तर होती गयी। बेगार प्रथा, बन्धुआ मज़दूरी व्यवस्था, दासप्रथा और देवदासी जैसी संस्थाओं का उद्गम इसी सामाजिक व्यवस्था में देख सकते हैं। समय के साथ शोषण की यह व्यवस्था इतनी सुदृढ़ हो गयी कि उसे कोई बाह्य या अतिरिक्त घटना तोड़ने या मोड़ने में असफल ही सिद्ध हुई। जाति और उपजातियों में विभक्त तथा असमानता एवं शोषण पर आधारित हिन्दू समाज की यह स्थिति स्वतन्त्र भारत के संविधान निर्माताओं के समक्ष न केवल समस्या,

अपितु चुनौती के रूप में उपस्थित थी। इसमें परिवर्तन अपेक्षित था और बदलते सन्दर्भों में परिवर्तन की आवश्यकता सर्वत्र महसूस की जा रही थी।

सामाजिक और आर्थिक क्रान्ति का आगाज़

वास्तव में देखा जाये तो भारतीय शासन व्यवस्था के रचयिताओं के समक्ष इस परम्परागत सामाजिक ढाँचे के समूचे ताने–बाने को तोड़कर नये समाज की प्रतिस्थापना और आर्थिक क्षेत्र में विशिष्ट हितों द्वारा निर्मित शोषण की समूची किलेबन्दी को ढहा कर परिवर्तित सन्दर्भों में सामन्तवादी समाज का निर्माण प्रमुख समस्या थी, क्योंकि दुनिया के इस अँधेरे कोने में हुई बड़ी राजनीतिक क्रान्ति का भविष्य इन्हीं दो आयामों पर अवलम्बित था।

संविधान सभा के अधिकांश सदस्य इस समूचे परिदृश्य और समय की माँग से भली–भाँति परिचित थे। संरचनाकाल के दौरान उन्होंने सभा के सदस्यों को परिवर्तन की ओर आगाह भी किया। संविधान सभा की कार्यवाही का ज़रा गहराई से अध्ययन करने पर यही प्रतीत होता है कि उन्होंने संविधान के आधार निश्चित करते समय इन बिन्दुओं को नज़रअन्दाज़ नहीं किया, बल्कि यह कहना चाहिए कि संविधान निर्माण में यह उपागम प्रभावी सिद्ध हुआ। सभा के वरिष्ठ सदस्यों के वक्तव्य भी इसकी पुष्टि करते हैं। सभा को आगाह करते हुए पण्डित नेहरू ने कहा था कि :

> ''संविधान सभा का प्रमुख कार्य इस देश के लिए एक ऐसे संविधान की रचना करना है, जो यहाँ के भूखे लोगों को भोजन तथा वस्त्रहीन को कपड़ा दे सके और साथ ही प्रत्येक भारतीय को अपनी योग्यतानुसार उन्नति करने का अवसर प्रदान करे।''[4]

देश की सामाजिक और आर्थिक परिस्थितियों के दबाव का अहसास करते हुए श्री नेहरू ने कहा कि ''इन समस्याओं का समाधान किये बिना 'संविधान' केवल अर्थहीन और लक्ष्यहीन कोरा कागज़ सिद्ध होगा।''[5] श्री के. सन्थानम का कहना था कि ''भारत की स्वतन्त्रता राजनीतिक क्रान्ति की उपलब्धि मात्र है और दो नयी क्रान्तियों का प्रारम्भ।" उन्होंने आर्थिक और सामाजिक क्रान्ति की ओर संकेत करते हुए कहा था कि :

''भारतीय समाज को मध्ययुगीन रीति–रिवाज़ों, धर्म, सम्प्रदाय और जातिवाद के संकीर्ण दायरे से निकाल कर आधुनिक मूल्यों पर सामाजिक रचना करनी होगी। आर्थिक क्षेत्र में अविकसित और पिछड़ी हुई कृषि व्यवस्था और औद्योगिक नीति को वैज्ञानिक आधार प्रदान करना है।''[6]

श्री राधाकृष्णन के शब्दों में, आर्थिक और सामाजिक क्रान्ति, न केवल मूल आवश्यकताओं के लिए थी, अपितु इससे भी महत्त्वपूर्ण समूचे सामाजिक ढाँचे में मूलभूत परिवर्तन लाने की दृष्टि से भी आवश्यक थी। संविधान के एक सदस्य ने राजव्यवस्था के बदलते परिप्रेक्ष्य में स्पष्ट कहा था कि ''भूख का निवारण और सामाजिक न्याय प्रदान करना हर सरकार का प्रथम धर्म है।''[7]

बीसवीं शताब्दी के उत्तरार्द्ध में यूरोप तथा अमेरिकी जगत में हुए आश्चर्यजनक परिवर्तन, विज्ञान और तकनीकी क्षेत्र में उत्तरोत्तर विकास, राजनीतिक, सामाजिक और आर्थिक बदलाव से अभिभूत यहाँ का प्रबुद्ध जन भी स्वतन्त्र भारत की नयी शासन संरचना का निर्माण इसी परिप्रेक्ष्य में करने को उत्सुक था। तात्कालिक परिस्थितियों का तकाज़ा भी यही था। सामाजिक और आर्थिक परिवर्तन के प्रसंग को दृष्टि ओझल कर शासन तन्त्र की स्थापना अर्थहीन थी। श्री के. सन्थानम ने परिस्थितियों के दबाव को देखते हुए कहा भी था कि ''भारत को तीव्र गति से हो रहे विकास और हिंसात्मक क्रान्ति के बीच एक मार्ग चुनना है, अन्यथा भारतीय जनसमुदाय अपनी मूल आवश्यकताओं को प्राप्त करने के लिए अब अधिक समय तक प्रतीक्षा नहीं कर सकता।''

आर्थिक और सामाजिक क्रान्ति की सफलता या असफलता राजनीतिक स्थायित्व और लोक भागीदारी पर निर्भर करती है। दूसरे शब्दों में, स्थायित्व और लोक भागीदारी इसकी आवश्यक शर्त है। एक रूप में ये दोनों बातें एक–दूसरे के लिए परिपूरक भी हैं। सामाजिक और आर्थिक न्याय के अभाव में राजनीतिक स्थायित्व तथा लोक भागीदारी सम्भव नहीं होती। दूसरी ओर, यह भी सर्वविदित है कि अस्थिरता, विघटनकारी अवस्था और जनसमुदाय की शासन में अनास्था के वातावरण में क्रान्ति के मार्ग को सहजता से प्रशस्त नहीं किया जा सकता। अतः संविधान निर्माण की प्रक्रिया के दौरान ये सभी प्रसंग समान रूप से उपस्थित थे और संविधायकों को इन सभी पहलुओं पर समान रूप से विचार कर शासन विधान की रचना करनी थी।

सभा के समक्ष मूल प्रश्न

स्वतन्त्रता की ओर बढ़ते हुए देश की संविधान सभा ने मोटे तौर पर इन्हीं सन्दर्भों में शासन रचना का कार्य प्रारम्भ किया। सभा के समक्ष कई ज्वलन्त

प्रश्न और समस्याएँ थीं, जिन पर ध्यान दिये बिना संविधान निर्माण का कार्य सम्भव नहीं था। उनके समक्ष एक ओर नवजाग्रत राष्ट्र की एकता, अखण्डता और अस्तित्व को बनाये रखने का प्रश्न था, तो दूसरी ओर सामाजिक और आर्थिक क्षेत्र में आमूल–चूल बदलाव की सबसे बड़ी चुनौती थी। अतः जो प्रश्न सभा के समक्ष उपस्थित हुए, वे बड़े व्यावहारिक तो थे ही, साथ ही तत्काल निर्णय की माँग भी करते थे। देश की सामाजिक और आर्थिक क्रान्ति का मार्ग प्रशस्त करने और उसमें लोक भागीदारी को साकार रूप देने की दृष्टि से कौन–सी शासन व्यवस्था उपयुक्त होगी? देश को अराजकता और विघटनकारी शक्तियों से बचाने, विभिन्न इकाइयों की स्वायत्तता को बनाये रखने की दृष्टि से संसार में प्रचलित विभिन्न शासन प्रणालियों में से कौन–सी प्रणाली भारतीय परिस्थितियों के लिए उपयुक्त होगी?

दूसरे शब्दों में, इन मूल उद्देश्यों की प्राप्ति के लिए कौन–सी शासन व्यवस्था हितकारी सिद्ध होगी? क्रान्ति का ध्येय प्राप्त करने के लिए क्या पश्चिम का उदारवादी लोकतन्त्र उपयुक्त होगा अथवा अधिनायकवादी तन्त्र? भारत के लिए अमेरिका में प्रचलित और प्रतिष्ठित अध्यक्षीय प्रणाली अधिक उपयुक्त होगी अथवा इंग्लैंड की मन्त्रिपरिषदीय सरकार? भारत जैसे नव–स्वतन्त्र राज्य की एकता, अखण्डता और सुरक्षा के साथ–साथ सांस्कृतिक इकाइयों को विकसित होने और स्वायत्तता रखने की दृष्टि से एकात्मक शासन प्रणाली वांछनीय है अथवा संघात्मक शासन? विविध धर्मों और सम्प्रदायों की उपस्थिति में राज्य किसी एक धर्म का प्रवक्ता हो अथवा धर्मनिरपेक्ष? संक्षेप में अगर कहें तो ऐसे ही महत्त्वपूर्ण कुछ प्रश्न मुख्य रूप से उभरे, जो सभा तथा प्रारूप समिति के समक्ष महत्ता ग्रहण किये हुए थे।

संविधान सभा में शासन के स्वरूप सम्बन्धी बहस में ग्राम पंचायतों का प्रसंग भी विमर्श का विषय रहा। भारत की नयी शासन व्यवस्था का आधार ग्राम पंचायत ही हो अथवा उसकी नींव पश्चिम में प्रचलित जनप्रतिनिधिक व्यवस्था पर रखी जाये, इन दो विकल्पों में से किसे प्राथमिकता दी जाये? सभा के बाहर एक ऐसा प्रबुद्ध समूह था जो पश्चिम की प्रजातन्त्रीय व्यवस्था को भारत के लिए सर्वथा अनुपयुक्त मानता था और स्पष्ट रूप से सोवियत रूस में प्रचलित मार्क्सवादी शासन की वकालत कर रहा था। इन सब विकल्पों के अतिरिक्त एक ऐसा समूह भी था जो पूर्णतः तानाशाही की वकालत कर रहा था। संविधान के रचना काल में शासन पद्धति को

लेकर बहस इन्हीं बिन्दुओं के इर्द–गिर्द घूमती रही है। भारतीय शासन व्यवस्था के अध्येता वर्तमान में इन्हीं बिन्दुओं पर बहस करते नज़र आते हैं। वर्तमान में यह बहस और भी मुखरित हुई है और कतिपय क्षेत्रों में यही कहा जा रहा है कि भारत का वर्तमान संविधान अपेक्षित आकांक्षाओं तथा निर्धारित लक्ष्यों की पूर्ति करने में सर्वथा असफल रहा है। वे संसदीय व्यवस्था को दोषपूर्ण करार देते हैं। दूसरी ओर, वर्तमान शक्तिशाली केन्द्रीकृत व्यवस्था को कतिपय महानुभाव प्रजातन्त्रीय सिद्धान्तों के प्रतिकूल मानते हैं। भारत की संविधान सभा ने ग्राम पंचायत पर आधारित व्यवस्था के स्थान पर संसदीय प्रणाली का वरण क्यों किया, एक सशक्त केन्द्र प्रधान संघ राज्य को प्राथमिकता क्यों दी और उनके निर्णय के क्या आधार थे, उनका संक्षेप में वर्णन करना होगा। संविधान के सम्बन्ध में व्यवस्था को लेकर अकादमिक और राजनीतिक जगत में बहस आज भी जारी है। संविधान की आलोचना के अध्याय में संविधान सभा में अन्य विकल्पों की बात पुरज़ोर शब्दों में उठायी गयी थी। उन कतिपय विकल्पों पर विचार विश्लेषण करना वर्तमान सन्दर्भों में प्रासंगिक है।

गाँधीवादी मॉडल : अस्वीकृति के आधार

संविधान सभा में शासन व्यवस्था पर कतिपय महानुभावों ने गाँधी जी द्वारा प्रतिपादित पंचायती राज पर आधारित व्यवस्था की वकालत की थी। गाँधी जी की यह मान्यता थी कि नये संविधान की आधारभूत इकाई भारत का गाँव होना चाहिए। उन्होंने कहा था कि ग्रामीण समाज आज भले ही आदर्शमय नहीं है, किन्तु उसे आर्थिक, राजनीतिक और अन्य क्षेत्रों में स्वावलम्बी बना कर राज्य व्यवस्था की संरचना की जा सकती है। गाँधी जी का समूचा दृष्टिकोण केन्द्रीकृत शासन व्यवस्था के विपरीत विकेन्द्रीकरण पर आधारित था। उनका यह विश्वास था कि पंचायतों को आधार बना कर सत्ता के विकेन्द्रीकरण पर बनायी गयी व्यवस्था वर्ग विहीन समाज की स्थापना में सहायक सिद्ध होगी। गाँधी जी के इन विचारों के आधार पर संविधान की रूपरेखा दो बार सन् 1946 और 1948 में प्रस्तुत की गयी थी। इस प्रारूप में गाँधी जी ने एक और बात कही थी कि राष्ट्रीय कांग्रेस को समाप्त कर देना चाहिए। वे इस मत के थे कि स्वतन्त्रता प्राप्ति के लक्ष्य के बाद कांग्रेस दल की राजनीतिक भूमिका समाप्त हो जाती है। अतः उसे शासन सत्ता का मोह छोड़ कर रचनात्मक कार्यों में लग जाना चाहिए।

महात्मा गाँधी द्वारा प्रतिपादित और समर्थित पंचायती राज व्यवस्था के आधार पर संविधान निर्माण के प्रस्ताव को सभा ने अस्वीकृत कर दिया, यह तथ्य जगज़ाहिर है। गाँधीवादी व्यवस्था पर केवल राजनीतिक पक्ष को ध्यान में रख कर विश्लेषण करना आधा–अधूरा है। गाँधी जी की दृष्टि सामाजिक, आर्थिक और राजनीतिक दृष्टि से संविधायकों की सोच से बिलकुल अलग थी। राजनीतिक व्यवस्था के प्रश्न पर गाँधी जी प्राचीन भारत में प्रचलित ग्राम पंचायत व्यवस्था के पक्षधर थे। अगर यह कहा जाये कि वे भारत की प्राचीन परम्परा के अन्तिम सशक्त प्रवक्ता थे, तो कोई अतिशयोक्ति नहीं होगी। उनका समूचा दृष्टिकोण पश्चिम से आयातित संस्थाओं की सभ्यता और संस्कृति के विपरीत था। उनकी यह मान्यता थी कि भारत की बहुमुखी समस्याओं का निराकरण पश्चिम की राजनीतिक और आर्थिक व्यवस्थाओं में सम्भव नहीं है। पश्चिम का अनुकरण उनकी दृष्टि में सर्वनाश का मार्ग है। गाँधी जी का यह भी कहना था कि सामाजिक, आर्थिक, नैतिक और आध्यात्मिक विकास केवल राज्य शक्ति द्वारा कतई सम्भव नहीं है। सामाजिक और आर्थिक न्याय क़ानूनों द्वारा थोपा जाना अनुपयुक्त है। जनक्रान्ति नीचे के स्तर से प्रारम्भ होनी चाहिए। औद्योगिकीकरण और तकनीकी क्रान्ति के फलस्वरूप शासन व्यवस्थाओं में पनपती केन्द्रीकरण की प्रवृत्ति समाज के लिए घातक है। उनकी दृष्टि में आदर्श सरकार वही है जो कम–से–कम शासन करे।

महात्मा गाँधी द्वारा समर्थित ग्राम पंचायत व्यवस्था मात्र विकेन्द्रीकरण की योजना नहीं थी। वे ग्राम स्वराज को आर्थिक दृष्टि से स्वतन्त्र इकाई के रूप में देखते थे। वे कुटीर उद्योग, कृषि तथा अन्य आवश्यकताओं के लिए स्वावलम्बन पर ज़ोर देते थे। उनका कहना था कि औद्योगिक सभ्यता में मानवीय मूल्यों का ह्रास होता है, क्योंकि यह व्यवस्था अतिकेन्द्रीकरण प्रतिस्पर्धा और वर्ग संघर्ष को जन्म देती है। इस प्रसंग पर गाँधी जी ने अपने विचार प्रकट करते हुए कहा कि :

> "औद्योगिकीकरण मेरे विचार से मानव सभ्यता के लिए घातक होगा। एक राष्ट्र द्वारा दूसरे राष्ट्र का शोषण अधिक दिनों तक अब नहीं चलेगा। औद्योगिकीकरण सामान्यतया शोषण की क्षमता पर आधारित होता है। अगर भारत दूसरों का शोषण करना प्रारम्भ करेगा, तो भारत न केवल कुछ राष्ट्रों के लिए बल्कि सम्पूर्ण विश्व के लिए घातक होगा।

अतः दूसरों का शोषण करने के लिए मैं भारत को औद्योगिक राष्ट्र बनाने की बात सोचूँ ही क्यों?"[8]

औद्योगिकीकरण और तकनीकी क्रान्ति के प्रति गाँधी जी का यह दृष्टिकोण आधुनिक सभ्यता तथा वर्तमान राजनीतिक व्यवस्था के विरोध की स्पष्ट अभिव्यक्ति है। गाँधी जी की इस अवधारणा को ऐतिहासिक पृष्ठभूमि में यदि देखें तो उनका दृष्टिकोण समझ में आता है। स्वतन्त्रता और समानता के दावेदारों द्वारा तीसरी दुनिया का शोषण, औद्योगिक क्रान्ति के साथ साम्राज्यवाद और उपनिवेशवाद के बढ़ते हाथ, उसे सुदृढ़ करने हेतु सेना और शस्त्रों का अम्बार, हिंसात्मक क्रान्तियाँ, बीसवीं शताब्दी में बीस वर्ष के अन्तराल में हुए दो भीषण विश्व युद्ध, आधुनिक नगरीय सभ्यताओं में मानव का घटता कद, सन्ताप और छटपटाहट जैसी घटनाओं ने गाँधी जी जैसे अतिसंवेदनशील महापुरुष को प्रभावित और द्रवित किया था। इसीलिए उन्होंने बढ़ती हुई प्रतिस्पर्धा को देखते हुए पश्चिमी सभ्यता की दिग्भ्रांत और विनाश की काली छाया के रूप में देखा था।

मोटे तौर पर गाँधी जी के समूचे दर्शन पर विचार कर देखें तो ज्ञात होता है कि उनकी विचारधारा केवल सत्ता के विकेन्द्रीकरण तक ही सीमित नहीं है अपितु समूची आधुनिक सभ्यता और संस्कृति की अस्वीकृति है। विज्ञान एवं तकनीकी क्षेत्र में हुई क्रान्ति तथा उसके परिणामस्वरूप मानव सभ्यता पर पड़े प्रभाव को देखते हुए गाँधी जी के दर्शन से सहमत होना कठिन है। उनका यह दृष्टिकोण एक दृष्टि से भारत की सन्तों और संन्यासियों की परम्परा की श्रृंखला का प्रतिनिधित्व करती है। बीसवीं शताब्दी में हुई उथल–पुथल, राजनीतिक क्रान्तियों और युद्धों ने मानव समाज के परम्परागत ढाँचे को निस्सन्देह क्षत–विक्षत किया है। यह भी सही है कि इस बहुआयामी बदलाव ने मानव समाज के सरल एवं सहज जीवन को जटिल एवं कुछ सीमा तक एकाकी बनाया है। किन्तु दूसरी ओर विज्ञान और टेक्नोलॉजी के विकास के कारण प्रगति के जो द्वार खुले हैं, उन्हें नज़रअन्दाज़ नहीं किया जा सकता। विज्ञान और तकनीकी विकास के कारण कृषि, संचार, चिकित्सा, महामारियों पर नियन्त्रण और आवागमन के साधनों में हुई अद्भुत क्रान्ति को हम दार्शनिक शैली में ख़ारिज नहीं कर सकते हैं। विज्ञान के क्षेत्र में हुई अद्भुत क्रान्ति के बूते पर ही मनुष्य ने घोर अन्धकार से प्रकाश में क़दम रखा है। आधुनिक वैज्ञानिक प्रगति और विकास पर गाँधी जी का समूचा दृष्टिकोण ठेठ परम्परावादी कहा

जाये तो अतिशयोक्ति नहीं होगी। उनकी विचारधारा आध्यात्मिक है और भौतिकवाद को ख़ारिज करती चली जाती है। यह कोई नयी बात नहीं है। यह भारत की अतिप्राचीन सन्तवादी सांस्कृतिक धारा से ही मिलती–जुलती विचारधारा है।

महात्मा गाँधी का व्यक्तित्व, उनका विचार दर्शन, स्वतन्त्रता संग्राम में उनकी महती भूमिका तथा उनमें भारतीय जन को अपनी ओर आकृष्ट करने की अदम्य क्षमता होने के उपरान्त भी संविधान सभा के तत्कालीन प्रभुत्व–गुट और राष्ट्रीय कांग्रेस के शीर्ष नेताओं ने उनको व्यक्तिगत सम्मान देते हुए पंचायत व्यवस्था की योजना को अस्वीकृत कर दिया। उन्होंने कांग्रेस को विघटित करने की उनकी सलाह को भी स्वीकार नहीं किया। यह भी सच है कि भारत की नयी शासन प्रणाली द्वारा आर्थिक संरचना और विकास के जो मॉडल अपनाये गये, वे सब गाँधी जी के विचारों के अनुकूल नहीं थे। गाँधी जी के विचारों के अनुरूप नये भारत की शासन व्यवस्था का निर्माण न होने के पीछे हम तत्कालीन प्रबुद्ध नेतृत्व के दृष्टि भेद को इंगित कर सकते हैं। इस सन्दर्भ में गाँधी जी के परमप्रिय शिष्य पण्डित नेहरू का उल्लेख प्रासंगिक होगा। इन दोनों के बीच राजनीतिक संरचना तथा सामाजिक और आर्थिक नीतियों पर बुनियादी मतभेद जगज़ाहिर था। गाँधी जी के प्रति उनकी अटूट श्रद्धा थी। इसके उपरान्त भी पण्डित नेहरू की नये भारत के निर्माण के सम्बन्ध में विचारधारा गाँधी जी से मेल नहीं खाती थी। गाँधी जी का कहना था कि भारत की समस्याओं का समाधान पिछले पचास वर्ष की सीख को भुला देने में निहित है। रेल, डाक, अस्पताल, वकील, डॉक्टर आदि से हमें पीछा छुड़ा लेना चाहिए। गाँधी जी ने कहा था, ''जब–जब भी मैं रेल या मोटर में बैठता हूँ, तो मुझे ऐसा बोध होता है कि मैं अपने प्रति हिंसा कर रहा हूँ।''

इसके विपरीत श्री नेहरू का कहना था कि :

> ''यह बिलकुल ग़लत और हानिकारक विचारधारा लगती है। यह व्यावहारिक नहीं है। इसमें दुःख और ग़रीबी को गौरवान्वित किया गया है। व्यक्तिगत रूप से मैं ग़रीबी और दरिद्रता की प्रशंसा कतई पसन्द नहीं करता। मेरे विचार में ये सब उचित नहीं है। इन्हें समाप्त करने में ही भलाई है। न ही मैं संन्यासी जीवन को सामाजिक आदर्श

> मानता हूँ, हालाँकि यह किसी व्यक्ति के लिए उपयुक्त हो सकता है। मैं सादगी और आत्मसंयम को भी उचित समझता हूँ, लेकिन आत्मदमन को उपयुक्त नहीं समझता।"[9]

बीसवीं शताब्दी के मध्य में स्वतन्त्रता की ओर बढ़ते भारत में पण्डित नेहरू की तरह ऐसे अनेक बुद्धिजीवी और वैज्ञानिक थे जो भारत को आधुनिकता के मार्ग पर ले जाने के पक्षधर थे। भारतीय वैज्ञानिक समिति के अध्यक्ष प्रो. शाह भी उनमें से एक हैं, जिन्होंने भारत के लिए औद्योगिकीकरण की वकालत की। उन्होंने राष्ट्रीय विकास में भारतीय विज्ञान की महती भूमिका पर प्रकाश डालते हुए कहा :

> "राष्ट्र की संरचना केवल विज्ञान की सहायता से ही सम्भव है। भारत अभी औद्योगिक अवस्था के प्रथम चरण में है। औद्योगिक क्रान्ति की धारा प्रवाह से गुज़रे बिना पुनरुत्थान किसी भी तरह सम्भव नहीं है। चाहे हम इसे पसन्द करें या नहीं, सत्य यह है कि आधुनिक युग इतिहास का औद्योगिक युग है। इस क्रान्ति को हम नज़रअन्दाज़ नहीं कर सकते। अधिक–से–अधिक हम यह कह सकते हैं कि यह औद्योगिकीकरण तुलनात्मक दृष्टि से विकास प्रधान हो, जैसा कि इंग्लैंड में हुआ। दूसरा, सोवियत रूस की तरह थोपा जा सकता है। मुझे भय है कि इस देश में भी कहीं थोपने की स्थिति खड़ी न हो जाये।"[10]

सैद्धान्तिक धरातल पर विद्यमान यह मतभेद सत्ता हस्तान्तरण की प्रक्रिया के दौरान और भी अधिक गहरा होता गया प्रतीत होता है। ऐसा लगता है कि तत्कालीन भारत की विषम और चुनौतीपूर्ण परिस्थितियों ने कांग्रेस नेतृत्व को आदर्शों के स्थान पर व्यावहारिक दृष्टिकोण अपनाने को बाध्य किया। भारत का विभाजन, उससे उत्पन्न हिंसात्मक घटनाएँ, देशी रियासतों की दयनीय स्थिति, हैदराबाद में रजाकार विद्रोह, तेलंगाना में साम्यवादियों की चुनौती जैसी घटनाओं ने संविधान निर्माताओं को काफ़ी हद तक प्रभावित किया लगता है; सशक्त केन्द्र की स्थापना उसी प्रभाव का परिणाम है। संविधान सभा के प्रभुत्व गुट के लोग इन घटनाओं से प्रभावित हुए बिना कैसे रह सकते थे। एक ओर नव–स्वतन्त्र राज्य की एकता, अखण्डता और सुरक्षा का प्रश्न था, तो दूसरी ओर सामाजिक और आर्थिक विकास की आवश्यकता केन्द्रीकृत व्यवस्था की माँग कर रही थी।

परिस्थितियों के दबाव को देखते हुए सरदार पटेल का भी यही कहना था कि :

> "किसी भी प्रगतिशील सरकार के कार्य संचालन में आन्तरिक और बाहरी सुरक्षा प्रथम आवश्यकता है। मैंने इसी बात को ध्यान में रखते हुए रियासतों के एकीकरण का कार्य आरम्भ किया है। क़ानून और व्यवस्था की अनुपस्थिति में प्रगति का विकास असम्भव है।"[11]

कांग्रेस के अन्य वरिष्ठ नेता भी मूलरूप से इसी दृष्टिकोण के समर्थक थे और गाँधी के प्रति सम्मान का भाव रखते हुए पंचायत व्यवस्था के स्थान पर संसदीय प्रणाली को ही अधिक व्यावहारिक, अर्थवान और उपयोगी मानते थे। सारतः यह कहना असत्य नहीं होगा कि संविधान सभा में बैठे लोगों ने शासन प्रणाली सम्बन्धी जो निर्णय लिया, वह परिस्थितियों और समस्याओं के प्रति सोच–विचार कर विवेकपूर्ण दृष्टिकोण का परिणाम था। वैसे भी देखा जाये तो उस पीढ़ी ने गाँधीवादी व्यवस्था को कभी उपयुक्त और व्यावहारिक नहीं समझा। सत्ता हस्तान्तरण की प्रक्रिया के दौरान जो भी ऐतिहासिक निर्णय लिये गये, उन सबमें महात्मा गाँधी अकेले पड़ते हुए प्रतीत हुए हैं। भारत विभाजन की स्वीकृति, कांग्रेस पार्टी द्वारा सत्ता राजनीति में महती भूमिका आदि अनेक उदाहरण हैं जो इस बात की पुष्टि करते हैं कि गाँधी जी के स्वतन्त्रता संग्राम के साथी समय के साथ उनसे कोसों दूर चले गये थे। वे उनके लिए आदरणीय थे, अनुकरणीय नहीं।

व्यवस्था सम्बन्धी निर्णय में संविधायकों को इसलिए दोषी भी नहीं ठहराया जा सकता। संविधान की संरचना करते समय उनके समक्ष प्रश्न यह नहीं था कि कौन–सी व्यवस्था आदर्शमय है, अपितु प्रश्न व्यावहारिकता का था। उनके इस निर्णय को भले ही गाँधी जी के तिरस्कार की संज्ञा दी जाये, वास्तविकता यह है कि संविधान निर्माताओं का न तो उस ओर रुझान था और न वे गाँधीवाद के प्रति कटिबद्ध थे। उनके प्रश्न, प्रसंग, दृष्टिकोण, आकांक्षाएँ और हित गाँधी जी से बिलकुल भिन्न थे। ऐसी स्थिति में आदर्श पंचायत व्यवस्था के मॉडल का स्वर यदि संसदीय प्रणाली के पक्षधरों की आवाज़ में डूब गया तो कोई आश्चर्य की बात नहीं है।

भारत की राजव्यवस्था के सम्बन्ध में तात्कालिक परिस्थितियों को देखते हुए साम्यवादी विचारधारा वाले लोग भारत के लिए सर्वहारा वर्ग की तानाशाही की वकालत कर रहे थे। देश में ऐसे कई लोग थे जो सोवियत रूस में हुई अक्टूबर, 1917 की क्रान्ति से प्रभावित थे। उन्होंने देश के विभिन्न क्षेत्रों में अपने पाँव जमाने शुरू कर दिये थे। सोवियत रूस में जो सामाजिक और आर्थिक बदलाव आया, उससे यहाँ का प्रबुद्ध जगत काफ़ी अभिभूत था। कुछ ऐसे भी विचारक थे जिन्होंने भारत के लिए सोवियत मॉडल को अधिक व्यावहारिक माना। एशिया के अग्रणी बुद्धिजीवी श्री रजनी पाम दत्त को इस सन्दर्भ में उद्धृत करना समीचीन होगा। उन्होंने देश की सामाजिक और आर्थिक समस्याओं का विश्लेषण करते हुए लिखा था कि :

> "भारत की सामाजिक परिस्थितियों को देखते हुए यह स्पष्ट है कि यहाँ पर संसदीय प्रजातन्त्र शायद उपयुक्त नहीं होगा। यहाँ पर केवल वही ढाँचा सफल हो सकता है जिसका यहाँ की परिस्थितियों तथा जनजीवन से सीधा सम्बन्ध हो और जो ग्रामीण कृषक काउंसिलों तथा कारख़ानों के मज़दूर संगठनों का समन्वय कर सकता हो। प्रजातन्त्र का ऐसा स्वरूप सोवियत रूस में है। सोवियत रूस का प्रजातन्त्र वहाँ के लोगों, कारख़ानों के मज़दूरों और खेतिहर किसानों के अधिक निकट है। सोवियत प्रजातन्त्र अन्य व्यवस्थाओं की अपेक्षा यहाँ के कामगारों, किसानों, बुद्धिजीवियों की रचनात्मक शक्तियों को उभारने में अधिक क्षमतावान है। यह व्यवस्था सामूहिक तथा भारत के नवनिर्माण के लिए अधिक सार्थक सिद्ध होगी।"[12]

भारतीय समाज और राज्य व्यवस्था के सम्बन्ध में साम्यवादियों का दृष्टिकोण संविधान सभा के प्रभुत्व गुट के सदस्यों से मूलतः भिन्न था। इसीलिए इस तबके ने संविधान सभा का बहिष्कार किया। सभा के सदस्य भारतीय समाज में अन्तर्निहित असमानता, शोषण और निर्धनता की स्थितियों से भली–भाँति अवगत थे। वे इस मत के थे कि संसदीय प्रणाली के माध्यम से सामाजिक और आर्थिक न्याय की प्राप्ति सम्भव नहीं है। मूलतः यह प्रश्न साम्यवादी बनाम संसदीय प्रणाली या उसके औचित्य का नहीं है। स्वतन्त्रता आन्दोलन में अग्रणी रहे कांग्रेस के पुरोधा नेता

और उनके अनुयायी पश्चिमी जनतन्त्रीय व्यवस्था की ओर ही अधिक झुके हुए थे और वे किसी भी तरह की तानाशाही के विरुद्ध थे। साम्यवादियों ने समय–समय पर इसी बात को दोहराया कि भारत की स्वतन्त्रता एक छलावा है। साम्यवादी जमात का आकलन दूसरा था, वे तो भारत को स्वतन्त्र मानने से भी इनकार कर रहे थे। यह ब्रिटिश पूँजीवादियों से भारत के पूँजीवादियों के हाथ सत्ता हस्तान्तरण है। वर्तमान में भी देश के अनेक राज्यों में संघर्षरत नक्सलवादी यह कहते नहीं अघाते हैं कि वोट के माध्यम से शासक बदलते हैं, व्यवस्था नहीं बदलती। यहाँ यह कहना पर्याप्त होगा कि भारत में सामाजिक और आर्थिक शोषण और घोर ग़रीबी के होते हुए भी साम्यवादी दल का राष्ट्रव्यापी जनाधार नहीं बन पाया। भारतीय स्वतन्त्रता आन्दोलन में गाँधी, नेहरू, पटेल आदि नेता और उनका दल प्रजातन्त्रीय व्यवस्था का पक्षधर था। इसलिए साम्यवादी क्रान्ति और व्यवस्था की स्थापना सम्भव नहीं हुई।

अधिनायकवाद का स्वर

देश की तात्कालिक विषम परिस्थितियों को देखते हुए कुछ लोग ऐसे भी थे जो तानाशाही के सपने बुन रहे थे। संविधान सभा में एक सदस्य ने तानाशाही के पक्ष में कहा था, ''अगर एक तानाशाह अधिकांश लोगों के सुख का अभिरक्षक है, तो उस तानाशाही को जनतन्त्र शासन ही कहा जाना चाहिए। अगर अज्ञानी और भूखे लोगों की इच्छा यहाँ की शासन व्यवस्था का आधार बनती है, तो वह भारतीय जीवन की सभी अच्छाइयों पर कुठाराघात होगा। मैं संघ शासन, प्रजातन्त्रीय स्वतन्त्रता, संसदीय व्यवस्था, वयस्क मताधिकार और मूल अधिकारों का विरोध करता हूँ।''[13] यह एकाकी आवाज़ थी। यह न केवल भ्रामक थी, अपितु भारतीय जनाकांक्षाओं और सभ्य समाज तथा मानवीय मूल्यों के विरुद्ध आवाज़ थी, जिसे संविधान सभा में नाममात्र का भी समर्थन नहीं मिला। संविधान सभा ने शासन प्रणाली सम्बन्धी विमर्श के बाद इंग्लैंड में सुस्थापित संसदीय मॉडल का वरण किया।

सन्दर्भ

1. नेहरू, जवाहरलाल, *इंडियाज़ फ्रीडम,* पृ. 30–31
2. दत्त, रजनी पाम, *इंडिया टुडे,* पृ. 477
3. सिगल, रोनॉल्ड, *द क्राइसिस ऑफ़ इंडिया,* पृ. 172

4. नेहरू, जवाहरलाल, *संविधान सभा बहस,* पृ. 174
5. वही
6. सन्थानम, के. *संविधान सभा बहस,* पृ. 175
7. दी हिन्दुस्तान टाइम्स मैगज़ीन, अगस्त, 1947
8. गाँधी, *एम.के. यंग इंडिया,* 12 नवम्बर, 1931
9. इसके अतिरिक्त परिवार नियोजन, समाजवाद, गाँधी जी के ट्रस्टीशिप सिद्धान्त के प्रसंगों पर भी श्री नेहरू की दृष्टि भिन्न थी। श्री नेहरू का कहना था कि गाँधी जी का समाजवाद से कोई लेना–देना नहीं है। वे पूँजीवाद के समर्थक हैं, क्योंकि वे समाजवाद की तुलना में इसे कम बुरा मानते हैं। ट्रस्टीशिप का सिद्धान्त भी नेहरू की दृष्टि में वस्तुतः धार्मिक अनुकरण है जो गाँधी को पोप, मौलवी और पण्डितों की पंक्ति में लाकर खड़ा कर देता है!
10. देखिए, *इंडिया टुडे,* पृ. 511
11. सरदार पटेल द्वारा कांग्रेस योजना कांफ्रेंस में दिया गया भाषण 26 मई 1950, देखिए, ए.आई.सी.सी.ए. 1950, पृ. 25
12. दत्त, रजनी पाम, *इंडिया टुडे,* पृ. 559
13. बृजेश्वर प्रसाद, *संविधान सभा बहस,* पृ. 875

(सन्दर्भ ग्रन्थ : नेशनल पब्लिशिंग हाउस, दिल्ली से प्रकाशित लेखक की पुस्तक 'भारतीय संविधान और राजनीति')

अध्याय–7

भारतीय राज्य व्यवस्था की मुख्य विशेषताएँ

–वेददान सुधीर

संसदीय प्रणाली का निर्णय

संविधान सभा में व्यवस्था सम्बन्धी बहस के बाद देश की सामाजिक, आर्थिक और राजनीतिक परिस्थितियों को ध्यान में रखते हुए इंग्लैंड में प्रचलित संसदीय प्रणाली के वरण का निर्णय किया गया। यह हमारे संविधान में वर्णित व्यवस्था रचना की मुख्य विशेषता है। संविधान सभा के प्रबुद्ध गुट की दृष्टि में यह प्रणाली अधिक श्रेयस्कर समझी गयी। तत्कालीन परिस्थितियों के दबाव को देखते हुए उन्होंने अतिवादी विकल्प को अस्वीकृत कर मध्य मार्ग अपनाने का प्रयत्न किया था। प्रो. बार्कर का यह कथन कि पश्चिम की मूल्यवान व्यवस्था के समक्ष भारतीय परम्परागत सिद्धान्तों का समर्पण एक महत्त्वपूर्ण तथ्य को इंगित करता है, युक्ति संगत लगता है। प्रो. बार्कर की यह बात अपने स्वाभिमान के वशीभूत चाहे हम स्वीकार न करें, किन्तु सच्चाई यही है कि संविधान सभा ने यह निर्णय लेकर इंग्लैंड की संसदीय प्रणाली में निहित क्षमता को आत्मसात कर सम्मान प्रदान किया।

संविधान सभा में पण्डित नेहरू ने अपने उद्देश्यों सम्बन्धी प्रस्ताव में जिन बिन्दुओं को इंगित किया, उनमें प्रजातन्त्रीय व्यवस्था का वरण अन्तर्निहित था। किन्तु इस प्रस्ताव में कार्यपालिका के स्वरूप पर कोई स्पष्ट संकेत नहीं था। प्रारम्भ में सभा के अध्यक्ष का वक्तव्य कार्यपालिका के स्वरूप के सम्बन्ध में काफ़ी उलझन भरा था। उन्होंने अपने भाषण में स्पष्ट कहा कि :

> "हमें शासन की रूपरेखा के लिए ग्रेट ब्रिटेंन की अपेक्षा अमेरिका के संविधान से प्रेरणा ले‌ाी चाहिए, क्योंकि ब्रिटेन के लोग संविधान सभा के सिद्धान्त से सर्वथा अनभिज्ञ रहे

हैं। मेरा ऐसा विश्वास है कि आप लोग किसी अन्य देश की अपेक्षा अमेरिकी संविधान को अधिक महत्त्व देंगे।"[1]

संविधान सभा ने अध्यक्ष द्वारा प्रतिपादित विचारों के ठीक विपरीत इंग्लैंड की शासन प्रणाली का वरण किया। इसका कारण संविधान की संरचना सम्बन्धी नियुक्त अन्यान्य समितियों का निर्णय संसदीय प्रणाली के पक्ष में था। श्री वल्लभ भाई पटेल ने समितियों के निर्णय को प्रस्तुत करते हुए कहा था कि :

> "देश की परिस्थितियों को देखते हुए समितियों की राय में इंग्लैंड में विद्यमान संसदीय प्रणाली जिसे हम भलीभाँति परिचित हैं, अधिक उपयुक्त होगी।"[2]

संसदीय प्रणाली का विरोध

संविधान सभा द्वारा संसदीय प्रणाली का निर्णय प्रारम्भ से ही आलोचना का प्रसंग रहा है। इस प्रणाली को अपनाये जाने के पक्षधरों के तर्क प्रस्तुत करने से पूर्व विरोध के स्वरों का उल्लेख करना समीचीन होगा। यह विरोध केवल आन्तरिक परम्परावादी और साम्प्रदायिक तबके का ही विरोध नहीं था, अपितु इंग्लैंड के अनुदारवादी कूटनीतिज्ञ, कट्टरपन्थी मुस्लिम लीग, हिन्दू प्रतिक्रियावादी और गाँधीवादी जमात के लोग उल्लेखनीय हैं, जिन्होंने इस प्रणाली का पुरज़ोर विरोध किया था। गाँधी जी ने संसद को वेश्या की संज्ञा दी थी। उन्होंने कहा कि संसदीय प्रणाली देश की संस्कृति और जनप्रतिभा के प्रतिकूल है। हिन्दू प्रतिक्रियावादी तबके ने इसे पश्चिम का अन्धानुकरण मानते हुए संविधायकों पर देश की प्राचीन संस्कृति की अवहेलना का आरोप लगाया। दूसरी ओर मुस्लिम सम्प्रदाय के कट्टरपन्थी नेताओं ने इसे बहुमत पर आधारित व्यवस्था में हिन्दू बहुमत के समक्ष मुस्लिम हितों का समर्पण करार दिया। इंग्लैंड के गोरे अनुदारवादी कूटनीतिज्ञों ने यह स्वीकार ही नहीं किया कि यूरोप की यह झीनी व्यवस्था भारत जैसे देश में सफल हो सकती है। उनका कहना था कि एशियाई समाज की परिस्थितियाँ संसदीय व्यवस्था के सफल संचालन के लिए सर्वथा अनुपयुक्त हैं। संसदीय प्रणाली के कार्यकारण पर लार्ड बैलफोर का कहना था कि :

> "इंग्लैंड की संसदीय व्यवस्था की सफलता कुछ विशेष परिस्थितियों और वहाँ के समुदाय द्वारा विकसित सामाजिक

दृष्टिकोण पर निर्भर करती है। ब्रिटिश शासन उसी जगह के लिए उपयुक्त है, जहाँ समाज में समरूपता विद्यमान हो। एक ऐसा समाज जो समानता, अल्पमत में बहुमत के निर्णय को स्वीकार करने की क्षमता रखता हो और समान परम्पराओं का परिपोषक हो। मोटे तौर पर उस समाज में राष्ट्रीय और अन्तर्राष्ट्रीय प्रश्नों पर समान दृष्टिकोण और सहमति होनी चाहिए।"[3]

जहाँ तक साम्प्रदायिक विरोध का प्रश्न है, हिन्दू समाज के बहुमत से भयभीत कतिपय मुस्लिम जमात के लोग प्रारम्भ से ही संसदीय व्यवस्था के विरोधी रहे हैं। उनका कहना था कि अल्पसंख्यकों के लिए यह घाटे का सौदा है। 1823 में सर सैयद अहमद ख़ान ने इस प्रणाली को भारत के सन्दर्भ में अप्रासंगिक और अनुपयुक्त बताया था। उनका कहना था कि :

"इंग्लैंड की प्रतिनिधिक शासन व्यवस्था का अनुकरण करने से पहले यहाँ की सामाजिक और राजनीतिक परिस्थितियों को ध्यान में रखना अत्यन्त आवश्यक है। ये परिस्थितियाँ इंग्लैंड से सर्वथा भिन्न हैं। भारत जैसे देश में, जहाँ समाज जातियों में विभक्त हो, अनेक नस्ल के लोग रहते हों और जहाँ धर्म तथा सम्प्रदायों में गहरी खाई हो, समाज के सभी वर्गों में शिक्षा का सर्वथा अभाव हो, वहाँ पर ऐसी सहज चुनाव व्यवस्था को अपनाना मेरे विचार में सुरक्षित नहीं है, क्योंकि इस प्रणाली के अन्तर्गत बहुमत सम्प्रदाय अल्पमत के हितों को नज़रअन्दाज़ कर अपनी सर्वोपरिता स्थापित कर लेगा।"[4]

बहुसंख्यक हिन्दू समाज के वर्चस्व का यह भय संविधान सभा में भी अभिव्यक्त किया गया। अल्पसंख्यकों द्वारा मन्त्रिपरिषदीय प्रणाली का विरोध इसी बिन्दु पर था। वे किसी ऐसे शासन तन्त्र के पक्ष में थे जिसके अन्तर्गत सत्ता में उनकी समान भागीदारी सुनिश्चित की जा सके। श्री अजीज अहमद ख़ाँ ने ब्रिटेन की केबिनेट प्रणाली की अपेक्षा स्विटज़रलैंड में प्रचलित सर्वदलीय सरकारी प्रणाली अपनाये जाने की वकालत की थी। उनका कहना था कि :

"बरतानिया का प्रजातन्त्र भारत के लिए उपयुक्त नहीं होगा। यह सोचना सही नहीं कि संविधान निर्माण के बाद

> साम्प्रदायिक दल समाप्त हो जायेंगे और उनके स्थान पर राजनीतिक–आर्थिक सिद्धान्तों पर नये दल बनेंगे।"[5]

माननीय सदस्य का कहना था कि निश्चित अवधि के लिए चुनी गयी सर्वदलीय सरकार जिसमें हरेक सम्प्रदाय का प्रतिनिधित्व हो, संसद के हर दल का विश्वास प्राप्त कर लेगी। बेगम अजीज रसूल का कहना था कि "स्विटज़रलैंड की कार्यपालिका का स्वरूप इस देश में सबको मान्य होगा।"[6]

सामाजिक प्रतिनिधित्व के आधार पर स्विस कार्यपालिका का समर्थन करने वालों ने अपने पक्ष को नये अन्दाज़ में प्रस्तुत किया था। उनका कहना था कि सर्वदलीय कार्यपालिका के माध्यम से संसद को दल परिवर्तन की बुराई से बचाया जा सकता है। श्री महबूब अली बेग का कहना था कि :

> "मन्त्रिपरिषदीय शासन की मूल बुराई यह है कि वह अपने को बचाये रखने के लिए प्रतिपक्ष के अविश्वास के भय के कारण उन्हीं लोगों के ग़लत अथवा सही हितों को परिपोषित करती रहती है। यह कार्यपालिका निरन्तर अविश्वास प्रस्ताव के भय से त्रस्त रहती है और यहीं से भ्रष्टाचार के बीज अंकुरित होते हैं।"[7]

कार्यपालिका के स्वरूप पर यह सारी बहस साम्प्रदायिक तत्त्वों की संकीर्ण मनोवृत्ति और अपने नेतृत्व को आने वाली व्यवस्था में जगह बनाये रखने की कवायद के सिवाय कुछ नहीं थी। वे संवैधानिक व्यवस्था में अपनी पारम्परिक भागीदारी चाहते थे और सत्ता का पलड़ा किसी एक समूह के पक्ष में भारी न हो, केवल इसी की चिन्ता थी। यह सम्पूर्ण सोच, विवेकहीन और केवल साम्प्रदायिक थी।

विरोध के अन्य स्वर

एक ओर साम्प्रदायिक तबके के लोग अपने हितों के परिप्रेक्ष्य में स्विटज़रलैंड की मिश्रित मन्त्रिपरिषदीय सरकार की माँग कर रहे थे, तो दूसरी ओर कतिपय गणमान्य सदस्यों ने तत्कालीन राष्ट्रीय परिस्थितियों में अमेरिकी शासन व्यवस्था का समर्थन किया था। श्री सिब्बल लाल सक्सेना ने राजनीतिक स्थायित्व को प्राथमिकता देते हुए अध्यक्षीय कार्यपालिका को अपनाये जाने की वकालत की। श्री रामनारायण सिंह ने अपने कटु अनुभवों का हवाला देते हुए संसदीय प्रणाली को तबाही के मार्ग की संज्ञा दी थी। उनका कहना था कि :

"पश्चिम में यह व्यवस्था पूर्णतया असफल रही है और इस देश में भी इसे कहीं वही भाग्य नसीब न हो, क्योंकि ईमानदार व्यक्तियों का सर्वथा अभाव है। अध्यक्षीय शासन प्रणाली का समर्थन उन्होंने इसलिए किया था कि इसके अन्तर्गत एक ईमानदार राष्ट्रपति को खोज निकालना कोई मुश्किल बात नहीं है, जबकि मन्त्रिपरिषदीय सरकार में ईमानदार मन्त्रियों की विशाल सेना की आवश्यकता होती है जो सहजता से यहाँ उपलब्ध नहीं होगी।"[8]

सभा के सदस्य श्री पी.एस. देशमुख ने एक नये बिन्दु के आधार पर इसका विरोध किया था। उनका कहना था कि इस व्यवस्था के माध्यम से सामाजिक और आर्थिक बदलाव सम्भव नहीं है। यह व्यवस्था यथास्थिति की परिपोषक है। यह हमारे समसामयिक प्रश्नों का समुचित उत्तर देने में पूर्णतया असमर्थ है। संविधान की आलोचना करते हुए उन्होंने कहा था कि :

"एक अन्य दृष्टिकोण से भी हमारा संविधान त्रुटिपूर्ण है। संसदीय प्रजातन्त्र केवल यथास्थिति को क़ायम रखने की व्यवस्था है। वर्तमान स्थिति को देखते हुए यह कोई क्रान्तिकारी परिवर्तन लाने की क्षमता नहीं रखती। हम अपनी परम्परागत संस्थाओं को ज्यों–का–त्यों बनाये रखना चाहते हैं और इसी कारण यह संविधान जनसाधारण की इच्छाओं की अभिव्यक्ति नहीं करता और न ही उनकी समस्याओं का निराकरण प्रस्तुत करता है।"[9]

संसदीय प्रणाली के पक्षधरों का कथन

संविधान सभा में संसदीय प्रणाली के सम्बन्ध में जो बहस हुई उसको देखते हुए यह कहना अतिशयोक्ति नहीं होगी कि कुछ लोग धर्म और सम्प्रदाय के संकीर्ण दायरे से ऊपर उठ कर नयी दिशा में सोचने के लिए तैयार नहीं थे। इतिहास की धारा से अनभिज्ञ, आधुनिक जगत में आ रहे परिवर्तन से अनजान ऐसे लोग केवल परम्परागत व्यवस्था और उसमें अपनी जगह बनाये रखने में ही देशहित सोचते थे। जनप्रतिभा, सामाजिक और सांस्कृतिक विरासत आदि सभी तर्क यथास्थिति को बनाये रखने के लिए ही दिये गये थे। श्री पी.एस. देशमुख ने निःसन्देह नये आयाम की ओर ध्यान आकर्षित किया था। मुस्लिम सम्प्रदाय के नेताओं की आवाज़ धर्म के आधार पर शासन में हिस्सेदारी की आवाज़ थी। हिन्दू प्रतिक्रियावादी तबका प्राचीन संस्कृति के नाम पर अपनी सत्ता को सुरक्षित बनाये रखना चाहता था।

ऐसा लगता है कि स्वतन्त्र भारत में स्थापित हो रही नयी व्यवस्था उनके हितों पर कुठाराघात थी। इस प्रतिक्रियावादी ख़तरे की ओर संकेत करते हुए एक उदारवादी विचारक ने स्पष्ट तौर पर लिखा कि :

> "संविधान की संरचना में जनप्रतिभा को समाविष्ट करने की माँग या तो प्रतिक्रियावादी मनोवृत्ति की द्योतक है, जो प्रजातन्त्रीय विकास को अपने हितों के लिए चुनौती समझते हैं अथवा भारत की प्राचीनता के प्रति आस्था के वशीभूत भ्रामक विचारधारा का परिणाम है। दोनों ही प्रकार की धारणाएँ भारत के राजनीतिक विकास की दृष्टि से ख़तरनाक हैं। भारत की माँग, जिसके लिए ग्रेट ब्रिटेन वचनबद्ध है, वह उत्तरदायी सरकार से कम की माँग नहीं है। शासन के क्षेत्र में इंग्लैंड की यह विरासत भारतीय विचारधारा का आधार बन चुकी है।"[10]

उपरोक्त कथन एक दृष्टि से साम्प्रदायिक और प्रतिक्रियावादी विचार के विरुद्ध उदारवादी अवधारणा की 'अभिव्यक्ति' है। संसदीय प्रणाली की स्थापना में निहित कारकों का विश्लेषण करें तो हमें प्रतीत होगा कि उदारवादी प्रबुद्धों की भूमिका महत्त्वपूर्ण एवं निर्णायक रही है। पश्चिमी दर्शन से प्रभावित इस वर्ग ने संविधान सभा में महती भूमिका निभायी थी। तत्कालीन भारत का मध्य वर्ग अंग्रेज़ी दर्शन और साहित्य के प्रति आकर्षित था। अंग्रेज़ी संस्कृति के प्रभाव का वर्णन करते हुए श्री शंकर नय्यर ने कहा था कि "सिवाय इसके कि अंग्रेज़ अपना शासन स्वयं चलाते हैं, हम सब अंग्रेज़ियत का जीवन बिता रहे हैं।" वस्तुतः यह व्यवस्था पाश्चात्य शिक्षा और संस्कृति से अभिभूत इसी वर्ग की देन है।

अन्य व्यावहारिक कारण

संसदीय प्रणाली के वरण के पीछे हम व्यावहारिक अनुभव को महत्त्वपूर्ण कारक मान सकते हैं। सन् 1861 से लेकर भारत स्वतन्त्रता अधिनियम, 1947 के बीच भारत की शासन व्यवस्था सीमित रूप में इसी प्रणाली के अन्तर्गत विकसित हुई है। तत्कालीन ब्रिटिश शासन इस तरह की व्यवस्था स्थापित किये जाने का कतई पक्षधर नहीं था, किन्तु बीसवीं शताब्दी के प्रथम दशक में हुए प्रथम विश्व युद्ध के पश्चात भारतीय उपमहाद्वीप में घटनाक्रम इतना तीव्र गति से बदला कि तत्कालीन अंग्रेज़ सरकार को बाध्य

होकर कुछ प्रान्तों में सीमित उत्तरदायी शासन की स्थापना करनी पड़ी। उसके पश्चात शासन के क्षेत्र में भारतीयों की भागीदारी बढ़ती ही चली गयी। इस भागीदारी ने भारतीय राजनीतिक अभिजन की सोच की दिशा को नया मोड़ दिया। धीरे–धीरे इंग्लैंड की शासन सम्बन्धी परम्पराएँ यहाँ जड़ जमाती चली गयीं और इसे आधुनिकीकरण की प्रक्रिया के महत्त्वपूर्ण वाहक के रूप में देखा गया। संविधान सभा में अनुभव सम्बन्धी यह तर्क काफ़ी सशक्त रूप से उभर कर आया। श्री के.एम. मुंशी ने इस ओर ध्यान आकर्षित करते हुए पुरज़ोर शब्दों में संसदीय शासन की वकालत की थी। उन्होंने कहा :

> "हमें यह महत्त्वपूर्ण तथ्य कभी नहीं भूलना चाहिए कि पिछले सौ वर्षों से इंग्लैंड की संवैधानिक परम्पराएँ भारतीय राजनीतिक जीवन को परिपोषित और प्रभावित करती आयी हैं। देश की शासन व्यवस्था में पिछले तीस–चालीस वर्षों से कुछ सीमा तक उत्तरदायित्व का तत्त्व समाविष्ट रहा है। हमारी संवैधानिक परम्पराएँ संसदीय शासन की परम्पराएँ बन गयी हैं और मौटे तौर पर सभी प्रान्तों में सरकार का ढाँचा इंग्लैंड के समरूप है। सौ वर्षों के इस अनुभव और स्थापित परम्पराओं को छोड़ कर हम नया परीक्षण क्यों करें।"[11]

25 फरवरी, 1956 को संसदीय प्रणाली पर आयोजित एक विचार गोष्ठी में जवाहरलाल नेहरू ने यही विचार व्यक्त किये थे :

> "इंग्लैंड तथा वहाँ की संसदीय संस्थाओं से हमारा एक लम्बे समय से निकट का सम्पर्क रहा है और इसी कारण हम संसदीय शासन को यहाँ स्थापित करने की दिशा में सोचते भी रहे हैं। जब उपयुक्त अवसर आया तो हमने उस संसदीय ढाँचे को बड़े पैमाने पर प्रारम्भ किया। मेरा ऐसा विश्वास है कि हम इस क्षेत्र में बहुत सीमा तक सफल हुए हैं और आगे भी सफलता प्राप्त करेंगे।"[12]

उन्होंने शासन के क्षेत्र में इस अनुभव सम्बन्धी तर्क की पुष्टि करते हुए कहा कि संविधान सभा के अधिकांश सदस्यों ने प्रजातन्त्रीय जगत में प्रचलित अन्य कार्यपालिकाओं की तुलना में संसदीय व्यवस्था को सैद्धान्तिक

और व्यावहारिक दोनों ही दृष्टि से उपयुक्त समझ कर इसके पक्ष में निर्णय लिया। सभा के प्रबुद्ध गुट के इस निर्णय का अधिकांश सदस्यों ने स्वागत किया। अमेरिका, स्विटज़रलैंड और इंग्लैंड की शासन व्यवस्था पर हुई बहस के दौरान प्रारूप समिति के अध्यक्ष डॉ. आम्बेडकर ने इस निर्णय के पक्ष में प्रकाश डाला था। उन्होंने अन्य शासन व्यवस्थाओं की सैद्धान्तिक और व्यावहारिक दृष्टि से तुलनात्मक व्याख्या करते हुए कहा कि :

> "एक प्रजातन्त्रीय कार्यपालिका में दो तत्त्वों की समान रूप से आवश्यकता होती है। पहला तो यह है कि कार्यपालिका स्थायी होनी चाहिए और दूसरी वह उत्तरदायी भी होनी चाहिए। दुर्भाग्य से अभी तक किसी ऐसी व्यवस्था का निर्माण नहीं हुआ जो इन दोनों ही आवश्यकताओं की समान रूप से पूर्ति कर सकती हो। आप एक ऐसी व्यवस्था अपना सकते हैं जो अधिक स्थायित्व प्रदान करती हो, किन्तु उसमें उत्तरदायित्व का अभाव होगा। अमेरिका और स्विटज़रलैंड की प्रणालियों में स्थायित्व अधिक है और उत्तरदायित्व का अभाव है। इसके विपरीत दी ग्रेट ब्रिटेन की व्यवस्था में उत्तरदायित्व अधिक और स्थायित्व की मात्रा कम है। इसका कारण बहुत स्पष्ट है कि अमेरिकी कार्यपालिका असंसदीय कार्यपालिका है। इसका आशय यह है कि उसका कार्यकाल 'कांग्रेस' के बहुमत पर निर्भर नहीं है, जबकि इंग्लैंड में कार्यपालिका का स्वरूप संसदीय है जो संसद के बहुमत पर अवलम्बित है। असंसदीय कार्यपालिका को कांग्रेस अपदस्थ नहीं कर सकती, जबकि संसदीय सरकार को संसद में विश्वास खो देने पर त्यागपत्र देना होता है। उत्तरदायित्व की दृष्टि से अगर देखा जाये तो कहना होगा कि असंसदीय कार्यपालिका व्यवस्थापिका के प्रति बहुत कम उत्तरदायी होती है। दूसरी ओर, बहुमत पर आश्रित कार्यपालिका कहीं अधिक उत्तरदायी होती है।"[13]

उत्तरदायित्व प्रणाली में निहित मूल्यांकन एजेंसी की महत्ता पर उन्होंने कहा :

> "इन दोनों प्रणालियों में अन्तर उत्तरदायित्व का ही नहीं है, यह समय–समय पर उत्तरदायित्व का मूल्यांकन करने वाली

एजेंसी पर भी आधारित है। संयुक्त राज्य अमेरिका की व्यवस्था में कार्यकारिणी के उत्तरदायित्व का मूल्यांकन सामयिक होता है। यह मूल्यांकन मतदाताओं द्वारा दो वर्ष में एक बार ही होता है। इसके विपरीत इंग्लैंड में संसदीय शासन व्यवस्था के अन्तर्गत कार्यकारिणी के उत्तरदायित्व का मूल्यांकन प्रतिदिन व सामयिक दोनों प्रकार से होता हैं। संसद के सदस्यों द्वारा यह मूल्यांकन अभिभाषण पर होने वाली बहस, प्रश्नकाल, प्रस्ताव, अविश्वास का प्रस्ताव, स्थगन और वाद–विवाद के माध्यम से किया जाता हैं, सामयिक मूल्यांकन चुनाव के समय मतदाता करते हैं, जो कि पाँच अथवा इससे कम समय में एक बार होता है। अमेरिकी व्यवस्था में दैनिक मूल्यांकन करने की गुंजाइश नहीं है। ऐसा अनुभव किया गया है कि जैसे देश के लिए यह और भी अधिक आवश्यक है। अतः यही सोच कर कि अधिक स्थायित्व की अपेक्षा उत्तरदायित्व कहीं अधिक श्रेयस्कर होगा, प्रारूप संविधान में संसदीय कार्यपालिका को अपनाये जाने की अनुशंसा की गयी।''[14]

संविधान सभा द्वारा संसदीय प्रणाली का निर्णय, जैसा कि पूर्व में वर्णित किया जा चुका है, देश की तात्कालिक विषम परिस्थितियों से प्रभावित हुआ है। सभा के सदस्यों का यह स्पष्ट मत था कि खाद्य संकट, क़ानून और व्यवस्था में आयी गिरावट, रियासतों के एकीकरण की समस्या, सुरक्षा तथा भारत विभाजन के कारण उत्पन्न स्थितियों का सामना करने के लिए एक स्थायी एवं शक्तिशाली कार्यपालिका की आवश्यकता है। जनतन्त्रीय पद्धति को क़ायम रखते हुए शासन का कौन–सा स्वरूप परिस्थितियों के सन्दर्भ में संगत होगा, यह प्रश्न काफ़ी महत्त्व का था। कतिपय महानुभव इस बात से आश्वस्त थे कि संसदीय प्रणाली के माध्यम से इनसे सहजता से निपटा जा सकता है। परिस्थितियों के तकाज़े को आधार मानते हुए के.एम. मुंशी ने सभा के समक्ष दो प्रश्न रखे। पहला तो यह कि राष्ट्र की इन विषम परिस्थितियों को देखते हुए कार्यपालिका का कौन–सा स्वरूप प्रजातन्त्रीय व्यवस्था के अधिक निकट होगा? दूसरा, भारत जैसे देश के लिए कौन–सा स्वरूप अधिक उपयोगी होगा? श्री के.एम. मुंशी का रुझान ब्रिटिश शासन प्रणाली की ओर अधिक था। इनका कहना था कि :

"इंग्लैंड का शासन काफ़ी शक्तिशाली और कार्यपालिका अत्यन्त लचीली है। इसका कारण यह है कि कार्यपालिका को वित्तीय अधिकारों से लैस संसद के बहुमत का समर्थन होता है। परिणामतः यह संसद में स्थित बहुमत का शासन है, जो मन्त्रिपरिषद का समर्थन करता है। यह परिषद वहाँ के राज्याध्यक्ष को मन्त्रणा देती है। सम्राट दलीय राजनीति से सर्वथा अछूता है। वास्तव में देखा जाये तो सम्राट निष्पक्षता का प्रतीक है। अतः इंग्लैंड की सरकार हर परिस्थिति में शक्तिशाली और लचीली पायी जाती है।"[15]

संघात्मक स्वरूप : सन्तुलन का प्रयास

भारतीय संविधान के संरचनात्मक स्वरूप के अन्तर्गत संघात्मक प्रणाली अपनी एक अलग पहचान रखती है। यह कहना भी कदाचित ग़लत नहीं होगा कि संविधान के अन्यान्य विवादास्पद पहलुओं में संघीय स्वरूप संविधान सभा और उसके बाहर काफ़ी चर्चा का विषय रहा है। संविधान निर्माण के दौरान विमर्श इस बात पर था कि भारत की भौगोलिक और सांस्कृतिक विविधता को देखते हुए इसे संघात्मक बनाया जाये अथवा एकात्मक? कतिपय सदस्यों को छोड़ कर अधिकांश लोगों का अभिमत था कि शासन का ढाँचा संघात्मक होना चाहिए। इस संघात्मक शासन की प्रकृति, केन्द्र तथा राज्यों के बीच शक्तियों के बँटवारे आदि पर संविधान सभा में काफ़ी गहरा मतभेद विद्यमान था। श्री के.एम. पन्निकर जैसे महानुभाव राष्ट्र की एकता, अखण्डता और सुरक्षा को देखते हुए एकात्मक शासन के पक्ष में थे, तो दूसरी ओर अनेक सदस्य भाषा, संस्कृति आदि की विविधता और भौगोलिक परिस्थितियों के कारण संघीय प्रणाली की वकालत कर रहे थे।

संघीय शासन का कौन–सा मॉडल उपयुक्त होगा, इस पहलू पर भी काफ़ी विवाद था। कतिपय सदस्य अमेरिका की संघीय व्यवस्था को आदर्श मानते हुए भारत में उसी के अनुरूप व्यवस्था अपनाये जाने के पक्षधर थे। कुछ सदस्यों का रुझान कनाडा और आस्ट्रेलिया के प्रतिमान की ओर था। भारत की संविधान सभा में कुछ ऐसे लोग भी थे जो इन सब स्थापित और स्वीकृत प्रतिमानों से हट कर देश की सामाजिक परिस्थितियों के सन्दर्भ में व्यावहारिक दृष्टिकोण अपनाये जाने पर ज़ोर दे रहे थे। उनका झुकाव किसी मॉडल की ओर नहीं था। उनका कहना था कि भारत में ऐसे संघीय

शासन का निर्माण करना चाहिए जो देश की एकता, अनेकता और सुरक्षा को बनाये रखते हुए आर्थिक विकास का मार्ग प्रशस्त करने में सक्षम हो। डॉ. राजेन्द्र प्रसाद ने सम्बोधित करते हुए कहा था कि :

> "व्यक्तिगत रूप से मैं किसी लेबल के पक्ष में नहीं हूँ। आप इसे संघात्मक, एकात्मक अथवा किसी भी नाम से सम्बोधित करें। अगर संविधान हमारे प्रयोजन की पूर्ति करता है, तो नाम या लेबल का कोई असर नहीं पड़ता।"[16]

भारत के संघीय ढाँचे सम्बन्धी प्रावधानों पर सरसरी तौर पर देखने पर डॉ. राजेन्द्र प्रसाद के वक्तव्य की पुष्टि होती है। भारत के संविधायकों ने विश्व में प्रचलित विभिन्न संघीय प्रतिमानों की शुद्धता और सीमाओं को स्वीकार नहीं किया। संविधान सभा में संघ व्यवस्था पर हुई बहस का गम्भीरता से विश्लेषण करें तो प्रतीत होगा कि भारतीय संघीय संरचना तात्कालिक परिस्थितियों की उपज है। आज़ादी के प्रसवकाल की स्थितियाँ और घटनाओं ने संविधायकों को झकझोर दिया था और उन्हें किसी भी मॉडल की परवाह किये बिना एक ऐसी व्यवस्था करनी थी जो इस महादेश की एकता, अखण्डता और विविधता को बनाये रख सके। स्वतन्त्रता की ओर अग्रसर भारत की परिस्थितियाँ बहुत चुनौती भरी थीं। भारत विभाजन के परिणामस्वरूप विघटनकारी शक्तियों का उभार, हिंसात्मक दंगे, संस्कृति के नाम पर उपराष्ट्रवादी आकांक्षाओं का उभार जैसी स्थितियाँ सिद्धान्तों के नाम पर कोई ज़ोखिम उठाने को उत्साहित नहीं करती थीं। इसके विपरीत विघटन के भय के कारण कई सभा सदस्यों ने एकात्मक व्यवस्था स्थापित करने की पुरज़ोर वकालत की। राष्ट्र की तात्कालिक विषम परिस्थितियों को देखते हुए श्री के.एम. पन्निकर का कहना था कि :

> "संघीय प्रणाली तो अनुकूल मौसम में ही उपयुक्त रहती है। राष्ट्रीय एकता, खुशहाली और जनकल्याण की दृष्टि से संघीय प्रणाली इस देश के लिए घातक सिद्ध होगी। अतः संविधान का झुकाव मूलरूप में एकात्मक शासन की ओर होना चाहिए।"[17]

उन्होंने स्पष्ट कहा कि केन्द्र सरकार को अगर शक्तिशाली नहीं बनाया गया तो एकता का ढाँचा शीघ्र ही ढह जायेगा। यूनियन पावर कमेटी के प्रतिवेदन के साथ अपने पत्र में पण्डित नेहरू ने परिस्थितियों के दबाव को देखते हुए स्पष्ट लिखा कि :

"केबिनेट मिशन योजना के अन्तर्गत केन्द्रीय सरकार की शक्तियों पर जो सीमा थी, उसे सभा ने समझौते के रूप में स्वीकार किया था। यह प्रशासनिक दृष्टि सें अनुपयुक्त थी। फिर भी मुस्लिम लीग को समायोजित करने के लिए स्वीकार किया गया। अब चूँकि भारत का विभाजन एक वास्तविकता है, इसलिए हम इस बात पर एकमत हैं कि केन्द्र सरकार को कमज़ोर बनाये रखना राष्ट्र हित की दृष्टि से घातक होगा। एक कमज़ोर केन्द्र सरकार शान्ति बनाये रखने, सामूहिक महत्त्वपूर्ण प्रश्नों पर सहयोग बैठाने तथा अन्तर्राष्ट्रीय क्षेत्र में देश के मुख्य प्रवक्ता के रूप में प्रतिनिधि होने का दावा नहीं कर सकती। दूसरी ओर हम इस बात से भली–भाँति परिचित हैं कि ऐसे भी मामले हैं जिनको पूर्णतया इकाई राज्यों को सौंप देना उचित होगा और एकात्मक संविधान का निर्माण राजनीतिक और प्रशासनिक दृष्टि से प्रतिगामी क़दम होगा। अतः हम यूनियन संविधान समिति की तरह इसी निर्णय पर पहुँचे हैं कि हमारे संविधान को सुदृढ़ संघात्मक होना चाहिए, जिसमें केन्द्र सरकार शक्तिशाली हो।"[18]

पण्डित जवाहरलाल नेहरू का यह विश्लेषण कि परिस्थितियों को देखते हुए केन्द्र सरकार को कमज़ोर बनाये रखना राष्ट्रीय हित के लिए घातक होगा, को अधिकांश लोगों ने स्वीकार किया। इसलिए हम कह सकते हैं कि भारत का संघीय ढाँचा यहाँ की अपनी परिस्थितियों की उपज है तो अतिशयोक्ति नहीं होगी। विघटनकारी शक्तियों से बचाव कर राष्ट्र के ताने–बाने को किस तरह बनाये रखा जाये, यह सोच निर्णय का आधार बना। श्री नेहरू का दृष्टिकोण इसी मानस की अभिव्यक्ति है।

भारत के संघात्मक स्वरूप पर विमर्श करते समय एक और महत्त्वपूर्ण पहलू ध्यान आकर्षित करता है वह है, सांस्कृतिक पहलू। भारत का सामाजिक, सांस्कृतिक आयाम संघीय प्रणाली अपनाये जाने का एक सुदृढ़ आधार प्रस्तुत करता है। यहाँ की संस्कृति का बहुलतावादी चरित्र यहाँ की एकता की विशेषता रही है। ओ.पी. गोयल ने अपनी पुस्तक *इंडियन गवर्नमेंट एंड पोलिटिक्स* में इस प्रसंग पर प्रकाश डालते हुए जो कहा है, उसे उद्धृत करना समीचीन होगा। उन्होंने कहा :

"भारत के सांस्कृतिक और राजनीतिक इतिहास के परिप्रेक्ष्य में अगर इस बात पर विचार करें तो प्रतीत होगा कि अनेकता में एकता यहाँ के जीवन की मुख्यधारा रही है। हमने विविधता को स्वीकारते हुए उसे सामाजिक–सांस्कृतिक जीवनधारा का मुख्य अंग माना है। विविधता के अन्तरंग में एकता हमेशा सर्वोपरि रही है। भारत की सांस्कृतिक परम्परा और जीवन शैली की इस विशिष्टता को राजनीतिक संरचना में समाहित या अभिव्यक्त किया जाना चाहिए।"[19]

संघीय संरचना : आलोचकों की दृष्टि में

भारतीय संघीय स्वरूप और उसकी अन्तर्रचना पर अनेक विद्वानों ने आलोचना की है। संघीय व्यवस्था के विद्वान इसे सही अर्थों में संघ स्वीकार नहीं करते। भारतीय संघ व्यवस्था पर दृष्टि डाल कर देखें तो प्रतीत होगा कि एक संघ राज्य की आवश्यक शर्तों की यह पूर्ति करता है। एक संघ राज्य के लिए तीन बातें आवश्यक मानी गयी हैं। एक, संविधान की सर्वोपरिता, दूसरी, केन्द्र तथा राज्यों की शक्तियों का बँटवारा और तीसरी, स्वतन्त्र न्यायालय। संविधान में ये तीनों लक्षण समाहित हैं। अमेरिका की तरह यहाँ पर सरकारों की शक्तियाँ संविधान द्वारा ही प्रदत्त की गयी है और वही देश का सर्वोच्च क़ानून है। दूसरा, जैसा कि अन्य संघीय व्यवस्थाओं में प्रचलित है, केन्द्र तथा राज्यों के बीच यहाँ भी शक्तियों का बँटवारा किया गया है। वे हैं क्रमशः संघ सूची, राज्य सूची तथा समवर्ती सूची। केन्द्र सूची में 96 विषय हैं, राज्य सूची में क्रमशः 66 और समवर्ती सूची में 47 विषय रखे गये हैं। कनाडा की तरह भारत में अवशिष्ट शक्तियाँ केन्द्र को प्रदान की गयी हैं। तीसरा, केन्द्र तथा राज्यों के बीच विवादों के निपटारे के लिए सर्वोच्च न्यायालय की स्थापना की गयी है। इस न्यायालय को संविधान की अभिरक्षा और व्याख्या का अधिकार है।

"संवैधानिक संरचना में निहित इन लक्षणों पर दृष्टिपात करने से तो लगता है कि व्यवस्था एक सीमा तक प्रणाली का प्रतिनिधित्व करती हैं। किन्तु केन्द्र और राज्यों के बीच शक्तियों के बँटवारे की प्रकृति की गहराई में जाने से प्रतीत होता है कि यह शरीर से संघात्मक है, पर आत्मा से एकात्मक। इसी आधार पर देश तथा विदेश के संविधानशास्त्री इसे संघात्मक प्रतिमानों के सदृश

संघराज्य कहने को तैयार नहीं है। के.सी. व्हीयर ने अपनी पुस्तक फेडरल गवर्नमेंट में भारतीय व्यवस्था को अर्द्धसंघ की संज्ञा दी है। उनका कहना है कि भारतीय संविधान में संघात्मकता की अपेक्षा एकात्मकता के तत्त्व अधिक विद्यमान हैं।''[20]

आइवर जेनिंग्स ने सम करेक्टरस्टिक्स ऑफ़ इंडियन कॉन्स्टीट्यूशन में लिखा है कि "भारत एक ऐसा संघ है जिसमें केन्द्र के हाथों में अत्यधिक शक्तियाँ प्रदत्त की गयी हैं।"[21]

श्री डी.एन. बनर्जी का भी यह मत है कि "भारतीय संविधान का ढाँचा संघीय है, किन्तु उसका झुकाव एकात्मकता की ओर है।"[22]

श्री के. सन्थानम ने "शक्तियों के बँटवारे की प्रकृति को आधार मान कर इसे अर्द्धसंघ और पैरामाउंट की संज्ञा दी है।"[23]

श्री डी.डी. बसु जैसे भारतीय संविधान शास्त्री का कहना है कि "भारत का संविधान न तो पूर्णरूप से एकात्मक है और न ही पूर्ण रूप से संघात्मक, अपितु दोनों का सम्मिश्रण है।" प्रो. एलेक्जेंडरोविच ही ऐसे विद्वान हैं जो इसे सच्चे अर्थों में संघ मानते हैं। उनका कहना है कि :

"भारत अपने तरह से सच्चे अर्थों में एक संघात्मक शासन की स्थापना करता है। इसकी अपनी कुछ विशेषताएँ हैं। इसे अर्द्धसंघ कहना सही नहीं है।"[24]

देश तथा विदेश के विद्वानों के बीच के इस विवाद की अगर हम भारतीय संविधान में वर्णित उपबन्धों के सन्दर्भ में व्याख्या करें तो यह बात स्पष्ट नज़र आती है कि इसका मूल्यांकन अमेरिका, कनाडा अथवा अन्य किसी संघीय प्रतिमान के मद्‌देनज़र करना तर्क संगत नहीं है। ऐसी व्याख्या मूलतः एकांगी होगी। इस बात को स्वीकार करने में कोई हिचकिचाहट नहीं होनी चाहिए कि भारत की संविधान सभा ने स्पष्टतः उन सीमाओं को लांघ कर विशिष्ट परिस्थितियों में केन्द्र प्रधान संघीय व्यवस्था की रचना की है। यह ढाँचा संविधान–शास्त्रियों के चिन्तन और स्थापित मानदण्डों के अनुरूप नहीं है। संविधान के कतिपय उपबन्ध और केन्द्र तथा राज्यों के बीच पारस्परिक सहयोग हेतु स्थापित एजेंसियाँ इसकी पुष्टि करती हैं। मोटे तौर पर केन्द्र सरकार को राज्यों पर सर्वोपरिता स्थापित करने सम्बन्धी जो उपबन्ध हैं, वे इस प्रकार हैं :

1. संविधान के अनुच्छेद 3 के अनुसार संसद विधि द्वारा किसी राज्य से उसका भू–भाग अलग करके अथवा दो या अधिक राज्यों के

भागों को मिला कर अथवा किसी प्रदेश को किसी राज्य के भाग के साथ मिला कर नया राज्य बना सकेगी। इसके अतिरिक्त संसद किसी राज्य के क्षेत्र में घटत–बढ़त, सीमाओं में परिवर्तन तथा राज्य के नाम को बदलने का अधिकार रखती है।

2. अनुच्छेद 248 के अनुसार अवशिष्ट शक्तियाँ केन्द्र को सौंपी गयी हैं। केन्द्रीय संसद उन सब विषयों पर विधि निर्माण का अधिकार रखती है, जिनका उल्लेख राज्य सूची अथवा समवर्ती सूची में नहीं हुआ है। इसके अन्तर्गत कर लगाने की शक्ति भी केन्द्रीय संसद को है।
3. संविधान के अनुच्छेद 249 के अनुसार राज्यसभा दो तिहाई बहुमत से राज्य सूची में ऐसे वर्णित विषय पर क़ानून बनाने का अधिकार रखती है, जो राष्ट्रीय हित की दृष्टि से आवश्यक हो।
4. अनुच्छेद 253 के अन्तर्गत किसी सन्धि अथवा अन्तर्राष्ट्रीय समझौते को लागू करने की दृष्टि से समूचे देश अथवा किसी भाग के लिए संसद को क़ानून बनाने का अधिकार दिया गया है।
5. राज्य व्यवस्थापिका द्वारा पारित विधेयक अगर केन्द्रीय संसद के क़ानून के विरोध में हो, तो दोनों की तुलना में केन्द्र का क़ानून सर्वोपरि होगा (अनुच्छेद 254)।
6. राज्य विधानसभा द्वारा पारित विधेयक के लिए राज्यपाल की स्वीकृति आवश्यक है, जिसे वह स्वीकृत करने, रोकने अथवा राष्ट्रपति के विचारार्थ भेजने का अधिकार रखता है (अनुच्छेद 200)।
7. इन अनुच्छेदों के अतिरिक्त आपातकालीन व्यवस्थाओं से सम्बन्धित प्रावधान इस सन्दर्भ में विशेष उल्लेखनीय हैं। भारतीय संविधान के अनुच्छेद 352, 356 और 360 क्रमशः युद्ध, संवैधानिक संकट तथा वित्तीय संकट सम्बन्धी व्यवस्थाओं का उल्लेख करते हैं। अनुच्छेद 352 के अन्तर्गत सम्पूर्ण देश में अथवा उसके किसी भाग में, अनुच्छेद 356 के अनुसार राज्यपाल की अनुशंसा पर किसी राज्य विशेष में तथा अनुच्छेद 360 के अन्तर्गत किसी राज्य अथवा समूचे देश में राष्ट्रपति आपातकालीन स्थिति की घोषणा कर सकता है। उद्घोषणा के परिणामस्वरूप भारत राज्य एक प्रकार से एकात्मक शासन प्रणाली में परिवर्तित हो जाता है।

संविधान में वर्णित इन अनुच्छेदों के अतिरिक्त समय–समय पर जो संशोधन हुए, उनके कारण भी केन्द्र की शक्ति में अभिवृद्धि हुई है। संविधान का 42वाँ संशोधन इसका ज्वलन्त उदाहरण है जिसके अन्तर्गत भारतीय संसद को संविधान में संशोधन की और अधिक शक्ति प्राप्त हो गयी है। इस संविधान के माध्यम से एक नया अनुच्छेद 257ए जोड़ा गया है, जिसके अनुसार किसी भी राज्य में क़ानून व्यवस्था बनाये रखने की दृष्टि से भारत सरकार को अपने प्रतिनिधि भेजने का अधिकार है, हालाँकि 43वें संशोधन द्वारा राज्य सरकार की सहमति का प्रावधान जोड़ दिया गया है। इसके अतिरिक्त कई अन्य राष्ट्रीय स्तर की संस्थाएँ भी केन्द्रीय शक्तियों में अभिवृद्धि करती हैं। योजना आयोग और राष्ट्रीय विकास परिषद जैसी संस्थाएँ इस सन्दर्भ में उल्लेखनीय हैं। इसीलिए अनेक विद्वान इसे संघात्मक की अपेक्षा एकात्मक अथवा 'केन्द्रीकृत संघ व्यवस्था' की संज्ञा देते हैं।

भारतीय संघ व्यवस्था पर प्रतिपादित इन विभिन्न विचारों और व्याख्याओं में ए.एच. ब्रीच का विश्लेषण तर्कसंगत लगता है। उन्होंने भारतीय संघ को सहकारी संघवाद की संज्ञा दी है। सहकारी संघवाद में केन्द्र सरकार शक्तिशाली होती है, किन्तु राज्य सरकारें भी अपने क्षेत्र में कमज़ोर नहीं होतीं। इसका प्रमुख लक्षण पारस्परिक निर्भरता है। ग्रेवलिन ऑस्टिन का भी यही कहना है कि :

> "कुछ अपवादों को छोड़ कर ब्रीच द्वारा दी गयी परिभाषा युक्तिसंगत लगती है। इस मत की पुष्टि के लिए हम योजना आयोग, राष्ट्रीय विकास परिषद, वित्त आयोग, क्षेत्रीय परिषदें, अखिल भारतीय सेवाएँ, एकल न्याय व्यवस्था और नियन्त्रक एवं महालेखापाल जैसे निकायों का उदाहरण दे सकते हैं जो राज्य तथा केन्द्र के बीच सहयोग का मार्ग प्रशस्त करते हैं।"[25]

भारतीय शासन और राज्य व्यवस्था के अध्येता मोरिस जोंस इसके व्यावहारिक स्वरूप पर विवेचना करते हुए इसे सौदेबाजी का संघ कहना पसन्द करते हैं।

देश के लब्ध प्रतिष्ठित विधिवेत्ता डॉ. एल.एम. सिंघवी को इस सन्दर्भ में उद्धृत करना समीचीन होगा। यूनेस्को के तत्त्वावधान में आयोजित बेलग्रेड में हुई अन्तर्राष्ट्रीय गोष्ठी में उन्होंने कहा कि :

> "भारतीय संघवाद राष्ट्रीय लक्ष्य की खोज और क्षेत्रीय दावों के निर्वाह का एक सक्षम आधार प्रस्तुत करता है।

आधुनिक भारतीय संघवाद अनुबन्धात्मक नहीं, समर्पणात्मक है। इसका आधार राज्यों और केन्द्र को जोड़ कर तैयार नहीं किया गया है। इसका मूल उद्देश्य केन्द्र से राज्यों को सत्ता का अधिकार दिलाना था। केन्द्रीकरण संघवाद, राजनीतिक सामंजस्य और आर्थिक विकास के दोहरे उद्देश्य की पूर्ति का साधन बना। उनका कहना था कि यह विवाद कि भारत में संघीय व्यवस्था है या नहीं, सारहीन है। यह विवाद इसलिए उठा है कि विद्वान अमेरिकी उदाहरणों से उधार ली गयी संघवाद की शास्त्रीय अवधारणा और परिभाषित आधार निष्ठा पर आस्था रखते हैं। उनका दृष्टिकोण पूर्वाग्रहयुक्त है। भारतीय संघवाद का स्वरूप अपने आप में भिन्न है और वह केन्द्रीकृत संघवाद का नया नमूना प्रस्तुत करता है जो विशेषतया तीसरी दुनिया के नव–स्वतन्त्र राष्ट्रों के लिए प्रासंगिक है।''[26]

भारतीय संघ व्यवस्था के स्वरूप पर प्रारूप समिति के अध्यक्ष डॉ. आम्बेडकर ने अपने विश्लेषण में इसे अन्य संघ राज्यों की तुलना में श्रेष्ठ बताया है। उनका कहना था कि :

''संसार की सभी संघीय व्यवस्थाएँ जिसमें अमेरिका भी सम्मिलित है, दुर्लभ है। परिवर्तित परिस्थितियों में भी उनके मूल स्वरूप में बदलाव नहीं आता। वे कभी, एकात्मक रूप ग्रहण नहीं करते, जबकि प्रारूप संविधान समय और परिस्थितियों को देखते हुए दोनों ही प्रकार की आवश्यकताओं की पूर्ति करता है। सामान्य स्थिति में यह संघात्मक है, जबकि युद्ध की स्थिति में इसे एकात्मक संविधान के रूप में कार्य करने की स्वतन्त्रता उपलब्ध है।''[27]

केन्द्र में निहित शक्तियों को वर्तमान युग के परिप्रेक्ष्य में न्यायिक ठहराते हुए डॉ. आम्बेडकर ने कहा :

''कतिपय आलोचकों का कहना हैं कि केन्द्र अत्यन्त शक्तिशाली हैं, जबकि दूसरी ओर कुछ लोग इसे और अधिक शक्तिशाली बनाये जाने की माँग करते हैं। प्रारूप संविधानों में दोनों ही बातों में सन्तुलन स्थापित किया गया है। आप केन्द्र को शक्तिशाली होने से नहीं रोक सकते। वर्तमान परिस्थितियों में सत्ता का

केन्द्रीयकरण अवश्यम्भावी हो गया है। अमेरिकी संघीय सरकार, जिसे प्रारम्भ में राज्यों की तुलना में बहुत कम शक्तियाँ दी गयी थीं, आज इतनी शक्तिशाली हो गयी है कि उसने राज्य सरकारों के अस्तित्व को समाप्त कर दिया है। यह आधुनिक परिस्थितियों का तकाज़ा भारत में भी विद्यमान है। अतः केन्द्र सरकार को शक्तिशाली बनने से रोकना यहाँ भी कठिन है। हमारा प्रयत्न यह होना चाहिए कि केन्द्र और अधिक शक्तिशाली न हो, क्योंकि अपरिमित शक्ति पचाना उसके सामर्थ्य के बाहर होगा। इसकी शक्ति और वजन में सन्तुलन होना आवश्यक है, अन्यथा यह स्वयं अपने ही बोझ से ढह जायेगा।''[28]

वयस्क मताधिकार

भारत में प्रतिष्ठापित संसदीय शासन के अन्तर्गत लोकसभा और राज्यों की विधानसभाओं का वयस्क मताधिकार के आधार पर प्रत्यक्ष चुनाव मुख्य विशेषता कही जा सकती है। सैद्धान्तिक दृष्टि से वयस्क मताधिकार का यह निर्णय राजनीतिक और सामाजिक क्रान्ति के लक्ष्यों को देखते हुए सर्वाधिक महत्त्व का है। एक रूप में मताधिकार का यह प्रावधान जनसमुदाय में निहित सम्प्रभुता को व्यावहारिक स्वरूप प्रदान करता है। साथ ही सामाजिक और आर्थिक क्रान्ति में सर्वसाधारण की भागीदारी को सार्थक बनाता है तथा व्यक्ति को विशिष्ट गौरव भी प्रदान करता है। सर अलादी कृष्णास्वामी अय्यर ने संविधान सभा के इस निर्णय में निहित लक्ष्य पर कहा था कि :

> ''संविधान सभा द्वारा वयस्क मताधिकार की स्वीकृति जनसाधारण के प्रति विश्वास का प्रतीक है। इस सिद्धान्त पर आधारित प्रजातन्त्रीय शासन यहाँ के नागरिकों को खुशहाल बनाने, उनका जीवन स्तर ऊँचा उठाने तथा सुखमय जीवन व्यतीत करने में सहायक होगा।''[29]

श्री के.एम. पन्निकर ने अपनी पुस्तक 'हिन्दू समाज निर्णय के द्वार पर' में इसके सामाजिक महत्त्व पर लिखा है कि :

> ''इस संविधान को आशा का प्रतीक कहा जाये तो असंगत नहीं होगा। आने वाली व्यवस्थापिकाएँ नये सिद्धान्तों पर आधारित एक नवीन समाज के निर्माण के लिए हर सम्भव प्रयत्न करेंगी।''[30]

वास्तव में देखा जाये तो संविधान का यह प्रावधान भारत की सामन्ती सामाजिक व्यवस्था के सन्दर्भ में क्रान्तिकारी क़दम का प्रतीक है। एक दृष्टि से संविधान सभा ने ऐसा साहसिक क़दम उठा कर इस देश में परिवर्तन की सम्भावनाओं के द्वार खोल दिये थे।

मौलिक अधिकार : परिवर्तन के प्रतीक

भारत की शासन प्रणाली की अन्यान्य विशेषताओं में संविधान में वर्णित मौलिक अधिकार अपना विशेष महत्त्व रखते हैं। एक दृष्टि से देखा जाये तो यह संविधायकों की समूची राजनीतिक, आर्थिक और सामाजिक विचारधारा की शृंखला की कड़ी है जो व्यवस्था में अन्तर्निहित आशा और आकांक्षाओं को घोषित करती है। संविधान के तीसरे अध्याय में वर्णित मौलिक अधिकार संविधायकों के चिरकांक्षित आदर्शों और सपनों को व्यावहारिक रूप प्रदान करते हैं। संविधान सभा ने इन्हें संविधान में स्थान देकर अपने युग की सशक्त आवाज़ को स्वीकृति दी है। इसकी महत्ता पर पण्डित जवाहरलाल नेहरू ने कहा था कि :

> "एक लम्बे अनुभव ने हमें यह सिखाया है कि राज्य के हित में विभिन्न विचार और मत–मतान्तरों का दमन ख़तरनाक बात है। इससे भी महत्त्वपूर्ण हम यह समझते हैं कि इनका दमन करने की कल्पना करना भी निरी मूर्खता है।"[31]

मौलिक अधिकार व्यक्ति और राज्य के बीच अपने–अपने क्रियाकलापों की सीमा निर्धारित करते हैं। राज्य और व्यक्ति के बीच ये अधिकार लम्बे समय तक संघर्ष का परिणाम हैं। अतः ये अधिकार राजनीतिक दृष्टि से तो महत्त्वपूर्ण हैं ही, भारतीय सामाजिक व्यवस्था के परिप्रेक्ष्य में भी ये अधिकार अपना विशिष्ट स्थान रखते हैं। स्वतन्त्रता केवल आदर्श मूल्य ही नहीं है, अपितु एक राष्ट्र की प्रगति और विकास के लिए साझेदारी की संस्कृति का मार्ग प्रशस्त करती है। यह वह परिस्थिति होती है जो नागरिकों की रचनात्मक शक्तियों और क्षमताओं को विकसित होने का अवसर प्रदान करती है। भारतीय संविधान के अध्येताओं के लिए इस दृष्टि से ये अधिकार परिवर्तन के प्रतीक हैं। भारत के परम्परागत सामन्ती ढाँचे के अन्तर्गत जाति और सम्प्रदाय के आधार पर जन्मजात विषमता विद्यमान रही है। अतः ऐसे परम्परागत समाज में व्यक्ति या समूचे समाज के विकास की बात दिवास्वप्न ही कही जा सकती है। भारत जैसे परम्परागत और जड़वत

समाज के लिए यह अध्याय इसलिए महत्त्वपूर्ण है कि संविधान निर्माताओं ने समूचे रूढ़िगत किले की दीवार लाँघ कर व्यक्ति और समाज के लिए नये द्वार खोल दिये हैं। भारतीय संविधान के अध्येता आस्टिन का कहना युक्ति संगत है कि "यह प्रलेख एक सामाजिक प्रलेख की श्रेणी में आता है।"[32]

भारतीय संविधान के सम्बन्ध में इस तरह के समाजशास्त्रीय विश्लेषण को यदि हम मूल अधिकारों सम्बन्धी अनुच्छदों के परिप्रेक्ष्य में देखें, तो प्रतीत होता है कि इन अधिकारों ने काफ़ी सीमा तक एक रूढ़िगत विषमतामूलक सामाजिक ढाँचे पर करारी चोट की है। संविधान ने समानता का अधिकार प्रदान कर जाति, धर्म, नस्ल, लिंग और जन्म स्थान के विभेद को अस्वीकृत किया है। भारतीय सामाजिक ढाँचे के सन्दर्भ में यह निःसन्देह एक महत्त्वपूर्ण क़दम है। इसी तरह विचार, अभिव्यक्ति, सभा, संगठन तथा अपनी इच्छानुसार जीविकोपार्जन करने की स्वतन्त्रता नागरिक को आत्मगौरव तो प्रदान करती ही है, साथ ही एक नयी नागरिक सामाजिक संरचना की सम्भावनाएँ भी बढ़ाती है। शोषण के विरुद्ध अधिकार को संविधान में सन्निहित कर संविधायकों ने समाज में संस्थागत शोषण व्यवस्था को क़ानूनी रूप से समाप्त कर दिया है। इसी तरह धर्म स्वातन्त्र्य के अधिकार के माध्यम से अल्पसंख्यकों को बहुमत के दमन से मुक्ति देकर उन्हें समान रूप से राष्ट्रीय धारा में भागीदार होने का अवसर प्रदान किया है। शिक्षा और सांस्कृतिक अधिकार इस सन्दर्भ में अपना विशेष महत्त्व रखते हैं। संविधान का अनुच्छेद 32 संवैधानिक उपचारों का अधिकार देता है जो संविधान में वर्णित सभी अधिकारों को अर्थवान और क्षमतावान बनाते हैं।

मौलिक अधिकारों का सामाजिक दृष्टि से विशेष महत्त्व इसलिए भी है कि इस अध्याय में कई धार्मिक और सामाजिक बुराइयों को विधि द्वारा समाप्त कर दिया गया है। सार्वजनिक स्थानों में बिना किसी जाति, लिंग, धर्म अथवा सम्प्रदाय के प्रवेश पाने के अधिकार इस सन्दर्भ में विशेष रूप से हमारा ध्यान आकर्षित करते हैं। दूसरा, सदियों से प्रचलित अस्पृश्यता जैसी कलंकित प्रथा को समाप्त कर दण्डनीय अपराध घोषित किया है। इसी तरह विधि के माध्यम से बेगार और दास प्रथा को समाप्त कर नये समाज की स्थापना का मार्ग प्रशस्त किया है। इन अधिकारों और क़ानूनों के माध्यम से इन सामाजिक प्रथाओं को समाप्त करने से यही सन्देश दिया गया है कि स्वतन्त्रता और समानता समाज के हर व्यक्ति की पूँजी है। यह नागरिक का जन्मसिद्ध अधिकार है। यह किसी वर्ग विशेष की बपौती नहीं है।

अतः संविधान के इस अध्याय को हम जनतन्त्रीय व्यवस्था का मर्म और आधार कहें तो अतिशयोक्ति नहीं होगी।

नीति निदेशक तत्त्व : आर्थिक और सामाजिक न्याय के प्रतीक

नागरिकों के मूलभूत अधिकारों की प्राप्ति के साथ सामाजिक और आर्थिक न्याय का प्रसंग अभिन्न रूप से जुड़ा हुआ है। वर्तमान में राजनीतिक व्यवस्था का चाहे जो भी स्वरूप हो, आर्थिक और सामाजिक न्याय की माँग सभी क्षेत्रों में महसूस की जा रही है। विश्व इतिहास की घटनाएँ इसकी पुष्टि करती हैं। फ्रांस की राज्य क्रान्ति से लेकर इस शताब्दी के अन्दर हो रही राजनीतिक उथल–पुथल में सामाजिक और आर्थिक न्याय की माँग अधिक बलवती होकर उभर रही है। मानव समाज में व्याप्त असमानता और अन्याय की घटनाओं ने कितने ही किलों को धराशायी कर स्थापित सामाजिक और राजनीतिक व्यवस्थाओं को झकझोर कर रख दिया है। बीसवीं शताब्दी के प्रारम्भ में पारम्परिक पुलिस राज और पूँजीवाद के बढ़ते प्रभाव के परिणामस्वरूप सामाजिक–आर्थिक न्याय की अवहेलना इस व्यवस्था के लिए घातक सिद्ध हुई। रूस में हुई साम्यवादी क्रान्ति ने पश्चिम की समूची औद्योगिक–पूँजीवादी राजव्यवस्था को न केवल चुनौती दी, अपितु विश्व के शोषित और दलित मानव समाज में एक नयी चेतना और आशा का संचार किया। वर्तमान शताब्दी में प्रचलित राजव्यवस्थाएँ इस महत्त्वपूर्ण प्रसंग को नज़रअन्दाज़ कर स्थायी नहीं रह सकतीं।

स्वतन्त्रता के पश्चात भारत के राजनीतिक अभिजन जगत में सामाजिक और आर्थिक न्याय की आवश्यकता को एक चुनौती के रूप में देखा गया। उन्होंने इस तथ्य को स्वीकार किया कि राजनीतिक स्वतन्त्रता ही पर्याप्त नहीं है। सदियों से वंचित और शोषित जनसमुदाय को विकास के समान अवसर प्रदान किये बिना लोकतन्त्र अर्थहीन है। इस तथ्य को स्वीकार करते हुए संविधान के चौथे अध्याय में नीति निदेशक तत्त्वों को उल्लेखित किया गया है। इस अध्याय में वर्णित अनुच्छेद सरकारी तन्त्र के लिए दिशा निर्देश है। उनसे यह अपेक्षा की गयी है कि वे अपनी नीति निर्धारित करते समय निदेशक तत्त्वों को प्राथमिकता दें। इन नीति निदेशक तत्त्वों के उद्देश्यों को संविधान के अनुच्छेद 38 में स्पष्ट कर दिया गया है। अनुच्छेद 38 में लिखा है कि राज्य नागरिकों के कल्याण हेतु ऐसी सामाजिक व्यवस्था का निर्माण करे जिसमें नागरिकों के सामाजिक,

आर्थिक और राजनीतिक न्याय की सुरक्षा हो तथा राष्ट्र की हर संस्था में इसकी अभिव्यक्ति परिलक्षित हो। मुख्यतः राज्य अपनी नीति इस प्रकार निर्देशित करेगा कि :

1. सभी नागरिकों, पुरुषों और महिलाओं को समान रूप से जीवनयापन के साधन उपलब्ध हों।
2. राष्ट्रीय सम्पदा का वितरण सम्पूर्ण समुदाय के हित में हो।
3. अर्थव्यवस्था के क्रियाकलाप धन के केन्द्रीयकरण के विपरीत समूचे समुदाय के हित में हो।
4. स्त्रियों और पुरुषों के समान कार्य के लिए समान वेतन हो।
5. श्रमिक वर्ग के स्त्री–पुरुषों में स्वास्थ्य तथा शक्ति का संवर्द्धन हो सके। साथ ही अल्पायु के बालकों और नागरिकों को आर्थिक कमज़ोरी के कारण ऐसे कार्य के लिए बाध्य न किया जाये जो उनकी आयु और शक्ति के प्रतिकूल हो।
6. बाल्यावस्था और युवावस्था को नैतिक तथा भौतिक दोनों ही प्रकार के शोषण से सुरक्षित किया जाये।

नीति निदेशक तत्त्वों को संविधान में सन्निहित किये जाने का अगर विश्लेषण करें तो प्रतीत होता है कि इसके पीछे उदारवाद, उपयोगितावाद और फेबियन समाजवाद से प्रभावित प्रबुद्ध वर्ग का हाथ रहा है। उनका यह विश्वास था कि राजनीतिक अधिकारों को सुरक्षित रखते हुए सामाजिक एवं आर्थिक न्याय की उपलब्धि संवैधानिक माध्यम से सम्भव है। विषमता की समाप्ति के लिए बन्दूक के बल के अतिरिक्त भी विकल्प हैं। मोटे तौर पर नीति निदेशक सिद्धान्तों को सम्मिलित किये जाने का लक्ष्य एक समतावादी समाज की स्थापना की अभिव्यक्ति कही जा सकती है। पण्डित जवाहरलाल नेहरू ने इस प्रसंग पर कहा था कि :

> "अन्तोत्गत्वा संविधान का मूल लक्ष्य, जैसा कि नीति के निदेशक तत्त्वों में परिलक्षित है, एक जातिरहित, वर्ग विहीन समाज की स्थापना करना है। हालाँकि इस बात को प्रत्यक्ष रूप से अभिव्यक्त नहीं किया है, लेकिन इसके पीछे आशय यही है कि चाहे जो हो, सामाजिक और आर्थिक विषमता को परिपोषित करने वाली व्यवस्था अपने आप में बुरी व्यवस्था है।"[33]

मौलिक अधिकारों और निदेशक तत्त्वों में अन्तर

मौलिक अधिकार वाद योग्य हैं, जबकि नीति निदेशक तत्त्व वाद योग्य नहीं हैं। संविधान सभा के कई सदस्यों ने इन प्रावधानों को क़ानून की शक्ति से वंचित किये जाने पर भारी रोष प्रकट किया था। उनका कहना था कि क़ानून के संरक्षण के बिना नीति निदेशक तत्त्व अर्थहीन हैं। इसके अभाव में सामाजिक और आर्थिक क्रान्ति का दावा छलावा सिद्ध होगा। इस तरह की आलोचना के उत्तर में डॉ. आम्बेडकर ने कहा कि :

> "प्रारूप संविधान देश के लिए एक सरकारी मशीनरी की व्यवस्था करता है। यह कोई ऐसा प्रलेख नहीं है, जिसके माध्यम से किसी एक दल को सतारूढ़ किया जाये, जैसा कि कई देशों में किया गया है। शासन की बागडोर किसके हाथ में हो, यह अधिकार जनता को सौंपा गया है। और जनतन्त्र की खरी जाँच की दृष्टि से यह उपयुक्त भी है। एक बात स्पष्ट है कि सत्ता जिस किसी के भी हाथ में होगी, वह स्वेच्छाचारी नहीं हो सकता। सत्ता का उपयोग करते समय उसे इन निदेशक तत्त्वों का ध्यान रखना ही पड़ेगा। वह इन्हें नज़रअन्दाज़ नहीं कर सकता। इनकी अवहेलना किये जाने पर हालाँकि वह न्यायालय के प्रति उत्तरदायी नहीं है, किन्तु चुनाव के समय उसे मतदाताओं के समक्ष उत्तर देना ही होगा। इन निदेशक तत्त्वों का वास्तविक महत्त्व तो तब ज्ञात होता है जब शासन की बागडोर दक्षिण पन्थियों के हाथ में आयेगी।"[34]

धर्मनिरपेक्ष जनतन्त्र की स्थापना

भारतीय संविधान के वर्णित अनुच्छेद 24, 25 और 26 इस जनतन्त्रीय व्यवस्था को धर्मनिरपेक्ष चरित्र प्रदान करते हैं। यह धर्मनिरपेक्षता इस देश की एकैयिक विशेषता कही जा सकती है। संविधान निर्माताओं का यह निर्णय मध्ययुगीन परम्परा का त्याग और नये मूल्यों पर आधारित राजव्यवस्था के प्रति आस्था का द्योतक है। राज्य और धर्म के पारस्परिक सम्बन्धों के प्रति निरपेक्ष दृष्टिकोण आधुनिक युग की प्रचलित मान्यता है। वर्तमान युग में कतिपय इस्लामी राष्ट्रों को छोड़ कर व्यावहारिक धरातल पर अधिकांश राष्ट्र इस नीति का अनुकरण करते प्रतीत होते हैं। यह वर्तमान युग की माँग भी है। राष्ट्रीय राज्य के उद्‌भव

के परिणामस्वरूप भिन्न धर्म सम्प्रदाय और संस्कृतियों के विकास ने राज्यों को इस नीति के लिए बाध्य किया है। ऐतिहासिक परिप्रेक्ष्य में यदि इस पर विचार करें तो किसी भी राष्ट्र के लिए, जैसा कि पण्डित जवाहरलाल नेहरू ने कहा है, धर्मनिरपेक्ष होने के अतिरिक्त कुछ और होना सम्भव नहीं है। पण्डित नेहरू आधुनिकीकरण के प्रबल समर्थक थे। उन्होंने धर्म प्रधान राजव्यवस्था का ज़बरदस्त विरोध किया था। उनका कहना था कि :

> "किसी एक धर्म का अनुकरण करने वाली राजव्यवस्था मध्य युग का प्रतीक है, जिसे दुनिया ने बहुत पहले ही त्याग दिया था। ऐसा यहाँ कतई सम्भव नहीं है, क्योंकि यह विचार आधुनिक मूल्यों के सन्दर्भ में बेसुरा लगता है।"[35]

श्री नेहरू के इस मत का अधिकांश संविधायकों ने समर्थन किया। भारतीय संविधान में वर्णित धर्म–स्वातन्त्र्य सम्बन्धी प्रावधान इन्हीं विचारों के परिणाम कहे जा सकते हैं।

प्रारूप संविधान में धर्मनिरपेक्ष शब्द का कहीं उल्लेख नहीं था और न ही इसे आवश्यक समझा गया। संविधान के अनुच्छेद 25 में सार्वजनिक व्यवस्था, नैतिकता, जनस्वास्थ्य तथा अन्य बातों को ध्यान में रखते हुए हर नागरिक को आत्मचेतना इच्छानुसार धर्म को अंगीकृत करने, अनुकरण करने तथा प्रचार का अधिकार दिया गया है। दूसरा, प्रत्येक धर्म और सम्प्रदाय के लोगों को धार्मिक संस्थानों के प्रतिष्ठान, संरक्षण, व्यवस्था, चल अथवा अचल सम्पत्ति पर स्वामित्व और विधि के अन्तर्गत संचालन का अधिकार दिया गया है। नागरिकों के धार्मिक अधिकारों के रक्षार्थ राज्य द्वारा संचालित किसी भी शिक्षण संस्थान में धार्मिक शिक्षा दिये जाने की मनाही है। तीसरा, राज्य द्वारा स्वीकृत और सहायता प्राप्त किसी भी संस्था में नागरिक की स्वीकृति तथा अल्पवयस्क के अभिभावक की इच्छा के बिना धार्मिक कार्य में भाग लेने के लिए बाध्य नहीं किया जा सकता। मोटे तौर पर संविधान के ये प्रावधान भारतीय शासन व्यवस्था को धर्मनिरपेक्ष स्वरूप प्रदान करते हैं।

धर्म–स्वातन्त्र्य सम्बन्धी ये अधिकार तीसरे अध्याय में वर्णित अन्य नागरिक अधिकार की तरह कतिपय अहर्ताओं और अपवादों के कारण परिसीमित हैं। जनस्वास्थ्य और सार्वजनिक जीवन में नैतिक स्तर को बनाये रखने के लिए राज्य इन पर प्रतिबन्ध लगा सकता है। सामाजिक सुधार की दृष्टि से सार्वजनिक संस्थाओं को सभी वर्ग और जाति के लिए समान रूप से

उपलब्ध कराने के लिए राज्य समुचित क़दम उठा सकता है। अतः इन प्रावधानों को देखते हुए धर्म और राज्य के क्षेत्राधिकार पूर्णतया स्वतन्त्र नहीं कहे जा सकते। संवैधानिक व्यवस्था नागरिक को धर्म का अनुकरण करने, अपनी श्रद्धा के अनुसार देवी–देवताओं की पूजा का अधिकार देती है। लेकिन यह अधिकार असीमित नहीं है। राज्य संस्था सर्वोपरि है। वर्तमान व्यवस्था पर संविधान सभा और उसके बाहर काफ़ी विवाद रहा है। गहराई से देखा जाये तो प्रतीत होगा कि भारतीय संविधान में धर्म के क्षेत्र में राज्य का हस्तक्षेप वर्जित नहीं है। भारत के सन्दर्भ में मूल बात यह है कि राज्य का अपना कोई धर्म नहीं है। दूसरा, राज्य किसी एक धर्म समूह को दूसरे की तुलना में वरीयता प्रदान नहीं करता। अतः इस दृष्टि से भारत की राजव्यवस्था को धर्मनिरपेक्ष कहना कदाचित ग़लत नहीं है।

धर्मनिरपेक्षता का विरोध

राजव्यवस्था के धर्मनिरपेक्ष स्वरूप का हिन्दू कट्टरपन्थियों ने ज़बर्दस्त विरोध किया था। वर्तमान में भारतीय जनता पार्टी, विश्व हिन्दू परिषद, आर.एस.एस और हिन्दुत्ववादी संगठन इसे निरन्तर चुनौती देते रहे हैं। इन कट्टरपन्थी संगठनों की यह आकांक्षा थी कि स्वाधीन भारत में हिन्दू धर्म को राज धर्म का ओहदा प्राप्त होगा। धर्म प्रधान पाकिस्तान राज्य के निर्माण ने इस माँग को और अधिक बल प्रदान किया। संविधान सभा में इस तबके का कहना था कि हिन्दू धर्म यहाँ का सबसे प्राचीन और अधिकांश जनसमुदाय में प्रचलित रहा है, इसलिए नयी राजव्यवस्था में इसे समुचित स्थान मिलना चाहिए। धर्म ग्रन्थों को आधार बनाते हुए इस तबके का कहना था कि धर्म को राज्य से अलग–थलग करके हम गीता, रामायण, वेद और उपनिषदों की अपरिमित आध्यात्मिक निधि का तिरस्कार कर रहे हैं। धर्म की अवहेलना एक ओर आध्यात्म विरोधी है, तो दूसरी ओर भौतिकवादी जीवनशैली की प्रतीक है। उनका कहना था कि संविधान का वर्तमान स्वरूप अधार्मिक है और धर्मविरोधी भी।

धर्मनिरपेक्षता के विरोध में उभरे स्वर को परम्परागत हिन्दू सामाजिक संरचना, जो वर्णव्यवस्था पर आधारित रही है, के सन्दर्भ में देखा जा सकता है। हिन्दू धर्म के पुरोहित वर्ग ने इसे अपने हितों पर कुठाराघात के रूप में देखा था। यह वर्ग पीढ़ियों से सामाजिक और धार्मिक संस्थानों पर कुण्डली मार कर बैठा हुआ था। उसे इस राजव्यवस्था में परम्परागत

प्रतिष्ठा की जाज़म खिसकती नज़र आयी। स्वतन्त्रता काल के दौरान भी मुट्ठी भर हिन्दुत्ववादियों ने एक हिन्दू राष्ट्र का सपना देखा था। लेकिन संविधान निर्माण के समय देश का जो राजनीतिक परिदृश्य उभरा, उसमें उदारवादी लोकतन्त्रीय प्रणाली के पक्षधरों का पलड़ा भारी था। राष्ट्र की विविधता और बहुलतावादिता की महान परम्परा को ध्यान में रखते हुए संविधायकों ने धर्मनिरपेक्षता को ही महत्त्व दिया। आध्यात्मिक धरोहर, धर्म की परिभाषाएँ और भारत में उसकी भूमिका के तर्क सारहीन थे। सभा के अधिकांश सदस्यों का कहना था कि धर्म पर आधारित राजव्यवस्था राष्ट्र की एकता के लिए घातक सिद्ध होगी। धर्मनिरपेक्षता के व्यापक अर्थ को परिभाषित करते हुए श्री एच.वी. कामथ ने कहा :

> "व्यक्तिगत रूप से मेरी यह धारणा है कि अशोक महान द्वारा बौद्ध धर्म को राज्य धर्म स्वीकार करने के कारण हिन्दू और बौद्ध सम्प्रदायों के बीच तनाव उत्पन्न हुआ और अन्त में बौद्ध धर्म को यहाँ से कूच करना पड़ा। इसलिए मैं इस बात से आश्वस्त हूँ कि अगर कोई राज्य किसी एक धर्म को अंगीकृत करता है, तो उसमें तनाव उत्पन्न होना स्वाभाविक है। राज्य अपने सम्पूर्ण जनसमुदाय का प्रतिनिधि है और इसलिए जनमानस के किसी एक तबके का धर्म स्वीकार करना राज्य के लिए संगत नहीं है। महोदय, लोग मुझे ग़लत न समझें। जब मैं यह कहता हूँ कि राज्य किसी एक धर्म का अनुकरण न करे, तो इसका अर्थ यह कदापि नहीं है कि राज्य अधार्मिक अथवा धर्मविरोधी होना चाहिए। हमने भारत को धर्मनिरपेक्ष राज्य घोषित किया है। मेरे विचार में एक धर्मनिरपेक्ष राज्य न तो ईश्वरहीन राज्य है, न अधार्मिक और न ही वह धर्म विरोधी राज्य होता है।"[36]

संविधान सभा के एक अन्य सदस्य श्री लक्ष्मीकान्त मैत्र ने बहस में कहा कि :

> "धर्मनिरपेक्ष राज्य का अर्थ जहाँ तक मैं समझता हूँ, वह यह है कि राज्य किसी धर्म अथवा सम्प्रदाय के आधार पर किसी नागरिक में भेदभाव नहीं करेगा। इसका आशय यह है कि राज्य किसी एक धर्म का अनुयायी नहीं होगा।

> दूसरे शब्दों में, इसका अर्थ यह है कि राज्य किसी एक धर्म विशेष का अनुयायी न होने की वजह से किसी अतिरिक्त लाभ का अधिकारी होगा। दूसरे शब्दों में, राज्य के काम–काज में धर्म सम्बन्धी प्रसंग भी महत्त्वपूर्ण नहीं होगा। जहाँ तक मैं समझता हूँ, एक धर्मनिरपेक्ष राज्य का यही अर्थ है।''

प्रारूप समिति के अध्यक्ष डॉ. आम्बेडकर का वक्तव्य इस सम्बन्ध में स्थिति को स्पष्ट करने की दृष्टि से बड़ा महत्त्वपूर्ण है। भारत की लोकसभा में इसके क़ानूनी पक्ष का स्पष्टीकरण करते हुए उन्होंने कहा कि ''यह ठीक है कि हमने अपने संविधान में एक धर्मनिरपेक्ष राज्य की स्थापना की है। मुझे मालूम नहीं, कोई सदस्य जब धर्मनिरपेक्ष राज्य का उल्लेख करते हैं, तो वे उसका संविधान में निहित अर्थ समझते हुए कहते हैं अथवा नहीं। इसका अर्थ धर्म को समाप्त करना नहीं है और न ही लोगों की धार्मिक भावना पर चोट करना है। धर्मनिरपेक्ष राज्य का इतना ही अर्थ है कि यह संसद देश के जनसामान्य पर किसी एक धर्म को थोपने में सक्षम नहीं है। संविधान इसी परिधि अथवा परिसीमा को स्वीकार करता है।''

संसद की यह परिसीमा भारतीय गणराज्य को धर्मनिरपेक्ष होने के दावे को सार्थक बनाती है। संविधायकों का यह निर्णय देश के विभिन्न अल्पसंख्यकों को जहाँ एक ओर अपने धर्म और संस्कृति को बनाये रखने तथा विकसित करने का अवसर देता है, वहाँ दूसरी ओर उन्हें देश की मुख्यधारा के साथ समान भागीदार भी बनाता है। स्वतन्त्रता के पूर्व यहाँ के अल्पसंख्यकों में जो भय व्याप्त था, उसका भी एक रूप में समाधान हुआ है। मध्य एशिया और अन्य धर्म प्रधान देशों के सन्दर्भ में अगर हम इसका मूल्यांकन करें तो यह कहना होगा कि भारत की संविधान सभा का धर्मनिरपेक्ष रुख बहुत व्यावहारिक और संगतपूर्ण था। भारत जैसे अनेकानेक धर्मों और सम्प्रदायों के देश में किसी एक धर्म को राज धर्म बनाना राष्ट्रीय एकता की दृष्टि से न तो उपयुक्त था और न ही संगतपूर्ण। धर्म को राजव्यवस्था के साथ आत्मसात न करना एक अन्य दृष्टि से भी महत्त्वपूर्ण है। ऐतिहासिक परिप्रेक्ष्य में अगर इसका अवलोकन करें तो प्रतीत होता है कि धर्म ने समाज में न केवल विघटन के बीज बोये हैं, अपितु असमानता और शोषण को भी बढ़ावा दिया है। देवदासी प्रथा, सती–प्रथा और विधवा विवाह पर पाबन्दी जैसी सामाजिक कुरीतियों

को पुरोहित वर्ग ने ही बढ़ावा दिया था। इतना ही नहीं, जन्म से लेकर मृत्यु तक मानव जीवन की नकेल हाथ में रख कर जिस तरह समाज को भाग्यवादी और अन्धविश्वासी बनाया है, उसे देखकर मध्ययुगीन यूरोप और एशिया की याद ताज़ा हो जाती है। हम अपने वर्ण एवं वर्ग के कारण आज भले ही स्वीकार न करें, किन्तु यह बात सूरज के उजाले की तरह उजागर है कि धर्म मानव समाज के लिए अफीम सिद्ध हुआ है। विश्व के कतिपय देशों में धार्मिक कट्टरवाद और उन्माद की कोशिश की गयी है। धर्म प्रधान राज्य वर्तमान में उभर रहे वैश्विक समाज में अपना अर्थ खो चुका है। भारत के संविधान निर्माताओं ने इस देश में धर्मनिरपेक्ष लोकतन्त्र की स्थापना कर बहुआयामी सांस्कृतिक परम्परा और महान परम्परा का समादर ही किया है। यह बात देश के पुरोहित वर्ग को भले ही भली न लगे, लेकिन सच यह है कि भारत धर्मनिरपेक्ष राज्य रह कर ही एक राष्ट्रीय राज्य के रूप में बना रह सकता है। इसका कोई और विकल्प नहीं है।

सन्दर्भ

1. मुखर्जी, हीरेन, *इंडिया एंड पार्लियामेंट*, पृ. 125
2. पटेल, वल्लभ भाई, *संविधान सभा बहस, खण्ड–7*, पृ. 3, 4
3. जोंस, मोरिस, *पार्लियामेंट इन इंडिया,* पृ. 74
4. जोंस, मोरिस, *पार्लियामेंट इन इंडिया,* पृ. 75
5. ख़ाँ, अज़ीज़ अहमद, *संसदीय सभा बहस, खण्ड–4*, पृ. 633
6. बेगम, अज़ीज़ रसूल, संविधान सभा बहस, खण्ड–4, पृ. 635
7. बेग, मोहम्मद अली, *संविधान सभा बहस, खण्ड–4*, पृ. 295
8. सिंह, रामनारायण, *संविधान सभा बहस, खण्ड–4*, पृ. 249
9. देशमुख, पी.एस., *संविधान सभा बहस, खण्ड–7*, पृ. 777
10. जोंस, मोरिस, *केरल पुत्र, द वर्किंग ऑफ़ डॉयराकी इन इंडिया, पार्लियामेंट इन इंडिया,* बम्बई, 1922, पृ. 81
11. मुंशी, के.एम., *संविधान सभा बहस, खण्ड–7*, पृ. 984
12. नेहरू, जवाहरलाल का भाषण, *खण्ड–1*, 1953–57, पब्लिकेशन विभाग, भारत सरकार 9, 142
13. आम्बेडकर बी. आर., *संसदीय सभा बहस, खण्ड–7*, पृ. 31–33
14. वही
15. मुंशी, के.एम., *संविधान सभा बहस, खण्ड–7*, पृ. 984
16. प्रसाद, राजेन्द्र, *संविधान सभा बहस, खण्ड–11*, पृ. 5
17. पन्निकर के.एम., *ए नोट ऑन सम जनरल प्रिंसिपल्स,* मई, 1947, पृ. 1–8
18. नेहरू, जवाहरलाल, *यूनियन पावर्स कमेटी,* 5 जुलाई, 1947

19. गोयल, ओ.पी., *इंडियन गवर्नमेंट एंड पोलिटिक्स*
20. व्हीयर, के.सी., *फेडरल गवर्नमेंट*, पृ. 28
21. जेनिंग्स, आइवर, *सम करेक्टरस्टिक्स ऑफ़ इंडियन कॉन्स्टीट्यूशन*
22. बेनर्जी, डी. एन., *सम आस्पेक्ट्स ऑफ़ द इंडियन कॉन्स्टीट्यूशन*, पृ. 75–76
23. सन्थानम, के., *यूनियन स्टेट रिलेशंस इन इंडिया, नयी दिल्ली*, 1960
24. अलेक्जेंडरोविच, सी. एच., *इंडियन कॉन्स्टीट्यूशन डेवलेपमेंट*, पृ. 168–69
25. आस्टिन, ग्रेवलिन, *कॉन्स्टीट्यूशन ऑफ़ इंडिया, कार्नर स्टोन ऑफ़ द नेशन*, पृ. 187–88
26. यूनेस्को के तत्त्वावधान में बेलग्रेड में हुई अन्तर्राष्ट्रीय गोष्ठी
27. आम्बेडकर, *संविधान सभा बहस, खण्ड–7*, पृ. 42
28. वही
29. अय्यर, सर अल्लादी, *संविधान सभा बहस, खण्ड–7*, पृ. 428
30. पन्निकर, के.एम., *ए नोट ऑन सम जनरल प्रिसिंपल्स*, मई, 1947
31. नेहरू, 5 जुलाई, 1947
32. आम्बेडकर, *संविधान सभा बहस, खण्ड* 7, पृ. 130
33. नेहरू, *यूनिटी ऑफ़ इंडिया*, पृ. 70
34. कामथ, एच.वी., *संविधान सभा बहस, खण्ड–7*, पृ. 825
35. मैत्र, लक्ष्मीकान्त, *संविधान सभा बहस, खण्ड–7*, पृ. 83
36. आम्बेडकर, *लोकसभा बहस*, 1951

(सन्दर्भ ग्रन्थ : नेशनल पब्लिशिंग हाउस, दिल्ली से प्रकाशित लेखक की पुस्तक 'भारतीय संविधान और राजनीति')

अध्याय–8

नेहरू का पन्थ-निरपेक्ष मॉडल : आलोचनात्मक विश्लेषण

–अनवर आलम

नेहरू निस्सन्देह आधुनिक भारत के शिल्पी थे। वे प्रजातन्त्र, उदारवाद, समाजवाद और पन्थ–निरपेक्षता जैसे आधुनिक विचारों के आधार पर दीर्घकाल से उपनिवेशवाद और साम्राज्यवाद से पीड़ित भारत को निज़ात दिलाना चाहते थे। उनके इस दृष्टिकोण की छाप भारत के संविधान निर्माण तथा भारतीय राजनीति में कार्यरत आधारभूत सिद्धान्तों में दृष्टिगोचर होती है। नेहरू का विकास मॉडल पन्थ–निरपेक्षता पर आधारित था जो भारतीय समाज की सांस्कृतिक सामाजिक विविधता का रक्षक, अल्पसंख्यकों के अधिकारों का संरक्षक, राष्ट्र की एकता और अखण्डता की गारंटी सुनिश्चित करने वाला एक विस्तृत राष्ट्र की धारणा के अनुकूल था। उनके विकास मॉडल का उद्देश्य सामाजिक समेकता तथा साम्प्रदायिक सद्भाव को बनाये रखना था। लेकिन आज साम्प्रदायिक फासीवाद जैसे दानव ने नेहरू के विकास मॉडल को शिकस्त दे दी है और देश के उदारवादी, प्रजातान्त्रिक तथा पन्थ–निरपेक्ष राजनीतिक व्यवस्था के स्वरूप पर एक प्रश्न चिह्न लगा दिया है। सर्वाधिकारवाद और वर्णसंकरी पूँजीवाद ने नेहरू की विरासत प्रजातन्त्र, उदारवाद, पन्थ–निरपेक्ष तथा समाजवाद का स्थान ले लिया है। आज भारत के पन्थ–निरपेक्ष प्रजातान्त्रिक चरित्र पर हिन्दुत्ववादी अथवा हिन्दू अधिकारों की माँग करने वालों ने ज़ोरदार प्रहार कर दिया है। पर इन परिस्थितियों का ज़िम्मेदार कौन है? क्या नेहरू के पन्थ–निरपेक्ष मॉडल ने इन परिस्थितियों को जन्म दिया है? यदि नेहरू का पन्थ–निरपेक्ष मॉडल जिम्मेदार है तो वे कौन–कौन से कारण हैं जिन्होंने साम्प्रदायिक फासीवाद का मार्ग प्रशस्त किया है? नेहरू की पन्थ–निरपेक्षता की विचारधारा तथा

सैद्धान्तिक आधार पर जाँच किये बिना उन पर दोषारोपण करना उचित प्रतीत नहीं होता।

पन्थ–निरपेक्षता पर नेहरू के व्यक्तिगत दृष्टिकोण तथा कांग्रेस के अन्दर के उनके दृष्टिकोण में भिन्नता थी। कांग्रेस के अन्दर का दृष्टिकोण यह प्रदर्शित करता है कि कतिपय अवसरों पर अपनी पार्टी के हिन्दुत्ववादियों के दबाव में आकर उन्हें अपने व्यक्तिगत दृष्टिकोण के साथ समझौता करना पड़ा। ऐसे बहुत से उदाहरण दिये जा सकते हैं जैसे–अयोध्या की बाबरी मस्जिद में मूर्ति को स्थापित कराना, सोमनाथ मन्दिर निर्माण का मामला तथा कांग्रेस शासित प्रदेशों में गोवध पर प्रतिबन्ध लगाना आदि। अतः यह दोहरा दृष्टिकोण आधुनिक भारत के निर्माण में नेहरू की भूमिका पर ही प्रश्न चिह्न लगा देता है। साधारणतया नेहरू का मूल्यांकन उनके व्यक्तिगत दृष्टिकोण के आधार पर नहीं वरन् सामाजिक भूमिका जैसे– उनके लेखों, विचारों, नीतियों, कार्यक्रमों आदि के आधार पर किया जाता है। जवाहरलाल नेहरू का पन्थ–निपेक्षता के सम्बन्ध में दृष्टिकोण बड़ा उदार और आधुनिक था। लेकिन सतर्कतापूर्वक उनके विचारों का विश्लेषण करने पर अनिश्चितता और विरोधाभास जैसे तत्त्व भी दृष्टिगोचर होते हैं। नेहरू अपनी आत्मकथा में टिप्पणी करते हैं कि "भारत तथा अन्य देशों में चमत्कार को धर्म कहा जाता है और इसे भय का सहगामी माना जाता है और मैं ऐसे धर्म की निन्दा करता हूँ।" वे कहते हैं कि "धर्म हमेशा से अन्धविश्वासों पर खड़ा प्रतीत होता रहा है तथा इसमें धर्मान्धता, धार्मिक मूढ़ता, आडम्बरपूर्ण विश्वास तथा शोषण के अलावा अन्य कुछ दृष्टिगोचर नहीं होता है और जिसका उद्देश्य स्वार्थपूर्ण हितों की सुरक्षा करना रहा है।"

अतः नेहरू धार्मिक क्रियाकलापों तथा आडम्बरपूर्ण धार्मिक समारोहों से घृणा करते थे और वे उन बुराइयों को सुधारना चाहते थे। 21 जून, 1954 को नेहरू ने लिखा था, "मैं अपनी मृत्यु के बाद किसी धार्मिक समारोह का निष्पादन नहीं चाहता और न ही ऐसे किसी धार्मिक समारोह में विश्वास करता हूँ जो छल–झूठ और आडम्बरों पर आधारित हो।" धर्म के प्रति नास्तिक दृष्टिकोण अपनाने के बावजूद वे स्वीकार करते थे कि हमें कुछ विश्वास उस वस्तु के बारे में अवश्य करना चाहिए जो इस भौतिक संसार से परे है। इसीलिए वे मानव जीवन के लिए कुछ मूल्यों और सिद्धान्तों पर बल देते हैं। नेहरू का पन्थ–निरपेक्षता का दृष्टिकोण भी अनिश्चितता, सन्देह और विरोधाभासों से युक्त है। 1931 के कराची–कांग्रेस के अधिवेशन

में नेहरू ने मौलिक अधिकारों का एक प्रारूप प्रस्तुत किया था जिसमें कहा गया था कि "राज्य सभी धर्मों के प्रति उदासीन होगा।" कुछ समय पश्चात उन्होंने अपने इस दृष्टिकोण को त्याग दिया और घोषणा की कि हम एक स्वतन्त्र और पन्थ–निरपेक्ष राज्य बनाने जा रहे हैं, जहाँ सभी को धर्म और विश्वास की पूर्ण स्वतन्त्रता होगी, सभी को बराबरी का दर्जा प्राप्त होगा, सभी नागरिकों को समान रूप से स्वतन्त्रता तथा अवसर की समानता प्राप्त होगी। वह आगे कहते हैं कि पन्थ–निरपेक्ष राज्य का आशय जो सभी धर्मों को समान संरक्षण प्रदान करे, किसी के साथ धर्म के आधार पर भेदभाव न करे और राज्य द्वारा किसी धर्म विशेष को स्वीकार न किया जाये। अतः नेहरू की पन्थ–निरपेक्षता सर्व धर्म सम्भाव अथवा सभी धर्मों से समान दूरी के सिद्धान्त पर आधारित थी। भारतीय संविधान के अनुच्छेद 25 से 28 तक इसका उपबन्ध किया गया है।

आज भारतीय परिप्रेक्ष्य में यह कटु सत्य है कि नेहरू का यह मॉडल असफल सिद्ध हो गया है। इस असफलता की जड़ें हमें स्वतन्त्रता से पूर्व तथा पश्चात दोनों में देखने को मिलती हैं। आज़ादी से पूर्व गाँधी ने धर्मोन्मुख राष्ट्रवाद का प्रतिपादन किया तथा धर्म को राष्ट्रीय आन्दोलन का माध्यम बना दिया जो आगे चलकर पन्थ–निरपेक्षता के मूल्य के लिए ख़तरनाक जीवाणु सिद्ध हुआ। आज़ादी के बाद हिन्दू कोडबिल 1955 के माध्यम से धर्म–निरपेक्षता (पन्थ–निरपेक्षता) पर कुठाराघात किया गया। इसमें हिन्दू की परिभाषा के अन्तर्गत बौद्ध, सिख तथा जैन धर्मों को उनके विरोध के बावजूद सम्मिलित कर लिया गया तथा इनके पृथक अस्तित्व को अस्वीकार कर दिया गया। इस कोडबिल में आगे यह जोड़ा गया कि जो कोई मुसलमान, ईसाई, पारसी या यहूदी नहीं है तथा जो हिन्दू धर्म में भले ही विश्वास न करता हो, हिन्दू माना जायेगा। इस प्रकार ये सारी परिस्थितियाँ बताती हैं कि राज्य ने किस तरह साम्प्रदायिक हिन्दू एजेंडे को अपने हाथों में ले लिया।

उपरोक्त तुष्टीकरण की नीति केवल हिन्दू धर्म की व्यवस्था में ही नहीं वरन् अन्य अल्पसंख्यक धर्मों में भी अपनायी गयी। इस्लाम धर्म से सम्बन्धित पारित विभिन्न अधिनियम इसके उदाहरण हैं जैसे–मुस्लिम उत्तराधिकार अधिनियम 1918, मुस्लिम पर्सनल लॉ एप्लीकेशन एक्ट 1935। नेहरू ने पन्थ–निरपेक्ष शब्द की स्पष्ट परिभाषा कभी नहीं दी और न ही इसे

परिभाषित करने के लिए कोई गम्भीर प्रयास किया गया। 42वें संविधान संशोधन द्वारा इसे संविधान की प्रस्तावना में सम्मिलित किया गया और सर्वोच्च न्यायालय द्वारा इसे संविधान का मूल ढाँचा घोषित कर दिया गया। संविधान में इसकी परिभाषा के अभाव के कारण शासक अभिजन के लिए पन्थ–निरपेक्षता एक राजनीतिक युक्ति है जिस के निम्नलिखित उद्देश्य हैं : प्रथम–भारत आधुनिकता की छवि प्राप्त कर ले तथा विश्व के आधुनिक पन्थ–निरपेक्ष राज्यों की श्रेणी में गिना जाये। द्वितीय–समाजवाद व पन्थ–निरपेक्षता, जो पचास तथा साठ के दशक में बहुत प्रबल अन्तर्राष्ट्रीय अवधारणाएँ मानी जाती थीं, का समर्थन राज्य को एक क़ानूनी औचित्य प्रदान करे। तृतीय–इससे संविधान के हिन्दू बहुल चरित्र को ढँकने में मदद मिले। चतुर्थ–इससे भारत को आधुनिकता व सांस्कृतिक अस्तित्व में सामंजस्य करने का अवसर मिले। अन्तिम तथा महत्त्वपूर्ण उद्देश्य यह था कि पन्थ–निरपेक्षता की अवधारणा को इतने सरल तथा लचीले रूप से स्थापित किया जाये कि भविष्य में सत्ताधारी वर्ग अपनी आवश्यकतानुसार इसका उपयोग कर सके। आज नेहरू का मॉडल छद्म पन्थ–निरपेक्षता का रूप धारण कर चुका है जिसका परिणाम यह हुआ कि हिन्दू कट्टरवाद तथा साम्प्रदायिकता जैसी नस्लीय राष्ट्रवाद पर आधारित अवधारणाएँ ज़ोर पकड़ती जा रही हैं।

आज नेहरू का पन्थ–निरपेक्ष मॉडल अन्दर से गम्भीर रूप से जर्जर हो चुका है। यह तुष्टीकरण तथा स्वार्थपूर्ति का एक साधन बन गया है। इसने विभिन्न धार्मिक समुदायों की प्रतिक्रियावादी तथा रुढ़िवादी माँगों को प्रोत्साहित किया है जैसे–1992 में बाबरी ढाँचा गिराया जाना, शाहबानो मुक़दमे के आधार पर गोवध पर रोक तथा सलमान रुश्दी के प्रगतिशील विचारों पर रोक आदि। नेहरू का पन्थ–निरपेक्ष दृष्टिकोण संकुचित तथा सीमित भी है। नेहरू पन्थ–निरपेक्षता और प्रजातन्त्र को ज़ोर–शोर से प्रचारित करते रहे, लेकिन आज तक कोई पवित्र और सच्ची पहल सामाजिक आधार पर नहीं की गयी क्योंकि किसी भी अवधारणा या मूल्य का आधार समाज़ ही होता है। उपरोक्त विश्लेषण से यह निष्कर्ष निकाला जा सकता है कि नेहरू के पन्थ–निरपेक्ष मॉडल ने साम्प्रदायिक फासीवाद का मार्ग प्रशस्त किया। सोमनाथ मन्दिर निर्माण, बाबरी मस्जिद ढाँचे का गिराना, हिन्दू कोड बिल तथा सरकार द्वारा नियन्त्रित दूरदर्शन पर हिन्दुत्ववादी रामायण, महाभारत, जय हनुमान, ओम नमः शिवाय आदि धारावाहिक,

यहाँ तक कि भारत की रक्षा प्रणाली की विशेष पहचान मिसाइलें, अग्नि, पृथ्वी, नाग आदि हिन्दुत्ववादियों को ही प्रोत्साहित करती हैं। अतः इस साम्प्रदायिक फासीवाद से निजात पाने के लिए हमें नेहरू मॉडल से परे अन्य किसी मॉडल की तलाश करनी चाहिए।

(शोधार्थी अंक प्रथम, संख्या एक, जनवरी–मार्च, 2005, इंडियन जर्नल ऑफ़ पोलिटिक्स, अंक 27, संख्या 1–2, जवाहरलाल नेहरू विशेषांक, जनवरी–जून, 2003 पृ. 129–141 से साभार उद्धृत। मूल लेख 'नेहरू जेनिन्यूविन मॉडल ऑफ़ सेक्युलेरिज्म : ए क्रिटिकल एनालिसिस' शीर्षक से प्रकाशित)

अध्याय–9

समकालीन भारत में नागरिकता का मानचित्र

–अंकिता पाण्डेय

भविष्य के भारतीय नागरिकों के लिए 'आदर्श नागरिक व्यवहार' की परिकल्पना करते हुए ऐनी बेसेंट ने गाँधीवादी सत्याग्रह की आलोचना की थी। दीपेश चक्रवर्ती ने बेसेंट के इस असन्तोष के बारे में लिखा है। बेसेंट का कहना था कि 'जिस दिन भारत की जीत होगी, वह दिन गाँधी के लिए सबसे बड़ी हार का दिन होगा। जिस अराजकता की भावना, क़ानून का निरादर और सविनय अवज्ञा का लोगों में प्रचार किया जा रहा है, उसके परिणामस्वरूप भारतीय सरकार के ख़िलाफ़ असन्तोष और विद्रोह की भावना रहेगी। गाँधी की सीख भारतीय सरकार के ख़िलाफ़ काम करेगी।''

अगर हम समकालीन भारतीय गतिविधियाँ देखें, तो क्या बेसेंट की चेतावनी सही साबित होती लगती है? अपने इस लेख में नवीनता का कोई दावा किये बग़ैर मैं पाठकों का ध्यान दो मुद्दों के प्रति आकर्षित करना चाहती हूँ। मेरे विचार में ये दोनों राजनीति के अध्ययन के लिए महत्त्वपूर्ण हैं। पहला, यह कि नागरिकता को महज़ एक हैसियत न मानकर, एक गतिविधि/व्यवहार या आचरण के रूप में समझना ज़रूरी है। दूसरा आज राज्य और नागरिकों के बीच 'वैध नागरिक गतिविधि' पर चलते संघर्ष के कुछ दिलचस्प उदाहरण हमारे सामने हैं। इन उदाहरणों से हम नागरिकता की अपनी समझ का विश्लेषण कर सकते हैं।

भारत के संविधान की प्रस्तावना 'हम भारत के लोग' से शुरू होती है। इसी प्रस्तावना में 'नागरिक समुदाय' की संकल्पना है। एक ऐसा नागरिक समुदाय जो खुद को सम्बोधित कर रहा है। 'हम भारत के लोग' वे हैं जो

खुद भारत का संविधान अपना रहे हैं। इस 'नागरिक समुदाय' की मौजूदगी न तो संविधान से अलग है, न ही संवैधानिक प्रभावों से स्वतन्त्र। देखा जाये तो संविधान ही इस 'नागरिक समुदाय' की संकल्पना का उत्पादन भी कर रहा है। औपचारिक रूप से 'भारत का संविधान' और 'नागरिक समुदाय' का जन्म एक साथ ही हुआ था।

इसी संविधान में आदर्श भारतीय नागरिक की संकल्पना भी निहित है। संविधान में एक तरफ़ व्यक्तिवादी अधिकार पर आधारित नागरिकता का समर्थन किया गया है, वहीं दूसरी तरफ़ व्यक्ति की सामूहिक पहचान और भारतीय सांस्कृतिक विविधता बनाये रखने की कोशिश। राजनीतिक विचारधारा के मुद्दे पर भी उदारतावादी अधिकारों के दृष्टिकोण का सामंजस्य सामाजिक और आर्थिक अधिकारों के साथ बनाने की कोशिश की गयी है। भारतीय राजनीति का अध्ययन करने वाले कई लेखकों ने भारतीय नागरिकता की संवैधानिक संकल्पना का विश्लेषण किया है। इन सभी ने संविधान और नागरिकता के व्यावहारिक पहलू पर कम ध्यान दिया है। इनकी कोशिश नागरिकता सम्बन्धी प्रावधान व नागरिकता की मानकीय नीति बेहतर करने की है। इनमें नागरिकता की हैसियत के बारे में चर्चा तो है, लेकिन नागरिकता सम्बन्धी रोज़मर्रा के आचरण की नहीं। सवाल यह है कि अगर हम नागरिकता को एक हैसियत न मानकर, एक गतिविधि मानें तो आचरण के रूप में नागरिकता के बारे में हम क्या जानते हैं? खुद नागरिक नागरिकता की संकल्पना को अपने व्यवहार में किस तरह शामिल करते हैं?

भारतीय संविधान भारत के राज्य–क्षेत्र के भीतर रहने वाले लोगों को दो श्रेणियों में बाँटता है : पहला, नागरिक और दूसरा, ग़ैर–नागरिक या बाहरी। नागरिकता की हैसियत और उसके कारण प्राप्त अधिकारों के आधार पर ही इन दोनों श्रेणियों में अन्तर किया जाता है। ग़ैर–नागरिकों को दो और श्रेणियों में बाँटा गया है : पहली श्रेणी में वे ग़ैर–नागरिक आते हैं जिनका हमारे प्रति दोस्ताना रवैया है और दूसरी श्रेणी में वे ग़ैर–नागरिक हैं जो दोस्ताना रवैया नहीं रखते या दुश्मनी रखते हैं। अगर हम अपना मापदण्ड बदल कर नागरिक व्यवहार देखें, तो दो नयी श्रेणियाँ बन सकती हैं। आजकल हम देखते हैं कि कई नागरिकों पर राजद्रोह का आरोप लगा है। इसका मतलब है कि हमारे देश में नागरिकों की भी दो श्रेणियाँ हैं : दोस्ताना नागरिक और राजद्रोही नागरिक। देश में रहने वाले लोगों को

इस तरह विभिन्न श्रेणियों में बाँटना कोई मानसिक प्रयोग नहीं है। विडम्बना यह है कि राज्य इन्हें देशद्रोही समझता है, लेकिन ये खुद ऐसा मानते हैं कि इनकी गतिविधियाँ संवैधानिक विचारों के अनुकूल हैं। अगर संविधान पर इनकी आस्था न होती, तो ये शायद ऐसी गतिविधियों में संलग्न नहीं होते। आज के भारत के कई ऐसे लोग हैं जो बड़े सामाजिक दायरे के लिए 'निष्ठावान नागरिक' हैं लेकिन राज्य की नज़र में 'देशद्रोही' भी! ऐसे में क्या 'उचित नागरिक आचरण' की परिभाषा पर राज्य और नागरिकों की सोच में कोई टकराव दिखता है?

हैसियत के रूप में नागरिकता

समकालीन राजनीति शास्त्र के सभी महत्त्वपूर्ण सैद्धान्तिक दृष्टिकोणों में नागरिकता की अवधारणा पर ख़ास ध्यान दिया गया है। लेकिन इन सभी ने नागरिकता को एक हैसियत के रूप में समझा है। इन सभी दृष्टिकोणों में इसे एक अवस्था माना गया है। उदारतावादी, गणतन्त्रवादी, समुदायवादी, बहुसांस्कृतिक इन सभी ने नागरिकता की स्थिति पर काफ़ी गहराई से विचार किया है जिनमें तीन मुख्य बिन्दुओं पर ध्यान दिया जाता रहा है : सीमा (नागरिकता के नियम, नागरिकता में समावेश या बेदखल करने के मापदण्ड), विषय–वस्तु (नागरिकता सम्बन्धी अधिकार और ज़िम्मेदारियाँ) और गहराई (नागरिकता की संकल्पना की सक्रियता या निष्क्रियता)।

सीमा के सन्दर्भ में आमतौर पर इस बात पर विचार किया जाता है किन व्यक्तियों को नागरिक का दर्जा दिया जा सकता है। देश के बाहर रहने वाले को मतदान का हक़ होगा या नहीं? किसी अन्य देश की नागरिकता किस प्रकार हासिल होगी? विषय–वस्तु से सम्बन्धित पहलुओं में इन बातों पर ध्यान दिया जाता है : नागरिकों को किस प्रकार के अधिकार मिलेंगे? ये अधिकार वास्तव में लोगों को मिल पाते हैं या नहीं? विभिन्न समुदायों को किस प्रकार के अधिकार प्राप्त हैं? नागरिकता की गहराई का सवाल इस बात से ताल्लुक रखता है कि राज्य अपने नागरिकों से क्या उम्मीदें रखता है। क्या नागरिकों के पास सिर्फ़ अधिकार ही होते हैं? या फिर क़ानून का पालन करने के अलावा उनके कुछ और दायित्व हैं? ये दायित्व कितनी सख़्ती से लागू किये जाते हैं? राजनीतिक प्रक्रिया से नागरिक कितने जुड़े हुए हैं या कितने तटस्थ हैं? देखा जाये तो ये सभी सवाल नागरिकता को एक स्थिति या अवस्था मानते हैं। इन सभी सवालों में

नागरिकता के मानकीय आदर्श की चर्चा है। भले ही ये सवाल सामाजिक अनुभवों या भेदभावों के कारण सामने आये हैं, लेकिन इनका ज़ोर इस बात पर है कि नागरिकता का मानक किस तरह बेहतर बनाया जाये। ग़ौरतलब है कि नागरिकता का मानक समय के साथ बदलता रहा है। भारत में भी नागरिकता सम्बन्धी क़ानून और संविधान के नागरिकता से जुड़े प्रावधानों में कई बार संशोधन हुआ है। इनमें से कुछ संशोधन तो उन अलिखित और अप्रत्यक्ष नागरिक गतिविधियों के कारण हुआ होगा जो नागरिकता की राजकीय परिभाषा से परे हैं। नागरिकता की इन गतिविधियों को दर्ज करने के लिए हमें नागरिकता को एथनोग्राफी के अनुशासन की मदद से समझना पड़ेगा। आखिर नागरिक 'नागरिकता' से क्या समझते हैं? उनकी रोज़मर्रा की ज़िन्दगी की कौन–सी गतिविधियाँ उनके नागरिक होने से ताल्लुक रखती हैं। एक निष्ठावान नागरिक मतदान करने और सरकारी नीतियों के कार्यान्वयन के अलावा किन गतिविधियों में संलग्न रहता है।

हैसियत के रूप में नागरिकता और आचरण के रूप में नागरिकता का स्रोत अलग–अलग सैद्धान्तिक परम्पराओं में निहित है। पहली परम्परा में उपजे ज़्यादातर सवाल ऊपर वर्णित तीन मुख्य बिन्दुओं अर्थात 1. सीमा, 2. विषय–वस्तु और 3. गहराई से सम्बन्ध रखते हैं। नागरिकता के अध्ययन की सबसे प्रमुख परम्परा उदारतावादी लोकतन्त्र से जुड़ी हुई है। इसमें राज्य, सम्प्रभुता और नागरिकता तीनों के प्रति एकीकृत दृष्टिकोण है। नागरिक मुख्य तौर पर अधिकार प्राप्त करने वाला व्यक्ति है। उसे जो अधिकार प्राप्त हैं उनमें से कई राज्य की ताक़त से उसका बचाव करते हैं। यह अलग बात है कि राज्य ही इन अधिकारों का संरक्षण भी करता है। इस परिप्रेक्ष्य में टी.एच. मार्शल की किताब सिटीजनशिप एंड सोशल क्लास मील का पत्थर साबित हुई है। मार्शल के अनुसार एक नागरिक होने का पूर्ण अहसास तीन तरह के अधिकारों के संचय से हो सकता है। ये अधिकार ब्रिटेन में तीन सदियों में पहुँच पाये। नागरिक अधिकार, राजनीतिक अधिकार और सामाजिक अधिकारों के मिल जाने के बाद ही नागरिकता की संकल्पना को पूर्ण अर्थ मिला। ऐसा माना जाता है कि एक कल्याणकारी राज्य ही इस संकल्पना को वास्तविक रूप में पूरा कर सकता है। विल किमलिका और वेन नारमन ने इस दृष्टिकोण को 'निजी' या 'निष्क्रिय' नागरिकता का नाम दिया है। इस संकल्पना में नागरिकों को मुख्य रूप से अधिकारों का इस्तेमाल करते देखा जाता है।

उन पर अपेक्षाकृत कम दायित्व होता है लेकिन इस कल्याणकारी राज्य के कई कठोर आलोचक भी हुए। नव–दक्षिणपन्थी उदारतावाद के दृष्टिकोण से निष्क्रिय नागरिकता की सशक्त आलोचना की गयी। इस संकल्पना में नागरिक सिर्फ़ अधिकारों का पात्र ही नहीं बल्कि राज्य और अपने प्रति उत्तरदायी है। इनका मानना है कि नागरिकों की भलाई का काम नौकरशाही या राज्य का नहीं बल्कि यह नागरिकों की अपनी ज़िम्मेदारी है। ब्रिटेन की सरकारों ने 1980 में राज्य द्वारा दी गयी सुविधाओं में काफ़ी कटौतियाँ कीं। कल्याणकारी राज्य की जगह राज्य की एजेंसियों का निजीकरण और मुक्त बाज़ार का समर्थन इसका अहम हिस्सा रहा।

राजनीतिक स्तर पर ब्रिटेन की रूढ़िवादी सरकारों में नव–दक्षिणपन्थी उदारतावादी संकल्पना का काफ़ी प्रभाव दिखा। लेकिन सैद्धान्तिक स्तर पर इसकी काफ़ी आलोचना भी हुई है। ज़िम्मेदारी और सक्रिय नागरिकता के बहाने इस संकल्पना ने कमज़ोर वर्गों को सामाजिक सुविधाएँ देने से इनकार किया। साथ ही इसने लोगों के जीवन को बाज़ार के चलन पर निर्भर बना दिया। इन आलोचनाओं के कारण नागरिकता के अध्ययन में सामाजिक अधिकारों का महत्त्व आज भी बना हुआ है। सार्वदेशिक या कॉस्मोपॉलिटन नागरिकता की अवधारणा इस परम्परा में होने वाले शोध का नवीनतम संस्करण है। ऐसे कई मुद्दे हैं जो किसी एक देश की परिधि के नागरिकों से ही नहीं, बल्कि एक पूरे क्षेत्र या पूरे विश्व से जुड़े मुद्दे हैं। ऐसे में सार्वदेशिक नागरिकता का विचार नागरिकता को एक राष्ट्र–राज्य की परिधि से बाहर ले जाता है। इन सभी विचारों के बीच क्या इस प्रमुख उदारतावादी परम्परा ने आचरण के रूप में नागरिकता पर कोई ध्यान दिया है? इस परम्परा का ही मोटे तौर पर हिस्सा समझी जाने वाली तीन धाराओं ने व्यवहार के रूप में नागरिकता पर थोड़ा ध्यान दिया है। ये तीन धाराएँ हैं–नागरिक गणतन्त्रवाद, विमर्शी लोकतन्त्र और बहुसंस्कृतिवाद। पहली दोनों धाराओं ने नागरिकों को एक आदर्श व्यवहार की तरफ़ प्रोत्साहित किया। लेकिन बहुसंस्कृतिवाद नागरिकता के वास्तविक अनुभवों में होने वाले भेदभाव और संरचनात्मक असमानता पर ग़ौर करता है। कुछ हद तक दोनों ही नागरिकता को महज़ मानकीय स्थिति से थोड़ा ज़्यादा मानते हैं। नागरिक गणतन्त्रवाद का एक ज़रूरी हिस्सा है नागरिक सद्गुण। इस कल्पना में नागरिकों के सार्वजनिक जीवन पर ज़ोर दिया गया है। एक अच्छा नागरिक सार्वजनिक जीवन उत्साह के साथ जियेगा।

राजनीतिक भागीदारी के ज़रिये उसे सन्तुष्टि का अहसास होगा। अपने नागरिक होने का दायित्व उसे बोझ नहीं लगेगा। यह भागीदारी उसके जीवन का अहम हिस्सा होगी। नागरिक गणतन्त्रवाद में सभी नागरिक निर्णय लेने की प्रक्रिया का हिस्सा हैं। हाल में विलियम गैलस्टन ने इन नागरिक सद्‌गुणों के बारे में लिखा है। उनके अनुसार इन सद्‌गुणों से ही लोकतान्त्रिक प्रक्रिया बेहतर हो सकती है। इन सद्‌गुणों में सार्वजनिक विमर्श पर अटूट विश्वास, सार्वजनिक बहस से मुद्दों को सुलझाने की पहल, सामाजिक सहिष्णुता, राजनीतिक गतिविधियों में भागीदारी जैसे गुणों को शामिल किया जा सकता है। इस परम्परा में यह माना जाता है कि इन गुणों के होने या न होने के आधार पर ही नागरिकों और ग़ैर–नागरिकों में अन्तर किया जा सकता है। नागरिक गणतन्त्रवाद की भी बहुत आलोचना हुई है। इसकी एक प्रमुख आलोचना यह है कि नागरिक समुदाय की इस परिकल्पना में सार्थक जीवन की वैकल्पिक परिभाषा के लिए कोई जगह नहीं है।

आइरिस मैरियन यंग ने नागरिकता की समूह विभेदीकृत संकल्पना पेश की है। यह ऐसी संकल्पना है जो प्रत्येक समुदाय की ज़रूरतों और स्थिति पर ध्यान देती है और हर तरह के सामाजिक भेदभाव को दूर करने पर इसका ज़ोर है। बहुसांस्कृतिक चिन्तन का एक बड़ा फ़ायदा यह है कि वह सार्वभौमिक नागरिकता के खोखले दावों को उजागर कर देता है। जिसे सार्वभौमिक समझकर पारित किया जा रहा है। दरअसल वह अपने भीतर सिर्फ़ कुछ शक्तिशाली ताक़तों की संकल्पना छिपाये है। आम राजनीतिक व सामाजिक जीवन में कुछ को समाहित किया जाता है और बहुतेरों का बहिष्कार होता है। बहुसंस्कृतिवादियों का मानना है कि नागरिकता का ढाँचा ऐसा होना चाहिए कि उसमें सिर्फ़ व्यक्तियों के लिए ही नहीं बल्कि समूहों के लिए भी जगह रहे। इस दृष्टि से तीन प्रकार के अधिकारों की ज़रूरत है, समूह–अधिकार, विशेष प्रतिनिधित्व के अधिकार और कुछ मामलों में स्व–शासन का अधिकार। ज़ाहिर है कि बहुसांस्कृतिक परिकल्पना भेदभाव या असमानता के अनुभव से उपजी है, लेकिन इसका ध्यान राज्य की नीतियों को बेहतर करने की ओर है। यह आम जीवन के भेदभाव सम्बन्धी अनुभवों पर तो ध्यान देती है, पर आम जीवन के आचरण में नागरिकता की जो विभिन्न अभिव्यक्तियाँ हैं उन पर नहीं।

नागरिक व्यवहारों पर ध्यान देने वाली दूसरी परम्परा है–विमर्शी लोकतन्त्र। इसमें व्यक्ति के सार्वजनिक विचार–विमर्श और तार्किक क्षमता पर काफ़ी ध्यान दिया गया है। इस आधार पर यह नागरिकों को सार्वजनिक विचार–विमर्श में हिस्सा लेने के लिए प्रोत्साहित भी करता है। नागरिक यहाँ राजनीतिक लक्ष्यों का निर्धारण करने में सक्रियता से भाग लेते हैं। ऐसी सक्रिय भागीदारी से ही राज्य का शासन वैध रह सकता है। राज्य नागरिकों का सही प्रतिनिधि हो सकता है और राज्य न्याय के सिद्धान्तों का पालन कर सकता है। नागरिक गणतन्त्रवादियों से विपरीत विमर्शी लोकतन्त्र के तरफ़दारों का यह दावा नहीं है कि यह भागीदारी व्यक्ति की निजी खुशी या सन्तुष्टि के लिए ज़रूरी है। वह ऐसा मानते हैं कि न्यायपूर्ण शासन हर व्यक्ति के लिए अहम है और विमर्शी लोकतन्त्र इसका सबसे उम्दा तरीक़ा है।

विमर्शी लोकतन्त्र, बहुसंस्कृतिवाद और नागरिक गणतन्त्रवादी–तीनों ही नागरिक व्यवहारों के बारे में चिन्तन तो करते हैं लेकिन मौजूदा नागरिकों के व्यवहार की अनदेखी करते हैं। ऐसे में, राजनीतिशास्त्र को यह जानने का मौक़ा नहीं मिला है कि मौजूदा और आदर्श कल्पनाओं में कितना फ़र्क़ है। अगर हम यह मान भी लें कि नागरिकों के लिए सार्वजनिक भागीदारी ज़रूरी है, तो क्या नागरिक इस भागीदारी को सुनिश्चित करने के तरीक़े अलग–अलग ढंग से परिभाषित नहीं कर सकते? नागरिक भागीदारी के इन वैकल्पिक मूल्यों को समझे बिना नागरिकता का अध्ययन अधूरा है।

भारत में नागरिकता सम्बन्धी अध्ययन तीन मुख्य प्रकारों से किया गया है। पहला–भारतीय संविधान और भारतीय नागरिकता का सैद्धान्तिक आधार और उसका मूलभूत ढाँचा समझने की कोशिश। दूसरा–कुछ लेखकों ने दर्शाया है कि भारतीय नागरिकता जिन आदर्शों को औपचारिक रूप से अपनाती है, वे आदर्श वास्तविकता में लोगों को प्राप्त नहीं हैं। तीसरा–लेखकों ने नागरिकता के मुद्दे पर संवैधानिक, सैद्धान्तिक और राजनीतिक टकरावों को उजागर किया है।

भारतीय संविधान पर राजीव भार्गव द्वारा सम्पादित पुस्तक में उपेन्द्र बख्शी ने अपने लेख 'आउटलाइन ऑफ़ अ पोलिटिकल थियरी ऑफ़ इंडियन कॉन्स्टीटयूशन' में भारतीय संविधान सभा की प्रमुख उपलब्धियाँ बतायी हैं। उनका मानना है कि "नागरिकता पर जिस प्रकार के प्रावधान अपनाये गये,

वे अपने आप में एक उपलब्धि हैं। गहरी सामाजिक असमानताओं के बावजूद, संविधान में नागरिकता सम्बन्धी प्रावधान, समानता और न्यायपूर्णता के आधार पर बने थे।'' भार्गव के अनुसार ऐसा इसलिए हो पाया क्योंकि भारतीय संविधान उदारवादी दृष्टिकोण से काफ़ी प्रेरित था। संविधान में व्यक्ति और समुदाय दोनों के प्रति संवेदनशीलता थी। वे लिखते हैं, ''संविधान पर उदार व्यक्तिवादी विचारों का प्रभाव साफ़ है। यह व्यक्ति को सिर्फ समूह क्षेत्र के भीतर ही नहीं, सामूहिक गठन से परे भी समझता है।''

''दूसरी उपलब्धि यह है कि संविधान इन उदार व्यक्तिवादी सिद्धान्तों का पुनर्निर्माण भी करता है। व्यक्तिगत नागरिक अधिकारों के मूल्य को सामुदायिक सन्दर्भ में समझा गया है।'' भार्गव का मानना है कि संविधान सभा की चर्चाएँ नागरिकता को समझने का बहुत बड़ा व ज़रूरी संसाधन हैं। ये चर्चाएँ छह दशक पुराना इतिहास ही नहीं बल्कि आज का इतिहास समझने में भी मदद करती हैं। मेरे विचार से नागरिकता का इतिहास समझने के लिए सिर्फ़ संविधान के प्रावधान और संविधान सभा की चर्चाएँ पर्याप्त नहीं हैं। नागरिक समुदाय नागरिकता को कैसे समझता है, यह हमें इन चर्चाओं या प्रावधानों में नहीं मिलेगा। केवल सरकारी दस्तावेज़ों से नागरिकता को समझना इस अवधारणा को संकुचित करता है। अपनी किताब *पोलिटिक्स एंड एथिक्स ऑफ़ इंडियन कॉन्स्टीट्यूशन* की प्रस्तावना में ''संविधान सभा की बहस का अध्ययन ज़रूरी क्यों है?'' शीर्षक वाले भाग में राजीव भार्गव अपने चुने हुए तरीक़े का औचित्य समझाते हैं। वे लिखते हैं कि ''मुझे नहीं लगता कि हमारी धारणाएँ मूल्य, आदर्श इतनी गहराई से बदल गये हैं कि हम संविधान सभा की दुनिया से पूरी तरह जुदा हो चुके हैं। संविधान का इतिहास काफ़ी हद तक हमारे वर्तमान का इतिहास है।'' मेरे विचार से इसी इतिहास की एक ज़रूरी कड़ी यह जानना है कि लोगों ने संविधान से क्या समझा? इन मूल्यों को उन्होंने अपने व्यवहार में कैसे शामिल किया? संविधान और नागरिकता की सामाजिक भूमिका क्या रही? मुझे ऐसा लगता है कि संविधान या संविधान सभा की बहसों में मेरे इन सवालों का जवाब मौजूद नहीं है।

बहरहाल, कई लेखकों ने संविधान की इस एकीकृत और ग़ैर–जटिल समझ का विरोध किया है। उनका तर्क है कि संविधान सभा में कई मूल्यों पर गहरे टकराव थे। न तो संविधान किसी सरलता से हासिल 'आम सहमति' पर आधारित है, न ही संविधान सैद्धान्तिक रूप से एकीकृत है।

इस 'आम सहमति' के पीछे कुछ ख़ास समूहों की इच्छाएँ हैं जो अपने आपको 'आम सहमति' के रूप में प्रदर्शित करते हैं। जैसे–जैसे सामूहिक पहचान की राजनीति ने ज़ोर पकड़ा वैसे–वैसे संविधान की इस एकीकृत और सार्वभौमिक संकल्पना का चरित्र उजागर होता गया। यदि हम नागरिकता को पल भर के लिए सिर्फ़ उसके मानकीय स्वरूप में देखें तब भी उसके तनावग्रस्त चरित्र को अनदेखा करना मुश्किल है। आदित्य निगम अपने लेख 'अ टेक्स्ट विदाउट ऑथर' में संविधान के इस एकीकृत आन्तरिक तर्क और एकात्मक संरचना की समझ को चुनौती देते हुए लिखते हैं कि "मैं कहूँगा कि संविधान सभा की चर्चाओं को अगर एक सरसरी निगाह से भी देखा जाये तो किसी एक दृष्टिकोण की प्रभुता नहीं दिखती! कोई एक प्रबल आवाज़ नहीं मिलती।" उनका मानना है कि "संविधान सभा में बैठे लोगों को हम विरक्त नहीं आसक्त मानें। इसलिए संविधान बनाने की प्रक्रिया को समझने के लिए हमें संविधान–सभा के सदस्यों की आत्म–समझ पहचाननी होगी। उनके तर्कों में उनके भविष्य की संकल्पना जुड़ी हुई थी। उन्होंने जिस सैद्धान्तिक मार्ग का चुनाव किया वह उनके पद, शक्ति, निहित स्वार्थ, स्वायत्तता से परे नहीं था।" निगम यहाँ जिस आत्म–समझ की बात कर रहे हैं, मेरे विचार से उस आत्म–समझ के विचार को हम सिर्फ संविधान–सभा की बहसें ही नहीं बल्कि नागरिकता को समझने के लिए भी इस्तेमाल कर सकते हैं। संविधान–सभा के टकरावों के बारे में वेलैरियन रॉड्रिग्स ने भी लिखा है। उन्होंने अपने रिसर्च में संविधान सभा में हुए वाद–विवाद के उद्धरण दिये हैं। उनके लेखन से यह साबित होता है कि ये चर्चाएँ काफ़ी विवादपूर्ण थीं। इस बहस को देखने से यह भी पता चलता है कि नागरिकता के प्रावधानों में अन्दरूनी टकराव क्यों है? रॉड्रिग्स लिखते हैं कि "सभा में बहुत कम सैद्धान्तिक एकता थी। लोगों के बीच विचारों का काफ़ी टकराव रहा। इस कारण नागरिकता सम्बन्धी प्रावधान बहुत बार लिखे गये।" यह सच है कि अन्ततः ये प्रावधान पारित कर दिये गये, लेकिन इसका यह मतलब बिल्कुल नहीं है कि इन पर लोगों में आम राय थी। इन प्रावधानों में बाद में कुछ ख़ास परिवर्तन भी किये गये हैं। इन बदलावों पर कुछ लेखकों का ध्यान भी गया है। सरसरी निगाह से देखने में ऐसा लग सकता है कि ये परिवर्तन लोकतान्त्रिक दिशा में हैं, परन्तु गहरी समीक्षा से यह कहानी बदल जाती हैं। इनमें से कई बदलाव नागरिकों की सुविधा के लिए नहीं बल्कि सत्तावादी चिन्ताओं के कारण हुए हैं।

सिविल सोसाइटी पब्लिक स्फियर और सिटीजनशिप नाम की किताब में वैलेरियन रॉड्रिग्स और बी.एस. चिमनी ने नागरिकता सम्बन्धी प्रावधानों में आये बदलावों पर ख़ास ध्यान दिया है। रॉड्रिग्स का तर्क है कि संविधान सभा की संकल्पना बाद में किये गये बदलावों से कहीं ज़्यादा लोकतान्त्रिक थी। वे लिखते हैं, "नागरिकता की संवैधानिक संकल्पना अपेक्षाकृत समावेशी थी लेकिन अब वह लगातार जातीय होती जा रही है।" नागरिकता प्राप्त करने में भारतीय माता–पिता का होना अनिवार्य सा होता जा रहा है। भारत सरकार इस बदलाव का औचित्य समझाने के लिए अन्य देशों की नीतियों की तरफ़ इशारा करती है, जबकि खुद भारतीय संविधान में अपनायी नीतियों को दरकिनार करती है। इसी किताब में बी.एस. चिमनी ने अपने निबन्ध में प्रवासी मज़दूर शरणार्थियों के प्रति भारतीय राज्य के रवैये के बारे में लिखा है। राज्य के इस रवैये के पीछे भारतीय राज्य की सीमाओं को बनाये रखने की चुनौती और नागरिकों में पैदा होते विरोध के स्वर हैं। इन दोनों कारणों से भारतीय राज्य का बर्ताव मनमाना हो गया है। कई प्रवासी गुटों के बीच भारतीय राज्य अपने हित में मनमाने ढंग से बर्ताव करने लगा है। रॉड्रिग्स और चिमनी के उठाये गये मुद्दों को अनुपमा रॉय ने गहराई से उठाया है। उनकी किताब मैपिंग सिटीजनशिप में नागरिकता प्रावधानों में आये बदलावों के फ़ैसले, और प्रवासी मज़दूर की स्थिति पर ग़ौर किया गया है, उनके और ऊपर उल्लिखित दूसरे लेखकों में एक बड़ा फ़र्क़ भी है। वे यह नहीं मानतीं कि नागरिकता सम्बन्धी प्रावधान सिर्फ़/लगातार सत्तावादी होते जा रहे हैं। उनका मानना है कि ''राज्य की नीतियाँ प्रगतिशील/लोकतान्त्रिक होने से लेकर हानिकारिक/बाधित होने के बीच झूलती रहती हैं। लोकतान्त्रिक विकल्पों को खोलने के साथ ही उन्हें बन्द करने का काम भी हो रहा है। इस प्रकार नागरिकता की संकल्पना में एक विरोधाभास है, जो एक तरफ़ इस गतिशील संकल्पना की स्वतन्त्रता ज़ाहिर करता है, वहीं दूसरी तरफ़ नागरिकता पर सत्तावादी प्रथाओं (जो सामाजिक और आर्थिक सन्दर्भ से निकली हैं) को जीवन्त भी रखता है।'' अनुपमा रॉय की किताब से यह तो साबित हो जाता है कि राज्य की नीतियाँ नागरिकों की रोज़मर्रा की गतिविधियों से प्रभावित हैं, हालाँकि इस किताब में इस आम व्यवहार पर नहीं बल्कि राज्य की बदलती नीतियों का नागरिकता पर असर देखने की कोशिश की गयी है।

इन सभी वृत्तान्तों से हम यह तो कह सकते हैं कि रोज़मर्रा का नागरिक व्यवहार नागरिकता के मानक को प्रभावित करता है। इन प्रावधानों में कौन–से बदलाव किस राजनीतिक पल में लाये जा रहे हैं, इसका कारण भी कभी–कभी रोज़मर्रा के नागरिक व्यवहारों में छुपा होता है। जैसे, जब भारतीय संविधान में नागरिकता की परिकल्पना की गयी, तो मौलिक कर्तव्यों को उसका हिस्सा नहीं बनाया गया। लेकिन 1970 के दशक में संविधान में इन कर्तव्यों की सूची को जोड़ा गया। जाहिर है कि यह बदलाव खुद–ब–खुद नहीं हो सकता था। नागरिकता के सिद्धान्त राजनीतिक और सामाजिक दवाबों की वजह से बदले जाते हैं। निश्चित तौर पर इस तरह के बदलावों में नागरिक व्यवहार का दबाव प्रमुख भूमिका निभाता है। लेकिन अभी तक इन व्यवहारों का पर्याप्त अध्ययन नहीं हुआ है।

आचरण के रूप में नागरिकता

जैसा कि हमने अभी तक देखा कि नागरिकता पर लिखे गये साहित्य, निबन्धों व पुस्तकों की समीक्षा करने पर हम पाते हैं कि ये सभी नागरिक की पहचान का पुनः संयोजन करते आये हैं। लेकिन 'नागरिक–पहचान' से 'आचरण के रूप में नागरिकता' तक का सफ़र इनमें नहीं मिलता। ये नागरिक–व्यवहार की तरफ़ संकेत तो करते हैं लेकिन नागरिक–व्यवहार का अध्ययन नहीं करते। ऐसा अध्ययन करने से हम जान पायेंगे कि नागरिकता की संकल्पना पर राज्य और नागरिकों के बीच क्या टकराव है? राज्य और उसके नागरिकों के विरोधों के मुद्दों पर उज्वल सिंह ने अपनी किताब पोलिटिकल प्रिजनर्स इन इंडिया में दिखाया है कि जहाँ राज्य कुछ कार्यकर्ताओं को आम अपराधी के रूप में समझता है, वहीं ये कार्यकर्ता स्वयं को 'राजनीतिक क़ैदी' की संज्ञा देते हैं। सिंह के अनुसार भारतीय राज्य में भी औपनिवेशिक राज्य की तरह राजनीतिक रूप से सक्रिय कार्यकर्ताओं को आम अपराधी समझने की प्रवृत्ति बनी रही है। राज्य का प्रयास हमेशा यह रहा है कि अपने सैद्धान्तिक विरोधी को अपराधी करार दे दिया जाए। इन 'राजनीतिक कैदियों' की ये माँग रही है कि जेल में इन्हें बाकी सामान्य अपराधियों से अलग सुविधाएँ, लाभ और रियायतें मिलनी चाहिए। इस क़िताब से नागरिकों की आत्म–समझ जानने की कोशिश को प्रोत्साहन मिलता है। सिंह लिखते हैं, "आपराधिक क़ैदी से जुदा, राजनीतिक क़ैदी की धारणा भारतीय राष्ट्रवादी धारा की देन है।

राष्ट्रवादी समझ में राजनीतिक क़ैदी होना आम अपराधी से अलग दर्जा था। इन कैदियों के दावे से यह दिखता है कि आधिकारिक/राजकीय समझ से नागरिकों की समझ अलग है। स्वतन्त्रता के बाद दो महत्त्वपूर्ण क्षणों पर यह हुआ, एक 1940 का तेलंगाना आन्दोलन और दूसरा 1960–1970 का भारतीय कम्युनिस्ट पार्टी (मार्क्सवादी–लेनिनवादी) का आन्दोलन। इन दोनों ही क्षणों में कई कम्युनिस्ट कार्यकर्ताओं को जेल भेजा गया था और इन पार्टियों ने माँग की थी कि इन्हें साधारण कैदियों की तरह न रखा जाये। उनकी घोषणा थी कि "कार्यकर्ताओं को अपराधी नहीं बल्कि नागरिक का दर्जा मिलना चाहिए। उन्हें रहने की सभ्य जगह, खाना–पीना, चिकित्सा सुविधाएँ और परिवारों को भत्ता मुहैया कराया जाना चाहिए।"

इस किताब के अन्त में सिंह लिखते हैं कि आज राजनीतिक क़ैदी होना कोई रणनीति नहीं बल्कि विरोध का परिणाम बन चुका है। 'जेल भरो' या गिरफ़्तारी देने की पहले जैसी नैतिक वैधता नहीं रह गयी है। अगर हम राजनीतिक कैदियों के इन दावों को नागरिक आचरण और नागरिकता की आत्म–समझ का हिस्सा मानें तो देखना पड़ेगा कि समकालीन भारत में किन गतिविधियों ने इन दावों की जगह ले ली है?

'नागरिक–आचरण' के एथनोग्राफिक अध्ययन की भी कुछ लेखकों ने पहल की है। ये सभी लेखक किसी एक सैद्धान्तिक गुट का हिस्सा नहीं हैं लेकिन इनकी पद्धति पहले गुट के लेखकों से अलग है। भारतीय संविधान पर हुई अकादमिक चर्चा में उपेंद्र बख्शी का योगदान ऐसी ही एक पहल है। अपने निबन्ध 'आउट लाइन ऑफ़ अ थियरी ऑफ़ प्रेक्टिस ऑफ़ इंडियन कॉन्स्टीट्यूशनलिज़्म' में बख्शी ने एथनोग्राफिक पद्धति अपनाने की ज़ोरदार सिफ़ारिश की है। इनका तर्क है कि नागरिक आचरण की शक्ति और उसकी प्रथाओं को भारत में उचित महत्त्व नहीं दिया गया है। एक तरफ़ यूरोप और अमेरिका में मई, 1968 की घटनाओं और वियतनाम युद्ध विरोधी आन्दोलनों को राजनीतिक व सैद्धान्तिक चिन्तन में समाहित कर लिया गया है। लेकिन ऐसी 'निर्णायक घटनाओं' ने भारतीय संवैधानिक अध्ययन के तरीक़ों पर कोई छाप नहीं छोड़ी है। बख्शी के अनुसार संविधान समझने की प्रक्रिया में उन लोगों की रोज़मर्रा की गतिविधियों का अध्ययन करने की ज़रूरत है जो संविधान या क़ानून से जुड़े व्यवसायों में हैं। यह लेख नागरिक–आचरण के बारे में कई महत्त्वपूर्ण सवाल उठाता है। मसलन, विभिन्न नागरिक संविधान के प्रावधानों को किस प्रकार समझते हैं?

हमें नागरिकों के व्यवहार की कितनी समझ है? क्या हम इस अध्ययन में विद्रोही या राजद्रोही गतिविधियाँ शामिल कर सकते हैं? संवैधानिक मूल्यों और उनके रोज़मर्रा के अनुभवों में क्या कोई टकराव है? क्या हम राजनीतिक चिन्तन में संविधान की प्रभावशाली प्रथाओं और संविधान से उपजी हाशिये की प्रथाओं की बात कर सकते हैं? इसी निबन्ध में बख़्शी ने यह भी कहा है कि भारत में गणतान्त्रिक नागरिकता पूरी तरह से ध्वस्त हो चुकी है। भारतीय नागरिक जब भी सरकारी तन्त्र से मुखातिब होते हैं तो उन्हें ग़ैर–नागरिक सा व्यवहार मिलता है। हिंसात्मक भारतीय राज्य ने लोगों से नागरिकता छीन ली है।

इस बन्ध में मेरा प्रयास है कि हम बख़्शी की तरह भारतीय नागरिकता को पूरी तरह से क्षीण न मानें। यदि हम ऐसे नागरिकों की गतिविधियाँ देखेंगे जो राजनीतिक या सामाजिक रूप से सक्रिय हैं, तो हम नागरिक–आचरण के नये आयाम पायेंगे। परन्तु जब तक व्यापक तरीक़े से नागरिक–आचरण का अध्ययन न हो तब तक नागरिकता की विफलता या सफलता का फ़ैसला असामयिक है। इस असहमति के बावजूद बख़्शी का यह लेख हमें 'हैसियत के रूप में नागरिकता' से हट कर 'आचरण के रूप में नागरिकता' की तरफ़ पहल करने की प्रेरणा देता है। ऐसी पहल जो हमें नागरिकों के साथ हो रहे भेदभाव के अलावा उनके रोज़मर्रा के अनुभवों के बारे में भी बताये। ऐसी पहल से हमें शायद नागरिकता के प्रावधानों में संशोधन के कारण भी बेहतर समझ में आये।

हैसियत के रूप में नागरिकता के आधार पर चिन्तन करने वाले विद्वानों की कुछ ऐसी मान्यताएँ हैं जिन पर 'आचरण के रूप में नागरिकता' के परिप्रेक्ष्य से सवाल उठाये जा सकते हैं। उदाहरण के तौर पर पहले किस्म के विद्वान राज्य को एकीकृत इकाई मान कर चलते हैं। लेकिन अगर नागरिकों के आचरण को देखा जाये तो यह साफ़ हो जायेगा कि अपने रोज़मर्रा के जीवन में आम लोग राज्य को स्थानीय आईने में देखते हैं। उनके लिए राज्य की संस्था सेना हो सकती है या पुलिस स्टेशन, नगर निगम या पोस्ट ऑफिस। इससे पता चलता है कि राज्य एकीकृत नहीं खण्डित इकाई का नाम है। राज्य और नागरिक सम्बन्धों के बारे में प्रचलित दो आम धारणाओं को ख़ारिज किया जा सकता है। पहली धारणा तो यह है कि नागरिक की आत्म–समझ पूरी तरह से राज्य की नीतियों द्वारा निर्धारित होती है और दूसरा नागरिक और राज्य दो पृथक इकाइयाँ हैं, जिनमें परस्पर विरोधाभास है।

नागरिक–आचरणों को देखने से पता चल सकता है कि नागरिकों की आत्म–समझ किस हद तक राज्य–निर्धारित है और कितनी नहीं, राज्य का निर्धारण कितना प्रबल है और ऐसे कौन से क्षण हैं जो इस निर्धारण से छूट जाते हैं।

इसी दिशा में एक पहल पार्थ चटर्जी की है। उनका मानना है कि सार्वभौम नागरिकता एवं लोकप्रिय सम्प्रभुता जैसे विचारों का भले ही दुनिया भर में बोलबाला रहा हो, लेकिन उत्तर औपनिवेशिक दुनिया में इन विचारों का उपयोग कम है। उदारतावादी, समुदायवादी, बहुसांस्कृतिक या नागरिक गणतन्त्रवाद--हर अवधारणा में 'सार्वभौम नागरिकता' और 'लोकप्रिय सम्प्रभुता' को प्रमुख माना जाता है। इन सभी अवधारणाओं का यह भी मानना है कि राज्य के प्रभावी ढंग से काम कर पाने के लिए एक नागरिक समाज की उपस्थिति भी ज़रूरी है। यह नागरिक समाज संवैधानिक दायरे में रहते हुए स्वतन्त्र रूप से काम करता है। चटर्जी ऐसा मानते हैं कि नागरिक समाज के बाहर भी ऐसी नागरिक गतिविधियाँ हैं जो लोकतन्त्र को समझने में सहायक हैं। राजनीति नागरिक गतिविधि का एक और क्षेत्र है जिसे चटर्जी पोलिटिकल सोसायटी या राजनीतिक समाज की संज्ञा देते हैं। इस समाज के गठन के पीछे दो कारण हैं– कल्याणकारी कार्यों पर सरकारी ज़ोर और चुनावी गोलबन्दी का बढ़ता दायरा। चटर्जी अनधिकृत बस्तियों और अवैध प्रवासियों का उदाहरण देते हुए लिखते हैं कि नागरिक समाज के विपरीत राजनीतिक समाज के अपने अलग तर्क हैं। इनकी गतिविधियाँ ऐसी हैं कि हम इन्हें नागरिक समाज की श्रेणी में शामिल नहीं कर सकते हैं। नागरिक समाज में नागरिक हैं तो राजनीतिक समाज में सिर्फ़ जनसंख्या। राजनीतिक समाज हमें नागरिकता के उन पहलुओं से अवगत कराता है जो कि नागरिकों के आचरण के अध्ययन से ही सम्भव है।

ऐसा ही एक प्रयास अखिल गुप्ता के शोध में दिखता है। इनका तर्क है कि इन्हीं गतिविधियों और नागरिक व्यवहारों से 'समाज' और 'राज्य' की अवधारणा निर्मित होती है। गुप्ता उदाहरण स्वरूप भ्रष्टाचार के ख़िलाफ़ नागरिक रोष और कार्रवाई को दर्ज करते हैं। इन मुद्दों पर सक्रियता के ज़रिये ही नागरिक अपने लिये एकीकृत राज्य की कल्पना करते हैं। गुप्ता लिखते हैं, "समाज, समुदाय और राज्य की प्रकृति समझने के लिए भ्रष्टाचार पर हो रही गतिविधियों और उस पर हो रहे विमर्श को समझना महत्त्वपूर्ण है।

यह विमर्श दोहरी भूमिका निभाता है। जहाँ एक तरफ़ यह प्रतीकात्मक रूप से राज्य का निर्माण करता है, वहीं दूसरी तरफ़ ख़ुद को नागरिक के रूप में परिभाषित भी करता है।''

अपनी क़िताब 'इनसरजेंट सिटीजनशिप' में मानव विज्ञानी जेंस होलस्टन ने एक ख़ास तरीक़े की विद्रोही नागरिकता के बारे में लिखा है। इस किताब में इन्होंने शहरी ग़रीब तबक़े की गतिविधियाँ दर्ज की हैं। इनके अनुसार, इस विद्रोही नागरिकता के कारण ब्राजील की नागरिकता पहले से ज़्यादा समतावादी हो गयी है। घरों का निर्माण और भूमिहीनों की लड़ाई इन गतिविधियों का हिस्सा है। नागरिक समाज में रहते हुए ऐसी गतिविधियाँ नामुमकिन हैं, शायद इसीलिए विद्रोही नागरिकता का तरीक़ा अपनाया गया है। अपने नागरिकता अध्ययन में होलस्टन को एक स्थापित और दूसरी उभरती नागरिकता दिखती है। ''आज दुनिया भर में उभरते लोकतान्त्रिक नागरिक आचरण के मामलों को देखते हुए लोकतान्त्रिक सिद्धान्तों का पुनः संयोजन ज़रूरी हो चुका है।'' उनका तर्क है कि ये सभी विद्रोही नागरिकताएँ सार्वभौम नागरिकता की प्रतिक्रियाएँ हैं। सार्वभौम नागरिकता अपनी सदस्यता में तो समान अधिकार देती है, लेकिन वितरणमूलक नीतियों में नहीं। होलस्टन के सूत्रीकरण से यह पता चलता है कि नागरिक–आचरण का अस्तित्व है और नागरिकता के अध्ययन के लिए ज़रूरी भी है। नागरिक–आचरण और नागरिकों की आत्म–छवि राजनीतिशास्त्र में समाहित की जानी चाहिए। अक्सर नागरिक विद्रोह को सविनय अवज्ञा के माध्यम से समझा जाता है। मतलब किसी कथित अन्यायपूर्ण क़ानून का विरोध, जो होशमन्द और सार्वजनिक तरीक़े से व्यक्त किया गया हो। ऐसे लोग क़ानून तोड़ने का दावा करते हैं और सज़ा के लिए तैयार रहते हैं। जिन गतिविधियों/विद्रोह की बात इस निबन्ध में की जा रही है, वह सविनय अवज्ञा की श्रेणी से पूरी तरह अलग है। यहाँ क़ानून तोड़ने का दावा नहीं, उलटा राज्य/सरकार की नीतियों को अपने नज़रिये से देखने का सवाल है।

इस बात पर भी आम राय नहीं है कि भारत में हुए सविनय अवज्ञा के प्रयोगों से नागरिक विद्रोह की चेतना को बल मिला या वह पहले से ज़्यादा क्षीण हो गयी है। जहाँ एक तरफ़ भीखू पारिख जैसे लेखकों ने 'सविनय अवज्ञा' को एक ऐसी गतिविधि माना जिसमें कई प्रगतिशाली सम्भावनाएँ हैं। अपनी क़िताब 'कोलोनियलिज़म, ट्रेडिशन एंड रिफॉर्म' में उन्होंने लिखा है

कि सविनय अवज्ञा तीन बेहतरीन स्तम्भों पर टिकी हुई है : मानव जाति की एकता, साधनों और ध्येय की बराबरी और मानव–स्वभाव के प्रति सकारात्मक दृष्टिकोण। इन तीन मानकों ने नागरिकों को विद्रोह का एक नया तरीक़ा सुझाया था। दूसरी तरफ़ पार्थ चटर्जी जैसे लेखक मानते हैं कि इस सिद्धान्त के पीछे एक रणनीति छुपी हुई है। इस तरीक़े से महज़ विरोधों का प्रबन्धन हो सकता था, उनका हल नहीं निकाला जा सकता था। अपनी क़िताब 'नेशनलिस्ट थॉट इन द कोलोनियल वर्ल्ड' में उनका तर्क है कि सविनय अवज्ञा किसानों को वर्ग संघर्ष के लिए तैयार करने के बजाय विरोधाभास से बचने की एक तकनीक बन गयी थी। इस तकनीक से राष्ट्रीय संघर्ष वर्ग–संघर्ष में परिवर्तित नहीं हो पाया। यह अलग बात है कि गाँधीवादी संघर्ष की यात्रा गाँधी के साथ ख़त्म नहीं हुई। समकालीन भारत में नागरिक स्वतन्त्रताओं और लोकतान्त्रिक अधिकारों के लिए काम कर रही संस्थाएँ गाँधीवादी संघर्ष के तरीक़े अपनाती हैं, लेकिन वे खुद सविनय अवज्ञा की श्रेणी का इस्तेमाल नहीं करतीं।

भारतीय सन्दर्भ में विद्रोही नागरिकता

भारतीय राजनीति में सरकारी नीति, संवैधानिक सिद्धान्तों ने जिस आचरणमूलक नागरिकता की उपेक्षा करनी चाही है, उसकी आत्म–छवि का टकराव आज राज्य से होता दिखायी देता है। आज भारत में संवैधानिक आचरणमूलक नागरिकता अपने आप के लिए संकट पैदा करती दिखती है। भारत में इस प्रकार आचरणमूलक नागरिकता दो समूहों में सामने आती है। एक प्रगतिशील समूह में सामाजिक कार्यकर्ता, वामपन्थी कार्यकर्ता, मानवाधिकार कार्यकर्ता इत्यादि हैं। दूसरी तरफ़ इसका एक रूढ़िवादी हिस्सा भी है जिसमें बाबा जन और कई दक्षिणपन्थी कार्यकर्ता हैं जिनकी निष्ठा कभी राज्य के प्रति तो कभी राष्ट्र के प्रति रहती है। अक्सर इन नागरिकों की गतिविधियाँ एक आदर्श नागरिक व्यवहार से मेल नहीं खातीं। लेकिन इन कार्यकर्ताओं को ऐसा लगता है कि ये संवैधानिक दृष्टिकोण पर अमल कर रहे हैं। अलगाववादियों के विपरीत इनकी आस्था देश के संविधान के प्रति है। इनमें से कई पूर्ण रूप से सामाजिक या राजनीतिक कार्यकर्ता भी नहीं हैं। इन्होंने अपने आचरणमूलक नागरिक व्यवहार को अपनी पेशेवर ज़िम्मेदारियों के साथ जोड़ लिया है। इनकी सक्रिय नागरिकता की संकल्पना इनकी अपनी है।

आचरणमूलक नागरिकता का ऐसा रूप (जिसे ग़ैर–दोस्ताना / विद्रोही समझा गया) कपिल प्रसाद भट्टाचार्य ने पेश किया था। आशीष नन्दी ने अपनी किताब 'द रोमांस ऑफ़ द स्टेट' में इस कहानी के बारे में लिखा है। उनके हिसाब से कपिल प्रसाद भारत के पहले आधुनिक पर्यावरणविद थे। इस विद्रोही नागरिक की कहानी 1960 के दामोदर घाटी बाँध परियोजना की आलोचना से शुरू हुई। नन्दी लिखते हैं, ''1950–1960 के माहौल में कपिल प्रसाद भट्टाचार्य दामोदर घाटी की कड़ी निंदा कर रहे थे। वे विशाल बाँधों की सबसे पहली, व्यवस्थित, तकनीकी एवं सामाजिक आलोचना करने वाले पहले नागरिक थे।'' जैसा कि अनुमान लगाया जा सकता है कि भट्टाचार्य के लिखे आलोचनात्मक लेख की वज़ह से उन्हें देश का दुश्मन करार दे दिया गया। 1961 में आनन्द बाजार पत्रिका में प्रकाशित एक खबर के जरिये नन्दी ने कपिल प्रसाद के प्रति राज्य का रवैया दर्शाया है। पत्रिका में यह खबर छपी कि "केन्द्र सरकार को ऐसे हानिकारक प्रचार की जानकारी मिली है जिसमें पश्चिम बंगाल के फ़रक्का बाँध को बदनाम किया जा रहा है। राज्य सरकार को निर्देश दिये गये हैं कि इस आन्दोलन के प्रमुख नेता का पता लगाये। यह भी पता चला है कि पाकिस्तान इस मौक़े का फ़ायदा उठाकर भारत के ख़िलाफ़ अन्तर्राष्ट्रीय प्रचार में लग गया है।" यहाँ हम देखते हैं कि भट्टाचार्य के असन्तोष या विद्रोह को देश के दुश्मन का सहयोग माना जा रहा है। यह विद्रोह उचित नागरिक–व्यवहार नहीं समझा जा सकता। भट्टाचार्य ने बीस साल तक पर्यावरण सम्बन्धी सामाजिक कार्य करने के बाद अपने जीवन के अन्तिम वर्ष मानवाधिकार से सम्बन्धित कार्यों में बिता दिये। 68 साल की उम्र में उन्होंने मानवाधिकार पर काम कर रही संस्था एसोसिएशन फॉर प्रोटेक्शन ऑफ़ डेमोक्रटिक राइट्स की सभापति की कुर्सी सँभाली।

नागरिकों के इन व्यवहारों को हम किस प्रकार परिभाषित करें? क्या ये घटनाएँ नागरिकता अध्ययन से परे हैं? जैसा कि मैंने इस लेख की शुरुआत में लिखा है कि आचरणमूलक नागरिकता, नागरिकता की सीमा, विषय–वस्तु या गहराई से सम्बन्धित सवाल नहीं हैं। यह हैसियत के रूप में नागरिकता की श्रेणी में समाहित हो ही नहीं सकती। यह आचरण शायद राज्य को भले ही देशद्रोह लगे लेकिन नागरिकों को संवैधानिक लगता है। नन्दी अपने लेख में भी इस बात की पुष्टि करते हैं। वे लिखते हैं कि ''उनकी सिर्फ़ इतनी इच्छा थी कि जल प्रबन्धन वैकल्पिक तरीक़ों से हो।

देखा जाये तो भट्टाचार्य के लक्ष्य और भारत की औपचारिक विकास नीति के घोषित लक्ष्यों में कुछ ख़ास फ़र्क नहीं था।''

कई साल बाद एक अलग सन्दर्भ में यही क्रम अपने आपको दोहराता नज़र आता है। डॉ. विनायक सेन अपने आपको सिर्फ़ नागरिक ही नहीं नागरिक कार्यकर्ता के रूप में देखते हैं। वे या तो नीतियों में बदलाव की माँग करते हैं या घोषित नीतियों को बेहतर तरीक़े से लागू करना चाहते हैं। उन पर राजद्रोह का आरोप है। उनको न ही अलगाववादी कहा जा सकता है और न ही क़ानून के हाशिये पर रहने वाले 'राजनीतिक समाज' में इनकी गिनती हो सकती है। शोमा चौधरी ने अपने लेख में डॉ. विनायक सेन की कही हुई बात, जो उन्होंने न्यायालय से जेल जाते समय कही थी, का उल्लेख किया, ''अगर ये मुझ जैसे लोगों को गिरफ़्तार करेंगे तो मानवाधिकार पर काम करने वालों की कोई सुनवाई नहीं रह जायेगी। यहाँ की शिकायतें वास्तविक हैं। इस प्रान्त में एक अकाल आया हुआ है, यहाँ का शरीर–द्रव्यमान 18.5 से कम है, देश का 40 फ़ीसदी हिस्सा कुपोषण के साथ जी रहा है। अनुसूचित जाति और अनुसूचित जनजातियों में ये संख्या 50–60 फीसदी तक पहुँच जाती है। हमें और ज़्यादा समावेशी विकास के लिए प्रयास करना चाहिए। आप लोगों को दो श्रेणियों में नहीं बाँट सकते। सभी को क़ानूनी सहायता और चिकित्सीय देखभाल का अधिकार है। यह संविधान में लिखा है, यही व्यक्ति के मानवाधिकारों का आधार है।''

यदि कोई यह न जानता हो कि ये डॉ. विनायक सेन के शब्द हैं– जिन पर देशद्रोह के अलावा आपराधिक षड्यन्त्र का आरोप है–तो उसे यह लगेगा कि ये बातें नागरिकता की राजकीय संकल्पना की भावनाओं से संचारित हैं। इनमें हमें संविधान के प्रति आदर और संस्थाओं के प्रति आस्था नज़र आती है। इनमें अधिकारों की ज़बान और समानता के प्रति संजीदगी दिखती है। इसमें समावेशी विकास और नागरिक सक्रियता से सरकारी परियोजना को लागू करने के प्रति आशा दिखायी देती है। लेकिन नागरिक के प्रतिमान में यह क्या असंगति है? क्या यह इसलिए उत्पन्न हो रही है क्योंकि नागरिक अपनी इस पहचान को कुछ ज़्यादा ही संजीदगी से समझ रहा है? नागरिकता का मानकीय प्रतिमान अपने ही अधिकार, समानता और सक्रियता की उपज को चुनौती समझने लगा है।

इस तरह का नागरिक प्रतिमान खुद के द्वारा उत्पन्न की जाने वाली आत्म–चेतना को समायोजित नहीं कर पा रहा है।

नागरिकता–अध्ययन के इस संकट से हमें नागरिकता को समझने का एक अलग साधन मिलता है। लेखक और सामाजिक कार्यकर्ता अरुन्धति रॉय एक ऐसी ही नागरिक हैं। उन पर आरोप है कि वे अपने राज्य विरोधी, राष्ट्र विरोधी लेखों व भाषणों से लोगों के बीच राज्य के प्रति अनासक्ति या नफ़रत का प्रचार कर रही हैं। अपने कई साक्षात्कारों में उन्होंने संविधान के प्रति उत्साह दिखाया है। वे नर्मदा बचाओ आन्दोलन में एक ऐसे गुट का हिस्सा थीं जिसने विवाद का समाधान पाने के लिए न्यायपालिका का रास्ता चुना था। 2010 में कथित तौर पर जम्मू–कश्मीर मुद्दे पर एक भाषण के कारण दिल्ली पुलिस ने उन पर राजद्रोह का आरोप लगाया है। अपनी प्रतिक्रिया में रॉय ने कहा, ''शायद भारत सरकार को जवाहरलाल नेहरू पर मरणोपरान्त देशद्रोह का आरोप लगाना चाहिए। मैंने कश्मीर मुद्दे पर ऐसा कुछ नहीं कहा जो उन्होंने पहले नहीं कहा है।''

आज भारतीय राजनीति शास्त्र के अध्ययन में अनधिकृत बस्तियाँ, रास्ते, अवैध प्रवासी, शरणार्थी, दिहाड़ी मज़दूर, भूमिहीन सभी के लिए सैद्धान्तिक गुंजाइश है। पार्थ चटर्जी के नागरिक समाज की अवधारणा के ज़रिये लोकतान्त्रिक राजनीति के इन उपेक्षित पहलुओं पर संज़ीदगी से चर्चा की जा रही है। लेकिन इस विद्रोही नागरिक की पहचान न तो नागरिक समाज के दायरे में पड़ती है और न ही क़ानून के उस हाशिये पर पायी जाती है जिसे हम पोलिटिकल समाज की धारणा के ज़रिये समझते हैं। खुद को निष्ठावान नागरिक समझने वालों का विद्रोह आज नागरिकता के अध्ययन में एक प्रश्नचिह्न तो है ही, साथ ही यह एक अवसर के रूप में भी हमारे सामने है।

सन्दर्भ

1. गुप्ता, अखिल, *वर्ल्ड बाउंड्रीज़ : द डिस्कोर्स ऑफ़ करप्शन, द कल्चर ऑफ़ पोलिटिक्स एंड द इमेजिड स्टेट,* जोया हसन (सं.), *पोलिटिक्स एंड द स्टेट इन इंडिया,* नयी दिल्ली : सेज पब्लिकेशंस, 2000
2.. रॉय, अनुपमा, *मैपिंग सिटीजनशिप,* नयी दिल्ली : ऑक्सफ़ोर्ड यूनिवर्सिटी प्रेस, 2010
3. यंग, आइरिस मैरियन, *जस्टिस एंड द पोलिटिक्स ऑफ़ डिफ़रेंस, प्रिंसटन :* प्रिंसटन यूनिवर्सिटी प्रेस, 1990

4. रॉय, अरुन्धति. 2010, *परहेप्स दे शुड पोस्थुमसली फाइल अ चार्ज अगेंस्ट जवाहरलाल नेहरू टू* 28 नवम्बर www-outlookindia-com@ article-aspX?268215
5. निगम, आदित्य, 'अ टेक्स्ट विदाउट ऑथर : लोकेटिंग द कॉन्स्टीट्युएन्ट असेम्बली ऐज़ इवेंट', *पोलिटिक्स एंड एथिक्स ऑफ़ इंडियन कॉन्स्टीट्यूशन,* राजीव भार्गव (सं.), नयी दिल्ली : ऑक्सफ़र्ड यूनिवर्सिटी प्रेस, 2008
6. नन्दी, आशिष, *रोमांस ऑफ़ द स्टेट एंड द फेट ऑफ़ डिसेट इन द ट्रॉपिक्स,* नयी दिल्ली : ऑक्सफ़र्ड यूनिवर्सिटी प्रेस, 2003
7. इंजन एस. आइसिन और ब्रायन टर्नर, 'सिटीजनशिप स्टडीज़ : एन इंट्रोडक्शन', *हैंडबुक ऑफ़ सिटीज़नशिप स्टडीज़,* सेज प्रकाशन, लन्दन, 2002
8. सिंह, कुमार, *पोलिटिकल प्रिज़नस इन इंडिया,* नयी दिल्ली : ऑक्सफ़र्ड यूनिवर्सिटी प्रेस, 1998
9. बख्शी, उपेन्द्र, 'आउटलाइन ऑफ़ अ थियरी ऑफ़ प्रैक्टिस ऑफ़ इंडियन कॉन्स्टीट्यूशनलिज़्म', *पोलिटिक्स एंड एथिक्स ऑफ़ इंडियन कॉन्स्टीट्यूशन,* राजीव भार्गव (सं.), ऑक्सफ़ोर्ड यूनिवर्सिटी प्रेस, 2008
10. ऑस्टिन, ग्रैनविल, *द इंडियन कॉन्स्टीट्यूशन : कॉर्नर स्टोन ऑफ़ अ नेशन,* नयी दिल्ली : ऑक्सफ़ोर्ड यूनिवर्सिटी प्रेस, 1999
11. हसन, जोया, ई. श्रीधरन और अन्य (सं.), इंडियाज लिविंग कॉन्स्टीट्यूशन : आइडियाज़ प्रेक्टिसेज, कंट्रोवर्सिज़, दिल्ली : परमानेंट ब्लैक
12. होलस्टन, जेम्स 2008., *इंसर्टज सिटीजनशिप : डिसजंक्शन ऑफ़ डेमोक्रेसी एंड मोडर्निटी इन ब्राजील,* प्रिंसटन : प्रिंसटन यूनिवर्सिटी प्रेस
13. मार्शल, टी.एच. 1950, सिटीजनशिप एंड सोशल क्लास, लन्दन : प्लूटो प्रेस
14. चक्रवर्ती, दीपेश, 2007, "इन द नेम ऑफ़ द पोलिटिक्स" दीपेश चक्रवर्ती, रोचना मजूमदार और एंड्रयू सारतोरी (सं.), फॉर्म द कोलोनियल टू द पोस्ट कोलोनियल : इंडिया एंड पाकिस्तान इन ट्रांजिशन, नयी दिल्ली: ऑक्सफ़र्ड यूनिवर्सिटी प्रेस
15. चटर्जी, पार्थ, पोलिटिक्स ऑफ़ गवर्नड : रिफ्लेक्शन ऑन पोलिटिक्स इन मोस्ट ऑफ़ द वर्ल्ड, नयी दिल्ली : परमानेंट ब्लैक, 2004
16. पेटिट, फिलिप, रिपब्लिकनिज़्म : अ थ्योरी ऑफ़ फ्रीडम एंड गवर्नमेंट, लन्दन : क्लेरेंडन प्रेस, 1997
17. चिमनी, बी.एस., 'आउट साइड द बाउंड्स ऑफ़सिटीजनशिप', सिविल सोसाइटी, पब्लिक स्फियर एंड सिटीजनशिप, हेलमेट रीफील्ड एंड राजीव भार्गव (सं.), नयी दिल्ली : सेज पब्लिकेशन, 2005
18. भारत का संविधान, द्विभाषी संस्करण, चौथा संस्करण, इलाहाबाद : सेंट्रल लॉ पब्लिकेशंस, 2008

19. रौश, मॉरिश, 'सोशल लॉ सिटीजनशिप : ग्राउंड्स ऑफ़ चेंज' हैंडबुक ऑफ़ सिटीजनिशिप स्टडीज़, इंजन एस. आइसिन और ब्रायन टर्नर (सं.), लन्दन : सेज प्रकाशन, 2002
20. बारबलेट, जे, सिटीजनशिप : राइट्स, स्ट्रगल एंड क्लास इनइक्वालिटी, लन्दन : ओपन यूनिवर्सिटी प्रेस,1998
21. भार्गव, राजीव, पॉलिटिक्स एंड ऐथिक्स ऑफ़ द इंडियन कॉन्स्टीट्यूशन, नयी दिल्ली : ऑक्सफ़ोर्ड यूनिवर्सिटी प्रेस, 2008
22. किमलिका, विल और नारमन, वेन, रिटर्न ऑफ़ सिटीजन : अ सर्वे ऑन रिसेंट वर्क ऑन सिटीजनशिप, एथिक्स, खण्ड 104, अंक 2, 1994
23. गैलस्टन, विलियम, लिबरल परपसेज : गुड्स वर्चु एंड डायवर्सिटी इन अ लिबरल स्टेट, कैम्ब्रिज : कैम्ब्रिज यूनिवर्सिटी प्रेस, 1991
24. रॉड्रिग्स, वैलेरियन, 'सिटीजनशिप एंड द इंडियन कॉन्स्टीट्यूशन', सिविल सोसाइटी पब्लिक स्फियर एंड सिटीजनशिप, हेलमेट रीफ़ील्ड और राजीव भार्गव (सं.), नयी दिल्ली : सेज पब्लिकेशन, 2005
25. रॉड्रिग्स, वैलेरियन, 'सिटीजनशिप एंड द इंडियन कॉन्स्टीट्यूशन', पोलिटिक्स एंड एथिक्स ऑफ़ इंडियन कॉन्स्टीट्यूशन, राजीव भार्गव (सं.), नयी दिल्ली : ऑक्सफ़ोर्ड यूनिवर्सिटी प्रेस, 2008
26. फ्रीमैन, सैम्युअल, 2000, डेलिवरेटिव डेमोक्रेसी : अ सिम्पेथेटिक कमेंट फिलॉसफी एंड पब्लिक अफेयर्स खण्ड 29, अंक 4, 2000
27. चौबे, शिवानी किंकर, कॉन्स्टीट्युएंट असेम्बली ऑफ़ इंडिया : स्प्रिंगबोर्ड ऑफ़ अ रेवोल्यूशन दिल्ली : मनोहर पब्लिशर्स
28. चौधरी, शोमा, 'द डॉक्टर, द स्टेट एंड अ सिनिस्टर केस', तहलका, खण्ड–5, अंक 7, 2008

(यह लेख प्रतिमान, वर्ष–1, खण्ड–1, अंक–1 जनवरी–जून, 2013 से साभार)

अध्याय–10

केन्द्र-राज्य सम्बन्ध

–वेददान सुधीर

संघवाद का आधार केन्द्र और घटक राज्यों के बीच शक्तियों का विभाजन है। इसे हम इस व्यवस्था का आवश्यक लक्षण कह सकते हैं। यह घटक राज्य की स्वतन्त्रता और राष्ट्रीय सरकार की शक्ति के बीच सामंजस्य और संविधान के अन्तर्गत अपने अधिकार क्षेत्र में शासन–प्रशासन चलाने का अनुपम उदाहरण है। सिद्धान्ततः दोनों सरकारें एक–दूसरे के अधिकार क्षेत्र में हस्तक्षेप नहीं कर सकतीं, लेकिन व्यवहार में ऐसा नहीं है। आधुनिक युग में राष्ट्रीय राज्यों की आन्तरिक और बाहरी परिस्थितियों के प्रभाव और दबाव के कारण लगभग सभी परिसंघीय व्यवस्थाएँ केन्द्र के पक्ष में अधिक हैं।

एक समय था जब अमेरिका और ऑस्ट्रेलिया जैसे संघीय राज्यों में संवैधानिक व्यवस्था के अन्तर्गत केन्द्र सरकार की शक्तियाँ उल्लेखित कर अवशिष्ट शक्तियाँ राज्यों को दी गयी थीं। यह बात दूसरे विश्व युद्ध के पहले की है, लेकिन अनेक आन्तरिक और बाह्य परिस्थितियों के कारण इन देशों में भी केन्द्र की शक्ति बढ़ती गयी और राज्य कमज़ोर होते चले गये।

बीसवीं शताब्दी के चौथे दशक में स्वतन्त्रता प्राप्त भारत के संविधान में जो व्यवस्था अपनायी गयी, उसमें एक शक्तिशाली केन्द्र की स्थापना की गयी। भारत की परिस्थितियों को ध्यान में रखते हुए संघीय व्यवस्था को संविधान शास्त्री भले ही इसे आदर्श संघ के रूप में स्वीकार न करें, लेकिन नव–स्वतन्त्र देश की एकता, अखण्डता और सुरक्षा की दृष्टि से भारत के संविधायकों के समक्ष शायद कोई दूसरा विकल्प नहीं था। भारत की परिसंघीय संरचना यहाँ की ऐतिहासिक, राजनीतिक और प्रशासनिक

परिस्थितियों की उपज है। केन्द्र और राज्य के बीच शक्ति विभाजन की व्यवस्था का हम तीन शीर्षकों के अन्तर्गत अध्ययन कर सकते हैं :

1. विधायी सम्बन्ध
2. प्रशासनिक सम्बन्ध
3. वित्तीय सम्बन्ध

विधायी शक्तियों का विवरण

संविधान में वर्णित विधायी शक्तियों को दो श्रेणियों में विभाजन किया गया है :

(अ) विस्तार की दृष्टि से
(ब) विधायन की दृष्टि से

विस्तार की दृष्टि से : विस्तार की दृष्टि से विधायी शक्ति का विभाजन अनुच्छेद 245 में वर्णित है। इसके अन्तर्गत यह वर्णित है कि इस संविधान के उपबन्धों के अधीन रहते हुए संसद भारत के सम्पूर्ण राज्य क्षेत्र या उसके किसी भाग के लिए विधि बना सकेगी और राज्य की विधायिका उस समूचे राज्य के लिए विधि बनाने में सक्षम होगी। इसी अनुच्छेद का खण्ड दो यह उपबन्धित करता है कि संसद द्वारा बनायी गयी विधि इस आधार पर असंवैधानिक घोषित नहीं की जा सकती कि वह भारत के राज्य क्षेत्र से बाहर भी लागू होती है। दूसरे शब्दों में, इसका आशय यह है कि संसद द्वारा निर्मित विधि न केवल भारत राज्य के भीतर अपितु विश्व के किसी भी भाग में निवास करने वाले भारतीय नागरिक और उनकी वहाँ स्थित सम्पत्ति पर भी लागू होगी।[1] दूसरा, अनुच्छेद 245(1) में यह वर्णित है कि किसी राज्य का विधानमण्डल उस समूचे राज्य या उसके किसी भाग के लिए विधि बना सकेगा। इसका अर्थ यह है कि राज्य की विधि निर्माण शक्ति राज्य क्षेत्र तक ही सीमित है।

यह तथ्य सर्वविदित है कि केन्द्र और राज्य सरकारों के बीच शक्तियों का बँटवारा होता है। दोनों सरकारों के बीच कोई निश्चित या ठोस आधारों पर विभाजन नहीं होता। यह देश की राजनीतिक परिस्थितियों पर निर्भर करता है। भारत में विषयों के वितरण पर दृष्टि डालें तो ज्ञात होता है कि संविधान में भारत शासन अधिनियम, 1935 द्वारा संघ और राज्यों के बीच विधायी शक्तियों का तीन प्रकार से वितरण किया गया है। अन्य परिसंघीय राज्यों--संयुक्त राज्य अमेरिका और ऑस्ट्रेलिया से यह भिन्न प्रकार का वितरण है।

अमेरिका और ऑस्ट्रेलिया में केवल परिसंघ के विधानमण्डल की शक्तियों को वर्णित किया गया है। भारत ने इससे अलग तीन सूचियाँ बनायीं जो भारत शासन अधिनियम, 1935 में थीं। ये तीन सूचियाँ हैं :

संघ सूची : इस सूची में ऐसे विषय हैं जिन पर केन्द्र को विधि बनाने की शक्ति प्राप्त है। मुख्यतः संघ के राष्ट्रीय महत्त्व के विषय हैं–प्रतिरक्षा, वैदेशिक कार्य, बीमा, मुद्रा और सिक्के, संघ के शुल्क और परमाणु ऊर्जा, रेल, वायुमार्ग, समुद्री जहाज़, विदेशी व्यापार, रिज़र्व बैंक, बीमा, नागरिकता आदि। संघ सूची में 99 विषय हैं, जिन पर संघ को क़ानून निर्माण की शक्ति दी गयी है।

राज्य सूची : राज्य सूची में स्थानीय महत्त्व के 61 विषय हैं जिनमें क़ानून व्यवस्था, पुलिस, स्थानीय शासन, लोक स्वास्थ्य, परिवहन, शिक्षा, कृषि एवं सिंचाई आदि प्रमुख हैं।

समवर्ती सूची : इसके अन्तर्गत दण्ड प्रक्रियाएँ, संविदाएँ, सिविल प्रक्रिया, न्याय प्रशासन, परिवार नियोजन, सामाजिक सुरक्षा, कारखाने, समाचार पत्र, सम्पत्ति का अर्जन एवं अधिग्रहण आदि प्रमुख हैं। समवर्ती सूची में वर्णित विषयों पर केन्द्र और राज्य दोनों ही विधि बना सकते हैं। किन्तु दोनों द्वारा पारित विधि में यदि विरोध है, तो केन्द्र की विधि राज्य की विधि पर अविभावी होगी। 42वें संविधान संशोधन द्वारा संघ सूची में सशक्त बल पर संघ का नियन्त्रण विषय जोड़ा गया। दूसरा, राज्य सूची में से शिक्षा को निकाल कर समवर्ती सूची में रख दिया है।

विधायन की दृष्टि से : जो विषय उपरोक्त तीनों सूचियों में उल्लेखित नहीं हैं, उन्हें अनुच्छेद 248 के अन्तर्गत अवशिष्ट विधायी शक्तियों के रूप में केन्द्र सरकार में निहित कर दिया गया है। अमेरिका, ऑस्ट्रेलिया और स्विटज़रलैंड के संविधानों में अवशिष्ट शक्तियाँ राज्य सरकारों को दी गयी हैं। भारत के संविधान में ऐसा नहीं है। यहाँ यह स्पष्ट कर दिया गया है कि कोई ऐसे दूसरे विषय जो राज्य सूची या समवर्ती सूची में उल्लेखित नहीं हैं, उन पर केन्द्र सरकार को अनन्य रूप से विधि बनाने की शक्ति है।

विशेष परिस्थितियाँ : राज्य सूची पर संसद की विधि निर्माण शक्ति

सामान्य स्थिति में संविधान द्वारा केन्द्र और राज्य के बीच शक्ति विभाजन किया गया है। उसमें एक–दूसरे का हस्तक्षेप अथवा उल्लंघन नहीं होता। यह परिसंघीय व्यवस्था शासन के अनुकूल भी नहीं है।

किन्तु यदि राष्ट्रीय राजनीति, किसी बाहरी आक्रमण अथवा कुछ अन्य कारणों से निर्धारित मानदण्डों पर राज्य के लिए विधि निर्माण सम्भव नहीं हो, तो विशेष परिस्थितियों में राज्य सूची में वर्णित विषयों पर केन्द्र ही संसद द्वारा क़ानून बनाने में सक्षम है। ऐसी स्थिति को ध्यान में रखते हुए संविधान में कुछ प्रावधान किये हैं। इन्हें निम्न रूप से रेखांकित कर सकते हैं :

(अ) राष्ट्रीय हित : यदि राज्य सभा उपस्थिति और मत देने वाले दो तिहाई बहुमत से यह प्रस्ताव पारित कर देती है कि राज्य सूची में उल्लेखित विषय राष्ट्रीय हित का है और उस पर संसद को विधान बनाने की शक्ति होनी चाहिए तो संसद को अस्थायी अवधि के लिए राज्य विषय पर विधान बनाने की शक्ति प्राप्त हो जाती है। इसकी अवधि एक वर्ष की होती है। आवश्यकता पड़ने पर पुनः प्रस्ताव पारित करने के पश्चात उसमें एक वर्ष की और वृद्धि हो जायेगी (अनुच्छेद 249)।

(ब) आपात स्थिति की घोषणा के समय : संकटकालीन घोषणा के समय संसद को राज्य की समस्त विधायी शक्ति पर अधिकार हो जाता है। यह स्थिति घोषणा की समाप्ति के छह माह बाद तक संसद द्वारा निर्मित विधि लागू रहेगी (अनुच्छेद 250)।

(स) राज्य के बीच करार द्वारा दो या अधिक राज्यों की विधानमण्डल यह प्रस्ताव पास कर यह इच्छा व्यक्त करते हैं कि उन राज्यों के सम्बन्ध में राज्य की सूची में सम्मिलित किसी विषय की बाबत विधि निर्माण की जाये, तो उन राज्यों की बाबत उन विषयों में विधि निर्माण की शक्ति संसद को प्राप्त हो जाती है। संक्षेप में यदि कहें तो यह राज्य की विधानमण्डलों की सहमति से केन्द्र की अधिकारिता का विस्तार है (अनुच्छेद 252)।

(द) अन्तर्राष्ट्रीय सन्धियों को प्रभावी करने के लिए और सन्धियों को क्रियान्वित करने के लिए संसद को किसी अन्तर्राष्ट्रीय करार या सन्धि अथवा विदेशी राज्य के सहयोग पर कोई योजना के पालन हेतु की गयी सन्धि के अन्तर्गत किसी विषय की बाबत विधि बनाने को क्रियान्वित करने के लिए जहाँ तक विधान बनाने का प्रश्न है, शक्तियों का सामान्य वितरण बाधा उत्पन्न नहीं करेगा (अनुच्छेद 253)।

(य) किसी राज्य के राज्यपाल की रिपोर्ट पर राष्ट्रपति को यह समाधान हो जाये कि ऐसी स्थिति उत्पन्न हो गयी है जिसमें राज्य का शासन संविधान के अनुसार चलाना सम्भव नहीं है तो राष्ट्रपति यह घोषणा कर राज्य विधानमण्डल की शक्तियाँ संसद को सौंप देगा।

भारतीय संविधान में केन्द्र और राज्यों के बीच विधायी शक्तियों के वितरण को देखते हुए यह स्पष्ट है कि संविधान निर्माताओं ने केन्द्र को कहीं अधिक शक्तिशाली बनाया है। राज्यों को राज्य सूची के विषयों पर भी कुछ स्थितियों में विधि बनाने की अधिक शक्ति नहीं है। केन्द्र कई परिस्थितियों में हस्तक्षेप करने में सक्षम है। इस सारी योजना को देखने के बाद संविधान का अध्येता यदि भारत की एकात्मक संघ अथवा केन्द्र प्रधान संघ कहें तो ग़लत नहीं होगा। इस संविधान में संघात्मक सिद्धान्त को तो अपनाया, लेकिन अमेरिका, ऑस्ट्रेलिया और अन्य संघात्मक सविधानों के मानदण्डों को स्वीकार नहीं किया। ऐसा लगता है कि भारतीय संविधान निर्माताओं के समक्ष तत्कालीन परिस्थितियों को देखते हुए मुख्य उद्देश्य देश की एकता, सुरक्षा और अखण्डता को बनाये रखना था।

केन्द्रीय अनुदान

भारत की संघीय व्यवस्था में राज्यों के राजस्व के स्रोत बहुत सीमित हैं। कई राज्य तो सीमित स्रोत के कारण कोई भी कल्याणकारी योजना अपने बूते पर नहीं चला सकते। समय के साथ राज्य की ज़िम्मेदारी बढ़ी है। केन्द्र सरकार राज्यों की आवश्यकताओं के अनुरूप अनुदान देती है। केन्द्र सरकार का इससे राज्यों पर नियन्त्रण बना रहता है। केन्द्र सरकार राज्यों को कुछ शर्तों के साथ अनुदान देती है। इसका दूसरा पहलू यह है कि इससे केन्द्र और राज्य के बीच सहयोग और समन्वय बढ़ता है। भारतीय परिसंघ के घटक राज्यों में राजनीतिक परिदृश्य निरन्तर बदलता जा रहा है। इसलिए केन्द्र द्वारा अनुदान का प्रसंग भी बहुत सीमा तक राजनीतिक स्वरूप ग्रहण करता जा रहा है।

विश्वास और मान्यता

अनुच्छेद 261 में उल्लेखित है कि राज्य तथा संघ की सार्वजनिक क्रियाओं, अभिलेखों और न्यायिक कार्यवाहियों को समस्त भारत में विश्वास और पूर्ण मान्यता प्रदान की जायेगी। इन अभिलेखों को सिद्ध करने की रीति–नीति और उनके प्रभाव का निर्धारण संसद विधि बना कर कर सकेगी।

केन्द्र और राज्य के प्रशासनिक सम्बन्ध

केन्द्र और राज्यों के बीच विधायी शक्तियों के वितरण की तरह प्रशासनिक सम्बन्धों का आकलन भी हमारा ध्यान आकर्षित करता है।

संघीय शासन व्यवस्था की शक्ति और उसकी सफलता केन्द्र और राज्यों के बीच सहयोग और समन्वय पर निर्भर करती है। यह मामला काफ़ी जटिल भी है, क्योंकि केन्द्र और राज्यों के बीच सम्बन्धों में सहयोग और समायोजन काफ़ी कठिन काम है। भारत जैसे बहुदलीय प्रजातान्त्रिक परिसंघीय राज्य में तो यह और भी कठिन लगता है। जैसा कि पूर्व में वर्णित किया जा चुका है, केन्द्र के कर्तव्य और दायित्व राज्य की अपेक्षा कहीं अधिक हैं।

प्रशासनिक बाधाओं को दूर करने की दृष्टि से संविधान निर्माताओं ने ऐसे ही उपबन्धों का समावेश किया है, जिससे राज्यों पर समुचित नियन्त्रण बनाया जा सके। संकटकाल की स्थिति में राज्य सरकारें केन्द्र सरकार के अधीन ही कार्य करती हैं।

केन्द्र द्वारा राज्यों को निर्देश

स्वतन्त्रता काल में भारत की विशेष परिस्थितियों को देखते हुए निर्देश देने की व्यवस्था सन्निहित की है। अनुच्छेद 256 में स्पष्टतः वर्णित किया गया है कि प्रत्येक राज्य की कार्यपालिका शक्ति का प्रयोग इस प्रकार किया जायेगा कि संसद द्वारा बनाये क़ानूनों का पालन सुनिश्चित हो, साथ ही संघ की कार्यपालिका शक्ति का विस्तार राज्य को निर्देश देने तक विस्तृत होगा। अनुच्छेद 277 में इसे और स्पष्ट करते हुए उपबन्धित किया है कि राज्य की कार्यपालिका अपनी शक्ति का प्रयोग इस प्रकार करेगी जिससे संघीय शक्ति के सामने बाधा उत्पन्न न हो और प्रतिकूल प्रभाव न पड़े। संघीय सरकार रेलों की रक्षा, संचार साधनों के निर्माण की रक्षा आदि के उपायों के बारे में निर्देश दे सकती है। यदि कोई राज्य केन्द्र के निर्देशों की अवहेलना करे, तो संविधान का अनुच्छेद 356 उसके निर्देशों को लागू करने के लिए महत्त्वपूर्ण शक्ति प्रदान करता है। राज्य सरकार द्वारा निर्देशों का पालन न किये जाने की स्थिति में राष्ट्रपति आपात स्थिति की घोषणा कर शासन–प्रशासन अपने हाथ में ले सकता है।

संघ के कार्यों को राज्यों को सौंपना

अनुच्छेद 258 के अधीन केन्द्रीय संसद राज्य सरकार की सम्मति से संघ की कार्यपालिका से सम्बन्धित किसी विषय को उसे सशर्त सौंप सकती है। इसके लिए राज्य के उन पदाधिकारियों को ऐसी शक्ति दे सकती है, जिससे क़ानून को राज्यों में उपयुक्त तरीक़े से लागू किया जा सके।

राज्यों के कृत्य संघ को सौंपना

इसी प्रकार राज्य सरकार के कृत्यों को केन्द्र सरकार को सौंपने की भी व्यवस्था है। अनुच्छेद 258 यह उपबन्धित करता है कि राज्य का राज्यपाल केन्द्र सरकार की सहमति से किसी विषय के कृत्य सशर्त या बिना शर्त के सौंप सकता है। इसमें विशेष उल्लेखनीय बात यह है कि राज्य केन्द्र को अपने कृत्य उसकी सहमति से ही दे सकते हैं, जबकि केन्द्र अपने कृत्यों को बिना राज्य की सहमति के भी सौंप सकता है। यह कहने की आवश्यकता नहीं है कि प्रशासनिक क्षेत्र में भी केन्द्र बहुत शक्तिशाली है।

अखिल भारतीय सेवाएँ

भारतीय संविधान में संघ और राज्यों के लिए सम्मिलित सेवाओं की भी व्यवस्था है, जिसे अखिल भारतीय सेवाएँ कहा जाता है। अनुच्छेद 218 के अन्तर्गत राज्यसभा उपस्थित और मत देने वाले सदस्यों के बहुमत द्वारा राष्ट्रीय हित में आवश्यक समझते हुए ऐसी एक या अधिक अखिल भारतीय सेवाओं का सृजन कर सकती है। इसका मुख्य उद्देश्य केन्द्र--राज्यों में सहयोग, समन्वय सुनिश्चित करना और केन्द्र की नीतियों को सुचारु रूप से क्रियान्वित करना है। डॉ. आम्बेडकर ने इसे परिसंघीय प्रणाली में घनिष्ठ सम्बन्ध और दोनों ही स्तर पर प्रशासनिक दक्षता की दृष्टि से उपयोगी होने की ओर ध्यान आकर्षित किया। संविधान सभा में उन्होंने कहा :

> "सभी परिसंघीय प्रणालियाँ दोहरी राज्य व्यवस्था होती हैं और इसके अनुसरण में सभी संघों में द्वैध सेवाएँ होती हैं। ऐसी व्यवस्था में एक तो संघीय सेवा और दूसरी राज्य सेवा होती है। भारतीय संघ में द्वैध व्यवस्था है, किन्तु इसमें जो द्वैध सेवा है, उसमें एक अपवाद होगा। प्रत्येक देश में यह माना जाता है कि प्रशासनिक व्यवस्था कुछ ऐसे हो जो इसके स्तर को बनाये रखने की दृष्टि से महत्त्वपूर्ण हो। यहाँ इसमें ऐसी बात नहीं है। प्रशासन का स्तर इन महत्त्वपूर्ण स्थानों पर नियुक्त किये गये सिविल सेवकों की गुणवत्ता पर निर्भर होगा। संविधान में यह व्यवस्था है कि राज्यों को अपनी सिविल सेवाओं से वंचित किये बिना अखिल भारतीय सेवा होगी,

> जिसमें सामान्य अहर्ताओं के आधार पर अखिल भारतीय स्तर पर भर्ती की जायेगी। उनके वेतनमान एक से होंगे और उन्हें भारतीय संघ में कहीं भी महत्त्वपूर्ण पदों पर नियुक्त किया जा सकेगा।''[2]

केन्द्र और राज्यों के बीच वित्तीय सम्बन्ध

परिसंघीय जनतान्त्रिक शासन प्रणाली के अध्येता इस तथ्य से भली–भाँति परिचित हैं कि पर्याप्त वित्तीय संसाधनों के अभाव में उसका सफल संचालन सम्भव नहीं है। अन्य परिसंघों की तरह भारतीय परिसंघ में जहाँ तक वित्तीय संसाधनों के वितरण का प्रश्न है, वह एक जटिल व्यवस्था है। इसका उद्देश्य केन्द्र और राज्य दोनों इकाइयों के बीच वित्तीय संसाधनों का समुचित और न्यायसंगत वितरण करना है। भारत के उच्चतम न्यायालय ने इस व्यवस्था पर अपना विचार प्रकट किया है कि :

> ''संघ को राजस्व के जो स्रोत आवंटित किये गये हैं, वे समग्र रूप से संघ के प्रयोजनों के लिए नहीं हैं। किन्तु उपर्युक्त अनुच्छेदों में प्रकल्पित संसदीय विधान में उल्लेखित सिद्धान्त के अनुसार उनका वितरण किया जाना है। संघ द्वारा उद्गृहीत सभी कर और शुल्क भारत की संचित निधि के भाग नहीं होते। इनमें से बहुत–से कर और शुल्क राज्यों में वितरित किये जाते हैं और राज्यों की संचित निधि के भाग होते हैं। उन करों और शुल्कों को भी, जो भारत की संचित निधि गठित करते हैं, आवश्यकतानुसार राज्य के राजस्व की अनुपूर्ति करने के प्रयोजन के लिए उपयोग किया जा सकता है। पूर्वोक्त करों और शुल्कों का राज्य में वितरण करने का प्रश्न और उनको शासित करने वाले सिद्धान्त तथा सहायता अनुदान को शासित करने वाले तत्त्व ऐसे विषय हैं जिनका विनिश्चय एक उच्च शक्ति सम्पन्न वित्त आयोग द्वारा किया जाता है। इस निकाय को यह उत्तरदायित्व सौंपा गया है कि वह वस्तुनिष्ठ रीति से इन विषयों को अवधारित करे। संविधान निर्माताओं ने यह अनुभव किया था कि राज्यों को आवंटित राजस्व का ये स्रोत हो सकता है अनेक प्रयोजनों के लिए पर्याप्त न हों और भारत सरकार की उनके कल्याणकारी कार्यों में सहायिकी देना आवश्यक होगा।''[3]

संघ एवं राज्य सरकारें अपने संवैधानिक उत्तरदायित्वों का निर्वहन तब ही कर सकते हैं, जब उनके पास वित्तीय संसाधन उपलब्ध हों। शासन के इस आधारभूत सिद्धान्त को स्वीकार करते हुए भारत के संविधान में इसकी समुचित व्यवस्था की गयी है। परिसंघीय व्यवस्था में, जैसा कि पूर्व में इंगित किया जा चुका है, कुछ सीमा तक दो विपरीत धारणाओं का समायोजन करना आवश्यक होता है। एक घटक राज्यों के स्वावलम्बी चरित्र को बनाये रखना तथा दूसरा इसके साथ ही केन्द्र का समुचित नियन्त्रण। वैसे देखा जाये तो स्विटज़रलैंड परिसंघ के अतिरिक्त किसी भी संघीय व्यवस्था में वित्तीय क्षेत्र में घटक राज्यों को पर्याप्त वित्तीय संसाधन उपलब्ध नहीं हैं, अमेरिका और ऑस्ट्रेलिया में भी नहीं। यह एक अत्यन्त महत्त्वपूर्ण एवं प्रभावी क्षेत्र है, जिस पर राज्यों की स्वायत्तता टिकी रहती है। यदि वित्तीय संसाधन पर्याप्त नहीं हैं, तो केन्द्र की धौंस धपड़ और उसके आगे समर्पण के सिवा कोई और चारा नहीं है। राजनीति शास्त्र के अध्येता पिछली सदी के दूसरे दशक के बाद राज्यों की बढ़ती कल्याणकारी भूमिका में निरन्तर वृद्धि से पूर्णतया अवगत हैं। साथ ही नागरिक समाज को राज्य से आशाएँ और अपेक्षाएँ भी बढ़ गयी हैं।

राष्ट्र की एकता विघटनकारी तत्त्वों पर रोक तथा अन्यान्य कारकों के परिणामस्वरूप केन्द्रीयकरण की प्रवृत्ति में वृद्धि देखी जा सकती है। वित्तीय क्षेत्र इससे अछूता नहीं है। केन्द्रीयकरण की बढ़ती प्रवृत्ति के कारण केन्द्र के अनुदान पर निर्भर रहना राज्यों की मजबूरी है।

भारतीय संविधान में अन्य विषयों की तरह राजस्वों का वितरण भारत सरकार अधिनियम, 1935 के आधार पर ही किया गया है। संविधान निर्माताओं का विचार था कि जहाँ तक वित्तीय सम्बन्धों का प्रश्न है, वे लचीले और बदलती हुई स्थितियों तथा आवश्यकताओं के साथ अनुकूलनीय होने चाहिए। इसीलिए संविधान में वित्त आयोग की स्थापना की व्यवस्था की गयी है जो समय–समय पर वित्तीय स्थिति पर विचार कर संशोधन और परिवर्तन के सुझाव देगा। भारतीय संविधान की यह व्यवस्था काफ़ी विकसित है और इसे हम मौलिक योगदान भी कह सकते हैं। भारतीय संघ की दो महत्त्वपूर्ण विशेषताएँ हैं–पहला, केन्द्र तथा राज्यों के बीच कर निर्धारण की शक्ति और दूसरा, करों से होने वाली आय का बँटवारा।

अनुच्छेद 265 के अनुसार विधि के प्राधिकार के बिना कोई कर न तो अधिरोपित और न ही संगृहीत किया जा सकेगा। कार्यपालिका के आदेश द्वारा कोई भी कर नहीं लगाया जा सकता। दूसरी महत्त्वपूर्ण बात यह है

कि विधि के अनुसार कर लगाने का जो प्रावधान है, वह शुल्क के सम्बन्ध में नहीं है। कर प्राधिकारी द्वारा जनप्रयोजन के लिए धन वसूली है। शुल्क किसी विशिष्ट सेवा के लिए भुगतान होता है, इस विभेद को हमें हमेशा ध्यान में रखना है।

राज्य और संघ के बीच राजस्वों के वितरण की व्यवस्था की गयी है। राज्य सूची में वर्णित विषयों पर राज्यों को कर लगाने का अधिकार है। संघ सूची में वर्णित विषयों पर केन्द्र सरकार को कर लगाने का अधिकार है। जहाँ तक समवर्ती सूची का प्रश्न है, उसमें कुछ ही करों का उल्लेख है। राज्य सूची में वर्णित विषयों पर जो कर लगाये जाते हैं, वह राज्य अपने पास रखता है। संघ सूची में वर्णित विषयों पर कर पूर्णतया या अंशतः राज्यों में वितरित कर दिये जाते हैं।

राज्यों को संघ द्वारा अनुदान

यह परिसंघीय प्रणाली की परिपाटी रही है कि राज्यों को अपने अन्यान्य उत्तरदायित्वों और कर्तव्यों का पालन करने के लिए केन्द्र द्वारा अनुदान दिया जाता है। भारतीय संविधान में यह अनुदान की व्यवस्था तीन प्रकार के अनुदान के रूप में दी जाती है :

1. पटसन से निर्मित वस्तुओं पर निर्यात शुल्क से आने वाली कुल राशि के एक भाग को असम, उड़ीसा, पश्चिम बंगाल और बिहार को सहायक अनुदान दिया जाता है। केन्द्र सरकार को निर्यात शुल्क लगाने का अधिकार है, किन्तु इससे आय का कुछ भाग राज्यों में सहायतार्थ दिया जाता है (अनुच्छेद 278)।
2. संसद विधि द्वारा निर्धारित करके ऐसे राज्यों को सहायक अनुदान प्रदान करती है, जिन्हें सहायता की आवश्यकता होती है। भिन्न राज्यों के लिए भिन्न–भिन्न अनुदान राशि निश्चित की जाती है। केन्द्र सरकार अनुसूचित जाति और अनुसूचित जनजातियों के कल्याण अथवा अनुसूचित क्षेत्रों में उन्नति के लिए योजनाओं को पूर्ण सहायता प्रदान करती है (अनुच्छेद 275)।
3. अनुच्छेद 282 के अन्तर्गत संघ या राज्य सार्वजनिक प्रयोजन के लिए कोई भी अनुदान दे सकते हैं। इसके अन्तर्गत केन्द्र सरकार राज्य क्षेत्र के अस्पतालों र शिक्षण संस्थाओं को अनुदान दे सकती है।

इन उपबन्धों को देखने से यह स्पष्ट हो जाता है कि राज्य सरकारें बहुत सीमाओं तक केन्द्र सरकार के अनुदान पर निर्भर रहती हैं।

वित्त आयोग

भारतीय संविधान में वित्त आयोग के गठन की व्यवस्था है, जिसे पाँच वर्ष के अन्तराल पर गठित किया जायेगा। यह आयोग राष्ट्रपति को संघ और राज्यों के बीच वित्तीय संसाधनों के वितरण के सम्बन्ध में सिफ़ारिश करेगा। इसी के साथ संघ और राज्यों के बीच आयकर के आगम के आवंटन और राज्यों के बीच वितरण की रीति के बारे में सिफ़ारिश करेगा (अनुच्छेद 280)।

संक्षेप में, अगर हम कहें तो राष्ट्रपति हर पाँच वर्ष के बाद आयोग गठित करेगा, जिसका अध्यक्ष ऐसा व्यक्ति होगा जिसे सार्वजनिक कार्यों के बारे में अनुभव हो। अन्य चार सदस्यों में (1) एक उच्च न्यायालय का न्यायाधीश, (2) एक ऐसा व्यक्ति जिसे सरकार के वित्त और लेखाओं का विशेष ध्यान हो, (3) ऐसा व्यक्ति जो वित्तीय प्रशासन के बारे में व्यापक अनुभव रखता हो, और (4) ऐसा व्यक्ति जो अर्थशास्त्र का ज्ञाता हो। जहाँ तक आयोग के कर्तव्यों का प्रश्न है, वे निम्न हैं :

1. संघ और राज्यों के बीच करों के शुद्ध आगम के वितरण के बारे में और उसके भाग के आवंटन के बारे में सिफ़ारिश करेगा। शुल्क केन्द्र सरकार द्वारा लगाये जाते हैं। राज्य द्वारा संगृहीत होते हैं और राज्यों को ही सौंप दिये जाते हैं।
2. संघ द्वारा उद्गृहीत और संगृहीत राज्यों को सौंपे जाने वाले कर अनुच्छेद 269 के अनुसार हैं–कृषि भूमि, अन्य सम्पत्ति के उत्तराधिकार का शुल्क, कृषि भूमि से अन्य सम्पत्ति का सम्पत्ति शुल्क, रेल, समुद्र अथवा वायु वाहित वस्तुओं पर सीमा कर, रेल भाड़ों व अन्य भाड़ों पर कर आदि। इसी तरह समाचार पत्रों के क्रय तथा प्रकाशित विज्ञापनों पर कर आदि ले सकते हैं। यहाँ यह वर्णित करना समीचीन होगा कि 46वें संविधान संशोधन (1982) द्वारा अनुच्छेद 269 में संशोधन कर उपखण्ड जोड़ा गया है। इसके अन्तर्गत अन्तर्राज्यीय व्यापार या वाणिज्य के दौरान किये गये माल पर केन्द्र सरकार कर लगायेगी और संगृहीत करेगी और इनसे होने वाली आय संशोधित रीति के अनुसार राज्यों को सौंप दी जायेगी।

3. संघ द्वारा उद्गृहीत और संगृहीत कर दोनों के बीच वितरित कर दिये जायेंगे। संविधान के अनुच्छेद 270 के अनुसार कृषि आय से भिन्न आय पर भारत सरकार को कर लगाने का अधिकार है और वही उसे वसूल करेगी, किन्तु इसी उपबन्ध के अन्दर वर्णित रीति से वे कर संघ एवं राज्यों में वितरित कर दिये जायेंगे।
4. संघ उत्पादन और शुल्कों का वितरण संघ सूची में वर्णित औषधीय और प्रसाधन पर भारत सरकार द्वारा उत्पादन शुल्क संघ द्वारा ही संगृहीत किया जायेगा और संसद द्वारा निर्धारित विधि के द्वारा वितरित किया जायेगा। इसी तरह संसद अपने अधीन करों व भारत की संचित निधि में से राज्यों के राजस्व में सहायता और अनुदान के सिद्धान्तों के बारे में राय देगा। राज्य में पंचायतों के संसाधनों की पूर्ति के लिए राज्य की संचित निधि के संवर्द्धन के लिए आवश्यक उपाय बतायेगा। इसी तरह राज्य में नगरपालिकाओं की पूर्ति संचित निधि के संवर्द्धन के लिए आवश्यक उपाय के बारे में तथा राष्ट्रपति द्वारा सौंपे गये सुदृढ़ वित्त के हित में सौंपे गये विषय के बारे में सिफ़ारिश करेगा।

आपातकाल का प्रभाव

संघ और राज्यों के बीच विधायी एवं प्रशासनिक सम्बन्धों की व्यवस्था आपातकालीन स्थिति में काफ़ी सीमा तक परिवर्तित हो जाती है। यही बात हम वित्तीय विषय के बारे में भी कह सकते हैं। यह प्रभाव हम निम्न प्रकार से चिह्नित कर सकते हैं :

(अ) अनुच्छेद 352 के अन्तर्गत राष्ट्रपति जब आपात की घोषणा करता है, तब वह यह निर्देश दे सकता है कि यह उद्घोषणा जिस वित्तीय वर्ष में समाप्त होती है, उस अवधि तक संघ और राज्यों के बीच करों का विभाजन, सहायता और अनुदान से सम्बन्धित सभी उपबन्ध निलम्बित रहेंगे।

(ब) राष्ट्रपति द्वारा वित्तीय आपात की उद्घोषणा अनुच्छेद 360 के अन्तर्गत करता है। उस स्थिति में वह राज्यों को यह निर्देश दे सकेगा कि वे सब वित्तीय औचित्य सम्बन्धी सिद्धान्तों और रक्षा के लिए किये गये उपायों का पालन करें, जो निर्देशों में स्थित हैं। राज्य के कार्य के सम्बन्ध में सेवा करने वाले व्यक्तियों के

वेतन और भत्ते कम कर दिये जायें। इसमें उच्च न्यायालय और उच्चतम न्यायालय के न्यायाधीश भी शामिल होंगे। राज्य के विधानमण्डल द्वारा पारित सभी धन और वित्त विधयेक राष्ट्रपति के विचारार्थ आरक्षित किये जायें (अनुच्छेद 360)।[4]

मूल्यांकन

भारतीय संविधान में केन्द्र और राज्यों के बीच विधायी, प्रशासनिक और वित्तीय विषयों के वितरण की व्यवस्था पर विहंगम दृष्टि डालने पर यह कहना शायद अतिशयोक्ति नहीं होगी कि यह मूलतः केन्द्र प्रधान संघ है, क्योंकि इस शक्ति बँटवारे में केन्द्र को हर क्षेत्र में अपार शक्तियाँ प्रदान की गयी हैं। संविधान की प्रारूप समिति के सदस्य विश्व में प्रचलित अन्य परिसंघीय प्रणाली वाले देशों के सम्मुख आयी चुनौतियों और कमज़ोरियों से भली–भाँति परिचित थे। बीसवीं सदी के मध्य में निर्मित संविधान और अनेकानेक कठिनाइयों से उभरे राष्ट्र के लिए एकता, अखण्डता और सुरक्षा का प्रश्न कहीं अधिक महत्त्व का था। उपराष्ट्रवाद की उभरती प्रवृत्ति को देखते हुए घटक राज्यों को एक सीमा तक ही स्वतन्त्रता दी जा सकती थी। इसलिए विधायी शक्तियों के वितरण में हर दृष्टि से केन्द्र को बहुत शक्तिशाली बनाया गया। अनुच्छेद 245 से 255 के अन्तर्गत तीन सूचियाँ हैं–संघ सूची, राज्य सूची और समवर्ती सूची। अवशिष्ट शक्तियाँ केन्द्र सरकार में निहित है। जैसा कि पूर्व में वर्णित किया जा चुका है, समवर्ती सूची में वर्णित विषयों पर दोनों ही इकाइयाँ विधि बना सकती हैं, लेकिन असंगति की स्थिति में केन्द्र की विधि सर्वोपरि होगी।

इतना ही नहीं, अनुच्छेद 249, 250, 252 और 356 के अधीन रेखांकित परिस्थितियों में संघ को राज्य सूची के किसी विषय पर विधि बनाने की शक्ति प्रदान की गयी है। प्रशासनिक शक्तियों के वितरण में अनुच्छेद 250 से 263 में भी केन्द्र के नियन्त्रण की समुचित व्यवस्था है। अनुच्छेद 356 तो राज्य सरकारों पर निरन्तर लटकती तलवार है, जिसके अन्तर्गत राज्य सरकार को अपदस्थ किया जा सकता है। यही स्थिति वित्तीय संसाधनों के वितरण में देखने को मिलती है। संघ की आय के स्रोत राज्यों की अपेक्षा बहुत अधिक हैं और राज्य केन्द्र से अनुदान की निरन्तर माँग करते रहते हैं। लगभग 70 प्रतिशत अनुदान योजना आयोग की सिफ़ारिश पर राज्यों को दिया जाता है। सैद्धान्तिक दृष्टि से यह व्यवस्था

परिसंघीय व्यवस्था की दृष्टि से असंगत है, लेकिन देश के ताने–बाने को बनाये रखने और विकास की दृष्टि से इसे ही न्यायसंगत ठहराया गया है। केन्द्र–राज्य सम्बन्धों के आकलन एवं सुझाव हेतु 1983 में तत्कालीन सरकार ने सरकारिया कमीशन की नियुक्ति की थी। उसके सन्दर्भगत बिन्दु इस प्रकार हैं :

1. सरकारिया आयोग ने केन्द्र की शक्तियों को देश की एकता एवं अखण्डता की दृष्टि से न्यायोचित करार दिया है।
2. संविधान में किसी तरह के आमूल परिवर्तन की आवश्यकता नहीं है।
3. राजस्व के वितरण में कोई बड़ा परिवर्तन करने की सिफ़ारिश नहीं की है। लेकिन निगम कर, माल के पारेषण पर कर, विज्ञापन और संवाद प्रसार पर कर को राज्यों में बाँटे जाने की सिफ़ारिश की है।
4. आयोग का कहना है कि अनुच्छेद 245 और 254 के अधीन संघ का प्रभुत्व आवश्यक है। आयोग ने अपनी सिफ़ारिश में कहा है कि अवशिष्ट शक्तियों में से कर को छोड़ कर अन्य सभी बातों को समवर्ती सूची में रखा जाना चाहिए। इससे राज्यों को भी उन पर विधि बनाने का अधिकार मिल जायेगा।
5. आयोग ने यह सुझाव दिया है कि केन्द्र द्वारा समवर्ती सूची के अन्तर्गत विषयों पर क़ानून बनाने से पूर्व राज्यों से परामर्श करना चाहिए।
6. आयोग ने अनुच्छेद 263 के अन्तर्गत अन्तर्राज्यीय परिषद की स्थापना की सिफ़ारिश की है।

देश की एकता और अखण्डता को बनाये रखने की चुनौती कहीं अधिक गम्भीर रूप में उपस्थित हुई है। विघटनकारी और साम्प्रदायिक तत्त्व निरन्तर इस देश की एकता और अखण्डता को छिन्न–भिन्न करने पर उतारू हैं। क्षेत्रीयता और स्थानीयता के मुद्दे भी देश के ताने–बाने को कमज़ोर करने की दृष्टि से कम नहीं हैं। इस सब स्थितियों को देखते हुए संविधान में वर्णित केन्द्र प्रधान संघीय व्यवस्था का औचित्य और प्रासंगिकता सम्बन्धी आलोचना अधिक तर्कसंगत नहीं लगती। समूचे देश में जनतन्त्र और उसके बहुसांस्कृतिक चरित्र को बचाये रखने की दृष्टि से भी यह व्यवस्था उपयोगी है। भारतीय राजनीतिक इतिहास के अध्येता इस तथ्य

से भली–भाँति परिचित हैं कि जब कभी केन्द्र की शक्ति क्षीण हुई, देश छिन्न–भिन्न हो गया और विदेशियों के लिए यहाँ शासन स्थापित करना सहज हो गया। संविधायकों ने परिस्थितियों के परिप्रेक्ष्य में जो व्यवस्था की, वह राष्ट्रहित में कहीं अधिक उपयोगी सिद्ध हुई है।

सन्दर्भ

1. पायली, एम. वी, *कॉन्स्टीट्यूशन ऑफ़ इंडिया,* पृ. 402, 1977
2. आम्बेडकर, *संविधान सभा बहस,* खण्ड 3, पृ. 594
3. बसु; डी.डी., *भारत का संविधान,* पृ. 141
4. पाण्डेय, जयनारायण, *भारत का संविधान,* पृ. 509

(सन्दर्भ ग्रन्थ : नेशनल पब्लिशिंग हाउस, दिल्ली से प्रकाशित लेखक की पुस्तक 'भारतीय संविधान और राजनीति')

खण्ड : 3

परिचय

इस खण्ड में भारत की कार्यपालिका और व्यवस्थापिका सम्बन्धी विभिन्न पक्षों पर चर्चा है। भारत की कार्यपालिका पर बातचीत राष्ट्रपति के पद के स्वरूप पर है।

भारत के ही सन्दर्भ में राष्ट्रपति की आपात शक्तियों का विमर्श प्रजातन्त्र की उपेक्षा बनाम देश की आन्तरिक स्थितियों के तनावों से उत्पन्न परिदृश्य के बीच आपात स्थिति के पक्ष में निर्मित संविधान की बहस राजनीतिक यथार्थ के प्रति चेतना को अवश्य ही दर्शाता है। इसी खण्ड में राज्यों में राष्ट्रपति शासन की घोषणा के विभिन्न पक्षों के राजनीतिक एवं संवैधानिक आयामों पर खुलकर चर्चा की गयी है।

भारत में संसद, जिसमें लोकसभा और राज्यसभा दोनों ही सम्मिलित हैं, में कार्यों और शक्तियों पर विस्तार से बातचीत की गयी है। संसद इन आकांक्षाओं का प्रतिनिधित्व करती है, इस तर्क के आधार पर उसका आकलन किया गया है। संसद सदस्यों के आचरण जिसमें भाषा के लगातार गिरते आचरण और बहसों के निरन्तर कम होते हुए अवसरों पर चिन्ता व्यक्त की गयी है।

अध्याय–11

भारत का राष्ट्रपति

–वेददान सुधीर

भारत के राष्ट्रपति पद से सम्बन्धित कई प्रसंग लगातार चर्चा में रहे हैं। उसके अधिकार, विशेष परिस्थितियों में संविधान द्वारा दी गयी शक्तियाँ, राजनीतिक दलों और जनसमुदाय की इस पद से अपेक्षा तथा वास्तविक स्थिति पर अकादमिक जगत में निरन्तर बहस होती रही है। राष्ट्रपति की भूमिका की बहस की शुरुआत किसी अन्य व्यक्ति ने नहीं, अपितु देश के प्रथम राष्ट्रपति डॉ. राजेन्द्र प्रसाद ने ही की थी। 18 सितम्बर, 1952 में उन्होंने तत्कालीन प्रधानमन्त्री श्री जवाहरलाल नेहरू को अपने पत्र में लिखा कि, 'संसद द्वारा पारित किसी विधयेक पर स्वीकृति देने, विधेयक को पुनर्विचार के लिए लौटाने तथा संसद को भेजने के मामलों में वे स्वतन्त्र रूप से निर्णय देना चाहते हैं।" उनका कहना था कि राष्ट्रपति का यह काम संविधान सम्मत है। अपने पक्ष की पुष्टि के लिए संविधान का हवाला देते हुए उन्होंने लिखा कि ''संविधान में यह कहीं उल्लेखित नहीं है कि राष्ट्रपति मन्त्रिपरिषद के परामर्श पर कार्य करने के लिए बाध्य है।''

भारत के प्रथम राष्ट्रपति डॉ. राजेन्द्र प्रसाद ने अपने राष्ट्रपति काल में हुए कटु अनुभवों और शासन व्यवस्था में अपने को असहज तथा असमर्थ महसूस करते हुए राष्ट्रपति पद की शक्तियों और स्थिति पर काफ़ी खुल कर विचार रखे। 29 नवम्बर, 1960 में 'इंडियन लॉ इंस्टीट्यूट' के शिलान्यास के अवसर पर डॉ. राजेन्द्र प्रसाद ने इस बहस को पुनर्जीवित करते हुए कहा :

"भारतीय संविधान में वर्णित राष्ट्रपति की शक्तियों सम्बन्धी प्रावधान गहन अध्ययन की माँग करते हैं। इसकी तुलना इंग्लैंड के सम्राट से

करना संविधान को ग़लत ढंग से व्याख्यायित करना है, क्योंकि भारतीय संविधान में ऐसा कोई प्रावधान नहीं है जो राष्ट्रपति को मन्त्रिपरिषद की मन्त्रणा पर ही कार्य निष्पादन के लिए बाध्य करता हो।"[1]

डॉ. राजेन्द्र प्रसाद के इस वक्तव्य का सत्ता के गलियारों में तथा उसके बाहर ज़बरदस्त विरोध हुआ। श्री नेहरू, श्री एस.सी. सीतलवाड़ तथा श्री ए.के. अय्यर ने राष्ट्रपति के इस दृष्टिकोण को दोषपूर्ण मानते हुए कहा कि राष्ट्रपति का यह दृष्टिकोण हमारी शासन पद्धति के अनुकूल नहीं है। संसदीय प्रणाली से जुड़ी परम्पराओं एवं अभिसमयों का हवाला देते हुए उन्होंने कहा कि संसद सम्प्रभु जनसमुदाय की वास्तविक प्रतिनिधि सभा है और इस सदन द्वारा चुनी गयी मन्त्रिपरिषद की मन्त्रणा की किसी भी परिस्थिति में राष्ट्रपति अवहेलना नहीं कर सकता। सितम्बर, 1952 के पत्र के उत्तर में श्री अय्यर का कहना था कि :

> ''भारत के राष्ट्रपति का पद इंग्लैंड के सम्राट के समतुल्य है। इसलिए स्वतन्त्र रूप से निर्णय का तर्क अगर स्वीकार कर लिया जाता है, तो संसदीय ढाँचा ही चरमरा जायेगा और वह तानाशाह बन जायेगा।''[2]

श्री जवाहरलाल नेहरू ने कहा कि ''भारत का राष्ट्रपति इंग्लैंड के सम्राट की तरह संवैधानिक अध्यक्ष है और इसमें किसी को सन्देह नहीं होना चाहिए। विगत दस वर्षों से हम इसी प्रणाली के अन्तर्गत कार्य करते आ रहे हैं।''[3]

संविधान में नये प्रावधानों की शब्दशः व्याख्या करने वालों में डॉ. राजेन्द्र प्रसाद अकेले ही नहीं थे। कतिपय राजशास्त्री, संविधानवेत्ता और राजनीतिज्ञ भी इस मत के रहे हैं कि संविधान में वर्णित शक्तियों को देखते हुए राष्ट्रपति को तटस्थदृष्टा, हस्ताक्षर की मुहर अथवा नाममात्र के शासक के रूप में देखना संविधान को ग़लत समझना है। इन महानुभावों का कहना है कि संविधान सभा ने जब इस पद का सृजन किया था, तो इंग्लैंड के सम्राट की छवि ही उनके मानस पटल पर थी। संविधायकों ने राष्ट्रपति के अधिकारों को क़लमबद्ध करते समय उससे सम्राट के समरूप ही व्यवहार करने की अपेक्षा की थी। प्रारूप समिति के अध्यक्ष डॉ. आम्बेडकर इस प्रसंग पर कहीं अधिक स्पष्टवादी थे। उन्होंने स्पष्ट कहा था कि :

> "प्रस्तुत संविधान में राष्ट्रपति का वही स्थान है जो इंग्लैंड में सम्राट का है। वह राज्य का अध्यक्ष है, कार्यपालिका का नहीं। वह राज करता है, शासन नहीं।"[4]

राष्ट्रपति की भूमिका और स्थिति पर, जैसा कि सर्वविदित है, न्यायविदों और क़ानून वेत्ताओं में प्रारम्भ से ही विवाद रहा है। डॉ. राजेन्द्र प्रसाद और भारतीय संविधान के शिल्पी डॉ. आम्बेडकर आदि के विचारों से हम सहमत हों अथवा नहीं, नयी परिस्थितियों और वर्तमान में बदलते राजनीतिक परिदृश्य को देखते हुए इस प्रसंग पर विशद विवेचन प्रासंगिक होगा। कतिपय विधिवेत्ताओं का कहना है कि देश के भीतर बदलते हुए परिवेश में हम सब कुछ सहज मान कर नहीं चल सकते। कई संविधान शास्त्रियों का कहना निश्चय ही अर्थ रखता है, जब वे कहते हैं कि राष्ट्रपति इतना नगण्य महत्त्वहीन अथवा नाममात्र का ही शासक नहीं है, जैसा कि हम मान कर चलते आये हैं। वे कहते हैं कि विशेष परिस्थितियों में राष्ट्रपति भवन में बैठा हुआ व्यक्ति अपनी राजनीतिक सूझ–बूझ और महत्त्वाकांक्षा के कारण अचानक व्यवस्था के रहनुमा के रूप में उभर सकता है। संविधान में लिखित प्रावधान अपने आप में शक्तिशाली नहीं होते। इसलिए यह आवश्यक है कि राष्ट्रपति की शक्तियाँ, उसकी वास्तविक स्थिति और सम्भावित भूमिका का हम सांगोपांग विश्लेषण करें। इससे पूर्व की राष्ट्रपति की वास्तविक स्थिति पर हम दृष्टिपात करें, पहले उसकी संवैधानिक स्थिति पर विहंगम दृष्टि डालना समीचीन होगा।

राष्ट्रपति की शक्तियाँ

भारत के राष्ट्रपति की शक्तियों को अध्ययन की दृष्टि से दो भागों में बाँटा जा सकता है :

1. साधारण स्थितियों में राष्ट्रपति की शक्तियाँ
2. राष्ट्रपति की संकटकालीन शक्तियाँ

साधारण स्थितियों में राष्ट्रपति की शक्तियाँ

साधारण परिस्थितियों में संविधान प्रदत्त राष्ट्रपति की शक्तियों को निम्न शीर्षकों के अन्तर्गत रख कर अध्ययन कर सकते हैं :

1. कार्यपालक शक्तियाँ : संविधान के अनुच्छेद 53 के अनुसार भारतीय संघ की समस्त कार्यपालक शक्तियाँ राष्ट्रपति में निहित हैं। संविधान में इस तरह की शक्ति की कोई परिभाषा नहीं दी गयी है। इसके अन्तर्गत नीति निर्धारण और निष्पादन दोनों ही आते हैं। राज्य के कार्यों में वृद्धि और सरकार के कार्यक्षेत्र में विस्तार के कारण यह स्वीकार किया जाता है कि इसके अन्तर्गत वे सभी शक्तियाँ हैं जो न्यायपालिका और विधानमण्डल में निहित नहीं हैं। राष्ट्रपति को कार्यपालिका शक्ति के आधार के रूप में जो विभिन्न शक्तियाँ दी गयी हैं, उन्हें हम निम्न प्रकार से वर्गीकृत कर सकते हैं : प्रशासनिक, सैनिक, राजनयिक, विधायी, न्यायिक तथा आपात।

कार्यपालिका के वे कार्य जो प्रशासनिक प्रकृति के हैं, सरकार के मन्त्रालयों और विभागों द्वारा निष्पादित किये जाते हैं। राष्ट्रपति सरकार के विभागों का नियन्त्रण या अधीक्षण स्वयं नहीं करता, संघ के सभी कार्यपालिक कार्य राष्ट्रपति के नाम से किये जाते हैं और सरकार के सभी महत्त्वपूर्ण निर्णय उसी के माने जायेंगे।

राष्ट्रपति को संघ के क्रियाकलापों के बारे में जानकारी लेने का अधिकार है। प्रशासनिक शक्ति के अधीन कुछ पदों के लिए नियुक्त करने की शक्ति राष्ट्रपति को प्रदत्त की गयी है। ये पद निम्न प्रकार हैं :

1. भारत का प्रधानमन्त्री और संघ के अन्य मन्त्री
2. भारत का महान्यायवादी
3. भारत का नियन्त्रक महालेखापरीक्षक
4. उच्चतम न्यायालय और उच्च न्यायालय के न्यायाधीश
5. राज्यपाल, उपराज्यपाल और प्रशासक
6. वित्त आयोग
7. संघ लोक सेवा आयोग के अध्यक्ष और सदस्य
8. मुख्य निर्वाचन आयोग और निर्वाचन आयोग के अन्य सदस्य
9. अनुसूचित जातियों और जनजातियों के लिए विशेष अधिकारी
10. भाषायी अल्पसंख्यकों के लिए विशेष अधिकारी

राष्ट्रपति द्वारा ये नियुक्तियाँ मन्त्रिपरिषद की सलाह पर या संविधान के सम्बन्धित उपबन्ध में निर्दिष्ट प्राधिकारी या व्यक्तियों से परामर्श करने के पश्चात की जाती हैं। उदाहरण के लिए, उच्चतम न्यायालय के लिए

न्यायाधीश की नियुक्ति के लिए उसे भारत के मुख्य न्यायाधीश से परामर्श करना होता है। राष्ट्रपति को इन सब अधिकारियों को हटाने की शक्ति भी दी गयी है।

भारत के राष्ट्रपति की कार्यपालक शक्तियों का प्रयोग करते समय कुछ संवैधानिक बन्धनों को देखना आवश्यक होगा। संविधान के अनुसार, अनुच्छेद 53(1) तथा अनुच्छेद 75(1) में स्पष्ट रूप से अपेक्षा है कि राष्ट्रपति मन्त्रियों की नियुक्ति प्रधानमन्त्री की सलाह पर ही कर सकेगा। यदि राष्ट्रपति किसी अन्य व्यक्ति को नियुक्त करता है, जिसका नाम प्रधानमन्त्री ने नहीं दिया है, तो यह संविधान का उल्लंघन होगा।

दूसरा, भारत के राष्ट्रपति की कार्यपालिका शक्ति के प्रयोग पर दूसरा बन्धन मन्त्रिपरिषद की सलाह का है। 1976 से पूर्व संविधान के अनुच्छेद 74(1) में यह उपबन्ध नहीं था कि राष्ट्रपति मन्त्रिपरिषद द्वारा दी गयी सलाह के अनुसार कार्य करने के लिए आबद्ध है। 42वें संविधान संशोधन अधिनियम, 1976 से अनुच्छेद 74(1) को संशोधन करके स्थिति स्पष्ट कर दी गयी है, जो इस प्रकार है : 'राष्ट्रपति को अपनी सहायता और सलाह देने के लिए एक मन्त्रिपरिषद होगी जिसका प्रधान प्रधानमन्त्री होगा और राष्ट्रपति अपने कृत्यों को प्रयोग करने में उनकी सलाह के अनुसार कार्य करेगा।" सन् 1977 में आयी जनता सरकार ने इस संशोधन अधिनियम द्वारा अनुच्छेद 74(1) के अन्तर्गत इसे वैसे ही रहने दिया, किंतु 44वें संशोधन अधिनियम से अनुच्छेद 74(1) में कुछ नया जोड़ा गया, जो इस प्रकार है :

"परन्तु राष्ट्रपति मन्त्रिपरिषद से ऐसी सलाह पर साधारण तथा अन्यथा पुनर्विचार करने की अपेक्षा कर सकेगा और राष्ट्रपति ऐसे पुनर्विचार के पश्चात दी गयी सलाह के अनुसार कार्य करेगा।"

44वें संशोधन के पश्चात यदि हम राष्ट्रपति की कार्यपालिका शक्तियों पर विचार करें, तो कहना होगा कि कुछ मामलों को छोड़ कर राष्ट्रपति को किसी भी मामले में विवेकानुसार निर्णय लेने की शक्ति नहीं है। उसे प्रधानमन्त्री और मन्त्रिपरिषद द्वारा दी गयी सलाह के अनुसार ही कार्य करना है। राष्ट्रपति को यह शक्ति अवश्य दी गयी है कि वह किसी विषय को पुनर्विचार के लिए भेज सकेगा। यदि मन्त्रिपरिषद अपनी दी गयी सलाह पर ही स्थिर है, तो राष्ट्रपति को उसके अनुसार ही कार्य करना होता है।

2. सैन्य शक्ति : भारत का राष्ट्रपति देश के रक्षा बलों का सर्वोच्च सेनापति है। लेकिन संविधान में उपबन्ध द्वारा यह उल्लेखित किया गया है

कि वह अपनी शक्ति का प्रयोग विधि के अन्तर्गत करेगा। इसका आशय यह है कि राष्ट्रपति को युद्ध, शान्ति की घोषणा करने या रक्षा बलों को अभिनियोजित करने की शक्ति है। लेकिन संसद क़ानून द्वारा इन शक्तियों के प्रयोग को नियमित अथवा विनियमित कर सकती है। दूसरा, संविधान में यह भी उपलब्ध है कि विधि के प्राधिकार के बिना कुछ कार्य नहीं किये जा सकते। इसका अर्थ यह है कि संसद की स्वीकृति के बिना राष्ट्रपति वह कार्य नहीं कर सकता, जिनमें धन का व्यय होगा {अनुच्छेद 114 (3)}।

3. राजनयिक शक्ति : राजनयिक शक्ति के अन्तर्गत हम उन सभी विषयों को ले सकते हैं जो संघ को विदेशी राज्य के सम्पर्क में लाते हैं। संसद के अनुसमर्थन के अधीन रहते हुए अन्य देशों से सन्धि और करार करने का राष्ट्रपति को अधिकार है, जिसे वह मन्त्रियों की सलाह के अनुसार करेगा। राज्य के प्रधान होने के नाते भारत का राष्ट्रपति विदेशों में भारत का प्रतिनिधित्व करेगा। विदेशों में भारत के प्रतिनिधि नियुक्त करने और अन्य देशों के राजनयिक प्रतिनिधियों का स्वागत करने की शक्ति राष्ट्रपति की है।

4. विधायी शक्ति : इंग्लैंड के सम्राट की तरह भारत का राष्ट्रपति संसद का अभिन्न अंग है। भारत के राष्ट्रपति की विधायी शक्तियों का प्रयोग मन्त्रिपरिषद की सलाह पर किया जायेगा {अनुच्छेद, 74(1)}। राष्ट्रपति की विधायी शक्तियों का हम निम्न बिन्दुओं के अन्तर्गत विश्लेषण कर सकते हैं :

(अ) सत्र आहूत करना, सत्र समापन तथा विघटन करना : इंग्लैंड के सम्राट के समान भारत के राष्ट्रपति को संसद के दोनों सदनों को आहूत करना, इसका सत्रावसान करना और लोकसभा को विघटन करने की शक्ति प्राप्त है। दोनों सदनों में किसी बात पर गतिरोध उत्पन्न होने पर वह संसद के दोनों सदनों की संयुक्त बैठक बुला सकता है (अनुच्छेद 85, 108)।

(ब) राष्ट्रपति को लोकसभा के प्रथम सत्र के प्रारम्भ में और प्रत्येक वर्ष के प्रथम सत्र में एक साथ संसद के दोनों सदनों में अभिभाषण का अधिकार है (अनुच्छेद 87)। इस अभिभाषण में, जैसा कि इंग्लैंड में प्रचलित है, मन्त्रिमण्डल के कार्यक्रम की घोषणा, उनकी साधारण नीति और प्रशासनिक विषयों पर चर्चा करना होता है।

(स) इसी क्रम में दोनों सदनों की संयुक्त बैठक में अभिभाषण करने के अधिकार के अतिरिक्त राष्ट्रपति किसी एक या समवेत दोनों सदनों में अभिभाषण कर सकेगा। यह अधिकार इंग्लैंड के संविधान से लिया गया है।

अभिभाषण के अधिकार के अतिरिक्त उसे सन्देश भेजने का अधिकार है। इसका अर्थ यह है कि वह संसद में जब विधेयक लम्बित है, किसी विधेयक के सम्बन्ध में या अन्य विषय के सम्बन्ध में किसी भी सदन में सन्देश भेज सकेगा और वह सदन उस पर सुविधानुसार शीघ्रता से विचार करेगा। भारत के राष्ट्रपति को केवल विधायी विषयों के बारे में नहीं, अपितु अन्य विषयों के बारे में भी सन्देश भेजने की शक्ति प्राप्त है।

5. सदन में सदस्यों की नियुक्ति का अधिकार : भारत में संसद के दोनों सदनों का गठन चुनाव द्वारा होता है। चुनाव प्रत्यक्ष या अप्रत्यक्ष दोनों ही प्रकार से होता है। राष्ट्रपति को दोनों सदनों में कुछ सदस्यों के नाम निर्दिष्ट करने की शक्ति दी गयी है। राष्ट्रपति राज्यसभा में 12 ऐसे व्यक्तियों को नियुक्त करेगा जिन्हें साहित्य, विज्ञान, कला और सामाजिक विषयों का विशेष ज्ञान और अनुभव हो। राष्ट्रपति को यह शक्ति भी दी गयी है कि लोकसभा में आंग्ल भारतीय समुदाय के पर्याप्त प्रतिनिधि न होने की स्थिति में उस समुदाय के दो से अनाधिक सदस्यों के नाम निर्देष्टि कर सकेगा (अनुच्छेद 331)।

6. संसद के समक्ष प्रतिवेदन आदि रखना : राष्ट्रपति का यह कर्तव्य है कि वह संसद के समक्ष यह दस्तावेज़ प्रस्तुत करायेगा :

(क) राष्ट्रपति संसद के समक्ष वार्षिक वित्तीय विवरण (बजट), अनुपूरक विवरण

(ख) भारत सरकार के लेखाओं के सम्बन्ध में नियन्त्रक महालेखापरीक्षक का प्रतिवेदन

(ग) वित्त आयोग की सिफ़ारिश और उसके साथ की गयी कार्रवाई का ब्योरा

(घ) संघ लोक सेवा आयोग का प्रतिवेदन

(च) अनुसूचित जातियों और जनजातियों के विशेष अधिकारी का प्रतिवेदन

(छ) पिछड़े वर्ग के आयोग का प्रतिवेदन

(ज) भाषायी अल्पसंख्यकों के विशेष अधिकारों का प्रतिवेदन

7. विधेयक के लिए पूर्व मंजूरी : संविधान में इस बात की अपेक्षा है कि कुछ विषयों पर विधान पुनर्स्थापित करने के लिए राष्ट्रपति की पूर्व मंजूरी या सिफ़ारिश की अपेक्षा होगी। अनुच्छेद 255 में उल्लेखित है कि न्यायालय किसी विधान को इस आधार पर अवैधानिक नहीं घोषित कर सकते, यदि पूर्व मंजूरी नहीं दी गयी और अन्ततोगत्वा राष्ट्रपति ने विधान को मंजूरी दे दी है। मुख्यतः नये राज्यों के निर्माण, वर्तमान राज्यों की सीमाओं में परिवर्तन आदि इसके अन्तर्गत आते हैं। इसके साथ ही {अनुच्छेद 117(1)} कोई विधेयक जो सही अर्थों में धन विधेयक नहीं है किन्तु जिसे भारत की संचित निधि में से व्यय करना पड़ेगा। इसी प्रकार कराधान को प्रभावित करने वाला विधेयक और व्यापार की स्वतन्त्रता पर निरबन्धन रोपित करने वाले राज्य विधेयक (अनुच्छेद 304)।

8. अध्यादेश पारित करने की शक्ति : भारत के राष्ट्रपति को अध्यादेश द्वारा विधान बनाने की शक्ति दी गयी है। अनुच्छेद 123 में उल्लेखित अध्यादेश की यह शक्ति काफ़ी व्यापक है। दूसरे शब्दों में, वह ऐसे विषय से सम्बन्धित हो सकता है, जिसकी बाबत संसद को क़ानून बनाने का अधिकार है। इस पर भी वही संवैधानिक मर्यादाएँ हैं जो संसद द्वारा पारित क़ानून पर लागू होती हैं। उदाहरण के लिए, अध्यादेश के माध्यम से मूल अधिकारों का उल्लंघन नहीं हो सकता और संसद के अधिनियम से भी। अतः इस मर्यादा के अधीन अध्यादेश किसी भी प्रकृति का हो सकता है। लेकिन अन्तर यह है कि अध्यादेश अस्थायी होता है।

भारत के संविधान के अन्तर्गत राष्ट्रपति इस शक्ति का प्रयोग अपनी मन्त्रिपरिषद की सलाह पर करेगा। दूसरा, जब संसद का अधिवेशन हो, तब अध्यादेश संसद के समक्ष रखा जाना चाहिए। यदि संसद उसे पहले ही अनुमोदित नहीं कर देती, तो वह अधिवेशन की तारीख से छह सप्ताह की समाप्ति पर स्वतः ही निष्प्रभावी हो जायेगा। तीसरा, राष्ट्रपति को अध्यादेश जारी करने की शक्ति तभी होती है, जब दोनों में से किसी एक सदन का सत्र समाप्त हो गया हो। जब दोनों सदन सत्र में होते हैं, तब उसे यह शक्ति नहीं होती है।

राष्ट्रपति के अध्यादेश जारी करने सम्बन्धी अधिकार की संविधान सभा में कड़ी आलोचना की गयी। आलोचकों का कहना था कि राष्ट्राध्यक्ष को व्यवस्थापन के क्षेत्र में ऐसे अधिकार प्रदत्त करना जनतान्त्रिक व्यवस्था के लिए घातक होगा। कतिपय विद्वानों का यह कहना भी कदाचित ग़लत नहीं है

कि संसदात्मक व्यवस्था वाले किसी भी अन्य देश में अध्यक्ष को इतने अधिकार नहीं हैं, जितने भारत के राष्ट्रपति के हैं। आलोचकों के प्रत्युत्तर में इन अधिकारों की आवश्यकता एवं औचित्य पर डॉ. आम्बेडकर ने कहा :

> "कई बार ऐसी परिस्थितियाँ उत्पन्न होती हैं, जिनमें शीघ्र कार्रवाई आवश्यक हो जाती है और जिनके समाधान के लिए सामान्य क़ानून असमर्थ होता है। ऐसी परिस्थितियों का सामना तभी सम्भव है जब राष्ट्रपति को अध्यादेश जारी करने जैसे अधिकार दिये जायें, क्योंकि संसद के अवकाश काल में विद्यमान क़ानून से उसका निराकरण सम्भव नहीं होता। अतः मेरी राय में मूलरूप से ऐसे प्रावधान पर कोई आपत्ति नहीं होनी चाहिए।"[5]

अध्यादेश की शक्ति का प्रयोग राष्ट्रपति मत्रिमण्डल की सलाह पर करता है। चूँकि मन्त्रिमण्डल का संसद में बहुमत होता है, इसलिए इससे कोई अन्तर नहीं पड़ता कि सरकार अधिनियम के स्थान पर अध्यादेश द्वारा विधायन करे। जब सरकार का संसद में स्पष्ट बहुमत होता है, तभी विधेयक पुनर्स्थापित होता है और संसद में विचार–विमर्श होता है, तो चर्चा से प्रकट होने वाले दोषों को संशोधन करके सुधारने का अवसर मिल जाता है।

9. क्षमादान करने की शक्ति : विश्व के लगभग सभी देशों में कार्यपालिका के प्रधान को क्षमादान प्रदान करने की शक्ति प्राप्त होती है। कार्यपालिका को ऐसी न्यायिक शक्ति देने का उद्देश्य यह है कि यदि कोई भूल हुई हो तो उसे सुधारा जा सके। कोई भी न्यायिक प्रणाली पूर्णतः दोषमुक्त नहीं हो सकती। केहरसिंह के वाद में सर्वोच्च न्यायालय ने इस शक्ति के सम्बन्ध में कुछ सिद्धान्त प्रतिपादित किये हैं :

1. जो व्यक्ति राष्ट्रपति को क्षमादान के लिए आवेदन करता है, उसे राष्ट्रपति के समक्ष मौखिक सुनवायी का अधिकार नहीं है।
2. राष्ट्रपति इस शक्ति का प्रयोग अपने विवेक से करेगा।
3. शक्ति का प्रयोग केन्द्रीय सरकार की सलाह पर किया जायेगा।
4. राष्ट्रपति न्यायालय के निर्णय पर विचार करके स्वतन्त्र मत अपना सकता है।

5. इस निर्णय का पुनरावलोकन न्यायालय एक सीमा में ही कर सकता है। दूसरे शब्दों में, न्यायालय तभी हस्तक्षेप करेगा, जब राष्ट्रपति का निर्णय अनुच्छेद 72 के उद्देश्य से पूर्णतया असंगत, तर्कहीन, मनमाना और विभेदकारी हो।

आपातकालीन शक्तियाँ

विषम परिस्थितियों में देश में एकता, अखण्डता व सुरक्षा बनाये रखने की आकांक्षा और संकल्प की अभिव्यक्ति संविधान के अनुच्छेद 352 से 360 में देखी जा सकती है। इन अनुच्छेदों के अन्तर्गत राष्ट्रपति को अपार शक्तियाँ दी गयी हैं, जिनका दुरुपयोग समूचे देश की जनतान्त्रिक प्रणाली के लिए घातक सिद्ध हो सकता है। कार्यपालिका इन अधिकारों के कारण निरंकुश तानाशाह न बन जाये, इसके लिए रक्षक प्रावधान भी सन्निहित किये गये हैं। संकटकालीन अधिकार सम्बन्धी प्रावधान अनेकानेक दूरगामी परिणाम समाहित किये हुए हैं। इसलिए स्वतन्त्र रूप से इनका अध्ययन आवश्यक है। अनुच्छेद 352–360 तक में वर्णित प्रावधानों में तीन प्रकार की संकटकालीन घोषणाओं का प्रावधान है :

1. युद्ध, बाहरी आक्रमण अथवा आन्तरिक कलह के कारण राष्ट्रपति अगर आश्वस्त है कि देश के किसी भाग अथवा समूचे देश की सुरक्षा को ख़तरा है, तो संकटकाल की घोषणा कर सकता है (अनुच्छेद 352)।
2. अनुच्छेद 356 के अन्तर्गत यदि राष्ट्रपति की राज्यपाल की सिफ़ारिश अथवा अन्य किसी सूत्र से समाधान हो जाये कि राज्य में ऐसी स्थिति उत्पन्न हो गयी है कि राज्य का प्रशासन संविधान के अनुसार नहीं चलाया जा सकता, तो ऐसी स्थिति में वह संकटकालीन स्थिति घोषित कर सकता है।
3. अगर राष्ट्रपति इस बात से आश्वस्त हो कि देश की स्थिति संकटमय है और देश की साख को ख़तरा है, तो वह अनुच्छेद 360 के अन्तर्गत वित्तीय आपातकाल की घोषणा कर सकता है।

संविधान में वर्णित राष्ट्रपति की व्यापक शक्तियों को देखने के उपरान्त संविधान और राजनीति के कई अध्येता निष्कर्ष रूप में ये मानने लगे हैं कि

भारत का राष्ट्रपति केवल वैधानिक अध्यक्ष ही नहीं है, अपितु शासन व्यवस्था की धुरी भी है। उनकी इस मान्यता को हम सहजता से अस्वीकार नहीं कर सकते। संविधान में वर्णित अधिकारों को देख कर हर कोई अध्येता भ्रम का शिकार हो सकता है। यदि इस प्रसंग पर थोड़ा गम्भीरता से दृष्टिपात करके देखें तो हमें दूसरी ही तस्वीर नज़र आती है। प्रश्न केवल संवैधानिक उपबन्धों का ही नहीं है, प्रश्न यहाँ की शासन पद्धति का भी है। शासन पद्धति से जुड़े अभिसमय, परम्पराएँ, प्रथाएँ और रीति–रिवाज़ से परिचित शासन प्रणाली का अध्येता उन विद्वानों से सहमत नहीं होगा जो राष्ट्रपति को अतिशक्तिशाली और शासन की धुरी समझते हैं। भारत के राष्ट्रपति की स्थिति तथा भूमिका को समझने के लिए ऐसे ही बारीक दृष्टिकोण की आवश्यकता है जो संविधान के प्रावधानों को व्यवस्था से जुड़े अभिसमय, परम्पराओं तथा सर्वोच्च पदों पर आसीन व्यक्तियों के व्यवहार आदि बिन्दुओं पर गहराई से विचार कर विश्लेषण करे। इस प्रसंग पर सांगोपांग विश्लेषण करने की दृष्टि से कतिपय प्रश्नों के सन्दर्भ में विचार करना असंगत नहीं होगा।

स्थिति और भूमिका : एक विमर्श

संविधान में वर्णित इन व्यापक अधिकारों को देखते हुए कतिपय विद्वानों का कथन है कि राष्ट्रपति देश का सर्वाधिक शक्तिशाली व्यक्ति है। इन अधिकारों के रहते वह तानाशाह बन सकता है। 'द रिपब्लिक ऑफ़ इंडिया' के लेखक ग्लेडहिल ने भारत के राष्ट्रपति के सम्बन्ध में ऐसा ही विवेचन किया है। विद्वान लेखक का कहना है कि संविधान में राष्ट्रपति को जो अधिकार दिये गये हैं, उनके अन्तर्गत वह बड़ी सहजता से तानाशाह बन सकता है। विशेष परिस्थितियों में वह किस तरह निरंकुश शासक बन सकता है, इस पर ग्लेडहिल लिखते हैं :

> ''राष्ट्रपति चाहे तो मन्त्रिपरिषद द्वारा दिये गये परामर्श की आसानी से अवलेहना कर सकता है। संसद अधिक से अधिक उस पर महाभियोग ही तो लगा सकती है। इस प्रक्रिया में दो सप्ताह लगते हैं। इस बीच वह संसद को भंग कर सकता है। नयी संसद के अधिवेशन को छह माह तक टाल सकता है। उसे जब अध्यादेश जारी करने का अधिकार है, तो वह मन्त्रिपरिषद की परवाह क्यों करेगा? वह चाहे तो अपने चहेतों का मन्त्रिमण्डल बना सकता है।''[6]

ग्लेडहिल के इस विश्लेषण से कतिपय संविधान शास्त्री एवं क़ानूनविद् पूर्णतया सहमत नहीं होंगे। शासन प्रणाली में अन्तर्निहित दबाव एवं मर्यादाएँ उसके तानाशाह बनने पर विराम लगाती हैं। किन्तु वे यह बात तो स्वीकार करते हैं कि वह एक शक्ति सम्पन्न पदाधिकारी होने के कारण राष्ट्रीय राजनीति में महत्त्वपूर्ण और कारगर भूमिका निभा सकता है। श्री के.एम. मुंशी, जो संसदीय प्रणाली के प्रबल समर्थकों में से एक थे, ने इसी तरह की बात कही है :

> "भारत का राष्ट्रपति मात्र संवैधानिक अध्यक्ष नहीं है, अपितु कुछ और भी है। वह संविधान का अभिभावक एवं अभिरक्षक भी है। इस नाते उसका यह दायित्व है कि वह संविधान की रक्षा करे। वह भारत की जनता का प्रतिनिधि है, जबकि मन्त्रिपरिषद बहुमत का प्रतिनिधित्व करती है। राष्ट्रपति देश की एकता का प्रतीक है। राष्ट्रपति वैधानिक दृष्टि से मन्त्रिपरिषद के परामर्श को हर स्थिति में मानने के लिए बाध्य नहीं है। मन्त्रिपरिषद की बर्खास्तगी और लोकसभा का विघटन उसके, विशेषाधिकार हैं। इन दोनों मामलों में राष्ट्रपति को मन्त्रिपरिषद के परामर्श को मानने के लिए बाध्य नहीं किया जा सकता।"[7]

संविधान के प्रावधानों का क़ानूनी दृष्टिकोण से विश्लेषण करने वालों में श्री के.एम. मुंशी अकेले नहीं हैं। कुछ अन्य न्यायविदों ने भी ऐसी ही व्याख्या की है। भारत के पूर्व मुख्य न्यायाधीश माननीय के. सुब्बाराव और के सन्थानम के नाम इस सन्दर्भ में उल्लेखनीय हैं। न्यायमूर्ति के. सुब्बाराव का मत है कि राष्ट्रपति को मन्त्रिपरिषद की राय मानने के लिए बाध्य नहीं किया जा सकता। माननीय के. सन्थानम का कहना था कि राष्ट्रपति की शक्ति इस बात पर निर्भर करती है कि वह इनका प्रयोग किन परिस्थितियों में करता है। उनका कहना था कि ''संसद में किसी एक दल के स्पष्ट बहुमत का अभाव, दल–बदल और उससे उत्पन्न अस्थायित्व की स्थिति में एक दृढ़ निश्चयी और शक्तिशाली राष्ट्रपति की आवश्यकता होती है। परामर्श और सहायता का अर्थ यह है कि मन्त्रिपरिषद राष्ट्रपति के विचारों का सम्मान करे।''

दूसरा दृष्टिकोण है जो इस संस्था की भूमिका का आकलन शासन प्रणाली की प्रकृति और उसमें अन्तर्निहित अपेक्षाओं के आधार पर करने पर ज़ोर देता है। इस दृष्टिकोण के पक्षधरों का कहना है कि संवैधानिक

प्रावधानों की शब्दशः व्याख्या और विश्लेषण अध्येता को भ्रमित करती है। यह एकपक्षीय दृष्टिकोण है जो शासन प्रणाली के मूल आधार पर अपेक्षाओं की अवहेलना करना है। भारतीय संविधान के अध्येता श्री डी.एन. बनर्जी ने अपनी पुस्तक में ब्रिटेन के लेखक सर जोन सैलमंड को उद्धृत करते हुए इस बात पर ज़ोर दिया है कि भारत के राष्ट्रपति की स्थिति एवं भूमिका के सम्बन्ध में केवल क़ानूनी दृष्टिकोण अध्ययन की दृष्टि से पर्याप्त नहीं है। इस सम्पूर्ण दृष्टिकोण पर दृष्टिपात करने से पूर्व सर जोन सैलमंड के विचारों को प्रस्तुत करना प्रासंगिक होगा। उनका कहना है कि :

> "किसी भी संविधान को केवल क़ानून की दृष्टि से देखना उसकी वास्तविक स्थिति की जानकारी के लिए पर्याप्त नहीं है। क़ानून की दृष्टि से यह दिशा सही हो सकती है, किन्तु तथ्यों के आधार पर वह खरी नहीं उतरेगी। इसके विपरीत जो तथ्य पूर्ण है वह क़ानून सम्मत हो, यह आवश्यक नहीं है। सभी वैधानिक शक्तियाँ वास्तविक नहीं होतीं। सभी वास्तविक शक्तियाँ विधान के अनुकूल हों, यह आवश्यक नहीं है। संविधान जगत में क़ानून और यथार्थ के बीच जो विरोधाभास इंग्लैंड में विद्यमान है, वह अन्यत्र कहीं नहीं है। इंग्लैंड के संविधान की क़ानूनी व्याख्या उसकी वास्तविकता को उजागर नहीं करती। क़ानून और कार्यान्वयन में विरोधाभास अन्य कई देशों में भी पाया जाता है। अतः किसी भी संविधान की व्याख्या के लिए प्रथाओं और क़ानून दोनों को ही मद्देनज़र रखना चाहिए।"[8]

सर सैलमंड की यह व्याख्या शासन व्यवस्था के आकलन का सही दृष्टिकोण प्रतीत होती है और कमोबेश यह मापदण्ड हर देश की शासन प्रणाली पर लागू होता है। भारत इसका अपवाद नहीं हो सकता, क्योंकि भारत ने भी संसदीय शासन प्रणाली का वरण किया है। अतः इस प्रणाली के अन्तर्गत राष्ट्रपति की स्थिति और भूमिका का मूल्यांकन करते समय इंग्लैंड में विकसित परम्पराएँ, प्रचलित अभिसमय और प्रथाओं को कोई भी अध्येता नज़रअन्दाज़ नहीं कर सकता। संसदीय प्रणाली में लिखित प्रावधानों में अन्तर्निहित अर्थ को व्यवस्था में निहित अभिसमय और परम्पराओं के मर्म को उतना ही स्थान दिया जाता हैं। राष्ट्रपति की शक्तियाँ और स्थिति के सम्बन्ध में छठे दशक में जो विवाद उत्पन्न हुआ था, उसके सन्दर्भ में

विमर्श करने की दृष्टि से हमें मन्त्रिपरिषद सम्बन्धी प्रावधानों का उल्लेख करना समीचीन होगा।

संविधान के अनुच्छेद 74 में यह अभिव्यक्त रूप से कहा गया है कि एक मन्त्रिपरिषद होती है जिसका अध्यक्ष प्रधानमन्त्री होगा, जो राष्ट्रपति को अपने कार्यों के निष्पादन में सहायता और मन्त्रणा देगा। अनुच्छेद 75(2) में यह वर्णित है कि मन्त्रिपरिषद सामूहिक रूप से लोकसभा के प्रति उत्तरदायी होगी। अनुच्छेद 78 के अनुसार प्रधानमन्त्री का यह कर्तव्य होगा कि :

(अ) वह राष्ट्रपति को संघीय प्रशासन सम्बन्धी सभी निर्णयों की सूचना देगा तथा नये प्रस्तावों से अवगत करायेगा।

(ब) संघ के कार्यालय के प्रशासन सम्बन्धी और विधान विषयक प्रस्थापनाओं सम्बन्धी जो जानकारी राष्ट्रपति माँगे, वह देगा।

(स) किसी विषय को जिस पर मन्त्री ने विनिश्चय कर दिया है, किन्तु मन्त्रिपरिषद में विचार नहीं हुआ है, राष्ट्रपति द्वारा अपेक्षा किये जाने पर परिषद के समक्ष विचार के लिए रखेगा।

भारतीय संविधान में राष्ट्रपति और मन्त्रिपरिषद के बीच सम्बन्ध इन्हीं प्रावधानों के अन्तर्गत वर्णित किये गये हैं। कतिपय विधि शास्त्री एवं राज्य शास्त्रियों ने संविधान के इन प्रावधानों की शब्दशः व्याख्या की है और वे इस निष्कर्ष पर पहुँचे हैं कि भारत के राष्ट्रपति का पद मात्र गरिमा और सम्मान का ही नहीं है, अपितु यह एक शक्तिशाली संस्था है। राष्ट्रपति की स्थिति और भूमिका के सम्बन्ध में विवाद की शुरुआत भारत के प्रथम राष्ट्रपति डॉ. राजेन्द्र प्रसाद ने एक समारोह में की थी। सन् 1949 में डॉ. राजेन्द्र प्रसाद ने कुछ प्रश्न उठाये थे। डॉ. राजेन्द्र प्रसाद भारत की संविधान सभा के अध्यक्ष भी थे। राष्ट्रपति बनने के पश्चात उनका यह दृष्टिकोण पूर्व के विचारों से भिन्न है। उन्होंने संविधान में लिखित प्रावधानों के सम्बन्ध में ही कुछ प्रश्न उठाये थे। उनके वक्तव्य पर संविधान जगत में काफ़ी बड़ा विवाद उत्पन्न हो गया था। डॉ. राजेन्द्र प्रसाद ने राष्ट्रपति और मन्त्रिपरिषद के सम्बन्धों का नये सिरे से अध्ययन करने पर बल देते हुए कहा कि "संविधान का कोई उपबन्ध स्पष्ट शब्दों में यह अधिकथित नहीं करता कि राष्ट्रपति मन्त्रिपरिषद की सलाह के अनुसार कार्य करने के लिए आबद्ध है।"[9]

26 नवम्बर, 1949 को उन्होंने कहा, "हमने भारतीय संविधान में राष्ट्रपति के निर्वाचन की व्यवस्था स्वीकार की है। साथ ही एक निर्वाचन व्यवस्थापिका स्वीकार की है जो सत्ता की दृष्टि से सर्वोच्च है। अमेरिका में व्यवस्थापिका और अध्यक्ष दोनों का ही चुनाव होता है। दोनों ही को अपने ही क्षेत्र में समान शक्तियाँ प्राप्त हैं--राष्ट्रपति को कार्यपालिका के क्षेत्र में तथा व्यवस्थापिका को व्यवस्थापन के क्षेत्र में। हम अमेरिका और ग्रेट ब्रिटेन दोनों में से कौन–सी शासन प्रणाली अपनाएँ? अमेरिका की अध्यक्षीय सरकार अथवा इंग्लैंड का प्रतिमान, जहाँ सम्राट प्रतिष्ठा और शक्ति का प्रतीक है, किन्तु व्यवहार में उसका उपयोग नहीं करता। वहाँ समूची सत्ता संसद में निहित है और मन्त्रिपरिषद उसके प्रति उत्तरदायी है। हमें इन दोनों में ही सामंजस्य स्थापित करना था। परिणामतः हमने न्यूनाधिक रूप में भारतीय राष्ट्रपति को इंग्लैंड के सम्राट के समतुल्य संवैधानिक अध्यक्ष के रूप में स्वीकार किया है। अब हम मन्त्रिपरिषद की ओर देखें जो वास्तव में संसद के प्रति उत्तरदायी है और राष्ट्रपति को परामर्श देती है। राष्ट्रपति उस परामर्श को स्वीकार करने के लिए बाध्य है। जहाँ तक मेरा विचार है, संविधान में इसका कहीं उल्लेख नहीं है जिसके अन्तर्गत राष्ट्रपति मन्त्रिपरिषद की मन्त्रणा से बाध्य हो। किन्तु यह आशा की जाती है कि यहाँ भी इंग्लैंड की तरह, जहाँ सम्राट और मन्त्रिपरिषद के सम्बन्ध अभिसमयों पर आधारित है और वह हर मा़मले में मन्त्रिपरिषद की मन्त्रणा पर ही कार्य करता है, की परिपाटी स्थापित होगी। अतः भारत का राष्ट्रपति भी संविधान में लिखें शब्दों के आधार पर कार्य करने की अपेक्षा स्वस्थ परम्पराओं को ध्यान में रखते हुए एक संवैधानिक अध्यक्ष के रूप में ही कार्य करेगा।"[10]

डॉ. राजेन्द्र प्रसाद के ये विचार संसदीय व्यवस्था में अन्तर्निहित परम्पराओं और अभिसमयों को महत्ता प्रदान करते हैं। वे स्वयं यह स्वीकार करते हैं कि भारत के राष्ट्रपति को संवैधानिक अध्यक्ष की हैसियत से ही कार्य करना चाहिए। सन् 1960 में डॉ. राजेन्द्र प्रसाद द्वारा दिया गया वक्तव्य पूर्व के दृष्टिकोण से कतई मेल खाता नज़र नहीं आता। उन्होंने संविधान सभा में जो वक्तव्य दिया था, वह उनके राष्ट्रपति पद के अनुभव के आधार पर नहीं था। जब वे राष्ट्रपति बन गये, उसके पश्चात उनका तत्कालीन नेहरू सरकार की सामाजिक और आर्थिक नीतियों पर मतभेद था। हिन्दू कोड बिल पर तत्कालीन राष्ट्रपति और सरकार के बीच का मतभेद जगज़ाहिर था।

डॉ. राजेन्द्र प्रसाद कांग्रेस के दक्षिणपन्थियों की जमात में से थे और नीति सम्बन्धी कई मामलों में तत्कालीन जवाहरलाल नेहरू सरकार से उनके मतभेद थे। अपनी व्यक्तिगत महत्त्वाकांक्षा, सामाजिक एवं धार्मिक मुद्दों पर सरकार से भिन्न दृष्टिकोण और शासन व्यवस्था में सक्रिय भूमिका निर्वाह करने की चाहत के उपरान्त भी उन्होंने मर्यादा और राष्ट्रपति संस्था की सीमा रेखा का उल्लंघन नहीं किया। ऐसा कहना कदाचित ग़लत नहीं होगा कि राष्ट्रपति की स्थिति और भूमिका के सम्बन्ध में संविधान सभा में डॉ. आम्बेडकर ने स्पष्ट कहा कि भारत का राष्ट्रपति राजव्यवस्था का वैधानिक अध्यक्ष है। इस नाते मन्त्रिपरिषद के परामर्श और मन्त्रणा पर कार्य करना उसका परम कर्तव्य है। 4 नवम्बर, 1948 को संविधान सभा में इस प्रसंग पर उन्होंने कहा कि :

"भारतीय संविधान में वर्णित शासन का स्वरूप क्या है? प्रारूप संविधान में भारतीय संघ के लिए एक सर्वोच्च पदाधिकारी की व्यवस्था है, जिसे राष्ट्रपति कहते हैं। पद का शीर्षक अमेरिकी राष्ट्रपति की ओर हमारा ध्यान आकर्षित करता है, लेकिन नाम के अतिरिक्त कुछ भी साम्य नहीं है। अमेरिका में अध्यक्षीय प्रणाली विद्यमान है, जबकि प्रारूप संविधान संसदीय प्रणाली की स्थापना करता है। दोनों प्रणालियाँ मूलरूप से भिन्न हैं। अमेरिकी अध्यक्षीय प्रणाली में राष्ट्रपति कार्यपालिका का वास्तविक अध्यक्ष है। सम्पूर्ण प्रशासन उसी में निहित है। जहाँ तक प्रस्तुत संविधान का प्रश्न है, उसमें राष्ट्रपति का वही स्थान है, जो इंग्लैंड में सम्राट का है। वह राज्य का अध्यक्ष है, कार्यपालिका का नहीं। वह राष्ट्र का प्रतिनिधि है, शासन नहीं करता। वह राष्ट्रीय एकता का प्रतीक है। भारतीय प्रशासन में उसका स्थान अनुष्ठानिक मुद्रा के समान है, जिसके नाम पर निर्णय लिये जाते हैं। अमेरिकी प्रणाली में राष्ट्रपति के अधीन अपने सचिव होते हैं, जो विभिन्न विभागों के अध्यक्ष होते हैं। इसी प्रकार भारतीय राष्ट्रपति के मन्त्री हैं, जो विभिन्न प्रशासकीय विभागों के अध्यक्ष होते हैं। किन्तु इसमें भी मूलभूत अन्तर विद्यमान है। अमेरिका का राष्ट्रपति अपने सचिवों द्वारा दी गयी मन्त्रणा को स्वीकारने में कतई बाध्य नहीं है, जबकि भारत का राष्ट्रपति सामान्यतया मन्त्रिपरिषद की मन्त्रणा से बाध्य है। वह न तो मन्त्रणा के विरोध में अथवा उसके अभाव में कुछ करने की क्षमता रखता है। अमेरिकी राष्ट्रपति जब चाहे किसी भी सचिव को बर्खास्त कर सकता है, जबकि भारत में राष्ट्रपति के लिए यह सम्भव नहीं है।

भारतीय संघ के राष्ट्रपति को अपने किसी मन्त्री को बर्ख़ास्त करने का अधिकार तब तक नहीं है, जब तक कि संसद में मन्त्रिपरिषद का बहुमत है।"[11]

भारतीय राजव्यवस्था में राष्ट्रपति को इंग्लैंड के सम्राट की तरह संवैधानिक अध्यक्ष के रूप में स्वीकार किया गया है। शासन प्रणाली की मर्यादाओं के परिप्रेक्ष्य में विश्लेषित करते हुए सर्वोच्च न्यायालय ने राष्ट्रपति को एक औपचारिक अध्यक्ष माना है। 'राय साहब राम जवाय कपूर बनाम पंजाब' के वाद में न्यायिक निर्वाचन द्वारा यह सुस्थिर हो चुका है कि राष्ट्रपति इंग्लैंड के सम्राट के समान कार्यपालिका का संवैधानिक प्रधान है। न्यायालय ने कहा :

"इंग्लैंड की तरह भारत में भी कार्यपालिका को व्यवस्थापिका के नियन्त्रण में ही कार्य करना होता है। व्यवस्थापिका यह नियन्त्रण किस माध्यम से रखती है? संविधान के अनुच्छेद 53(1) के अनुसार संघ की समूची कार्यपालिका शक्तियाँ राष्ट्रपति में निहित हो गयी हैं। लेकिन अनुच्छेद 74(1) के अन्तर्गत एक मन्त्रिपरिषद की व्यवस्था की गयी है जिसका अध्यक्ष प्रधानमन्त्री है। उसका मुख्य कार्य राष्ट्रपति को अपने कार्यों के निष्पादन में सहायता और मन्त्रणा देना है। अतः इस व्यवस्था के अनुसार राष्ट्रपति एक संवैधानिक अध्यक्ष है और शासन की वास्तविक सत्ता मन्त्रिमण्डल को सौंपी गयी है, जहाँ राज्यपाल अथवा राजप्रमुख नाममात्र का अध्यक्ष है और शासन संचालन मन्त्रिमण्डल करता है। इस क्षेत्र में हमने इंग्लैंड की शासन व्यवस्था का अनुकरण किया है। यहाँ का मन्त्रिमण्डल इंग्लैंड की कैबिनेट के समरूप है, जो व्यवस्थापिका और कार्यपालिका को कड़ी के रूप में जोड़ता है। यह मन्त्रिमण्डल नीति सम्बन्धी प्रश्नों पर एकमत होता है और सामूहिक उत्तरदायित्व के सिद्धान्त पर कार्य करता है। नीति सम्बन्धी महत्त्वपूर्ण प्रश्नों पर निर्णय मन्त्रिमण्डल द्वारा ही लिये जाते हैं।"[12]

राष्ट्रपति की वास्तविक स्थिति और भूमिका के सम्बन्ध में संविधान सभा के वरिष्ठ सदस्यों और सर्वोच्च न्यायालय द्वारा अभिव्यक्त विचार यही दर्शाते हैं कि भारत की राजव्यवस्था में उसका पद गौरव, गरिमा और प्रतिष्ठा का है। राष्ट्रपति से यही अपेक्षा की जाती है कि वह संवैधानिक अध्यक्ष के रूप में कार्य करे और शासन संचालन का सम्पूर्ण कार्य मन्त्रिपरिषद पर छोड़ दे। इंग्लैंड के संविधान शास्त्री आर्नेस्ट बारकर ने जो बात वहाँ के सम्राट की भूमिका के सम्बन्ध में कही है, वह भारत के राष्ट्रपति के सम्बन्ध

में भी कही जा सकती है। वह यह कि "प्रधानमन्त्री चूँकि कैबिनेट का मुखिया है और जनमत के प्रति उत्तरदायी है, इसलिए शासन सम्बन्धी नीति निर्णय उसी का दायित्व है। राष्ट्रपति का कार्य इंग्लैंड के सम्राट की तरह परामर्श पर कार्य करना है। जब वह निर्णय नहीं लेता तो उत्तरदायित्व भी उसका नहीं। आलोचना, चुनौतियों और उत्तरदायित्व से वह सर्वथा मुक्त है। राष्ट्रपति का कार्य तो संवैधानिक अध्यक्ष होने के नाते मन्त्रिपरिषद को परामर्श और आगाह करते रहना है।"[13]

विशेष परिस्थितियों में राष्ट्रपति की भूमिका

राष्ट्रपति की शक्तियों के सम्बन्ध में प्रारम्भ में जो व्यवस्था की गयी थी, उसमें 42वें और 44वें संशोधन के माध्यम से परिवर्तन कर दिया गया है। संविधान अधिनियम, 1976 (42वाँ संशोधन) से अनुच्छेद 74(1) का संशोधन इस प्रकार है :

> "राष्ट्रपति को अपनी सहायता और सलाह देने के लिए एक मन्त्रिपरिषद होगी, जिसका प्रधान प्रधानमन्त्री होगा और राष्ट्रपति अपने कृत्यों का प्रयोग करने में इसकी सलाह के अनुसार कार्य करेगा।"[14]

सन् 1977 में आयी जनता सरकार ने इसमें एक और संशोधन किया जो मूलतः 42वें संशोधन को यथावत रखते हुए ही है; उसमें केवल यह बात जोड़ी गयी है कि राष्ट्रपति मन्त्रिपरिषद द्वारा दी गयी सलाह को पुनर्विचार के लिए मन्त्रिपरिषद को लौटा देगा। किन्तु यदि मन्त्रिपरिषद पहले वाली सलाह पर क़ायम रहती है, तो राष्ट्रपति उस सलाह के अनुसार कार्य करने को आबद्ध है। 44वें संशोधन के पश्चात अनुच्छेद 74(1) निम्न प्रकार है :

"राष्ट्रपति को सहायता और सलाह देने के लिए एक मन्त्रिपरिषद होगी, जिसका प्रधान प्रधानमन्त्री होगा और राष्ट्रपति अपने कृत्यों का प्रयोग करने में ऐसी सलाह के अनुसार कार्य करेगा। परन्तु राष्ट्रपति मन्त्रिपरिषद से ऐसी सलाह पर साधरणतया या अन्यथा पुनर्विचार करने की अपेक्षा कर सकेगा और राष्ट्रपति ऐसे पुनर्विचार के पश्चात दी गयी सलाह के अनुसार कार्य करेगा।"

संविधान शास्त्रियों का इन दो संशोधनों के पश्चात कहना है कि अब राष्ट्रपति की स्थिति पूर्णतया स्पष्ट हो गयी है और यह विवाद करना कि क्या राष्ट्रपति को मन्त्रिपरिषद की सलाह के अनुसार कार्य करना चाहिए अथवा नहीं, अर्थहीन है। इन संशोधनों के उपरान्त भी कुछ ऐसे प्रश्न हैं

जिनका समुचित उत्तर ढूँढ़ना सामयिक परिस्थितियों में प्रासंगिक होगा। वैसे राजनीतिक परिदृश्य पर उँगली रख कर कुछ भी कहना कठिन है, लेकिन भारत की राजनीति में आ रहे परिवर्तन को देखते हुए इसे मात्र तटस्थ दिग्दर्शक अथवा अकर्मण्य पदाधिकारी मान कर नहीं चल सकते। कुछ ऐसे अवसर हो सकते हैं, जिनमें राष्ट्रपति अपनी निर्णयकारी भूमिका निभाते हुए राजव्यवस्था में अपनी उपस्थिति और हैसियत का अहसास करा सकता है। डॉ. दुर्गादास बसु ने इस बिन्दु पर ध्यान आकर्षित करते हुए लिखा है कि :

"संशोधन ने इस बात को आन्त्यतिक रूप से रख कर भूल की है, क्योंकि उन परिस्थितियों को आरक्षित नहीं किया गया है जिनमें प्रधानमन्त्री की मृत्यु की दशा में या प्रधानमन्त्री द्वारा दी गयी ऐसी सलाह जो अनुचित है।"

मौटे तौर पर तीन बिन्दु हमारा ध्यान आकर्षित करते हैं :

1. प्रधानमन्त्री की मृत्यु से उत्पन्न परिस्थिति में विद्यमान मन्त्रिपरिषद तुरन्त विघटित हो जाती है। 1976–78 में किये गये संशोधनों के उपरान्त नये प्रधानमन्त्री को चुनने में राष्ट्रपति स्वतन्त्र होगा। यही सही है कि जो प्रधानमन्त्री लोकसभा में चुना जायेगा, उसे लोकसभा में बहुमत प्राप्त करना होगा।
2. एक ऐसी स्थिति आ सकती है जबकि मन्त्रिपरिषद लोकसभा में बहुमत खो बैठे और अल्पमत की सरकार रह जाये। ऐसी स्थिति में प्रधानमन्त्री लोकसभा को भंग करने की सलाह दे सकता है। क्या राष्ट्रपति को ऐसे प्रधानमन्त्री की सलाह मान कर लोकसभा भंग कर देनी चाहिए अथवा विकल्प की सम्भावना को देख कर सरकार स्थापित करने का प्रयत्न करना चाहिए? यथा संशोधित अनुच्छेद 74(1) के अनुसार राष्ट्रपति को हारे हुए मन्त्रिपरिषद के अनुरोध पर कार्य करना होगा, चाहे ऐसा अनुरोध अनुचित ही क्यों न हो।
3. भारत एक संघ राज्य है। कई बार केन्द्र और राज्यों में भिन्न दलों की सरकार होती है, जैसा कि पिछले दो दशक से होता आया है। कई राज्यों में क्षेत्रीय दलों का शासन स्थायित्व ग्रहण कर चुका है। प्रश्न यह है कि क्या राज्य सरकार द्वारा पारित

ऐसा विधेयक, जिससे केन्द्र की सत्तासीन सरकार सहमत नहीं है, को ऐसी स्थिति में मन्त्रिपरिषद की सलाह पर राष्ट्रपति को उस विधेयक को अस्वीकृत कर देना चाहिए?

भारत के संविधान में मन्त्रिपरिषद और राष्ट्रपति के बीच स्थापित अभिसमय और प्रथाओं के उपरान्त जो संशोधन हुए हैं, उससे भी समस्या का स्थायी समाधान नहीं हुआ है। कई बार ऐसी राजनीतिक स्थिति उत्पन्न हो सकती है, जिसमें राष्ट्रपति को अपने विवेक के आधार पर निर्णय लेना पड़ेगा। प्रधानमन्त्री की नियुक्ति और लोकसभा का विघटन–दोनों ही बातों पर विधिवेत्ता एकमत नहीं हैं। यह बहुत कुछ परिस्थितियों पर निर्भर करता है। डॉ. आम्बेडकर का कहना था कि राष्ट्रपति के पास स्वविवेक का अधिकार नहीं है। यह तो केवल विशेषाधिकार है, जिसका प्रयोग परिस्थितियों के अनुसार किया जा सकता है। वास्तव में देखा जाये तो राष्ट्रपति की भूमिका का अवसर तो तभी आता है, जब लोकसभा में किसी एक दल का बहुमत न बन पाये। वर्तमान में स्थितियाँ काफ़ी चुनौती भरी हैं। लगभग एक लम्बे समय से लोकसभा में किसी एक दल को स्पष्ट बहुमत प्राप्त नहीं हुआ है। वर्तमान में घटक राज्यों में राज्यपालों की एकपक्षीय भूमिका, सम्पूर्ण भारत राज्य पर प्रभाव डालने वाली घटना, केन्द्रीय मन्त्रिमण्डल के किसी सदस्य के सम्बन्ध में उठे विवाद पर राजनीतिक दलों के नेता सम्मिलित हो कर राष्ट्रपति के पास सरकार को बर्खास्त करने की अपील करते अक्सर देखे जाते रहे हैं। ऐसी स्थिति में जनसामान्य राष्ट्रपति भवन की ओर आशा की नज़र से देखे तो कोई आश्चर्य नहीं होगा। भारतीय राजव्यवस्था में राष्ट्रपति की भूमिका और स्थान का प्रश्न बहुत कुछ परिस्थितियों पर निर्भर करता है। संविधान के विद्वान लेखक डॉ. एम.वी. पायली का कथन वर्तमान में भी युक्ति संगत लगता है, जब वे कहते हैं कि ''शासक दल में अनुशासन के अभाव में छोटे–छोटे व्यक्ति आधारित समूह में टकराव, सत्ता हथियाने के लिए किसी माध्यम का उपयोग, राजनीतिज्ञों के भ्रष्ट आचरण, दलों की धूमिल छवि आदि ऐसी स्थितियाँ हैं, जो राष्ट्रपति के लिए सक्रिय तथा कारगर भूमिका निभाने का अवसर प्रदान करती हैं। अन्ततोगत्वा उसकी स्थिति और भूमिका राजनीतिक स्थितियों पर निर्भर करती है।''

राष्ट्रपति की शक्तियाँ, विशेष परिस्थितियों में उसकी भूमिका, तथा उसमें निहित क्षमता के सन्दर्भ में जो विमर्श हुआ, उसे यदि हम व्यावहारिक अनुभव के परिप्रेक्ष्य में देखें तो उपयुक्त होगा। विगत पाँच दशकों में राष्ट्रपति भवन में बैठे व्यक्ति की क्या भूमिका रही है, इसका अध्ययन संविधान के अध्येताओं के लिए आवश्यक है। भारतीय संविधान के अधिकांश अध्येता और लेखक इस मत के हैं कि पिछले पाँच दशकों में लगभग सभी राष्ट्रपतियों ने संवैधानिक प्रधान के रूप में ही कार्य किया है। उनका यह कहना है कि लगभग सभी राष्ट्रपति दलगत राजनीति से दूर रहे और उन्होंने व्यक्तिगत महत्त्वाकांक्षाओं की जगह परम्पराओं और अभिसमयों का ही अनुकरण किया। भारतीय संविधान के अध्येता नारमन डी. पामर ने राजव्यवस्था के संचालन से अभिभूत होकर इस तथ्य को स्वीकार किया है और कहा कि भारत इस अर्थ में भाग्यशाली रहा कि देश के पहले प्रधानमन्त्री और राष्ट्रपति पद पर श्री जवाहरलाल नेहरू तथा डॉ. राजेन्द्र प्रसाद जैसे व्यक्ति आसीन थे। उन्होंने अपने समय में स्वस्थ परम्पराएँ स्थापित कीं।

मोटे तौर पर यदि हम संविधान लागू होने के प्रारम्भिक काल पर दृष्टि डाल कर देखें तो यह कहना कदाचित ग़लत नहीं होगा कि डॉ. राजेन्द्र प्रसाद और पण्डित नेहरू के बीच कई मामलों पर मतभेद विद्यमान थे, किन्तु उनके काल में इन मतभेदों पर कोई संवैधानिक संकट उत्पन्न नहीं हुआ। सामाजिक, आर्थिक और धार्मिक मामलों में पण्डित नेहरू और डॉ. राजेन्द्र प्रसाद के बीच मतभेद काफ़ी गहरे थे। वे (राजेन्द्र प्रसाद) मुख्य रूप से हिन्दू कोड बिल, भूमि सुधार अधिनियम पर पण्डित नेहरू के समाजवादी रुझान के विरोधी थे। सामाजिक–आर्थिक नीतियों के प्रति उनका दृष्टिकोण सरदार पटेल, श्री राजगोपालाचार्य और श्री कृपलानी जैसे दक्षिणपन्थी लोगों के अधिक नज़दीक था। धार्मिक कर्मकाण्डों के प्रश्नों पर भी हम डॉ. राजेन्द्र प्रसाद को दकियानूसी और कर्मकाण्डी हिन्दू तबके के कहीं अधिक निकट पाते हैं। सोमनाथ मन्दिर के जीर्णोद्धार के अवसर पर उनकी उपस्थिति तथा बनारस के पण्डों के पाँव धोने की घटनाएँ इस बात की पुष्टि करती हैं। श्री नेहरू ने इस घटना पर अपना विरोध जतलाते हुए कहा भी था कि एक धर्मनिरपेक्ष गणतन्त्र के राष्ट्रपति द्वारा सार्वजनिक रूप से किसी पण्डे के पाँव धोना पद की गरिमा के प्रतिकूल है। डॉ. राजेन्द्र प्रसाद ने इस पर अपना दृष्टिकोण रखा कि यह उनका निजी मामला है और आध्यात्मिक गुरुओं के आगे कोई पद बड़ा नहीं है।

हिन्दू कोड बिल के प्रसंग पर भी तत्कालीन राष्ट्रपति और प्रधानमन्त्री के बीच मतभेद था। राष्ट्रपति ने इसे स्पष्ट तौर से अभिव्यक्त भी किया। संसद को अपने सन्देश में उन्होंने कहा, "व्यक्तिगत रूप से मैं इस विधेयक के विरुद्ध हूँ, किन्तु अगर संसद इसे पास कर देती है, तो मैं इस पर हस्ताक्षर कर दूँगा।" डॉ. राजेन्द्र प्रसाद के इस वक्तव्य को हम संसदीय परम्परा के अनुकूल व्यवहार के रूप में व्याख्यायित कर सकते हैं। कुछ सीमा तक यह बात युक्ति संगत भी लगती है। लेकिन प्रश्न यह है कि उन्होंने संसद को सन्देश के माध्यम से व्यक्तिगत विचारों या पूर्वाग्रहों से अवगत कराना आवश्यक क्यों समझा? क्या इस प्रसंग में उनके अन्दर बैठा राजनीतिज्ञ नहीं बोल रहा था? इसी तरह विश्वविद्यालय के विज़िटर के रूप में राष्ट्रपति की स्थिति, संवैधानिक प्रावधानों में मन्त्रिपरिषद की मन्त्रणा से सम्बन्धित अस्पष्ट भाषा के सम्बन्ध में आपत्ति, संसद को सन्देश भेजने, विधेयक पर स्वीकृति करने आदि मामलों में स्वतन्त्र रूप से निर्णय लेने की इच्छा यही दर्शाती है कि डॉ. राजेन्द्र प्रसाद शासन व्यवस्था में स्वतन्त्र और सक्रिय भूमिका निभाना चाहते थे, जो पण्डित नेहरू जैसे लोकप्रिय देदीप्यमान व्यक्ति के प्रधानमन्त्री रहते सम्भव नहीं हुआ।

छठे दशक के प्रारम्भ में राष्ट्रपति भवन में अपनी दार्शनिक छवि वाले डॉ. राधाकृष्णन आये। कहा जा सकता है कि वे पण्डित नेहरू की ही पसन्द थे। पण्डित नेहरू उनके लेखन और अविवादास्पद व्यक्तित्व से काफ़ी प्रभावित थे। डॉ. राधाकृष्णन के राष्ट्रपति काल में केवल एक प्रसंग के अतिरिक्त कोई ऐसा विवाद नहीं आया, जिसमें प्रधानमन्त्री और राष्ट्रपति के बीच मनमुटाव और मतभेद उत्पन्न हुआ हो। सन् 1962 में भारत–चीन संघर्ष के दौरान तत्कालीन रक्षामन्त्री कृष्णमेनन को मन्त्रिमण्डल से हटाने का मामला काफ़ी तूल पकड़ चुका था। पण्डित नेहरू श्री कृष्णमेनन की वामपन्थी विचारधारा, प्रखर बुद्धि एवं श्रेष्ठ वक्ता जैसे गुणों से बहुत प्रभावित थे। वे कृष्णमेनन को हटाने के पक्ष में नहीं थे। ऐसा कहा जाता है कि डॉ. राधाकृष्णन ने पण्डित नेहरू को वस्तुस्थिति से अवगत करा कर यहाँ तक कहा कि यदि श्री मेनन मन्त्रिमण्डल से नहीं हटते हैं, तो पण्डित नेहरू को भी बड़ी कीमत चुकानी पड़ सकती है। इस प्रसंग के अतिरिक्त कोई अन्य विवाद या घटना घटित नहीं हुई। राधाकृष्णन ने एक संवैधानिक अध्यक्ष की परम्पराओं का अनुकरण करते हुए अपना कार्यकाल पूरा किया।

डॉ. राधाकृष्णन के पश्चात राष्ट्रपति भवन में जो भी महानुभाव आये, चाहे वे डॉ. जाकिर हुसैन हों या श्री वी.वी. गिरि, सभी ने संवैधानिक अध्यक्ष की भूमिका का ही निर्वाह किया। इन दोनों राष्ट्रपतियों ने वास्तव में देखा जाये तो इंग्लैंड के सम्राट की तरह बिन्दुकित पंक्तियों पर ही हस्ताक्षर किये। यहाँ यह कहना प्रासंगिक होगा कि छठे व सातवें दशक में श्रीमती इन्दिरा गाँधी प्रधानमन्त्री पद पर विराजमान थीं। वे वास्तव में एक शक्तिशाली प्रधानमन्त्री थीं। उनके व्यक्तित्व, लोकप्रियता और संसद में स्थिति के कारण शायद ही कभी दोनों पदाधिकारियों के बीच तनाव या मतभेद की स्थिति उत्पन्न हुई हो।

मार्च, 1977 में भारतीय राजनीतिक परिदृश्य पर रेखांकित करने योग्य परिवर्तन हुआ। स्वतन्त्रता के बाद पहली बार ग़ैर–कांग्रेसी गठबन्धन से बनी जनता पार्टी ने देश के शासन की बागडोर सँभाली। पहली बार पुनः राष्ट्रपति के लिए श्री संजीव रेड्डी का नाम प्रस्तावित किया गया, जिसे लगभग सभी राजनीतिक दलों ने सहमति प्रदान की। जनता पार्टी की स्थापना से लेकर समाप्ति तक हुए कई चमत्कारों में ये भी एक चमत्कार ही मानना चाहिए कि राष्ट्रपति पद के लिए अन्य उम्मीदवारों को कोई प्रस्तावक और समर्थक तक नहीं मिला। श्री संजीव रेड्डी ने अपने राष्ट्रपति काल में एक संवैधानिक अध्यक्ष के रूप में कार्य करते रहने को स्वीकार नहीं किया। ऐसा भी कहा जाता है कि उन्होंने कितनी ही बार राष्ट्रपति भवन की लक्ष्मण रेखा लाँघ कर शासन–प्रशासन में जितना हस्तक्षेप करने का प्रयत्न किया, उतना पूर्व में किसी राष्ट्रपति ने नहीं किया। ऐसा कहा जाता है कि डॉ. राजेन्द्र प्रसाद ने चिह्नित पंक्तियों पर हस्ताक्षर करने से इनकार कर कई बार श्री नेहरू को परेशानी में डाला था। लेकिन श्री संजीव रेड्डी ने तो उन्हें भी नेपथ्य में धकेल दिया। उन्होंने समय–समय पर विभिन्न मामलों पर श्री मोरारजी देसाई को जो पत्र लिखे, वे उनके न केवल अति उत्साही अपितु राजनीतिज्ञ और सधे हुए कूटनीतिज्ञ चेहरे को उजागर करते हैं। इन पत्रों के माध्यम से राष्ट्रपति ने प्रधानमन्त्री की विदेश यात्रा, देश की आर्थिक स्थिति, निजी सचिव की नियुक्ति, उनके पुत्र कान्ति देसाई की गतिविधियाँ आदि अनेक प्रसंगों पर प्रधानमन्त्री से जवाब–तलब किया था।

राष्ट्रपति संजीव रेड्डी ने श्री मोरारजी देसाई को लिखा कि "मैंने अपने राष्ट्रपति निवास में अपनी क्षमतानुसार काफ़ी धैर्य और दृढ़ता से कार्य किया है और आपको समय–समय पर सलाह, आगाह और उत्साहवर्धन भी किया है।

आपके और मेरे व्यक्तिगत रूप से बड़े मधुर सम्बन्ध रहे, लेकिन व्यक्तिगत सम्बन्ध और सार्वजनिक जीवन के कर्तव्यों में राष्ट्रीय हित की दृष्टि से सीमारेखा को समझना चाहिए। मुझे भारत के राष्ट्रपति होने के नाते अपने संवैधानिक दायित्वों की पूर्ण जानकारी है।''

14 जनवरी, 1979 को राष्ट्रपति रेड्डी ने प्रधानमन्त्री को एक और पत्र लिखा, जिसमें उन्होंने श्री मोरारजी देसाई को उनके पुत्र श्री कान्ति देसाई की हरक़तों की ओर ध्यान दिलाया। उन्होंने लिखा :

> ''मुझे एक ऐसे मित्र ने, जो केबिनेट के वरिष्ठ मन्त्री रह चुके हैं, बताया कि आपकी विदेश यात्रा के दौरान आपके पुत्र श्री कान्ति देसाई जुआघर गये और काफ़ी बड़ी रक़म हार गये। मैं आपको यह बताना अपना कर्तव्य समझता हूँ कि श्री कान्ति देसाई को साथ रखना आपकी प्रतिष्ठा की दृष्टि से उचित नहीं है।''[15]

पूर्व राष्ट्रपति श्री संजीव रेड्डी के ऐसे अनेक पत्र हैं जो जनता शासन की गतिविधियों और दिग्गज नेताओं के बीच चल रहे संघर्ष की कहानी कहते हैं। उन सबका ब्योरा देना प्रासंगिक नहीं है। प्रासंगिक तो केवल यह है कि राष्ट्रपति ने कितना हस्तक्षेप किया और संवैधानिक दृष्टि से क्या ऐसा हस्तक्षेप न्यायोचित था? भारतीय शासन व्यवस्था का अध्येता निश्चय ही राष्ट्रपति के इस रवैये को न्यायसंगत नहीं कहेगा। 'द मोरार जी पेपर्स' के सम्पादक–लेखक से मोरारजी देसाई ने एक प्रश्न किया, उसका उल्लेख प्रासंगिक है। उन्होंने श्री संजीव रेड्डी के व्यवहार पर टिप्पणी करते हुए पूछा कि ''जैसा उन्होंने मेरे साथ बर्ताव किया है और पूछताछ की है, क्या वे श्रीमती इन्दिरा गाँधी को पूछने का साहस कर सकते हैं?'' ऐसे प्रश्न का उत्तर 'नहीं' में दिया जा सकता है। इसका कारण भी स्पष्ट है। एक सशक्त, दृढ़–निश्चयी, लोकप्रिय इन्दिरा गाँधी जैसे प्रधानमन्त्री के साथ कोई राष्ट्रपति ऐसा बर्ताव नहीं कर सकता।[16]

जनता पार्टी शासन के राष्ट्रपति श्री संजीव रेड्डी की भूमिका का मूल्यांकन करते समय हमें जनता पार्टी की आन्तरिक गुटबाजी, दिग्गज नेताओं में प्रधानमन्त्री बनने की होड़, पार्टी में अनुशासनहीनता तथा घटकवाद की राजनीति को मद्देनज़र रखना होगा। इसी स्थिति का संजीव रेड्डी ने लाभ उठाया और जनता राज के सभी दिग्गजों को धराशाही कर दिया। इस काल की राजनीतिक ऊहापोह हमें यह बताती है कि दलीय व्यवस्था

में अनुशासन के अभाव में एक राजनीतिज्ञ और महत्त्वाकांक्षी राष्ट्रपति सारे घटनाक्रम को अपने पक्ष में कर सकता है, बल्कि यह कहना चाहिए, राजनीतिक पहल की शक्ति उसके हाथ में आ सकती है।

जनता पार्टी शासन के बाद भी भारतीय राजनीतिक परिदृश्य पर राजनीतिक अस्थिरता और अनिश्चयता की स्थिति निरन्तर बनी रही है। नब्बे के दशक के उपरान्त केन्द्र में कई राष्ट्रीय और क्षेत्रीय और यहाँ तक कि स्थानीय राजनीतिक दलों से मिली–जुली सरकारें बन रही हैं। राजग (राष्ट्रीय जनतान्त्रिक गठबन्धन) और कांग्रेस के नेतृत्व में संप्रग (संयुक्त प्रगतिशील गठबन्धन) इसके उदाहरण हैं। ये सरकारें और इनसे जुड़े दल निरन्तर अपनी राजनीतिक शक्ति को बनाये रखने और सुदृढ़ करने व विस्तार को ध्यान में रखते हुए काफ़ी बन्धनों व दबावों में कार्य करते हैं। कब कौन समर्थन वापस ले ले, इसका कोई अता–पता नहीं है। प्रधानमन्त्री और उसके दल को बहुत ही फूँक–फूँक कर क़दम रखने होते हैं। ऐसी स्थिति में राष्ट्रपति भवन में बैठा व्यक्ति यदि महत्त्वाकांक्षी और चतुर है तो वह अपनी शक्ति का अहसास ही नहीं, बल्कि भारत की राजनीतिक व्यवस्था में अपनी नयी भूमिका की नींव भी रख सकता है।

समापन

राष्ट्रपति की स्थिति और भूमिका के सम्बन्ध में विभिन्न मत मतान्तरों के परिप्रेक्ष्य में यही कहना यथोचित होगा कि राष्ट्रपति एक संवैधानिक अध्यक्ष है। प्रारूप समिति के सदस्यों की राय इस सम्बन्ध में बिलकुल स्पष्ट थी। इस पद का सृजन करते समय उनके मानस पटल पर ब्रिटेन के सम्राट की छवि अंकित थी। उनकी अपेक्षा भी यही थी कि राष्ट्रपति एक संवैधनिक अध्यक्ष के रूप में कार्य करने को बाध्य है। उसे अभिसमय और परम्पराओं की लक्ष्मण रेखाओं के भीतर ही रहना है। इससे बाहर क़दम रखना संविधान का उल्लंघन है।

भारत के संविधान के कार्यकारण पर दृष्टि डाल कर देखें तो यही कहना उचित होगा कि राष्ट्रपति भवन में जो भी महानुभाव आये, उन्होंने संसदीय व्यवस्था की परम्पराओं का निर्वाह किया। लेकिन भारत के राजनीतिक अभिजन की स्थिति राष्ट्रपति पद के सम्बन्ध में बहुत सीमा तक अस्पष्ट और असमंजस की रही है। जब कोई राजनीतिक दल केन्द्र में सत्तासीन होता है, तो प्रधानमन्त्री और पूरी केबिनेट यही चाहती है कि

राष्ट्रपति रेखांकित बिन्दुओं पर हस्ताक्षरित कर दे। जब कभी राष्ट्रपति ने मन्त्रिपरिषद के फ़ैसले पर पुनर्विचार करने को कहा, केबिनेट ने संविधान के अनुच्छेद अभिसमय और परम्पराओं का हवाला देकर यही दर्शाया कि राष्ट्रपति को इसमें हस्तक्षेप नहीं करना चाहिए। वही राजनीतिक दल जब विपक्ष में होता है, तो उसकी राष्ट्रपति से अलग तरह की अपेक्षाएँ होती हैं। विपक्षी दल समूह बना कर राष्ट्रपति के पास सरकार को बर्खास्त करने की अपील करते हैं। कई बार भ्रष्टाचार के मामलों में राष्ट्रपति से हस्तक्षेप की माँग भी करते हैं। संघ राज्य के कई घटक राज्य की क़ानून और व्यवस्था की बिगड़ती स्थिति, अराजकता, साम्प्रदायिक दंगे आदि मामलों पर विपक्षी राजनीतिक दल राष्ट्रपति के पास कारगर क़दम उठाने की अपील ले कर जाते हैं। वे चाहते हैं कि राष्ट्रपति ऐसे मामलों में उचित क़दम उठाये। वे अच्छी तरह जानते हैं कि भारत में संसदीय प्रणाली है और इस व्यवस्था के अन्तर्गत राष्ट्रपति की अपनी मर्यादाएँ और सीमाएँ हैं। उसे ग्रेट ब्रिटेन के सम्राट की तरह ही अपने उत्तरदायित्व का 'निर्वाह' करना होता है। संविधान के अनुच्छेद तो ये दर्शाते हैं कि राष्ट्रपति एक शक्तिशाली अध्यक्ष है, लेकिन संसदीय प्रणाली के कार्यान्वयन और सफल संचालन के लिए उनका उपयोग केबिनेट ही करती है।

देश के संविधान के अध्येता भी राष्ट्रपति की भूमिका पर असमंजस की स्थिति में हैं। कई बार ऐसी परिस्थितियाँ आती हैं, जिसमें केन्द्रीय मन्त्रिमण्डल कई कारणों से त्वरित कार्रवाई अथवा निर्णय नहीं ले पाता। ऐसे समय में कई लोगों की यह अपेक्षा होती है कि राष्ट्रपति इन सबको दरकिनार कर कोई निर्णय ले। उनकी अपेक्षा यह है कि राष्ट्रपति को समय–समय पर अपनी निर्णायक भूमिका अदा करनी चाहिए। यह मूलतः व्यवस्था की दृष्टि से सही सोच नहीं है। संसदीय प्रणाली में मन्त्रिमण्डल को ही निर्णय लेना है। यदि उसके निर्णय जनभावना के अनुरूप नहीं हैं और आमजन उसकी रीति–नीति से असहमत है, तो मतदाता के समक्ष केवल एक ही विकल्प है और वह है चुनाव में सरकार को बदल देना। वर्तमान संवैधानिक व्यवस्था में इसके अतिरिक्त कोई दूसरा विकल्प नहीं है।

सन्दर्भ

1. *द स्टेट्समैन,* कलकत्ता, 29, नवम्बर, 1960
2. गोयल ओ.पी., *इंडियन गवर्नमेंट एंड पोलिटिक्स,* पृ. 101–02
3. *द स्टेट्समैन,* 16 दिसम्बर, 1960

4. दास बी.सी., *पोलिटिकल डवलेपमेंट इन इंडिया,* पृ. 118–19
5. आम्बेडकर, *संविधान सभा बहस, खण्ड*–8, पृ. 206–07 व 213
6. ग्लैडहिल, *द रिपब्लिक ऑफ़ इंडिया,* पृ. 107–08
7. गोयल ओ.पी., *इण्डियन गवर्नमेंट एंड पोलिटिक्स,* पृ. 108
8. बैनर्जी, डी.एन., *सम आसपेक्ट्स ऑफ़ द इंडियन कॉन्स्टीट्यूशन* से उद्धृत, पृ. 50
9. राजेन्द्र प्रसाद, *संविधान सभा बहस, खण्ड*–10, पृ. 988
10. वही
11. आम्बेडकर, *संविधान सभा बहस, खण्ड*–7, पृ. 31–33
12. *सुप्रीम कोर्ट रिपोर्ट से 1955, 2 एस.सी.आर., भाग जु. 1955*
13. बार्कर, अर्नेस्ट, *एसेज ऑन गवर्नमेंट,* द्वितीय संस्करण, पृ. 3–4
14. बसु, डी.डी., *भारत का संविधान,* पृ. 212
15. गाँधी, अरुण, *द मोरारजी पेपर्स,* पृ. 14–15
16. वही

(सन्दर्भ ग्रन्थ : नेशनल पब्लिशिंग हाउस, दिल्ली से प्रकाशित लेखक की पुस्तक 'भारतीय संविधान और राजनीति')

अध्याय–12

आपातकालीन शक्तियाँ : तानाशाही की आधारशिला-एक विश्लेषण

-वेददान सुधीर

भारतीय संविधान के अन्यान्य पहलुओं की तरह राष्ट्रपति को प्रदत्त आपातकालीन शक्तियों का अध्याय सर्वाधिक आलोचना का विषय रहा है। संविधान सभा में कतिपय सदस्यों ने इन उपबन्धों को संविधान में सन्निहित किये जाने का ज़बर्दस्त विरोध किया था। उनका विरोध अविवेकपूर्ण या आधारहीन नहीं कहा जा सकता। उनका कहना था कि राष्ट्रपति को ऐसे अधिकार देना अधिनायकवादी राज्य की आधारशिला और पुलिस राज्य की स्थापना करना है। उन्होंने यह भी कहा कि ये उपबन्ध स्वतन्त्रता आन्दोलन के दौरान सँजोये सपने, जनतान्त्रिक व्यवस्था के मूल्य और नागरिकों की गरिमा को बनाये रखने के प्रतिकूल हैं। प्रजातन्त्रीय व्यवस्था में अटूट विश्वास रखने वाली जमात के प्रतिनिधियों ने प्रारूप समिति को यह स्मरण दिलाया कि संविधान में प्रस्तावित ये सब आपात उपबन्ध उन सब सिद्धान्तों, लक्ष्यों और आदर्शों के प्रतिकूल हैं, जिनके लिए हज़ारों लोगों ने हँसते–हँसते अपने प्राण न्योछावर कर दिये थे।

बीसवीं शताब्दी के प्रारम्भिक दशकों में यूरोप में घटित ऐतिहासिक घटनाएँ भी आलोचकों के तर्क का आधार बनीं। अपने तर्क की परिपुष्टि के लिए उन्होंने जर्मनी का हवाला देते हुए कहा कि वहाँ के संविधान में इसी तरह के प्रावधान थे, जिनका सहारा लेकर हिटलर तानाशाह बन गया था। उनका कहना था कि इन उपबन्धों के माध्यम से भारत का राष्ट्राध्यक्ष भी तानाशाह बन सकता है। ये अधिकार किसी भी सत्तालोलुप महत्त्वाकांक्षी

व्यक्ति के लिए सर्वशक्तिमान बनने का मार्ग प्रशस्त करते हैं। सारांशतः इन उपबन्धों का विरोध करने वालों का कहना था कि प्रजातन्त्रीय व्यवस्था के साथ इनका कोई तालमेल नहीं है, बल्कि इसके विपरीत ये प्रावधान एक स्वतन्त्र राजनीतिक समाज के लिए आत्मघाती हैं।

परिस्थितिजन्य दबाव

कतिपय सदस्यों द्वारा संविधान सभा में घोर विरोध के उपरान्त भी आपातकाल उपबन्धों का सन्निवेश क्यों कर आवश्यक समझा गया, इसका उत्तर तत्कालीन परिस्थितियों में ढूँढ़ सकते हैं। एक ओर जनतन्त्रीय व्यवस्था के नाम पर जहाँ इस तरह के प्रावधानों का विरोध किया जा रहा था, वहीं दूसरी ओर राजनीतिक, साम्प्रदायिक और हिंसात्मक स्थितियों में व्यवस्था को बनाये रखने के आधार पर इन प्रावधानों को आवश्यक समझा गया। प्रारूप समिति के सदस्यों और इस व्यवस्था के पक्षधरों के समक्ष प्रश्न मात्र सैद्धान्तिक अथवा आदर्श के धरातल तक ही सीमित नहीं था, अपितु व्यावहारिक स्तर पर क्या सम्भव एवं उपादेय है, यह कहीं अधिक महत्त्व का था।

इस प्रसंग पर विचार कर देखें तो व्यावहारिक पक्ष को नज़रअन्दाज़ करना कठिन है। यह सही है कि स्वतन्त्रता एक राजनीतिक समाज की अमूल्य निधि है, जिसके अभाव में स्वतन्त्र सामाजिक व्यवस्था की कल्पना दूभर है। मानव की श्रेष्ठ प्रवृत्तियों की अभिव्यक्ति, सामाजिक एवं सांस्कृतिक विकास, व्यक्ति के गौरव और गरिमा की दृष्टि से यह अपरिहार्य भी है। किन्तु समस्या का एक दूसरा पहलू भी है जो हमारा समान रूप से ध्यान आकर्षित करता है। प्रश्न यह है कि क्या उस राजनीतिक समाज के अस्तित्व और स्थिरता को आन्तरिक एवं बाध्य विखण्डकारी तत्त्वों की खुली चुनौती के रहते नयी राजनीतिक समाज की संरचना और संविधान फलीभूत हो सकते हैं?

राष्ट्रीय राज्य के अपने तकाज़े और परिसीमाएँ हैं। एक नवजागृत राष्ट्र की अपनी प्रसव पीड़ाएँ हैं। क्या उन सबको दरकिनार कर मात्र सिद्धान्त और आदर्शों की नींव पर राज्य व्यवस्था का निर्माण सम्भव है? क्या हम उन सब परिस्थितियों और चुनौतियों को दृष्टि से ओझल कर सकते हैं जो एक राष्ट्र के निर्माणकाल में मुँह बाँये खड़ी हैं? क्या नागरिक स्वतन्त्रता, सभा संगठन और न्याय की सुरक्षा, शान्ति व्यवस्था और जनसाधारण के

व्यापक हितों की देखभाल महत्त्वपूर्ण नहीं? तुलनात्मक दृष्टि से ये ही कुछ मूल प्रश्न थे, जिनके सन्दर्भ में संविधान सभा को निर्णय लेना था। संविधान सभा की कार्यवाही का अध्ययन यही स्पष्ट करता है कि इन उपबन्धों के पीछे परिस्थितियों का तर्क कहीं अधिक बलवान सिद्ध हुआ है।

संविधान के रचनाकाल की परिस्थितियों पर विहंगम दृष्टि डाल कर देखें तो यह कहना पर्याप्त होगा कि वह समय मामूली नहीं था। अपितु यों कहना चाहिए कि स्थितियाँ कहीं अधिक विषम एवं विनाशकारी थीं। जो लोग भारत का अनिष्ट चाहते थे उनकी बात जाने दें, कर्तव्यनिष्ठ एवं कर्मनिष्ठ भारतीयों के लिए भी यह आत्मसात करना कठिन था कि यह देश एकमेव रह कर स्थायी राजव्यवस्था स्थापित करने में सक्षम होगा। भारत विभाजन की त्रासदी और उससे उत्पन्न समस्याओं का अम्बार, साम्प्रदायिक उपद्रवों से उपजी हिंसा, लूटपाट, दक्षिणी भू–भाग में रजाकरों का उत्पात, तेलंगाना में साम्यवादी जमात की खुली चुनौती जैसी समस्याएँ विकराल रूप में प्रकट हुईं। इसके अतिरिक्त देशी रजवाड़ों की घिनौनी भूमिका भी कम चुनौती भरी नहीं थी। उनकी राष्ट्रविरोधी और जनविरोधी गतिविधियाँ अब इस देश के राजनीतिक इतिहास का अंग बन चुकी हैं। अपने आका अंग्रेज़ प्रभुओं के कूच कर जाने के पश्चात इनकी गतिविधियाँ और कार्यकलापों को दोहराने की आवश्यकता नहीं है। तत्कालीन परिस्थितियों का आकलन करते समय यह कहना ही पर्याप्त होगा कि जोधपुर, जूनागढ़, कश्मीर और हैदराबाद जैसे रजवाड़ों ने राजनीतिक एकीकरण की प्रक्रिया को अवरुद्ध करने की जी तोड़ कोशिश की, उसे कौन नहीं जानता। यह तो तत्कालीन राजनीतिक अभिजन की सूझ–बूझ, दृढ़ निश्चय और परिस्थितियों के दबाव के कारण सुलझ गयी, यह बड़े सन्तोष की बात है।

सारांशतः इन सब तथ्यों के उल्लेख का मन्तव्य उन परिस्थितियों की ओर ध्यान आकर्षित करना है, जिनका सीधा प्रभाव संविधान प्रक्रिया पर पड़ा है। परिस्थितियों के तकाज़े और गम्भीरता की अनुभूति सभा के भीतर भी विद्यमान थी। सम्भवतः इसीलिए उन्होंने संकटकाल में कार्यपालिका के हाथ मज़बूत करने की वकालत की। इस सन्दर्भ में श्री नसीरुद्दीन अहमद के वक्तव्य को प्रस्तुत कर सकते हैं, जिसमें इसी तरह का मानस परिलक्षित होता है। तत्कालीन राजनीतिक स्थितियों पर उन्होंने कहा :

"युद्ध का भय, मात्र आशंका ही नहीं, अपितु वास्तविकता है। किसी भी छोटी बात पर दुनिया के किसी भी कोने में युद्ध भड़क सकता है और समूचे विश्व को अपनी चपेट में ले सकता है। यही बात आन्तरिक सुरक्षा और शान्ति के सम्बन्ध में कही जा सकती है। देश के भीतर विघटनकारी तत्त्वों का ख़तरा निरन्तर बना हुआ है। ये तत्त्व जनतन्त्रीय पद्धति के सुगम संचालन में बाधा उत्पन्न करते हैं। विघटनकारी और अराजकतावादी शक्तियाँ सर्वत्र विद्यमान हैं। जहाँ जानमाल का ख़तरा हो, शासन के स्थायित्व का अन्देशा हो, वहाँ ऐसे अधिकारों के बिना कैसे काम चलेगा? जनतन्त्र के शैशवकाल में तो इस तरह के अधिकार और भी आवश्यक हैं। मेरी इच्छा है कि ऐसी घोषणा कभी न हो, किन्तु इसकी आवश्यकता को नज़रअन्दाज़ नहीं किया जा सकता। अतः ये शक्तियाँ रहनी चाहिए।"[1]

सर अलादी कृष्णास्वामी अय्यर का कहना था कि स्वतन्त्रता के सिद्धान्तों की महत्ता को समझते हुए भी संघ राज्य की सुरक्षा आवश्यक है। युद्ध मेग्नाकार्टा के सिद्धान्तों पर नहीं लड़ा जाता। संविधान सभा की बैठक में उन्होंने कहा :

"सदन को मैं यह याद दिलाना चाहता हूँ कि मेग्नाकार्टा के सिद्धान्तों से आप युद्ध नहीं लड़ सकते। अभिव्यक्ति, सभा संगठन तथा स्वतन्त्रता उसी परिस्थिति में बनी रहती है जबकि राज्य का अस्तित्व बना रहे और उसकी सुरक्षा की गारण्टी हो, वरना इन अधिकारों का अस्तित्व ही नहीं रहेगा। हम एक ऐसी परिस्थिति में हैं जहाँ युद्ध का ख़तरा बना हुआ है। करोड़ों लोगों की श्रद्धा बँटी हुई है, चाहे तकनीकी दृष्टि से वे भारत के नागरिक हैं। भाषण की अभिव्यक्ति का दुरुपयोग भी हो सकता है। वह हमारे देश के स्रोतों को पंगु भी कर सकते हैं। यदि हम यह स्वीकार कर लें कि राष्ट्र का अस्तित्व बना रहे और उसकी रक्षा होनी है, तो इस पर एतराज़ नहीं होना चाहिए। यह संविधान का प्राण है। ये प्रावधान उसे मृत्यु से बचाने में सहायक होंगे।"[2]

प्रारूप समिति के अध्यक्ष डॉ. आम्बेडकर का कहना था कि राष्ट्रीय संकट की स्थिति में देश की सुरक्षा और शान्ति व्यवस्था बनाये रखने का प्रश्न नागरिक स्वतन्त्रता एवं संघ राज्य के सिद्धान्तों से कहीं अधिक महत्त्वपूर्ण है। मूलतः यह प्रश्न वरीयता का है। हम विषम परिस्थितियों में प्रान्त के प्रति आस्थावान हों अथवा समूचे राष्ट्र के प्रति? डॉ. आम्बेडकर की दृष्टि में व्यापक राष्ट्रीय हित सर्वोपरि था। इन उपबन्धों के औचित्य पर उन्होंने कहा :

> "संविधान में वर्णित ये उपबन्ध सामान्य स्थिति की विशेषताएँ नहीं हैं। इनका उपयोग केवल संकट के समय ही सम्भव है। इस सम्बन्ध में दूसरा महत्त्वपूर्ण प्रश्न यह है कि क्या हम संकट के समय केन्द्र को इन अधिकारों से वंचित रख सकते हैं? जो महानुभाव केन्द्र सरकार को ऐसे अधिकार देने के पक्ष में नहीं हैं, वस्तुतः वे इस समस्या की गहराई से परिचित नहीं हैं। इस समस्या को समझने के लिए विशेष दृष्टिकोण से सोचना होगा। अधिकांश लोग इस बात से सहमत हैं कि संकट के समय नागरिक की आस्था अपने प्रान्त की अपेक्षा केन्द्र में होनी चाहिए, क्योंकि ऐसे समय में केन्द्र सरकार ही सार्वजनिक हित का प्रतिनिधित्व कर सकती है। केन्द्र को ऐसे अधिकार प्रदान करने के पीछे यही प्रयोजन है। वास्तव में देखा जाये तो इकाई राज्यों का इस सम्बन्ध में दायित्व ही क्या है? यही कि वे अपने स्थानीय हितों के साथ समूचे राष्ट्र के व्यापक हितों को महत्ता दें।"[3]

संविधान सभा के आपात उपबन्धों की बहस पर दृष्टिपात करें तो यही निष्कर्ष निकलता है कि संविधान निर्माता राष्ट्र की एकता और अखण्डता को अक्षुण्ण बनाये रखने पर अधिक चिन्तित थे। प्रजातन्त्रीय व्यवस्था के सैद्धान्तिक आधार, नागरिक स्वतन्त्रता की महत्ता तथा संघ राज्य की आवश्यकताओं से भली–भाँति परिचित हुए भी उन्होंने आपात उपबन्धों की व्यवस्था को समाहित किया। यह इस तथ्य को लाता है कि तत्कालीन परिस्थितियों में देश के विघटन और व्यवस्था में अवरोध की आशंकाएँ उनके मानस पर आच्छादित थीं और वे सिद्धान्तों के नाम पर किसी भी तरह का जोखिम उठाने को तैयार नहीं थे। उनकी दृष्टि में, जैसा कि डॉक्टर आम्बेडकर ने कहा, प्रश्न तुलनात्मक दृष्टि से वरीयता का था।

स्थानीय हित की तुलना में व्यापक राष्ट्रीय हित का था। राष्ट्र के समूचे ताने–बाने की सुरक्षा, एकता तथा नवजात जनतन्त्रीय पद्धति को आन्तरिक और बाहरी झँझावतों तथा विघटनकारी झटकों से बचाने की उत्कण्ठा ही इन उपबन्धों का आधार बनती नज़र आती है।

आपात शक्तियाँ

संविधान में भारत के राष्ट्रपति के संकटकालीन अधिकार अनुच्छेद 352 से 360 में वर्णित हैं। इन उपबन्धों का गहराई से अध्ययन करें तो कहना होगा कि ये अधिकार पर्याप्त रूप से विस्तृत, व्यापक एवं प्रभावशाली हैं। संविधान में वर्णित इन उपबन्धों के अन्तर्गत राष्ट्रपति तीन प्रकार से आपातस्थिति घोषित करने में सक्षम है। प्रथम परिच्छेद के अनुसार :

1. यदि राष्ट्रपति को यह सुनिश्चित हो जाता है कि गम्भीर आपात स्थिति विद्यमान है जिसमें युद्ध या बाह्य आक्रमण या सशस्त्र विद्रोह से भारत या उसके राज्य क्षेत्र के किसी भाग की सुरक्षा संकट में है, तो वह उद्‌घोषणा कर सम्पूर्ण भारत या उसके राज्य क्षेत्र के ऐसे भाग के सम्बन्ध में जो उद्‌घोषणा में विनिर्दिष्ट किया जाये, इस आशय की घोषणा कर सकेगा (अनुच्छेद 352)।
   स्पष्टीकरण : यदि राष्ट्रपति को यह समाधान हो जाता है कि युद्ध, बाह्य आक्रमण या सशस्त्र विद्रोह का संकट सन्निकट है, तो वह घोषित की जाने वाली आपात स्थिति की उद्‌घोषणा कर सकता है कि युद्ध या बाह्य आक्रमण या सशस्त्र विद्रोह से भारत या उसके राज्यक्षेत्र के किसी भाग की सुरक्षा संकट में है। यह उद्‌घोषणा युद्ध या ऐसे किसी आक्रमण या विद्रोह के वास्तव में होने से पहले भी की जा सकेगी।
2. खण्ड एक के अधीन जारी की गयी उद्‌घोषणा में किसी पश्चातवर्ती उद्‌घोषणा द्वारा परिवर्तन किया जा सकेगा या उसको वापस लिया जा सकेगा।
3. खण्ड एक के अधीन उद्‌घोषणा या ऐसी उद्‌घोषणा में परिवर्तन करने वाली उद्‌घोषणा राष्ट्रपति तब तक जारी नहीं करेगा जब तक संघ का मन्त्रिमण्डल, अर्थात वह परिषद जो अनुच्छेद 75 के अधीन प्रधानमन्त्री और मत्रिमण्डल स्तर के अन्य मन्त्रियों से मिल कर बनती है, यह विनिश्चय कि ऐसी उद्‌घोषणा

जारी की जाये, उसकी लिखित रूप से सिफ़ारिश राष्ट्रपति से नहीं करते हैं।

राष्ट्रपति द्वारा घोषित आपात की व्यवस्था अपने आप में पूर्ण तथा अनियन्त्रित नहीं है। इससे राष्ट्रपति के हाथ बँधे हुए हैं। प्रथम तो राष्ट्रपति द्वारा संकटकाल तभी घोषित किया जा सकता है, जब मन्त्रिमण्डल लिखित रूप में परामर्श दे। दूसरा, आपातकाल युद्ध, बाहरी आक्रमण तथा सशस्त्र विद्रोह की स्थिति में ही घोषित किया जा सकता है। केवल आन्तरिक अशान्ति के नाम पर ऐसा क़दम नहीं उठाया जा सकता। तीसरा, संकटकाल की घोषणा किये जाने के दो माह के अन्दर इसे संसद के प्रत्येक सदन में प्रस्तुत करना आवश्यक है। संसद में ऐसी घोषणा यदि ऐसे समय में की गयी हो जब लोकसभा भंग की जा चुकी है अथवा घोषणा करने के दो महीने पहले भंग कर दी जाये और राज्यसभा इसका अनुमोदन कर दे तो ऐसी घोषणा लोकसभा के पुनर्गठन के तीस दिन पश्चात समाप्त हो जायेगी। ऐसी घोषणा संसद की स्वीकृति से एक बार में छह महीने के लिए बढ़ायी जा सकती है।

आपातकालीन घोषणा का प्रभाव

जहाँ तक कार्यपालिका का प्रश्न है, आपातकालीन घोषणा के अन्तर्गत भारत सरकार को किसी भी राज्य को निर्देश देने की शक्ति मिल जाती है। राज्य सरकार निलम्बित नहीं की जाये, फिर भी वह संघ की कार्यपालिका के पूर्ण नियन्त्रण में होगी। सम्पूर्ण देश का प्रशासन एकात्मक राज्य के रूप में परिवर्तित हो जायेगा।

1. आपातस्थिति की उद्घोषणा के पश्चात संसद विधि द्वारा उसे एक बार में एक वर्ष से अनाधिक के लिए बढ़ा सकती है।
2. आपातकालीन घोषणा के पश्चात भारत की संसद की विधायी शक्तियों का अपने आप विस्तार हो जाता है। अनुच्छेद 246 (3) द्वारा सूची दो के द्वारा लगायी गयी मर्यादाएँ हट जाती हैं। दूसरे शब्दों में, संसद को राज्य सूची के बारे में विधि निर्माण की शक्ति मिल जाती है। अनुच्छेद 250(1) की उद्घोषणा से राज्य विधानमण्डल निलम्बित नहीं होगा, किन्तु विधायी शक्तियों का वितरण निलम्बित हो जाता है और संसद किसी भी विषय पर विधि निर्माण कर सकती है।

3. संघ की इन शक्तियों में जो विस्तार होता है उससे संघ विधियों को क्रियान्वित करने के लिए संघ की कार्यपालिका को शक्तियाँ प्रदान करने या कर्तव्य निर्वहन के लिए विधि बना सकेगा। भले ही ऐसे विषय सामान्यतया राज्य की अधिकारिता में आते हों {अनुच्छेद 353(ख)}।
4. आपातकालीन घोषणा के लागू रहने के समय राष्ट्रपति को संघ और राज्यों के बीच वित्तीय संसाधनों का आवंटन नये सिरे से करने की संवैधानिक शक्ति प्राप्त है (अनुच्छेद 268–279)। लेकिन राष्ट्रपति का ऐसा आदेश वित्तीय वर्ष की समाप्ति के बाद लागू नहीं रहेगा और दूसरा, राष्ट्रपति का ऐसा आदेश संसद के अनुमोदन पर ही लागू होगा (अनुच्छेद 354)।

राज्य में संवैधानिक तन्त्र के विफल होने की उद्घोषणा

अनुच्छेद 356 के अन्तर्गत किसी राज्य में संवैधानिक व्यवस्था के विफल हो जाने की स्थिति में संवैधानिक आपात की घोषणा की जा सकती है। इस अनुच्छेद में यह वर्णित है कि ''यदि राष्ट्रपति का, किसी राज्य के राज्यपाल से रिपोर्ट मिलने पर या अन्यथा, यह समाधान हो जाता है कि ऐसी स्थिति उत्पन्न हो गयी है जिसमें उस राज्य का शासन इस संविधान के अनुसार नहीं चलाया जा सकता है, तो राष्ट्रपति उस राज्य में संवैधानिक आपातकाल की घोषणा कर सकता है।''[4]

ऐसी उद्घोषणा के निम्नलिखित प्रभाव होंगे

1. राष्ट्रपति आपात घोषित राज्य का सम्पूर्ण अथवा आंशिक शासन–संचालन स्वयं हाथ में ले सकता है अथवा राज्यपाल या अन्य किसी प्राधिकारी को सौंप सकता है।
2. घोषणा के अन्तर्गत राज्य की विधायी शक्तियाँ संसद को सौंप सकता है। संसद चाहे तो व्यवस्थापन शक्ति राष्ट्रपति को प्रदत्त कर सकती है और उसे यह अधिकार दे सकती है कि वह इस शक्ति को किसी अन्य पदाधिकारी को प्रदत्त कर दे।
3. उच्च न्यायालय की शक्ति के अतिरिक्त राष्ट्रपति समस्त शक्तियाँ अपने हाथ में ले सकता है।
4. घोषणा के उद्देश्यों की पूर्ति हेतु राष्ट्रपति आनुवांगिक और परिणामिक व्यवस्था कर सकता है।

संवैधानिक आपात घोषणा का संसद द्वारा अनुमोदन आवश्यक है। संविधान के अनुसार, "इस अनुच्छेद के अधीन जारी की गयी प्रत्येक उद्घोषणा संसद के प्रत्येक सदन के समक्ष रखी जायेगी और जहाँ पूर्ववर्ती उद्घोषणा को वापस लेने वाली उद्घोषणा नहीं है, वहाँ वह दो मास की समाप्ति पर यदि उस अवधि की समाप्ति से पहले संसद के दोनों सदनों के संकल्पों द्वारा उसका अनुमोदन नहीं कर दिया जाता है, तो प्रवर्तन में नहीं रहेगी।" संसद के अनुमोदन के बावजूद यह घोषणा छह माह से अधिक प्रवर्तन में नहीं रहेगी। ऐसी उद्घोषणा किसी भी दशा में तीन वर्ष से अधिक प्रवृत्त नहीं रह सकेगी।

वित्तीय संकट

संविधान के अनुच्छेद 360 में यह वर्णित है कि "यदि राष्ट्रपति को यह समाधान हो जाता है कि ऐसी स्थिति उत्पन्न हो गयी है जिससे भारत या उसके राज्य क्षेत्र के किसी भाग का वित्तीय स्थायित्व या प्रत्यय संकट में है, तो वह उद्घोषणा द्वारा इस आशय की घोषणा कर सकेगा।"

इसके अधीन जारी की गयी उद्घोषणा

(क) किसी पश्चातवर्ती उद्घोषणा द्वारा वापस ली जा सकेगी या उसमें परिवर्तन किया जा सकेगा।

(ख) संसद के प्रत्येक सदन के समक्ष रखी जायेगी।

(ग) दो माह की समाप्ति पर यदि उस अवधि की समाप्ति से पहले संसद के दोनों सदनों के संकल्पों द्वारा उसका अनुमोदन नहीं किया जाता है, तो प्रवर्तन में नहीं रहेगी।

जहाँ तक इसके प्रभाव का प्रश्न है, इस प्रकार की उद्घोषणा से निम्नलिखित प्रभाव होंगे :

1. वित्तीय संकट की घोषणा के प्रवर्तनकाल में राष्ट्रपति संघ और राज्य के सब सार्वजनिक समकों, जिसमें उच्चतम न्यायालय तथा अन्य न्यायालय के न्यायाधीश शामिल हैं, के वेतन और भत्ते कम कर सकता है।
2. वह राज्यों के धन विधेयकों को अपनी स्वीकृति के लिए मँगवा सकता है।
3. आर्थिक दृष्टिकोण से किसी भी राज्य की सरकार को राष्ट्रपति आदेश दे सकता है।

आपातकालीन उपबन्धों की आलोचना

आपात उपबन्धों पर यदि एक विहंगम दृष्टि डालें तो संवैधानिक ढाँचे पर व्यापक प्रभाव देखा जा सकता है। अधिक गहराई से विचार करें तो समूची व्यवस्था ही स्थगित होती जान पड़ती है। संघीय व्यवस्था के स्वरूप में तो परिवर्तन आता ही है, संसदीय प्रणाली के सुगम संचालन में भी व्यतिक्रम आ जाता है। एक दृष्टि से समूची राजनीतिक प्रक्रिया एवं क्रिया--कलाप थम जाते हैं। मौलिक अधिकारों का स्थगन जनतन्त्रीय स्वरूप को बदल देता है। संविधान सभा में इस सम्बन्ध में हुई बहस यही घोषित करती है कि कतिपय सदस्यों को इन उपबन्धों के प्रभाव एवं परिणाम का पूर्णतया अहसास था। इसीलिए उन्होंने आपात उपबन्धों का संविधान में सन्निवेश किये जाने का ज़बर्दस्त विरोध किया था। आलोचकों का कहना था कि इन उपबन्धों के अन्तर्गत राष्ट्रपति निरकुंश तानाशाह बन जायेगा। मौलिक अधिकारों के हनन का विरोध इस आधार पर किया कि ऐसा करना जनतन्त्रीय व्यवस्था के लिए घातक होगा। उनका यह भी कहना था कि ये उपबन्ध पुलिस राज की स्थापना करते हैं और तानाशाही का मार्ग प्रशस्त करते हैं। संविधान सभा में इन उपबन्धों पर तीखा प्रहार करते हुए श्री एच.वी. कामथ ने कहा :

> ''मेरी राय में ये उपबन्ध सबसे अधिक शर्मनाक और तानाशाही के प्रवर्तक हैं। व्यक्ति स्वातन्त्र्य अपने आपमें एक पवित्र मूल्य है, जिसे राष्ट्र की सुरक्षा के नाम पर समर्पण कभी नहीं करना चाहिए। हम राज्य की सुरक्षा बनाये रखने के लिए शान्ति और व्यवस्था चाहते हैं। इससे आप किस तरह की शान्ति स्थापित करेंगे? मेरे विचार में राज्य को सुरक्षित रखने हेतु जिस प्रकार की शान्ति व्यवस्था आप स्थापित करेंगे, वह नीरव रेगिस्तान और कब्रिस्तान की शान्ति होगी। प्रारूप समिति के बुद्धिमान सदस्य अगर इसी तरह की शान्ति चाहते हैं, तो मैं ऐसी शान्ति के वातावरण में जीने की अपेक्षा मृत्यु का वरण अधिक पसन्द करूँगा। मुझे भय है कि इस अध्याय के माध्यम से हम एक तानाशाही अथवा पुलिस राज्य की स्थापना करने जा रहे हैं। एक ऐसा राज्य जो हमारी अभिलाषाओं, सपनों और सिद्धान्तों के विपरीत होगा।

> एक ऐसा राज्य जिसमें लाखों भोले–भाले नागरिकों की स्वतन्त्रता ख़तरे में पड़ जायेगी। अतः मैं ईश्वर से प्रार्थना करता हूँ कि वह हमें सद्बुद्धि प्रदान कर किसी अप्रत्याशित दुर्घटना से हमारी रक्षा करे। हमें और साहस दे। इस समय मुझे गाँधी जी की 'सबको सन्मति दे भगवान' वाली प्रार्थना याद आती है और उसी पंक्ति का स्मरण आपको भी दिलाना चाहता हूँ।''[5]

नागरिक स्वतन्त्रताओं के हनन सम्बन्धी प्रावधान पर प्रहार करते हुए श्री कामथ ने कहा :

> ''भारतीय संविधान का मूल ढाँचा, जहाँ तक मेरी धारणा है, मूलभूत अधिकारों पर आधारित है। हमने प्रजातन्त्रीय व्यवस्था का भवन निर्माण इन्हीं सिद्धान्तों के आधार पर किया है। किन्तु मुझे इस बात का सख़्त अफ़सोस है कि उसकी परिणति ठीक इसके विपरीत हुई है। संविधान का अनुच्छेद 359 अधिनायकतन्त्र की आधारशिला है। यह स्वतन्त्रता का हनन है, जिसका उदाहरण संसार के किसी भी संविधान में मिलना दुर्लभ है। अनुच्छेद 358 और 359 को यदि सम्मिलित रूप से देखा जाये, तो इसके परिणामस्वरूप संकटकालीन स्थिति में 19वें अनुच्छेद में वर्णित नागरिक स्वतन्त्रताएँ स्वतः ही प्रभावहीन हो जाती हैं। उन पर न्यायालय में भी चुनौती नहीं दी जा सकती। नागरिकों के अधिकारों पर ऐसे नियन्त्रण का उदाहरण संसार के किसी कोने में उपलब्ध नहीं है।''[6]

आपात शक्तियों के आलोचकों में श्री एच.वी. कामथ के साथ श्री सिब्बन लाल सक्सेना और प्रो. के.टी. शाह के नाम भी विशेष रूप से उल्लेखनीय हैं। श्री सक्सेना ने श्री एच.वी. कामथ के स्वर में स्वर मिलाते हुए संविधान सभा में कहा था कि :

> ''सन् 1942 में जब हम लोग जेल में थे, तो वह भी संकटकालीन स्थिति का ही समय था। उस स्थिति में बरतानिया सरकार ने हमें बन्दी प्रत्यक्षीकरण के अधिकार से वंचित नहीं किया। यदि हम राष्ट्रपति को नागरिक अधिकारों के स्थगन का अधिकार प्रदान करते हैं, तो यह

हमारे संविधान पर सबसे बड़ा कुठाराघात होगा। मेरे विचार में ऐसा प्रावधान संविधान में नहीं रखा जाना चाहिए।"[7]

प्रो. के.टी. शाह का कहना था कि इन प्रावधानों का उल्लेख जनसाधारण के विरुद्ध किलेबन्दी का द्योतक है। इनके रहते जनतन्त्र का कोई अर्थ ही नहीं रह जाता है। उन्होंने आपात शक्तियों की व्याख्या इस प्रकार की :

> "इस अध्याय के सभी पहलुओं पर गम्भीरतापूर्वक विचार करने पर दो भिन्न प्रकार की प्रचलित धारणाओं का बोध होता है। पहला तो यह कि इस अध्याय के माध्यम से केन्द्र को इकाई राज्यों के विरुद्ध शक्तिशाली बनाया गया है और दूसरा, सरकार को जनसाधारण के विरुद्ध एक शक्ति सम्पन्न तन्त्र के रूप में खड़ा किया गया है। इन प्रावधानों पर विहंगम दृष्टि डालने पर मुझे ऐसा लगता है कि 'नागरिक स्वतन्त्रता' और 'प्रजातन्त्र' जैसे शब्दों का कोई अर्थ नहीं रहेगा। वे केवल शोभा के शब्द बन कर रह जायेंगे।"[8]

संविधान में वर्णित आपात शक्तियों पर गहराई से विचार करें तो आलोचकों द्वारा उठाये गये प्रश्न और आपत्तियाँ पूर्णतया दृष्टि ओझल नहीं की जा सकती हैं। ये प्रावधान निःसन्देह कार्यपालिका को अपरिमित शक्ति प्रदान करते हैं। इनमें निहित क्षमताओं को देखते हुए यदि भारत के राष्ट्रपति की तुलना तानाशाह से की जाती है, तो सर्वथा आधारहीन नहीं है। संसार में ऐसे कई उदाहरण हैं जहाँ शासनाध्यक्षों ने संविधान के उपबन्धों का सहारा लेकर समूची जनतन्त्रीय व्यवस्था को ध्वस्त कर तानाशाही में बदल दिया है। लातीनी अमेरिका, मध्य पश्चिम एवं दक्षिण एशिया में ऐसे अनेक उदाहरण मिल जायेंगे जहाँ संविधान को रौंद कर अधिनायकवादी शासन स्थापित कर दिये गये हैं। अतः भारत के कतिपय बुद्धिजीवी एवं संविधानवेत्ता इस तरह की आशंका उठायें तो कोई आश्चर्य नहीं होना चाहिए। स्वतन्त्रता के छह दशक पश्चात भी यह प्रश्न बोदा नहीं हुआ है, अपितु कई नये आयाम लेकर उपस्थित है। प्रजातन्त्र के पक्षधरों के समक्ष यह चुनौती आज भी विद्यमान है। संसदीय व्यवस्था अपने आप में बड़ी झीनी व्यवस्था है। इस व्यवस्था के अस्तित्व और अभिरक्षा के लिए ऐसे उपबन्ध का अवलम्बन क्या व्यवस्था के लिए आत्मघाती नहीं होगा?

लोकतान्त्रिक व्यवस्था मुख्यतः जनसामान्य के विश्वास, राजनीतिक चेतना तथा मूल प्रश्नों की परख क्षमता पर निर्भर करती है। सैद्धान्तिक दृष्टि से देखें तो मतदाता मण्डल की सूझबूझ पर अविश्वास रख कर लोकशाही की कल्पना भी नहीं की जा सकती। यदि कोई संविधान इस आधारभूत तथ्य की अवहेलना करता है, तो वह दिग्भ्रमित संविधान है। इस बात पर और गहराई से विचार करें तो देखते है कि भारतीय संविधायकों ने जनशक्ति, जाग्रत जनमत, स्वतन्त्र प्रेस तथा नागरिक समाज की राजनीतिक क्षमता की अपेक्षा पुलिस और सैन्य बल पर अधिक विश्वास किया है। इन प्रावधानों को पढ़ते समय यही लगता है कि संकटकाल में संविधान निर्माताओं ने जनतन्त्र को पुलिस कोतवाली में बन्द कर उसकी चाबी कोतवाल को सौंपना राष्ट्रीय हित में श्रेयस्कर समझा है। परिस्थिति जन्य तथ्य अपनी जगह वज़न रखते हैं, लेकिन उसकी भी एक सीमा है। यूरोप तथा अमेरिकी दुनिया के जनतान्त्रिक इतिहास का प्रारम्भिक काल क्या संकट मुक्त नहीं था? हर नवजागृत राष्ट्र की कोख में समस्याओं के अम्बार है और यहाँ तक कि वे विस्फोटक भी होती हैं। किन्तु क्या उसका निराकरण अथवा नियन्त्रण अभिजनों की दृष्टि में सेना के सिवा कुछ भी नहीं? यह बात मात्र आदर्श नहीं, किन्तु राजनीति शास्त्रियों के लिए चिन्तनीय है कि कब तक सत्ता अभिजन अपने अस्तित्व, वर्गगत हित और शासन करते रहने की भूख के वशीभूत जनतन्त्र की रक्षा के नाम पर सेनापतियों की समझ और शक्ति पर भरोसा करता रहेगा? व्यापक रूप से देखें तो क्या यह अवधारणा और सोच अपने आप में दोषपूर्ण नहीं है?

भारतीय राजव्यवस्था के अध्येताओं को एक और दृष्टिकोण से भी इस समस्या पर विचार करना चाहिए। वह है हमारी विषमतामूलक सामाजिक–आर्थिक व्यवस्था। यह बात जगज़ाहिर है कि जब तक समाज में विषमता और शोषण है, ग़रीब और अमीर के बीच ज़मीन–आसमान का अन्तर है। जब तक बेकारी और बीमारी से पीड़ित लोग हैं, तब तक आन्दोलन और संघर्ष बना ही रहेगा। यह विषमता और शोषण अस्थिरता एवं कुछ क्षेत्रों में अराजकता को भी जन्म दे सकती है। ऐसी स्थिति में सत्ता अभिजन राष्ट्र की सुरक्षा, आन्तरिक शान्ति और व्यवस्था, जान–माल की रक्षा के नाम पर आपात शक्तियों का सहारा लेकर यथास्थिति को बनाये रखने का प्रयत्न करेगा। दूसरा, कई बार केन्द्र में सत्तासीन राजनीतिक दल अपने अस्तित्व के संकट को राष्ट्रीय संकट से जोड़ कर देखने लगता है

और संविधान में वर्णित इन उपबन्धों का सहारा ले कर समूची व्यवस्था को ध्वस्त कर सकता है। ऐसी स्थिति में हमारे यहाँ क्या उपाय है?

वास्तव में देखा जाये तो मतदाता मण्डल की समझ के अतिरिक्त कोई संस्थागत उपाय नहीं है। एक ओर हम राष्ट्रपति को इतने शक्तिशाली अधिकारों से सज्जित करते हैं और फिर यह प्रश्न करते हैं कि क्या भारत का राष्ट्रपति इन उपबन्धों का सहारा ले कर तानाशाह बन सकता है अथवा नहीं? हमारे सारे क्रियाकलाप और प्रयत्न तो उसे तानाशाह से कहीं अधिक शक्तिशाली बनाने के हैं और आशा यह करते हैं कि वह संसदीय परम्पराओं का पालन करता रहेगा। प्रश्न यह नहीं है कि राष्ट्रपति तानाशाह बन सकता है अथवा नहीं, अपितु प्रश्न तो यह है कि विकट परिस्थितियों में आपात स्थिति के लागू होने के पश्चात भी संसदीय व्यवस्था का मूल ढाँचा यथावत बना रह सकता है अथवा नहीं? यदि नहीं, तो हम ऐसे क्या उपाय करें जिससे संकट की घड़ियों का सामना करते हुए भी हमारी व्यवस्था के आधारभूत ताने–बाने को हम बनाये रख सकें। यह प्रश्न अनुत्तरित है और नये सन्दर्भों में इस प्रश्न का उत्तर ढूँढ़ना कहीं अधिक महत्त्वपूर्ण है। स्वातन्त्र्योत्तर भारतीय परिप्रेक्ष्य में यदि हम इन आपात उपबन्धों के औचित्य का आकलन करें, तो तत्कालीन स्थितियों की गम्भीरता को मद्देनज़र रखते हुए संविधायकों को पूर्णतया दोषी नहीं कह सकते हैं। उन्हें सन्देह का लाभ देना ही होगा। उनकी समस्या सैद्धान्तिक नहीं थी, जैसा कि पूर्व में वर्णित किया जा चुका है। उनका ध्येय जनतान्त्रिक व्यवस्था की सुस्थापना के साथ–साथ देश की एकता और अखण्डता को बनाये रखना भी उतना ही आवश्यक था। उनका विचार था कि देश का अस्तित्व, एकता और अखण्डता के कारगर उपायों के अभाव में राजनीतिक व्यवस्था का संचालन असम्भव है। अतः इन उपबन्धों को कम लेकिन आवश्यक बुराई के रूप में स्वीकार किया गया। वर्तमान में संविधान शास्त्रियों के समक्ष विचारणीय प्रश्न यह है कि यदि हम इन उपबन्धों को तानाशाही का प्रतीक और व्यवस्था के आत्मघाती समझते हैं, तो वे कौन–से संस्थागत उपाय हैं जिनके माध्यम से हम अपनी जनतान्त्रिक विरासत को यथावत बनाये रखते हुए विघटनकारी और साम्प्रदायिक तत्त्वों से निपट सकते हैं। किसी कारगर और सुनिश्चित विकल्प के अभाव में हम वर्तमान संवैधानिक व्यवस्था से छुटकारा नहीं पा सकते।

आपात शक्तियों का व्यावहारिक स्वरूप

भारत के राष्ट्रपति की राजव्यवस्था में आपात उपबन्धों के प्रवर्तन काल में भूमिका का प्रश्न पाठ्यपुस्तकों तक ही सीमित नहीं रह गया है। इन अनुच्छेदों को समय–समय पर व्यवहृत भी किया गया है। अतः यथार्थ के परिप्रेक्ष्य में भी आकलन किया जा सकता है। अनुच्छेद 352 के अन्तर्गत तीन बार आपातस्थिति की घोषणा हो चुकी है। प्रथम बार सन् 1962 में चीन द्वारा आक्रमण के समय और दूसरी बार सन् 1971 में भारत–पाक युद्ध के कारण आपातस्थिति की घोषणा की गयी। ये दोनों ही घोषणाएँ बाहरी आक्रमण के कारण की गयी थीं। तीसरी बार सन् 1975 में जो आपात स्थिति घोषित की गयी, उसका कारण बाहरी आक्रमण नहीं, अपितु देश के भीतर अशान्ति और विघटन के तर्क का आधार था। तत्कालीन इन्दिरा गाँधी सरकार का कहना था कि देश में कतिपय शक्तियाँ घृणा और हिंसा का वातावरण बना रही हैं। इससे देश की एकता को ख़तरा हो सकता है। इस घोषणा की सर्वाधिक आलोचना और विरोध हुआ। देश के कई कोनों में पुलिस की ज़्यादतियाँ हुईं। पहली बार व्यापक पैमाने पर इस कार्रवाई का विरोध हुआ। इन्दिरा सरकार को इसका खामियाज़ा भुगतना पड़ा। मार्च, 1977 में जब आम चुनाव हुए, तो देश के मतदाता मण्डल ने कांग्रेस पार्टी को उत्तर भारत से उखाड़ कर फेंक दिया।

अतीत के इन पृष्ठों के उल्लेख का मन्तव्य यह चिह्नित करना है कि राष्ट्रपति इन उपबन्धों का प्रयोग कर सकता है। व्यवस्था की सहज संचालन क्रिया में गतिरोध भी ला सकता है। इसका संस्थागत उपाय वर्तमान में कोई नहीं है। केवल सजग मतदाता मण्डल ही इसका अन्तिम न्यायालय है। वस्तुतः यह स्थिति हमारी व्यवस्था के लिए न केवल ख़तरनाक बल्कि जोखिम भरी भी है।

संवैधानिक आपात अनुच्छेद 356 का जहाँ तक प्रश्न है, उसको देश के कई राज्यों में अनेक बार लागू किया गया है। कई बार दल–बदल के कारण सरकार बनाने में आये व्यवधान, बहुमत के अभाव में अथवा बहुमत के दावों में किसी एक दल के चयन में दुविधा जैसे अनेक कारणों से समय–समय पर अनुच्छेद 356 के अन्तर्गत आपात घोषणा की गयी थी। सन् 1951 में पंजाब और पेप्सु से लेकर 2005 में बिहार में लागू किये गये राष्ट्रपति शासन के बीच इतने उदाहरण हैं कि उन्हें कलमबद्ध करना न

तो उपयुक्त है और न ही आवश्यक ही। मोटे तौर पर देखें तो अधिकांश राज्य कभी न कभी आपात स्थिति के अन्तर्गत शासित हैं। आन्ध्र प्रदेश, त्रावणकोर, कोचीन, केरल, हरियाणा, कर्नाटक, बंगाल, गुजरात, राजस्थान, उत्तर प्रदेश, बिहार आदि प्रदेशों में राष्ट्रपति शासन लागू किया गया था। जैसा कि वर्णित किया जा चुका है, मार्च, 1977 में जनता शासन काल में कांग्रेस शासित नौ राज्यों में राष्ट्रपति शासन लागू किया गया। सन् 1980 के मध्यावधि चुनावों में जनता पार्टी शासन की हार के पश्चात सत्तासीन कांग्रेस ने इस इतिहास को पुनः दोहराया।

अनुच्छेद 356 के अन्तर्गत राष्ट्रपति के संवैधानिक संकटकालीन घोषणा के अधिकार का यदि अनुभव के आधार पर विश्लेषण करें, तो देखेंगे कि इसका प्रयोग कई बार केन्द्र में सत्तासीन सरकार ने राजनीतिक ध्येय की प्राप्ति के लिए किया। जैसा कि पूर्व के अध्यायों में वर्णित किया जा चुका है, राज्य के राज्यपालों ने आपात घोषणा के लिए कोई निश्चित मानदण्ड अथवा निर्देश का पालन नहीं किया। उन्होंने कई मामलों में केन्द्र में सत्ताधारी पार्टी के हित साधक के रूप में कार्य किया। कतिपय राज्य के मुख्यमन्त्रियों और राजनीतिज्ञों ने स्वायत्तता की जो माँग उठायी है, उसके पीछे राज्यपाल की इस तरह की भूमिका मुख्य कारक रही है। अतः संक्षेप में यदि यह कहें कि विगत छह दशकों में अनुच्छेद 356 का अधिकांश मामलों में दुरुपयोग हुआ है, तो अतिशयोक्ति नहीं होगी।

आपात उपबन्धों के विभिन्न पहलुओं पर विचार करने के पश्चात भी भारतीय शासन के अध्येता के लिए कुछ निश्चयपूर्वक कहना कठिन है। जनतन्त्रीय व्यवस्था में ऐसे उपबन्धों का समायोजन सैद्धान्तिक दृष्टि से अनुपयुक्त और अन्तरविरोधी है। देश की सामयिक परिस्थितियों के मद्देनज़र विचार करते हैं तो इनका औचित्य समझ में आता है। जिन देशों में जनतन्त्रीय पद्धति के समुचित विकास के लिए आवश्यक परम्पराएँ, रीति–रिवाज़ और मर्यादाओं का अभाव हो, वहाँ मात्र सैद्धान्तिक अवधारणा अथवा आदर्श के आधार पर व्यवस्था का ढाँचा निर्मित करना बहुत बुद्धिमत्तापूर्ण क़दम नहीं हैं। इसी तरह जहाँ विघटन, विखण्डन और साम्प्रदायिक तत्त्वों द्वारा राष्ट्र का तानाबाना ध्वस्त करने के आसार विद्यमान हों, वहाँ ऐसी जोखिम नहीं ली जा सकती है।

भारत के संविधान शास्त्रियों और राज्य शास्त्रियों के लिए आज भी यह प्रश्न प्रासंगिक है कि क्या हम संविधान में वर्णित आपात उपबन्धों को

समाप्त कर राष्ट्र की एकता, अखण्डता और जनतन्त्रीय व्यवस्था को बनाये रख सकते हैं? क्या स्वतन्त्रता के 60 वर्षों के पश्चात हम यह दावा कर सकते हैं कि हमारी एकीकरण की प्रक्रिया पूर्ण हो गयी है और जनतन्त्रीय व्यवस्था परिपक्वता के उस स्तर पर पहुँच गयी है जहाँ इस तरह के रक्षा कवचों की आवश्यकता नहीं है? हम कार्यपालिका की तानाशाही अथवा अति शक्तिशालीनता से त्रस्त हैं। तो क्या समाज और सत्ता के विभिन्न स्तरों, संस्थाओं और निकायों में जनतान्त्रिकरण की परम्पराएँ स्थापित हो गयी हैं कि अब हमें ऐसे संवैधानिक उपबन्धों की आवश्यकता नहीं रही? यदि वर्तमान परिस्थितियों और समस्याओं का तकाज़ा इनके औचित्य का आधार बनता भी है, तो भविष्य के लिए क्या उपाय करें जिससे सत्ता के सर्वोच्च शिखर पर बैठा व्यक्ति इन उपबन्धों का सहारा लेकर हमारी व्यवस्था और उससे जुड़ी आस्था, परम्परा तथा संघर्ष के इतिहास का पहिया विपरीत दिशा में घुमाने का हौसला न करे?

सन्दर्भ

1. अहमद नसरुद्दीन, *संविधान सभा बहस,* खण्ड–9, पृ. 116
2. अय्यर, अलादी कृष्णास्वामी, *संविधान सभा बहस, खण्ड*–9, पृ. 545
3. आम्बेडकर, *संविधान सभा बहस, खण्ड*–7, पृ. 42
4. *संविधान (44वाँ संशोधन) अधिनियम 1978 की धारा 37 द्वारा (20.6.1979) आन्तरिक 'अशान्ति की स्थान पर प्रतिस्थापित*
5. *भारत का संविधान आपात उपबन्ध, भारत सरकार विधि और न्याय मन्त्रालय,* विधायी विभाग, राजभाषा खण्ड, अनुच्छेद 356 (3)
6. कामथ, एच.वी., *संविधान सभा बहस, खण्ड*–9, पृ. 533–-38
7. सक्सेना, सिब्बन लाल, *संविधान सभा बहस, खण्ड*–9, पृ. 541
8. शाह, के.टी., *संविधान सभा बहस, खण्ड*–8, पृ. 196

(सन्दर्भ ग्रन्थ : नेशनल पब्लिशिंग हाउस, दिल्ली से प्रकाशित लेखक की पुस्तक 'भारतीय संविधान और राजनीति')

अध्याय–13

राज्यों में राष्ट्रपति शासन की उद्घोषणा

(अन्तर्राज्यीय परिषद, न्यायिक अधिनिर्णय एवं अनुच्छेद 356 को प्रयोग हेतु किंचित दिशा-निर्देशों के विशेष सन्दर्भ में)

-बी. एम. शर्मा

राज्यों में संवैधानिक आपातकाल की व्यवस्था का पिछले 50 वर्षों में आशातीत कार्यकारण, उपयोग एवं प्रयोग हुआ है। एकमात्र अनुच्छेद 356 है जिस पर सबसे अधिक वाद–विवाद किया गया है तथा सत्तारूढ़ दलों ने विपक्षी दलों को तथा उन्हीं विपक्षी दलों ने सत्तासीन होकर अपने विरोधियों को सत्ता से पृथक, वंचित तथा अपदस्थ करने के लिए प्रयोग किया है। संविधान–निर्माताओं ने तो संवैधानिक आपातकाल से सम्बन्धित अनुच्छेद को सबसे कम काम आने वाला प्रावधान माना था। किन्तु सन् 1951 से 1998 तक इस अनुच्छेद के 105 बार प्रयोग ने इसकी लगभग सभी सम्भावनाओं को उजागर कर दिया है। इसके बार–बार प्रयोग ने उसके इतने संविधानगत तथा संविधानेतर रूप प्रस्तुत कर दिये हैं कि यह पता लगाना कठिन हो गया है कि उसका वर्तमान वास्तविक एवं स्वीकार्य स्वरूप कौन–सा है? सन् 1967 से पूर्व राष्ट्रीय नेतृत्व के लिए वह कुछ और था तथा 1967 और 1977 के बाद वह कुछ और हो गया है। विभिन्न समितियों एवं आयोगों ने उसे अपनी–अपनी दृष्टि से देखा और संशोधन एवं समाधान सुझाये, जिन्हें आज तक स्वीकार और लागू नहीं किया जा सका है। किन्तु उनके निष्कर्ष और सुझाव निर्विवाद रूप से अनुच्छेद 356 को अच्छी तरह समझने में सहायता प्रदान करते हैं। भारतीय न्यायपालिका ने भी समय–समय पर अपनी महत्त्वपूर्ण व्याख्याओं एवं निर्णयों के द्वारा

इस आपातकाल के विभिन्न अंगों एवं उपांगों का स्वरूप निधारित किया है। राजनीतिक स्तर पर केन्द्र एवं राज्य सरकारें सभी अनुच्छेद 356 के स्वरूप, प्रयोग एवं सम्भावनाओं को निर्धारित करने में लगी हुई हैं। इसके लिए उन्होंने संविधान के अनुच्छेद 263 को माध्यम बनाया है। अनुच्छेद 356 के स्वरूप एवं प्रयोग का सर्वसम्मत आधार पर निर्धारित करने के अद्यतन प्रयास अनुच्छेद 263 के अन्तर्गत गठित 'अन्तर्राज्यीय परिषद' द्वारा किये जा रहे हैं।

अन्तर्राज्यीय परिषद

अन्तर्राज्य या अन्तर्राज्यीय परिषद की राष्ट्रपति के आदेश द्वारा स्थापना 25 जून, 1990 में की गयी। परन्तु अनुच्छेद 263 को संविधान सभा ने 13 जून, 1949 को ही स्वीकार कर लिया था। इसकी स्थापना सन् 1950 या अधिक–से–अधिक 1953–54 में राज्य–पुनर्गठन आयोग बनाने के पूर्व ही हो जानी चाहिए थी। 1967 के बाद प्रशासनिक सुधार आयोग ने भी उसके गठन की अनुशंसा की थी और अधिक ज़ोर देते हुए सरकारिया आयोग ने 1983 में उसका नाम 'अन्तर शासकीय–परिषद' रखने की सिफ़ारिश की। आयोग ने एक स्थायी समिति के गठन का भी सुझाव दिया जिसमें प्रधानमन्त्री की अध्यक्षता में सभी छह क्षेत्रीय परिषदों से प्रत्येक वर्ष चयनित मुख्यमन्त्री तथा छह मन्त्री सदस्य हों। इसकी बैठकें गुप्त एवं वर्ष में चार बार हों। परिषद तथा स्थायी समिति दोनों विशेषज्ञों की उपसमिति बनाने के लिए स्वतन्त्र हों। परिषद का एक स्वतन्त्र एवं स्थायी सचिवालय भी हो। इसका गठन 25 जून, 1999 को कतिपय परिवर्तनों के साथ किया गया तथा उसका नाम 'अन्तर्राज्यीय परिषद' ही रखा गया। परिषद की बैठकें वर्ष में तीन बार तथा कार्यवाही की प्रक्रिया गोपनीय रखी गयी। इसकी बैठकों में विचार–विमर्श के दौरान उठे प्रश्नों पर सर्वसम्मति से निर्णय लेने की व्यवस्था की गयी। सर्वसम्मति के बारे में अध्यक्ष (प्रधानमन्त्री) का फ़ैसला अन्तिम रखा गया। इसकी पहली बैठक सन् 1990 तथा दूसरी 15 अक्तूबर, 1996 में हुई। परिषद की पहली स्थायी बैठक की अध्यक्षता तत्कालीन गृहमन्त्री एस.बी. चव्हाण ने की। इन बैठकों में सरकारिया–आयोग की 179 सिफ़ारिशों को स्वीकार किया गया। इसकी कार्यवाहियों में न तो चन्द्रशेखर ने, न ही नरसिम्हा राव ने और न ही अन्य राजनीतिक दलों ने रुचि दिखायी। संयुक्त मोर्चा सरकार ने ही इसे एक महत्त्वपूर्ण केन्द्र–राज्य

सम्बन्धों को सुधारने तथा संघवाद को सशक्त बनाने के उपकरण बनाने में उत्साह दिखाया।

इस परिषद की तीसरी बैठक 17 जुलाई, 1997 को संयुक्त मोर्चा सरकार के प्रधानमन्त्री इन्द्रकुमार गुजराल की अध्यक्षता में हुई। इसमें संविधान के अनुच्छेद 356 तथा केन्द्रीय करों में से राज्यों को दिये जाने वाले अंशदान के सम्बन्ध में विचार हुआ।

राज्यों में राष्ट्रपति शासन लागू करने से सम्बन्धित अनुच्छेद 356 में संशोधन में आम सहमति तैयार करने में यह बैठक फिर असफल रही। परिषद की स्थायी समिति की पिछली चार बैठकों में इस विषय पर कोई सहमति नहीं बन पायी थी। पिछली बैठक में यह निर्णय लिया गया था कि इस मामले को विस्तृत आधार वाली अन्तर्राज्यीय परिषद को विचारार्थ दे दिया जाये। इस विस्तृत बैठक में इस विषय पर अलग–अलग विचार व्यक्त किये गये। पंजाब, केरल, राजस्थान और महाराष्ट्र के मुख्यमन्त्री अनुच्छेद–356 को समाप्त करने के पक्ष में थे। अन्य राज्यों के मुख्यमन्त्री इसे समाप्त करने के बजाय कुछ ऐसे संशोधनों के साथ बनाये रखने के पक्ष में थे जिनसे इस प्रावधान का दुरुपयोग नहीं किया जा सके। अनुच्छेद 356 के मुद्दे पर आम सहमति नहीं बन पाने पर प्रधानमन्त्री की सलाह पर इन मामलों को फिलहाल लम्बित ही रखा गया। प्रधानमन्त्री के अनुसार फिलहाल इसके प्रयोग की तत्काल सम्भावना भी दिखायी नहीं देती है।

अन्तर्राज्यीय परिषद की उपसमिति ने 7 दिसम्बर, 1991 को अपनी बैठक में राज्यपालों के चयन तथा उनके कार्यकाल के बारे में सरकारिया–आयोग की कुछ सिफ़ारिशों को अपनी स्वीकृति प्रदान कर दी। समिति ने इस अनुशंसा को भी मान लिया कि किसी भी राज्यपाल को उसके पद से सेवानिवृत्त होने के पश्चात किसी भी पद पर नियुक्त होने की अनुमति नहीं होगी। वह सक्रिय राजनीति में भी नहीं लौट सकेगा। सामान्यतः नियुक्ति से पूर्व सम्बन्धित मुख्यमन्त्री से परामर्श किया जायेगा। परन्तु इस विषय पर आम सहमति नहीं बन सकी कि उससे परामर्श कैसे प्राप्त किया जाये?

अक्तूबर, 1996 को अन्तर्राज्यीय परिषद में स्थायी समिति के गठन का निर्णय लिया गया था। यह समिति केन्द्रीय गृहमन्त्री की अध्यक्षता में आयोजित होती है, जिसमें केन्द्रीय वित्त मन्त्री, रक्षा मन्त्री, उद्योग मन्त्री, मानव संसाधन विकास मन्त्री तथा आन्ध्र प्रदेश, महाराष्ट्र, असम, उड़ीसा,

राजस्थान और पश्चिम बंगाल के मुख्यमन्त्री सदस्य हैं। इसके प्रमुख विषय केन्द्र से राज्यों को हस्तान्तरित किये जाने वाले वित्तीय अधिकार, सरकारिया आयोग की सिफ़ारिशें, अनुच्छेद 356 में संशोधन आदि हैं।

अन्तर्राज्यीय–परिषद की स्थायी समिति की तीसरी बैठक 17 जून, 1997 को प्रधानमन्त्री की अध्यक्षता में हुई। संविधान के अनुच्छेद 356 को बनाये रखने पर आम सहमति रही किन्तु इसके दुरुपयोग को रोकने के लिए आठ शर्तें जोड़ी गयीं। इसमें एक सबसे अधिक महत्त्वपूर्ण शर्त यह थी कि किसी भी निर्वाचित सरकार को पूर्व चेतावनी या कारण बताओ नोटिस दिये बिना बर्ख़ास्त नहीं किया जा सकेगा। उपर्युक्त नोटिस पर अपनी स्थिति स्पष्ट करने के लिए राज्य सरकारों को सात दिन का समय दिया जायेगा तथा उत्तर मिलने के बाद ही केन्द्र कोई फ़ैसला करेगा। इसके पहले स्थायी समिति की दो बैठकें 15 जनवरी तथा 10 मई, 1997 को हो चुकी थीं।

न्यायिक अभिनिर्धारण

इस शीर्षक के अर्न्तगत अनुच्छेद 356 से सम्बन्धित प्रमुख न्यायिक निर्णयों को शामिल किया गया है। सर्वप्रथम के. के. अबू बनाम भारत सरकार में केरल उच्च न्यायालय ने राज्य में राष्ट्रपति शासन की उद्घोषणा की वैधता पर विचार किया। उसने तत्सम्बन्धी याचिका को रद्द करते हुए यह अभिनिर्धारित किया कि राष्ट्रपति की आपातकालीन उद्घोषणा की न्यायिक परीक्षा नहीं हो सकती। जब 21 नवम्बर, 1967 को हरियाणा में राष्ट्रपति शासन लागू किया गया और विधानसभा को भंग कर दिया गया, उस समय भी पंजाब–हरियाणा उच्च न्यायालय ने अपने निर्णय में राष्ट्रपति की उद्घोषणा को न्यायालय द्वारा न्यायिक परीक्षा के अधिकार से बाहर बताया। ऐसे ही निर्णय, 1973 में कलकत्ता न्यायालय ने, 1974 में आन्ध्र प्रदेश उच्च न्यायालय ने, 1974 में ही उड़ीसा उच्च न्यायालय ने भी दिये।

सन् 1977 में केन्द्र में सत्तारूढ़ इन्दिरा गाँधी के नेतृत्व वाली कांग्रेस पार्टी की भारी पराजय हुई। स्वयं इन्दिरा गाँधी अपने पुत्र संजय गाँधी समेत लोकसभा में नहीं पहुँच सकीं। समस्त उत्तर भारत में कांग्रेस का सफाया हो गया। उस समय कांग्रेस पार्टी वाले नौ राज्यों के मुख्यमन्त्रियों को केन्द्रीय गृहमन्त्री चौधरी चरणसिंह ने 17 अप्रैल, 1977 को एक पत्र

लिखा जिसमें उनसे आग्रह किया गया कि वे अपने राज्य के राज्यपालों को विधानसभा भंग करने एवं विधानसभा के लिए चुनाव कराने का परामर्श दें। बाद में आकाशवाणी से न्यायमन्त्री ने यह कहा कि उन नौ राज्यों की कांग्रेस सरकारों ने जनता का विश्वास खो दिया है। राष्ट्रपति के द्वारा संवैधानिक आपातकाल की उद्‌घोषणा के द्वारा इन सरकारों को भंग करा दिया गया।

छह राज्यों की सरकारों ने सर्वोच्च न्यायालय में संविधान के अनुच्छेद 32 के तहत विधानसभाओं को भंग किये जाने की न्यायमन्त्री की धमकी को चुनौती दी। इनकी याचिकाओं की सुनवाई के लिए सर्वोच्च न्यायालय ने सात न्यायाधीशों की संविधान–पीठ का गठन किया। संविधान पीठ ने प्रथम बार इस तर्क को अस्वीकार किया कि अनुच्छेद 356 के प्रावधानों के अन्तर्गत अधिकारों का प्रयोग मात्र एक राजनीतिक प्रश्न है और इस कारण न्यायपालिका उस पर विचार कर सकती है। संविधान पीठ ने तय किया कि केवल एक राजनीतिक प्रश्न होने के नाते न्यायालय अपने कर्तव्य का निष्पादन करने से नहीं चूकेगा। संवैधानिक प्रश्न भी इसके अन्तर्गत हैं। संवैधानिक प्रश्न के राजनीतिक होते हुए भी उस पर विचार किया जा सकता है। सर्वोच्च न्यायालय ने अभिनिर्धारित किया कि यदि राष्ट्रपति का समाधान भेदभावपूर्ण है तथा बाह्य एवं अप्रासंगिक कारणों से युक्त है तो उसका पुनरावलोकन करना न्यायालय के अधिकार क्षेत्र में ही है। परन्तु उन्होंने 1977 की राष्ट्रपति उद्‌घोषणा को वैध माना।

6 दिसम्बर, 1992 को अयोध्या में विवादित ढाँचे को गिराने के परिणामस्वरूप उत्तर प्रदेश, राजस्थान, मध्य प्रदेश और हिमाचल प्रदेश की भाजपा सरकारों को दिल्ली में राज्यपालों से प्रतिवेदन लिखवाकर बर्खास्त कर दिया गया और विधानसभाएँ भी भंग कर दी गयीं। मध्य प्रदेश, राजस्थान और हिमाचल प्रदेश के उच्च न्यायालयों में राष्ट्रपति की घोषणा को चुनौती दी गयी।

मध्य प्रदेश के उच्च न्यायालय ने राष्ट्रपति शासन को असंवैधानिक घोषित किया और अभिनिर्धारित किया कि राष्ट्रपति की उद्‌घोषणा को वैध ठहराने के पर्याप्त कारण नहीं हैं। मध्य प्रदेश के उच्च न्यायालय के निर्णय के विरुद्ध केन्द्र सरकार ने सर्वोच्च न्यायालय में अपील दायर की। सर्वोच्च न्यायालय ने राजस्थान एवं हिमाचल प्रदेश के उच्च न्यायालयों में दायर याचिकाएँ भी अपने यहाँ सुनवाई के लिए मँगा लीं।

उसने नागालैंड तथा कर्नाटक के उच्च न्यायालयों में ऐसे ही लम्बित मामलों को भी अपने यहाँ हस्तान्तरित करा लिये और नौ सदस्यीय एक संवैधानिक पीठ गठित की। इस प्रकरण को एस.आर. बोम्मई केस के नाम से भी जाना जाता है। न्यायाधीश सावन्त और कुलदीप सिंह ने अपने बहुमत वाले निर्णय में अभिनिर्धारित किया कि :

1. अनुच्छेद 356 का प्रयोग तभी किया जाना चाहिए जबकि उस राज्य में शासन संविधान के प्रावधानों के अनुरूप न हो। अन्य किसी आधार पर नहीं।
2. अनुच्छेद 356 के अन्तर्गत की गयी कार्रवाई पर न्यायालय विचार कर सकता है।
3. यदि राष्ट्रपति शासन की उद्घोषणा द्वेषपूर्ण है अथवा अप्रासांगिक कारणों से है तो न्यायालय हस्तक्षेप कर सकता है।
4. न्यायाधिपतियों ने एकमत से यह निर्णित किया कि राष्ट्रपति की सन्तुष्टि के लिए प्रस्तुत सामग्री सार्थक होनी चाहिए। यदि यह सामग्री सार्थक एवं प्रासंगिक है तो ऐसी स्थिति में राष्ट्रपति शासन के निर्णय को चुनौती नहीं दी जा सकती।

सर्वोच्च न्यायालय की नौ सदस्यीय संविधान पीठ ने अनुच्छेद 356 एवं राष्ट्रपति शासन के विषय में यह अभिनिर्धारण किया कि :

1. अनुच्छेद 356 के अधीन राष्ट्रपति की किसी राज्य में संवैधानिक आपातकाल की उद्घोषणा तथा राज्य सरकार को भंग करने की शक्ति सीमित तथा न्यायिक पुनरावलोकन के अधीन है।
2. राष्ट्रपति शासन राज्यपाल की लिखित रिपोर्ट के बिना लागू नहीं किया जा सकता।
3. भारतीय संविधान के आधारभूत ढाँचे जैसे धर्मनिरपेक्षता के विरुद्ध कार्य करने पर राष्ट्रपति शासन लागू किया जा सकता है।
4. विपक्ष द्वारा शासित सभी राज्य सरकारों को एक साथ पदच्युत नहीं किया जा सकता। किसी राजनीतिक दल का केन्द्र में भारी बहुमत से सत्तारूढ़ होना विपक्षी दल की सरकार को पदच्युत करने का कारण नहीं हो सकता।
5. यदि केवल राजनीतिक आधारों पर दुर्भावना से प्रेरित होकर राष्ट्रपति शासन लगा दिया जाता है तो न्यायालय विधानसभा को पुनर्जीवित कर सकता है।

6. राष्ट्रपति शासन लागू करना तथा विधानसभा भंग करना, दोनों एक साथ नहीं हो सकते। संविधानिक आपात काल की उद्घोषणा को संसद द्वारा अनुमोदित किये जाने पर विधानसभा केवल निलम्बित की जा सकती है।
7. अनुच्छेद 74 (2) के होते हुए भी सर्वोच्च न्यायालय एवं उच्च न्यायालय केन्द्र सरकार को उस सामग्री को बताने के लिए बाध्य कर सकते हैं, जिसके आधार पर केन्द्रीय मन्त्रिपरिषद् ने राष्ट्रपति को किसी राज्य में राष्ट्रपति शासन लागू करने का परामर्श दिया है, वह परामर्श का भाग नहीं है, अतएव न्यायालय इसकी जाँच कर सकता है।

राष्ट्रपति-शासन हेतु न्यायालय द्वारा परामर्श

पटना उच्च न्यायालय ने 12 अगस्त, 1997 को संयुक्त नागरिक समिति द्वारा प्रस्तुत एक याचिका पर यह मौखिक राय प्रकट की कि बिहार में स्थिति ऐसी है कि संविधान के अनुच्छेद 356 का सहारा लेकर सरकार को बर्ख़ास्त करके राष्ट्रपति शासन लागू किया जा सकता हैं। वहाँ नौकरशाही राजनेताओं की ढाल बन गयी है। इस घटना पर राजनेताओं, सांसदों, मन्त्रियों एवं विधायकों में तहलका मच गया कि यह न्यायपालिका के द्वारा अपने अधिकार क्षेत्र का अतिक्रमण है। किन्तु पटना उच्च न्यायालय की खण्डपीठ ने माना है कि अनुच्छेद 356 के अन्तर्गत राज्यपाल को रिपोर्ट भेजकर राष्ट्रपति को सूचना देना उसका अन्यथा नहीं है और यह एक संवैधानिक प्राधिकरण होने के नाते उच्च न्यायालय भी राष्ट्रपति को सूचित कर सकता है फिर बिहार में शासन के भंग होने के कारण राष्ट्रपति शासन को लागू करने की स्थिति बनाने से ऐसी सूचना भेजना न्यायसंगत भी है।

राष्ट्रपति के पास राष्ट्रपति शासन लागू करने के लिए सूचना प्राप्ति के दो आधार (1) राज्यपाल से प्रतिवेदन तथा (2) या अन्यथा है। सूचना देने वाला संवैधानिक प्राधिकारी राज्यपाल को माना गया है तथा अन्य दूसरे स्रोतों में किसी को भी नहीं गिनाया गया है। एस.आर. बोम्मई बनाम यूनियन ऑफ़ इंडिया (1994) के लिए गठित नौ सदस्यीय संविधान पीठ ने भी यही माना है। परन्तु डॉ. आम्बेडकर ने 'अथवा अन्यथा' शब्द जोड़ने के विषय में स्पष्ट कहा है कि 'हमें, राष्ट्रपति को, जब राज्यपाल ने कोई रिपोर्ट नहीं दी है अथवा जहाँ उसकी जानकारी में ऐसे तथ्य आते हैं जिन पर उसे अपने

कर्तव्य को पूरा करने हेतु कार्रवाई करनी है, तो कार्य करने की स्वतन्त्रता देनी होगी। दुर्गादास बसु ने अन्य स्रोतों में केन्द्रीय मन्त्री या मन्त्रिमण्डल के प्रतिवेदनों को माना है। शायद राष्ट्रपति स्वयं भी अपने स्रोतों के आधार पर कार्रवाई कर सकता है। परन्तु राज्यपाल के अलावा अन्य स्रोतों से प्राप्त जानकारी सूचना होगी, प्रतिवेदन नहीं। स्वयं उच्च न्यायालय में किसी याचिका या सुनवाई के दौरान प्रकट मौखिक या लिखित विचार भी इस श्रेणी में आयेंगे। वस्तुतः संवैधानिक तन्त्र के विफल होने के विषय में जानकारी देने के लिए आवश्यक विशेष, तथ्य और अनुभव न्यायपालिका के पास नहीं होते। ऐसी सूचना देते समय न्यायालय का कार्य 'न्यायिक' भी नहीं होता। उसे अधिक–से–अधिक 'प्रशासनिक' माना जा सकता है जो कि कार्यपालिका एवं प्रशासन के लिए बाध्यकारी नहीं माना जा सकता।

संविधान के अनुच्छेद 143 के अधीन सर्वोच्च न्यायालय राष्ट्रपति को परामर्श देता है। कई जटिल परिस्थितियों में राष्ट्रपति उससे सलाह माँगते रहे हैं। परन्तु न तो राष्ट्रपति उस सलाह को मानने के लिए बाध्य हैं और न ही स्वयं ही सर्वोच्च न्यायालय किसी मामले पर निर्णय देते समय अपनी ही सलाह के अनुसार कार्य करने को बाध्य है। स्वयं न्यायालय राष्ट्रपति को अनुच्छेद 131 के मामलों को छोड़कर किसी मामले पर परामर्श देने से इस आधार पर कि वह मामला विधि या तथ्य सम्बन्धी नहीं है, इनकार कर सकता है।

राज्यों के विषय में पृथक परामर्श की आवश्यकता

अनुच्छेद 352 के विषय में, संविधान द्वारा प्रदत्त व्यवस्था निर्धारित लक्ष्यों तथा उनकी पूर्ति के लिए आवश्यक आधार के तौर पर लगभग स्वीकृत कर ली गयी है। तद्नुसार संसदीय शासन प्रणाली के अनुरूप केन्द्र में प्रधानमन्त्री एवं मन्त्रिपरिषद के पास सारे अधिसंघ का शासनाधिकार है। अतएव राष्ट्रीय संकट का समस्त देश के शासन, प्रशासन, मानव संसाधन एवं भौतिक स्रोतों को एकीकृत करते हुए सामना किया जाना चाहिए। इस संकट के निर्णय का अधिकार भी प्रधानमन्त्री को होना चाहिए। संविधान द्वारा इस विषय पर मन्त्रिमण्डल के परामर्श पर राष्ट्रपति द्वारा उद्घोषणा यदि राष्ट्रपति वांछनीय समझे तो उस पर मन्त्रिमण्डल द्वारा पुनर्विचार कराने के बाद की जाती है। इस घोषणा को प्रधानमन्त्री एवं मन्त्रिपरिषद

के नेतृत्व में ही कार्यान्वयन करना सम्भव एवं व्यावहारिक है। उसी को संसद के समक्ष अपने परामर्श के लिए उत्तरदायी ठहराया जा सकता है।

किन्तु अनुच्छेद 356 भारतीय राजव्यवस्था में संघत्व, राज्य स्वायत्तता, तथा लोकतन्त्र बनाये रखने के लिए की गयी विशेष व्यवस्था है। इस विषय में केन्द्र सरकार के नेता एवं शासनाध्यक्ष प्रधानमन्त्री के द्वारा 'राज्य' या प्रदेश विशेष के मामले में निर्णय लेना तथा वहाँ की शासन व्यवस्था में हस्तक्षेप करना वांछनीय नहीं है।

संविधान में अन्तर्निहित 'संघत्व' के 'आधारभूत ढाँचे' की सुरक्षा की दृष्टि से भी अवैधानिक है। यह अपनी–अपनी विविधताओं से जुड़े राज्यों की स्वायत्तता के सन्दर्भ में राजनीतिक दृष्टि से भी प्रतिक्रियात्मक है। अतएव राष्ट्रपति को किसी राज्य के विषय में विशेषतः वहाँ की राज्य सरकार को अपदस्थ करने या विधानसभा को भंग करने के विषय में केन्द्र सरकार के नेता एवं प्रधानमन्त्री (या मन्त्रिपरिषद) से परामर्श नहीं लेना चाहिए। इसके लिए परामर्श देने हेतु संविधान में संरचनात्मक एवं प्रक्रियात्मक संशोधन किया जाना चाहिए। प्रधानमन्त्री या मन्त्रिपरिषद द्वारा दिया गया ऐसा परामर्श पक्षपातपूर्ण, दोषयुक्त तथा अलोकतन्त्रात्मक होगा। यदि राज्य में विपक्ष या विरोधी दल की सरकार है तो ऐसे परामर्श को स्वीकार नहीं किया जाना चाहिए। नैतिक एवं राजनीतिक दृष्टियों से उसे स्वीकार करने का राष्ट्रपति को अधिकार होना चाहिए।

राष्ट्रपति शासन लागू करने का परामर्श देने में प्रधानमन्त्री (मन्त्रिपरिषद) को खुली छूट नहीं होनी चाहिए। वस्तुतः राज्यों के शासन–क्षेत्र में उसकी भूमिका अत्यन्त सीमित होनी चाहिए। राज्यों में जब देशद्रोह, साम्प्रदायिकता, आतंकवाद, विघटन, विदेशी शत्रु में साँठ–गाँठ आदि का मामला हो तब ही उसकी भूमिका महती मानी जा सकती है। अतएव राज्यों के मामलों में राष्ट्रपति को परामर्श देने के लिए उसकी अध्यक्षता में एक ऐसा निकाय गठित किया जा सकता है, जिसमें लोकसभा, राज्यसभा तथा निर्वाचन आयोग के अध्यक्षों, एक सर्वोच्च न्यायालय के सेवानिवृत्त न्यायाधीश, एक भूतपूर्व राष्ट्रपति, प्रधानमन्त्री या न्यायवेत्ता आदि को शामिल किया जा सकता है, जिसमें निर्णय 2/3 बहुमत से लिये जाने की व्यवस्था हो। यह निकाय राज्यपालों के लिए अनुच्छेद 356 से सम्बन्धित कर्तव्यों के लिए एक मार्ग–निर्देशिका भी तैयार कर सकता है। इसकी उक्त परामर्श निकाय द्वारा समय–समय पर समीक्षा की जा सकती है।

अनुच्छेद 356 का अद्यतन स्वरूप

अनुच्छेद 356 के प्रयोग एवं उपयोग में सुधार, संशोधन एवं परिवर्तन प्रस्तावित करने से पूर्व उसके अद्यतन स्वरूप को जानना आवश्यक है। इसके लिए उसकी वर्तमान व्यावहारिक एवं क़ानूनी संरचना को ध्यान में रखा जाना चाहिए। एक तरफ़ समितियों एवं आयोगों की अनुशंसाएँ हैं तो दूसरी ओर व्यावहारिक धरातल पर अन्तर्राज्यीय परिषद एवं उसकी स्थायी समितियों द्वारा लिये गये निर्णय हैं, जिनमें उन अनुशंसाओं के कुछ भाग को स्वीकार कर लिया गया है। साथ ही उच्च एवं सर्वोच्च न्यायालय के निर्णय हैं, जिनमें अनुच्छेद 356 के अन्तर्गत की जाने वाली विभिन्न गतिविधियों व आवश्यकताओं एवं निर्देशनों को क़ानूनी रूप दिया है।

इनके साथ ही, अनुच्छेद 356 के निम्न अनिर्णीत क्षेत्रों पर भी ध्यान रखना आवश्यक है, क्योंकि भविष्य में इस प्रावधान से सम्बद्ध संवैधानिक प्राधिकारी उन्हीं क्षेत्रों में स्थित होकर संविधानेत्तर गतिविधियाँ करेंगे।

(1) राष्ट्रीय एकता एवं अखण्डता की रक्षा के लिए संविधान निर्माताओं ने संविधान में केन्द्रात्मक संघवाद या अधिसंघात्मक व्यवस्था की स्थापना की है और केन्द्र सरकार को शक्तिशाली एवं प्रभावी बनाया गया है। कुछ समय के लिए राज्य पर आकस्मिक संकटों का सामना करने के लिए उसे तुरन्त एवं प्रभावी कार्रवाई करने की शक्तियाँ दी गयी हैं।

(2) संघवाद अन्य अनेक आधारिक विशेषताओं की तरह संविधान के 'आधारभूत ढाँचे' का एक प्रमुख तत्त्व निर्माण करता है। भारत अविनाश्य राज्यों का अविनाश्य अधिसंघ है। किसी भी परिस्थिति में राज्यों के संविधानगत स्वरूप एवं अधिकारों को, आपातकालीन स्थितियों को छोड़कर, तोड़ा–मरोड़ा, छिन्न–भिन्न या क्षीण नहीं किया जा सकता।

(3) राज्यों में सांविधानिक तन्त्र के विफल हो जाने जैसे संकट का सामना करने तथा सामान्य लोकतन्त्रीय व्यवस्था की संविधान के अनुसार पुनर्स्थापना के लिए अनुच्छेद 356 को बनाये रखा जाये तथा उसे यथावसर राज्यों पर लागू किया जाये।

(4) अन्तर्राज्यीय परिषद की स्थायी समिति के निर्णय के अनुसार राज्यपाल से सेवानिवृत्त होने के पश्चात न तो वे राजनीति में

लौट सकेंगे और न ही उन्हें किसी अन्य महत्त्वपूर्ण पद पर नियुक्त किया जायेगा।

(5) राज्यपालों की अवधि सामान्यतः पाँच वर्ष होगी और उन्हें इस अवधि से पूर्व नहीं बदला जायेगा। उनकी नियुक्ति से पूर्व सम्बन्धित मुख्यमन्त्री से परामर्श लिया जायेगा।

(6) किसी भी निर्वाचित राज्य सरकार को पूर्व चेतावनी या कारण बताओ नोटिस दिये बिना बर्खास्त या भंग नहीं किया जायेगा।

(यह लेख मूल प्रश्न, जुलाई–सितम्बर, 1998 से साभार)

अध्याय–14

प्रधानमन्त्री एवं मन्त्रिपरिषद

–वेददान सुधीर

इंग्लैंड की तरह भारत में भी मन्त्रिपरिषदीय प्रणाली स्थापित की गयी है। इंग्लैंड में मन्त्रिपरिषदीय शासन व्यवस्था पूरी तरह अभिसमय और रीति–रिवाज़ पर कार्य करती है। वहाँ संवैधानिक दृष्टि से सम्राट की शक्तियाँ दी गयी हैं और संवैधानिक रूप से मन्त्रिगण सम्राट के सेवक मात्र हैं। हमारे संविधान निर्माताओं ने मन्त्रिपरिषदीय प्रणाली को संविधान में स्थापित कर दिया है। जहाँ तक इस निकाय के कार्यकारण का प्रश्न है, उसे अभिसमय और प्रथा द्वारा चलाये जाने की अपेक्षा की गयी है।

प्रधानमन्त्री का चयन राष्ट्रपति करता है, किन्तु अन्य मन्त्री प्रधानमन्त्री की सलाह पर राष्ट्रपति द्वारा नियुक्त किये जाते हैं। प्रधानमन्त्री ही उनके विभागों का आवंटन करता है (अनुच्छेद 71(1)। किसी भी मन्त्री को पदच्युत करने की वास्तविक शक्ति प्रधानमन्त्री में है। प्रधानमन्त्री का चयन करने में राष्ट्रपति को लोकसभा में बहुमत वाले दल के नेता का ही चयन करना होगा या ऐसा व्यक्ति जो सदन के बहुमत का विश्वास प्राप्त करने की स्थिति में हो।

भारतीय संविधान में मन्त्रिपरिषद के सदस्यों की संख्या निश्चित नहीं की गयी है। यह समय और स्थिति के आधार पर आधारित है। सन् 1961 में केन्द्र की मन्त्रिपरिषद की संख्या 47 थी जो 1975 के अन्त में 60 हो गयी। 1977 में मन्त्रिपरिषद में केवल 24 सदस्य थे। फरवरी, 1988 में यह संख्या 60 थी, वर्तमान में संख्या निश्चित कर दी गयी है। इस तरह देखा जाये तो मन्त्रिपरिषद के सदस्यों की संख्या घटती और बढ़ती रहती है। सभी मन्त्री समान पंक्ति के नहीं होते। उन्हें तीन वर्गों में बाँटा गया है–मन्त्रिमण्डलीय स्तर के मन्त्री, राज्य मन्त्री, उपमन्त्री।

विभिन्न मन्त्रियों का वर्गीकरण प्रधानमन्त्री करता है और उसकी सलाह के अनुसार राष्ट्रपति मन्त्रियों की नियुक्ति करता है अनुच्छेद 75(1)। अनुच्छेद 78(ग) में यह उल्लेखित है कि जब राष्ट्रपति द्वारा अपेक्षा की जाये तो प्रधानमन्त्री किसी विषय को, जिस पर मन्त्री ने निर्णय कर लिया है किन्तु जिस पर मन्त्रिपरिषद ने विचार नहीं किया है, परिषद के समक्ष विचार के लिए रखे। वैसे व्यवहार में देखा जाये तो मन्त्रिपरिषद के भीतर एक छोटा निकाय होता है, जो मन्त्रिमण्डल की नीतियों को निर्धारित करता है।

मन्त्रिमण्डल के मन्त्री मन्त्रिपरिषद की बैठक में भाग लेते हैं राज्यमन्त्री मन्त्रिमण्डल के सदस्य नहीं होते। यदि किसी राज्यमन्त्री को स्वतन्त्र विभाग सौंप दिया गया है और ऐसी स्थिति में उसके विभाग से सम्बन्धित कोई बिन्दु विषय सूची में होता है, तब वह मन्त्रिमण्डल की बैठक में भाग ले सकता है। मन्त्री किसी भी सदन के सदस्यों में से चुने जा सकते हैं। कोई भी मन्त्री, जो किसी एक सदन का सदस्य है, दूसरे सदन में भी बोल सकता है और कार्यवाही में भाग ले सकता है। वह जिस सदन का सदस्य है, वहीं मतदान कर सकता है, दूसरे सदन में नहीं (अनुच्छेद 88)। संविधान में इसका भी प्रावधान है कि किसी ऐसे व्यक्ति को भी मन्त्रिमण्डल में लिया जा सकता है, जो किसी भी सदन का सदस्य न हो। किन्तु यदि वह किसी एक सदन में एक निश्चित अवधि में स्थान प्राप्त नहीं करता है, तो वह मन्त्री नहीं रह सकेगा। अनुच्छेद 75(5) में यह स्पष्ट लिखा है कि "कोई मन्त्री, जो निरन्तर छह माह की किसी अवधि तक संसद के किसी सदन का सदस्य नहीं है, उस अवधि की समाप्ति पर मन्त्री नहीं रहेगा।"

सामूहिक उत्तरदायित्व

जहाँ तक मन्त्रियों के उत्तरदायित्व का प्रश्न है, इस विषय में संविधान इंग्लैंड में प्रचलित सिद्धान्त का अनुसरण करता है। सामूहिक उत्तरदायित्व के सम्बन्ध में अनुच्छेद 75(3) में स्पष्ट उल्लेखित है कि "मन्त्रिपरिषद लोकसभा के प्रति सामूहिक रूप से उत्तरदायी होगी।" इसके अन्तर्गत मन्त्रिमण्डल की यह संवैधानिक बाध्यता है कि संसद के निर्वाचित सदन का विश्वास खोते ही तुरन्त पद त्याग कर दे। ऐसी स्थिति उत्पन्न होने पर मन्त्रिमण्डल पद त्याग न करके राष्ट्रपति को यह सलाह दे कि वह सदन को भंग कर दे, क्योंकि सदन निर्वाचन मण्डल के मत का उचित प्रतिनिधित्व नहीं करता है।

सामूहिक उत्तरदायित्व के साथ व्यक्तिगत उत्तरदायित्व को हम चिह्नित कर सकते हैं। संविधान के अनुच्छेद 75(2) में समाविष्ट है कि 'मन्त्री राष्ट्रपति के प्रसाद पर्यन्त अपने पद पर बने रहेंगे।" इसका अर्थ यह है कि यद्यपि सामूहिक रूप से मन्त्रिमण्डल संसद के प्रति उत्तरदायी है, वे व्यक्तिगत रूप से राष्ट्रपति के प्रति उत्तरदायी होंगे और विधानमण्डल का विश्वास प्राप्त होने पर भी उन्हें पदच्युत किया जा सकेगा। वास्तव में देखा जाये तो राष्ट्रपति की यह शक्ति प्रधानमन्त्री द्वारा ही उपयोग की जाती है, जैसा कि इंग्लैंड में है। इससे प्रधानमन्त्री अवांछित सहकर्मी से छुटकारा पा सकता है।

प्रधानमन्त्री मन्त्रिपरिषदीय मेहराब का मुख्य पत्थर

भारत की शासन व्यवस्था में प्रधानमन्त्री अपनी शक्तियों, दायित्वों और अधिकारों की दृष्टि से सर्वाधिक शक्तिशाली पदाधिकारी कहा जा सकता है। ब्रिटिश राज्यशास्त्री हैरल्ड जे. लॉस्की ने अपनी पुस्तक *पार्लियामेंटरी गवर्नमेंट इन इंग्लैंड* में इंग्लैंड के प्रधानमन्त्री पद की महत्ता का वर्णन करते हुए लिखा है कि "वह मन्त्रिपरिषद के निर्माण, जीवन तथा मरण के लिए केन्द्रीय है।"[1] भारत और इंग्लैंड की शासन व्यवस्थाओं में समरूपता को देखते हुए यहाँ के प्रधानमन्त्री के सम्बन्ध में भी यह व्याख्या स्वीकार कर लें तो अतिशयोक्ति नहीं होगी। संविधान के कतिपय अन्य अध्येताओं ने भी प्रधानमन्त्री को अनेक उपमाओं से अलंकृत किया है। लॉर्ड मोलें ने प्रधानमन्त्री को मन्त्रिपरिषदीय भवन के मेहराब का मुख्य पत्थर कहा है, तो विलियम हारकोर्ट ने इसे 'नक्षत्रों के बीच चन्द्रमा' की संज्ञा दी है। भारतीय संविधान के शिल्पी डॉ. आम्बेडकर ने प्रधानमन्त्री को शासन संरचना की धुरी कहा है।

शासन संरचना में प्रधानमन्त्री की स्थिति को समझने के लिए लॉस्की एवं लार्ड मोलें के विचारों को पुनः उद्धृत करना समीचीन होगा। लॉस्की ने इस पद की वास्तविक स्थिति, भूमिका और सीमाओं पर अपने ग्रन्थ में विस्तार से प्रकाश डाला है। उन्होंने लिखा है कि मन्त्रिमण्डल के स्वरूप पर उसके व्यक्तित्व और कृतित्व का स्पष्ट प्रभाव देखा जा सकता है। वह अपने मत्रिमण्डल का उसी प्रकार स्वामी है, जिस प्रकार अमेरिकी राष्ट्रपति अपने सचिवों का। वह सामान्यों में प्रथम नहीं है और न ही तानाशाह।

वस्तुतः वह सामान्यों में प्रथम से अधिक और तानाशाह से कुछ कम है। उसकी स्थिति के सम्बन्ध में लार्ड मोलें का कहना है कि ''प्रधानमन्त्री संसद में बहुमत में रहते किसी भी तानाशाह से कम नहीं है। उसकी शक्तियों और प्रतिष्ठा को देखते हुए उसे सामान्यों में प्रथम कहना वस्तुस्थिति की असन्तोषजनक एवं भ्रामक व्याख्या है। यहाँ व्याख्या उनके कार्यों, शक्तियों तथा शासन संरचना में एकैयिक भूमिका का समुचित मूल्यांकन नहीं करती।''[2]

ब्रिटिश संविधान शास्त्रियों का इस विचार श्रृंखला के सन्दर्भ में अगर अवलोकन करें तो देखेंगे कि संसदीय व्यवस्था में यह पद वास्तव में शक्ति सम्पन्न प्रतिष्ठा, आकर्षण तथा अनेक महत्त्वाकांक्षी राजनीतिज्ञों के लिए ईर्ष्या का पद है। हर कूटनीतिज्ञ तथा राजनीतिज्ञ की यह आकांक्षा और जीवन का लक्ष्य रहता है कि वह किसी तरह इस पद पर पहुँच जाये। संविधान ने राष्ट्रपति अथवा सम्राट को चाहे जितने व्यापक अधिकार दे दिये हों, सरकार का नेतृत्व अथवा यों कहें राज्य के जहाज़ का मुख्य चालक प्रधानमन्त्री ही है। यहाँ एक ऐसा व्यक्ति है, जिस पर करोड़ों की नज़र टिकी रहती है। उसका हर क्रियाकलाप, भाषण, उद्घोषणा और भंगिमा का निश्चित अर्थ लगाया जाता है। भारतीय राजनीति के विगत साठ वर्षों पर सरसरी दृष्टि डाल कर देखें तो यही कहना होगा कि प्रधानमन्त्री शासन संचालन का केन्द्र बिन्दु और राजनीति के रथ का सारथी है। व्यवस्था की सफलता और असफलता का प्रसंग काफ़ी सीमा तक उसके व्यक्तित्व से जुड़ा हुआ रहा है। यही व्यक्ति जनसाधारण की आकांक्षा, आस्था, देश की एकता और अखण्डता का प्रतीक बन गया है। संविधान में वर्णित अनुच्छेद उसकी शक्ति, राजनीतिक क्षितिज तथा क्षमता के मापदण्ड नहीं हो सकते। वास्तविकता तो यह है कि वह हमारी व्यवस्था के वृत्त खण्ड का मुख्य प्रस्तर है और राजनीतिक क्षितिज पर चन्द्रमा है, जिसके आगे बाकी सारे नक्षत्र धुँधले लगते हैं।

प्रधानमन्त्री की स्थिति

प्रधानमन्त्री की स्थिति और हैसियत के सम्बन्ध में विचार अथवा धारणाएँ भावनात्मक अतिरेक या अतिशयोक्ति पूर्ण अभिव्यक्ति नहीं हैं, बल्कि राजनीतिक साहित्य के जीते–जागते नायक का वास्तविक चरित्र–चित्रण है। लेकिन इसका अर्थ यह कदापि नहीं है कि वह अपने क्रियाकलापों में पूर्णतया स्वतन्त्र है और राजनीति के महासागर में निर्भीकता से विचरण कर सकता है।

यह पद बहुत ही चुनौती भरा और उत्तरदायित्व का पद है। यह किसी भी राजनीतिज्ञ के लिए थका देने वाला, मानसिक शान्ति का अन्तिम दिन होता है। संसदीय व्यवस्था का संचालन इस सिद्धान्त के अनुसार होता है कि कोई भी व्यक्ति अपरिहार्य नहीं है। जैसा कि लॉयड जार्ज ने कहा है, ''शीर्ष पर सदाशयता नहीं होती। वहाँ सदैव कोई–न–कोई ऐसा व्यक्ति अवश्य होता है जो उसका स्थान ग्रहण करने के लिए तैयार ही नहीं, अधीर रहता है।" उसके बन्धन और परिसीमाएँ भी अपार हैं। उसकी सफलता इस बात पर निर्भर करती है कि वह अपने साथियों को अपनी बुद्धिमता से किस सीमा तक आश्वस्त कर सकता है। भारत के प्रधानमन्त्री की स्थिति, शासन व्यवस्था में उसकी भूमिका, शक्तियाँ तथा कार्यों का अध्ययन इन्हीं कुछ बातों के मद्देनज़र किया गया है।

संविधान में वर्णित स्थिति

भारतीय संविधान के अनुच्छेदों का अवलोकन करें तो प्रधानमन्त्री शब्द का उल्लेख तीन बार आया है। अनुच्छेद 74(1) में वर्णित है कि राष्ट्रपति को अपने कार्यों के निष्पादन करने में सहायता और मन्त्रणा देने के लिए एक मन्त्रिपरिषद होगी, जिसका अध्यक्ष प्रधानमन्त्री होगा और राष्ट्रपति मन्त्रिपरिषद की सलाह के अनुसार कार्य करेगा। दूसरा, 42वें संविधान संशोधन द्वारा 74(1) को संशोधित किया गया है। पहले 74(1) के अनुसार राष्ट्रपति मन्त्रिपरिषद की सलाह से बाध्य होगा, यह उल्लेखित नहीं था। लेकिन 42वें संशोधन द्वारा अनुच्छेद 74(1) को इस प्रकार संशोधित किया गया है, ''राष्ट्रपति को अपने कार्य के सम्पादन में सहायता और मन्त्रणा के लिए एक मन्त्रिपरिषद होगी, जिसका अध्यक्ष प्रधानमन्त्री होगा और राष्ट्रपति मन्त्रिपरिषद की सलाह के अनुसार कार्य करेगा।'' 44वें संशोधन द्वारा इसमें यह जोड़ा गया कि राष्ट्रपति मन्त्रिपरिषद से प्राप्त सलाह पर साधारणतया या अन्यथा पुनर्विचार करने की अपेक्षा कर सकेगा और राष्ट्रपति ऐसे पुनर्विचार के पश्चात दी गयी सलाह के अनुसार कार्य करेगा।

सैद्धान्तिक रूप में मन्त्रिमण्डल के सभी सदस्यों की स्थिति समान होती है और सभी मन्त्री, जैसा कि इंग्लैंड में प्रचलित है, राज्याध्यक्ष के सलाहकार हैं। सभी संसद के प्रति उत्तरदायी हैं। प्रचलित अभिसमय और रीति के अनुसार प्रधानमन्त्री को विशेष स्थान प्राप्त है जिसे हम निम्न प्रकार से रेखांकित कर सकते हैं :

1. निर्वाचित सदन में प्रधानमन्त्री बहुमत वाले दल का नेता होता है।
2. उसे अन्य मन्त्री चुनने, उनमें से किसी को भी पदच्युत करने, सम्राट को सलाह देने की या उनमें से किसी से पदत्याग करने की अपेक्षा करने की शक्ति है।
3. मन्त्रियों में कामकाज का आवंटन करना भी प्रधानमन्त्री का कार्य है। वह किसी भी मन्त्री को एक विभाग से दूसरे विभाग में अन्तरित कर सकता है।
4. वह मन्त्रिमण्डल का अध्यक्ष है। वह उसकी बैठक बुलाता है और उसका सभापतित्व करता है।
5. किसी भी मन्त्री के पद त्याग से वह स्थान रिक्त हो जाता है, किन्तु प्रधानमन्त्री की मृत्यु या पद त्याग से मन्त्रिमण्डल का विघटन हो जाता है।
6. प्रधानमन्त्री का स्थान सम्राट और मन्त्रिमण्डल के मध्य का है। कोई भी मन्त्री अपने विभाग से सम्बन्धित मामलों में सम्राट तक पहुँचने का अधिकार रखता है, किन्तु कोई भी महत्त्वपूर्ण पत्रादि, विशेषकर नीति सम्बन्धी, प्रधानमन्त्री के माध्यम से ही भेजा जा सकता है।

राष्ट्रपति और मन्त्रिपरिषद के बीच शृंखला की कड़ी के रूप में प्रधानमन्त्री के कुछ कर्तव्य हैं, जिनका वर्णन अनुच्छेद 78 में किया गया है। अनुच्छेद 78 के अनुसार प्रधानमन्त्री का यह कर्तव्य होगा कि वह :

(अ) संघ के कार्यों के प्रशासन सम्बन्धी और विधान विषयक प्रस्थापनाओं सम्बन्धी मन्त्रिपरिषद के सभी विनिश्चय राष्ट्रपति को सूचित करे।

(ब) किसी विषय को जिस पर किसी मन्त्री ने निश्चित कर दिया है, किन्तु मन्त्रिपरिषद ने विचार नहीं किया है, राष्ट्रपति द्वारा अपेक्षा किये जाने पर परिषद के समक्ष विचार के लिए रखे।

प्रधानमन्त्री की नियुक्ति

संविधान के अनुसार प्रधानमन्त्री की नियुक्ति राष्ट्रपति द्वारा की जाती है। यह उसका विशेषाधिकार है। सामान्य परिस्थितियों में उसे प्रधानमन्त्री की नियुक्ति में स्वविवेक या विशेषाधिकार को आज़माने की कोई आवश्यकता

नहीं रहती, क्योंकि संसद में बहुमत प्राप्त दल के नेता को ही सरकार बनाने के लिए आमन्त्रित करना पड़ता है। संसदीय पद्धति का यही रिवाज़ है। राष्ट्रपति अगर इसके विपरीत व्यवहार करता है, तो यह स्थिति उसके लिए कतई लाभदायक नहीं है। वह अपने विशेषाधिकार का प्रयोग उसी स्थिति में कर सकता है, जब संसद में किसी एक दल का स्पष्ट बहुमत नहीं हो, अन्यथा उसे संसद की इच्छा का अनुपालन करना होता है।

गणतन्त्रीय भारत में संविधान के अन्तर्गत चौदह आम चुनाव सम्पन्न हो चुके हैं। इस दौरान प्रधानमन्त्रियों की नियुक्ति में एक अवसर के अतिरिक्त शायद ही कोई अवसर आया हो, जब राष्ट्रपति ने अपने अधिकार का उपयोग स्वविवेक से किया हो। पहली बार जुलाई–अगस्त, 1979 में ऐसा अवसर आया जब राष्ट्रपति ने अपने अधिकार का प्रयोग किया था। उस समय नवगठित जनता पार्टी सरकार संसद में अल्पमत में रह गयी थी। दूसरा अन्य कोई दल सरकार बनाने की स्थिति में नहीं था। किसी एक व्यक्ति पर सर्वसम्मति भी नहीं थी। ऐसी स्थिति में राष्ट्रपति को पहल करने का अवसर मिला और अल्पमत के नेता चौधरी चरण सिंह को प्रधानमन्त्री पद की शपथ दिलायी। इसके अतिरिक्त कोई और अवसर नहीं आया, जिसमें उसने अपने विवेक से निर्णय लिया हो। पण्डित जवाहरलाल नेहरू से ले कर प्रधानमन्त्री डॉ. मनमोहन सिंह तक की नियुक्ति में राष्ट्रपति ने महज़ औपचारिकता का ही निर्वहन किया, क्योंकि सभी प्रधानमन्त्री अपने दल के बहुमत अथवा अन्य दलों का समर्थन लेकर पदासीन हुए।

प्रधानमन्त्री की नियुक्ति के लिए दूसरी शर्त यह है कि उसे संसद के किसी भी सदन का सदस्य बनना आवश्यक है। इंग्लैंड में अब यह परम्परा बन गयी है कि कॉमन सभा का सदस्य ही प्रधानमन्त्री होगा। भारत में भी लगभग इसी परम्परा का निर्वाह किया जा रहा है।[3] तीसरा, राष्ट्रपति प्रधानमन्त्री को पदच्युत भी कर सकता है। भारत में छह दशकों के दौरान राष्ट्रपति के लिए ऐसा अवसर कभीं नहीं आया, जब उसे इस अधिकार का प्रयोग करना पड़ा हो। भारत के प्रधानमन्त्री की सदन में स्थिति और उसके भागीदार विभिन्न दल समूहों को देखते हुए राष्ट्रपति के लिए ऐसा करना सामान्यतया सम्भव नहीं है। शासन में प्रधानमन्त्री की स्थिति एवं भूमिका आकलन में चयन प्रक्रिया भी महत्त्वपूर्ण कारक है। इसलिए यहाँ उसका वर्णन अभीष्ट होगा।

प्रधानमन्त्री का चयन एवं उत्तराधिकारी

संसदीय प्रणाली की सफलता की एक कसौटी है कि सत्ता के विभिन्न स्तरों पर पदाधिकारियों के चयन की प्रक्रिया कितनी जनतान्त्रिक है। दूसरे शब्दों में, उसमें सत्ता दृष्टि से कहीं अधिक महत्त्वपूर्ण बन जाती है। भारत में प्रधानमन्त्रियों की चयन प्रक्रिया पर दृष्टि डालें तो कहना होगा कि अब तक सम्पन्न हुए 14 आम चुनावों में जनतान्त्रिक मूल्यों के आधार पर ही उनका चयन हुआ है। स्वतन्त्रता के बाद भारत में श्री जवाहरलाल नेहरू प्रथम प्रधानमन्त्री बने। मई, 1946 में मौलाना आज़ाद के बाद उनके अध्यक्ष होने से यह निश्चय हो गया था कि प्रधानमन्त्री कौन होगा। राजनीतिक पर्यवेक्षकों का ऐसा मत है कि महात्मा गाँधी अगर हस्तक्षेप नहीं करते, तो यह पद श्री जवाहरलाल नेहरू के स्थान पर श्री वल्लभभाई पटेल को मिलता। लेकिन गाँधी जी के वरदहस्त एवं उनकी इच्छा के कारण श्री जवाहरलाल नेहरू का चयन हुआ। सन् 1950 में सरदार पटेल के देहावसान के पश्चात श्री जवाहरलाल नेहरू की स्थिति दल और सरकार में कहीं अधिक महत्त्वपूर्ण और चुनौतीरहित हो गयी। इसके बाद सन् 1952, 57 तथा 62 में कांग्रेस संसदीय दल की बैठकों द्वारा विधिवत रूप से श्री नेहरू का निर्वाचन हुआ।

श्री जवाहरलाल नेहरू के प्रधानमन्त्री चुने जाने के सम्बन्ध में राजनीतिक व्याख्याकार चाहें जो निष्कर्ष निकालें, किन्तु वास्तविकता यह है कि वे भारतीय जन के सर्वाधिक लोकप्रिय नेता थे। विश्व में उनके समकालीन शायद ही कोई नेता होगा जो देश की जनता के दिल और दिमाग़ पर इतना हावी हो। उनके राजनीतिक जीवन पर लिखी पुस्तक 'नेहरू : ए पॉलिटिकल बायोग्राफी' के लेखक ने ठीक ही लिखा है कि "नेहरू ही कांग्रेस का नेतृत्व कर सकता था। कांग्रेस को नेहरू की ज़रूरत थी, क्योंकि नेहरू जैसा नेता ही मतदाता को अपनी ओर आकर्षित कर सकता था। वे नेहरू की नीतियों की अपेक्षा उनके करिश्मे पर ही चुनाव लड़े।"[4]

श्री नेहरू के करिश्मे की बात अब विवादास्पद नहीं रही। शासन सत्ता, कांग्रेस दल, प्रशासन तथा राजनीतिक परिदृश्य पर उनके व्यक्तित्व के प्रभुत्व को देखते हुए समूची व्यवस्था के भाग्य का प्रश्न उनसे अभिन्न रूप से जुड़ गया था। देश–विदेश के व्याख्याकार यह कहने लग गये थे कि श्री नेहरू के बाद संसदीय व्यवस्था का ढाँचा चरमरा जायेगा।

बेस्ट मिनिस्टर का यह मॉडल श्री नेहरू के करिश्मे पर ही टिका हुआ है। छठे दशक के प्रारम्भ में राजनीतिक घटनाओं ने जो मोड़ लिया, उसको देखते हुए नेहरू के बाद कौन और क्या का प्रश्न सर्वाधिक चर्चा का विषय बन गया। भारत–चीन संघर्ष (1962) में भारत को लगा झटका, श्री नेहरू के स्वास्थ्य में गिरावट, कांग्रेस में सत्ता की आपाधापी, उत्तराधिकार की अनिश्चितता तथा व्यवस्था में आये गतिरोध को देखते हुए ऐसा लगने लगा था कि श्री नेहरू के बाद यह व्यवस्था समाप्त हो जायेगी। लेकिन ऐसा नहीं हुआ। लोकतान्त्रिक व्यवस्था ने अपनी जड़ें ज़मानी शुरू कर दी थीं।

मई, 1964 में श्री नेहरू के देहावसान के पश्चात भी व्यवस्था यथावत् बनी रही और सतारूढ़ कांग्रेस दल ने उनकी राख ठण्डी होने के पहले ही उत्तराधिकार के प्रश्न को बड़ी सहजता से सुलझा लिया। उनकी मृत्यु के पाँच दिन और 19 घण्टे के बाद कांग्रेस संसदीय दल की बैठक में सर्वसम्मति से श्री लालबहादुर शास्त्री को दल का नेता चुन लिया गया। कांग्रेस दल में अपने नेता के चुनाव की प्रक्रिया के दौरान नेपथ्य में जो कुछ हुआ, वह इतना महत्त्वपूर्ण नहीं। महत्त्वपूर्ण तो सर्वानुमति से चयन–प्रसंग तत्कालीन परिस्थितियों के परिप्रेक्ष्य में प्रशंसनीय क़दम था। इससे व्यवस्था सम्बन्धी आशंकाओं के बादल छँट गये। यह बात भी सिद्ध हो गयी कि भारत में जनतान्त्रिक पद्धति की परम्पराएँ धीरे–धीरे एक निश्चित स्वरूप ग्रहण कर रही हैं और श्री नेहरू जैसे देदीप्यमान व्यक्ति के अभाव में भी जीवित रहने में सक्षम हैं।

राजनीतिक उत्तराधिकार का दूसरा उदाहरण श्री लालबहादुर शास्त्री के ताशकन्द में अचानक निधन के बाद आया था। इससे कांग्रेस हाईकमान के समक्ष नये नेता के चयन की पुनः चुनौती आ खड़ी हुई। श्री नेहरू के बाद कांग्रेस के वरिष्ठ नेताओं ने जिस तरह से प्रधानमन्त्री के चुनाव के प्रसंग को सहजता से निपटा दिया था, वह इस बार बदलती परिस्थितियों में कठिन था। कांग्रेस के शीर्ष नेताओं में गुटबन्दी और एक दूसरे से अलगाव के कारण प्रश्न काफ़ी उलझ गया था। एक तबका श्री मोरारजी देसाई के साथ शक्ति परीक्षण के लिए तैयार बैठा था और मोरारजी देसाई भी इस बारे में प्रधानमन्त्री बनने के दावे को सर्वसम्मति के नाम पर किसी भी तरह छोड़ने को तैयार नहीं थे। तत्कालीन कांग्रेस अध्यक्ष श्री कामराज नाडार और उनके कुछ वरिष्ठ साथी श्री मोरारजी देसाई को किसी भी कीमत पर दल का नेता नहीं बनने देने पर कटिबद्ध थे।

इसलिए नेता पद के लिए संघर्ष अवश्यम्भावी हो गया। पहली बार संसदीय दल के नेता के लिए गुप्त मतदान हुआ। इस संघर्ष में एक ओर श्री जवाहरलाल नेहरू की पुत्री प्रियदर्शिनी इन्दिरा गाँधी थी, तो दूसरी ओर श्री मोरारजी देसाई थे। इस चुनाव में श्रीमती गाँधी बहुमत से विजयी हुईं। उनके पक्ष में 355 और श्री मोरारजी देसाई के पक्ष में 169 मत मिले। इस तरह श्री शास्त्री के बाद तीसरे प्रधानमन्त्री का चुनाव भी सेना अथवा विदेशी प्रभाव के बिना सम्पन्न हो गया। गणतन्त्रीय भारत की जनता के लिए यह बहुत ही शुभ एवं आश्वस्त करने वाली बात थी। एक बार पुनः इस देश में जनतन्त्र के दीपक को बुझते देखने वालों को घोर निराशा हुई।

प्रधानमन्त्री का चौथी बार चुनाव सन् 1967 के आम चुनावों के बाद सम्पन्न हुआ। भारतीय राजनीति के अध्येताओं को, जैसा कि विदित है, इस आम चुनाव ने कांग्रेस के एक छत्र शासन को पूर्ण रूप से झकझोर दिया। एकाधिकार की राजनीति लगभग समाप्ति पर आ गयी। आठ राज्यों में ग़ैर–कांग्रेसी सरकारें बनीं। राजनीति के इस बदलते परिवेश का कांग्रेस पर भी प्रभाव पड़े बिना नहीं रहा। एक ओर राज्यों में कांग्रेस की हार ने श्रीमती गाँधी के नेतृत्व को धक्का पहुँचाया, तो दूसरी ओर उनकी स्वतन्त्र कार्यशैली ने कांग्रेस के कई वरिष्ठ नेताओं को नाराज़ कर दिया। इस बार तत्कालीन कांग्रेस प्रधान श्री कामराज श्रीमती गाँधी से सख़्त नाराज़ थे। उनकी नाराज़गी का कारण था श्रीमती गाँधी द्वारा कठपुतली अथवा मोम की गुड़िया के रूप में काम करने से इनकार कर देना। यह बात तत्कालीन नेताओं को बड़ी नागवार गुजरी। अतः वे इस बार श्रीमती गाँधी को सबक़ सिखाने पर तुल गये। इस तरह आन्तरिक और बाह्य दोनों ही परिस्थितियाँ श्रीमती गाँधी के प्रतिकूल थीं। इसके उपरान्त भी श्रीमती गाँधी भारतीय राजनीति में एक हस्ती के रूप में उभर गयी थीं, जिसे 'सिंडिकेट' किसी भी तरह नज़रअन्दाज़ नहीं कर सकती थी। श्री मोरारजी देसाई नेता पद के पुनः दावेदार बने। इस बार सीधे संघर्ष को टालने के लिए श्री डी.पी. मिश्रा के सुझाव पर श्री मोरारजी देसाई को उप–प्रधानमन्त्री पद स्वीकार करने को राज़ी किया गया। श्रीमती इन्दिरा जी पुनः नेता चुन ली गयीं और उत्तराधिकार का प्रश्न पुनः सुलझा लिया गया।

श्रीमती गाँधी के दूसरी बार प्रधानमन्त्री बनने के पश्चात जो ऐतिहासिक घटनाएँ घटित हुईं, वे हमारे राजनीतिक इतिहास में क़लमबद्ध हो गयी हैं। उनका उल्लेख आवश्यक भी नहीं है। प्रासंगिक तो केवल यह है कि

सन् 1969 में कांग्रेस विभाजन के उपरान्त भी मध्यावधि चुनाव में श्रीमती इन्दिरा गाँधी अपने करिश्मे के कारण भारी बहुमत से विजयी हुईं। कांग्रेस (आई) संसदीय दल ने उन्हें नेता पद पर चयन कर मतदाता मण्डल के निर्णय पर मुहर लगा दी। सन् 1977 के आम चुनावों में कांग्रेस (आई) की हार के कारण श्रीमती इन्दिरा गाँधी नेपथ्य में चली गयीं। कई राजनीतिक व्याख्याकारों और देश के कूटनीतिज्ञों का विचार था कि वे अब राजनीतिक दृष्टि से समाप्त हो गयी हैं और उनका करिश्मा हमेशा के लिए लोप हो गया है। किन्तु ऐसा नहीं हुआ। मतदाता मण्डल ने सारी व्याख्याओं को ख़ारिज कर दिया। सन् 1980 के मध्यावधि चुनाव में श्रीमती इन्दिरा गाँधी पुनः सत्ता में लौट आईं। संसार के जनतन्त्रीय इतिहास में यह पहली घटना थी जब एक प्रधानमन्त्री, जिसे मतदाता मण्डल ने ढाई वर्ष पहले अस्वीकार कर दिया था, पुनः सत्ता में लौट आये। श्रीमती गाँधी पुनः सत्ता में आयीं और 31 अक्टूबर, 1984 तक अपने पद पर बनी रहीं।[5]

जनता पार्टी द्वारा प्रधानमन्त्री का चयन

सातवें दशक के उत्तरार्द्ध (1977) में हुए छठे आम चुनावों में नवगठित जनता पार्टी के भारी बहुमत प्राप्त करने के उपरान्त भी प्रधानमन्त्री का चयन इतना सरल एवं सहज नहीं था, जितना कांग्रेस पार्टी में। श्रीमती इन्दिरा गाँधी सर्वमान्य नेता थीं वैसा कोई लोकप्रिय एवं अविवादास्पद व्यक्ति जनता पार्टी में नहीं था। इसके विपरीत घटक दलों के कई दिग्गज नेता अपने को इस पद के दावेदार समझने लगे थे। अपनी दावेदारी जताने का यही मौका था। अन्ततोगत्वा तीन नाम उभर कर सामने आये, जिनमें से नेता चुनना था। पहला श्री मोरारजी देसाई, दूसरा चौधरी चरणसिंह और तीसरा श्री जगजीवनराम का। ऐसा कहा जाता है कि चुनाव के कुछ समय पूर्व चौधरी चरणसिंह ने श्री मोरारजी देसाई के पक्ष में अपना नाम वापस ले लिया। इसके बाद केवल दो व्यक्ति मैदान में रह गये। दल के वरिष्ठ नेताओं ने संघर्ष टालने की दृष्टि से यह कार्य जयप्रकाश नारायण और आचार्य कृपलानी को सौंप दिया। उनसे ही निवेदन किया गया कि वे व्यक्तिगत रूप से सम्पर्क कर बहुमत वाले व्यक्ति के नाम की घोषणा कर दें। इस जाँच पड़ताल से पता लगा कि बहुमत श्री मोरारजी देसाई के साथ है। फलतः जयप्रकाश नारायण ने उनके नाम की घोषणा कर दी। इस तरह आन्तरिक पूछताछ के माध्यम से नेता का चुनाव करा कर जनता

पार्टी ने अपनी आन्तरिक गुटबन्दी को ढाँक दिया। श्री मोरारजी देसाई प्रधानमन्त्री चुन लिये गये। वे भी अधिक समय तक इस पद पर नहीं टिक पाये। जिन स्थितियों में जनता पार्टी का जन्म हुआ था, सत्तासीन होने के बाद उसका तानाबाना बिखरना शुरू हो गया और ढाई वर्षों में ही ताश के महल की तरह वह ढह गया। देश में पुनः आम चुनाव हुए, जिसमें कांग्रेस (आई) भारी बहुमत से पुनः विजयी हुई। जैसा कि सबको विदित है, अक्तूबर, 1984 में श्रीमती इन्दिरा गाँधी की हत्या कर दी गयी। उनके पश्चात प्रधानमन्त्री के चयन का प्रश्न पुनः उभर कर आया। यह समय मामूली नहीं था, बल्कि स्थितियाँ पूर्व की अपेक्षा कहीं अधिक गम्भीर एवं चुनौती भरी थीं। प्रश्न यह था कि श्रीमती गाँधी के बाद आयी राजनीतिक रिक्तता को कौन भरे? कांग्रेस (आई) के वरिष्ठ नेताओं ने पारस्परिक विचार–विमर्श कर श्रीमती गाँधी के पुत्र श्री राजीव गाँधी को नेता चुन कर उसी दिन शाम को छह बजे प्रधानमन्त्री पद की शपथ दिला दी। सन् 1985 में पहली बार नये प्रधानमन्त्री मतदाता मण्डल के समक्ष विश्वास प्राप्त करने गये। इन चुनावों में कांग्रेस (आई) की अप्रत्याशित विजय हुई। कांग्रेस (आई) को लोकसभा में 400 सीटें प्राप्त हुईं, जो पिछले चुनाव की तुलना में एक कीर्तिमान था। श्री राजीव गाँधी के प्रधानमन्त्री बनाये जाने की प्रक्रिया पर जो भी आलोचना हुई, वह मतदाता मण्डल के निर्णय से अर्थहीन सिद्ध हो गयी। विघटन के कगार पर खड़े देश में इतने बड़े हादसे के बाद भी सत्ता हस्तान्तरण सहज ढंग से सम्पन्न हो गया। यह लोकतन्त्रीय व्यवस्था के सुदृढ़ होने का ही परिचायक था।

प्रधानमन्त्री के चयन की रीति–नीति का यह इतिहास कई तथ्य प्रकट करता है। एक तो यह कि प्रधानमन्त्री के चयन में केवल लोकसभा की ही भागीदारी नहीं होती है, अपितु शासक दल के क्रियाशील दबाव समूह, दल के अध्यक्ष तथा महत्त्वपूर्ण राजनीतिज्ञों की भी महती भूमिका होती है। दूसरा, राज्यों के मुख्यमन्त्रियों की भी दल के नेता के चुनाव में भूमिका होती है। तीसरा, तथ्य मतदाता मण्डल से सम्बन्धित है। वह यह कि पिछले जो चुनाव हुए हैं, उनका विश्लेषण कर देखें तो ज्ञात होगा कि मतदाता मण्डल की प्रधानमन्त्री के चयन में अपनी महत्ता है। सन् 1971, 1980 तथा 1985 के चुनाव परिणाम इस तथ्य की पुष्टि करते हैं। अतः इन तथ्यों के प्रकाश में अगर यह कहें कि राष्ट्रपति द्वारा प्रधानमन्त्री की नियुक्ति मात्र औपचारिकता है, तो कदाचित असंगत नहीं होगा।

उसके और विकल्प नहीं। हाँ, अगर संसद में किसी दल को बहुमत न मिले, नेता पद के कई दावेदार हों और राजनीतिक स्थिति उलझन भरी हो, तो राष्ट्रपति इसके चयन में प्रभावी भूमिका अदा कर सकते हैं।

प्रधानमन्त्री के अधिकार और कार्य

प्रधानमन्त्री के अधिकार एवं उत्तरदायित्वों को देखते हुए, 'सामान्यों में प्रथम' की अवधारणा इस पद की सही व्याख्या नहीं करती। इंग्लैंड में द्वितीय विश्व युद्ध के बाद शासन व्यवस्था में इस पद की भूमिका निरन्तर बढ़ती ही गयी है। संविधान में भले ही उसकी भूमिका एक परामर्शदाता के रूप में वर्णित की गयी हो, यह बात किसी से छिपी नहीं है कि वर्तमान में सम्राट सिमट कर स्वयं एक परामर्शदाता के रूप में रह गया है। संसदीय व्यवस्था में प्रधानमन्त्री की सर्वव्यापी शक्तियों और दायित्वों को देखते हुए उसे नक्षत्रों में चन्द्रमा और शासनतन्त्र की धुरी कहना ही उपयुक्त होगा। उसके बढ़ते प्रभाव के कारण उसे अगर तानाशाह होने की संज्ञा दी गयी हो, तो कोई आश्चर्य की बात नहीं है। भारत की शासन व्यवस्था में भी प्रधानमन्त्री की शक्तियाँ बड़ी व्यापक हैं। उसकी बहुआयामी भूमिका एवं शक्तियों का समूचा लेखा–जोखा तो सम्भव नहीं है, इसलिए संक्षेप में कतिपय क्षेत्रों के सन्दर्भ में यहाँ शक्तियों का वर्णन किया जा रहा है।

मन्त्रिपरिषद एवं प्रधानमन्त्री

मन्त्रिपरिषद एवं मन्त्रिपरिषद के संगठन, विसर्जन और नियन्त्रण सम्बन्धी अधिकारों को देखते हुए लॉस्की का यह कथन युक्तिसंगत है कि प्रधानमन्त्री इसके प्रारम्भ, जीवन तथा समाप्ति का केन्द्र बिन्दु है। उसे अपनी मर्जी के अनुसार मन्त्रिपरिषद बनाने का अधिकार है। मन्त्रिपरिषद के चरित्र और उसके स्वरूप पर प्रधानमन्त्री की अमिट छाप देखी जा सकती है। मन्त्रिपरिषद में कितने मन्त्री होंगे, इसका निर्धारण भी वही करता है। मन्त्रियों में विभागों का वितरण, समन्वय, निरीक्षण एवं नियन्त्रण रखना प्रधानमन्त्री का दायित्व है। वह मन्त्रिपरिषद की अध्यक्षता करता है।

मन्त्रिपरिषद में आवश्यकतानुसार परिवर्तन करना उसकी इच्छा पर निर्भर करता है। प्रधानमन्त्री के त्यागपत्र अथवा देहावसान के साथ ही मन्त्रिपरिषद भंग हो जाती है। राष्ट्रपति को परामर्श देना, मन्त्रिपरिषद के निर्णयों से तथा नये प्रस्तावों से अवगत कराना उसका संवैधानिक दायित्व है।

इस तरह वह राष्ट्रपति और मन्त्रिपरिषद के बीच कड़ी का काम करता है। किसी भी मन्त्री को वह पदच्युत कर सकता है। संगठन, पुनर्गठन, समस्त परिषद को अपने साथ लेकर चलने और भंग करने के अधिकारों को देखते हुए उसे मन्त्रिपरिषदीय वृत्त खण्ड की आधारशिला की उपमा यथार्थ को ही चरितार्थ करती है। सिद्धान्ततः यह अवधारणा सर्वमान्य है कि प्रधानमन्त्री मन्त्रिपरिषद के गठन, फेरबदल तथा भंग करने में मन्त्रिपरिषद का स्वामी है। व्यावहारिक दृष्टि से अगर इस पर विचार करें तो प्रतीत होगा कि उसे इन सब कार्यों में कई परिसीमाओं और मर्यादाओं का पालन करना होता है। राजनीतिक दबाव समूह, दल के वरिष्ठ नेताओं और क्षेत्रीयता तथा जाति–समूहों जैसे कारकों को दृष्टि ओझल करना सहज नहीं होता है। कई बार उसे ऐसे लोगों से समझौता भी करना पड़ता है, जिसे वह कतई पसन्द नहीं करता। इन बाध्यताओं की पुष्टि के लिए हम श्री जवाहरलाल नेहरू की प्रथम मन्त्रिपरिषद का उदाहरण दे सकते हैं, जिसमें उन्होंने ऐसे लोगों को सरकार में लिया जो उनकी नीतियों के पक्षधर नहीं थे।

श्री शनमुख चेट्टी, श्री जॉन मथाई, श्री सी.एच. भाभा, श्री श्यामाप्रसाद मुखर्जी एवं डॉ. भीमराव आम्बेडकर–ये लोग कांग्रेस और उसके नेता श्री नेहरू की नीतियों के विरोधी थे। इतना ही नहीं, कई बार प्रधानमन्त्री को अपने ही दल के भीतर अन्य दबाव समूह को भी समायोजित करना पड़ता है। श्री वल्लभभाई पटेल और श्री नेहरू के बीच वैचारिक और रीति–नीति सम्बन्धी मतभेद सर्वविदित हैं। एक दृष्टि से देखा जाये तो सामाजिक–आर्थिक प्रश्नों पर उनके विचारों में गहन मतभेद था। इसके उपरान्त भी श्री नेहरू को उन्हें मन्त्रिपरिषद में नम्बर दो का स्थान देना पड़ा। नेहरू श्री पटेल का कांग्रेस दल में दबदबा तथा प्रशासन में उनकी हैसियत को अनदेखा नहीं कर सकते थे। ऐसा ही उदाहरण श्रीमती इन्दिरा गाँधी के प्रधानमन्त्रित्व काल के प्रारम्भिक दिनों में भी मिलता है, जब उन्हें कांग्रेस के भीतरी दबाव के कारण श्री मोरारजी देसाई को उप–प्रधानमन्त्री के रूप में स्वीकार करना पड़ा था।

जहाँ तक विभागों के वितरण का सवाल है, यह प्रधानमन्त्री का परमाधिकार है। वह अपनी इच्छानुसार और आवश्यकतानुसार उसमें परिवर्तन कर सकता है। व्यावहारिक धरातल पर उसके इस अधिकार के प्रयोग में भी बाधाएँ उत्पन्न हो सकती हैं। बहुत सीमा तक इस अधिकार का

प्रयोग राजनीतिक परिस्थितियों तथा प्रधानमन्त्री की समूचे व्यवस्था तन्त्र में स्थिति पर निर्भर करता है। इसीलिए पण्डित नेहरू जैसे दिग्गज नेता को भी कठिनाइयों का सामना करना पड़ा था। कई बार मन्त्री राजनीतिक जीवन में अपनी प्रतिष्ठा तथा दल में अपनी हैसियत के कारण मनपसन्द विभाग के लिए पेशकश कर सकता है, जैसे श्री वल्लभभाई पटेल ने गृह मंत्रालय और श्री टी.टी. कृष्णमाचारी ने वित्त विभाग की माँग की थी। श्री मनुभाई शाह ने तो नेहरू केबिनेट में राज्यमन्त्री पद पर शपथ लेने से भी इनकार कर दिया था। बम्बई कांग्रेस के कर्णधार श्री एस.के. पाटिल को जब पण्डित नेहरू ने खाद्य मन्त्रालय से स्थानान्तरित करना चाहा, तो उन्होंने मन्त्रिपरिषद से त्यागपत्र देने की धमकी दी थी। फलतः श्री नेहरू को बाध्य होकर अपना निर्णय स्थगित करना पड़ा।

श्री नेहरू के मन्त्रिमण्डल में इस तरह के और भी कई दबाव आये, जिनसे उन्हें कई बार समझौता करना पड़ा। लेकिन यह स्थिति अधिक दिनों तक नहीं रही। उनकी तीसरी मन्त्रिपरिषद पूर्व परिषदों की तुलना में कहीं अधिक सुदृढ़ तथा समरूपता लिये हुए थी, जिस पर उनका पूर्ण नियन्त्रण था। ऐसी ही कुछ कठिनाइयाँ श्रीमती गाँधी के सामने भी आयी थीं। लेकिन श्री नेहरू की तुलना में वे कहीं अधिक व्यावहारिक थीं। इसलिए उन्होंने अपने भीतरी विरोध पर नियन्त्रण स्थापित करने में कोई रियायत नहीं बरती। सत्तर के दशक में कांग्रेस के भीतरी विरोध को धाराशायी कर वे एक लोकप्रिय और शक्तिशाली नेता के रूप में उभर कर आयीं। इसलिए वे मन्त्रिपरिषद पर एकछत्र नियन्त्रण स्थापित करने में सफल हुई। 1969 के बाद उनके स्वयं का करिश्मा स्थापित हो गया। मतदाता मण्डल से उनका प्रत्यक्ष 'रेपर्ट' स्थापित हो गया था। वे सत्ता और पार्टी दोनों जगह निर्विवाद तथा अपरिहार्य नेता के रूप में उभर कर आ गयी थीं।

मन्त्रिपरिषदीय शासन व्यवस्था की यह परिपाटी रही है कि शासन की रीति–नीति पर एक ही भाषा बोली जाती है। उनकी जीवन की डोर एक–दूसरे से पूर्णतया जुड़ी है। दूसरे शब्दों में, वह एक साथ तैरती है और एक साथ डूबती है। जो व्यक्ति इससे अलग राग अलापे, उसके लिए दो ही विकल्प हैं। वह या तो सहमत हो जाये अथवा त्यागपत्र दे दे। इंग्लैंड में इस परिपाटी की अनुपालना परम्परा बन गयी है। भारत में भी ऐसे कई उदाहरण मिलते हैं, जब मन्त्रियों ने मतभेद होने की स्थिति में मन्त्रिपरिषद से त्यागपत्र देना उचित समझा। डॉ. आम्बेडकर, श्री जॉन मथाई,

श्री सी.डी. देशमुख, श्री वी.वी. गिरी, श्री श्यामाप्रसाद मुखर्जी आदि के नाम इस सन्दर्भ में विशेष रूप से उल्लेखनीय हैं, जिन्होंने मतभेदों के कारण मन्त्रिपरिषद से त्यागपत्र दे दिये थे। प्रधानमन्त्री, चूँकि राज्य रूपी जहाज़ का कप्तान है, इसलिए वह विरोधी दलकर्मी को लेकर यात्रा नहीं कर सकता। वह जब चाहे किसी भी मन्त्री का त्यागपत्र माँग सकता है। त्यागपत्र देने से इनकार करने पर उसे पदच्युत किया जा सकता है।

वर्तमान सन्दर्भों में देखें तो यही कहना होगा कि मन्त्रिपरिषद पूर्णतया प्रधानमन्त्री के अधीन है। वह उसके संगठन तथा पुनर्गठन में पूर्णतया स्वतन्त्र है। इसके उपरान्त भी हम स्थिति को स्थायी अथवा सार्वकालिक मान कर नहीं चल सकते, क्योंकि यह सब कुछ प्रधानमन्त्री के व्यक्तित्व, कार्यशैली, दल में उसका प्रभाव, जनसाधारण में लोकप्रियता तथा दल की स्थिति पर निर्भर करता है। घटकवाद, आपसी फूट अथवा अन्य कारणों से कमज़ोर स्थिति में प्रधानमन्त्री इस तरह स्वतन्त्रता से नौका विहार नहीं कर सकता। अगर उसका संसद में बहुमत है तथा दल पर नियन्त्रण है, जैसा कि श्रीमती गाँधी का था, तो सचमुच वह मन्त्रिपरिषद का स्वामी है और वैसा बर्ताव भी कर सकता है। मन्त्रिपरिषद में उनके वर्चस्व को देखते हुए ही कतिपय संविधान शास्त्री मन्त्रिपरिषदीय शासन को प्रधानमन्त्रीय शासन की संज्ञा देने लगे हैं।

प्रधानमन्त्री और राष्ट्रपति

शासन व्यवस्था में प्रधानमन्त्री की स्थिति एवं भूमिका का अध्ययन राष्ट्रपति के साथ उसके सम्बन्धों पर चर्चा किये बिना अधूरा है। भारतीय संविधान में राष्ट्रपति को बड़े व्यापक अधिकार दिये गये हैं। वह अगर उनका प्रयोग करे, तो संसार का सर्वाधिक शक्तिशाली शासनाध्यक्ष कहलाने का दावा कर सकता है। लेकिन यह बात भी सर्वविदित है कि संसदीय शासन प्रणाली के अन्तर्गत वह इन अधिकारों का प्रयोग नहीं कर सकता। यथार्थ में इन शक्तियों का प्रयोग प्रधानमन्त्री करता है। राष्ट्रपति की स्थिति एवं भूमिका का मूल्यांकन करते समय इस पद को अनदेखा किया ही नहीं जा सकता। हमारी शासन व्यवस्था में राष्ट्रपति का वही स्थान है जो इंग्लैंड में सम्राट का है। इस सन्दर्भ में डॉ. आम्बेडकर के उन शब्दों को पुनः याद करना समीचीन होगा जो उन्होंने राष्ट्रपति के लिए संविधान सभा में कहे थे। उन्होंने स्पष्ट कहा था कि "वह राज्य का सिरमौर है, कार्यपालिका का नहीं।

वह राष्ट्र का प्रतिनिधित्व करता है, शासन का नहीं।" मोटे तौर पर दोनों के पारस्परिक सम्बन्धों का यही आधार है और समझ के अनुरूप शासन व्यवस्था का संचालन होता आया है।

प्रधानमन्त्री और राष्ट्रपति के पारस्परिक सम्बन्ध एवं भूमिका का अध्ययन करते समय संविधान से परे झाँक कर उन कारकों को देखना चाहिए जो मूल्यांकन की दृष्टि से महत्त्वपूर्ण हैं। वास्तव में देखा जाये तो दोनों के सम्बन्ध कई बातों पर निर्भर करते हैं। इनमें देश की राजनीतिक परिस्थितियाँ, प्रधानमन्त्री का दल में वर्चस्व, संसद और उसके बाहर उसकी प्रतिष्ठा जनसाधारण में लोकप्रियता, प्रशासनिक क्षमता तथा शासन तन्त्र पर नियन्त्रण विशेष रूप से उल्लेखनीय हैं। इसी तरह राष्ट्रपति के लिए भी कतिपय कारक उसकी स्थिति एवं भूमिका का निर्धारण करते हैं, जैसे उसका व्यक्तित्व, राजनीतिक जगत में प्रतिष्ठा, शासक दल में उसकी स्थिति, लोकप्रियता तथा उसके चयन में प्रधानमन्त्री की भूमिका। संक्षेप में, कुछ ये ही बातें दोनों के पारस्परिक सम्बन्धों को संचालित करती हैं और सत्ता के पलड़ों को ऊँचा–नीचा करती रहती हैं।

व्यावहारिक धरातल पर देखें तो प्रतीत होगा कि प्रधानमन्त्री की कृपा से जीत कर राष्ट्रपति पद पर पहुँचा व्यक्ति संवैधानिक अध्यक्ष के अतिरिक्त कोई और भूमिका अदा नहीं कर सकता। इसका कारण यह है कि उसका अस्तित्व प्रधानमन्त्री के साथ चलने में ही बना रहता है। डॉ. जाकिर हुसैन, श्री वी.वी. गिरि तया श्री फखरुद्दीन अली अहमद इसी श्रेणी में आते हैं जो प्रधानमन्त्री श्रीमती इन्दिरा गाँधी के समर्थन बिना इस पद पर नहीं पहुँच सकते थे। इसलिए उनकी भूमिका संवैधानिक अध्यक्ष की ही रही। शासन दल का भारी बहुमत और उसमें प्रधानमन्त्री की भूमिका राष्ट्रपति की स्थिति को स्वतः ही निर्धारित कर देते हैं। संविधान में वर्णित अधिकार ऐसी स्थिति में अर्थहीन हो जाते हैं।

दूसरा कारक प्रधानमन्त्री के व्यक्तित्व का है। भारत में प्रधानमन्त्री पद पर श्री जवाहरलाल नेहरू के पश्चात उनकी पुत्री श्रीमती इन्दिरा गाँधी लगभग सत्रह वर्ष तक इस पर आसीन रहीं। श्री नेहरू के बाद भारतीय राजनीति पर उनके करिश्मे का दूसरा उदाहरण नहीं मिलता। कांग्रेस दल पर एकाधिकार, जनमानस में उनकी लोकप्रियता तथा शासन तन्त्र पर नियन्त्रण के कारण वे भारतीय राजनीतिक क्षितिज पर सूर्य की तरह आच्छादित रही हैं। यही कारण है कि उनके और राष्ट्रपति के बीच

टकराहट की स्थिति कभी नहीं आयी। उनके प्रधानमन्त्री काल में कोई अवसर ऐसा नहीं आया, जब राष्ट्रपति ने उन्हें परेशानी में डाला हो। यहाँ तक कि सन् 1970 में लोकसभा भंग करने की सिफ़ारिश तथा जून, 1975 में आन्तरिक आपातकाल की घोषणा में उन्हें राष्ट्रपतियों की ओर से कोई कठिनाई नहीं आयी। इन दोनों ही घटनाओं के पीछे प्रधानमन्त्री की राजनीतिक स्थिति तथा करिश्माई व्यक्तित्व के कारक देखे जा सकते हैं। यहाँ यह भी उल्लेख करना प्रासंगिक होगा कि राजनीतिक स्थिति में ज़रा भी अस्थायी की गुंजाइश हो और राष्ट्रपति प्रतिष्ठित व्यक्ति है तो उसे अपने पाँव पसारने का अवसर मिल जाता है। इस सन्दर्भ में डॉ. राधाकृष्णन का उदाहरण दिया जा सकता है, जिन्होंने अपने गणतन्त्र दिवस के भाषण में सरकार को आड़े हाथों लिया था।

भारत के प्रथम राष्ट्रपति डॉ. राजेन्द्र प्रसाद एवं प्रधानमन्त्री श्री जवाहरलाल नेहरू के बीच सम्बन्धों का वर्णन बताता है कि राष्ट्रपति व प्रधानमन्त्री के बीच तनावपूर्ण सद्भाव के थे। यहाँ इतना ही कहना पर्याप्त और प्रासंगिक होगा कि डॉ. राजेन्द्र प्रसाद ने राष्ट्रपति के रूप में स्वतन्त्र रह कर कार्य करने की जो पेशकश की थी, उसके पीछे कांग्रेस दल में उनकी प्रतिष्ठा और हैसियत शायद मुख्य कारक थे। श्री नेहरू की इच्छा के विरुद्ध वे दूसरी बार राष्ट्रपति बन गये। तत्कालीन कांग्रेस दल में दक्षिणपन्थियों की पूरी जमात उनके पीछे दीये लिये खड़ी थी। वे श्री नेहरू की वामपन्थी नीतियों पर लगाम लगाने और सम्भव हो तो रोकने के लिए कटिबद्ध थे। डॉ. राजेन्द्र प्रसाद इसी जमात के नेता थे। अतः इन दोनों के बीच तनाव या संघर्ष के अवसर आये हों तो कोई आश्चर्य की बात नहीं है।

डॉ. राजेन्द्र प्रसाद–नेहरू काल में सत्ता समीकरण में निर्णायक भूचाल नहीं आया, इसके कारण भी स्पष्ट हैं। दोनों स्वतन्त्रता आन्दोलन के साथी थे। गाँधी जी की छत्रछाया में कार्य करते रहने, कांग्रेस संगठन में विभिन्न मतमतान्तरों के बीच एक अद्भुत समन्वय था। अतिवादिता को दरकिनार कर मध्यम मार्ग पर चलते रहने की रणनीति शासन सत्ता में बने रहने की दृष्टि से कहीं अधिक उपयोगी थी। अतः निर्णायक टकराव की स्थिति कभी नहीं आयी। डॉ. राजेन्द्र प्रसाद भारत की शासन व्यवस्था में सक्रिय भूमिका अदा करने की इच्छा तो रखते थे, लेकिन श्री जवाहरलाल नेहरू के

व्यक्तित्व को खुली चुनौती देकर नहीं। श्री नेहरू जनता में अतिलोकप्रिय और कांग्रेस दल के लिए अपरिहार्य थे। इसलिए डॉ. राजेन्द्र प्रसाद के लिए संवैधानिक परम्पराओं और अभिसमयों को अनदेखा करना सम्भव नहीं हुआ। ले–देकर उनकी भूमिका संवैधानिक अध्यक्ष तक ही सीमित रही।

छठे आम चुनाव 1977 के बाद जनता पार्टी शासन की स्थापना हुई और श्री संजीव रेड्डी राष्ट्रपति भवन में आये। उनकी भूमिका और तत्कालीन प्रधानमन्त्री श्री मोरारजी देसाई के सम्बन्धों को हम मधुर सम्बन्धों की श्रेणी में नहीं रख सकते। उन्होंने शासन कार्यों में हर क़दम पर हस्तक्षेप करना चाहा। श्री मोरारजी देसाई के त्यागपत्र के पश्चात उनकी भूमिका एक राजनीतिज्ञ की भूमिका के रूप में दिखायी देती है। उन्होंने श्री जगजीवनराम की अवहेलना कर अल्पमत के प्रतिनिधि श्री चरणसिंह को सरकार बनाने का निमंत्रण दे कर इस बात की पुष्टि की। व्याख्याकारों का यह कहना ग़लत नहीं है कि श्री संजीव रेड्डी तत्कालीन राजनीतिक परिस्थितियों का लाभ उठा कर स्वयं को एक राष्ट्रीय व्यक्तित्व के रूप में उभारना चाहते थे। वे जब तक राष्ट्रपति भवन में रहे, वे महत्त्वाकांक्षी राजनीतिज्ञ की तरह भूमिका निभाने की पेशकश करते रहे।[6]

जनता पार्टी शासन में राष्ट्रपति की भूमिका की इस राम कहानी के उल्लेख का आशय केवल यह पता लगाना है कि राष्ट्रपति किन परिस्थितियों में संविधान की सीमा लाँघकर एक राजनीतिज्ञ की तरह कार्य करने लग जाता है। एक कारण तो यह है कि श्री संजीव रेड्डी सर्वसम्मति से चुन कर आये थे। दूसरा, जनता दल की आपसी गुटबन्दी के कारण श्री मोरारजी देसाई मन्त्रिपरिषद के निर्विवाद नेता नहीं बन पाये। प्रधानमन्त्री पद के लिए निरन्तर कशमकश चलती रही। चौधरी चरणसिंह इस पद के लिए इतने अधीर थे कि इसे प्राप्त करने के लिए कुछ भी करने को तैयार थे। अपने लक्ष्य की प्राप्ति के लिए उन्होंने दल को तोड़ने में भी कोई हिचकिचाहट महसूस नहीं की। इस तरह घटकवाद की राजनीति, जनता का शासकदल से मोहभंग, अस्थिरता तथा एक निर्विवाद राष्ट्रीय नेता के अभाव की स्थितियों ने तत्कालीन राष्ट्रपति को स्वतन्त्र रूप से निर्णय लेने का अवसर दिया। समझने की बात यह है कि जब शासन तन्त्र पर प्रधानमन्त्री का समुचित एवं सन्तोषजनक नियन्त्रण न हो, तो राष्ट्रपति अपने संवैधानिक अधिकारों का सहारा लेकर ऐसी पहल कर सकता है, जिसकी हम अपेक्षा नहीं करते।

स्वतन्त्रता के बाद के पहले पचास वर्षों की भारतीय राजनीति के इतिहास पर दृष्टि डालें तो प्रतीत होगा कि राष्ट्रपति के चयन और चुनाव में अगर प्रधानमन्त्री की महती भूमिका है, तो दोनों के सम्बन्ध संविधान सम्मत ही बने रहते हैं। दूसरा, अगर शासन दल का संसद में भारी बहुमत है, तो प्रधानमन्त्री के किसी भी निर्णय को राष्ट्रपति चुनौती नहीं दे सकता है और न ही वह किसी तरह की पहल कर सकता है। राजनीतिक स्थिरता, प्रधानमन्त्री की लोकप्रियता तथा प्रतिष्ठा के रहते राष्ट्रपति की भूमिका एक संवैधानिक अध्यक्ष के अतिरिक्त कुछ भी नहीं है। वह ऐसी स्थिति में राजनीतिक विवादों से दूर राष्ट्रपति भवन में बड़े आराम का जीवन व्यतीत कर सकता है। सभी मामलों में पहल प्रधानमन्त्री ही करता है, राष्ट्रपति नहीं।

प्रधानमन्त्री एवं संसद

प्रधानमन्त्री लोकसभा का नेता है। सभी प्रमुख निर्णय एवं नीतियों का पहलकर्ता है। देश के आन्तरिक और बाहरी मामलों के सम्बन्ध में सभी प्रश्न उसी को सम्बोधित किये जाते हैं। वही लोकसभा में बहस की शुरुआत करता है। किसी प्रकार की त्रुटि या किसी विभाग के बारे में जानकारी के लिए हस्तक्षेप कर सकता है। संसद में प्रतिपक्ष का सामना उसे करना होता है। लोकसभा की कार्यवाही, विरोध पक्ष के साथ सत्ता दल के सम्बन्ध तथा सदन की गरिमा बनाये रखने में प्रधानमन्त्री की बड़ी महत्ती भूमिका है। अपने दल के सदस्यों में आत्मविश्वास, सदन में जनतान्त्रिक मूल्यों की प्रतिष्ठा तथा संकट के समय समस्त सदन को साथ लेकर चलना उसी का दायित्व है। लोकसभा की कार्यवाही, नीति निर्णय, सरकारी पक्ष का प्रस्तुतीकरण आदि की सफलता प्रधानमन्त्री के व्यक्तित्व एवं कृतित्व पर निर्भर करती है। सदन में लिये गये निर्णयों तथा समय–समय पर रखे प्रस्तावों के बारे में राष्ट्रपति को सूचित करना उसी का कर्तव्य है। इस दृष्टि से वह राष्ट्रपति और सदन के बीच की कड़ी का काम करता है।

आम चुनाव अथवा अन्य मध्यावधि चुनाव वास्तव में प्रधानमन्त्री के चुनाव हैं। भारत में विगत आम चुनावों में प्रधानमन्त्री की महती भूमिका तथा मतदाता मण्डल की प्रतिक्रिया को देखते हुए ऐसा कहना अतिशयोक्ति भी नहीं है। श्री नेहरू का उदाहरण लें तो कहना होगा कि प्रारम्भ में श्री नेहरू एवं कांग्रेस एक–दूसरे के पर्याय बन गये थे।

मतदाता से उनका सीधा तादम्य था। अपने बहुआयामी व्यक्तित्व के कारण भारतीय जनता में अतिलोकप्रिय नेता थे। साम्यवादी सांसद श्री हिरेन मुखर्जी ने उनकी लोकप्रियता पर टिप्पणी की है कि "एक जननायक के लिए जनता के प्यार से अमूल्य कोई वस्तु नहीं है और श्री जवाहरलाल नेहरू इस दृष्टि से सबसे भाग्यशाली हैं।" उनके व्यक्तित्व के प्रभाव के बारे में अंग्रेज़ी के दैनिक अखबार ने जो लिखा, उसे भी उद्धृत करना पर्याप्त होगा :

> "जब वे किसी सभा अथवा समिति में आते हैं, तो एक–सा प्रभाव देखा जा सकता है। सारी आँखें उनकी ओर लग जाती हैं। सभी लोग तालियों से उनका स्वागत करते हैं। उनकी हर अदा को लोग उत्सुकता से देखते हैं। हर व्यक्ति अभिभूत है और महिलाएँ अतिभावातिरेक हो जाती हैं।"[7]

समापन

नब्बे के दशक में भारतीय राजनीतिक परिदृश्य में जो परिवर्तन आया, वह मन्त्रिपरिषदीय शासन प्रणाली के सन्दर्भ में विश्लेषित कर चिह्नित करने योग्य है। वह है केन्द्र में मिली–जुली या गठबन्धन की सरकारों का प्रचलन। किसी एक दल को स्पष्ट बहुमत न मिलने की स्थिति में कुछ दल एक साझे कार्यक्रम के अन्तर्गत सरकार का गठन करते हैं और सबसे बड़े दल के नेता को प्रधानमन्त्री बनने का अवसर मिलता है।

यह स्थिति पूर्व की स्थिति से बिलकुल भिन्न है। गठबन्धन सरकार में प्रधानमन्त्री अनेक तरह के दबावों में काम करता है। मन्त्रिमण्डल का गठन, विभागों का बँटवारा, मन्त्री की बर्खास्तगी जैसे मामलों में प्रधानमन्त्री इतना शक्तिशाली नहीं रहा, जितना पहले था। भाजपा नेतृत्व में बने गठबन्धन के प्रधानमन्त्री श्री अटल बिहारी वाजपेयी को कितनी ही बार अपने घटक दलों के आगे झुकना पड़ा था। घटक दलों में सत्तासीन दल यदि केन्द्र में सत्ता का भागीदार है, तो वह दल केन्द्र से सौदेबाज़ी करता है। इन सबके उपरान्त भी हम उसे सामान्यों से प्रथम नहीं कह सकते। दूसरी ओर यह भी सत्य है कि वह अपने मन्त्रिमण्डल के निर्णयों में तानाशाह भी नहीं है, उसके पाँवों में बेड़ियाँ हैं। कई तरह की राजनीतिक लक्ष्मण रेखाएँ हैं, जिन्हें लाँघना गठबन्धन की सरकार के प्रधान के लिए सम्भव नहीं है।

सन्दर्भ

1. लास्की, हैरल्ड. जे., *पार्लियामेंटरी गवर्नमेंट इन इंग्लैंड,* पृ. 238
2. वेंकटरामन, आर जे., *केबनेट गवर्नमेंट इन इंग्लैंड,* पृ. 239
3. विस्तृत जानकारी के लिए देखें : *इंडिया फ्रॉम कर्जन टु नेहरू एंड ऑफ्टर, पृ.* 229–30, एच.एच. जैन, *द यूनियन एक्जीक्यूटिव, इलाहाबाद, पृ.* 162–63, अब्दुल कलाम आज़ाद, *इंडिया वींस फ्रीडम,* पृ. 153
4. माइकेल ब्रीचर, *ए पोलिटिकल बॉयोग्राफी,* पृ. 245
5. 31 अक्तूबर, 1984 को प्रातः 9 बज कर 20 मिनट पर उन्हीं के निवास स्थान पर उनकी हत्या कर दी गयी।
6. जैन एवं फड़िया, 1985, *भारतीय शासन एवं राजनीति,* पृ. 380–81
7. *इलेस्ट्रेटेड वीकली,* अगस्त 16, 1959, बम्बई।

(सन्दर्भ ग्रन्थ : नेशनल पब्लिशिंग हाउस, दिल्ली से प्रकाशित लेखक की पुस्तक 'भारतीय संविधान और राजनीति')

अध्याय–15

भारत की संसद : संगठन, कार्य और शक्तियाँ

–वेददान सुधीर

भारत के संविधान में केन्द्रीय विधानमण्डल की स्थापना की गयी है। इसे संसद के रूप में सम्बोधित करते हैं। संविधान के अनुच्छेद 79 में लिखा गया है, "संघ के लिए एक संसद होगी जो राष्ट्रपति और दोनों सदनों से बनेगी, जिनके नाम क्रमशः राज्यसभा और लोकसभा होंगे।" भारत में संसदीय व्यवस्था का वरण किया गया है। इसलिए इंग्लैंड के सम्राट की तरह राष्ट्रपति को संसद का अभिन्न अंग बनाया गया है। डॉ. डी.डी. बसु ने उचित कहा कि :

> "इस शासन प्रणाली में विधायिका और कार्यपालिका का सुन्दर समन्वय होता है। इसमें कार्यपालिका शक्ति विधानमण्डल के सदस्यों के एक समूह के हाथ में होती है जो विधान मण्डल के निर्वाचित सदन में बहुमत रखते हैं। यह शक्ति तभी उनके पास रहती है जब तक उन्हें बहुमत प्राप्त है।"[1]

इंग्लैंड की संसद की तरह भारत की संसद भी प्रजातान्त्रिक प्रणाली का केन्द्र बिन्दु है। यह भारत की सर्वोच्च विधायिका है। संसद ही सम्पूर्ण भारत की विविधता में एकता का प्रतिनिधित्व करती है। यह संसद इंग्लैंड की संसद की तरह सर्वशक्तिमान नहीं है। किन्तु जहाँ तक संविधान की सीमा में विधि निर्माण का प्रश्न है, यही निकाय सर्वोच्च है।

भारत की संविधान सभा में शासन व्यवस्था को लेकर काफ़ी विचार विमर्श के बाद इंग्लैंड में प्रचलित संसदीय व्यवस्था को स्वीकार किया गया। लेकिन ब्रिटेन में संसद की सर्वोच्चता है। संसद द्वारा निर्मित किसी भी क़ानून को किसी अन्य सत्ता संस्था द्वारा चुनौती नहीं दी जा सकती।

दूसरी ओर अमेरिका में कांग्रेस सर्वशक्तिशाली नहीं है। वहाँ एक लिखित कठोर संविधान और संघात्मक व्यवस्था स्थापित की गयी है। वहाँ सर्वोच्च न्यायालय को न्यायिक पुनरावलोकन का अधिकार है। अतः अमेरिका में न्यायपालिका की सर्वोच्चता स्थापित की गयी है, कांग्रेस की नहीं। भारतीय संसद की स्थिति पर विहंगम दृष्टि डालें तो ज्ञात होता है कि यहाँ दो तरह की शासन प्रणालियों में बीच का मार्ग अपनाया गया है। संविधान निर्माता संसद की सर्वोच्चता के सिद्धान्त को अपनाना चाहते थे, किन्तु लिखित संविधान, नागरिकों के अधिकार और संघात्मक व्यवस्था के कारण वे इस संस्था को इंग्लैंड की संसद के समान सर्वोच्च नहीं बना सके। इसी के साथ भारतीय संविधान में भी न्यायिक पुनरावलोकन की व्यवस्था है। अतः संवैधानिक व्यवस्था को देखते हुए संविधान के अध्येता श्री डी.डी. बसु ने ठीक ही कहा है कि भारतीय संविधान में अमेरिका में न्यायालय की सर्वोच्चता के सिद्धान्त एवं इंग्लैंड की संसदीय प्रभुसत्ता के बीच का मार्ग अपनाया गया है। भारत की संसद को इंग्लैंड की संसद के समान विधि निर्माण के क्षेत्र में असीमित शक्तियाँ न देने के पीछे निम्नलिखित कारण हैं :

1. संसद की सर्वोच्चता की पहली मर्यादा यह है कि भारत में एक लिखित संविधान है और संविधान में सभी निकायों के अधिकारों की सीमाएँ निश्चित कर दी गयी हैं। संविधान के अनुच्छेद 245(1) में यह स्पष्ट उल्लेखित किया गया है कि संसद अपनी व्यवस्था पर शक्तियों का उपयोग संविधान के अनुसार करेगी।
2. दूसरा बिन्दु जो संसद की मर्यादा को इंगित करता है, वह है संघीय व्यवस्था सम्बन्धी प्रावधान। इससे संसद की क़ानून बनाने की शक्ति सीमित हो गयी है। अतः हम कह सकते हैं कि भारतीय संसद संघीय विधायिका है। इंग्लैंड की संसद की तरह इसकी शक्तियाँ असीमित नहीं हैं। तीसरा संविधान संशोधन सम्बन्धी प्रावधान संसद की सीमा इंगित करते हैं। कतिपय अनुच्छेदों के संशोधन के लिए ससद को राज्य विधानमण्डल के पुष्टीकरण पर निर्भर रहना पड़ता है। जिन अनुच्छेदों का सम्बन्ध केन्द्र और राज्य से है, उनमें संशोधन करने के लिए कम–से–कम आधे राज्यों के विधानमण्डलों का समर्थन प्राप्त करना आवश्यक है।

राज्यसभा की संरचना

जैसा कि पूर्व में वर्णित किया जा चुका है, भारत की संसद राष्ट्रपति और दोनों सदनों से मिल कर बनती है। उच्च सदन को राज्यसभा कहा गया है। राष्ट्रपति विधानमण्डल का अभिन्न अंग है, जैसे कि इंग्लैंड का सम्राट। संसद के दोनों सदनों द्वारा पारित विधेयक उनकी अनुमति के बिना विधि नहीं बन सकता।

संविधान के अनुसार राज्यसभा में 250 से अधिक सदस्य नहीं होंगे। इनमें से 12 राष्ट्रपति द्वारा मनोनीत किये जायेंगे और शेष 238 राज्य और संघ राज्य क्षेत्रों के प्रतिनिधि होंगे जो अप्रत्यक्ष निर्वाचन पद्धति से चुने जायेंगे। अनुच्छेद 80 के अनुसार राष्ट्रपति द्वारा 12 मनोनीत सदस्य ऐसे लोगों में से चुने जायेंगे जिन्हें साहित्य, कला, विज्ञान तथा सामाजिक सेवा का अनुभव हो। दूसरा, परिसंघ के घटक राज्यों को इसमें सदन के समान ही शक्ति प्राप्त है। वह धन विधेयक को संशोधित अथवा अस्वीकृत करने का अधिकार रखती है। राष्ट्रपति द्वारा की गयी नियुक्तियों के लिए इस सदन का अनुमोदन आवश्यक है। राज्यसभा को ऐसी शक्तियाँ नहीं दी गयी हैं।

लोकसभा

भारत में निम्न सदन को लोकसभा के नाम से सम्बोधित करते हैं। लोकसभा की सदस्य संख्या 520 थी, जो 524 कर दी गयी। इसके पश्चात 31वाँ संशोधन किया गया। अनुच्छेद 81 और अनुच्छेद 330 को संशोधित करते हुए इस सदन की अधिकतम संख्या 547 निश्चित की गयी। 1987 में यह निर्णय किया गया कि इस लोकप्रिय सदन में राज्यों से अधिकतम 530 सदस्य और 20 सदस्य केन्द्रशासित क्षेत्रों से निर्वाचित किये जा सकेंगे और दो सदस्य एंग्लो–इंडियान समुदाय से मनोनीत किये जायेंगे। इन सदस्यों का मनोनयन राष्ट्रपति द्वारा होगा। इस तरह सदन की कुल अधिकतम संख्या 552 होगी।

लोकसभा के प्रतिनिधियों का निर्वाचन वयस्क मताधिकार के आधार पर जनता द्वारा किया जायेगा। अनुच्छेद 326 में यह उल्लेखित है कि प्रत्येक नागरिक, जो 18 वर्ष की आयु से कम का नहीं है और जो अनिवास, पागल, अपराध या भ्रष्ट अथवा अवैध आचरण के आधार पर अयोग्य नहीं ठहराया गया है, को मत देने का अधिकार होगा। इसी तरह संविधान में यह स्पष्ट किया गया है कि अनुसूचित जातियों और जनजातियों को

छोड़कर किसी अन्य अल्पसंख्यक वर्ग के लिए सीटों का कोई आरक्षण नहीं होगा (अनुच्छेद 330, 341, 342)। इस तरह इस सदन में अधिकांश सदस्यगण जनता द्वारा प्रत्यक्ष रूप से चुने जाते हैं। इसी तरह संघ राज्य क्षेत्रों के प्रतिनिधि भी प्रत्यक्ष रूप से चुने जाते हैं।

यह बात इंगित की जानी चाहिए कि संविधान में पृथक निर्वाचन क्षेत्रों की पद्धति को स्वीकार नहीं किया। लेकिन संघ और राज्य विधानमण्डलों के दूसरे सदन में आनुपातिक प्रतिनिधित्व पद्धति को अपनाया गया है। राज्यसभा के लिए राज्यों की विधानसभाओं के निर्वाचित सदस्यों द्वारा आनुपातिक प्रतिनिधित्व पद्धति के अनुसार एकल संक्रमणीय मत द्वारा अप्रत्यक्ष निर्वाचन को स्वीकार किया गया है। लेकिन लोकसभा (अनुच्छेद 81) और राज्य की विधानसभाओं के लिए यह व्यवस्था नहीं है। संविधान ने इसके स्थान पर सीधे ही एक सदस्यीय निर्वाचन क्षेत्र की व्यवस्था स्वीकार की है। जैसा कि पूर्व में वर्णित किया जा चुका है, समाज के पिछड़े हुए वर्ग जैसे अनुसूचित जाति और जनजाति के लिए अलग से आरक्षण किया है (अनुच्छेद 380, 332)।

लोकसभा में आनुपातिक प्रतिनिधित्व नहीं अपनाने के पीछे मुख्यतः दो बिन्दु हमारा ध्यान आकर्षित करते हैं। पहला तो यह कि ऐसी पद्धति के लिए व्यापक साक्षरता होनी चाहिए। यदि ऐसा नहीं है, तो यह पद्धति कारगर सिद्ध नहीं होगी। दूसरा कारण यह है कि संसदीय प्रणाली में यह व्यवस्था उपयुक्त नहीं कही जा सकती। आनुपातिक प्रतिनिधित्व प्रणाली के अन्तर्गत विधानमण्डल छोटे–छोटे समूहों में बँट जाता है। इससे सरकार कभी स्थिर नहीं हो सकती। भारत की परिस्थितियों को देखते हुए इस व्यवस्था को अनुपयुक्त माना गया। संविधान सभा में डॉ. आम्बेडकर ने इस प्रसंग पर कहा था, "मुझे इस बारे में बिल्कुल सन्देह नहीं है कि चाहे भावी सरकार जनता को राहत दे या नहीं, हमारी भावी सरकार को एक बात अवश्य करनी है कि वह स्थायी सरकार दे और विधि और व्यवस्था बनाये रखे।"[2]

अवधि

जहाँ तक संसद के दोनों सदनों की अवधि का प्रश्न है, यहाँ के उच्च सदन (राज्यसभा) का विघटन नहीं होता। यह एक स्थायी सदन है। इस सदन के एक तिहाई सदस्य हर दूसरे वर्ष निवृत्त हो जाते हैं।

इसका अर्थ यह है कि हर दूसरे वर्ष के प्रारम्भ पर राज्यसभा के एक तिहाई सदस्यों का निर्वाचन होगा (अनुच्छेद 183)। लोकसभा की सामान्य अवधि पाँच वर्ष है, किन्तु राष्ट्रपति उसे समय पूर्व विघटित कर सकता है। अनुच्छेद 352 के अधीन आपातकालीन उद्घोषणा के समय इस अवधि में संसद द्वारा पारित अधिनियम से सामान्य अवधि को बढ़ाया जा सकता है। यह भी सही है कि आपात स्थिति के दौरान संसद की अवधि बढ़ाने की शक्ति को संविधान द्वारा सीमित किया गया है। यह विस्तार एक बार में एक वर्ष से अधिक अवधि के लिए नहीं किया जा सकता है।

सत्रावसान : विघटन

भारत के राष्ट्रपति को दोनों सदनों को आहूत करने, सत्रावसान करने और लोकसभा को विघटन करने की शक्ति है। वह समय–समय पर प्रत्येक सदन को ऐसे समय और स्थान जैसा वह उचित समझे अधिवेशन के लिए आहूत कर सकता है। इसके साथ शर्त यह है कि एक सत्र की अन्तिम बैठक और आगामी सत्र की पहली बैठक के बीच छह माह से अधिक का अन्तर नहीं होना चाहिए। इस तरह वर्ष में संसद का दो बार अधिवेशन बुलाना आवश्यक कर दिया गया है। राष्ट्रपति संसद का अधिवेशन प्रधानमन्त्री की सलाह पर बुलाता है।

इसी तरह राष्ट्रपति समय–समय पर सदन का सत्रावसान करता है। इसका अर्थ है कि संसद के किसी सत्र को समाप्त करना। स्थगन (Adjournment) सदन की बैठक को समाप्त करता है। यह कई बार हो सकता है। स्थगन का प्रयोग स्पीकर करता है।

संसद का विघटन (Dissolution)– लोकसभा को विघटन करने की शक्ति राष्ट्रपति में निहित है (अनुच्छेद 85)। सामान्यतया राष्ट्रपति लोकसभा का विघटन मन्त्रिपरिषद के परामर्श पर ही करता है। प्रश्न यह है कि क्या राष्ट्रपति इस स्थिति में भी प्रधानमन्त्री, जिसे लोकसभा में बहुमत का समर्थन प्राप्त नहीं है, की सिफ़ारिश पर लोकसभा का विघटन करने के लिए बाध्य है। एक अभिमत तो यह है कि राष्ट्रपति इस स्थिति में भी प्रधानमन्त्री के परामर्श को मानने के लिए बाध्य है। इंग्लैंड में यह स्थापित प्रथा है। वहाँ सम्राट ने हमेशा ही इसका पालन किया है। दूसरा मत यह है कि राष्ट्रपति ऐसी स्थिति में, जहाँ प्रधानमन्त्री बहुमत का समर्थन खो चुका हो, उसके परामर्श को स्वीकार करने को बाध्य नहीं है।

भारतीय संघ के घटक राज्यों में ऐसी स्थिति कितनी ही बार उपस्थित हुई है, जिनमें राज्यपाल ने सदन में बहुमत खो देने वाले मुख्यमन्त्री के परामर्श को अस्वीकार कर दिया था। वास्तव में देखा जाये तो राज्यों के राज्यपालों ने किसी सुस्थापित प्रथा के आधार पर नहीं, अपितु केन्द्र में सत्तासीन सरकार के आदेशानुसार कार्य किया है। केन्द्र में ऐसा अवसर एक बार तब आया जब सन् 1979 में चौधरी चरणसिंह ने लोकसभा में बहुमत सिद्ध करने के पूर्व ही इस्तीफा दे दिया था। उन्होंने राष्ट्रपति को तत्कालीन लोकसभा भंग करने की सलाह दी थी। लेकिन राष्ट्रपति ने तत्काल उनके परामर्श को स्वीकार नहीं किया और विकल्प की तलाश में विफल होने के उपरान्त ही लोकसभा को भंग किया था। सामान्यतः लोकसभा की नियत अवधि पाँच वर्ष है।

लोकसभा का अध्यक्ष

इंग्लैंड के कॉमन सभा के स्पीकर की तरह लोकसभा के एक अध्यक्ष की व्यवस्था की गयी है, जो लोकसभा का सभापतित्व करता है। संविधान के अनुच्छेद 93 के अनुसार लोकसभा अपनी पहली बैठक में अपने सदस्यों में से एक अध्यक्ष और एक उपाध्यक्ष का निर्वाचन करेगी। अध्यक्ष या उपाध्यक्ष का जीवनकाल सदन के कार्यकाल तक बना रहता है। किन्तु उसका पद निम्न स्थितियों में इससे पहले भी समाप्त हो सकता है :

1. सदन का सदस्य न रहने पर
2. अध्यक्ष द्वारा उपाध्यक्ष को सम्बोधित कर त्यागपत्र देने पर,
3. लोकसभा के समस्त सदस्यों के बहुमत से पारित प्रस्ताव द्वारा उसे पद से हटाये जाने पर।

इसमें शर्त यह है कि ऐसा संकल्प तभी प्रस्तावित किया जायेगा, जबकि ऐसे संकल्प को प्रस्तावित करने के आशय की कम–से–कम चौदह दिन की सूचना दी गयी हो। अध्यक्ष को पद से हटाने की कार्यवाही के दौरान अध्यक्ष पीठासीन नहीं होगा, किन्तु उसे लोकसभा में बोलने और कार्यवाही में भाग लेने का अधिकार होगा। उसे मत देने का अधिकार भी होगा। किन्तु मत बराबर होने की दशा में निर्णायक मत का अधिकार नहीं होगा।

अध्यक्ष की शक्तियाँ

1. लोकसभा के अध्यक्ष को इंग्लैंड के कॉमन सभा के स्पीकर के समान अधिकार दिये गये हैं। वह सदन का सभापतित्व करता है।
2. सदन के नेता से परामर्श कर विभिन्न विषयों के सम्बन्ध में बहस का समय निश्चित करता है।
3. सदन का कार्यक्रम निश्चित करता है।
4. प्रश्नों को स्वीकार करना या न करना उसका अधिकार है।
5. किसी भी सार्वजनिक विषय पर कार्य स्थगन प्रस्ताव की अनुमति प्रदान करने का अधिकार स्पीकर का है।
6. किसी विचाराधीन विधेयक पर विमर्श स्थगित करने का प्रस्ताव।
7. वह सदन की कई समितियों का पदेन सभापति होता है। इसी तरह वह प्रवर समितियों (Select Committies) के अध्यक्षों को नियुक्त करता है।
8. वह बजट पर होने वाले भाषणों के समय की सीमा निर्धारित करता है। संसद और राष्ट्रपति के बीच पत्र व्यवहार अध्यक्ष द्वारा होता है।

इन सभी कार्यों को सम्पन्न कराने के साथ–साथ सदन में शान्ति और व्यवस्था बनाये रखने का दायित्व अध्यक्ष का है। संसद सदस्यों को बोलने की अनुमति और भाषणों का क्रम अध्यक्ष द्वारा ही निश्चित किया जाता है। संसद में प्रक्रिया सम्बन्धी विवादों में अध्यक्ष का निर्णय अन्तिम होता है। अध्यक्ष ही विधेयकों व प्रस्तावों पर मतदान कराकर परिणाम घोषित करता है। सदन की कार्यवाही में बाधा उत्पन्न करने की स्थिति में वह संसद सदस्य को सदन के बाहर जाने का आदेश दे सकता है। कुछ परिस्थितियों में वह सदस्यों को निलम्बित भी कर सकता है। दर्शकों के प्रवेश को नियन्त्रित करना और उन्हें बाहर जाने का आदेश दे सकता है। सदन की कार्यवाही से असंसदीय वक्तव्यों अथवा अपमानजनक शब्दों को निकालने का अधिकार उसी का है। इसके अतिरिक्त वह सांसदों के अधिकारों का रक्षक भी है। आवश्यकता पड़ने पर वह यह निर्णय करता है कि विधेयक धन विधेयक है या नहीं। इस तरह अध्यक्ष की स्थिति पर विहंगम दृष्टि डाल कर देखें तो कहना होगा कि यह पदधारी व्यक्ति सदन की प्रतिष्ठा और गौरव का प्रतीक है। सामान्य स्थिति में हमें अध्यक्ष की

शक्तियाँ साधारण लगती हैं लेकिन संसद की सम्पूर्ण कार्यवाही के सफल संचालन, नियमों की कड़ाई से पालन करने आदि की दृष्टि से देखें, तो यह पद बहुत महत्त्वपूर्ण लगता है।

संक्षेप में यदि हम अध्यक्ष की शक्तियों पर विचार कर देखें तो कहना होगा कि यह व्यक्ति सदन के भीतर व्यवस्था बनाये रखने की और नियमों के निर्वहन करने की अन्तिम शक्ति है। सदन का सभापतित्व करने के अतिरिक्त उसे वे शक्तियाँ प्राप्त हैं जो राज्यसभा के सभापति को नहीं हैं। उदाहरण के लिए, अध्यक्ष संसद के दोनों सदनों के संयुक्त अधिवेशन में पीठासीन होगा (अनुच्छेद 118–4)। इसी तरह, जैसा कि पूर्व में इंगित किया जा चुका है, निम्न सदन से उच्च सदन को धन विधेयक जब प्रेषित किया जाता है तो अध्यक्ष ही उसे पृष्ठांकित करता है कि वह धन विधेयक है और उसका निर्णय अन्तिम होता है।

अध्यक्ष की कॉमन सभा के अध्यक्ष एवं अन्य से तुलना

भारत के लोकसभा के अध्यक्ष की तुलना इंग्लैंड की कॉमन सभा और अमेरिका के प्रतिनिधिक सदनों के अध्यक्ष से करना समीचीन होगा। भारत के अध्यक्ष की स्थिति, शक्तियाँ और भूमिका मोटे तौर पर कॉमन सभा के स्पीकर की तरह ही देखी जाती हैं। इंग्लैंड में कॉमन सभा के स्पीकर को न केवल सदन के भीतर अपितु सदन के बाहर भी सम्मान की दृष्टि से देखा जाता है। स्पीकर चुने जाने के बाद वह व्यक्ति अपने दल से स्वतन्त्र हो जाता है। वह सदन की दलगत राजनीति से ऊपर उठ कर व्यवहार करता है। उसकी निष्पक्षता, निर्भीकता और न्याय पर सांसदों का विश्वास रहता है। दूसरी ओर, अमेरिका के प्रतिनिधिक सदन के अध्यक्ष की स्थिति पर दृष्टिपात करके देखें तो स्थिति ठीक इसके विपरीत दिखायी देती है। यह व्यक्ति दल के आधार पर चुना जाता है। अपने दल के प्रति निष्ठावान रहता है और आवश्यकता पड़ने पर अपने दल के पक्ष में मतदान करता है। भारत में लोकसभा के स्पीकर की स्थिति अमेरिका की तरह नहीं है। इंग्लैंड के स्पीकर जैसी स्थितियाँ यहाँ दिखायी देती हैं। इंग्लैंड में एक बार स्पीकर चुने जाने के बाद वह जीवनपर्यन्त अपने पद पर बना रह सकता है। उसका दलगत राजनीति से रिश्ता टूट जाता है। भारत में अपेक्षा यही की गयी है कि वह स्पीकर चुने जाने के बाद अपने दल से पूर्णतया सम्बन्ध विच्छेद कर ले। परन्तु भारत में यह सम्भव नहीं है। यही कारण है कि भारत

के संसदीय इतिहास में बहुत कम महानुभाव ऐसे रहे हैं जिन्हें समान रूप से सदन के सभी सदस्यों का सम्मान प्राप्त हुआ हो। वर्तमान में लोकसभा के अध्यक्ष को कई अर्थों में सन्देह की दृष्टि से देखा जाता है। भारत में दो बार (सितम्बर, 1954 एवं 1987) अध्यक्ष के विरुद्ध अविश्वास प्रस्ताव भी लाया गया। इसका कारण यही रहा कि लोकसभा के अध्यक्षों ने इस पद की गरिमा के अनुकूल निष्पक्षता का परिचय नहीं दिया।[3]

भारतीय राजव्यवस्था के अध्येता मोरिस जॉन्स ने अपनी पुस्तक *द गवर्नमेंट एंड पोलिटिक्स इन इंडिया* में इस बिन्दु को रेखांकित करते हुए कहा है कि "अध्यक्ष को चाहिए कि वह निष्पक्षतापूर्वक कार्य करे और उसकी निष्पक्षता में संसद के सभी सदस्यों का विश्वास हो।"[4] भारत के संविधान में स्पीकर को निष्पक्षता बनाये रखने के लिए ऐसी ही व्यवस्था की गयी है। उसका वेतन और भत्ता संघ की संचित निधि पर आधारित है (अनुच्छेद 112–3)। दूसरा, उसे बराबर मत आने की स्थिति में मतदान करने का अधिकार है और तीसरा, उसे पद से हटाये जाने के लिए सदन में विशेष बहुमत की आवश्यकता होती है (अनुच्छेद 94)।

संसद के कार्य एवं शक्तियाँ

भारत की संसद की शक्तियाँ एवं कार्य काफ़ी विस्तृत हैं। संसदीय प्रणाली में इसे जो सर्वोच्च एवं महत्त्वपूर्ण स्थान दिया गया है, इस संस्था की शक्तियाँ और कार्य को देखते हुए यह उचित लगता है। संसद को विधि निर्माण, कार्यपालिका पर नियन्त्रण, संविधान संशोधन, वित्तीय नियन्त्रण आदि कई प्रकार के कार्य एवं शक्तियाँ प्रदान की गयी हैं। संसद और राज्यों के विधानमण्डल मिल कर उपराष्ट्रपति का चुनाव करते हैं। संक्षेप में, संसद के कार्य एवं शक्तियों का अध्ययन, जैसा कि डॉ. डी.डी. बसु ने इंगित किया है, निम्न रूप में भी किया जा सकता है :

1. मन्त्रिमण्डल का सृजन
2. मत्रिमण्डल पर नियन्त्रण
3. मन्त्रिमण्डल और व्यक्तिशः मन्त्रियों की आलोचना
4. सूचना का अंग
5. विधि निर्माण
6. वित्तीय नियन्त्रण

मन्त्रिमण्डल का सृजन : मन्त्रिमण्डल का निर्माण संसद की कोख से ही होता है। सदन में जिस समूह या दल का बहुमत होता है, वही समूह कार्यपालिका शक्ति का उपयोग करता है। यह कार्यपालिका संसद के प्रति उत्तरदायी होती है। कार्यपालिका का उत्तरदायित्व संसद के पटल पर कई रूपों में देखा जा सकता है।

संसद का नियन्त्रण : सदन में मन्त्रिमण्डल तभी तक बना रहता है जब तक कि सदन में उसका बहुमत क़ायम है। संविधान के अनुच्छेद 75(3) में यह सुनिश्चित कर दिया है।

मन्त्रिमण्डल और व्यक्तिशः मन्त्रियों की आलोचना : मन्त्रियों की आलोचना एक ऐसा शस्त्र है जिसके माध्यम से मन्त्रिमण्डल की स्वेच्छाचारी प्रवृत्ति पर लगाम लगायी जा सकती है। अब यह कहना कदाचित हास्यास्पद है कि संसद विधायी और अन्य नीतियों का निर्धारण करती है। डॉ. बसु का यह कहना सही है कि संसद के विधायी कृत्य का महत्त्व ऐतिहासिक दृष्टिकोण के स्तर से घट गया है। अब तो सदन बहस और आलोचना से ही उसमें भागीदार बनता है। नीति निर्धारण मन्त्रिमण्डल का क्षेत्र है, लेकिन उसकी सम्पूर्ण समीक्षा और शल्य चिकित्सा सदन में ही हो सकती है।

विधि निर्माण : संसद की शक्तियों को हम अध्ययन की दृष्टि से इस रूप में भी देख सकते हैं। संसद का मुख्य कार्य विधि निर्माण करना है। भारत की संसद संघीय सूची और समवर्ती सूची के अन्तर्गत आने वाले विषयों पर विधि बनाने की शक्ति रखती है। संविधान के अन्तर्गत संघीय क्षेत्रों के लिए वह सभी विषयों पर क़ानून बना सकती है। आपातकालीन स्थिति में तो इस संस्था की शक्ति और भी बढ़ जाती है। ऐसी स्थति में संसद राज्य सूची में आने वाले विषयों पर भी क़ानून बना सकती है।

वित्तीय शक्तियाँ : यह संसद की एक महत्त्वपूर्ण शक्ति है। कर सम्बन्धी सभी प्रस्ताव तथा अनुदानों की माँग संसद द्वारा स्वीकृत होने पर ही प्रभावी होती है। इसका कारण यह है कि कोई भी कर बिना विधि के प्राधिकार के अभाव में नहीं लगाया जा सकता। संसद की स्वीकृति के बिना सरकार को राष्ट्रीय कोष में से खर्च करने का अधिकार नहीं है। संसद प्राक्कलन और लेखा समिति की नियुक्ति करती है। नियन्त्रक एवं महालेखा परीक्षक के प्रतिवेदन पर विचार और उचित कार्रवाई का अधिकार केवल संसद का है।

जहाँ तक मन्त्रिमण्डल की रचना और उस पर नियन्त्रण का प्रश्न है, सैद्धान्तिक दृष्टि से संसद का बहुत महत्त्व है। मन्त्रिमण्डल का जीवन संसद के विश्वास पर ही क़ायम रहता है। संसद अनेक तरीक़ों से मन्त्रिमण्डल पर नियन्त्रण रखती है। संसद में अविश्वास का प्रस्ताव, निंदा प्रस्ताव, काम रोको प्रस्ताव आदि के माध्यम से मन्त्रिमण्डल को अपने पंजों पर खड़ा रख सकती है। संसद सरकार की आलोचना कर सकती है और किसी भी सार्वजनिक महत्त्व पर उसे जवाबदेही के लिए बाध्य कर सकती है। बजट को अस्वीकार या स्वीकार करना संसद के अधिकार में आता है, जिसका वह मन्त्रिमण्डल को नियन्त्रित करने के लिए प्रयोग में ला सकती है।

संसद सदस्यों की अहर्ताएँ

संसद की सदस्यता के लिए निम्नलिखित अहर्ताएँ रखनी आवश्यक हैं :

1. वह भारत का नागरिक हो।
2. राज्यसभा के सदस्य के लिए कम–से–कम 30 वर्ष की आयु तथा लोकसभा के सदस्य के लिए कम–से–कम 25 वर्ष की आयु आवश्यक है।
3. निर्वाचन आयोग द्वारा प्राधिकृत व्यक्ति के समक्ष इस प्रयोजन हेतु प्रपत्र अनुसार शपथ ली हो।
4. अन्य अहर्ताएँ–जैसे व्यक्ति का नाम किसी भी निर्वाचन क्षेत्र से मतदाता के रूप में पंजीकृत हो।

संसद सदस्यों की निहर्ताएँ

1. यदि वह व्यक्ति केन्द्र अथवा राज्य सरकार के अधीन कोई लाभ पद ग्रहण करता है।
2. वह विकृतचित है।
3. यदि वह दीवालिया है।
4. वह भारत का नागरिक नहीं है अथवा किसी अन्य राष्ट्र की नागरिकता स्वीकार कर चुका हो।
5. वह संसद के किसी क़ानून के अधीन अयोग्य घोषित कर दिया गया हो।
6. दल परिवर्तन के आधार पर यदि वह स्वेच्छा से राजनीतिक दल की सदस्यता छोड़ देता है। कोई निर्दलीय सदस्य निर्वाचन के

बाद किसी दल में शामिल हो जाता है और यदि कोई नामजद या नियुक्त सदस्य शपथ लेने के 6 माह पश्चात किसी दल का सदस्य हो जाता है।

संसद सदस्यों की शक्तियाँ/विशेषाधिकार

देश की संसद के दोनों सदनों और राज्य विधानमण्डलों के सदस्यों को संविधान के अधीन एक से विशेषाधिकार हैं। संविधान के अनुच्छेद 105 और 194 के खण्ड एक और दो में वाक स्वातन्त्र्य और प्रकाशन का अधिकार वर्णित है। 44वें संशोधन अधिनियम और 1978 के संशोधन के पश्चात स्थिति यह है कि संसद के सदस्यों के विशेषाधिकार वही रहेंगे जो लोकसभा के सदस्यों के हैं। उच्चतम न्यायालय ने एक मामले में यह निर्धारित किया था कि यदि संसद के विद्यमान विशेषाधिकारों और मूल अधिकारों के बीच संघर्ष है तो विशेषाधिकार को मान्यता दी जायेगी। हमारे देश में विधानमण्डलों की वे ही विशेषाधिकार हैं जो इंग्लैंड में कॉमन सभा की हैं। मोटे तौर पर हम विशेष अधिकारों को दो भागों में विभाजित कर सकते हैं :

1. वे विशेषाधिकार जो सदस्यों द्वारा व्यक्तिशः उपयोग किये जाते हैं।
2. वे विशेषाधिकार जो संसद के प्रत्येक सदन में सामूहिक रूप से प्रदत्त हैं।

व्यक्तिशः उपयोग किये जाने वाले विशेषाधिकारों में गिरफ़्तार किये जाने से मुक्ति, जूरी और साक्षी के रूप में हाज़िर होने में छूट तथा अभिव्यक्ति की स्वतन्त्रता है। जहाँ तक सदस्यों की गिरफ़्तारी से उन्मुक्ति का सवाल है, वह सिविल मामलों में गिरफ़्तारी तक ही सीमित है, आपराधिक मामलों में और निवारक निरोध की विधि के अधीन उन्मुक्ति नहीं है। जहाँ तक अभिव्यक्ति की स्वतन्त्रता का प्रश्न है, उसमें सदन की चहारदीवारी में कही गयी किसी बात के लिए कोई कार्रवाई नहीं की जा सकती। जहाँ तक साक्षी के रूप में हाज़िरी से मुक्ति का प्रश्न है, इंग्लैंड की तरह जब संसद का सत्र चल रहा हो, तब सदन की अनुमति के बिना संसद सदस्य को गवाही देने के लिए बाध्य नहीं किया जा सकता। संसद सदस्य को संसद में या समिति में अभिव्यक्त उसकी राय के लिए न्यायालय में उत्तरदायी नहीं ठहराया जा सकेगा। किन्तु यह अधिकार भी असीमित नहीं है।

सदन की प्रतिष्ठा का प्रश्न है। सदन में वाक स्वातन्त्र्य का अधिकार सदन द्वारा निर्धारित प्रक्रिया और उसे विनियोजित करने के लिए नियमों के अधीन है। संविधान द्वारा इस सम्बन्ध में एक और मर्यादा की बात कही गयी है, जिससे कोई सांसद बिना लगाम के घोड़े की तरह व्यवहार नहीं कर सकता है। वह यह है कि किसी भी सदस्य द्वारा उच्चतम न्यायालय या उच्च न्यायालय के किसी न्यायाधीश के आचरण के विषय में कोई रुचि, उस न्यायाधीश को हटाने की प्रार्थना करने वाले क्षमावेदन की, राष्ट्रपति के समक्ष प्रस्तुत करने के प्रस्ताव पर ही होगी अन्यथा नहीं (अनुच्छेद 121)।

जहाँ तक सदन के सामूहिक विशेषाधिकार का प्रश्न है, उसे हम निम्न बिन्दुओं के अन्तर्गत देख सकते हैं :

1. सदन की चर्चा और कार्यवाही प्रमाणित करने और अन्य व्यक्तियों को प्रकाशित करने से रोकने का अधिकार।
2. अन्य व्यक्तियों को अपवर्जित करने का अधिकार।
3. सदन के अतिरिक मामलों को नियमित करने और सदन के भीतर उत्पन्न होने वाले मामले निपटाने का अधिकार।
4. संसदीय कदाचार को प्रकाशित करने का अधिकार।
5. सदन के विशेषाधिकार को भंग करने के लिए दण्डित करने का अधिकार। इसी के साथ हम कह सकते हैं कि सदन को अपने कार्य को सुचारु रूप से चलाने के लिए प्रत्येक सदन को ये शक्तियाँ दी गयी हैं। सदन अन्य व्यक्तियों को किसी भी समय दर्शक दीर्घा से हटा सकती है। साथ ही प्रत्येक सदन अपनी कार्यवाही को नियमित और विनियमित करने की शक्ति रखता है। विशेष बात यह है कि संसद के भीतर जो विमर्श होता है, कहा और किया जाता है, उसके बारे में न्यायालय कोई जाँच नहीं कर सकता।[5]

विधि निर्माण प्रक्रिया

जैसा कि हम सभी भली–भाँति परिचित हैं, संसद का प्रमुख कार्य विधि निर्माण करना है। इस निर्माण के लिए सभी प्रस्ताव विधेयकों के रूप में प्रस्तुत होते हैं। इसकी अपनी एक प्रक्रिया है। इंग्लैंड की भाँति भारत में भी प्रत्येक विधेयक के तीन चरण होते हैं :

1. पहला वाचन
2. दूसरा वाचन
3. तीसरा वाचन

सभी विधेयक एक ही प्रकार के नहीं होते। एक सरकारी विधेयक हो सकता है और दूसरा ग़ैर–सरकारी। यह इस बात पर निर्भर करता है कि उसे किसी मन्त्री ने प्रस्तुत किया है अथवा किसी ग़ैर–सरकारी सदस्य ने। सरकारी विधेयक को हम दो भागों में विभक्त कर सकते हैं–साधारण विधेयक और धन विधेयक। धन विधेयक की अपनी विशेषताएँ हैं, इसलिए इसकी प्रक्रिया साधारण विधेयकों की निर्माण प्रक्रिया से भिन्न है।

धन या वित्त विधेयक से भिन्न कोई भी विधेयक संसद के किसी भी सदन में प्रस्तुत किया जा सकता है। प्रभारी सदस्य की प्रार्थना पर अध्यक्ष उस विधेयक को गजट में प्रकाशित करने का आदेश देता है। जो मन्त्री विधेयक को प्रस्तावित करना चाहता हो, उसके लिए सभा की अनुमति माँगने के प्रस्ताव की सात दिन पूर्व लिखित सूचना देनी पड़ती है। नियत तिथि को अध्यक्ष प्रभारी मन्त्री को विधेयक को पुनर्स्थापित करने की अनुमति का प्रस्ताव रखने को कहता है। मतदान से यदि प्रस्ताव स्वीकार हो जाता है, तो मन्त्री द्वारा विधेयक प्रस्तुत किया जाता है। यदि अनुमति के प्रस्ताव का विरोध होता है, तो अध्यक्ष विरोध करने वालों को अपना पक्ष रखने का अवसर देता है। अभिसमय अथवा परिपाटी तो यह है कि इसका विरोध नहीं किया जाता है। अतः हम इस प्रस्तुतीकरण को पहला वाचन कह सकते हैं। उसके बाद उसे सरकारी गजट में प्रकाशित किया जाता है।

किसी विधेयक के प्रस्तुतीकरण के बाद उस विधेयक की प्रतियाँ सदन में बाँट दी जाती हैं। यह दूसरा वाचन है। इसके प्रस्तुतीकरण और दूसरे वाचन में अधिक अन्तर नहीं रहता है। यदि अध्यक्ष विधेयक को महत्त्वपूर्ण समझे तो वह दूसरे वाचन की शीघ्र आज्ञा दे सकता है। प्रस्तावक यह प्रस्ताव रख सकता है कि :

(क) विधेयक का तुरन्त वाचन किया जाये।
(ख) विधेयक प्रवर समिति के पास भेजा जाये।
(ग) जनमत की दृष्टि से प्रकाशित किया जाये।
(घ) राज्यसभा की सहमति से दोनों सदनों की प्रवर समिति को सौंप दिया जाये।

सदन द्वारा प्रवर समिति को भेजने के निर्णय के बाद एक समिति नियुक्त की जाती है। इस समिति में अधिनियम का प्रस्तावक सदस्य होता है। समिति का सभापति अध्यक्ष द्वारा नियुक्त किया जाता है। समिति विधेयक की बारीकी से जाँच करती है और विचार–विमर्श कर अपना प्रतिवेदन प्रस्तुत करती है। आवश्यकतानुसार उसमें संशोधन करती है और सभापति के हस्ताक्षर से सदन में रिपोर्ट पेश करती है। इसके पश्चात यह प्रस्ताव होता है कि प्रवर समिति द्वारा भेजे गये विधेयक पर विचार किया जाये। वह प्रस्ताव स्वीकार हो जाने पर विधेयक पर सांगोपांग विचार होता है।

प्रस्तावित विधेयक को जिस सदन में पुनर्स्थापित किया गया, उसी सदन में उसे पारित किया जाता है। यदि कोई संशोधन नहीं किया जाता या कोई संशोधन समाप्त हो जाये तो प्रभारी सदस्य यह प्रस्ताव रखता है कि विधेयक पारित किया जाये। यह प्रस्ताव स्वीकार किये जाने के पश्चात यह मान लिया जाता है कि उस सदन ने यह विधेयक पारित कर दिया है। यह विधेयक की अन्तिम अवस्था अथवा तीसरा वाचन है।

सामान्य सिद्धान्तों पर बहस और कुछ अशुद्धियों को दूर करने के अतिरिक्त कोई बड़ा संशोधन इस अवस्था में नहीं रखा जाता।

विधेयक दूसरे सदन में प्रस्तुत

जब विधेयक एक सदन में पारित हो जाता है, तो उसे दूसरे सदन में भेजा जाता है। दूसरे सदन में विधेयक के लिए वही प्रक्रिया अपनायी जाती है अर्थात उसे उन्हीं चरणों से गुज़रना पड़ता है जो पुनर्स्थापन के बाद पहले सदन में गुज़रा था। दूसरा सदन या तो उसे उसी रूप में पारित कर देता है या वह विधेयक को पूर्णतया अस्वीकार कर सकता है। ऐसी स्थिति में राष्ट्रपति संयुक्त बैठक बुलाने में सक्षम है। तीसरा, वह संशोधन सहित विधेयक को पारित कर सकता है। ऐसी स्थिति में विधेयक पहले वाले सदन को पुनः लौटाया जायेगा। यदि आरम्भकर्ता सदन दूसरे सदन द्वारा किये गये संशोधनों को स्वीकार कर लेता है तो उसे राष्ट्रपति की अनुमति के लिए प्रस्तुत किया जायेगा। यदि सदन दूसरे सदन द्वारा किये गये संशोधनों से सहमत नहीं है, तो ऐसी स्थिति में गतिरोध तोड़ने के लिए राष्ट्रपति संयुक्त बैठक आहूत कर सकता है (अनुच्छेद 108–1)।

दूसरे सदन में भी विधेयक को पारित करने के लिए यही प्रक्रिया अपनायी जाती है। दूसरे सदन द्वारा यदि विधेयक अस्वीकृत कर दिया जाता है अथवा सुझाये गये संशोधन प्रथम सदन को स्वीकार न हों तो ऐसी स्थिति में राष्ट्रपति दोनों सदनों की एक संयुक्त बैठक आहूत कर सकता है और तब बहुमत के आधार पर निर्णय होता है।

जब विधेयक दोनों ही सदनों द्वारा पारित कर दिया जाता है, तब राष्ट्रपति जो संसद का अभिन्न अंग है, की स्वीकृति लेना आवश्यक है। राष्ट्रपति या तो स्वीकृति प्रदान कर देता है या फिर वह अपने संशोधन–सुझाव के साथ उस विधेयक को पुनर्विचार के लिए भेज सकता है। संसद उसे चाहे तो वैसी ही स्थिति में राष्ट्रपति को अनुमति के लिए पुनः भेज सकती है। ऐसी स्थिति में राष्ट्रपति के पास उसे अनुमति देने के अतिरिक्त कोई दूसरा विकल्प नहीं है। राष्ट्रपति की अनुमति के उपरान्त विधेयक क़ानून बन जाता है।

धन विधेयक

अनुच्छेद 110(11) के अनुसार धन विधेयक निम्नांकित विषयों में सभी अथवा किसी एक से सम्बन्धित हो :

1. किसी कर का आरोहण, परिहार, बदलना या विनियमन करना।
2. भारत सरकार द्वारा धन उधार लेने का विनियमन या प्रत्याभूत करना।
3. देश की संचित निधि की अभिरक्षा, धन निकालना या जमा कराना।
4. भारत की संचित निधि में धन का विनियोग करना।
5. किसी खर्चे को भारत की संचित निधि पर पारित व्यय घोषित करना आदि।

किसी भी विधेयक के स्वरूप को लेकर कि वह विधेयक धन विधेयक है या नहीं, उस पर लोकसभा के अध्यक्ष का निर्णय ही अन्तिम माना जायेगा। इसलिए जब यह विधेयक राज्यसभा या राष्ट्रपति के समक्ष अनुमति के लिए रखा जाता है, तो उस पर लोकसभा के अध्यक्ष के हस्ताक्षर सहित यह अंकित होगा कि वह धन विधेयक है।

धन विधेयक को केवल लोकसभा में ही पेश किया जा सकता है (अनुच्छेद 109–1)। कोई धन विधेयक राष्ट्रपति की सिफ़ारिश के बिना लोकसभा में प्रस्तावित नहीं किया जा सकता। यथार्थ में यह मन्त्रिमण्डल की ही सिफ़ारिश होती है। किसी कर के घटाने या समाप्त करने के लिए उपबन्ध वाले संशोधन के लिए राष्ट्रपति की सिफ़ारिश की आवश्यकता नहीं होती (अनुच्छेद 117)।

लोकसभा में धन विधेयक पारित किये जाने के पश्चात इसे राज्यसभा में भेजा जाता है। राज्यसभा को अपनी सिफ़ारिश के साथ 14 दिन के भीतर इसे लौटाना होता है। किसी भी तरह की सिफ़ारिश को यदि लोकसभा स्वीकार कर लेती है तो वह विधेयक पारित समझा जायेगा। यदि लोकसभा उच्च सदन की सिफ़ारिश को माने तो धन विधेयक उसके मूल स्वरूप में दोनों सदनों द्वारा पारित माना जायेगा। राज्यसभा यदि निश्चित अवधि में वापस नहीं करती है, तो भी उस अवधि के पश्चात वह विधेयक पारित माना जायेगा। मुख्य बात यह है कि धन विधेयक के सम्बन्ध में लोकसभा को अन्तिम शक्ति प्रदत्त की गयी है। राज्यसभा को उसे अस्वीकार करने या संशोधित करने का अधिकार नहीं है।

दोनों सदनों द्वारा पारित धन विधेयक को राष्ट्रपति के समक्ष अनुमति के लिए प्रस्तुत किया जाता है। धन विधेयक को राष्ट्रपति पुनर्विचार के लिए संसद को नहीं भेज सकता। वस्तुतः धन विधेयक पर अनुमति देने के लिए वह बाध्य है।

वित्तीय मामले : संसद का नियन्त्रण

एक प्रजातन्त्रीय व्यवस्था में वित्तीय मामलों में विधानमण्डल का पूर्ण नियन्त्रण रहता है। वार्षिक बजट संसद ही पारित करती है। उसके बाद विनियोग विधेयक पारित होने के उपरान्त संचित निधि से सरकार धन निकाल सकती है। कर लगाने का अधिकार भी संसद ही प्रदान करती है। वित्तीय नियन्त्रण की दृष्टि से दो संसदीय समितियाँ होती है :

1. लोकलेखा समिति और
2. आकलन समिति

लोकलेखा समिति का कार्य खर्च होने वाली रकम पर विचार करना है। यह समिति महालेखाकार की रिपोर्ट पर भी विचार करती है।

संसद को वह अपनी रिपोर्ट प्रस्तुत करती है। इसमें 15 सदस्य होते हैं। कोई मन्त्री इसका सदस्य नहीं हो सकता है। आकलन समिति में 30 सदस्य होते हैं। विपक्षी दल का सदस्य इसका अध्यक्ष होता है। यह समिति खर्च में कमी करने के उपाय और बजट की रक़म का विवेक सम्मत प्रारूप बनाती है।

समापन

भारत की संसद इस देश की सर्वोच्च विधि निर्मात्री संस्था है। यह हमारे देश के करोड़ों मतदाताओं के विश्वास का प्रतीक है। शासन–प्रशासन, राष्ट्र की सुरक्षा, शान्ति और क़ानून व्यवस्था का यह उद्‌गम स्थल माना जाता रहा है। विगत कुछ दशकों में इसकी कार्यात्मकता पर विहंगम दृष्टि डाल कर देखें तो लगता है कि समय के साथ संसद का प्रगति रथ थम–सा गया है। संसद में आये दिन काम रोको प्रस्ताव, छोटी–छोटी बातों पर स्थगन, सांसदों का अमर्यादित व्यवहार आदि से संसद की गरिमा को तो आघात लगा ही है। साथ ही आम मतदाता का इस ऐतिहासिक संस्था के प्रति मोहभंग भी होने लगा है। भारत के जनतन्त्र के विगत दशकों पर दृष्टिपात कर देखें तो कहना होगा कि संसद की कार्यप्रणाली, कतिपय सांसदों की आपराधिक पृष्ठभूमि, सत्ता की आपाधापी के लिए संसद की मर्यादा, परम्पराएँ और प्रथाओं को पूर्ण रूप से दरकिनार कर दिया गया है।

भारत के शिखर जनप्रतिनिधिक सदन में सत्ता की आपाधापी के कारण जो संघर्ष का वातावरण बनता है, उससे यह लगता है कि सांसद अपने क्षेत्र और राष्ट्र की समस्याओं के प्रति किसी भी तरह संवेदनशील नहीं हैं। विपक्ष में बैठे महानुभावों का मुख्य उद्देश्य सत्तापक्ष को नीचा दिखाना और कार्यवाही को ठप करने का ही रहता है। संसद के सत्र के दौरान दर्शक दीर्घा में बैठे व्यक्ति को और टेलीविजन पर दर्शकों को यह देख कर निराशा होती है, तो कोई आश्चर्य की बात नहीं है। संसदीय व्यवस्था के संचालन में जिन प्रथाओं, अभिसमयों और परम्पराओं को आवश्यक माना गया है, उन्हें संसद सदस्य ही निरन्तर रौंदते रहते हैं। संसद के सत्र मज़ाक बन कर रह गये हैं। ऐसी स्थिति में यदि देश के आम नागरिक में इस संस्था के प्रति अनास्था और अविश्वास घर कर जाये तो कोई आश्चर्य नहीं होगा।

सन्दर्भ

1. बसु डी.डी., 2002. *भारत का संविधान,* पृ. 220
2. आम्बेडकर बी.आर., *संविधान सभा बहस, खण्ड–3,* पृ. 594
3. दुबे, माया, *स्पीकर इन इंडिया,* पृ. 85
4. जोंस, मोरिस, द *गवर्नमेंट एंड पोलिटिक्स इन इंडिया,* पृ. 174
5. वही

(सन्दर्भ ग्रन्थ : नेशनल पब्लिशिंग हाउस, दिल्ली से प्रकाशित लेखक की पुस्तक 'भारतीय संविधान और राजनीति')

खण्ड : 4

परिचय

यह खण्ड भारत की न्यायपालिका के विश्लेषण से जुड़ा हुआ है। भारत के उच्चतम न्यायालय के महत्त्व उसकी स्थिति और शक्तियों से जुड़े अध्याय में यह स्पष्ट रूप से उल्लेख है कि स्वतन्त्र न्यायपालिका लोकतन्त्र के प्रभावी संचालन के लिए आवश्यक है। इसी आवश्यकता को पूरा करने के लिए भारतीय संविधान में गम्भीर चेष्टा है। भारत की न्यायपालिका की भूमिका के सन्दर्भ में संसदात्मक व्यवस्था और न्यायपालिका के सम्बन्धों का विस्तार से उल्लेख है, जिसमें एक कठिन सन्तुलन स्थापित करने का प्रयास नज़र आता है, जहाँ जन आकांक्षाओं और विधिक सीमाओं को समझने की कोशिश है। भारतीय न्याय व्यवस्था के सुधारों की बात इस क्रम की गयी है कि कैसे न्यायालयों में हो रहे अत्यधिक विलम्ब को गतिशील क़ानून व्यवस्था के माध्यम से कम किया जा सकता है, क्योंकि न्याय में विलम्ब, न्याय के सारे उद्देश्यों को ही समाप्त कर देता है।

अध्याय–16

उच्चतम न्यायालय : महत्ता, स्थिति एवं शक्तियाँ

–वेददान सुधीर

एक गतिशील राजनीतिक समाज में योग्य, निष्पक्ष और स्वतन्त्र न्याय व्यवस्था की महत्ता तथा आवश्यकता को शब्दों में अभिव्यक्त करना बड़ा दुष्कर है, क्योंकि इसकी अपरिहार्यता स्वयंसिद्ध है। इतिहास इसका साक्षी है कि मानव स्वतन्त्रता की कितनी ही लड़ाइयाँ अदालतों में लड़ी गयी हैं। यह भी एक स्थापित सत्य है कि जब तक समाज में न्यायालय जैसा सजग, निष्पक्ष और निर्भीक निकाय विद्यमान है, उस समाज में निरकुंशता, बर्बरता और तानाशाही की कोई गुंजाइश नहीं रहती। संसार के प्रसिद्ध न्यायविद् और बुद्धिजीवी इस बात पर एकमत हैं कि न्याय प्रणाली एक समाज के सभ्यता की ही कसौटी है। इस बात को ध्यान में रखते हुए यदि हम यह कहें कि यह उसकी सभ्यता की ही कसौटी नहीं, अपितु स्वतन्त्र रहने की जिजीविषा और व्यवस्था रचना का मेरुदण्ड है, तो कोई अतिशयोक्ति नहीं होगी।

न्याय व्यवस्था की आवश्यकता और महत्ता पर विश्व के अनेक न्यायविदों ने प्रकाश डाला है। अमेरिका के न्यायमूर्ति स्टोरी का कहना है कि, 'न्याय विभाग के अभाव में कोई भी सरकार सुरक्षित नहीं है और वह स्वतन्त्र जनसमुदाय के शासन के लिए अयोग्य है।" इसकी महत्ता पर कहते हैं कि :

> "जहाँ क़ानून के प्रतिपादन, उद्घोषणा, व्यवहृत करने, आपसी विवादों का निपटारा करने और अधिकारों को प्रवर्तित करने के लिए न्याय विभाग नहीं है, वहाँ की सरकार अपनी अल्पबुद्धिता से समाप्त हो जायेगी और वहाँ नागरिक स्वतन्त्रता का हनन कर अन्य विभाग शक्ति अर्जित करेंगे। ऐसी स्थिति में शासकों

की इच्छा ही सर्वोपरि बन जायेगी और वे निरंकुश तानाशाह बन जायेंगे। इस स्थिति में यह महत्त्वपूर्ण नहीं है कि यह तानाशाही किसी एक व्यक्ति में निहित होगी अथवा एक समूह में। मानव सभ्यता के इतिहास में मांटेस्क्यू का यह कथन बड़ा सटीक है कि जहाँ न्याय विभाग एवं कार्यकारिणी में पृथक्करण नहीं, वहाँ स्वतन्त्रता की कल्पना भी नहीं की जा सकती। इसी के साथ यह कहना भी कम महत्त्वपूर्ण नहीं कि व्यक्ति की सुरक्षा, सम्पत्ति की अभिरक्षा एवं नागरिक स्वतन्त्रता, न्यायालय के विवेक योग्यता, निष्पक्षता और स्थायित्व पर ही निर्भर करती है।''[1]

एक अन्य विशेषज्ञ हेनरी सिजविक के कथन पर दृष्टि डालें तो उपयुक्त बातों की पुष्टि हो जाती है। वे कहते हैं :

''एक राष्ट्र की राजनीतिक सभ्यता की कसौटी के निर्धारण में नागरिक और सरकार के बीच न्यायालय की भूमिका ही अर्थ रखती है। न्याय स्थापित करने के उद्देश्य की पूर्ति के साथ आवश्यक है कि न्यायविदों को क़ानून का ज्ञान, दक्षता, निष्पक्षता, स्वतन्त्रता तथा ईमानदारी होना अनिवार्य है।''[2]

समापन की दृष्टि से यदि हेमिल्टन की बात का अनुमोदन करें तो न्यायालय की सार्थकता स्वयं ही सिद्ध हो जाती है। उनका कहना सही है कि ''क़ानून को प्रतिपादित करने, अर्थ देने और व्यवहृत करने की मशीनरी के अभाव में वह मृत शरीर के अतिरिक्त और कुछ नहीं है।''

भारत जैसे लोकतान्त्रिक संघ राज्य में न्यायपालिका की आवश्यकता कितनी है, इसे दोहराने की आवश्यकता नहीं है। अपरिहार्यता और राजव्यवस्था में महत्ता से भारत के संवैधानिक भली–भाँति परिचित थे। सर्वोच्च न्यायालय की स्थापना उनकी इसी मनोकामना को प्रतिबिम्बित करती है। सर्वोच्च न्यायालय की शक्तियाँ, कार्य और इसकी स्वतन्त्रता को बनाये रखने सम्बन्धी प्रावधान उनकी सूझबूझ और लोकतान्त्रिक व्यवस्था को सुदृढ़ करने की इच्छा को परिलक्षित करते हैं। भारत में एक स्वतन्त्र, निष्पक्ष एवं निर्भीक न्यायपालिका की स्थापना उसकी व्यवस्था संरचना में ही निहित है।

जैसा कि सर्वविदित है, भारतीय संविधान एक संघ राज्य की स्थापना करता है। ऐसी व्यवस्था में केन्द्र और राज्य सरकार, राज्य और राज्य के

बीच कई तरह के विवाद अवश्यम्भावी हैं। इसलिए यह आवश्यक है कि कार्यपालिका और विधायिका से स्वतन्त्र न्यायालय हो। दूसरा, केन्द्र और राज्य के बीच शक्ति का बँटवारा इसके आवश्यक अंग हैं। क्षेत्राधिकारों पर जब विवाद होता है, तो एक स्वतन्त्र न्यायालय ही निष्पक्ष एवं संविधान सम्मत निर्णय दे सकता है। इस तरह यह निकाय सर्वोच्च न्यायालय की भूमिका में यह निर्वाह करता है। वास्तव में देखा जाये तो भारत का सर्वोच्च न्यायालय केन्द्र तथा राज्यों और किन्हीं दो राज्यों के बीच विवादों के निर्णय का अन्तिम अभिकरण है।

केन्द्र और राज्यों के बीच विवादों के निपटारे के अतिरिक्त उच्चतम न्यायालय संवैधानिक व्यवस्था की व्याख्या करने वाला अभिकरण भी है। वास्तव में संविधान निर्माताओं ने इसे व्याख्याकार एवं संरक्षक के रूप में ही देखा है। मौलिक अधिकारों की रक्षा का भार भी इसी न्यायालय पर है। इस उत्तरदायित्व के निर्वहन करने हेतु अनेक लेख एवं आदेश जारी करने का अधिकार सौंपा गया है। उच्चतम न्यायालय को संविधान की सीमा में रहते व्यवस्थापिका तथा कार्यपालिका को नियन्त्रण में रखना होता है। भारत में उच्चतम न्यायालय को परामर्शदाता का कार्य भी सौंपा गया है, जिससे कि व्यवस्थापिका तथा कार्यपालिका में टकराव न हो। भारत के उच्चतम न्यायालय के कार्य एवं उत्तरदायित्व पर प्रारूप समिति के सदस्य श्री अलादी कृष्णामूर्ति अय्यर के कथन को उद्धृत करना समीचीन होगा। वे कहते हैं :

> "भारत में संविधान का विकास भविष्य में उच्चतम न्यायालय के निर्देशन एवं कार्यों पर निर्भर करता है। आने वाले समय में न्यायालय को संविधान के प्रतिपादन में कई अन्तर्विरोधी सामाजिक धारणाओं और शक्तियों का सामना करना पड़ेगा। उसका एक कार्य संविधान की व्याख्या करना है। किन्तु अपने कर्तव्यों के निर्वहन में वह सामाजिक, आर्थिक एवं राजनीतिक प्रवृत्तियों को दृष्टि ओझल नहीं कर सकता। उसे इन अन्तर्विरोधी शक्तियों एवं प्रवृत्तियों में सन्तुलन भी स्थापित करना होगा। संविधान के प्रतिपादन की प्रक्रिया में कतिपय विवादों में उन इकाई राज्यों के मुक़ाबले केन्द्र की शक्ति स्थापित करनी है, तो दूसरी ओर प्रान्तीय स्वायत्तता और क्षेत्रीय दावों का भी ध्यान रखना होगा। कई जगह जहाँ उसे नागरिक

स्वतन्त्रता की रक्षा करनी है, वहाँ दूसरी ओर, उसे सामाजिक हित में राज्य की सत्ता की भी स्थापना करनी होगी। यह देश का सर्वोच्च न्यायिक प्राधिकरण है, जिसे व्यक्ति की स्वतन्त्रता और सामाजिक नियन्त्रण के बीच सन्तुलन बनाये रखना है।"[3]

स्वतन्त्र एवं निष्पक्ष व्यवस्था

न्यायपालिका की स्वतन्त्रता और निष्पक्षता स्थापित करने और उसे बनाये रखने का प्रश्न काफ़ी जटिल है। व्यवस्थापिका और कार्यपालिका के हस्तक्षेप, घुसपैठ और धौंस–धपड़ से न्यायपालिका को दूर रखना कई बातों पर निर्भर करता है। इनमें न्यायाधीशों की नियुक्ति की प्रक्रिया, पदमुक्ति जैसी सेवा शर्तें आम हैं। भारत के उच्चतम न्यायालय की सेवा शर्त और सांगठनिक स्वरूप पर दृष्टि डाल कर देखें तो कहना होगा कि संविधायकों ने इसकी संरचना करते समय इन मुख्य बातों को यथोचित महत्त्व दिया है। संक्षेप में इन कतिपय प्रावधानों का उल्लेख करना समीचीन होगा।

संविधान के अनुच्छेद 124(1) के अनुसार भारत का एक उच्चतम न्यायालय होगा, जो भारत के मुख्य न्यायमूर्ति और जब तक संसद विधि द्वारा अधिक संख्या निहित नहीं करती है, तब तक सात से अनाधिक अन्य न्यायाधीशों से मिल कर बनेगा। इसी प्रकार संविधान में यह वर्णित है कि उच्चतम न्यायालय का प्रत्येक न्यायाधीश राष्ट्रपति द्वारा नियुक्त किया जायेगा। राष्ट्रपति नियुक्ति करते समय मन्त्रियों की सलाह के अतिरिक्त अन्य व्यक्तियों से भी परामर्श कर सकेगा। भारत के मुख्य न्यायमूर्ति की दशा में वह उच्चतम न्यायालय के ऐसे न्यायाधीशों से परामर्श करेगा जिसे वह आवश्यक समझे। उच्चतम न्यायालय के नौ न्यायाधीशों की एक न्याय पीठ ने स्पष्टतः निर्देश दिया है कि यदि उच्चतम न्यायालय का वरिष्ठ न्यायाधीश पद धारण करने के लिए उपयुक्त है, तो उसे भारत के मुख्य न्यायमूर्ति के पद पर नियुक्त किया जाना चाहिए। उच्चतम न्यायालय के अन्य न्यायाधीशों की नियुक्ति करते समय इनके अतिरिक्त भारत के मुख्य न्यायमूर्ति से परामर्श करना अनिवार्य है (अनुच्छेद 124(1)।[4]

अनुच्छेद 126 के अनुसार यदि मुख्य न्यायधीश का पद रिक्त है या मुख्य न्यायमूर्ति अनुपस्थित है या अपने कर्तव्यों का पालन करने में असमर्थ है, तो ऐसी स्थिति में अन्य न्यायाधीशों में से राष्ट्रपति एक न्यायाधीश को इस प्रयोजन के लिए नियुक्त कर सकता है।

उच्चतम न्यायालय के मुख्य न्यायाधीश की नियुक्ति के लिए सातवें दशक में क़ानून जगत में जो विवाद उत्पन्न हुआ, इससे देश के लब्ध प्रतिष्ठित संस्थान के सम्मान और गौरव को धक्का लगना स्वाभाविक था। इससे पूर्व परम्परागत रूप से इस पद पर नियुक्ति सेवामुक्त मुख्य न्यायाधीश से परामर्श कर वरिष्ठता के आधार पर की जाती थी। सन् 1964 में श्री जफर इमाम की वरिष्ठता को नज़रअन्दाज़ करने के अतिरिक्त दूसरा उदाहरण इस सन्दर्भ में देखने को नहीं मिलता। उनकी वरिष्ठता का प्रसंग विवादास्पद नहीं बना, क्योंकि वह निर्णय तत्कालीन न्यायमूर्ति के स्वास्थ्य को ध्यान में रखते हुए किया गया था। लेकिन 1973 में न्यायमूर्ति सीकरी के सेवाकाल समाप्त होने पर श्री अजितनाथ रे की नियुक्ति सर्वाधिक चर्चित प्रसंग बना। पहला तो यह कि श्री रे की नियुक्ति तीन वरिष्ठ न्यायाधीशों की वरिष्ठता को नज़रअन्दाज़ कर दी गयी थी। दूसरा, उनकी नियुक्ति करते समय सेवानिवृत्त हो रहे श्री सीकरी से परामर्श भी नहीं किया गया। सेवामुक्त न्यायाधीश सीकरी ने इसे राजनीतिक निर्णय बताया। श्री एम.सी. छागला ने भी इसकी आलोचना करते हुए इसे न्याय के इतिहास में अँधेरे दिन की संज्ञा दी।[5] दूसरी ओर श्री कुमारमंगलम जैसे महानुभावों का कहना था कि मुख्य न्यायाधीश की नियुक्ति में वरिष्ठता के सिद्धान्त को अक्षरतः स्वीकार नहीं किया जा सकता। उनके विचार में वरिष्ठता के अतिरिक्त न्यायाधीश के दृष्टिकोण, परिवर्तित सन्दर्भों में हवा का रुख पहचानने की क्षमता और उसका सामाजिक दर्शन भी महत्त्वपूर्ण है।

आलोचकों ने तत्कालीन सत्तासीन सरकार के इस निर्णय का घोर विरोध किया। उनका आक्षेप था कि दृष्टिकोण और सामाजिक दर्शन की दुहाई देकर कार्यपालिका न्यायपालिका को अपने नियन्त्रण में करना चाहती है। यह उसके स्वतन्त्र, निष्पक्ष एवं निर्भीक चरित्र पर प्रहार है। दिल्ली में हुए अखिल भारतीय अधिवक्ता सम्मेलन में भी यही कहा गया कि मुख्य न्यायाधीश की नियुक्ति अधिवक्ता संघ और न्यायाधीशों का प्रतिनिधित्व करने वाली समितियों की सिफ़ारिश पर होनी चाहिए। अधिवक्ताओं का कहना था कि उच्च न्यायालयों तथा सर्वोच्च न्यायालय के मुख्य न्यायाधीश के पद पर वरिष्ठ व्यक्ति को ही नियुक्त करना चाहिए।

सन् 1977 में इस पद पर 1973 के पहले की परम्परा को पुनः सुस्थापित किया गया और मुख्य न्यायाधीश के पद पर श्री वाई.डी. चन्द्रचूड़ को नियुक्त किया गया। इस नियुक्ति की भी आलोचना की गयी।

सत्तासीन दल के कतिपय सदस्यों का कहना था कि माननीय न्यायाधीश में वैचारिक स्वतन्त्रता और निष्पक्षता का अभाव है, क्योंकि बन्दी प्रत्यक्षीकरण के मामले में उनका निर्णय दुर्भाग्यपूर्ण था। श्री एम.सी. छागला, श्री तारकुण्डे जैसे अनेक लोग थे, जिन्होंने इस नियुक्ति की आलोचना की थी। इसके उपरान्त भी तत्कालीन सरकार ने इस मापदण्ड को स्वीकार करते हुए वरिष्ठता के सिद्धान्त को ही स्वीकार किया।

नियुक्ति की अहर्ताएँ

उच्चतम न्यायालय के न्यायाधीश की नियुक्ति के लिए अहर्ताएँ इस प्रकार हैं :

1. भारत का नागरिक हो।
2. पारंगत विधिवेत्ता हो या किसी उच्च न्यायालय का पाँच वर्ष तक न्यायाधीश रहा हो या
3. किसी उच्च न्यायालय का या अधिक उच्च न्यायालयों का दस वर्ष तक अधिवक्ता रहा हो {अनुच्छेद 124(3)}।

उच्चतम न्यायालय के न्यायाधीश की नियुक्ति के लिए कोई न्यूनतम आयु या नियत पदावधि निहित नहीं की गयी है। न्यायाधीशों की अवकाश प्राप्त करने की आयु 65 वर्ष है। एक बार नियुक्त किये जाने के पश्चात न्यायाधीश निम्नलिखित बातों के घटने पर न्यायाधीश नहीं रहेगा :

1. 65 वर्ष की आयु प्राप्त करने पर।
2. स्वेच्छा से त्यागपत्र देने पर।
3. संसद के प्रत्येक सदन द्वारा विशेष बहुमत से पारित समावेदन पर राष्ट्रपति द्वारा हटाने की स्थिति में।

न्यायाधीश को पदमुक्त दो आधारों पर किया जा सकता है :

1. साबित कदाचार

2. असमर्थता {अनुच्छेद 124(4)}। न्यायाधीश को हटाने के लिए महाभियोग की प्रक्रिया अपनाना आवश्यक है जो निम्न प्रकार है :

क. लोकसभा के कम–से–कम 100 या राज्यसभा के कम–से–कम 50 सदस्यों द्वारा प्रस्ताव राष्ट्रपति को सम्बोधित करते हुए लोकसभा या राज्यसभा के अध्यक्ष को दिया जा सकता है।

ख. प्रस्ताव का अन्वेषण तीन व्यक्तियों की समितियों द्वारा किया जाता है।

ग. यह समिति यदि न्यायाधीश को कदाचार का दोषी मानती है अथवा असमर्थ पाती है, तो समिति के प्रतिवेदन का प्रस्ताव विचार के लिए उस सदन में रखा जाता है जिसमें प्रस्ताव लम्बित है।

घ. यदि प्रस्ताव प्रत्येक सदन में उस सदन की कुल सदस्य संख्या के बहुमत तथा उपस्थित और मत देने वाले सदस्यों के कम–से–कम दो तिहाई बहुमत द्वारा पारित कर दिया जाता है, तो उसे राष्ट्रपति के समक्ष प्रस्तुत किया जाता है।

ड. राष्ट्रपति जब समावेदन पर आदेश कर देता है, तो उस न्यायाधीश को हटा दिया जाता है।

न्यायाधीशों की स्वतन्त्रता का संरक्षण

उच्चतम न्यायालय के न्यायाधीश की स्वतन्त्रता सुनिश्चित करने के निम्नलिखित प्रावधान हमारा ध्यान आकर्षित करते हैं। ये प्रावधान हमारे सर्वोच्च न्यायालय को निर्भीक एवं स्वतन्त्र निकाय बनाने में सहायक हैं जो इस प्रकार हैं :

1. राष्ट्रपति उच्चतम न्यायालय के न्यायाधीश की नियुक्ति करते समय भारत के मुख्य न्यायमूर्ति से परामर्श करेगा।
2. उच्चतम न्यायालय के न्यांयाधीश को संविधान में लिखित प्रक्रिया के अनुसार ही कदाचार या असमर्थता के आधार पर हटाया जायेगा।
3. न्यायाधीशों के वेतन, भत्ते, पेंशन आदि संसद की विधि द्वारा अवधारित किये जा सकेंगे और उनकी पदावधि के दौरान कोई अलाभकारी परिवर्तन नहीं किया जा सकता है {अनुच्छेद 125(2)}।
4. उच्चतम न्यायालय के प्रशासनिक और न्यायाधीशों के साथ–साथ अन्य कर्मचारियों के वेतन, भत्ते आदि भारत की संचित निधि से दिये जायेंगे। संसद उन पर मतदान नहीं कर सकती {अनुच्छेद 146(3)}।
5. उच्चतम न्यायालय या उच्च न्यायालय के किसी न्यायाधीश के आचरण के विषय में संसद में चर्चा न्यायाधीश को हटाने के समावेदन को राष्ट्रपति के समक्ष प्रस्तुत करने के प्रस्ताव पर ही होगी, अन्यथा नहीं {अनुच्छेद121 (1)}।
6. सेवानिवृत्ति के पश्चात उच्चतम न्यायालय का न्यायाधीश भारत के राज्य क्षेत्र के भीतर अन्य प्राधिकारी के समक्ष कार्य नहीं करेगा {अनुच्छेद 194(7)}।

अमेरिका और भारत के उच्चतम न्यायालयों की तुलना

भारत के उच्चतम न्यायालय की शक्तियाँ और अधिकार उनकी प्रवृत्ति को देखते हुए अन्य देशों के सर्वोच्च न्यायालयों की तुलना में अधिक हैं। यह परिसंघ न्यायालय भी है और अपील न्यायालय भी। यह संविधान का संरक्षक है तथा उसके द्वारा संविधान के अधीन अपने अधिकारों के प्रयोग में घोषित विधि बाकी सभी न्यायालयों पर आबद्धकारी है (अनुच्छेद 141)। भारत के उच्चतम न्यायालय को अमेरिका की तुलना में कई क्षेत्रों में व्यापक शक्तियाँ दी गयी हैं। वे इस प्रकार हैं :

1. अमेरिका के उच्चतम न्यायालय की शक्तियाँ परिसंघीय सम्बन्धों से उत्पन्न होने वाले या विधियों और सन्धियों की संवैधानिक मान्यता से सम्बन्धित मामलों तक ही सीमित है, जबकि भारत का उच्चतम न्यायालय परिसंघीय न्यायालय ही नहीं, संविधान का रक्षक भी है। संविधान के निर्वचन के सम्बन्ध में उत्पन्न होने वाले मामलों के अतिरिक्त सिविल, दीवानी मामलों के सम्बन्ध में यह देश का सर्वोच्च अपीलीय न्यायालय है {अनुच्छेद 133(3)}।
2. भारत के उच्चतम न्यायालय की देश के राज्य क्षेत्र में किसी भी न्यायालय या अधिकरण के निर्णय से अपील ग्रहण करने की असाधारण शक्ति है। इस विवेकाधिकार की कोई सीमा नहीं है। अमेरिकी उच्चतम न्यायालय को इस प्रकार की शक्ति नहीं है।
3. भारतीय संविधान ने उच्चतम न्यायालय को राष्ट्रपति द्वारा निर्दिष्ट किसी तथ्य या विधि के प्रश्न पर सलाह देने की शक्ति दी है (अनुच्छेद (142)। अमेरिकी उच्चतम न्यायालय ने सरकार की सलाह देने की शक्ति ग्रहण करने से इनकार कर दिया है। उसे किसी भी विषय के पक्षकारों के बीच वास्तविक विवाद को निपटारे तक ही सीमित रखा है।

न्यायालय के क्षेत्राधिकार

भारतीय संविधान के अन्तर्गत उच्चतम न्यायालय के क्षेत्राधिकार पर विचार करें तो ज्ञात होगा कि इसका अधिकार क्षेत्र अमेरिका के उच्चतम न्यायालय के क्षेत्राधिकार से भी व्यापक है। उदाहरण की दृष्टि से इसे हम तीन भागों में बाँट सकते हैं--प्रारम्भिक, अपीलीय और परामर्शदात्री।

प्रारम्भिक क्षेत्राधिकार : प्रारम्भिक क्षेत्राधिकार को हम दो भागों में बाँट सकते हैं–(क) प्रारम्भिक एकमेव क्षेत्राधिकार एवं (ख) समवर्ती प्रारम्भिक क्षेत्राधिकार। श्री दुर्गादास बसु का यह कहना सही है कि "हालाँकि भारत का संविधान एवं सन्धि अथवा समझौते के रूप में नहीं है, फिर भी संघ तथा राज्यों के बीच व्यवस्थापिका और कार्यपालिका सम्बन्धित शक्तियों का विभाजन कर दिया गया है। उच्चतम न्यायालय प्रारम्भिक अधिकारिता संविधान के अनुच्छेद 131 में वर्णित है। इस न्यायालय के कृत्य शुद्ध रूप से परिसंघीय हैं। अनुच्छेद 131 संघ तथा राज्यों के बीच न्याय योग्य विवादों के निर्णय का प्रारम्भिक तथा एकमेव क्षेत्राधिकार सर्वोच्च न्यायालय को सौंपता है। एकमेव प्रारम्भिक क्षेत्राधिकार के अन्तर्गत निम्नलिखित विषय हैं :

1. भारत सरकार या एक या दो राज्यों के बीच विवाद।
2. एक ओर भारत सरकार और अन्य राज्य तथा दूसरी ओर एक या अधिक राज्यों के बीच विवाद।
3. दो या अधिक राज्यों के बीच विवाद। भारत चूँकि एक संघ राज्य है, अतः इसके अन्तर्गत क्षेत्राधिकार की अपरिहार्यता पर विवाद नहीं उठता है। संघ तथा राज्यों के बीच अधिकारों पर विवाद उठना स्वाभाविक है। यहाँ यह बात उल्लेखनीय है कि संविधान व्यवहृत होने के पूर्व में की गयी कोई सन्धि, करार आदि के सम्बन्ध में उच्चतम न्यायालय को प्रारम्भिक क्षेत्राधिकार प्राप्त नहीं हैं।

समवर्ती प्रारम्भिक क्षेत्राधिकार के अन्तर्गत जो विषय आते हैं उनमें उच्चतम न्यायालय के साथ–साथ उच्च न्यायालयों को भी क्षेत्राधिकार प्राप्त हैं। इसके लिए हम मौलिक अधिकारों की रक्षा का उदाहरण दे सकते हैं। अधिकारों की रक्षा का दायित्व उच्चतम न्यायालय के साथ–साथ उच्च न्यायालयों को भी सौंपा गया है। यह बात व्यक्ति पर निर्भर है कि वह प्रथम बार किस न्यायालय के दरवाज़े पर दस्तक देता है। मौलिक अधिकारों के अन्तर्गत यदि वह उच्चतम न्यायालय में जाता और उसके निर्णय से वह सन्तुष्ट नहीं है, तो उसे उच्चतम न्यायालय में अपील करने का अधिकार प्राप्त है। इस प्रकार उच्चतम न्यायालय को मौलिक अधिकारों के क्षेत्र में न केवल प्रारम्भिक अपितु अपीलीय क्षेत्राधिकार भी प्राप्त हैं। अनुच्छेद 32 के अन्तर्गत न्यायालय को मौलिक अधिकारों की रक्षा के लिए बन्दी प्रत्यक्षीकरण, परमादेश, प्रतिषेध, उत्प्रेषण, अधिकार, पृच्छालेख जारी करने का अधिकार है। इसके अतिरिक्त संसद भी इसके क्षेत्राधिकार में वृद्धि कर सकती है।

अपीलीय क्षेत्राधिकार : उच्चतम न्यायालय को भारत के राज्य क्षेत्र में सभी न्यायालयों से अपील सुनने का अधिकार है। सर्वोच्च न्यायालय के इस क्षेत्राधिकार में हम मुख्यतः चार भागों में विभाजित कर सकते हैं :

1. **संवैधानिक** : भारत का सर्वोच्च न्यायालय संविधान का संरक्षक एवं अन्तिम प्रतिपादक है। यह बात अनुच्छेद 132 में स्पष्ट हो जाती है। इसके अन्तर्गत यह वर्णित है कि यदि उच्च न्यायालय यह प्रमाणित कर देता है कि अमुक विवाद में संविधान की व्याख्या से सम्बन्धित क़ानून का कोई सारवान प्रश्न अन्तर्निहित है, तो उसकी अपील सर्वोच्च न्यायालय में की जा सकती है। एक ऐसी स्थिति भी हो सकती है जिसमें उच्च न्यायालय ऐसा प्रमाण पत्र देने से मना कर दें। ऐसी स्थिति में यदि सर्वोच्च न्यायालय इस बात से आश्वस्त हो कि उस विषय में संविधान की व्याख्या की दृष्टि से महत्त्वपूर्ण प्रश्न निहित है तो वह स्वयं अपील की अनुमति प्रदान करने में सक्षम है। 'निर्वाचन आयोग बनाम वेंकटराव' (1983) के मामले में सर्वोच्च न्यायालय ने इसी आशय का निर्णय दिया था। अतः यदि हम इस न्यायालय को संविधान का संरक्षक एवं अन्तिम प्रतिपादक कहें, तो असंगत नहीं है।
2. **दीवानी** : दीवानी मामलों में अपील सम्बन्धी व्यवस्था के अन्तर्गत प्रारम्भ में उच्च न्यायालय के निर्णय के विरुद्ध ऐसे ही विवादों में अपील की जा सकती थी जिसमें विवादास्पद राशि बीस हज़ार रुपये से अधिक हो। सन् 1972 में 30वें संवैधानिक संशोधन द्वारा इसमें परिवर्तन कर दिया गया है। विधि आयोग की सिफ़ारिश पर धन राशि की यह सीमा हटा दी गयी। अब यह व्यवस्था है कि सर्वोच्च न्यायालय में ऐसे सभी दीवानी मामलों में अपील की जा सकेगी, जिसमें उच्च न्यायालय द्वारा यह प्रमाणित कर दिया हो कि अमुक विवाद में क़ानून की व्यवस्था सम्बन्धित सारपूर्ण प्रश्न अन्तर्ग्रस्त है।
3. **फ़ौजदारी** : फ़ौजदारी मामलों में उच्च न्यायालय के निर्णय की अपील निम्न विषयों में सर्वोच्च न्यायालय में की जा सकती है।

क. यदि उच्च न्यायालय ने अपील के पश्चात किसी व्यक्ति के उन्मुक्ति के आदेश रद्द कर मृत्युदण्ड दे दिया हो।

ख. उच्च न्यायालय ने अधीनस्थ न्यायालय से विचारार्थ अभियोग मँगवा कर अभियुक्त को मृत्युदण्ड दिया हो।

ग. यदि उच्च न्यायालय यह प्रमाण पत्र दे कि अमुक विवाद उच्चतम न्यायालय के विचार योग्य है।

विशेष अपील : संविधान के अनुच्छेद 136(1) में यह वर्णित है कि उच्चतम न्यायालय स्वविवेक से भारत राज्य क्षेत्र में किसी न्यायालय या न्यायाधिकरण द्वारा किसी वाद अथवा विषय में दिये गये निर्णय अथवा आदेश आदि की अपील के लिए विशेष अनुमति दे सकता है। इसमें केवल एक अपवाद है, जिसका वर्णन अनुच्छेद 136(2) में किया गया है। वह यह कि सैनिक न्यायालय के निर्णय के विरुद्ध उच्चतम न्यायालय में अपील नहीं की जा सकती। इस अपील के अन्तर्गत अपने अधिकार का उपयोग न्यायालय तब ही करता है जब कोई मुक़दमा बहुत ही महत्त्वपूर्ण हो। न्यायालय प्रशासनिक पंचाटों के फ़ैसले के बाद अपने यहाँ अपील करने की विशेष अनुमति भी दे सकता है। अनुच्छेद 136(अ) की शब्दावली काफ़ी व्यापक है। यह इस प्रकार है :

1. इस अध्याय में किसी बात के होते हुए भी उच्चतम न्यायालय अपने विवेकानुसार भारत के राज्य क्षेत्र में किसी न्यायालय या अधिकरण द्वारा किसी वाद या मामले में पारित किये गये या दिये गये किसी निर्णय, डिक्री अवधारणा, दण्डादेश या आदेश की अपील के लिए विशेष इजाज़त दे सकेगा।
2. खण्ड एक का कोई वाद सशस्त्र बलों से सम्बन्धित किसी विधि द्वारा या उसके अधीन गठित किसी न्यायालय या अधिकरण द्वारा पारित किये गये या दिये गये किसी निर्णय, अवधारणा, दण्डावेश या आदेश पर लागू नहीं होगा।

संविधान संशोधन द्वारा अनुच्छेद 139 में एक नया अनुच्छेद 139ए जोड़ा गया है। इसके अनुसार भारत के महान्यायवादी की प्रार्थना से सन्तुष्ट हो कर उच्चतम न्यायालय एक या अधिक उच्च न्यायालयों में चल रहे ऐसे मामलों को जो सार रूप में समान महत्त्व के हों, अपने हाथ में लेकर निर्णय दे सकता है।

परामर्शीय क्षेत्राधिकार : न्यायालय को परामर्श दात्री निकाय बनाने का प्रश्न विधि जगत में विवाद का विषय रहा है। संयुक्त राज्य अमेरिका

में जाने–माने विधिवेत्ता एवं न्यायविद इस प्रवृत्ति के विरुद्ध रहे हैं कि न्यायालय को परामर्शदाता के अधिकार प्रदत्त किये जायें। उनकी दृष्टि में ऐसा करना शक्ति पृथक्करण के सिद्धान्त की अवहेलना है। मूलतः यह कार्य व्यवस्थापिका का है, न्यायपालिका का नहीं। यही कारण है कि अमेरिका में सर्वोच्च न्यायालय ने समय–समय पर इस प्रवृत्ति को निरुत्साहित किया है। वहाँ न्यायालय परामर्श देने के लिए बाध्य नहीं है।

भारत के संविधान के अनुच्छेद 143 में इस व्यवस्था का उल्लेख किया गया है। अनुच्छेद 143 के अनुसार यदि किसी समय राष्ट्रपति को प्रतीत होता है कि विधि या तथ्य का कोई ऐसा प्रश्न उत्पन्न हुआ है या उत्पन्न होने की सम्भावना है जो ऐसी प्रकृति का और ऐसे सार्वजनिक महत्त्व है कि उस पर उच्चतम न्यायालय की राय प्राप्त करना समीचीन है, तो वह उस प्रश्न को विचार करने के लिए उस न्यायालय को निर्देशित कर सकेगा और वह न्यायालय ऐसी सुनवाई के पश्चात, जो वह ठीक समझे, राष्ट्रपति को उस पर अपनी राय के बारे में रिपोर्ट दे सकेगा। अनुच्छेद 143(2) राष्ट्रपति को यह भी अधिकार देता है कि वह संविधान के लागू होने से पूर्व किसी सन्धि, समझौते आदि से सम्बन्धित विवादों को उच्चतम न्यायालय के परामर्श के लिए भेज सकेगा।

उच्चतम न्यायालय का क्षेत्राधिकार संवैधानिक दृष्टि से काफ़ी व्यापक है। यह बात क्षेत्राधिकार सम्बन्धी प्रावधानों से स्पष्ट हो जाती है! इसके अतिरिक्त यादे हम इस न्यायालय के कार्यों पर दृष्टि डालें तो कहना होगा कि वे भी इस संस्थान की महत्ता और हैसियत के ही परिचायक हैं। अनुच्छेद 129 के अन्तर्गत उच्चतम न्यायालय को अभिलेख न्यायालय का स्थान प्रदत्त किया गया है। इसका अर्थ यह है कि इस न्यायालय के अभिलेख सभी जगह साक्षी के रूप में स्वीकार किये जाते हैं और उनकी प्रामाणिकता के सम्बन्ध में सन्देह नहीं किया जा सकता है। दूसरा, यह न्यायालय अवमानना के लिए दण्ड देने में सक्षम है। डॉ. आम्बेडकर के शब्दों में :

> "अभिलेख न्यायालय वह न्यायालय है जिसके अभिलेखों का साक्ष्य की दृष्टि से मूल्य हो और जब भी उन्हें किसी न्यायालय में प्रस्तुत किया जाये, तो उन पर कोई सन्देह अथवा ऐतराज़ न किया जा सके। सत्य तो यह है कि अवमानना के लिए दण्ड देने की शक्ति तो इसका आवश्यक परिणाम है।"[8]

मौलिक अधिकारों का रक्षक

संविधान का अनुच्छेद 32 उच्चतम न्यायालय को मौलिक अधिकार संरक्षण का दायित्व सौंपता है। इस उत्तरदायित्व की परिपूर्ति हेतु उसे बन्दी प्रत्यक्षीकरण, परमादेश, प्रतिरोध, उत्प्रेषण और अधिकार पृच्छालेख जारी करने का अधिकार है। इस न्यायालय द्वारा समय–समय पर दिये गये निर्णय इसकी परिपुष्टि करते हैं। अपनी वैचारिक प्रतिबद्धता अथवा अन्य दृष्टिकोण के कारण हम भले ही उससे सहमत न हों, किन्तु न्यायालय ने कतिपय मामलों में जो निर्णय दिये हैं, वे मौलिक अधिकारों की रक्षा के इतिहास में निश्चय ही महत्त्व रखते हैं।

'रमेश थापर बनाम मद्रास राज्य' के विवाद में उच्चतम न्यायालय ने वाक स्वातन्त्र्य और अभिव्यक्ति की स्वतन्त्रता को स्वीकारा है। उसने अपने निर्णय में स्पष्ट किया है कि इसे सीमाबद्ध तभी किया जा सकता है, जब राज्य की सुरक्षा ख़तरे में हो। 'ब्रजभूषण बनाम दिल्ली राज्य' के मामले में न्यायालय ने प्रेस की स्वतन्त्रता को क़ायम रखा। इसी तरह 'रशीद अहमद बनाम केन्द्रीय सरकार' के मामले में न्यायालय ने कारोबार करने की स्वतन्त्रता का पक्ष लिया। शिक्षा एवं संस्कृति के अधिकार की रक्षा के लिए 'चम्पाकन दोरायजन बनाम मद्रास राज्य' तथा 'श्रीनिवास बनाम मद्रास' के मामलों में मद्रास राज्य के आदेशों को असंवैधानिक करार दिया। इसी तरह 'केशवानन्द भारती बनाम केरल राज्य' के विवाद में अनुच्छेद 3 के दूसरे खण्ड को इस आधार पर अवैध घोषित किया कि इससे मौलिक अधिकारों पर आघात पहुँचता था। केशवानन्द भारती और मिनर्वा मिल्स के मामलों में उच्चतम न्यायालय ने अपने निर्णय में मौलिक अधिकारों को नीति निदेशक तत्त्वों की तुलना में वरीयता देते हुए स्पष्ट कहा कि तीसरे अध्याय से सम्बन्धित प्रावधानों में ऐसा कोई भी संशोधन संविधान सम्मत नहीं होगा, जो संविधान के मूल ढाँचों को प्रभावित करता है। ऐसे और भी अनेक विवाद आये, जिसमें न्यायालय ने मौलिक अधिकारों के अभिरक्षक के रूप में अपने दायित्व का निर्वहन किया।

न्यायिक पुनरावलोकन : स्थिति और भूमिका

न्यायिक पुनरावलोकन का अधिकार उच्चतम न्यायालय को अन्य संस्थाओं की तुलना में एकैयेक स्थान प्रदान करता है। इसका आशय है न्यायपालिका

द्वारा किसी भी पारित विधि अथवा आदेश की वैधता की जाँच। दूसरे शब्दों में, इसके अन्तर्गत न्यायालय उन क़ानूनों को जो संविधान के अनुच्छेदों को अतिक्रमण करे, असंवैधानिक घोषित कर सकती है। न्यायपालिका के इस अधिकार का उद्गम अमेरिका के संवैधानिक इतिहास से मिलता है, जहाँ 175 वर्ष पूर्व न्यायमूर्ति मार्शल ने 'मार्वरी वनाम मेडीसन' के मामले में ऐतिहासिक निर्णय दिया था। इस निर्णय में उन्होंने इस सिद्धान्त की स्थापना की थी कि कोई भी निकाय लिखित संविधान की परिसीमा लाँघने का अधिकारी नहीं है और न्यायपालिका उसकी संवैधानिकता की जाँच करने का अधिकार रखती है।

भारतीय संविधान के कलेवर पर यदि दृष्टि डालें तो प्रतीत होगा कि इस सन्दर्भ में वह अमेरिकी संविधान के कहीं अधिक निकट है। भारत में इंग्लैंड की तरह संसद सर्वोपरि नहीं है। संघ राज्य होने के कारण शक्ति विभाजन के परिणामस्वरूप विधि निर्माण के क्षेत्र में उसकी अपनी सीमाएँ हैं। दूसरा, संविधान के तीसरे अध्याय में वर्णित मौलिक अधिकार उसकी शक्ति को परिसीमित करते हैं। सर्वोच्च न्यायालय इन अधिकारों का अभिरक्षक है और वह संघीय न्यायालय भी है। अतः श्री एम.वी. पायली का यह कथन सही है :

> "यह स्थिति हमारे सर्वोच्च न्यायालय को एक विशिष्ट स्थान प्रदान करती है। वह संसद तथा राज्य विधानमण्डलों द्वारा क़ानून का पुनरावलोकन का अधिकार रखता है।"[9]

भारतीय न्यायालय की स्थिति के सम्बन्ध में न्यायमूर्ति वी.के. मुखर्जी को उद्धृत करना यहाँ पर्याप्त होगा। उन्होंने भारतीय उच्चतम न्यायालय की स्थिति के बारे में कहा :

> "भारत का संविधान लिखित संविधान है। हालाँकि इस प्रलेख में ब्रिटिश संविधान के कई सिद्धान्तों को अंगीकृत किया है, किन्तु वहाँ की संसदीय सर्वोच्चता को स्वीकार नहीं किया गया है। इस क्षेत्र में यहाँ अमेरिकी संविधान का अनुसरण हुआ है। अमेरिकी व्यवस्था प्रतिनिधिक शासन की स्थापना करती है लेकिन वहाँ व्यवस्थापिका और कार्यपालिका दोनों ही को संविधान की परिसीमा में ही कार्य करना होता है। ये सीमाएँ नागरिक स्वतन्त्रताओं

की रक्षा की दृष्टि से आवश्यक मानी गयी हैं। यह व्यवस्था 'बहुमत' की तानाशाही पर लगाम का काम करती है।''[10]

''भारत में संविधान की सत्ता सर्वोच्च है। अतः संसद तथा राज्य विधानमण्डलों को न केवल संविधान द्वारा निर्धारित सीमाओं में ही कार्य करना है, अपितु तीसरे भाग में वर्णित मौलिक अधिकारों को भी ध्यान में रखना है। इनका हनन निषेध है। अतः हर विधि संविधान सम्मत होनी चाहिए और यह कार्य न्यायपालिका का है कि वह देखे कि कोई पारित क़ानून असंवैधानिक है अथवा नहीं।''[11]

भारतीय संविधान में न्यायिक पुनरीक्षण का उल्लेख नहीं मिलता है। किन्तु इस सिद्धान्त के आधारभूत तत्त्व संविधान के अनेकानेक अनुच्छेदों में विद्यमान हैं। इसी कारण इसका विकास होता गया है। कतिपय अनुच्छेदों की उपस्थिति यह घोषित करती है कि भारत के संविधायक सर्वोच्च न्यायालय को एक सशक्त, निष्पक्ष एवं निर्भीक निकाय के रूप में देखना चाहते थे। उदाहरण के लिए, हम अनुच्छेद 13 को ही लें, जिसमें यह वर्णित है कि यदि किसी क़ानून द्वारा मौलिक अधिकारों का हनन होता है, तो उस विधि को अवैध घोषित किया जा सकता है। दूसरा, अनुच्छेद 32 के अन्तर्गत मूल अधिकारों के अतिक्रमण की स्थिति में नागरिक उच्चतम न्यायालय की शरण ले सकता है। इसी तरह अनुच्छेद 246 के अन्तर्गत संघ और राज्यों की विधायी सीमा का उल्लेख है। अपने क्षेत्राधिकार से परे किसी भी क़ानून को न्यायालय अवैध घोषित करने में सक्षम है। इसी तरह अनुच्छेद 254 भी इसे वैधता की जाँच का अवसर देता है।

विगत कुछ वर्षों में उच्चतम न्यायालय ने अपने दिये गये निर्णयों में कई बार अधिकार का प्रयोग किया है। इनमें हम 'गोपालन बनाम मद्रास राज्य', 'स्वर्ण नियन्त्रण अधिनियम', 'गोलकनाथ बनाम पंजाब राज्य', 'बैंक राष्ट्रीकरण और केशवानन्द भारती' के मामलों का उल्लेख कर सकते हैं। जैसा कि सर्वविदित है, गोलकनाथ के मामले में न्यायालय ने अपने पूर्व निर्णयों को बदल कर मौलिक अधिकारों को पवित्र एवं अक्षुण्ण घोषित किया था। केशवानन्द भारती के मामले में उच्चतम न्यायालय ने अनुच्छेद 31स को अवैध घोषित कर दिया था। साथ ही यह भी स्थापित किया कि संसद मूल अधिकारों में यथोचित संशोधन कर सकती है, लेकिन संविधान

के बुनियादी ढाँचे में परिवर्तन नहीं कर सकती। इस तरह अनेक मामलों में न्यायालय ने क़ानून की संवैधानिकता का आकलन कर अपने अधिकार का अहसास दिलाया है।

न्यायिक पुनरावलोकन की शक्ति की सीमाएँ

भारतीय संविधान के न्यायिक पुनरावलोकन की व्यवस्था पर कुछ सीमाएँ भी हैं। इसलिए यहाँ का उच्चतम न्यायालय अमेरिकी न्यायपालिका जैसी शक्तिशाली संस्था नहीं बन पाया है। दूसरे शब्दों में यह कहें कि कई कारणों से इस शक्ति को सीमित कर दिया है, तो ग़लत नहीं होगा। प्रथम तो यह कि भारत के संविधान में संघ राज्य सम्बन्धों का बृहद् विवेचन किया गया है। संघ, राज्य तथा समवर्ती सूची की उपस्थिति में विवाद की गुंजाइश कम है, जबकि अमेरिकी संविधान संक्षिप्त और कुछ सीमा तक अस्पष्ट है। यही कारण है कि वहाँ न्यायालय सर्वोच्च शक्ति के रूप में उभर कर आया है।

दूसरा, भारत में 'क़ानून द्वारा स्थापित प्रक्रिया' को अपनाया गया है, 'क़ानून की उचित प्रक्रिया' को नहीं। इसीलिए यहाँ के न्यायालय क़ानून की संवैधानिकता की जाँच करते समय यह नहीं देख सकते कि वह उचित है अथवा नहीं। उन्हें तो केवल यह देखना है कि जो कुछ किया गया है, वह प्रावधान के अनुसार किया गया है या नहीं। श्री एलेक्जेंद्रोविच के अनुसार, "भारतीय उच्चतम न्यायालय की कल्पना एक अतिरिक्त विधानमण्डल के रूप में नहीं की गयी, अपितु एक ऐसे निकाय के रूप में की गयी है जिसे अभिव्यक्त क़ानून को व्यवहृत करना है। भारत में न्यायिक पुनरावलोकन पर सीमाओं का उल्लेख करते हुए श्री सिरवई ने कहा है :

> "किसी संविधि की संवैधानिकता पर निर्णय करते हुए न्यायालय का क़ानून की बुद्धिमता या अविवेकशीलता, उसके न्याय और अन्याय से कोई सम्बन्ध नहीं है।"[12]

तीसरी बात मूल अधिकारों पर लगे प्रतिबन्धों की है जो इस शक्ति को परिसीमित करती है। अनुच्छेद 21 में यह स्पष्ट लिखा है कि "किसी व्यक्ति को अपने प्राण अथवा दैहिक स्वाधीनता से विधि द्वारा स्थापित प्रक्रिया को छोड़ कर अन्य प्रकार से वंचित नहीं किया जायेगा।"

संसद में सार्वभौम इच्छा भी इस अधिकार को परिसीमित करती है। संविधान के 42वें संशोधन ने तो संसद को और भी शक्तिशाली बना दिया है।

इस संशोधन ने यह स्पष्ट कर दिया है कि संसद का संविधान संशोधन सम्बन्धी अधिकार असीमित है तथा अनुच्छेद 368 के अनुसार किसी भी संशोधन को अदालत में चुनौती नहीं दी जा सकेगी। वास्तव में देखा जाये तो भारत का उच्चतम न्यायालय अमरीकी न्यायालय की तरह तीसरा सदन अथवा उच्च विधानमण्डल नहीं है। वह मौलिक अधिकारों का रक्षक एवं संविधान का प्रतिपालक होते हुए भी इस क्षेत्र में एक निश्चित परिधि में ही कार्य करता है।

भारत का सर्वोच्च न्यायालय अपने क्षेत्राधिकार और शक्तियों की दृष्टि से काफ़ी शक्तिशाली है। वह समय के साथ जनमानस की आशा और आस्था का प्रतीक भी बन गया है। कई निर्णयों में जहाँ उसकी आलोचना हुई है, वहाँ कतिपय निर्णय के कारण लोकप्रिय भी बना है। आज जहाँ देश की कई शीर्षस्थ संस्थाएँ अनेकानेक कारणों से विवादास्पद हो गयी हैं, वहाँ उच्चतम न्यायालय द्वारा अपनी मान--मर्यादा, स्वतन्त्रता, निर्भीकता क़ायम रखने के कारण इसे सम्मान से देखा जा रहा है। न्यायाधीशों ने अपने व्यवहार एवं कार्यों से उच्च स्तर स्थापित किया है। इस कारण आज कम–से–कम इस संस्था पर कोई उँगली नहीं उठाता। लेकिन इसके साथ ही यह प्रश्न है कि कितने लोग इस न्यायालय के दरवाज़े तक पहुँचने की सामर्थ्य रखते हैं? दूसरे शब्दों में, कौन लोग यहाँ से न्याय प्राप्त कर सकते हैं? वे ही जिनकी हैसियत बड़ी है, जिनके पास बैरिस्टरों को बहुत बड़ी रक़म देने की क्षमता है। साधारण आदमी के बस की बात नहीं कि वह न्याय के लिए सर्वोच्च न्यायालय के द्वार तक पहुँचे। न्याय के महँगेपन के साथ देरी भी इस व्यवस्था की सबसे बड़ी कमज़ोरी है। देरी से मिला न्याय अन्याय की संज्ञा ले लेता है। सस्ते और शीघ्र न्याय की व्यवस्था हमारे देश में आज भी दिवास्वप्न है।

सन्दर्भ

1. *जस्टिस स्टोरी, कमेंट्रीज़ ऑन दी कॉन्स्टीट्यूशन ऑफ़ यूनाइटेड स्टेट्स,* पृ. 1891
2. सिजविक, हेनरी, *एलीमेंटस ऑफ़ पोलिटिक्स,* पृ. 481
3. अय्यर अलादी कृष्णास्वामी, *संविधान सभा बहस, खण्ड*–8, पृ. 223
4. बैनर्जी, डी.एन., *सम आसपेक्टस ऑफ़ द इंडियन कॉन्स्टीट्यूशन,* पृ. 38–39
5. ब्राईस, *मॉडर्न डेमोक्रेसीज़,* खण्ड–11, पृ. 421
6. 1977 के अधिनियम सं. 48 के अनुसार अब यह संख्या 17 है।

7. *एस.सी.आर.* 1950 पृ. 215
8. बसु, डी. डी., *इंट्रोडक्शन टू द कॉन्स्टीट्यूशन ऑफ़ इंडिया,* पृ. 223
9. आम्बेडकर, *संविधान सभा बहस,* खण्ड–8, पृ. 439
10. पायली, एम.वी., 1960. *कॉन्स्टीट्यूशनल गवर्नमेंट इन इंडिया,* 1960, पृ. 445
11. *एस.सी.आर.* 1950, पृ. 262
12. सिरवई, एच.एम., *कॉन्स्टीट्यूशनल लॉ ऑफ़ इंडिया,* पृ. 56

(सन्दर्भ ग्रन्थ : नेशनल पब्लिशिंग हाउस, दिल्ली से प्रकाशित लेखक की पुस्तक 'भारतीय संविधान और राजनीति')

अध्याय–17

भारत में संसदीय व्यवस्था में न्यायपालिका की भूमिका

–बेला भानोत

प्रत्येक समाज में कुछ विशेषताएँ, विचार, दर्शन, मान्यताएँ, सामाजिक मूल्य, धारणाएँ तथा आदर्श होते हैं तथा प्रत्येक समाज अपनी भौगोलिक, ऐतिहासिक, राजनीतिक, आर्थिक, धार्मिक तथा सांस्कृतिक परिस्थितियों की क्रिया–प्रतिक्रिया द्वारा अपना स्वरूप बनाता एवं विकसित करता है। उसी समाज का संगठन अच्छा तथा मज़बूत कहा जा सकता है जो अपनी संस्थाओं एवं विशेषताओं में तालमेल, सन्तुलन तथा सामंजस्य बनाये रखता है। जिस भाँति राज्य की शासन प्रणाली समाज के राजनीतिक पहलू का एक अंग है तथा उसके समस्त जीवन के साथ मिलकर उसका अंश बन जाती है, उसी भाँति न्यायपालिका समाज के क़ानूनी तथा संवैधानिक जीवन का एक अंग है। प्रसिद्ध न्यायमूर्ति कृष्णा अय्यर के मतानुसार, 'विस्तृत अर्थों में राष्ट्र का प्रगतिशील विकास, एकता और अखण्डता, उसकी विधिक समानता की गारण्टी न्यायपालिका के हाथ में है और कार्यविधि को सफलता की दृष्टि से न्यायालयों की सफलता इस मापदण्ड से नापी जाये कि वे इन उद्देश्यों को प्राप्त करने में कितने सफल हुए हैं?[1] इस परिप्रेक्ष्य में भारत की संसदीय शासन व्यवस्था में न्यायपालिका की भूमिका का विश्लेषण महत्त्वपूर्ण स्थान रखता है।

लॉर्ड सेंकी का कथन चिर सत्य है कि "सार्वजनिक जीवन के परस्पर विपरीत प्रवाहों एवं निरन्तर स्थान परिवर्तित करने वाली बालू के मध्य क़ानून की एक विशाल चट्टान है जिस पर मनुष्य सुरक्षित रह सकता है। उस देश में निजी जीवन से सम्बन्धित अन्याय इतने ख़तरनाक सिद्ध नहीं होते जहाँ प्रत्येक नागरिक आश्वस्त है कि अन्ततोगत्वा वह न्यायालयों में न्याय

प्राप्त कर सकता है।"[2] क़ानून की इस सुदृढ़ चट्टान की रक्षा न्यायालयों के सुदृढ़ हाथों में सौंपी जाती है। सरकार के किसी भी अंग की मनमानी अथवा तानाशाही की गन्ध मिलते ही कोई भी नागरिक न्यायालयों को क्रियाशील कर सरकार को क़ानूनी दायरे में रहने को बाध्य कर सकता है। इस रूप में न्यायपालिका की भूमिका शासन एवं सरकार के भिन्न–भिन्न क्षेत्रों को कई रूपों में सीमित एवं मर्यादित करती है यथा :

(क) यदि कोई प्राधिकारी क्षेत्राधिकार के बिना कार्य करता है अथवा अपने क्षेत्राधिकार का उल्लंघन कर उससे परे काम करता है अथवा क्षेत्राधिकार के अन्तर्गत काम करने से मना करता है तो न्यायालय ऐसे कृत्यों को रद्द कर सकता है।[3]

(ख) विधिक रूप से सक्षम अधिकारी के कृत्य भी न्यायालयों द्वारा रद्द किये जा सकते हैं यदि वे अपनी शक्तियों के प्रयोग में उन शर्तों की अवहेलना करते हैं, जिन पर कि वे उन्हें शक्तियाँ प्रदत्त की गयी थीं।[4]

(ग) विधिक रूप से सक्षम अधिकारी के वे निर्णय जो यद्यपि समुचित प्रक्रियानुसार लिये गये हैं किन्तु यदि निर्णय लेने में किसी विधिक नियम का उल्लंघन होता है तब भी न्यायालय ऐसे निर्णयों को रद्द कर सकता है। दूसरे शब्दों में शक्ति का प्रयोग नियमानुसार होना चाहिए।[5]

(घ) यदि सम्बन्धित संविधि अधिनिर्णय की प्रक्रिया के विषय में मौन है तो निर्णयकर्ता कार्यपालिका अधिकारी प्राकृतिक न्याय के नियमों का पालन करने हेतु बाध्य है। इनका पालन नहीं करने पर कार्यपालिका के कृत्यों को अवैध घोषित किया जा सकता है।[6]

(ङ.) सक्षम अधिकारी, समुचित प्रक्रियानुसार तथा समस्त विधिक एवं प्राकृतिक न्याय के नियमों का पालन करते हुए भी यदि अपनी शक्ति का प्रयोग एक ऐसे उद्देश्य के लिए करता है जो क़ानून की मंशा के विपरीत है तब भी उसके निर्णय अवैध ही घोषित किये जा सकते हैं।[7]

(च) वर्तमान सन्दर्भों में सर्वोच्च न्यायालय द्वारा सत्तासीन अधिकारियों के वैधानिक अधिकारों से परे अमानवीय कृत्यों की स्वतन्त्र जाँच कराने की एक नयी प्रवृत्ति भी विकसित हुई है।

इस प्रकार भारतीय परिप्रेक्ष्य में इस प्रश्न पर गहन अध्ययन एवं तार्किक विचार करने की आवश्यकता अत्यन्त प्रासंगिक एवं अपरिहार्य हो गयी है, क्योंकि यह अनुभव किया जाने लगा है कि भारतीय राजनीतिक व्यवस्था में गौरवमय न्यायपालिका संसदीय कार्यपालिका द्वारा ग्रसित होने लगी है और 'विधि के शासन' के स्थान पर 'व्यक्तियों के शासन' को बढ़ावा मिल रहा है। इस परिप्रेक्ष्य में भारत की संसदीय व्यवस्था में न्यायपालिका की भूमिका के विश्लेषण से बहुआयामी तथ्य उभरकर सामने आते हैं।

भारतीय शासन प्रणाली ब्रिटिश एवं अमेरिकी प्रणालियों का समिश्रण है।[8] न्यायाधीश पी.वी. मुखर्जी ने लिखा है कि इसे न तो पूर्णतया संसदीय प्रणाली कहा जा सकता है और न ही अध्यक्षीय, बल्कि यह दोनों का मिश्रण है।[9] भारत में जिन परिस्थितियों में संसदात्मक शासन व्यवस्था को अपनाया गया था, वे लगभग उसी प्रकार से वर्तमान में हैं। जिस संसदीय, संघात्मक एवं लोकतन्त्रीय शासन प्रणाली को अंगीकार किया गया, उसके तीनों अंगों–कार्यपालिका, विधायिका एवं न्यायपालिका में स्वस्थ सामंजस्य की योजना संविधान में उल्लेखित है। लिखित, विस्तृत एवं स्पष्ट संवैधानिक योजना के उपरान्त भी विभिन्न शासन इकाइयों में अधिकार विभाजन सम्बन्धी प्रश्न उपस्थित हो सकते हैं। इन संवैधानिक प्रश्नों का निर्धारण सर्वोच्च न्यायालय करता है। भारत की न्यायपालिका का सर्वोच्च आसन है।

भारतीय संविधान निर्माता एक ऐसी व्यवस्था चाहते थे जो निरन्तर जनमत के प्रकाश में कार्य करे तथा जिसे जनमत के प्रतिकूल होने पर अपदस्थ किया जा सके। वे राज्याध्यक्ष को संविधानिक शासन मात्र बनाकर गणतन्त्र की स्थापना करना चाहते थे। साथ ही ऐसा शासक केवल विशेष परिस्थितियों में ही विशेषाधिकारों का प्रयोग कर सकता था तथा उनके विषय में भी यह संविधान के अन्तर्गत रहकर एवं संसद के प्रति उत्तरदायी बनकर कार्य करने के लिए बाध्य था। भारत में संसदीय प्रणाली के अन्तर्गत प्रधानमन्त्री (राज्यों में मुख्यमन्त्री के रूप में) कार्यपालिका का ऐसा अध्यक्ष है जो समस्त भारतीय शासन के लिए व्यवस्थापिका के समक्ष तथा निर्वाचन के समय वयस्क जनमत और जनता के प्रति उत्तरदायी हो। संविधान प्रदत्त शक्तियों के अन्तर्गत एवं व्यवहार में संसद में भी उसकी स्थिति सर्वोपरि एवं अप्रतिम हो जाती है।[10] संविधान निर्माताओं ने उसको ऐसा स्थान प्रदान किया है कि वह प्रत्येक स्थिति में प्रतिनिधियों के माध्यम से जनता तथा

जनमत के प्रति उत्तरदायी बना रहे, साथ ही नीतियों एवं निर्णयों को लागू करते समय, संवैधानिक मर्यादाओं के अलावा कोई बाधा उपस्थित नहीं है किन्तु इन नीतियों एवं निर्णयों का निर्माण सामूहिक विचार–विमर्श के द्वारा किया जाना तथा उन्हें न्यायिक अथवा संवैधानिक क्षेत्र के भीतर रखा जाना आवश्यक है। देश के आकार प्रकार को देखते हुए उन्होंने लिखित संविधान तथा सर्वोच्च न्यायालय की व्यवस्था के साथ केन्द्र एवं राज्यों के मध्य शक्ति का स्पष्ट विभाजन किया। जनता के मौलिक अधिकारों को बनाये रखने के लिए उन्होंने न्यायपालिका की ओर देखा।[11] सदस्यों का विचार था कि न्यायपालिका एवं व्यवस्थापिका के बीच समन्वय स्थापित हो तथा साथ ही न्यायपालिका को कार्यपालिका एवं विधानपालिका से स्वतन्त्र रखा जाना चाहिए।[12] संविधान निर्माताओं को इस बात का ज्ञान था कि न्यायपालिका के प्रकाश स्तम्भ को प्रकाशमान रखना है तो आवश्यकता इस बात की है कि न्यायपालिका को समस्त भर्त्सना, अवपीड़न तथा राजनीतिक प्रभाव से मुक्त रखना होगा।[13]

व्यावहारिक दृष्टि से, भारतीय शासन व्यवस्था में संवैधानिक सर्वोच्चता के सिद्धान्त पर संसदीय सर्वोच्चता को स्वीकार किया गया है। वस्तुतः भारत में ब्रिटेन की संसदीय सर्वोच्चता एवं अमेरिका की संवैधानिक सर्वोच्चता के बीच की स्थिति पायी जाती है।[14] भारतीय संविधान में 'विधि की उचित प्रक्रिया' वाक्यांश का प्रयोग न करके नवीन जापानी संविधान के आधार पर 'विधि द्वारा स्थापित प्रक्रिया' वाक्यांश का प्रयोग किया गया है, इस स्थिति में भारतीय न्यायपालिका को किसी विधि की वैधानिकता, औचित्य एवं अनौचित्य पर विचार करने अथवा उसे अवैधानिक घोषित करने का अधिकार नहीं है, बशर्ते सम्बन्धित विधि जिस विधानमण्डल (राज्य या संघीय) द्वारा पारित की गयी है, उसकी विधायनी शक्ति एवं क्षमता के अन्तर्गत है। इस स्थिति का मात्र अपवाद मौलिक अधिकारों से सम्बन्धित विधियाँ हैं। मौलिक अधिकारों पर संसद को केवल उचित या तर्कसंगत प्रतिबन्ध लगाने का अधिकार है। सर्वोच्च न्यायालय को संसद द्वारा निर्मित विधि एवं नैसर्गिक प्राकृतिक न्याय के सिद्धान्तों के अनुसार न्याय करने का अधिकार प्राप्त है।[15] स्पष्ट है कि हमारे देश में न्यायायिक सर्वोच्चता नहीं हैं अपितु एक प्रकार की सीमित विधान मण्डलीय सर्वोच्चता है। यदि विधानमण्डल अपनी सीमा अर्थात् 'निर्दिष्ट शक्ति' के अधीन विधि निर्माण करते हैं तो उनकी विधियों को असंवैधानिक घोषित किये जाने का भय नहीं है।

अतः भारतीय सर्वोच्च न्यायालय अमेरिकी सर्वोच्च न्यायालय की भाँति विधानमण्डल का तीसरा सदन नहीं बन सकता।[16]

भारत का संविधान सर्वप्रभुता सम्पन्न लोकतन्त्रात्मक गणराज्य की स्थापना करता है और शासन व्यवस्था में संघात्मक और संसदात्मक दोनों व्यवस्थाओं का मिश्रण किया गया है। इस समन्वय में संविधान का चरित्र विशेष रूप से उभर कर सामने आता है, जो परिस्थितियों के अनुसार कभी संसद को सर्वोच्च बनाता है तो कभी न्यायपालिका को। भारत में संसदीय लोकतन्त्र के ब्रिटिश आदर्श को राजनीतिक पद्धति में प्रमुखता दी गयी है। संसद एक नैतिक भावना का नाम है, सही नैतिक अवधारणा संसदीय प्रभुता का सच्चा प्रतीक है।[17] भारतीय संसद, ब्रिटिश संसद की भाँति शक्तिशाली नहीं है। उसका अधिकार क्षेत्र संविधान द्वारा सीमाबद्ध है। संविधान में कहीं भी संविधान की सर्वोच्चता का उल्लेख नहीं है। विधान, संविधान की सर्वोच्चता पर आधारित है क्योंकि शासन के अंग के लिए शक्ति संविधान से ही प्राप्त करते हैं। संविधान ने शासन के प्रत्येक अंग के लिए कुछ सीमाएँ निश्चित कर दी हैं और शासन के इन अंगों की शक्तियों को तब तक बदला नहीं जा सकता है जब तक कि संविधान में बतायी गयी संशोधन की प्रक्रिया के आधार पर उपबन्धों को परिवर्तित न कर दिया जाये। इस प्रकार संसद को शासन की व्यवस्थापन सम्बन्धित समस्त शक्तियों से सम्पन्न किया गया है। संसद विस्तृत शक्तियों का प्रयोग करती है, यद्यपि इसका मुख्य कार्य भारत राज्य क्षेत्र के लिए क़ानूनों का निर्माण करना है तथापि इस दृष्टि से इसके कार्यों की अनेक सीमाएँ हैं। संविधान द्वारा उच्चतम न्यायालय को न्यायिक पुनरावलोकन की शक्ति प्रदान किया जाना, संसद की शक्ति को सीमित करता है।[18] इस प्रकार लिखित एवं विस्तृत संविधान, क़ानून द्वारा स्थापित प्रक्रिया, व्यापक एवं लिखित मौलिक अधिकार, केन्द्र व राज्यों में शक्ति का स्पष्ट विभाजन, इन सबके कारण व्यवहार में तीसरे सदन वाली भूमिका में नहीं पहुँचा है। किन्तु अनेक स्थानों पर विभिन्न धाराओं की व्याख्या करते–करते एक पृथक संवैधानिक विधि शास्त्र भी अस्तित्व में आया है। अनेक बार न्यायपालिका की भूमिका यन्त्रवत होती है। क्योंकि इसके निर्णय में मूल पाठ का अर्थ ही किया जाता है, किन्तु अनेक बार न्यायपालिका ने सृजनात्मक भूमिका भी निभायी है। हमारी अदालतों और क़ानूनी पेशे ने नागरिक और सरकार के बीच न्याय की शर्तों और समीकरणों का

स्वरूप उभारने में एक महत्त्वपूर्ण भूमिका निभायी है।[19] इन दोनों बिन्दुओं के अन्तर्गत भारत में संसदात्मक प्रणाली में न्यायपालिका की व्यावहारिक भूमिका का विश्लेषण किया जाना सान्दर्भिक होगा।

उच्चतम न्यायालय की स्थापना के प्रथम दशक में न्यायालय में कोरी स्लेट पर उसी प्रकार लिखना आरम्भ किया जिस प्रकार अमेरिका में सर्वोच्च न्यायालय के न्यायाधीशों ने मार्शल के समय लिखना शुरू किया। विभिन्न क्षेत्रों में दृढ़ता का परिचय देते हुए आवंटित क़ानूनों को नहीं बनने दिया फलतः संसद की प्रतिक्रिया हुई और संसद द्वारा भूमि सुधार एवं सम्पत्ति के अधिकार के सम्बन्ध में संविधान संशोधन अधिनियम पारित हुए। संविधान क्रियान्वित होने के बाद न्यायालय में अधिकांश विवाद मूल अधिकारों के सन्दर्भ में ही उपस्थित हुए। गोपालन बनाम मद्रास राज्य के मामले में न्यायालय ने जो निर्णय दिया उसमें 'विधि द्वारा स्थापित प्रक्रिया' के सिद्धान्त पर तीव्र प्रहार किया गया तथा प्रतिक्रिया स्वरूप संवैधानिक संशोधन का सहारा लिया गया। साठ के दशक में अनेक मामलों में संवैधानिक कर्तव्य की पद्धति को अपना कर न्यायिक सृजनात्मकता का परिचय दिया गया। वीना वाणी डे[20] और किरतपन सिंह[21] के मामले में प्राकृतिक न्याय का भी सिद्धान्त प्रकट हुआ।

न्यायालय द्वारा विधि के शासन को महत्त्व देते हुए संविधान की रक्षा का दायित्व भी निभाया गया। सम्पत्ति के अधिकार के सम्बन्ध में गोलकनाथ के मामले में निर्णय देकर संसद में संविधान संशोधन के अधिकार को सीमित कर दिया। बैंकिंग कम्पनीज़ अधिनियम रद्द घोषित करने में सरकार की प्रतिष्ठा को धक्का लगा। 'प्रिवीपर्स' के मामले में सरकार के विरुद्ध निर्णय दिया गया। फलतः संसद प्रतिशोधी भूमिका की ओर अग्रसर हुई। इन निर्णयों के दूरगामी परिणाम हुए तथा राजनीतिक सन्दर्भ में 24वें, 25वें एवं 26वें संशोधनों के लिए रंगमंच तैयार हुआ। जलवायु में संवैधानिक उग्रवाद का आसव घुटने लगा एवं भारतीय समाज राजनीतिक और संवैधानिक प्रवाह के एक नये मोड़ पर आ खड़ा हुआ।[22] स्पष्टतः न्यायपालिका की विचारधारा में परिवर्तन परिलिक्षित हुआ 'गोलकनाथ प्रकरण' ने यह सिद्ध कर दिया कि यदि संयुक्त राज्य अमेरिका में प्रत्येक राजनीतिक प्रश्न अन्त में न्यायिक प्रश्न बन जाता है, तो भारत में भी प्रत्येक न्यायिक प्रश्न अन्त में राजनीतिक प्रश्न बन जाता है।[23]

गोलकनाथ विवाद के पश्चात कुछ वर्षों (विशेषकर सन् 1967–1971) तक भारतीय न्यायपालिका के कार्य एवं भूमिका विवादास्पद रही तथा आलोचना के घेरे में इसे अनुदारवादी न्यायालय[24] का सम्बोधन दिया गया। ज़मींदारी उन्मूलन के अन्तर्गत पारित कुछ विधियों को अवैधानिक घोषित किया गया।[25] केरल कृषि अधिनियम अवैध ठहराया गया। बैंक राष्ट्रीयकरण एवं प्रीविपर्स को भी अवैध घोषित किया गया किन्तु स्वतन्त्रता एवं अन्य नागरिक अधिकारों के विषय में उनका दृष्टिकोण प्रशंसनीय रहा। सर्वोच्च न्यायालय के निर्णयों के निरन्तर परिवर्तनों के कारण संविधान एवं विधि व्यवस्था के प्रति क्रान्ति उत्पन्न हुई तथा विधि की अनिश्चितता विषयक धारणा ने बल पकड़ा। यह आरोप भी लगाया गया कि सर्वोच्च न्यायालय ने अपनी निर्धारित शक्ति एवं अपेक्षित भूमिका का अतिक्रमण किया है। संविधान निर्माता न्यायपालिका से यह अपेक्षा रखते थे कि उसे जन प्रतिनिधियों की संसद का विरोध न करते हुए केवल उनकी त्रुटियों की ओर ही इंगित करना चाहिए।

इसी क्रम में सत्तर के दशक में केशवानन्द भारती के प्रकरण में ऐतिहासिक निर्णय देकर संविधान के बुनियादी ढाँचे के सिद्धान्त का प्रतिपादन किया। आपातकाल के दौरान यह देखने में आया कि न्यायालय में अस्थिरतावाद की स्थिति रही। एक प्रकार के दबाव का अनुभव किया गया तथा यह भी अनुभव किया गया कि शासन उनके क्रियान्वयन के प्रति सजग है। इन्दिरा गाँधी बनाम राजनारायण[26] प्रकरण आपात स्थिति में ही निर्णित हुआ और इस क्रम में 15वाँ संविधान संशोधन विधेयक पास हुआ तथा न्यायालय के अधिकार क्षेत्र को सीमित किया गया एवं संसद की संशोधन शक्ति न्यायालय की शक्ति से सर्वोपरि कर दी गयी। 1977 में जनता पार्टी के शासन में आने पर अनेक समस्याएँ न्यायालय के सामने उपस्थित हुई। विधानसभाओं के भंग किये जाने के सम्बन्ध में निर्णय, मेनका गाँधी का मामला,[27] विशेष अदालतों के सम्बन्ध में राष्ट्रपति द्वारा परामर्श आदि मामलों में न्यायिक क्रियाशीलता का परिचय दिया गया। संविधान के 44वें संशोधन द्वारा पूर्ववर्ती संशोधन (42वें) की असंगतियों को दूर करने का प्रयास किया गया। तदन्तर राष्ट्रीय सुरक्षा अध्यादेश, 1980 की संवैधानिकता सम्बन्धी वाद में इसकी वैधानिकता को स्वीकृति पर मुहर लगाने के साथ–साथ यह भी कहा गया कि सरकार को उस अधिकार का कम–से–कम प्रयोग अधिक–से–अधिक सावधानी के साथ करना चाहिए।[28]

इस प्रकार इस समस्त विश्लेषण से संसद एवं न्यायपालिका के मध्य आपसी अन्तःक्रिया से यह स्पष्ट होता है कि लिखित संघीय संविधान, मौलिक अधिकार एवं विकासशील समाज में न्यायपालिका केवल नकारात्मक भूमिका निभाकर ही सन्तुष्ट नहीं हो सकती तथा दलीय उद्वेग एवं भावुकता में पारित विधियों की व्याख्या अपेक्षित है। संविधान ने उच्चतम न्यायालय और संसद के रूप में दो संस्थाओं की व्यवस्था की है तथा उन्हें अपनी निर्धारित सीमाओं के अन्तर्गत ही कार्य करना चाहिए। यह कहना न्यायोचित नहीं है कि उच्चतम न्यायालय देश की प्रगति में एक बाधा है, यदि सरकार ऐसे क़ानून बनाती है जो कि जनता के हित में हों एवं उनके अधिकार क्षेत्र से बाहर न हों, तो न्यायालय किसी भी प्रकार उन्हें अवैध नहीं ठहरा सकता। यदि संसद संविधान का संशोधन कर मौलिक अधिकारों में कमी करने में सफल हो जाती है, तो ऐसी अवस्था में भारतीय लोकतन्त्र गम्भीर स्थिति में पड़ जायेगा।

भारत की संसदीय व्यवस्था में न्यायपालिका एवं संसद के बीच क्रिया–प्रतिक्रिया के विभिन्न उदाहरण इस तथ्य को उजागर करते हैं कि संविधानिक प्रावधानों तथा उनके निष्पादन में काफ़ी अन्तर पाया गया। किसी भी देश का संविधान चाहे कितना भी बड़ा क्यों न हो, बिना समुचित संविधानवाद और संवैधानिक चेतना के सुचारु रूप से संचालित नहीं हो सकता। भारतीय संविधान को निष्पादित करने वाले पदाधिकारियों ने स्वस्थ संवैधानिक परम्परा ग्रहण करने के स्थान पर परम्पराओं को भंग करने में अपनी दक्षता दिखायी। विगत इतिहास इस बात का साक्षी है कि संविधान का छिद्रान्वेषण कर उसकी आत्मा के विपरीत कार्य किया गया। एक–एक करके हरसम्भव प्रयास किये गये जिससे न्यायपालिका, कार्यपालिका एवं विधायिका किसी गुट के आगे घुटने टेक दें। उच्चतम न्यायालय के मुख्य न्यायाधिपति की नियुक्ति में वरीयताक्रम का उल्लंघन किया गया और वह भी ऐसे वातावरण में इस प्रकार किया गया जो यह आभास देता है कि सरकार के विरुद्ध निर्णय देने वाले न्यायाधिपति पदोन्नति की बात नहीं सोच सकते।[29] उच्च न्यायालय के वरिष्ठतम न्यायाधिपति को मुख्य न्यायाधिपति का अवसर न देने के उद्देश्य से बाहरी उच्च न्यायालय के न्यायाधिपति को मुख्य न्यायाधिपति के रूप में नियुक्ति, अतिरिक्त न्यायाधिपतियों को वादों का बोझ होने पर भी स्थायी न बनाया जाना, उच्च न्यायालय के न्यायाधिपतियों का सिद्धान्तविहीन स्थानान्तरण[30] तथा न्यायाधिपतियों के

चयन के लिए इसके साथ कार्य करने की पूर्ण सहमति का मुख्यमन्त्रियों को केन्द्र के निर्देश, न्यायपालिका को कमज़ोर करने के प्रयास माने जा सकते हैं। भारतीय सन्दर्भ में इन उदाहरणों से स्पष्टतः, यह प्रश्न उभर कर आता है कि संविधान न्यायपालिका को गौरव का स्थान प्रदान करता है किन्तु व्यवहार में संसदीय व्यवस्था का जो स्वरूप उभर कर आया है उससे यह स्पष्ट होता है कि संविधान को कार्यरूप में परिणित करने वालों की असहिष्णुता तथा अपरिपक्वता ने न्यायिक स्वतन्त्रता के लिए ख़तरा उत्पन्न किया है।

भारत में संसदीय व्यवस्था में न्यायपालिका की भूमिका को प्रभावी करने वाला एक अन्य महत्त्वपूर्ण पहलू यह भी है कि बदलते परिवेश एवं वर्तमान व्यावहारिक राजनीति में न्यायिक स्वतन्त्रता को आहत करने अथवा अन्य कारणों से न्यायपालिका का अंकुश या तो पर्याप्त प्रभावशाली नहीं रहा है अथवा अव्यावहारिक होता जा रहा है।[31] सरकार के विरुद्ध न्यायिक समीक्षा का उपाय क़ानूनी बारीकियों प्रावधियों की जटिलता, उससे संलग्न धन, समय का भारी व्यय आदि के कारण आम नागरिकों की पहुँच से दूर हो गया है। इसके अतिरिक्त सरकार के कार्यों में ज्यामितीय अनुपात से हो रही वृद्धि के कारण सत्ताधारी अधिकारियों को बृहद् क्षेत्र में क़ानून द्वारा ही स्वविवेकाधिकार मिल रहे हैं जिसके कारण अब समस्या केवल शक्तियों के सम्भावित दुरुपयोग की ही नहीं रही, अपितु शासकीय कर्मचारियों के साथ–साथ राजनेताओं के रूप में जनसेवकों के द्वारा अपनी स्थिति का अनुचित तथा स्वार्थी उपयोग, कर्तव्यों के प्रति उदासीनता, अक्षमता, असंवेदनशीलता, अकर्मण्यता, लालफीताशाही, विलम्बकारी प्रवृत्ति, स्वार्थ अथवा प्रतिशोध वश असाधारण शीघ्रता से अन्यथा निर्णय लेने आदि मनोवृत्तियों में रही वृद्धि की भी है। सरकार की अनेक प्रशासकीय प्रवृत्तियाँ न्यायायित नियन्त्रण की परिधि से बाहर हैं। ब्रिटिश न्यायालय के अनुसार किसी मन्त्री ने कोई कार्य विवेकपूर्ण ढंग से किया अथवा नहीं इसकी जाँच का उपयुक्त स्थल न्यायालय नहीं केवल संसद ही है।[32] अमेरिका के सर्वोच्च न्यायालय की स्वीकारोक्ति और भी स्पष्ट है। 'सरकार के जटिल कृत्यों के मध्य उसके समस्त अपकारों के मामलों में न्यायालय संरक्षक नहीं है।[33] भारतीय न्यायालयों ने भी इसे स्वीकार किया है।[34] भारतीय न्यायालय सरकारी अधिकारियों के लिए उनकी स्वविवेकी शक्तियों के प्रयोग की विधि तथा उससे सम्बन्धित परिस्थितियों का निर्धारण नहीं कर सकते।[35]

अतः यहाँ यह तथ्य स्पष्टतः उद्घाटित होता है कि कार्यपालिका के कार्यों में 'सार्वजनिक हित' की खातिर अथवा व्यक्तिगत प्रकरणों में अन्याय रोकने के लिए ही हस्तक्षेप मान्य हो सकता है, किन्तु सार्वजनिक हित की सच्ची और सामयिक व्याख्याकार संसद हो सकती है न कि न्यायालय। न्यायमूर्ति फ्रैंकफर्टर के शब्दों में, "जैसा कि इतिहास से पूर्णतः सिद्ध है, न्यायपालिका की प्रवृत्ति संवैधानिक आवश्यकताओं में अपने निजी विचारों के मिश्रण द्वारा 'सार्वजनिक हित' को ग़लत या बिल्कुल विपरीत समझने की होती है और इस प्रकार की मिथ्या धारणाएँ जन इच्छा द्वारा भी अत्यन्त धीमी गति के अतिरिक्त क़ानूनी रूप से दूर नहीं की जा सकती है।"[36] अतः भारतीय सन्दर्भ में लम्बे विवाद एवं बहस के पश्चात वास्तविक लोक–कल्याणकारी राज्य की स्थापना हेतु संसद एवं न्यायपालिका के मध्य टकराव की अपेक्षा समन्वय की आवश्यकता है। इस सम्बन्ध में न्यायपालिका एवं विधायिका के प्रत्युत्तर क्षेत्राधिकारों का सुन्दर समन्वय प्रो. के. वी. राव ने निम्न शब्दों में किया है, "संविधान तथा साथ ही मेरी वैयक्तिक स्वतन्त्रता के संरक्षण हेतु मैं न्यायालय की ओर उन्मुख होता हूँ, मेरी स्वतन्त्रता तथा सम्मान की रक्षार्थ मैं संसद के बहुमत की अपेक्षा सर्वोच्च न्यायालय पर अधिक विश्वास करता हूँ। किन्तु मुझे किस संविधान के अधीन जीवन–यापन करना है तथा मेरी ओर से यह निर्णय लेने का अधिकार न्यायालयों की अपेक्षा मैं अपने प्रतिनिधियों को देना पसन्द करता हूँ या करूँगा।"[37]

लोक कल्याणकारी राज्य एवं सामाजिक न्याय की अवधारणा ने राज्य के कार्यों में अप्रत्याशित वृद्धि की है। परिणामस्वरूप उसी अनुपात में कार्यपालिका के दायित्वों एवं शक्तियों का भी विस्तार हुआ है। अतः उसे लोक निधि के कृत्यों के निष्पादन में पर्याप्त विवेकाधीन शक्तियाँ देना न केवल आवश्यक है अपितु समय की माँग के अनुसार अपरिहार्य है। अनेक कारणों[38] से उसे प्रदत्त विधायन एवं प्रशासकीय अधिनिर्णय की शक्तियों से सुसज्जित किया जाता है ताकि लोक कल्याणकारी कार्यों में होने वाले सम्भावित विलम्ब और अनावश्यक व्ययों से बचा जा सके। किन्तु इसका यह अर्थ नहीं होना चाहिए कि लोकनीति के परिपालन में वह व्यक्तिगत स्वतन्त्रताओं से खिलवाड़ करने लगे। व्यक्तिगत अधिकारों की रक्षा उतनी ही मूल्यवान है जितनी की किसी शासकीय नीति को लागू करना।[39] इस विश्लेषण के अन्तर्गत यह कहा जा सकता है कि वर्तमान समय में सरकार के बढ़ते दायित्वों एवं राज्य द्वारा सामाजिक

विधायन के प्रभावी एवं क्रियाशील होने की स्थिति में क़ानूनों के संरक्षक, उन्हें क्रियान्वित करने में सहयोगी तथा सामाजिक न्याय की स्थापना में एक अभिभावक की महत्त्वपूर्ण भूमिका का निर्वाह न्यायपालिका द्वारा किया जाता है। यदि न्यायाधीश चाहे तो सामाजिक व्यवस्थापन को कार्यरूप में परिणित करने में वह सम्पूर्ण योगदान कर सकते हैं। इसके विपरीत यदि न्यायाधीश किसी क़ानून की आत्मा एवं अन्तर्निहित भावना पर ध्यान दिये बिना उसके रूप पर ध्यान दे तो सामाजिक व्यवस्थापन को क्रियान्वित करना कठिन हो जाता है। यह सच है कि न्यायाधीश व्यवस्थापक नहीं होते किन्तु प्रत्येक क़ानून के कुछ रिक्त स्थान होते हैं, जिनकी पूर्ति न्याय प्रशासन के अन्तर्गत न्यायाधीशों के द्वारा की जाती है और इस रूप में भारत में उच्चतम न्यायालय ने अनेक प्रगतिशील निर्णय दिये हैं जिनका संक्षिप्त उल्लेख यहाँ अनिवार्य है। विजय काटन मिल्स केस में उच्चतम न्यायालय ने मज़दूरी बढ़ाने के पक्ष में निर्णय दिया तथा अपने फ़ैसले में यह कहा कि नीति निदेशक सिद्धान्त राज्य को यह आदेश देते हैं कि वह श्रमिकों को निर्वाह योग्य मज़दूरी दिलाने का प्रयास करे। सरकार इस तरह के क़ानून बना सकती है जिनका उद्देश्य मज़दूरों के जीवन स्तर में वृद्धि लाना है। 'एशियाड श्रमिक केस' (1982) में निर्धारित मज़दूरी से कम मज़दूरी दिये जाने को न्यायालय ने 'जबरी मज़दूरी' बताया[40] बन्धुआ मज़दूरों के पक्ष में निर्णय देते हुए हरियाणा सरकार को निर्देश दिये। उच्चतम न्यायालय ने पिछड़ी जातियों, विशेषकर, अनुसूचित जातियों के अधिकारों की भी रक्षा की है। हरिजनों के मन्दिर प्रवेश को वैध ठहराया गया।[41] न्यायालय ने देवदासियों के इस अधिकार को मान्यता दी कि वे अपनी माँ को सम्पत्ति का उत्तराधिकारी बना सकें। उच्चतम न्यायालय ने शाहबानो प्रकरण में क्रान्तिकारी फ़ैसले में कहा कि "तलाकशुदा मुस्लिम औरत को भी यह हक़ है कि उसे गुज़ारे के लिए प्रतिमाह एक निश्चित राशि उसका पूर्व पति दे।" मुस्लिम कट्टरपन्थियों ने फ़ैसले का प्रभाव समाप्त करने के उद्देश्य से सरकार पर दबाव डालकर 'मुस्लिम महिला क़ानून' बनवा लिया। न्यायालय ने उन क़ानूनों को भी वैध घोषित किया जिनका उद्देश्य बालकों के लिए स्वस्थ विकास के अवसर जुटाना था। उच्चतम न्यायालय ने अपने एक फ़ैसले में यह भी स्पष्ट किया कि सड़कों और गलियों में ठेला और खोमचा लगाना लोगों का मौलिक अधिकार है, चूँकि लाखों लोग इस तरह से माल बेचकर अपनी गुज़र बसर करते हैं।

जमानत और निःशुल्क क़ानूनी सहायता के मामले में उच्चतम न्यायालय का रवैया बड़ा उदार रहा। न्यायमूर्ति कृष्णन अय्यर ने कहा कि ''संविधान कसाई, बेकरी वाले, मोमबत्ती बनाने वाले बन्धुआ मज़दूर और फुटपाथ पर रहने वाले निर्धन के लिए भी कुछ अर्थ रखता है।'' ऋण न अदा करने के मामले में उनकी यह टिप्पणी उल्लेखनीय है कि ''दरिद्र नारायण को इस भूमि (भारत) पर निर्धन होना कोई अपराध नहीं है और किसी भी व्यक्ति को कारागार में डालकर ऋण वसूल करने की पद्धति अनुच्छेद 21 का गम्भीर अतिक्रमण है।'' जब तक कि इस बात का कोई पक्का प्रमाण उपलब्ध न हो कि ऋण के अदा न करने वाले ने जान–बूझकर ऐसा किया है।[42] हाल में उच्चतम न्यायालय ने सताये गये लोगों की एवज़ में दूसरे व्यक्ति या संस्थाओं को न्याय माँगने का अधिकार दिया है जिसके अन्तर्गत कई प्रकार की कार्रवाइयाँ हुईं। उपरोक्त वर्णन के आधार पर हम कह सकते हैं कि अनेक वैधानिक सीमाओं के बावजूद न्यायपालिका ने एक सामाजिक–आर्थिक परिवर्तन के महत्त्वपूर्ण उपकरण की भूमिका निभायी है। घटनाओं के इन पूर्ववर्ती दृष्टान्तों के बाद हाल की घटनाओं के सन्दर्भ में न्यायपालिका की भूमिका पर विचार से कई महत्त्वपूर्ण प्रश्न हमारे समक्ष आते हैं। यह सत्य है कि भारत में न्यायालय मूलतः एक यथास्थितिवादी यन्त्र है। यह मौजूदा प्रावधान के आधार पर ही निर्णय दे सकता है, प्रावधानों का अपनी ओर से विस्तार नहीं कर सकता, किन्तु हमारी व्यवस्था में न्यायालय की निर्णायक भूमिका कितनी महत्त्वपूर्ण होती जा रही है। इसका एक उदाहरण मण्डल आयोग की सिफ़ारिशों पर प्रस्तुत हुआ। यह मामला न्यायिक नहीं था किन्तु राजनीतिक आर्थिक दर्शन का मामला था, जिसका निपटारा राजनीतिक स्तर पर ही होना चाहिए। बेशक उच्चतम न्यायालय ने मण्डल फ़ैसले में नीर–क्षीर विवेक का परिचय देने का प्रयास किया किन्तु यह भी सन्देह से परे है कि यदि न्यायालय पर राजनीतिक सामाजिक मामलों में मध्यस्थता का भार ज़्यादा डाला गया तो स्वयं न्यायपालिका के लिए मुश्किलें खड़ी हो सकती हैं। एक भिन्न प्रकार का उदाहरण जो कि सामाजिक, सांस्कृतिक होकर भी क्षेत्रवादी है, कावेरी नदी जल विवाद का है, जिसमें कर्नाटक ने कावेरी जल प्राधिकरण के अन्तरिम आदेश पर अमल से इनकार किया। इस आदेश के विरुद्ध अपील में उच्चतम न्यायालय ने अन्तरिम सरकार के आदेश का समर्थन किया किन्तु इसके बावजूद कर्नाटक ने तमिलनाडु के हिस्से का पानी देने से इनकार कर दिया।

इस प्रकार के विवादों ने निश्चित रूप से न्यायपालिका की भूमिका एवं अवमानना पर प्रश्न चिह्न लगाया है।[43]

भारतीय न्याय व्यवस्था के अन्तर्गत हाल में अदालतों के कुछ महत्त्वपूर्ण फ़ैसलों ने चुनाव प्रक्रिया, संसद, विधानसभा अध्यक्षों एवं राष्ट्रपति पद की सत्ता सीमाएँ बतायी हैं, जैसे मध्य प्रदेश हाई कोर्ट की जबलपुर पीठ के फ़ैसले में भाजपा सरकार को बर्ख़ास्त करने सम्बन्धी राष्ट्रपति की घोषणा अवैध और अनुच्छेद 356 के दायरे से बाहर बतायी गयी।[44] महाराष्ट्र में शरद पवार विपक्षी उम्मीदवार के ख़िलाफ़ झूठे व्यक्तिगत आरोप लगाने के दोषी करार किये गये, गोवा पीठ के द्वारा वह आदेश अवैध करार किया गया जिससे कार्यकारी विधानसभाध्यक्ष ने मुख्यमन्त्री रवि नाईक की अयोग्यता सम्बन्धी आदेश को पलट दिया था। इन वादों के सन्दर्भ में संवैधानिक मामलों के विशेषज्ञ वाई.एस. चितले का मत है कि ''अदालत को राजनीतिक दलदल में पाँव नहीं फँसाने चाहिए।'' जबकि श्री तारकुण्डे का लिखना है कि ''किसी न्यायाधीश के अधिकार की सीमा संविधान ही है और संविधान की मर्यादा का पालन हुआ है।''

भारत के संविधान के अन्तर्गत देश में संसदीय प्रजातन्त्र की स्थापना की गयी जिसका अर्थ है राज्य की कार्यकारिणी एवं विधायी शक्ति का जनता के चुने हुए प्रतिनिधियों द्वारा प्रयोग, अतः जनप्रतिनिधियों के निर्वाचन की प्रक्रिया का महत्त्व बढ़ जाता है। सरकारी माध्यम से निर्वाचन कराना निष्पक्षता का अन्त करना है। अतः यह दायित्व संविधान द्वारा स्वतन्त्र निकाय निर्वाचन आयोग को सौंपा गया है। यह क्षेत्र भी संवैधानिक विवाद का कारण बना है। विवाद की शुरुआत मुख्य चुनाव आयुक्त टी.एन. शेषन के द्वारा कर्मचारियों की नियुक्ति जिसमें पुलिस बल की नियुक्ति भी सम्मिलित थी, के सन्दर्भ में आयोग के अधिकार क्षेत्र पर हुई जिसके अन्तर्गत सभी चुनाव स्थगित कर दिये गये और इसके प्रत्युत्तर में राष्ट्रपति द्वारा आयोग को त्रिसदस्यीय बनाने का प्रस्ताव पारित हुआ।[45] जिससे उत्पन्न स्थिति के कारण चुनाव आयुक्त द्वारा सर्वोच्च न्यायालय से विवाद के सन्दर्भ में हल की अपील की गयी और न्यायालय ने अपने निर्णय में यह स्पष्ट किया कि मुख्य चुनाव आयुक्त को चुनाव कराने का पूरा अधिकार देने के लिए निर्देश सम्भव है। यह निर्देश दिया गया कि शेषन बाहरी एजेंसियों और आयोग के कर्मचारियों को निर्देश जारी करने के एकमात्र अधिकारी होंगे। इस वाद में भी यद्यपि आयोग के बहुसदस्यीय स्वरूप को

चुनौती देना न्यायपालिका के अधिकार क्षेत्र में नहीं आता तथापि वह वाद न्यायिक क्रियाशीलता द्वारा निर्वाचन व्यवस्था को पर्याप्त संरक्षण देने में तो सहयोगी रहा ही है।

भारत में संसदीय शासन व्यवस्था में न्यायपालिका की भूमिका का संक्षिप्त अवलोकन जिस महत्त्वपूर्ण तथ्य को प्रतिस्थापित करता है वह यह है कि हमारी राजनीतिक एवं संसदीय व्यवस्था में यद्यपि संवैधानिक प्रावधान न्यायपालिका की स्वतन्त्रता की स्थापना करते हैं तथापि न्यायालय की भूमिका व्यवस्थापिका एवं कार्यपालिका के अन्तर सम्बन्धों पर निर्भर रही है। कार्यपालिका विशेषकर प्रधानमन्त्री प्रभावशाली स्थिति में होगा, तब वह नियुक्ति के माध्यम से अपने दार्शनिक दर्शन के अनुकूल न्यायाधीशों को लाने का प्रयास करता है तथा संसद में अपनी मज़बूत स्थिति के आधार पर संविधान के माध्यम से न्यायपालिका की शक्तियों को प्रतिबन्धित करने का प्रयास करता है।

अन्तिम रूप में, भारत के सन्दर्भ में भारतीय संसदीय व्यवस्था के अन्तर्गत स्वतन्त्रता एवं निष्पक्ष न्यायपालिका की स्थापना के प्रयासों को पुरज़ोर बनाकर ही राजनीतिक प्रक्रिया में सत्ता को नियन्त्रित, सीमित एवं मर्यादित किया जा सकता है। वस्तुतः न्यायिक स्वतन्त्रता के तीन आयाम हैं–सामाजिक, आर्थिक और राजनीतिक। परन्तु व्यवहार में न्याय के दो महत्त्वपूर्ण पहलुओं सामाजिक और आर्थिक को पृष्ठभूमि में धकेल दिया जाता है और न्यायपालिका की स्वतन्त्रता की अवधारणा का अर्थ इसकी केवल कार्यपालिका से स्वतन्त्रता अथवा राजनीतिक दबाव का प्रतिरोध करना या सत्ताधारी दल का विरोध करना ही समझा जाने लगा है। यह सत्य है कि विधायी अंगों के बिना किसी सभ्य राज्य की कल्पना नहीं की जा सकती किन्तु न्याय अंगों के बिना भी सभ्य राज्य की कल्पना नहीं की जा सकती।[46] अतः भारत में संसदीय व्यवस्था में न्यायपालिका की भूमिका निर्धारण करने हेतु पर्याप्त रचनात्मक चिन्तन, मन्थन, क्रियाशीलता, गतिशीलता तथा जागरूकता की आवश्यकता है। सर्वोच्च न्यायालय के भूतपूर्व न्यायाधीश जस्टिस कानिया ने लिखा है कि "हमारे संविधान में सुप्रीम कोर्ट का निर्माण मौलिक अधिकार एवं जनता की स्वतन्त्रता को अक्षुण्ण बनाये रखने के लिए किया जा रहा है। हमें वे संवैधानिक अधिकार एवं कर्तव्य दिये गये हैं, जिसके द्वारा सुप्रीम कोर्ट पर विधायिका एवं कार्यपालिका का कोई अतिक्रमण न हो सके और यदि यह स्वीकृत

कर लिया जाता है कि जैसा कि हर जनतन्त्रीय समाज में है तब ही हमारा राष्ट्र प्रगति कर सकेगा।"[47] न्यायमूर्ति एस.आर. दास लिखते हैं कि "हमारे संविधान का सर्वस्वीकृत उद्देश्य लोक कल्याणकारी राज्य की स्थापना है, जिसके अन्तर्गत व्यक्तिगत स्वतन्त्रता एवं व्यक्तिगत सम्पत्ति के सामाजिक हित सामुदायिक अधिकारों के तहत सामाजिक हित के अधीन रखे गये हैं।"[48] अतः इस सन्दर्भ में कार्यपालिका लोकनीति के निष्पादन में उत्साह के अतिरिक्त अतिरेक में आकर स्वेच्छाचारिता से बाज़ आये तथा न्यायपालिका सरकार के समस्त विवेकाधीन शक्तियों की बारीकी से जाँच कर बाल की खाल निकालने या संसद का तृतीय सदन बनने का प्रयत्न न करे तब ही एक सच्चे संसदीय प्रजातन्त्र एवं लोक–कल्याणकारी राज्य का स्वप्न साकार हो सकेगा।

सन्दर्भ

1. अय्यर, कृष्ण वी.आर., 1978. *जस्टिस एंड बियांड,* लंदन : ऑरिएंट लॉन्गमैन, पृ. 63
2. 5 जुलाई, 1929 को मेंसन हाउस, लन्दन में लार्ड चांसलर लार्ड सेंकी का भाषण लार्ड होर्ब्ट ने *दि न्यू डेस्पोटिज्म* नामक पुस्तक में उद्धृत किया है।
3. *ए.आई.आर.,* 1970 एस.सी. 1334
4. *समाधिराज वि. देवराज प्रसाद* तथा अन्य, 1963 *एम.पी.एल.ले.,* 676
5. *पंकज कुमार वि. पश्चिम बंगाल राज्य, ए.आई.आर. 1979, एस. सी. 97*
6. जैन, प्रेमचन्द, *भारत में प्रशासनिक अधिनिर्णय और प्रक्रियात्मक सुधार, विदेशी अनुभवों के परिप्रेक्ष्य में, लोक प्रशासन,* जिल्द 5, अंक–2, पृ. 127–132
7. *नलिनी मोहन वि. जिला मजिस्ट्रेट माल्दा, ए.आई.आर. 1951, कलकत्ता, 346*
8. शर्मा, एस.आर., 1959, *दि सुप्रीम कोर्ट इन दि इंडियन कॉन्स्टीट्यूशन,* दिल्ली : राजपाल एंड संस, पृ. 9
9. मुखर्जी, पी.बी., 1971, *सम प्राब्लम्स ऑफ़ दि इंडियन कॉन्स्टीट्यूशन,* दिल्ली : नेशनल, पृ. 20
10. भारत का संविधान, अनुच्छेद 74 एवं 75
11. गंगल, एस.सी., 1971, *प्राइम मिनिस्टर एंड दि केबिनेट इन इंडिया,* दिल्ली : नवचेतन प्रकाश, पृ. 28
12. संविधान सभा बहस, भाग 8, पृ. 397
13. ऑस्टिन, जी., 1966, *दि इंडियन कॉन्स्टीट्यूशन कॉर्नर स्टोन ऑफ़ ए नेशन,* लन्दन : ऑक्सफोर्ड यूनिवर्सिटी प्रेस, पृ. 165
14. बसु, डी.डी., 1959, *कॉन्स्टीट्यूशन लॉ ऑफ़ इंडिया,* पृ. 1–3
15. शर्मा, महादेव, 1959, *भारतीय गणतन्त्र का संविधान,* पृ. 223

16. उपरोक्त, पृ. 224
17. बोसाकें, *फिलॉस्फिकल थ्योरी ऑफ़ स्टेट,* पृ. 159
18. सिरवई, एच. एम., 1967, *कॉस्टीट्यूशनल लॉ ऑफ़ इंडिया,* बम्बई : एन. एम. त्रिपाठी, पृ. 620
19. दिनमान, 9–15 दिसम्बर, 1979, पृ. 10
20. *ए.आई.आर., एस.सी.,* 1269
21. *ए.आई.आर., एस. सी.,* 110
22. लोकतन्त्र समीक्षा, 1972, पृ. 5
23. बख्शी, उपेन्द्र, 1979. *दि इंडियन सुप्रीम कोर्ट एंड पोलिटिक्स,* लखनऊ : ईस्टर्न बुक कम्पनी, पृ. 161
24. टोप, टी.के., *दि कॉन्स्टीट्यूशन ऑफ़ इंडिया,* पृ. 309
25. 1980, सी., पृ. 1789
26. *ए.आई.आर.* 1975, एस.सी. 2299
27. *ए.आई.आर.* 1978, *एस.सी.* 197
28. दिनमान, 3–9 जनवरी, 1982, पृ. 17–18
29. 1973 में न्यायाधीश शेखर हेगड़े और ग्रोवर को मुख्य न्यायाधिपति बनने का मौक़ा न देकर चौथे न्यायाधीश रे को मुख्य न्यायाधिपति बनाया गया।
30. सिरवई, *एच.एम. कॉन्स्टीट्यूशन लॉ ऑफ़ इंडिया, वॉल्यूम* III, एन.एम. त्रिपाठी
31. बम्बई पृ. 215 बम्बई प्रान्त वि. खुशालदास अडवानी, 1950, एस.सी.आर. 621
32. रॉबिंसन वि. *मिनिस्टर ऑफ़ टाउन एंड काउंटी प्लानिंग,* (1947) के.बी. 702
33. *एफ.सी.सी. पोट्सविले ब्राडकास्टिंग कम्पनी,* 309, यू.एस. 134 (1940)
34. वही, जी.रो.वि. मद्रास राज, ए.आई.ए.आर. 1954
35. मद्रास राज्य वि. सराथी, 1953, एस.सी.आर 334
36. *अमेरिकन फेडरेशन ऑफ़ लेबर वि.अम. साश एंड डोर कम्पनी,* 335, यू.एस. 555–56
37. राव. के.वी. *दि इंडियन ज्युडिशियरी एंड अमेंडमेंट ऑफ़ दि कॉन्स्टीट्यूशन* (निबन्ध) सिंघवी तथा भट्ट द्वारा प्रकाशित पुस्तक फंडामेंटल राइट्स एंड कॉन्स्टीट्यूशन अमेंडमेंट' में प्रकाशित लेख 1, पृ. 127–128
38. जैन, पी.सी. 1981, *एडमिनिस्ट्रेटिव एडजुडीकेशन* : ए कंपरेटिव स्टडी ऑफ़ फ्रांस, यू.के., *यू.एस.ए. एंड इंडिया,* नयी दिल्ली, पृ. 15–18
39. व्हाइट एल.डी., 1955, इंट्रोडक्शन *टू दि स्टडी ऑफ़ पब्लिक एडमिनिस्ट्रेशन,* मैकमिलन कं., पृ. 586
40. पीपुल्स यूनियन फॉर डेमोक्रेटिक राइट्स बनाम भारत संघ : 1982, ए.आई. आर,. एस.सी. 1474
41. वेंकट रमन्नाज बनाम मैसूर राज्य, 1958

42. एम.एस. शर्मा का लेख उच्चतम *न्यायालय और भारतीय संविधान में सम्यक प्रक्रिया खण्ड संसदीय पत्रिका*, सितम्बर, 1986, पृ. 17
43. ए.जी. नूरानी लेख (*नवभारत टाइम्स*)
44. एम. शर्मा लेख, *पत्रिका* 4 नवम्बर, 1993
45. *इंडिया टुडे*, अप्रैल, 1993, पृ. 34
46. गार्नर जे. डब्लू 1967, *पोलिटिकल साइंस एंड गवर्नमेंट* कलकत्ता : दि वर्ल्ड प्रेस, पृ. 750
47. लोढ़ा, गुमानमल, न्यायिक क्रान्ति के बदलते आयाम में उद्धृत 28 जनवरी, 1950 को दिल्ली में दिया गया।
48. पश्चिम बंगाल राज्य वि. सुबोध गोपाल, *ए.आई.आर.*, 1954, एस.सी., 92–1.13

(सन्दर्भ ग्रन्थ : समकालीन राजनीति के प्रमुख आयाम : सम्पादक अरुण चतुर्वेदी और संजय लोढ़ा, पंचशील प्रकाशन, जयपुर)

अध्याय–18

भारतीय क़ानूनी तन्त्र में सुधार स्थिर से गतिशील क़ानूनी तन्त्र की ओर

–सुधीर कृष्णास्वामी और अमूल्या पुरूषोत्तमा

अप्रैल, 2016 में भारत के मुख्य न्यायाधीश, न्यायमूर्ति टी.एस. ठाकुर ने अदालत में विचाराधीन और विलम्बित मामलों को निपटाने के लिए 70,000 और न्यायाधीशों की नियुक्ति के बारे में बात की। तीन महीने बाद, अगस्त, 2016 में, सुप्रीम कोर्ट (उच्चतम न्यायालय) की बेंच, जिसमें न्यायमूर्ति टी.एस. ठाकुर भी थे, ने न्यायिक नियुक्तियों की प्रक्रिया और मौजूदा रिक्तियों को भरने में देरी के बारे में सरकार से सवाल पूछे। स्वतन्त्रता दिवस 2016 पर एक बार फिर, न्यायमूर्ति टी.एस. ठाकुर ने इस मामले पर प्रधानमन्त्री की चुप्पी पर सवाल उठाया और ज़ोर देकर कहा कि सरकार के 'अविश्वास' की वजह से न्यायिक नियुक्तियों में गतिरोध और न्यायप्रणाली का गला घुट रहा है। न्यायपालिका और कार्यपालिका के बीच बढ़ते हुए संघर्ष के कई कारण हैं, लेकिन ऐसा लगता है कि लम्बे समय से विचाराधीन और न्यायिक देरी के हल हेतु सबसे अच्छी प्रतिक्रिया के रूप में अधिक न्यायाधीशों की नियुक्ति का प्रस्ताव ज़्यादा सूक्ष्म आलोचनात्मक परीक्षण के बिना पुरज़ोर तरीक़े से प्रस्तुत किया जाता है।

इस प्रस्तावित हल के मूल्यांकन का एक अच्छा तरीक़ा समस्या की प्रकृति और दायरे की रूपरेखा बनाना है। अदालती समाचार डेटा दर्शाते हैं कि 2015 के अन्तिम तीन महीनों में सुप्रीम कोर्ट ने नये दर्ज (19291) मामलों की तुलना में इनसे अधिक (19929) मामलों का निपटारा किया। इन तीन महीनों में उच्च न्यायालय में 4,06,358 नये मामले दर्ज किये गये,

जबकि 3,71,731 मामलों का निपटारा किया गया। जिला और अधीनस्थ न्यायालयों में 50,48,253 नये मामलों दर्ज हुए और इसी तिमाही में 53,82,417 मामलों को निपटाया गया। कुल मिलाकर हाल की सभी तिमाहियों में यह रुख दिखता है। अदालतें लगभग उसी संख्या में मामलों का निपटान कर रही हैं जितने मामले उस तिमाही में नये दर्ज होते हैं।

हालाँकि यह विवरण लम्बित मामलों के बैकलॉग की अनदेखी करता है–उन सभी मामलों की जो इस अदालती व्यवस्था में कई वर्षों से इकट्ठे हुए हैं और एक तिमाही से दूसरी तिमाही में आगे बढ़ते रहते हैं। पूरे देश में, उच्च न्यायालयों व निचली अदालतों में कुल मिलाकर 3.2 करोड़ मामले लम्बित हैं। इनमें से 2.05 करोड़ से कुछ ज़्यादा निचली अदालतों में लम्बित हैं जबकि बाकी उच्च न्यायालय तथा सुप्रीम कोर्ट में लम्बित हैं। हालाँकि लम्बित मामलों की संख्या बहुत ही ज़्यादा है, पर सुधार के बारे में सोचते समय इस पर ध्यान देने की आवश्यकता है कि कोर्ट के समक्ष प्रस्तुत मामले किस–किस तरह के हैं, क्योंकि तन्त्र में सभी तरह के मामलों में विलम्ब की वजह एक ही नहीं है।

जिला और अधीनस्थ न्यायालयों से प्राप्त हाल में प्रकाशित दक्ष डेटाबेस यह स्पष्ट करता है कि 18% मामले 5 वर्षों के अन्दर निपटाए जाते हैं, 25% को लगभग 5 से 10 साल का समय लगता है और 55%, 10–15 वर्ष लेते हैं और 1% मामले 15 वर्षों से भी अधिक समय लेते हैं।

अदालती व्यवस्था में विलम्ब और अनिर्णय के समाधान हेतु किसी भी बदलाव के सुझाव में न केवल नये दर्ज मामलों को वाजिब समयावधि में निपटाने की आवश्यकता है, बल्कि विशाल व अविश्वसनीय संख्या में लम्बित मामलों को ख़त्म न भी कर पायें तो भी कम–से–कम इन्हें कम करने की ज़रूरत है। इन मामलों को हल करने के लिए हमारे पास लगभग 15,957 न्यायाधीश ट्रायल कोर्ट में, 611 न्यायाधीश उच्च न्यायालयों में, और 25 न्यायाधीश सर्वोच्च न्यायालय में हैं। नीति निर्माता और न्यायाधीश प्रस्तावित करते हैं कि भारतीय क़ानून व्यवस्था में विलम्ब की समस्या का मुख्य हल, सभी लम्बित मामलों का निर्धारित समय सीमा में फ़ैसला कर निपटान करने के लिए पर्याप्त न्यायाधीशों की नियुक्तियाँ हैं।

न्यायिक प्रक्रिया में विलम्ब और अनिर्णय की स्थिति यकीनन अनुबन्धों को तोड़ने को प्रोत्साहित करती है। वह ख़ास परिस्थितियों के कारण होने वाले निवेश को हतोत्साहित करती है, जिससे देश की अन्दरूनी

आर्थिक गतिविधि प्रभावित होती है। शासन की गुणवत्ता, लोक कल्याण के वितरण और राज्य और पुलिस व्यवस्था की जवाबदेही को भी क़ानूनी व्यवस्था प्रभावित करती है। इसके आलोक में देखें तो, क़ानूनी व्यवस्था में सुधार भारत के विकास की सम्भावनाओं के लिए केन्द्रीय कारक है। वकीलों, अर्थशास्त्रियों और प्रशासकों ने इस समस्या के हल की कोशिश में दो अलग–अलग तरीक़ों से अदालत की कल्पना की है–स्टेटिक यानी स्थिर/गतिहीन कोर्ट मॉडल और गतिशील यानी डायनेमिक कोर्ट मॉडल।

इस लेख में हमारा तर्क हैं कि नीति निर्माताओं को स्टेटिक कोर्ट मॉडल छोड़ देना चाहिए और क़ानूनी प्रणाली में सुधार करने के लिए एक गतिशील कोर्ट मॉडल को अंगीकार करना चाहिए।

1. स्थिर क़ानूनी व्यवस्था का मॉडल

इस मॉडल के केन्द्र में दो बुनियादी मान्यताएँ हैं। पहली तो यह कि एक अच्छी क़ानूनी प्रणाली उसके समक्ष प्रस्तुत सभी मामलों पर निष्पक्षता और समानता के साथ निर्णय करेगी। दूसरा यह कि मुक़दमेबाज़ी की दर परिवर्तनशील नहीं है और विचाराधीन होने या विलम्बित होने का मुक़दमेबाज़ी की दरों पर असर की या तो (क) गणना नहीं की जा सकती और इसलिए समाधान को तैयार करते समय इसे शामिल नहीं किया जा सकता, (ख) यह असर इतना नगण्य है कि समाधान तैयार करते वक्त उनके बारे में सोचने की ज़रूरत नहीं है। इसलिए विलम्ब और विचाराधीन मामलों के हल, जो इस मॉडल के अन्तर्गत डिज़ाइन किये गये हैं, वे एक ऐसी व्यवस्था का निर्माण करने का लक्ष्य रखते हैं जिनका ध्येय न्याय व्यवस्था द्वारा फ़ैसले दिये जाने की दर (क्लीयरेंस रेट) को बढ़ाकर सभी लम्बित मामलों को ख़त्म करना है, यह मानते हुए कि मुक़दमेबाज़ी की दरें स्थिर रहेंगी।

इस मॉडल में जो समाधान पेश किये जाते हैं वे आम तौर पर दो रूप में हो सकते हैं–1. अदालतों की संख्या में वृद्धि–विलम्बित और विचाराधीन मामलों को हल करने के लिए एडहॉक अदालतों एवं फास्ट ट्रेक अदालतों को बनाना व बढ़ाना। 2. इन अदालतों में न्यायाधीशों की संख्या बढ़ाना, ताकि काम का वितरण बेहतर हो सके और देरी और लम्बित मामलों की समस्या सुलझायी जा सके।

1. अदालतों की संख्या बढ़ाना (फैलाव) : बैकलॉग कम करने की पहली रणनीति, ऐसी अदालतों की संख्या में वृद्धि है जो देश में मुक़दमों का निर्णय करेंगी। विधि आयोग की 230वीं रिपोर्ट ने न्यायिक देरी का हल करने के लिए अन्य सिफ़ारिशों के साथ–साथ लोक अदालतों, ग्राम न्यायालयों (अनौपचारिक स्वदेशी अदालतों), विशिष्ट अदालतों जैसे कि उपभोक्ता न्यायालयों या वाणिज्यिक अदालतों और फास्ट ट्रैक अदालतों को सुदृढ़ बनाने की सिफ़ारिश की। भारत के मुख्य न्यायाधीश के.जी. बालकृष्णन ने 2009 में कहा कि मामलों के विचाराधीन होने का कारण हमारे पास पर्याप्त अदालतों का नहीं होना है। मुख्य न्यायाधीश अल्तमस कबीर ने 2013 में सिफ़ारिश की कि विलम्ब और विचाराधीन मामलों को निपटाने के लिए देश में ट्रायल कोर्ट की संख्या दुगुनी कर देनी चाहिए। यही बात न्यायाधीश टी.एस. ठाकुर द्वारा 2015 में दोहरायी गयी।

कुछ हद तक यह समाधान अब क्रियान्वित भी किया जा चुका है और इससे वांछित परिणाम नहीं मिले हैं। 2012 में तत्कालीन केन्द्रीय क़ानून–व्यवस्था मन्त्री ने स्वीकार किया कि फास्ट ट्रैक अदालतें न्यायिक देरी को सुलझाने के अपने उद्देश्य को पूरा करने में असफल रही थीं। हाल के विश्वस्त अध्ययनों से पता चलता है कि ग्राम न्यायालय और लोक अदालत अपने उद्देश्यों के अनुरूप निष्पक्षता और समानता के मानकों पर खरा और अनौपचारिक न्याय (informal justice) दिलाने में विफल रही हैं। इस तरह के समाधानों ने एक न्यायपूर्ण और निष्पक्ष क़ानूनी व्यवस्था किस प्रकार की होगी और कैसी दिखेगी, इस पर दिलचस्प बहसों को शुरू किया है। लेकिन इस छोटे से लेख में हम उनके साथ पूरा न्याय नहीं कर सकते। यह कहना पर्याप्त होगा कि बैकलॉग और देरी को कम करने के लिए इन समाधानों के प्रभाव बहुत कम ही हैं। इसके अलावा ये समाधान माँग करते हैं कि राज्य अपने क़ीमती व सीमित राजस्व संसाधनों को क़ानूनी व्यवस्था पर खर्च करें बनिस्बत विकास के अन्य ज़रूरी लक्ष्यों के। जैसे कि हमने पहले बात की है, यह समाधान क़ानूनी प्रणाली के एक स्थिर मॉडल की कल्पना पर आधारित है।

2. न्यायाधीशों की संख्या में वृद्धि : न्यायिक देरी को ख़त्म करने के लिए दूसरी रणनीति है, जनसंख्या के अनुपात में वांछित संख्या में न्यायाधीशों की नियुक्ति। इसमें क़ानूनी व्यवस्था को बेहतर करने के लिए न्यायिक रिक्तियों को भरने और फिर और अधिक न्यायाधीशों की नियुक्ति शामिल है।

यह अक्सर बताया जाता है कि अन्य देश, जहाँ कॉमन लॉ की व्यवस्था है, जैसे अमेरिका, इंग्लैंड, कनाडा और मलेशिया में जनसंख्या के अनुपात में एक उच्च जज होता है। यह तथ्य एक अधिक कुशल और सशक्त न्यायपालिका का होना इंगित करता है। भारत के सन्दर्भ में यह तर्क काफ़ी पहले दिया गया था और इसे 1925 की रैनकिन समिति की रिपोर्ट से देखा जा सकता है। समिति ने न केवल ऐसे प्रक्रियात्मक सुधारों की सिफ़ारिश की जो अदालत की कुशलता बढ़ाएँ बल्कि ऐसे बदलावों को भी सुझाया जो न्यायिक ढाँचे में सुधार और मुक़दमेबाज़ी की उच्च दरों को कम करने के बारे में भी सोचें। 1972 में जे.सी. शाह समिति की रिपोर्ट ने देशभर के उच्च न्यायालयों का जायज़ा लिया और अदालती प्रबन्धन की कमियों के कारण होने वाले समय के नुकसान की भरपाई हेतु एडहॉक न्यायाधीशों की नियुक्ति की सिफ़ारिश की। मोटे तौर पर सतीश चन्द्र समिति की रिपोर्ट (1986) और एस्टीमेट समिति की रिपोर्ट (1986) में इसी रणनीति का अनुसरण किया गया था।

मालिमथ समिति की रिपोर्ट (I) की सिफ़ारिश थी कि बकाया मामलों के निपटारे के लिए तदर्थ न्यायाधीशों तथा नये दर्ज मामलों के निपटारे के लिए स्थायी न्यायाधीशों को नियुक्त किया जाये। उच्चतम न्यायालय और उच्च न्यायालयों (एक मापक जिसका मुख्य न्यायाधीश ठाकुर ने भी समर्थन किया) के कार्य दिवसों की संख्या बढ़ाने का सुझाव दिया। विधि आयोग की 120वीं रिपोर्ट (1987) ने सुझाव दिया कि न्यायाधीश और जनसंख्या का अनुपात प्रति 10 लाख पर 50 न्यायाधीश होना चाहिए। विधि आयोग की 121वीं रिपोर्ट और मालिमथ समिति की दूसरी रिपोर्ट दोनों ने ही अधिक न्यायाधीशों की नियुक्ति करने के लिए एक राष्ट्रीय न्यायिक सेवा आयोग की स्थापना का सुझाव दिया।

भारत के मुख्य न्यायाधीश ठाकुर ने भी इसी तर्क को मानकर और नये न्यायाधीशों की नियुक्ति की दलील दी थी। हम इस बात की तार्किक जाँच कर सकते हैं कि क़ानूनी व्यवस्था की क्षमता में वृद्धि यानी भारतीय क़ानूनी व्यवस्था में और अधिक न्यायाधीशों की नियुक्ति के फ़ैसलों में विलम्ब और विचाराधीन मामलों की संख्या पर किस तरह का असर होगा। इनका समरूपी प्रभाव (corresponding effect) क्या होगा। ज़्यादा सटीकता से कहें तो हमें यह आकलन करने की ज़रूरत नहीं है कि क्या अधिक न्यायाधीशों का होना कुल मिलाकर अधिक मामलों के निपटान

की ओर ले जायेगा; बल्कि यह आकलन करना है कि क्या मामलों का संचयी निपटान निश्चित तौर पर क़ानूनी व्यवस्था में विचाराधीन मामलों को समाप्त कर देगा। इस लेख में हम इस समस्या की अनुभवजन्य अथवा संख्यात्मक जाँच–पड़ताल नहीं कर रहे, बल्कि यह तर्क दे रहे हैं कि यह रणनीति क़ानूनी प्रणाली के स्थिर मॉडल की उपज है और यह शायद ही काम करे।

न्यायिक निपुणता और कार्यभार प्रबन्धन

न्यायिक देरी को कम करने के लिए तीसरी रणनीति है, एक औसत न्यायाधीश की निपुणता को देखते हुए (इसे निपटान दर से मापा जाता है) हर न्यायाधीश को कितना कार्यभार निपटाना होगा इस आधार पर, और अधिक न्यायाधीशों की नियुक्ति। जे.सी. शाह समिति की रिपोर्ट ने 1972 में इस रणनीति की सिफ़ारिश की थी, उन्होंने अदालतों के रोज़मर्रा के काम–काज में भी छोटे–छोटे किन्तु महत्त्वपूर्ण बदलावों की सिफ़ारिश की जो सीधे–सीधे न्यायिक निपुणता के मसलों से सरोकार रखती थीं।

आलोक प्रसन्ना कुमार और विधि आयोग की 245वीं रिपोर्ट भी यह बताती है कि जनसंख्या के अनुपात से न्यायाधीशों की नियुक्ति एक अच्छा रास्ता नहीं है। यह मुक़दमे की दरों और निपटान की दरों को ध्यान में नहीं रखता। न्यायाधीशों की नियुक्ति संख्या, न्यायाधीश की न्यायिक निपुणता और प्रति न्यायाधीश उपलब्ध कार्यभार की आधार मानकर ही निश्चित की जानी चाहिए। उन्होंने यह भी सुझाव दिया कि बकाया मुक़दमों के निपटान के लिए तदर्थ न्यायाधीशों की नियूक्ति की जानी चाहिए। जहाँ कुमार का यह सुझाव सही था कि न्यायिक निपुणता पर फोकस किया जाये और उसके आधार पर नियुक्त किये जाने वाले न्यायाधीशों की उपयुक्त संख्या की पुनः गणना कर ली जाये, किन्तु यह विश्लेषण अपर्याप्त और अधूरा है, क्योंकि यह मानता है कि अधिक संख्या में निपुण न्यायाधीश होने का नतीजा होगा, क़ानूनी व्यवस्था में लम्बित और विचाराधीन मामलों में कमी आना। यह प्रस्ताव भी क़ानूनी व्यवस्था के स्टेटिक मॉडल को अपनाता है जो किसी क़ानूनी व्यवस्था में मुक़दमों के बहाव की प्रकृति, पक्षकारों, वकीलों और न्यायाधीशों के फायदों (incentive) को ठीक से नहीं खँगालता।

गतिशील क़ानूनी प्रणाली मॉडल : मुक़दमेबाज़ी और न्यायिक देरी को समझना

भारत में नीति निर्माताओं, न्यायाधीशों और नागरिक समाज द्वारा अपनायी गयी क़ानूनी प्रणाली के स्थिर मॉडल के साथ बुनियादी समस्या है कि यह क़ानूनी प्रणाली की सफलता और विफलता का निर्धारण करने वाले, दो सबसे महत्त्वपूर्ण परिवर्तनशील कारकों (चरों) को ध्यान में रखकर विश्लेषण करने में असफल रहता है। यह कारक हैं–मुक़दमे की दरें और समझौते की स्वाभाविक दर। ये दोनों चर रूप हैं व निरन्तर परिवर्तनशील हैं। इनकी प्रकृति भी स्थिर नहीं है, क्योंकि ये व्यापक सामाजिक भौगोलिक, आर्थिक और सांस्कृतिक परिस्थितियों पर निर्भर करते हैं। इसके अलावा, ये क़ानूनी व्यवस्था के मुख्य किरदारों–मुक़दमेबाज़ों (वादियों), वकीलों और न्यायाधीशों की रुचियों और उनके हितों के आधार पर आकार लेते हैं। जब भारत में क़ानून व्यवस्था सुधार इन चरों को गम्भीरतापूर्वक लेना शुरू करेगा तभी टिकाऊ सुधार का कोई वास्तविक मौक़ा होगा।

क़ानूनी प्रणाली में सुधार का स्थिर मॉडल मानता है कि मुक़दमेबाज़ी की दरें प्रकट तौर पर सामाजिक और आर्थिक कारकों से ही निर्धारित होती हैं और जनसंख्या वृद्धि से मूलभूत रूप से जुड़ी होती हैं और इसलिए ये अपरिवर्तनशील हैं। इसके अलावा अधिकांश नीति निर्माता यह भी मानते हैं कि भारत में मुक़दमेबाज़ी की उच्च दर का कारण, खुलकर मुक़दमेबाज़ी करने वाले विवादी समाज का होना ही है। इसलिए नीति सुधार एक ऐसी 'अच्छी' क़ानूनी प्रणाली डिज़ाइन करने को प्रेरित होता है जो अदालतों के सामने लाये जा सकने वाले सभी सम्भव विवादों का फ़ैसला कर पाये। इस तरह के मॉडल में बैकलॉग और देरी ऐसी अदालतीय प्रणाली का परिणाम माने जाते हैं, जिसमें उच्च मुक़दमेबाज़ी की दर के आलोक में स्थिति से निपटने के लिए न्यायाधीशों, संसाधनों और बुनियादी सुविधाओं का अभाव है।

एक गतिशील क़ानूनी प्रणाली मॉडल, इस आधार पर बनना शुरू होना चाहिए कि मुक़दमेबाज़ी की दर ही वह मुख्य चर है, जो क़ानूनी प्रणाली में देरी का निर्धारण करता है। आगे, जैसा कि मार्क ग्लांतर बताते हैं, दुनिया में मुक़दमेबाज़ी की सबसे कम दरें भारत में हैं और उनमें निकट भविष्य में ही वृद्धि की सम्भावना है। वास्तव में मुक़दमेबाज़ी की ऊँची दरें, ज़रूरी नहीं कि एक बुरा संकेत हों। जैसा कि आइंसबर्ग, केलेंट्री और रोबिंसन

स्पष्ट करते हैं, मुक़दमेबाज़ी की ऊँची दरें समाज के अत्यधिक विवादी होने के सबूत के बजाय यह संकेत देती है कि यहाँ ग़ैर–आर्थिक और यहाँ तक कि आर्थिक कल्याण भी अपेक्षाकृत अधिक है। इसलिए क़ानूनी प्रणाली में सुधार के किसी भी प्रस्ताव को 21वीं सदी में उच्च मुक़दमेबाज़ी दरों की सम्भावना को अंगीकार करना होगा।

दूसरे हमें यह समझना चाहिए कि भारत में न्यायिक देरी और बैकलॉग की समस्या, माँग बढ़ने यथा मामलों के दर्ज होने/मुक़दमेबाज़ी में असामान्य वृद्धि, उसके साथ–साथ न्यायिक व्यवस्था के अन्तर्गत निपुणता के स्तर व संसाधनों की कमी के कारण उत्पन्न हो गयी है। जहाँ अभी तक कोई भी ऐसा अनुभवजनित विश्लेषणात्मक मॉडल अदालती मामलों में अत्यधिक विलम्ब की व्याख्या करने के लिए विकसित नहीं हुआ है, वहीं यह नोट करना महत्त्वपूर्ण होगा कि अदालती समाचार से प्राप्त हाल की तिमाहियों का डाटा यह पुष्टि करता है कि अदालतें लगभग उतने ही मामलों का निपटान कर सकीं जितने इस दौरान दर्ज किये गये थे। अतः पहली चुनौती है, लम्बित मामलों के विशाल बैकलॉग को इस तरह सुलझाना कि जैसे ही देरी की समस्या दूर हो वैसे ही मुक़दमेबाज़ी की दरों में प्रत्याशित वृद्धि की सम्भावना को ध्यान में रखकर फ़ैसलों की दर तय हो। जैसे ही हम यह समझ लेते हैं कि मुक़दमेबाज़ी की दर, वो चर है जो दोनों दिशाओं (यथा बढ़ना अथवा घटना) में जा सकती है, वैसे ही यह स्पष्ट हो जाता है कि केवल अदालतों/जजों/कार्य दिवसों की संख्या में बढ़ोतरी करना एक समुचित समाधान नहीं है।

दूसरा मुख्य चर जिसे एक गतिशील क़ानूनी व्यवस्था मॉडल इस्तेमाल करता है, वह है निपटान की स्वाभाविक दरें। सभी क़ानूनी व्यवस्थाओं में बहुत से दर्ज मामले बिना पूर्ण मुक़दमा चले (ट्रायल में) सुलझा लिये जाते हैं। दर्ज मामलों की संख्या व सुलझाये गये मामलों की संख्या का अनुपात निपटान दर है। सफल क़ानूनी व्यवस्थाओं में निपटान की दरें ऊँची होती हैं (80–90% के बीच), जबकि भारतीय क़ानूनी व्यवस्था में ये दरें पैमाने के निचले स्तर पर (लगभग 10–20%) ही पड़ी हैं। उदाहरण के लिए अमेरिका में किये गये अध्ययन दर्शाते हैं कि वहाँ 5% से भी कम मामले ही अन्तिम निर्णय तक पहुँचते हैं। मामलों के निपटान का प्रतिशत 50% से 90% के बीच हो सकता है, जोकि मामलों के प्रकार पर निर्भर करता है। निपटान की स्वाभाविक दरें, स्थिर मॉडल की इस मान्यता में गड़बड़ी

करती हैं कि एक अच्छी क़ानूनी व्यवस्था वह है जो उसके समक्ष प्रस्तुत सभी विवादों पर फ़ैसला दे दे। इसके बजाय हम यह कह सकते हैं कि एक अच्छी क़ानूनी व्यवस्था वह है जो यह सुनिश्चित करे कि केवल ऐसे ही मामले पूर्ण ट्रायल (मुक़दमे की पूर्ण प्रक्रिया) में जायें, जिनमें तथ्यों अथवा क़ानून को लेकर दुसाध्य विवाद हों। बाकी सभी मामलों के लिए वादियों और उनके वकीलों को प्रोत्साहित किया जाये कि वे क़ानून के अनुसार व अदालती व्यवस्था के साये में उनका निपटान कर लें। मुक़दमेबाज़ी और न्यायिक फ़ैसला करने के बजाय, क़ानूनी व्यवस्था को सभी भागीदारों (वादी, वकीलों और न्यायाधीशों) के हितों को एक साथ करते हुए मामलों को निपटवाना चाहिए। इसी से न्यायिक व्यवस्था लम्बित मामलों के बैकलॉग को सफलतापूर्वक व्यवस्थित तरीक़े से सँभाल सकती है।

दुनियाभर में किये गये शोध यह पुष्टि करते हैं कि निपटान की स्वाभाविक दरों में वृद्धि का कोई भी प्रयास निर्णय की तारीख को पक्का करने से ही शुरू होगा। निपटान की स्वाभाविक दर बढ़ने का सबसे अच्छा तरीक़ा है, तलवार की तेज़ धार के समान एक ऐसा केन्द्रित प्रयास, जो सभी पक्षकारों व वकीलों को, जिस दिन मुक़दमा दायर हो उसी दिन यह बता दे कि फ़ैसले की तारीख़ क्या होगी। निर्णय मिलने की पक्की तिथि के अभाव में अन्य विविध रणनीतियाँ जैसे कि शुल्क में बदलाव, उन वादियों पर जुर्माना लगाना जो कार्रवाई में देरी करते हैं, छिछोरे वादों अथवा हरक़तों की वजह से मामलों को छोड़ देते हैं, हार जाते हैं और मध्यस्थता और समझौते की व्यवस्था को मुक़दमों के निपटान के लिए औपचारिक क़ानूनी व्यवस्था के एक फुर्तीले विकल्प की तरह काम में लेने को प्रोत्साहन देना आदि शामिल हैं, सुनिश्चित तिथि के अभाव में इसका बहुत ही कम प्रभाव होता है।

क़ानूनी प्रणाली के सुधार का गतिशील मॉडल, जिसकी पहले चर्चा की गयी है, एक विश्लेषणात्मक मॉडल है। इस मॉडल को देखने पर इसे क्रियाशील करने के लिए कई नीतिगत और क़ानून सुधार से सम्बन्धित कई अन्तर्दृष्टियाँ मिलती हैं। यह मॉडल इस बात को पहचानता है कि लम्बी देरी और बैकलॉग पक्षकारों को इस बात के लिए प्रोत्साहित करता है कि वे अदालत में मुक़दमा दर्ज करने को सौदेबाजी हथियार की तरह उपयोग करें या वादकालीन आदेशों (interlocutory orders) के माध्यम से अपने पक्ष की स्थिति में सुधार के तरीक़े के रूप में काम में लें।

इसके अलावा अगर क़ानूनी प्रणाली में सुधार सफल होता है तो न्यायिक प्रणाली में अधिक निश्चितता और विश्वास आयेगा, जिससे पहले–पहल मुक़दमेबाज़ी की दरों में वृद्धि होगी। इस लेख में हम उन रणनीतियों के बारे में बात नहीं कर रहे हैं जो भारतीय क़ानून व्यवस्था में परिणाम की तारीख़ की निश्चितता का अहसास होने के लिए आवश्यक होंगी। यह विस्तृत अनुभवाश्रित आँकड़ों के आधार पर विश्लेषण का विषय है। ऐसे क़दम, रणनीतियाँ व मॉडल जो धीरे–धीरे अपने में बदलाव करते हुए सफलता की ओर बढ़ने के रास्ते को पहचानते हुए विकसित होते हैं।

(मूल प्रश्न, जुलाई–सितम्बर, 2016 से साभार)

खण्ड : 5

परिचय

लोकतान्त्रिक और लोक कल्याणकारी राज्य का यह प्राथमिक कर्तव्य होता है कि वह अपने नागरिकों के सर्वांगीण विकास के लिए उन्हें आवश्यक अधिकार प्रदान करे और साथ ही उनके कल्याण हेतु अपेक्षित उपक्रमों को करे। भारतीय संविधान की प्रस्तावना में राज्य की वे ज़िम्मेदारियाँ तय कर दी गयी हैं। इस हेतु भारत के संविधान के भाग तीन में मौलिक अधिकार और भाग चार में नीति निदेशक तत्त्वों का उल्लेख किया गया है। संविधान के इस पद का उल्लेख इस खण्ड में विस्तार के साथ किया गया है। इस खण्ड में धार्मिक स्वतन्त्रता के विभिन्न पक्षों का विस्तृत उल्लेख है और धर्मान्तरण के, विशेषकर अलग–अलग धर्मों को मानने वाले लोगों के विवाद से उत्पन्न होने वाले प्रभावों का वर्णन है, जिसमें कई मानवीय विषम स्थितियाँ पैदा हो जाती हैं। हाल में अभिव्यक्ति की स्वतन्त्रता से जुड़े प्रश्न पर विश्लेषण समसामयिक चिन्ताओं का हिस्सा है, क्योंकि अभिव्यक्ति की स्वतन्त्रता को सीमित करना प्रजातन्त्र पर ही प्रश्न चिह्न लगाता है।

अध्याय–19

मौलिक अधिकार सामाजिक और राजनीतिक क्रान्ति के प्रतीक

–वेददान सुधीर

राज्य संस्था के औचित्य, अस्तित्व और उसकी आवश्यकता का नैतिक आधार क्या है, यह प्रश्न राजशास्त्रियों के लिए चिन्तन का महत्त्वपूर्ण विषय रहा है। यह संस्था मानव समुदाय की किन आवश्यकताओं की पूर्ति करती है? जनसमुदाय इस संस्था के प्रति क्यों और किस सीमा तक प्रतिबद्ध और आज्ञाकारी है, जैसे प्रश्न निरन्तर चर्चित रहे हैं। हर युग में राजशास्त्रियों ने अपने समय और परिस्थितियों के अनुसार इन प्रश्नों की व्याख्या और उत्तर ढूँढ़ने के प्रयत्न किये हैं। वर्तमान शताब्दी में विभिन्न समाजों में त्वरित गति से हो रहे परिवर्तन, जनसामान्य में स्वतन्त्रता और समानता के प्रति उत्साह और बन्धनों से मुक्ति का आगाज़ इन प्रश्नों को और भी महत्त्व प्रदान करते हैं।

राज्य संस्था के व्याख्याकार राज्य के परम्परागत उत्तरदायित्व और कर्तव्यों को अपर्याप्त समझते हैं। उनका यह कहना अर्थसंगत है कि नागरिक समाज की राज्य के प्रति अनुसक्ति का कारण यह नहीं है कि वह उनके जान–माल की रक्षा करता है और विभिन्न संघ संगठनों में समायोजन करता है। व्याख्याकारों का यह पुख्ता मत है कि यह दायित्व बहुत सीमित है। यह तर्क राज्य के अस्तित्व को नैतिक आधार प्रदत्त करने के लिए पर्याप्त नहीं है। उनका कहना है कि राज्य के प्रति जनसामान्य की अनुसक्ति और आज्ञापालन का मुख्य आधार मौलिक अधिकार है। ये मौलिक अधिकार ही उसकी पहचान और अस्तित्व को औचित्य प्रदान करते हैं।

मानव स्वतन्त्रता के पक्षधर इस बिन्दु पर एकमत हैं कि एक सभी, विकसित और लोकतान्त्रिक राजनीतिक समाज के लिए मौलिक अधिकार प्रथम आवश्यकता हैं। ये अधिकार समाज की धरोहर हैं और एक राजनीतिक समाज के चरित्र का निर्धारण करते हैं।

राज्य के अस्तित्व और औचित्य के प्रसंग का ब्रिटेन के राज्यशास्त्री हैरेल्ड जे. लास्की ने विशद विवेचन किया है। एक नागरिक समाज के लिए मौलिक अधिकारों का क्या महत्त्व है? राज्य के अधिकार और नागरिक स्वतन्त्रताओं की क्या सीमाएँ हैं? समानता का क्या तात्पर्य है? उसके अभाव में राज्य का क्या औचित्य रह जाता है आदि महत्त्वपूर्ण प्रश्नों पर विद्वान लेखक ने अपने प्रसिद्ध ग्रन्थ *ग्रामर ऑफ़ पोलिटिक्स* में सांगोपांग विश्लेषण प्रस्तुत किया है। भारतीय संविधान में वर्णित मौलिक अधिकारों की महत्ता पर विचार करते समय हम उनके विचारों को नज़रअन्दाज़ नहीं कर सकते। उन्होंने इस विषय पर कहा है कि :

> "राज्य की पहचान उसके द्वारा प्रदत्त अधिकारों पर निर्भर करती है। उसके स्वरूप अथवा चरित्र को परखने की कसौटी यह है कि वह नागरिक को ख़ुशहाल बनाने में क्या योगदान देता है। राज्य मात्र प्रभुता सम्पन्न संगठन नहीं है। संकुचित क़ानूनी दृष्टिकोण को छोड़ दें तो वह नागरिकों से निष्ठा अथवा प्रतिबद्धता की माँग नहीं कर सकता, जब तक उस निष्ठा का प्रतिफल सकारात्मक न हो। संक्षेप में, राज्य अधिकारों का सृजन नहीं करता, मात्र स्वीकृति देता है। राज्य के चरित्र की पहचान भी इससे स्पष्ट होती है कि वह समय विशेष में किन अधिकारों को तरजीह देता है।"

नागरिक स्वतन्त्रता की महत्ता की व्याख्या करते हुए विद्वान लेखक ने लिखा है कि "इसका तात्पर्य जहाँ तक मैं समझता हूँ ऐसे वातावरण को बनाये रखने की उत्कण्ठा से है, जिसके अन्तर्गत नागरिक अपनी श्रेष्ठ वृत्तियों को विकसित कर सके। यह राज्य का दायित्व है कि वह ऐसी समुचित व्यवस्था प्रदान करे, जिसमें उसका अधिकाधिक विकास सम्भव हो।"[1]

स्वतन्त्रता के अभाव की स्थिति में निहित ख़तरे की ओर संकेत करते हुए लेखक ने क़हा कि "स्वतन्त्रता से वंचित जनसमुदाय कुण्ठित होता है। वह किसी भी व्यवस्था के लिए अभिशाप है। कुण्ठित राजव्यवस्था प्रतिकार तथा विद्रोह को जन्म देती है।"

भारतीय संविधान में वर्णित मौलिक अधिकारों को यदि इस परिप्रेक्ष्य में देखें तो यह कहना कदाचित ग़लत नहीं होगा कि अधिकारों का यह अध्याय न केवल भारत की राजव्यवस्था को लोकतन्त्रीय स्वरूप प्रदान करता है, अपितु इस व्यवस्था को नैतिक आधार भी देता है। ब्रिटेन के संविधानशास्त्री ग्रेविलिन ऑस्टिन ने "संविधान के दो अध्यायों–मौलिक अधिकार और नीति निदेशक तत्त्वों को संविधान की अन्तरात्मा की संज्ञा दी है।"[2] संविधान के इन दोनों अध्यायों को यदि प्रस्तावना के साथ जोड़ कर देखें तो लेखक का यह कथन सत्य को ही उद्घाटित करता है। मौलिक अधिकार जहाँ एक तरह से लोकतन्त्रीय व्यवस्था को नैतिक आधार प्रदान करते हैं, वहीं सामाजिक और राजनीतिक क्षेत्र में एक नये युग के आह्वान और परिवर्तन का सूत्रपात भी करते प्रतीत होते हैं।

अधिकारों की माँग : ऐतिहासिक घटनाएँ और अन्य कारक

स्वातन्त्र्योत्तर भारत के नव–निर्मित संविधान को संघर्षरत पीढ़ी की चिरआकांक्षित अभिलाषा की पूर्ति कहें तो युक्तिसंगत होगा। स्वतन्त्रता संग्राम के अन्यान्य दस्तावेज़ और तत्कालीन नेतृत्व वर्ग द्वारा समय–समय पर की गयी घोषणाएँ इसकी परिपुष्टि करती हैं। ब्रिटिश उपनिवेशवाद के विरुद्ध संघर्षरत पीढ़ी ने पराधीन भारत के विभिन्न स्तरों पर विद्यमान शोषण की स्थिति को देखते हुए नागरिक स्वतन्त्रता और राष्ट्रीय स्वतन्त्रता को एक ही रूप में देखा था। राष्ट्रीय स्वतन्त्रता का अर्थ यहाँ के जनसमुदाय को परम्परागत शोषण, रूढ़िगत बन्धन और विषमता के कुचक्र से मुक्ति दिलाना था। पश्चिम की शिक्षा और संस्कृति तथा उदारवादी लोकतन्त्र से अभिभूत संघर्षरत पीढ़ी यहाँ के नागरिकों के अधिकार क़लमबद्ध करने को कटिबद्ध थी। दूसरा, उन्नीसवीं और बीसवीं शताब्दी के दौरान मानव इतिहास में हुई उथल–पुथल तथा राजनीतिक क्रान्तियों ने भी हमारे संविधायकों को कम प्रभावित नहीं किया। बीसवीं शताब्दी के उत्तरार्द्ध में इन सभी घटनाओं के प्रभाव को देखते हुए भारत के लिए किसी ऐसी व्यवस्था की कल्पना दूभर थी, जिसमें मौलिक अधिकारों का उल्लेख न हो। एक युग तक महात्मा गाँधी के नेतृत्व में चला आन्दोलन, संविधान सभा के प्रभुत्व गुट के मानस तथा उनकी वैचारिक पृष्ठभूमि को देखते हुए अधिकारों को संविधान में यथोचित स्थान देने की बात सहज प्रक्रिया लगती है।

स्वतन्त्रता संग्राम के दौरान कांग्रेस अधिवेशनों और समय–समय पर नियुक्त समितियों की सिफ़ारिशें उनकी इस उत्कण्ठा को अभिव्यक्त करती हैं। राष्ट्रीय कांग्रेस के मद्रास अधिवेशन, 1927 में अधिकारों सम्बन्धी प्रस्ताव में यह बात पुरज़ोर शब्दों में कही गयी थी कि नये संवैधानिक ढाँचे में मौलिक अधिकारों को समुचित स्थान दिया जाना चाहिए। सर्वदलीय कांफ्रेंस में श्री मोतीलाल नेहरू का कहना था कि :

> "हमें संविधान में मूल अधिकारों को पूर्ण संरक्षण दे कर इस बात की गारंटी करनी है कि उन्हें किसी भी स्थिति में स्थगित नहीं किया जायेगा।"[3]

श्री मोतीलाल नेहरू की अध्यक्षता में विभिन्न वर्गों के प्रतिनिधियों की गठित समिति ने भी अपने प्रतिवेदन में इसी बात को लक्ष्य किया था। समिति का स्पष्ट कहना था कि "संविधान का मुख्य ध्येय यहाँ के नागरिकों को मूलभूत अधिकार प्रदान करना है, जिससे अब तक उन्हें वंचित रखा गया है।"[4]

श्री सप्रु की अध्यक्षता में गठित निर्दलीय समिति (1945) की भी यही राय थी कि "भारत की विशिष्ट परिस्थितियों को देखते हुए संविधान में मौलिक अधिकारों का प्रावधान अनिवार्य है। यह केवल अल्पसंख्यकों को सुरक्षित एवं आश्वस्त करने की दृष्टि से नहीं, अपितु व्यवस्थापन, कार्यपालिका और न्यायपालिका को एक निश्चित आचार संहिता की परिधि में कार्य करने की दृष्टि से भी आवश्यक है।"[5]

तात्कालिक नेतृत्व वर्ग की प्रतिबद्धता और उत्सुकता को अभिव्यक्ति देते हुए डॉ. आम्बेडकर ने कहा था, "मौलिक अधिकारों की घोषणा हमारे मानस चिन्तन का अभिन्न अंग बन चुकी है। यह हमारे दृष्टिकोण की आधारशिला है।"[6]

ब्रिटिश उपनिवेशवाद की उपस्थिति ने जहाँ जन्म–जन्म के बन्धनों से मुक्त कराने की इच्छा को दृढ़ किया, वहीं देश के सामाजिक–सांस्कृतिक परिवेश में अल्पसंख्यक समुदायों की विशेष स्थिति ने भी अधिकारों को संविधान में क़लमबद्ध करने को बाध्य किया। ब्रिटिश हुकूमत को यह मुग़ालता था कि केवल उनका शासन ही इस देश के अल्पसंख्यकों को बहुसंख्यक हिन्दू समुदाय की आततायिता से सुरक्षा प्रदान कर सकता है। देश का अल्पसंख्यक तबक़ा भी इस प्रचार का सहजता से शिकार बन गया।

उन्हें भय था कि स्वतन्त्र भारत में हिन्दू बहुमत उनकी सामाजिक और सांस्कृतिक धरोहर को कहीं ग्रास न बना ले। देश का तत्कालीन राजनीतिक अभिजन अंग्रेज़ों के इस दावे को प्रारम्भ से ही नकारता रहा। इसलिए एक ओर जहाँ वह साम्राज्यवादियों के इस दावे को असत्य और बेबुनियाद सिद्ध करना चाहता था, वहीं दूसरी ओर अल्पमत को इस भय से मुक्त कर इस व्यवस्था के माध्यम से आश्वस्त भी करना चाहता था। सलाहकार समिति की बैठक में सरदार वल्लभभाई पटेल ने तत्कालीन नेतृत्व की नीति को स्पष्ट किया था कि ''अब हमें ग़लत धारणा पर आधारित इस दावे को असत्य सिद्ध करना है। अल्पसंख्यकों के हितों की रक्षा में हम भारतीयों से अधिक और किस की दिलचस्पी हो सकती है। हमारा मुख्य उद्देश्य उन सब अल्पसंख्यकों को आश्वस्त करना है और यह सिद्ध करना है कि हम शासन चलाने में पूर्णतया समर्थ हैं। किसी दूसरे पर शासन स्थापित करने की हमारी कोई आकांक्षा नहीं है।''[7]

अल्पसंख्यकों के भय के निवारण का प्रभावशाली उपाय यही हो सकता था कि उन्हें संविधान में समुचित संरक्षण प्रदान किया जाये। नेहरू समिति तथा अन्य समितियों के सदस्य इस बात पर सहमत थे कि जनसमुदाय के व्यापक हितों के मद्देनज़र मौलिक अधिकारों का संविधान में सन्निवेश उपादेय है। प्रारूप संविधान के निर्माण काल में नेहरू समिति ने अपने प्रतिवेदन में इस पक्ष पर विशेष ज़ोर दिया था :

> ''हमारा पहला उद्देश्य संविधान में मौलिक अधिकारों को सन्निहित करना है, जिनका किसी भी स्थिति में हनन नहीं हो। इस बात को महत्त्व दिये जाने की पृष्ठभूमि में एक कारण यह भी है कि हमारे देश में विविध साम्प्रदायिक समूह हैं और दुर्भाग्य से उनमें एक–दूसरे के प्रति अविश्वास तथा सन्देह विद्यमान हैं। उनमें सुरक्षा की भावना स्थापित करना अति आवश्यक है। अतः अल्पसंख्यकों के हितों की रक्षा की दृष्टि से इसके अतिरिक्त कोई अन्य कारगर उपाय सम्भव नहीं था।''[8]

औपनिवेशिक भारत में विद्यमान निर्योग्यताओं से मुक्ति तथा विभिन्न अल्पसंख्यक समुदायों को समुचित संरक्षण प्रदान करने के साथ ही मौलिक अधिकारों के पीछे प्रेरणा के कतिपय अन्य स्रोत भी रहे हैं, जिनका उल्लेख करना प्रासंगिक होगा। इसमें संयुक्त राज्य अमेरिका का अधिकारों सम्बन्धी

प्रालेख, फ्रांस की राज्य क्रान्ति और उसकी कोख से उत्पन्न स्वतन्त्रता, समानता तथा बन्धुत्व के सिद्धान्तों को निश्चित तौर पर प्रभावी तत्त्वों की श्रेणी में ले सकते हैं, जिन्होंने स्वतन्त्रता के लिए संघर्षरत पीढ़ी को कई तरह से प्रभावित किया था। सामाजिक और आर्थिक न्याय की प्रतिस्थापना में 'बोल्शेविक क्रान्ति (1917)' ने भी हमारे देश के दिग्गज नेताओं और विचारकों को बहुत सीमा तक आकर्षित किया था। संविधान जगत में आयरलैंड, जापान तथा बर्मा के संविधानों का उल्लेख कर सकते हैं, जिनका हमारे संविधान की निर्माण प्रक्रिया पर सीधा प्रभाव पड़ा है। संयुक्त राष्ट्र संघ के चार्टर में निहित आदर्श तथा मानव अधिकारों की घोषणा के स्वर में भी भारत की तात्कालिक पीढ़ी का स्वर मिला हुआ दृष्टिगत होता है। संक्षेप में यही कहना उपयुक्त होगा कि संसार के इतिहास में घटित इन्हीं घटनाक्रमों और उनसे प्रभावित व्यवस्थाओं ने केवल स्वतन्त्रता संग्राम ही नहीं, अपितु संविधान निर्माण को भी प्रभावित किया था। मौलिक अधिकार इन्हीं मिले–जुले प्रभावी कारकों का परिणाम कहा जा सकता है।

अधिकारों की महत्ता का सामाजिक परिप्रेक्ष्य

संविधान द्वारा प्रदत्त मौलिक अधिकारों के अध्याय का अगर हम भारत की सामाजिक व्यवस्था के परिप्रेक्ष्य में आकलन करें तो इसे सामाजिक प्रलेख कहना कहीं अधिक युक्ति संगत लगता है। देश की स्वतन्त्रता मात्र राजनीतिक क्रान्ति थी। सामाजिक और आर्थिक क्रान्ति का यह पहला चरण था। मूल प्रश्न तो यहाँ के पारम्परिक सामाजिक, आर्थिक ढाँचे को बदल कर नये समाज का निर्माण करना था। मौलिक अधिकारों का अध्याय इस दृष्टि से हमारा विशेष ध्यान आकर्षित करता है। स्वतन्त्रता, समानता और शोषण के विरुद्ध अधिकार, अस्पृश्यता जैसी अमानवीय सामाजिक प्रथा के अन्त के क़ानूनी उपबन्धों को अगर हम आधुनिक समाज के प्रतीक और नूतन क्षितिज कहें, तो अतिशयोक्ति नहीं होगी, क्योंकि इस अध्याय में वर्णित अधिकारों के माध्यम से भारत के समूचे सामाजिक ढाँचे को पलट कर नये मूल्यों पर आधारित सामाजिक संरचना का आह्वान किया गया है। बहुप्रशंसित और बहुगौरवान्वित वर्ण व्यवस्था के समूचे ताने–बाने को नकार कर सदियों से उपेक्षित जनसमुदाय को एक नागरिक और आदमी की तरह जीने का अधिकार दिया गया है।

इसके माध्यम से एक सामाजिक व्यवस्था पूर्णतया टूटी भले ही न हो, किन्तु उसकी समाप्ति की शुरुआत अवश्य कही जा सकती है।

मौलिक अधिकारों की प्रकृति और उनकी परिसीमाओं को देखते हुए सामाजिक परिवर्तन की यह बात कुछ लोगों को अतिशयोक्ति लग सकती है, किन्तु इससे इनके महत्त्व पर कोई अन्तर नहीं पड़ता। संविधायकों द्वारा किये गये सामाजिक–आर्थिक क्रान्ति के दावे की परिपुष्टि के लिए हमें भारत के पारम्परिक हिन्दू सामाजिक संरचना पर एक विहंगम दृष्टि डालनी होगी। उसकी संरचना में अन्तर्निहित विषमता और शोषण स्वतः ही इस अध्याय के महत्त्व को प्रकट कर देते हैं। भारतीय समाजशास्त्री भी इस बात से भली–भाँति परिचित हैं कि हिन्दू समाज का सम्पूर्ण पारम्परिक ढाँचा वर्ण व्यवस्था पर अवलम्बित रहा है। कार्य विभाजन की दृष्टि से इसे बड़ी लचीली और आदर्श व्यवस्था कहा गया है। हमारे देश के धर्मशास्त्र प्रणेता, समाज सुधारक और बुद्धिजीवियों ने इस द्विज–संस्कृति की मुक्त कण्ठ से प्रशंसा की है। सवर्ण विद्वान आज भी इस व्यवस्था में अन्तर्निहित विषमता, मनुष्य की मनुष्य के प्रति घृणा, अस्पृश्यता और विभिन्न स्तरों पर अवस्थित शोषण पर नज़र डालें तो प्रतीत होगा कि इसमें प्रशंसा अथवा गौरव करने जैसी कोई बात नहीं लगती, बल्कि इसके विपरीत यह बड़ी शर्मनाक व्यवस्था लगती है।

हिन्दू जाति व्यवस्था संस्तरीकरण, पवित्रता और अपवित्रता सिद्धान्त पर आधारित है, जिसका उद्गम वर्ण व्यवस्था में निहित है। ब्राह्मण समाज के सर्वोच्च शिखर हैं तो शूद्र उसकी सबसे निचली सीढ़ी। दोनों ही वर्गों के अधिकार, कर्तव्य, वृत्तियाँ और आकांक्षाएँ जन्म के आधार पर निर्धारित होती आयी हैं। ब्राह्मण और क्षत्रिय द्विज–दो बार जन्म लेने वाला है। शूद्र इस श्रेणी में नहीं आता, क्योंकि वह एक ही बार जन्म लेता है।

भारत के धर्मशास्त्र प्रणेताओं ने इस वर्ण व्यवस्था की विशद् व्याख्या की है। हिन्दुओं के महाग्रन्थों में इन वर्गों के अधिकार और कर्तव्यों पर विस्तार से प्रकाश डाला गया है। यह दीगर है कि इस समाज का ढाँचा उन्हीं परम्पराओं के आधार पर अब तक टिका रहा है। वे ही मानक और मूल्य इसके व्यवहृत स्वरूप की पहचान रहे हैं। इनमें ब्राह्मण, क्षत्रिय और शूद्रों के बीच रिश्ते की सीमा रेखाओं को बहुत ही स्पष्ट शब्दों में निरूपित किया गया है। शूद्रों की स्थिति और भूमिका को समझने के लिए उदाहरण के तौर पर 'मनुस्मृति' में वर्णित चन्द श्लोकों को उद्धृत करना पर्याप्त होगा।

'मनु ने समाज का जो विधान तैयार किया, उसी ने हमारे सामाजिक ताने–बाने को बनाये रखने और नियन्त्रित करके उसकी नैरन्तर्यता बनाये रखी है। हिन्दू संस्कृति के पक्षधर अपनी सामाजिक संस्कृति के लचीलेपन और निहित दर्शन की श्रेष्ठता के चाहे जितने गीत गायें, पर सच यह है कि 'मनु का कट्टरपन्थी विधान' ही हमारे सामाजिक ढाँचे के व्यवहृत स्वरूप में जीवित है। मनु ने जो कहा, वह इस समाज की रक्त शिराओं और संस्कारों में आज भी प्रवाहमान है। इस सन्दर्भ में इन श्लोकों को उद्धृत करना समीचीन होगा। मनुस्मृति में यह वर्णित है :

एकमेवक्त शूद्रस्य प्रभु कर्म समादिशत।
एतेषामेव वर्णानां शूद्रुषामन्यया।
शूद्र तं कारयेद दास्यं क्रीकक्रीतमेव वा।
दास्यायेव हि सृष्टों सो ब्राह्मणस्य स्वयं युवा।
न स्वामिना निसृष्टी पि शूद्रो दास्या दिवमुच्यते।
निसर्गत हि तत्तस्य कस्तसभात्रदपाहात।
शक्तेनापि हि शूद्रेण न कार्यो धन संचयः।
शूद्रो हि धनमासाट्य ब्राह्मणानेन बाघते।।[9]

अर्थात भगवान ने शूद्रों के लिए केवल एक जीविका निर्धारित की है कि वे विनम्रतापूर्वक अन्य तीन वर्णों की सेवा में संलग्न रहें। शूद्र को दासोचित कर्म के लिए बाध्य किया जा सकता है। भले ही वह क्रीत अर्थात मोल लिया गया हो अथवा अक्रीत क्योंकि ब्रह्मा ने उसे ब्राह्मण के दास के रूप में पैदा किया है। जिस शूद्र को स्वामी ने मुक्त कर दिया हो, उसे दासता से छुटकारा नहीं मिल सकता। जो जन्म से ही दास हो, उसे भला कौन मुक्त कर सकता है? शूद्र को किसी हालत में धन जमा नहीं करने दिया जाना चाहिए, भले ही वह इसमें सक्षम हो, क्योंकि धन जमा कर लेने वाला शूद्र ब्राह्मण को दुख पहुँचाता है।

मनुस्मृति में एक स्थान पर यह वर्णित है कि ''चाण्डालों और शूद्रों को गाँव के बाहर बसाना चाहिए। सम्पत्ति के नाम पर वे केवल कुत्ते और गधे रख सकते हैं। शूद्रों की औरतें अन्य वर्णों के लिए भोग्य हैं। इन्हें शिक्षा, धार्मिक संस्कार, अनुष्ठान आदि का अधिकार नहीं है।''[10]

यह है हमारी वर्ण व्यवस्था, जिसे हमारे समाज के परम्परागत अभिजन ने श्रम विभाजन की दृष्टि से उत्तम एवं आदर्श व्यवस्था कहा है। आधुनिक जगत में साँस लेने वाला कौन व्यक्ति इस भेदभावपूर्ण अमानवीय व्यवस्था को स्वीकार करेगा। ये उदाहरण तो व्यवस्था सम्बन्धी लिखे गये शास्त्रों की बानगी भर हैं। इस समूची सामाजिक व्यवस्था का विश्लेषण कर देखें तो यही लगता है कि ब्राह्मणों ने अपने तथा राजसत्ता पर काबिज़ अभिजन के हितों की किलेबन्दी के उद्देश्य से दलित वर्ग को जानवरों से भी बदतर जीवन–यापन करने को न्यायसंगत ठहराया है। दलित वर्ग की सदियों से शास्त्रों को दुहाई देकर राजसत्ता, सम्पत्ति और मानव होने के प्राकृतिक अधिकारों से वंचित रखते हुए दास के रूप में ही रखा गया है। विषमता, शोषण और अन्याय पर आधारित इस सामाजिक ढाँचे को धर्मशास्त्र प्रणेताओं तथा उच्चवर्ग के अभिजनों द्वारा ईश्वरीय देन करार देकर युगों–युगों तक यथावत क़ायम रखा है। विषमता और शोषण की ऐसी किलेबन्दी का उदाहरण विश्व इतिहास में मिलना दूभर है। इस सन्दर्भ में श्री देवीप्रसाद चट्टोपाध्याय की प्रसिद्ध पुस्तक *भारतीय दर्शन में क्या जीवन्त है और क्या मृत* का उल्लेख करना प्रासंगिक होगा। लेखक ने अपने इस ग्रन्थ में सामाजिक जीवन पर भारतीय आदर्शवाद का विशद विवेचन किया है और अनेकानेक धर्म ग्रन्थों को उद्धृत कर द्विज और शूद्रों के बीच स्थित विषमता तथा शोषण की व्यवस्था को युक्ति संगत ढंग से उजागर किया है। इस समूचे प्रश्न पर विस्तार से उन्होंने लिखा है :

> "ऐसा है वह आदर्श समाज जिसकी धर्मशास्त्र प्रणेताओं ने परिकल्पना की। स्वतन्त्र चिन्तन अथवा बुद्धिवाद के प्रति उन्होंने घोर शत्रुतापूर्वक दृष्टिकोण क्यों अपनाया, यह समझना कठिन नहीं। जिस समाज में अनगिनत श्रमजीवियों को पराधीनता का जीवन अपनाये रहने को विवश किया जाता हो, जिससे राष्ट्र की सम्पत्ति का उत्पादन करते हुए लोगों को केवल अस्तित्व के लिए आवश्यक वस्तुओं पर गुज़र करने को विवश किया जाता हो, उस समाज को क़ायम रखने के लिए हिंसात्मक उपायों के अलावा एक और चीज़ आवश्यक होती है और यह चीज़ है–सचमुच बड़े पैमाने पर अन्धविश्वास। बुद्धिवाद चूँकि अन्धविश्वास के लिए अरुचि कर होता है, इसलिए भारतीय धर्मशास्त्र प्रणेताओं के लिए वह रुचि कर नहीं हो सकता था।"[11]

भाग्यवाद और अन्धविश्वास पर टिकी इस सामाजिक व्यवस्था की निचली सीढ़ियों पर खड़े दलित जनसमूहों को अनगिनत यातनाएँ सहनी पड़ी हैं। युगों–युगों से विषमता और शोषण पर आधारित ब्राह्मणी हिन्दू समाज में यह तबका सवर्णों के कोप का भाजन रहा है। यह जनसमूह पीढ़ियों से राजसत्ता, समाजसत्ता, धर्मसत्ता, शिक्षा आदि से वंचित रहा है। इस बात की परिपुष्टि करने की दृष्टि से हिन्दू धर्मावलम्बियों के महान ग्रन्थ *महाभारत* के एक कथा प्रसंग को उद्धृत करना पर्याप्त होगा, जो ऋषि–मुनियों के चरित्र और ब्राह्मणों का शूद्रों के प्रति हेय दृष्टिकोण तथा अमानवीय व्यवहार को उजागर करता है।

यह प्रसंग कौरव और पाण्डवों के राजगुरु द्रोणाचार्य से सम्बन्ध रखता है। द्रोणाचार्य का तत्कालीन सत्ता के गलियारों में बड़ा सम्मान था। वे क्षत्रिय राजकुमारों को धनुष बाण और अन्यान्य शस्त्र चलाने की शिक्षा देते थे। कहा जाता है कि उन्हीं दिनों एक प्रतिभाशाली आदिवासी बालक ने, जिसका नाम एकलव्य था, राजगुरु से धनुर्विद्या की शिक्षा प्रदान करने की विनती की। द्रोणाचार्य ने उसकी विनती को इस आधार पर ठुकरा दिया कि वह शूद्र था। एकलव्य पुनः जंगल में लौट गया। कहते हैं कि एकलव्य जंगल में रहते हुए द्रोणाचार्य की मूर्ति बना कर उसके सम्मुख स्वयं ही धनुर्विद्या का अभ्यास करने लग गया। धीरे–धीरे वह इतना पारंगत हो गया कि धनुर्विद्या में उसकी जोड़ का निपुण पात्र राजकुमारों की जमात में भी मिलना मुश्किल था, स्वयं द्रोणाचार्य के शिष्यों की जमात में भी नहीं। द्रोणाचार्य को जब यह ज्ञात हुआ तो उन्होंने उसे अपने पास बुलाया। उन्होंने यह जानना चाहा कि उसका गुरु कौन है? आदिवासी बालक एकलव्य ने निःसंकोच होकर बताया कि यह उन्हीं की मूर्ति का पुण्य प्रताप है, जिसे सम्मुख रख कर स्वयं ही धनुर्विद्या की शिक्षा प्राप्त की है। द्रोणाचार्य ने कहा कि रीति के मुताबिक तुम्हें गुरुदक्षिणा देनी होगी। एकलव्य सब कुछ देने को तैयार था। द्रोणाचार्य की इन सबमें दिलचस्पी नहीं थी। उन्होंने एकलव्य को अपना अँगूठा काट कर अर्पित करने को कहा। एकलव्य ने बिना किसी संकोच के अँगूठा काट कर उस ब्राह्मण को अर्पित कर दिया और इस तरह स्वयं द्वारा अर्जित उस विद्या से हमेशा के लिए वंचित हो गया।

द्रोणाचार्य और एकलव्य की यह कथा ब्राह्मण वर्ग द्वारा गुरु–शिष्य के सम्बन्धों तथा त्याग के अद्भुत उदाहरण के रूप में व्याख्यायित की

जाती रही है। लेकिन यह कुछ और ही बात कहती है। वह है ब्राह्मण और क्षत्रिय वर्ग का सम्पत्ति, राज–पाट और शिक्षा तथा अन्य सांसारिक सुविधाओं पर एकाधिकार की बात। शूद्र वर्ग न केवल इससे वंचित था, अपितु अपनी सीमा लाँघने पर दण्डित भी किया जाता था। इस प्रसंग को किसी भी पहलू से देखिए, इसकी तह में अत्याचार, वंचना और शोषण ही दिखायी देगा।

महाभारत का एक और प्रसंग है, जो भारत की सामाजिक व्यवस्था में स्त्रियों की स्थिति एवं भूमिका पर ध्यान आकर्षित करता है। वह है धर्मराज युधिष्ठिर द्वारा शतरंज के दाँव में द्रौपदी को हार जाने का प्रसंग। कहते हैं युधिष्ठिर जब शतरंज खेलते–खेलते राजपाट और सभी कुछ हार गये, तो उन्होंने पाँच भाइयों की साझे की स्त्री द्रौपदी को ही दाँव पर लगा दिया। जब वे यह बाज़ी भी हार गये, तो उन्होंने अपने वचन के अनुसार द्रौपदी दुर्योधन के हाथों सौंप दी। जैसा कि महाभारत के अध्येता जानते हैं, बड़े–बड़े योद्धाओं और धर्माचार्यों की उपस्थिति में खचाखच भरे दरबार में दुर्योधन ने द्रौपदी का चीरहरण किया। यह कथा जगत प्रसिद्ध है। स्त्रियों की सामाजिक दशा सम्बन्धी दूसरा प्रसंग *रामायण* में भी देखने को मिलता है। इस महाग्रन्थ के नायक मर्यादा पुरुषोत्तम राम हैं, जो सभी दृष्टि से श्रेष्ठ एवं आदर्श मानव कहे जा सकते हैं। लेकिन उसी आदर्श पुरुष राम ने एक धोबी द्वारा लांछित करने पर अपनी पत्नी सीता को वनवास दे दिया था। इसे भी गौरवगाथा के रूप में प्रस्तुत किया जाता है।

उपरोक्त ये दो उदाहरण तो केवल बानगी भर हैं। ऐसे अनेक प्रसंगों को हमारे देश के विद्वान अपनी आस्था, अन्धविश्वास, पूर्वाग्रह और धार्मिक–सामाजिक मान्यताओं के आधार पर व्याख्यायित करते आये हैं। इस दृष्टि से इन दोनों घटनाओं में कुछ भी नया अथवा आश्चर्यजनक नहीं लगता। लगती है तो केवल यह बात कि *श्रीमदभागवद् गीता* और *रामायण* जैसे महाग्रन्थों की जिस देश में रचना हुई है, वहाँ स्त्रियों का अस्तित्व केवल गाय और बकरी से अधिक कुछ नहीं था, जिसे पति शतरंज में दाँव पर लगा सकता था और अपनी अर्द्धांगिनी को केवल उलाहना देने पर परीक्षा के लिए विवश किया था और दण्डस्वरूप वनवास भी देने का उसे अधिकार था। क्या यह समूची स्त्री समाज की दयनीयता, असहायता और पराधीनता की स्थिति का द्योतक नहीं है? भारतीय समाज में नारी की स्थिति के बारे में तो यही कहा जा सकता है कि उनका स्वतन्त्र कोई अस्तित्व नहीं रहा है।

वह बचपन में पिता, यौवन में पति, बुढ़ापे में अपने बेटों के ही साये में रहती आयी है। वह एक पत्नी और माँ के रूप में ही पहचानी जाती है, स्त्री के नाते नहीं।

सांस्कृतिक इतिहास के परिप्रेक्ष्य में अगर मौलिक अधिकारों पर दृष्टि डालें तो निश्चित ही एक नया अनदेखा और कल्पनातीत युग का सूत्रपात नज़र आता है। कुछ सीमा तक यह भी लगता है कि जैसे संविधान निर्माताओं ने समानता और स्वतन्त्रता का अधिकार प्रदान कर समूचे इतिहास को नकार दिया है। अस्पृश्यता, देवदासी प्रथा तथा बेगार जैसे संस्थागत शोषण की व्यवस्था को समाप्त कर संविधायकों ने सचमुच परम्परागत ब्राह्मणी समाज पर करारी चोट की है। उन्होंने अनुसूचित जाति तथा जनजातियों की सामाजिक दुर्दशा को देखते हुए आरक्षण की व्यवस्था कर समतावादी मूल्यों के प्रति अपनी प्रतिबद्धता दर्शायी है। नये समतावादी समाज की स्थापना का स्वप्न कहाँ तक पूरा हुआ है, यह एक अलग प्रश्न है। किन्तु समाज के भविष्य के सन्दर्भ में जो मानचित्र तैयार किया है, वह पिछले मापदण्डों और मानकों से सर्वथा भिन्न है। अतः इस दृष्टि से हम संविधान की प्रस्तावना और मौलिक अधिकारों को नयी व्यवस्था की 'अन्तरात्मा' कह सकते हैं।

संविधान में वर्णित मौलिक अधिकार

संविधान के तीसरे अध्याय में अनुच्छेद 14 से 32 में इन मौलिक अधिकारों का वर्णन किया गया है। इन्हें हम छह शीर्षकों के अन्तर्गत रख सकते हैं :

1. समानता का अधिकार
2. स्वतन्त्रता का अधिकार
3. शोषण के विरुद्ध अधिकार
4. धार्मिक स्वतन्त्रता का अधिकार
5. शिक्षा और सम्बन्धी अधिकार
6. संवैधानिक उपचारों का अधिकार

समानता का अधिकार

स्वतन्त्रता और समानता पर आधारित समाज का प्रस्थापन संघर्षशील जनसमुदाय की चिर आकांक्षित अभिलाषा रही है। कई बार जोखिम उठा कर भी उसने इसकी अभिव्यक्ति भी दी है। विश्व इतिहास में विगत दो

सौ वर्षों के दौरान हुई उथल–पुथल और कतिपय निर्णायक क्रान्तियों की पृष्ठभूमि में हम इन मूल्यों की अहम भूमिका देख सकते हैं। अमेरिका का स्वातन्त्र्य संघर्ष, फ्रांस की राज्य क्रान्ति (1789) तथा अक्तूबर, 1917 की बाल्शेविक क्रान्ति पर एफ्रो–एशियाई जगत में औपनिवेशिकवाद साम्राज्यवाद से मुक्ति संघर्ष में ये ही मुख्य प्रत्यक्ष–अप्रत्यक्ष रूप से प्रेरक रहे हैं। परिणामतः लगभग उन सभी राष्ट्रों ने, जो लोकतन्त्रीय होने का दावा करते हैं, इन अधिकारों को संविधान के अभिन्न अंग के रूप में स्वीकार किया है।

भारतीय संविधान के मुख्य रचनाकारों में पण्डित जवाहरलाल नेहरू की अपनी विशिष्ट भूमिका रही है। उन्होंने इस युग में समानता के प्रति विशेष जनअनुराग की सटीक व्याख्या की है। अपनी बहुप्रशंसित पुस्तक *द डिस्कवरी ऑफ़ इंडिया* में एक महत्त्वपूर्ण बिन्दु की ओर ध्यान आकर्षित किया है। उन्होंने लिखा है कि ''इस युग की आवाज़ और अन्तरात्मा 'समानता' के पक्ष में है।'' हालाँकि समाजशास्त्री श्री आन्द्रे बेते ने विद्यमान विषमता पर जो टिप्पणी की है वह भी जानी–मानी बात है। उनका कहना युक्ति संगत है कि 'तीसरी दुनिया' में विद्यमान घोर ग़रीबी और विषमता स्पष्ट गोचर है। असमानता कोई ऐसी चीज़ नहीं जिसे तकनीकी युक्ति से मापा जाये। उसे तो आँखों से प्रत्यक्ष देखा जा सकता है।[12] संविधान के इस अध्याय के अनुच्छेद 14 से 18 में भारतीय समाज में विद्यमान बहुरूपी विषमता को समाप्त करने का प्रयास किया गया है।

संविधान के अनुच्छेद 14 में यह वर्णित है कि ''भारत में प्रत्येक व्यक्ति विधि के समक्ष समान है और प्रत्येक व्यक्ति को विधि का समान संरक्षण प्राप्त होगा।''[13]

'विधि के समक्ष समानता और विधि का समान संरक्षण' दोनों परिपूरक होते हुए भी भिन्नता लिये हुए हैं। विधि के समक्ष समानता कुछ सीमा तक नकारात्मक है, जबकि विधि के समान संरक्षण सकारात्मक पक्ष को इंगित करता है। प्रथम वाक्यांश ब्रिटिश सामान्य विधि की अभिव्यक्ति है, तो दूसरा सम्प्रत्यय अमेरिकी संविधान की देन है। विधि के समक्ष समानता का अर्थ किसी एक व्यक्ति को दूसरे की तुलना में वरीयता अथवा विशेष सुविधा न देकर सबके साथ समान व्यवहार करना है, जबकि 'विधि का समान संरक्षण' का अर्थ समान तरह के लोगों में क़ानून को समान रूप से व्यवहृत करना है। दूसरे शब्दों में, यह समान परिस्थितियों में समान व्यवहार की गारंटी देता है। विधि निर्माण की दृष्टि से राज्य युक्ति संगत

वर्गीकरण करने में सक्षम है और जो उसके विवेक सम्मत होने को चुनौती देते हैं। अविवेक सम्मत सिद्ध करने का दायित्व भी उसी व्यक्ति का है।

अनुच्छेद 14 की अनेकानेक मुक़दमों में समय–समय पर व्याख्या की गयी है। 'चिरंजीत लाल चौधरी बनाम भारतीय संघ' के मामले में सर्वोच्च न्यायालय का प्रतिपादन इस अनुच्छेद के स्पष्टीकरण की दृष्टि से विशेष रूप से उल्लेखनीय है। इस विवाद की शुरुआत केन्द्र सरकार ने एक कम्पनी के अधिग्रहण के कारण हुई। कम्पनी की दयनीय स्थिति को देखते हुए संसद से विधि पारित करा कर सरकार ने इसका अधिग्रहण कर लिया। चूँकि इसका सम्बन्ध सैकड़ों लोगों की आजीविका से जुड़ा था, इसलिए केन्द्र सरकार ने यह क़दम उठाया। संविधान के अनुच्छेद 32 के अनुसार इस विधेयक को चुनौती दी गयी। आवेदनकर्ता का कहना था कि जिन आधारों पर कम्पनी का अधिग्रहण किया गया है, वैसी स्थिति अन्य कम्पनियों में भी विद्यमान है। अतः सरकार का यह क़दम पक्षपातपूर्ण है। न्यायालय ने पारित विधि को मान्यता प्रदान करते हुए आवेदनकर्ता के दावे को अस्वीकार कर दिया। न्यायालय का कहना था कि :

> "यह बात स्वीकार की जानी चाहिए कि क़ानून के समान संरक्षण का अर्थ असमान स्थितियों में क़ानून का समान कार्यान्वयन नहीं है, जैसा कि अमेरिका के उच्चतम न्यायालय ने इसका प्रतिपादन करते हुए कहा है कि क़ानून के समान संरक्षण का अर्थ समान क़ानून का समान रूप से संरक्षण है। दूसरे शब्दों में, समान परिस्थितियों के रहते हुए विधि द्वारा दो व्यक्तियों में भेदभाव नहीं किया जाना चाहिए। एक ऐसा क़ानून जो किसी व्यक्ति अथवा व्यक्ति समूह के लिए निर्मित किया गया हो और विभेदात्मक न हो, तो उसको असंवैधानिक नहीं कहा जा सकता। वास्तव में, असंवैधानिक क़ानून तो वह है जो किसी व्यक्ति विशेष अथवा कार्पोरेशन को ही दोषी मान कर बनाया जाये और उसी तरह के दोषी व्यक्तियों को छोड़ देता हो। क़ानून के निर्धारण और वर्गीकरण के क्षेत्र में व्यवस्थापिका के अधिकार व्यापक हैं। अगर कोई क़ानून समान रूप से किसी वर्ग पर प्रभाव डालता है, तो वह समान संरक्षण के विरुद्ध नहीं है। किन्तु यह वर्गीकरण 'मनमाना' (arbitrary) नहीं होना चाहिए। वर्गीकरण किसी ठोस और विवेकसम्मत आधार

पर ही किया जाना चाहिए। जहाँ ऐसा विवेकसम्मत आधार न हो तो वह विधि असंवैधानिक है। एक कार्पोरेशन अथवा व्यक्ति समूह को विधि निर्माण के लिए अलग से वर्गीकृत भी किया जा सकता है, बशर्ते कि उसमें कुछ ऐसी विशेषता विद्यमान हो जिनका अन्य में अभाव हो। ऐसे मामले में यदि न्यायालय को यदि न्यायिक दृष्टि से उचित लगे तो उस विधि का समर्थन करना चाहिए। उसकी अवैधानिकता सिद्ध करने का दायित्व चुनौती देने वाले का है। उसे ही यह सिद्ध करना होगा कि अमुक क़ानून मनमाना और अवैधानिक है।''[14]

भेदभाव का अन्त : सामाजिक समानता की स्थापना (अनुच्छेद 15, 16) : अनुच्छेद 15 समानता के अधिकार को सामाजिक दृष्टि से सार्थक और अर्थवान बनाता है। एक दृष्टि से हम इसे अनुच्छेद 14 का विस्तार भी कह सकते हैं। सामाजिक संस्तरीकरण एवं अन्य मानव निर्मित सीढ़ियों को लाँघ कर संविधायकों ने पहली बार इस देश में महिलाओं और पुरुषों को नागरिक होने के नाते समान हैसियत प्रदान की है। अनुच्छेद 15 के अनुसार :

''राज्य नागरिकों में धर्म, मूलवंश, जाति, लिंग और जन्म स्थान के आधार पर भेद नहीं करेगा। न ही इसमें से किसी के अधिकार पर कोई नागरिक दुकानों, सार्वजनिक भोजनालयों, होटलों तथा सार्वजनिक मनोरंजन के स्थानों में किसी के प्रवेश पर रोक लगा सकेगा। इसी तरह कोई नागरिक पूर्ण अथवा आंशिक तौर पर राज्य निधि से पोषित कुओं, घाटों, स्नानघर, सड़क तथा सार्वजनिक स्थानों के उपयोग से वंचित नहीं किया जा सकेगा।''[15] 'नयनसुख बनाम उत्तर प्रदेश' के मुक़दमे में इस अनुच्छेद की व्याख्या करते हुए सर्वोच्च न्यायालय ने भी यही कहा था कि ''संविधान के अनुच्छेद 15(1) में वर्णित अधिकार नागरिक को एक व्यक्ति के नाते प्रदत्त किये गये है और यह उसे अधिकार और संविधान प्रदत्त सुविधाओं के मामले में बरते जाने वाले किसी तरह के भेदभाव के विरुद्ध गारंटी देता है।''[16]

अनुच्छेद 15(1) के अनुसार जन्म स्थान के आधार पर भी भेदभाव करना निषिद्ध है, लेकिन आवास को भेदभाव के अन्तर्गत नहीं गिना जा सकता।

वास्तव में देखा जाये तो यह उपबन्ध प्रान्तीयता जैसी संकुचित भावनाओं को समाप्त करने की दृष्टि से उल्लेखनीय है।

इसके दो अपवाद हैं। जहाँ राज्य धर्म, मूलवंश, जाति, लिंग और जन्म स्थान के आधार नागरिकों में भेदभाव नहीं करेगा, वहाँ स्त्रियों तथा बालकों के लिए विशेष उपबन्ध बनाने में पूर्णतया सक्षम है। दूसरा, संविधान के प्रथम संशोधन (1951) द्वारा इस अनुच्छेद में एक भाग 15(4) को जोड़ा गया। इस अनुच्छेद में यह व्यवस्था की गयी है कि राज्य शिक्षा एवं सामाजिक दृष्टि से पिछड़े हुए वर्गों, अनुसूचित जातियों तथा अनुसूचित जनजातियों के उत्थान के लिए विशेष उपबन्ध बना सकता है। पददलित और सदियों से शोषित तबके के लिए समानता के अधिकार को अर्थवान बनाने की दृष्टि से यह व्यवस्था विशेष महत्त्वपूर्ण है।

अनुच्छेद 16 में जो व्यवस्था है वह भी एक नयी स्थिति का सूत्रधार है। इसके अन्तर्गत यह व्यवस्था की गयी है कि राज्य सरकारी पदों पर नियुक्ति के सम्बन्ध में सब नागरिकों को समान अवसर प्रदान करेगा। धर्म, वंश, जाति, लिंग, उद्‌भव, जन्म स्थान और निवास के आधार पर राज्य भेदभाव नहीं बरतेगा अथवा किसी को अयोग्य नहीं ठहरायेगा। इस मौलिक अधिकार की भी सीमाएँ हैं। उदाहरण के तौर पर, संसद चाहे तो विधि द्वारा किसी राज्य के स्थानीय पद को वहाँ के निवासियों के लिए आरक्षित कर सकती है। दूसरा अपवाद पिछड़े वर्ग के आरक्षण से सम्बन्धित है। राज्य पिछड़े वर्ग के लिए सरकारी पदों और नौकरियों में आरक्षण करने में सक्षम है। इस अपवाद का अभिप्राय भी यही है कि सरकार पीढ़ियों से वंचित कमज़ोर तबके को समाज की मुख्य धारा में लाये और उन्हें भी वह प्रतिष्ठा प्राप्त हो जो समाज के अन्य वर्गों को प्राप्त है। 16वें अनुच्छेद के माध्यम से निश्चय रूप से सरकारी नौकरी के मामले में अवसर की समानता की प्रत्याभूति हुई है। इस अधिकार ने जाति, मूलवंश, सम्प्रदाय, प्रान्त आदि संकीर्ण दायरों को अस्वीकृत कर मात्र नागरिक होने की मान्यता दी है। लेकिन व्यवहार में हमें इसकी अवहेलना देखने की मिलती है। कई राज्यों के लोक सेवा आयोग अथवा ऐसी ही अन्य एजेंसियाँ सरकारी नौकरियों में खुल कर जाति, परिवार तथा सम्प्रदाय को तरजीह देती देखी गयी हैं। एक ओर संविधान तो जाति, धर्म, सम्प्रदाय या जन्म स्थान के संकीर्ण गलियारों को अस्वीकार करता है, लेकिन यहाँ के आम आदमी या अभिजन अभी इन सब संकीर्णताओं से ऊपर नहीं उठ पाये हैं।

यही बात राजनीति कर्मियों के बारे में कहीं जा सकती हैं। जो भाषा तो संविधान में वर्णित लक्ष्यों की बोलते हैं, लेकिन व्यवहार में क्षेत्रीय, जातिपरस्त तथा साम्प्रदायिक हैं।

अस्पृश्यता की समाप्ति : अनुच्छेद (17) : अस्पृश्य कही जाने वाली जातियों के साथ सवर्ण हिन्दुओं द्वारा किसी तरह सनातन काल से अत्याचार होता रहा है, इस जाति समूह के साथ उच्च जातियों के सामाजिक व्यवहार की तुलना हम दक्षिण अफ्रीका की श्वेत जाति द्वारा काले लोगों के साथ किये जाते रहे बर्ताव से ही कर सकते हैं। सामाजिक न्याय के पक्षधर इस अत्याचार, अमानवीय और निन्दनीय कुप्रथा को स्वतन्त्र भारत में समाप्त करने के लिए कटिबद्ध थे। इसके उन्मूलन में महात्मा गाँधी की ऐतिहासिक भूमिका से हम सभी परिचित हैं। वे इस समस्या से कितने द्रवित और संवेदनशील थे, यह उनके इस वक्तव्य से प्रकट होता है।

उन्होंने कहा, "हालाँकि पुनर्जन्म की मेरी आकांक्षा नहीं है। अगर मेरा पुनर्जन्म अवश्यम्भावी है, तो मेरी यह अभिलाषा है कि मेरा जन्म किसी हरिजन अथवा अछूत के घर में हो, जिससे कि मैं इस वर्ग के लोगों पर हो रहे जुल्म और अपमान के विरुद्ध आन्दोलन कर सकूँ।"[17]

संविधान सभा इस अत्याचार को समाप्त करने को प्रतिबद्ध थी। संविधान का 17वाँ अनुच्छेद इसी संकल्प की अभिव्यक्ति है। इस अनुच्छेद के अन्तर्गत छुआछूत बरतना दण्डनीय अपराध माना गया है। इसे व्यवहृत स्वरूप प्रदान करने की दृष्टि से सन् 1955 में भारत की संसद ने 'अस्पृश्यता अपराध अधिनियम' पारित किया। इसके अन्तर्गत अस्पृश्य जातियों के साथ किये जाने वाले भेदभाव को अवैध ठहराया गया है। इसके उल्लंघन करने पर छह माह का कारावास अथवा पाँच सौ रुपया जुर्माना या दोनों दण्ड दिये जाने की व्यवस्था की गयी है। अधिनियम पर तत्कालीन गृहमन्त्री ने संसद में कहा :

> "अस्पृश्यता का यह भयानक रोग हमारी नसों में समा गया है। हिन्दू समाज पर यह बड़ा भारी कलंक है। इसने असहिष्णुता और साम्प्रदायिकता जैसी कुप्रवृत्तियों को जन्म दिया है। यही हमारे समाज की अनेक बुराइयों की जड़ है। यह बड़े आश्चर्य की बात है कि जो समाज अपने उच्च दर्शन तथा अन्य प्राणियों के प्रति दयाभाव के लिए प्रसिद्ध है, उसी समाज ने मानव को इतना निम्न स्तर देने का काम किया है।

सनातन काल से यह कुप्रथा चली आ रही है। अब यह प्रायश्चित्त करने का समय आ गया है। अस्पृश्यता का विचार हमारे संविधान की आत्मा, चेतना तथा उसकी मूल भावना के विरुद्ध है।"[18]

संविधान द्वारा प्रदत्त समानता के अधिकार को व्यावहारिक एवं अर्थवान बनाने हेतु सामाजिक विषमता की विधि द्वारा समाप्त करने के उपरान्त भी प्रश्न यह है कि क्या अस्पृश्यता हमारे देश से समाप्त हो गयी है? इस छोटे से प्रश्न का हम सीधा हाँ या न में उत्तर नहीं दे सकते। एक ओर जहाँ शहरी क्षेत्रों में पश्चिमीकरण, शहरीकरण और औद्योगिकीकरण के कारण कट्टरवादी मानस में शैथिल्य आया है, वहाँ ग्रामीण अंचल आज भी उसी परम्परानुसार छुआछूत का पालन करते हैं। सवर्ण हिन्दू का मानस अभी भी इस स्थिति को स्वीकार कर आत्मसात करने को तैयार नहीं है। वैचारिक धरातल पर कतिपय राजनेता, बुद्धिजीवी तथा समाज सुधारक इसे अविवेक सम्मत और सामाजिक अन्याय मानते हैं, किन्तु अपने दैनिक व्यवहार में अभी भी इस ग्रन्थि से ग्रस्त हैं। संस्कारों से छुटकारा इन महानुभावों के लिए भी सम्भव नहीं हो पाया है। विचार और कर्म के बीच इस खाई ने दोहरेपन अथवा पाखण्डपूर्ण व्यवहार को ही जन्म दिया है। निःसन्देह यह स्थिति हमारे प्रगतिशील होने के दावे, सामाजिक न्याय के प्रति दर्शाये जाने वाला मोह और बड़ी–बड़ी गर्वोक्तियों के आगे प्रश्न चिह्न लगाती है। जाति सोपान में अस्पृश्यता की वर्तमान स्थिति पर देश के वयोवृद्ध कूटनीतिज्ञ बाबू जगजीवन राम ने अपनी पुस्तक *कास्ट चेलेंज इन इंडिया* में रोशनी डाली है। वे स्वयं इस व्यवस्था के भुक्त भोगी रहे हैं। देश के प्रबुद्ध तबके के दोहरे मानदण्डों पर लेखक ने निम्न टिप्पणी की है :

"जो लोग सार्वजनिक रूप से जात–पाँत के ख़िलाफ़ होने का दावा करते हैं, वे अपने व्यक्तिगत और पारिवारिक जीवन में कुछ दूसरे ही हैं। व्यक्तिगत रूप से वे जातिपरस्त हैं। बुद्धिजीवी अपने कल्पनालोक में वास करते हैं और विषमता पर आधारित इस समाज के दलित लोगों का क्या दुःख–दर्द है, इससे पूर्णतया अनभिज्ञ हैं। वे समतावादी समाज की बात तो करते हैं, लेकिन व्यवहार में ऐसा है नहीं। यही सबसे बड़ी त्रासदी है। कथनी और करनी का यह अन्तर समूचे सामाजिक जीवन को प्रभावित किये है।"[19]

उपाधियों का अन्त : (अनुच्छेद 18) : संविधान के अनुच्छेद 18 के अन्तर्गत सेना एवं शिक्षा सम्बन्धी उपाधि के अतिरिक्त किसी भी तरह की उपाधि पर रोक लगायी गयी है। लोकतन्त्र की स्थापना के इच्छुक संविधायकों ने इसे जनतन्त्रीय सिद्धान्त और परम्परा के अनुकूल नहीं माना। वे किसी कृत्रिम कुलीन वर्ग को जन्म देने के विरुद्ध थे। इसीलिए इस अनुच्छेद द्वारा राज्य पर यह रोक लगायी गयी है कि वह कोई उपाधि प्रदान न करे। इसमें यह भी व्यवस्था है कि भारत का कोई भी नागरिक किसी विदेशी राज्य द्वारा दी गयी उपाधि को राष्ट्रपति की अनुमति के बिना स्वीकार नहीं कर सकता। यह निषेध राज्य के किसी लाभ के पद पर आसीन व्यक्तियों द्वारा विदेशी राज्य से उपहार, पारिश्रमिक अथवा पदवी स्वीकार करने पर भी लागू है। डॉ. आम्बेडकर ने इस उपबन्ध का स्पष्ट करते हुए संविधान सभा में जो कहा, उसे उद्धृत करना समीचीन होगा। उनका कहना था :

> "उपाधियों को अस्वीकृत किया जाना नागरिकता की एक कसौटी है। वस्तुतः यह अधिकार नहीं है, बल्कि यहाँ के बाशिन्दे को नागरिक होने के नाते कर्तव्यबद्ध किया गया है। अगर वह इस देश का नागरिक है, तो उसे कुछ शर्तों की पूर्ति करनी होगी। इनमें से एक यह भी है कि वह उपाधियों को स्वीकार नहीं करे। यदि वह इसका उल्लंघन करता है, तो भारतीय संसद को क़ानून के अन्तर्गत उसे दण्ड देने का अधिकार है। उसे नागरिकता के अधिकार से वंचित भी किया जा सकता है।"[20]

स्वतन्त्रता का अधिकार

नागरिक स्वतन्त्रता का अधिकार जनतन्त्रीय समाज की आधारशिला है। जैसा कि प्रारम्भ में कहा जा चुका है, यह शासनतन्त्र के चरित्र और नैतिक आधार की कसौटी है। वैसे देखा जाये तो यह एक ऐसा मापदण्ड है जो अधिनायकतन्त्र और लोकशाही में अन्तर को दर्शाता है। भाषण अभिव्यक्ति, सभा संगठन, वृत्तिनुसार रोज़गार आदि नागरिक स्वतन्त्रता के अन्यान्य अंग हैं, जो उसके सृजनात्मक पहलू को उभारने में सहायक होते हैं। इनके अभाव में नागरिक अपनी श्रेष्ठ एवं सृजनात्मक प्रवृत्तियों का उपयोग न तो स्वयं कर सकता है और न समाज के लिए। सामाजिक और राजनीतिक दृष्टि से इसकी महत्ता को देखते हुए ही संविधायकों ने इसे संविधान की

प्रस्तावना में प्रमुख स्थान दिया है। प्रस्तावना में इस शब्द का उल्लेख उनके विचार दर्शन तथा मानस को दर्शाते हैं।

अन्य अधिकारों की तरह यह अधिकार भी समाज और राज–सापेक्ष है, उनसे स्वतन्त्र नहीं। संविधायकों ने एक नहीं अनेक रूपों में यह बात स्पष्ट कर दी है कि इसका अर्थ एवं अभिप्राय सामाजिक सन्दर्भ में ही समझना चाहिए। सामाजिक–आर्थिक–राजनीतिक और राष्ट्रीय अस्तित्व से जुड़े कई सवाल इनसे वरीयता ग्रहण करते नज़र आते हैं और इसीलिए इनका उपयोग निश्चित परिसीमा में ही किया जा सकता है। हमारे संविधान में वर्णित मूल अधिकारों पर यह वाक्यांश 'मनुष्य जन्म से ही स्वतन्त्र है, किन्तु हर क़दम पर बन्धनयुक्त है' पूर्णतया चरितार्थ होता है। विधि सम्मत स्वतन्त्रता ही स्वतन्त्रता है और समाज के व्यापक हितों के परिप्रेक्ष्य में युक्तियुक्त निबन्धक कई बार आवश्यक हो जाते हैं। संविधान के अनुच्छेद 19 से 22 में वर्णित उपबन्धों का इसी परिप्रेक्ष्य में अध्ययन करना चाहिए। अनुच्छेद 19(1) में वर्णित स्वतन्त्रताएँ निम्नलिखित हैं :

1. भाषण एवं अभिव्यक्ति की स्वतन्त्रता
2. बिना शस्त्रों के शान्तिपूर्वक एकत्र होने की स्वतन्त्रता
3. संस्था एवं संगठन बनाने की स्वतन्त्रता
4. भारतीय राज्य क्षेत्र में अबाध संचरण की स्वतन्त्रता
5. राज्य के किसी भी भाग में निवास करने तथा आवास की स्वतन्त्रता
6. सम्पत्ति के अर्जन, धारण एवं बेचने की स्वतन्त्रता
7. कोई वृत्ति, व्यापार एवं उपजीविका एवं अपने कारोबार की स्वतन्त्रता।[21]

भारतीय संविधान ने भाषण एवं अभिव्यक्ति को जनतन्त्रीय पद्धति में आवश्यक समझते हुए अधिकार के रूप में स्वीकार किया है, किन्तु इसका उपयोग प्रतिबन्धों के मद्देनज़र ही किया जा सकता है। अनुच्छेद 19(2) में इस स्वतन्त्रता पर चार प्रतिबन्ध लगाये गये थे। किन्तु 'रमेश थापर बनाम मद्रास राज्य' के मामले में उच्चतम न्यायालय ने जो निर्णय दिया, उसके कारण संविधान के प्रथम पंशोधन द्वारा इन प्रतिबन्धों की संख्या सात कर दी गयी। प्रतिबन्धों की बढ़ोतरी में 'रमेश थापर बनाम मद्रास राज्य' के साथ–साथ 'ब्रजभूषण बनाम दिल्ली राज्य',

'एक्सप्रेस न्यूजपेपर्स प्रा. लि. बनाम भारत संघ', 'सकल पेपर्स बनाम दिल्ली राज्य' के मामलों में भी विशेष ये प्रतिबन्ध हैं—राज्य की सुरक्षा, विदेशों से मैत्रीपूर्ण सम्बन्ध, सार्वजनिक व्यवस्था, शिष्टता अथवा नैतिकता के प्रतिकूल आचरण, न्यायालय की मानहानि, किसी को बदनाम करने अथवा हिंसा के लिए भड़काने की कार्रवाई।

'रमेश थापर बनाम मद्रास राज्य' के विवाद में मूल प्रश्न यह था कि क्या मद्रास राज्य सार्वजनिक व्यवस्था अधिनियम, 1949 के अन्तर्गत किसी समाचार पत्र के वितरण और प्रवेश को रोकना भाषण और अभिव्यक्ति की स्वतन्त्रता का हनन है? अमेरिकी न्यायालय का हवाला देते हुए न्यायालय का कहना था कि समाचार पत्रों का वितरण विचारों की स्वतन्त्रता के लिए आवश्यक है। प्रश्न यह भी था कि क्या विधानमण्डल सार्वजनिक व्यवस्था के अन्तर्गत भी इस प्रकार का बन्धन लगा सकता है? इसके उत्तर में न्यायालय का कहना था कि सार्वजनिक शब्द बड़ा व्यापक है और इसे राष्ट्र की सुरक्षा के समान स्थान नहीं दिया जा सकता। इसलिए सार्वजनिक व्यवस्था के लिए लगाये गये बन्धन युक्ति संगत निर्बन्धन नहीं माने जायेंगे, क्योंकि संविधान में इसका कोई वर्णन नहीं है।

'बृजभूषण बनाम दिल्ली राज्य' के विवाद में भी न्यायालय ने इस तरह का दृष्टिकोण अपनाया था। इस विवाद में न्यायालय का कहना था कि 'प्रेस की स्वतन्त्रता' पर प्रारम्भिक रूप से कोई बन्धन नहीं होना चाहिए। प्रत्येक नागरिक का यह अधिकार है कि वह अपनी मनोभावनाओं को स्वतन्त्रतापूर्वक अभिव्यक्त करे। इसका हनन प्रेस की स्वतन्त्रता पर कुठाराघात है। 'सकल पेपर्स बनाम भारत संघ राज्य' के विवाद में तो न्यायालय का निर्णय इससे एक क़दम आगे था। न्यायालय का कहना था कि :

> "विचारों को प्रचारित करने का अधिकार भाषण और अभिव्यक्ति के मन्तव्य में ही निहित है। प्रचार के लक्ष्य हेतु वह उनका प्रकाशन, प्रसारण तथा प्रचार कर सकता है। वह उन्हें या तो भाषण द्वारा अथवा लेखन द्वारा अभिव्यक्त कर सकता है। संविधान का यह अधिकार जो अनुच्छेद 19(2) में प्रतिबन्ध भी लगाता है, वह बड़े पैमाने पर प्रसारित करने की आज्ञा देता है। दूसरे शब्दों में, हर व्यक्ति विचार अभिव्यक्ति के क्षेत्र में स्वतन्त्र है और उसे किसी भी वर्ग अथवा पाठकों तक

पहुँचाने का अधिकार प्राप्त है। किन्तु इस अधिकार का उपयोग अनुच्छेद 19(2) की परिसीमा में ही किया जा सकता है।''[22]

बिना शस्त्रों के शान्तिपूर्वक एकत्र होने, संस्था और संगठन बनाने, भारतीय राज्य क्षेत्र में अबाध संचरण, आवास–निवास की स्वतन्त्रता के अधिकारों पर दृष्टि डालें तो यही ज्ञात होता है कि इन अधिकारों का उपयोग भी युक्तियुक्त निर्बन्धकों की परिसीमा में ही किया जा सकता है। शान्तिपूर्ण ढंग से सभा करने के ही प्रसंग को लें तो इसमें सार्वजनिक व्यवस्था की दृष्टि से प्रतिबन्ध लगाया जा सकता है। किन्तु ये प्रतिबन्ध युक्तियुक्त हैं अथवा नहीं, यह देखना न्यायालय का क्षेत्राधिकार है। 'इन्द्रसिंह बनाम बिहार राज्य' के मामले में पटना उच्च न्यायालय का यही फ़ैसला था कि यह निश्चय करना न्यायालय का कार्य है कि ये प्रतिबन्ध युक्ति संगत हैं अथवा नहीं। यही बात सभा एवं संगठन बनाने के सम्बन्ध में कही जा सकती है। इसका उपयोग भी सार्वजनिक व्यवस्था और सदाचार को ध्यान में रख कर ही किया जा सकता है। देश के किसी भी क्षेत्र में अबाध संचरण की स्वतन्त्रता के अधिकार पर भी राज्य सार्वजनिक एवं अनुसूचित जनजातियों के हित में युक्तियुक्त प्रतिबन्ध लगा सकता है।

सम्पत्ति के अर्जन, धारण एवं बेचने की स्वतन्त्रता तथा वृत्ति, व्यापार, उपजीविका अथवा कारोबार की स्वतन्त्रता को भी मौलिक अधिकारों का अभिन्न अंग माना गया है। किन्तु इन पर भी प्रतिबन्ध हैं। राज्य सर्वसाधारण एवं अनुसूचित जनजातियों के हित में सम्पत्ति के अधिकार पर प्रतिबन्ध लगा सकता है। जहाँ तक कारोबार के अधिकार का प्रश्न है, इस पर दो प्रतिबन्ध लगाये गये हैं। पहता, तकनीकी अथवा व्यावसायिक योग्यता का निर्धारण करके सरकार प्रतिबन्ध लगा सकती है। दूसरा, राज्य स्वयं कोई व्यापार कर सकता है और आवश्यक हो तो अन्य व्यक्तियों को विशेष व्यापार करने से पूर्णतः अथवा अंशतः वंचित कर सकता है।

प्रतिबन्ध कहाँ तक उचित है? : स्वतन्त्रता से जुड़े इन अधिकारों पर प्रतिबन्ध या अपवाद किस सीमा तक उचित हैं और न्यायसंगत हैं, यह प्रश्न सर्वाधिक महत्त्व का है। स्वतन्त्रता के पक्षधर इन प्रतिबन्धों को सरकार का अनुचित हस्तक्षेप मानते हैं। इसीलिए तो आलोचक कहते हैं कि एक हाथ से जहाँ अधिकार दिये गये हैं, वहीं दूसरे हाथ से उन्हें पुनः हस्तगत कर लिया गया है। अधिकारों पर लगायी गयी सीमाएँ उनकी दृष्टि में राज्य संस्था को मनमानी करने को प्रेरित करती हैं।

इसका एक दूसरा पहलू भी है जिसे नज़रअन्दाज़ नहीं कर सकते। वर्तमान समाज में हो रही उथल–पुथल, परिवर्तन तथा सामाजिक–आर्थिक न्याय जैसे प्रश्नों पर राज्य सरकार तटस्थ दृष्टा बन कर नहीं रह सकती। विकासशील देशों में राज्य स्वयं सामाजिक–आर्थिक क्रान्ति का वाहक बनने का दावा करता है। दूसरा व्यक्तिगत हित सार्वजनिक हित की तुलना में किस सीमा तक अहमियत रखता है, यह प्रश्न भी विचारणीय है। इन दोनों के बीच भारत का संविधान कहाँ तक समन्वयकारी है, इस प्रसंग पर 'ए.के. गोपालन बनाम मद्रास राज्य' के विवाद में न्यायमूर्ति मुखर्जी के विचारों का उल्लेख करना पर्याप्त होगा। न्यायमूर्ति का कहना था : ''अनियन्त्रित अथवा प्रतिबन्धों से मुक्त पूर्ण स्वतन्त्रता किसी भी स्थिति में सम्भव नहीं है। ऐसी स्वतन्त्रता अराजकता और अव्यवस्था को जन्म देती है। इन स्वतन्त्रताओं का उपभोग विवेक सम्मत प्रतिबन्धों की सीमाओं, जो राष्ट्र की सुरक्षा, सार्वजनिक व्यवस्था, शान्ति एवं सदाचार की दृष्टि से राज्य आवश्यक समझे, में ही सम्भव होता है। मूलतः यह प्रश्न नागरिक और राज्य के परस्पर विरोधी हितों में समन्वय स्थापित करने का है। साधारणतया हर नागरिक दूसरे को बिना हानि पहुँचाये अपनी इच्छानुसार जीवनयापन करने, भ्रमण, व्यापार–वाणिज्य और उद्योग–धन्धे सम्बन्धी स्वतन्त्रता का विधिनुसार उपभोग कर सकता है। इन स्वतन्त्रताओं की रक्षा के लिए भी शक्ति की आवश्यकता होती है। भारतीय संविधान में इन अधिकारों के माध्यम से इन दोनों के बीच समन्वय का प्रयास किया गया है। संविधान के अनुच्छेद 19 में जिन अधिकारों का उल्लेख किया गया है, उन पर सार्वजनिक हित और सामान्य नैतिकता के आधार पर प्रतिबन्ध लगाये गये हैं, जिससे दोनों के लक्ष्यों में टकराहट उत्पन्न न हो।''[23]

जीवन तथा दैहिक स्वातन्त्र्य का अधिकार : इस अधिकार की अभिरक्षा संविधान के अनुच्छेद 20, 21 के द्वारा की गयी है। इसके अन्तर्गत तीन अधिकारों का वर्णन है :

1. अपराधों के लिए दोष सिद्धि के विषय में संरक्षण
2. जीवन और दैहिक स्वातन्त्र्य का संरक्षण
3. बन्दीकरण तथा नज़रबन्दी से बचाव

पहले अधिकार के सम्बन्ध में अनुच्छेद 20 में चार सुरक्षाएँ प्रत्याभूत की गयी हैं :

(अ) किसी भी अपराधी को तब तक दण्डित नहीं किया जा सकता जब तक कि यह सिद्ध न हो जाये कि उसने किसी चालू विधि का अतिक्रमण किया है जो कि अपराध की किसी श्रेणी में गिना गया है।

(ब) किसी भी अपराधी को उतना ही दण्ड दिया जायेगा जो अपराध करने के समय प्रवृत्त विधि के अधीन दिया जा सकता है।

(स) एक व्यक्ति को एक अपराध के लिए एक बार से अधिक दण्डित और अभियोजित नहीं किया जा सकता।

(द) किसी भी अपराधी को अपने ही विरुद्ध गवाही देने के लिए बाध्य नहीं किया जा सकता।

मौलिक अधिकारों के अध्याय में अनुच्छेद 21 द्वारा प्रदत्त जीवन तथा दैहिक स्वातन्त्र्य का अधिकार संक्षिप्त होते हुए भी विवाद का केन्द्र रहा है, किसी भी जनतन्त्रीय और सभ्य कहे जाने वाले शासनतन्त्र के लिए यह आवश्यक है कि वह व्यवस्थापन अथवा कार्यपालिका के अनुचित स्वेच्छाचारी अथवा पूर्वाग्रहित क़दम से नागरिक के प्राणों की रक्षा करे। अनुच्छेद 21 में यह वर्णित है कि "किसी व्यक्ति को अपने प्राण अथवा दैहिक स्वाधीनता से विधि द्वारा स्थापित प्रक्रिया को छोड़ कर अन्य किसी प्रकार भी वंचित नहीं किया जायेगा।" प्रारूप संविधान में अमेरिकी संविधान की तरह 'यथाविधि प्रक्रिया के बिना' वाक्य का प्रयोग किया गया था, जिसे बाद में हटा दिया गया। प्रारूप समिति का ऐसा मत था कि 'विधि द्वारा स्थापित प्रक्रिया' वाक्यांश अधिक स्पष्ट तथा निश्चित अर्थ रखता है। इसने काफ़ी बड़े विवाद को जन्म दिया। प्रश्न यह था कि क्या विधि द्वारा प्रस्थापित प्रक्रिया के आधार पर निर्मित क़ानून हर रूप में न्यायिक होगा? क्या इससे जीवन सम्बन्धी अधिकार का हनन किया जा सकता है? कतिपय सदस्यों का कहना था कि यह वाक्यांश विधानमण्डल को स्वेच्छाचारी अधिकार देता है। इस सम्बन्ध में डॉ. आम्बेडकर को उद्धृत करना समीचीन होगा। उन्होंने कहा :

> "इस प्रसंग में हम दो विपरीत परिस्थितियों में खड़े हैं। एक पक्ष तो यह है कि व्यवस्थापन की इच्छा को न्यायालय के हाथों सौंप कर क़ानून को अच्छे–बुरे या असंवैधानिक घोषित करने का अधिकार दे दिया जाये। क्या यह सिद्धान्त सही है?

दूसरा पक्ष यह है कि हम यह व्यवस्थापन के विश्वास पर छोड़ दें कि वह कोई बुरा क़ानून नहीं बनायेगी। किसी निश्चित निर्णय पर पहुँचना बहुत कठिन है। ख़तरा दोनों ही सिद्धान्तों में निहित है। व्यक्तिगत रूप से ऐसे ख़तरे की आशंका को देखता हूँ कि एक राजनीतिक दल ऐसा क़ानून 'ना दे जो जीवन और दैहिक स्वातन्त्र्य का अतिक्रमण करे। दूसरी ओर, मैं इस स्थिति को भी आत्मसात करने में असमर्थ हूँ कि सर्वोच्च न्यायालय के पाँच–छह महानुभाव व्यवस्थापिका के कार्यों का मूल्यांकन करें और अपने पूर्वाग्रह के आधार पर निर्णय दें। यह आदमी का दो भिन्न स्थितियों से गुज़रने जैसा होता है। अतः इस प्रसंग पर स्वयं कुछ न कह कर अन्तिम निर्णय सदन पर छोड़ता हूँ। वह जो चाहे निर्णय ले।''[24]

संविधान सभा ने 'विधि द्वारा स्थापित प्रक्रिया' को स्वीकार कर इसे व्यवस्थापिका के विश्वास पर ही छोड़ दिया। अनुच्छेद 21 के अनुसार विधानमण्डल पर कोई प्रतिबन्ध नहीं लगाया गया, किन्तु इससे इस अधिकार की महत्ता कम नहीं हो जाती। यह अधिकार अत्यन्त महत्त्वपूर्ण है, जैसा कि 'ए.के. गोपालन बनाम मद्रास राज्य' के विवाद में न्यायाधीश मुखर्जी ने टिप्पणी की :

> ''यह अधिकार न केवल व्यवस्थापिका की शक्ति को परिसीमित करता है, अपितु कार्यपालिका पर भी रोक लगाता है। कार्यपालिका विधि द्वारा स्थापित प्रक्रिया का अनुसरण किये बिना स्वेच्छा से किसी को दैहिक स्वतन्त्रता से वंचित नहीं कर सकती। अन्य संविधानों में भी दैहिक स्वतन्त्रता सम्बन्धी उपबन्ध लगभग इसी प्रकार की भाषा में हैं। हाँ, प्रश्न वस्तुतः नीति से सम्बन्धित है। इस विषय में अन्तिम रूप से निर्णय करने का अधिकार व्यवस्थापिका का है अथवा कार्यपालिका का? इसमें संविधायकों ने सोच–समझ कर यह अधिकार व्यवस्थापिका को सौंपा है। जापानी संविधान की 31वीं धारा भी, जिस पर हमारे संविधान का अनुच्छेद 21 आधारित है, इसी सिद्धान्त का अनुकरण करती है।''[25]

बन्दीकरण अथवा नज़रबन्दी से बचाव के लिए संविधान के अनुच्छेद 22 में तीन अधिकार वर्णित हैं :

1. बन्दी व्यक्ति को बन्दीकरण के कारण से अवगत कराया जायेगा।
2. बन्दी को अपनी मर्ज़ी के वकील से परामर्श तथा बचाव का अधिकार दिया जायेगा।
3. बन्दी अथवा नज़रबन्द व्यक्ति को 24 घण्टे के भीतर निकटस्थ दण्डाधीश के समक्ष पेश किया जायेगा। इसमें यात्रा का आवश्यक समय नहीं जोड़ा जायेगा। आगे उसे दण्डाधिकारी की अनुमति से ही बन्दी रखा जा सकेगा।

अनुच्छेद 22 के प्रथम दो उपबन्धों के सम्बन्ध में दो अपवाद हैं। अनुच्छेद 22(3) में उल्लेख किया गया है कि ऊपर लिखित संवैधानिक अधिकार दो प्रकार के बन्दियों को प्राप्त नहीं होंगे। पहला, जिन बन्दियों का शत्रु राष्ट्र से सम्बन्ध है, और दूसरा, जिस व्यक्ति को निवारक निरोध क़ानून के अन्तर्गत नज़रबन्द किया गया है।

निवारक निरोधक क़ानून (preventive detention act) : संविधान के अनुच्छेद 22(4) से 22(7) में निवारक निरोधक क़ानून का वर्णन किया गया है। यह न केवल संकटकाल में अपितु साधारण परिस्थितियों में भी लागू रहता है। इसका उद्देश्य किसी भी व्यक्ति को अपराध करने से रोकने के लिए नज़रबन्द करना है। संविधान सभा में इस तरह के क़ानून की व्यवस्था किये जाने की कड़ी आलोचना की गयी। कतिपय सदस्यों का कहना था कि यह क़ानून अप्रजातान्त्रिक, तानाशाही का प्रतीक तथा संविधान के लक्ष्यों और सिद्धान्तों के विपरीत है। प्रारूप समिति की मजबूरी कुछ और थी। उन्होंने तात्कालिक परिस्थितियों में राज्य की सुरक्षा एवं शान्ति की दृष्टि से इसे उपयोगी समझा। स्वातन्त्र्योतर काल की स्थितियाँ थीं भी चुनौती भरी। डॉ. आम्बेडकर ने परिस्थितियों के परिप्रेक्ष्य में इसका औचित्य सिद्ध किया था :

> ''हमें यह स्वीकार करना पड़ेगा कि देश की वर्तमान परिस्थितियों में सार्वजनिक व्यवस्था भंग करने वाले तथा देश की रक्षा सेवाओं में गड़बड़ी फैलाने वाले व्यक्तियों का निरोध करना कार्यपालिका के लिए आवश्यक हो सकता है। मैं समझता हूँ कि ऐसी स्थिति में व्यक्तिगत स्वतन्त्रता को राज्य के हितों पर वरीयता प्रदान नहीं की जा सकती।''[26]

प्रारूप समिति के अध्यक्ष डॉ. आम्बेडकर का कहना था कि अनुच्छेद 22(3) में वर्णित उपबन्धों का उपयोग विधि अनुसार ही सम्भव है। वह पूर्णतया कार्यपालिका की स्वेच्छा पर निर्भर नहीं बल्कि निवारक निरोध विधि द्वारा स्वीकृत होना चाहिए। दूसरा, इसके अन्तर्गत किसी भी व्यक्ति को तीन मास से अधिक नज़रबन्द नहीं रखा जा सकता। इसी तरह उन्होंने संविधान में वर्णित विशेष परिणामों की ओर संकेत किया, जो इस विधि के अन्तर्गत नज़रबन्द व्यक्ति को उपलब्ध हैं। इस विधि की आवश्यकता पर उन्होंने कहा :

> "अपने लक्ष्य की प्राप्ति के लिए यदि हम सब संवैधानिक प्रणाली का अनुकरण करें, तो मैं समझता हूँ निवारक निरोध सम्बन्धी विधि की कोई आवश्यकता ही नहीं रहेगी। किन्तु विधि निर्माण करते समय हमें न केवल श्रेष्ठ अपितु निकृष्ट स्थिति को भी मद्देनज़र रखना चाहिए। ऐसे कई व्यक्ति अथवा दल हो सकते हैं जो संवैधानिक माध्यम में श्रद्धा न रखें और असंवैधानिक मार्ग का प्रयोग करें। ऐसी स्थिति में कार्यपालिका को विवश होकर ऐसे अनेक लोगों को बन्दी अथवा नज़रबन्द करना आवश्यक हो जाता है। क्या ऐसी परिस्थितियों में कार्यपालिका के लिए मुक़दमे तैयार कर व्यवस्थापिका की प्रक्रिया सम्बन्धी उपबन्धों का अनुकरण सम्भव होगा? क्या यह व्यावहारिक है?"[27]

सर्वप्रथम निवारक निरोध अधिनियम 1950 में बनाया गया था, जो 1969 तक चला। उस समय सत्तारूढ़ कांग्रेस के अपेक्षित बहुमत के अभाव में यह पुनः पारित नहीं हो सका। पाँचवीं लोकसभा के चुनाव में कांग्रेस पुनः भारी बहुमत से विजयी हुई। नक्सलवादियों के बढ़ते आतंक, पूर्वी पाकिस्तान की ओर से शरणार्थियों का आगमन जैसी उभरती परिस्थितियों के कारण मई, 1971 में राष्ट्रपति ने 'आन्तरिक सुरक्षा क़ानून' जारी किया, जिसने जून, 1971 में क़ानून का रूप धारण कर लिया।

सन् 1950 में संसद द्वारा पारित निवारक निरोध अधिनियम को सर्वप्रथम 'ए. के. गोपालन बनाम मद्रास राज्य' के विवाद में चुनौती दी गयी। बन्दी के वकील का कहना था कि यह बन्दीकरण संविधान में वर्णित अनुच्छेद 19(1) (डी) और अनुच्छेद 21 द्वारा प्रदत्त अधिकारों का हनन करता है। यह व्यक्ति स्वातन्त्र्य पर कुठाराघात है। बचाव पक्ष के वकील

ने यह भी निवेदन किया कि संसद द्वारा पारित यह विधि धारा 19(5) में वर्णित 'सार्वजनिक हित' सम्बन्धी अपवाद की पूर्ति नहीं करता, क्योंकि यह प्रतिबन्ध युक्ति संगत नहीं है। न्यायालय का फ़ैसला अधिनियम के पक्ष में गया। न्यायालय का कहना था कि गिरफ़्तारी, क़ैद या नज़रबन्दी सम्बन्धी क़ानून चाहे कितने ही कड़े क्यों न हों, न्यायालय उसमें हस्तक्षेप नहीं कर सकता। दूसरे अर्थों में, न्यायालय 'स्थापित प्रक्रिया' द्वारा पारित क़ानून की बुराई या अच्छाई की परीक्षा नहीं कर सकता।

उच्चतम न्यायालय द्वारा दिये गये इस ऐतिहासिक निर्णय से मूल विवाद का अन्त नहीं हुआ। इसके पश्चात भी यह विवाद न्याय जगत के गलियारों में काफ़ी चर्चा का विषय बना रहा। न्यायमूर्ति मुखर्जी का कहना था कि यह निर्णय बड़ा दुर्भाग्यपूर्ण है। किन्तु नीति सम्बन्धी प्रश्नों के आकलन और उन परिस्थितियों की जाँच, जिनके कारण ऐसा क़ानून बना, हमारे क्षेत्राधिकार में नहीं आता। इसे हम नागरिक की स्वतन्त्रता पर कुठाराघात ही कह सकते हैं। न्यायमूर्ति श्री महाजन का कहना था कि :

> "यह बात ध्यान देने योग्य है कि सामान्य स्थिति के रहते न तो अमेरिका और न ही जापान के संविधान में इस तरह का कोई प्रावधान है। किन्तु हमारे संविधान में 'निवारक निरोध क़ानून' को असाधारण स्थिति के अभाव में भी सामान्य विधि की तरह स्वीकार किया गया है। जहाँ तक मेरी जानकारी है, भारत के अतिरिक्त अन्य किसी भी देश में 'निवारक निरोध' जैसा क़ानून संविधान का अभिन्न अंग नहीं है। वास्तव में यह दुर्भाग्यपूर्ण है। इसे स्वतन्त्रता के हनन के अतिरिक्त और क्या संज्ञा दी जा सकती है।"[28]

निवारक निरोध और 'मीसा' जैसे क़ानून निःसन्देह स्वतन्त्रता का हनन हैं। किन्तु राष्ट्र की एकता और अखण्डता का प्रश्न भी कम महत्त्वपूर्ण नहीं। भारत में जब तक विघटनकारी और आतंकवादी शक्तियाँ विद्यमान हैं, ऐसे क़ानून साये की तरह हमारा पीछा करते रहेंगे। दूसरा, समाज के आन्तरिक ढाँचे में जब तक आमूल–चूल परिवर्तन नहीं होता, तब तक आम नागरिक को स्वतन्त्रता का अधिकार कारगर नहीं हो सकता। उसे समाज के विविध समूहों और नागरिकों के हित में कारगर बनाने के लिए जनसंगठन तथा नागरिक समाज की सजगता आवश्यक है।

इनके अभाव में ऐसे क़ानून का न केवल शासन द्वारा दुरुपयोग होता रहता है, बल्कि जनतान्त्रिक व्यवस्था के नाम पर तानाशाही शासन भी चलाया जा सकता है।

शोषण के विरुद्ध अधिकार

विषमता पर आधारित भारतीय समाज में शोषण हर स्तर पर विद्यमान रहा है। ग़रीबी और विषमता की तरह उसे भी परिभाषित करने अथवा मापने की आवश्यकता नहीं। विविध रूपों में इसे भी प्रत्यक्ष देखा जा सकता है। बैठ–बेगार, देवदासी, दास–प्रथा तथा रोटी–रोज़ी के अभाव में हज़ारों–हज़ार स्त्रियों द्वारा देह व्यापार के धन्धे में लिप्त होना इसकी प्रत्यक्ष कहानी कहते हैं। समाज से मान्यता प्राप्त इन प्रथाओं के अतिरिक्त भी इस देश के जनसमुदाय को स्थानीय रजवाड़ों, उजड्ड सामन्तों तथा विदेशी शासन की मिलीभगत से शोषण के वातावरण में ही जीवनयापन करने को विवश होना पड़ा है। युगों–युगों से पीढ़ी–दर–पीढ़ी सामाजिक, आर्थिक, राजनीतिक संरचना में विद्यमान शोषण की स्थिति नये समाज के स्वप्न–दृष्टाओं के लिए सबसे बड़ी चुनौती थी। यह अवस्था उनके सिद्धान्त, मानस और वैचारिक दिशा के बिल्कुल विपरीत थी। अतः यह अधिकार शोषण के विषम चक्र को तोड़ने की कामना को ही प्रदर्शित करता है।

संविधान के अनुच्छेद 23 और 24 द्वारा बेगार, मानव के क्रय–विक्रय तथा दक्षिण भारत के मन्दिरों में प्रचलित देवदासी प्रथा जैसी कुप्रथाओं को समाप्त कर दिया गया है। अनुच्छेद 23 के अनुसार बेगार अथवा ज़बर्दस्ती लिये हुए श्रम तथा मानव के क्रय–विक्रय को विधि द्वारा निषिद्ध किया गया है। किन्तु इसका एक अपवाद है। वह यह कि राज्य सार्वजनिक उद्देश्यों के लिए अनिवार्य सेवा लागू कर सकता है। इसमें यह भी वर्णित है कि राज्य किसी क़ानून द्वारा धर्म, जाति, वर्ग अथवा इनमें से किसी एक आधार पर विभेद नहीं करेगा।

अनुच्छेद 24 द्वारा बालकों के लिए शारीरिक श्रम का निषेध किया गया है। इस अनुच्छेद में वर्णित है कि चौदह वर्ष से कम आयु के बालक को किसी कारखाने, खान आदि में नौकरी पर नहीं रखा जायेगा और न ही उसे किसी दूसरी संकटमय नौकरी में लगाया जायेगा। इस अनुच्छेद का मूल उद्देश्य बाल्यावस्था को शोषण से बचाना है। इस तरह इन दोनों अनुच्छेदों के माध्यम से हमारी सामन्ती सामाजिक व्यवस्था से विरासत में

मिली कतिपय मानव शोषण की संस्थाओं को विधि विरोधी घोषित कर इसे समाप्त करने का प्रयास किया गया है।

प्रश्न यह उठता है कि क्या संविधान द्वारा निषिद्ध इन कुप्रथाओं से समाज में शोषण समाप्त हो गया है? वर्तमान व्यवस्था और वस्तुस्थिति के जानकार निश्चय ही ऐसा दावा नहीं करेंगे। मुम्बई, कोलकाता और दिल्ली जैसे महानगरों की तो बात ही क्या, धौलपुर, भरतपुर (राजस्थान) और बिहार के दूरदराज ग्रामीण अंचलों में खुल्लम–खुल्ला स्त्रियों का देह व्यापार हमारी व्यवस्था और उद्घोषणाओं का मज़ाक उड़ाने के लिए काफ़ी है। जहाँ तक बालकों से कठिन श्रम लिये जाने का प्रश्न है, वह आज भी बदतर रूप में विद्यमान है। हज़ारों–लाखों बच्चे रोटी, कपड़े के अभाव में बालपन की सीढ़ी लाँघ कर कब बूढ़े हो जाते हैं, उसका उन्हें भी अहसास नहीं है। जब तक उनके लालन–पालन, शिक्षा, दीक्षा और रोज़गार की समुचित व्यवस्था नहीं होती, शोषण के सिलसिले को तोड़ना सम्भव नहीं। सामन्ती व्यवस्था टूट गयी, ऐसा नहीं लगता, बल्कि यूँ कहना चाहिए शोषकों की एक जमात का स्थान दूसरे अभिजन की जमात ने ले लिया है। दूसरे शब्दों में, अगर यह कहें कि हमारे हज़ार नेक इरादों और सकारात्मक प्रयत्नों के उपरान्त भी समाज में शोषक बदले हैं शोषण का ढाँचा नहीं, तो बहुत ग़लत नहीं होगा।

धार्मिक स्वतन्त्रता का अधिकार

धर्म स्वातन्त्र्य का अधिकार और उससे सम्बन्धित उपबन्ध देश की सामाजिक–सांस्कृतिक विविधता की उपज हैं। देश में विद्यमान अनन्य सम्प्रदाय के लोगों को अपनी आस्था के अनुरूप धर्म का पालन करने, सांस्कृतिक विरासत को क़ायम रखने तथा इस बात से आश्वस्त करना कि स्वतन्त्र भारत में उनकी संस्कृति को अक्षुण्ण रखा जायेगा, संविधान में इस अधिकार को अलग से सन्निहित किया गया है। संविधान सभा द्वारा नियुक्त 'अल्पसंख्यक समिति' के लगभग सभी सदस्य इस बात से सहमत थे कि अल्पसंख्यकों के हितों की रक्षा और उनको कारगर रूप से आश्वस्त करने की दृष्टि से धर्म, विश्वास और उपासना की स्वतन्त्रता प्रदान करना उपादेय है। वस्तुतः धार्मिक स्वतन्त्रता से सम्बन्धित उपबन्ध परिस्थितियों से उपजे इसी यथार्थ का परिणाम है जो अनुच्छेद 25, 26, 27 और 28 में वर्णित हैं।

अनुच्छेद 25 में यह वर्णित है कि "प्रत्येक व्यक्ति को सार्वजनिक व्यवस्था, नैतिकता और जनस्वास्थ्य को ध्यान में रखते हुए अन्तःकरण की स्वतन्त्रता प्राप्त होगी और प्रत्येक व्यक्ति कोई भी धर्म अंगीकृत करने, उसका अनुसरण एवं प्रचार करने में स्वतन्त्र होगा।" इस अधिकार के साथ जुड़े प्रतिबन्ध यह बात स्पष्ट करते हैं कि धर्म में विश्वास की स्वतन्त्रता सार्वजनिक शान्ति व्यवस्था एवं सामाजिक नैतिकता से बढ़ कर नहीं हो सकती। इन सीमाओं के अन्तर्गत राज्य धार्मिक स्वतन्त्रता पर प्रतिबन्ध लगाने में सक्षम है।

अनुच्छेद 26 को अनुच्छेद 25 का उपसिद्धान्त ही समझना चाहिए। इसके अन्तर्गत प्रत्येक धर्म के अनुयायियों को जो अधिकार प्रदान किये गये हैं वे हैं :

(क) धार्मिक संस्थाएँ तथा दान से स्थापित सार्वजनिक सेवा संस्थाएँ स्थापित करने का अधिकार

(ख) धर्म सम्बन्धी मामलों में स्वयं ही प्रबन्ध करने का अधिकार

(ग) चल एवं अचल सम्पत्ति ग्रहण करने का अधिकार

(घ) इस सम्पत्ति का विधि अनुसार संचालन करने का अधिकार

अनुच्छेद 27 में धार्मिक संस्थाओं द्वारा एकत्रित धन पर कर अदायगी से छूट दी गयी है। अनुच्छेद 28 के अन्तर्गत राजकीय शिक्षण संस्थाओं में धार्मिक शिक्षा निषिद्ध की गयी है। इस अनुच्छेद में यह वर्णित है कि राजकीय निधि से संचालित किसी शिक्षण संस्था में किसी प्रकार की धार्मिक शिक्षा नहीं दी जायेगी। इसी तरह राज्य द्वारा मान्यता प्राप्त अथवा आर्थिक सहायता प्राप्त शिक्षण संस्था में किसी व्यक्ति को किसी धर्म विशेष की शिक्षा पाने के लिए बाध्य नहीं किया जायेगा।

संविधान में धर्म को राज्य से अलग व्यक्तिगत आस्था तक सीमित रखने तथा राज्य की निरपेक्षता को ले कर संविधान सभा में काफ़ी दिलचस्प बहस हुई थी। कतिपय सदस्य इस व्यवस्था से सन्तुष्ट नहीं थे। दूसरे कुछ ऐसे महानुभाव भी थे जो धार्मिक स्वतन्त्रता की गारंटी तथा धर्मनिरपेक्षता और राज्य सरकार में विरोधाभास देखते थे। यहाँ इसके व्यापक अर्थ एवं आशय के लिए राधाकृष्णन के विचार उद्धृत करना पर्याप्त है। उनका कहना था :

> "धर्मनिरपेक्षता का अर्थ यह कदापि नहीं है कि हम मानव जीवन के लिए धर्म की महत्ता को अस्वीकार करते हैं या

अधर्म को मान्यता देते हैं। इसका अर्थ यह भी नहीं है कि राज्य दैवी शक्ति से सम्पन्न हो जाये अथवा धर्मनिरपेक्षता ही एक धर्म बन जाये। महाशक्ति में आस्था भारतीय परम्परा का आधारभूत सिद्धान्त रहा है। किन्तु भारत राज्य न तो किसी एक धर्म द्वारा नियन्त्रित होगा और न किसी धर्म विशेष से सम्बन्ध ही रखेगा। इसका अर्थ यह है कि भारत राज्य में किसी एक धर्म को दूसरे की तुलना में वरीयता नहीं दी जायेगी। ऐसा करना लोकतन्त्रीय सिद्धान्तों के प्रतिकूल होगा। यह दृष्टिकोण तो समूचे मानव समूहों को समानता का स्थान प्रदान करता है और सौहार्दता का प्रतीक भी है।''

संविधान सभा के कतिपय सदस्यों और प्रारूप समिति के अध्यक्ष डॉ. आम्बेडकर द्वारा दी गयी दलील का विश्लेषण करने से यह बात तो स्पष्ट हो ही गयी है कि भारत की धर्मनिरपेक्षता का यह दृष्टिकोण न तो अधार्मिक है और न ही धर्म विरोधी। इसे नास्तिकता का दृष्टिकोण भी नहीं कह सकते। संक्षेप में, इसका सार तत्त्व यह है कि :

(क) राज्य किसी एक धर्म से बँधा हुआ नहीं रहेगा और न ही किसी धर्म द्वारा नियन्त्रित होगा।

(ख) प्रत्येक व्यक्ति को इच्छानुसार धर्म के अनुकरण का अधिकार होगा। लेकिन राज्य किसी एक धर्म के लोगों को दूसरों की तुलना में श्रेष्ठता का दर्जा नहीं देगा।

(ग) राज्य किसी व्यक्ति के साथ उसके धार्मिक विचारों के कारण भेदभाव नहीं रखेगा।

(घ) प्रत्येक नागरिक को निर्धारित शर्तों के साथ राज्य के अधीन किसी भी सेवा में प्रवेश पाने का समान अधिकार होगा।

संस्कृति एवं शिक्षा का अधिकार

एक रूप में 'संस्कृति और शिक्षा का अधिकार' अल्पसंख्यकों को दिये गये धार्मिक अधिकार का विस्तार ही है। इसके माध्यम से अल्पसंख्यकों को इस बात से आश्वस्त किया गया है कि वे अपनी भाषा और संस्कृति को

सुरक्षित रख सकेंगे तथा उसके उन्नयन के सभी मार्ग उन्हें भी उपलब्ध होंगे जो यहाँ के अन्य जनसमूह को उपलब्ध हैं। संविधान के अनुच्छेद 29(1) में यह वर्णित है कि "देश के किसी भाग में रहने वाले नागरिकों के प्रत्येक ऐसे वर्ग को अपनी पृथक भाषा, लिपि और संस्कृति को सुरक्षित रखने का अधिकार है।" अनुच्छेद (2) में यह भी उल्लेखित है कि राज्य या राज्य द्वारा सहायता प्राप्त शिक्षण संस्थाओं में किसी नागरिक को मूलवंश, जाति, धर्म और भाषा या इनमें से किसी एक कारण के आधार पर प्रवेश से वंचित नहीं किया जायेगा।

अनुच्छेद 30(1) में यह वर्णित किया गया है कि धर्म और भाषा पर आधारित अल्पसंख्यकों को अपनी इच्छानुसार शिक्षण संस्थाएँ स्थापित करने और संचालित करने का अधिकार है। अनुदान देने में राज्य किसी भी अल्पसंख्यक तबके के साथ धर्म तथा भाषा के आधार पर भेदभाव नहीं करेगा।

संविधान में इन उपबन्धों (25, 26, 27, 28, 29, 30) को समग्र रूप से देखें तो यही कहना होगा कि संविधान निर्माता इस देश के विभिन्न धर्म, भाषा और संस्कृति के लोगों को पूर्णतः आश्वस्त करना चाहते थे कि स्वतन्त्र भारत में उनकी आस्था, भाषा और संस्कृति के अनुरूप जीवन बिताने में उन्हें किसी तरह की बाधा नहीं होगी। दूसरा, उनकी यह मान्यता भी सही थी कि राष्ट्रीय राज्य का आधार मात्र धर्म या भाषा नहीं हो सकती। भिन्न धर्म, सम्प्रदाय और भाषाभाषी जनसमुदाय मिल कर एक राष्ट्र का निर्माण कर सकते हैं, इसमें कहीं विरोधाभास नहीं है। भारत राज्य की समूची बुनावट इसका प्रत्यक्ष प्रमाण है।

संवैधानिक उपचारों का अधिकार

अनुच्छेद 32 में वर्णित अधिकार मौलिक अधिकारों को व्यवहृत करने से सम्बन्धित है। प्रारूप समिति के अध्यक्ष डॉ. आम्बेडकर ने इसीलिए इस उपबन्ध को संविधान का हृदय एवं आत्मा की संज्ञा दी है। एक रूप में यह उपमा सत्य का ही प्रतिनिधित्व करती है।

अधिकारों को व्यवहृत करने के लिए कारगुज़ार उपायों के अभावों में सारे प्रयत्न अर्थहीन हो जाते हैं। अनुच्छेद 32 को सन्निहित किये जाने के पीछे उद्देश्य यही था कि मौलिक अधिकारों को वाणी मिले। इस अनुच्छेद के माध्यम से नागरिक अपने अधिकारों के हनन होने की स्थिति में देश के सर्वोच्च न्यायालय के दरवाज़े पर दस्तक दे सकता है।

अनुच्छेद 32 के अन्तर्गत यह उल्लेखित है कि नागरिकों को अधिकारों में से किसी को प्रवर्तित कराने के लिए उच्चतम न्यायालय को ऐसे निर्देश या आदेश जारी करने का अधिकार है जिनमें बन्दी प्रत्यक्षीकरण, परमादेश, प्रतिषेध और उत्प्रेषण लेख सम्मिलित हैं। साथ ही संसद को यह अधिकार है कि वह न्यायालयों को लेख या आदेश जारी करने का अधिकार प्रदान कर सके। किन्तु इसका उच्चतम न्यायालय पर प्रतिकूल प्रभाव नहीं पड़ना चाहिए। न्यायालय निम्नलिखित निर्देश या आदेश जारी कर अधिकारों के अभिरक्षक की भूमिका निभाता है :

बन्दी प्रत्यक्षीकरण : इस लेख को जारी करने का अधिकार उच्चतम न्यायालयों तथा उच्च न्यायालय को प्राप्त है। यह लेख उस समय जारी किया जाता है जब किसी व्यक्ति को अवैध रूप से बन्दी बना कर रखा गया हो। यह आदेश बन्दी बनाने वाले व्यक्ति को दिया जाता है और इसके तहत बन्दी बनाये गये व्यक्ति को एक निश्चित स्थान पर निश्चित प्रयोजन के लिए उपस्थित करने को कहा जाता है।

परमादेश लेख : यह लेख किसी व्यक्ति अथवा संस्था को अपने कर्तव्य पालन में की गयी उपेक्षा के समय जारी किया जाता है। अगर कोई संस्था किसी ऐसे व्यक्ति को जो सभी अहर्ताओं की पूर्ति के उपरान्त भी लाइसेंस अथवा किसी माँग से वंचित रखती है, तो यह व्यक्ति इसके अन्तर्गत न्यायालय की शरण ले सकता है।

प्रतिषेध लेख : इस तरह का लेख उच्च न्यायालय अपने से निम्न न्यायालय को जारी करता है। यह लेख उस समय जारी किया जाता है जब कोई नीचे की अदालत अपने अधिकार क्षेत्र अथवा प्राकृतिक न्याय के सिद्धान्त की अवहेलना करता है।

उत्प्रेषण लेख : इसके अन्तर्गत कोई विवादास्पद मामला नीचे की अदालत से ऊपर के न्यायालय में भेज दिया जाता है। यह तभी किया जाता है जब निम्न न्यायालय इस मुक़दमे की कार्यवाही में अधिकारों की दृष्टि से सक्षम न हो अथवा प्रार्थी की दृष्टि में न्याय के दुरुपयोग का भय हो।

न्यायालय समादेश : इस प्रकार की निषेधाज्ञा उस स्थिति में जारी की जाती है जब किसी व्यक्ति द्वारा किसी सार्वजनिक पद पर अनधिकृत कब्ज़ा कर लिया गया हो। इस आज्ञा द्वारा न्यायालय निर्णय होने तक उस व्यक्ति को पद ग्रहण करने से रोक सकता है।

अनुच्छेद 32 के सम्बन्ध में यह कहना प्रासंगिक होगा कि इसमें वर्णित संवैधानिक उपचारों का अधिकार आपातकाल स्थिति की घोषणा के दौरान स्थगित कर दिया जाता है। ऐसी स्थिति में नागरिक के हाथ में कोई वैधानिक उपचार नहीं है। इस उपबन्ध पर लगायी गयी पाबन्दी के उपरान्त भी यह अधिकार अपना विशेष महत्त्व रखता है। डॉ. आम्बेडकर ने इसकी महत्ता इस प्रकार बतायी थी कि :

> "मुझसे अगर पूछा जाये कि इस संविधान में ऐसा कौन सा अनुच्छेद सबसे महत्त्वपूर्ण है, जिसके अभाव में यह संविधान अर्थहीन अथवा नगण्य हो जायेगा, तो मैं इस अनुच्छेद 32 के अतिरिक्त किसी अन्य को रेखांकित नहीं करूँगा। यह अनुच्छेद संविधान का हृदय और आत्मा दोनों है। मुझे अत्यधिक प्रसन्नता है कि सदन ने इसकी महत्ता को पहचाना है। इसके बाद अब किसी भी व्यवस्थापिका के लिए इन याचिकाओं का हनन करना सम्भव नहीं होगा।"[29]

आलोचना के कतिपय पहलू

मौलिक अधिकारों की व्यवस्था निर्माण काल से ही आलोचना का विषय रही है। आलोचना के मुख्य बिन्दु थे वे शर्तें, अपवाद और प्रतिबन्ध जो इन अधिकारों के साथ अभिन्न रूप से जुड़े हैं। इस सम्बन्ध में आलोचकों ने प्रारूप समिति को आड़े हाथों लिया था। उनका यह पुख़्ता मत था कि अधिकारों के साथ इतने प्रतिबन्ध, शर्तें और अपवादों के रहते इसे मौलिक अधिकारों का अध्याय कहना बेमानी है, क्योंकि इनके रहते ये अपना महत्त्व और गुणवत्ता दोनों ही खो चुके हैं। बहस के दौरान एक सदस्य ने व्यंग्य करते हुए यह भी सुझाव दिया कि इस अध्याय को 'मौलिक अधिकारों पर प्रतिबन्ध' के नाम से सम्बोधित किया जाना चाहिए।

आलोचना का दूसरा बिन्दु निवारक निरोध अधिनियम तथा संकटकालीन अवधि में इनके स्थगन सम्बन्धी अनुच्छेदों के सम्बन्ध में था। आलोचकों का कहना था कि संविधान निर्माताओं ने इन अधिकारों का विशद् उल्लेख कर जहाँ एक ओर महान उदारता दर्शायी है, वहाँ इन प्रावधानों को उल्लेखित कर घोर कृपणता का भी परिचय दिया है। एक हाथ से दिया और उसे दूसरे हाथ से छीन भी लिया है। आलोचना और अफ़सोस का तीसरा बिन्दु आर्थिक अधिकारों की अवहेलना से सम्बन्धित है।

सामाजिक और आर्थिक न्याय के पक्षधरों का कहना था कि रोज़गार और अनिवार्य शिक्षा जैसे अधिकारों के अभाव में इस समूचे अध्याय का कोई महत्त्व नहीं है। हज़ारों–हज़ार लोग राजनीतिक अधिकारों के उपयोग से निरन्तर वंचित ही रहेंगे।

समाज में विद्यमान शोषण, असमानता तथा ग़रीबी के रहते इन राजनीतिक अधिकारों का क्या अर्थ है? भूख और ग़रीबी के रहते मनुष्य की गरिमा की रक्षा नहीं की जा सकती। मौलिक अधिकारों का यह अध्याय इस दृष्टि से महज़ सत्ता सम्पन्न लोगों के जनतन्त्र की स्थापना करना है। स्वतन्त्रता प्राप्ति से लेकर आज तक ऐसे ही प्रश्न हमारी व्यवस्था के सम्बन्ध में उठाये जा रहे हैं और इनका समुचित उत्तर ढूँढ़े बिना मौलिक अधिकारों की व्यवस्था का मूल्यांकन अधूरा है। ऐसी बात आलोचक निरन्तर कहते आये हैं।

आलोचकों द्वारा उठाये गये इन प्रश्नों के विभिन्न बिन्दुओं पर सिलसिलेवार विचार करें तो वैचारिक स्तर पर किसी एक तर्क अथवा अवधारणा का अनुकरण नहीं कर सकते। मौलिक अधिकार चाहे कितने ही महत्त्वपूर्ण क्यों न हों, हम इनका मूल्यांकन करते समय राष्ट्रीय राज्य और व्यवस्था के समूचे ताने–बाने में गतिशील कारणों को नज़रअन्दाज़ नहीं कर सकते। राष्ट्रीय राज्य की व्यवस्था उन पर अंकुश की माँग करती है। यह स्थिति किसी भी व्याख्याकार के लिए दुविधा की स्थिति है। मौलिक अधिकारों पर लगाये गये प्रतिबन्ध, अपवाद और अहर्ताएँ निश्चित ही राज्य संस्था को सर्वसत्तावादी और निरंकुश बनती हैं। राष्ट्र की अभिरक्षा, एकता, अखण्डता और जनतन्त्रीय व्यवस्था के अस्तित्व के नाम पर अक्सर सत्तारूढ़ अभिजन द्वारा अपनी ही किलेबन्दी को सुदृढ़ बनाया जाता है और यह बात दोहराने की आवश्यकता नहीं कि सत्ता अभिजन अपने ही हित में राजनीतिक नारों का सहारा लेकर अक्षमता, अकर्मण्यता और असफलता को छिपाता है। इस सब भोगे–भुगते यथार्थ से परिचित होते हुए भी हम जब मौलिक अधिकारों की संरचना पर विचार करते हैं, तो समस्या के इस पहलू को, जो देश की एकता, अखण्डता और सुरक्षा से जुड़ा हुआ है, किसी भी कीमत पर दृष्टि ओझल नहीं कर सकते। विघटनकारी प्रवृत्तियों के उभार से उत्पन्न राष्ट्र की सुरक्षा, बाहरी आक्रमण की आशंका तथा व्यवस्था में निहित अन्तर्विरोधों के कारण आने वाले झँझावतों का प्रश्न भी इतना ही महत्त्वपूर्ण है जितना कि नागरिक स्वतन्त्रताओं का प्रश्न।

सामाजिक और आर्थिक न्याय का प्रश्न भी इस प्रसंग से अभिन्न रूप से जुड़ा हुआ है। पुलिस राज का सिद्धान्त अब अतीत का अध्याय है। व्यक्तिवादी सिद्धान्त पर आधारित जनतन्त्रीय समाज की अवधारणा परिवर्तित सन्दर्भों में एकपक्षीय, अनुत्तरदायी तथा सत्ता सम्पन्न वर्गों के लिए हितकारी सिद्ध हुई है। बीसवीं शताब्दी के उत्तरार्द्ध में बहुआयामी परिवर्तन की गति को देखते हुए ऐसी व्यवस्था को आदर्श व्यवस्था के रूप में स्वीकार नहीं किया जा सकता। कोई भी राज्य व्यवस्था, विशेषतया विषमतामूलक समाजों में, निरपेक्ष अथवा तटस्थता की भूमिका की जोखिम नहीं उठा सकती। भारत के संविधान निर्माताओं के समक्ष भी ऐसी ही दुविधा की स्थिति थी। एक ओर वे नागरिक स्वतन्त्रता के लिए प्रतिबद्ध थे, तो दूसरी ओर वे समाज में विद्यमान बहुरूपी शोषण और असमानता के निराकरण के लिए भी उत्सुक थे। यूरोप और एशिया में हुई क्रान्तियाँ दीवार पर लिखे अक्षरों की ओर संकेत कर रही थीं। इसे दृष्टि ओझल करना यथार्थ से मुँह मोड़ना था।

मौलिक अधिकारों के सम्बन्ध में इन प्रसंगों के परिप्रेक्ष्य में मीमांसा करते समय कतिपय प्रश्न स्वतः ही उभरते हैं और उन पर गहराई से विचार करें तो स्थिति स्वतः ही स्पष्ट हो जाती है। विचारणीय बात यह है कि क्या मौलिक अधिकार अपने आप में शाश्वत अथवा परम अधिकार हैं? क्या ये अधिकार असीमित या निश्चित होते हैं? क्या समाज के विभिन्न समूह गुटों को अपने हितों की पूर्ति के लिए निर्बाध और नियन्त्रित छोड़ देना समाज के लिए उपादेय होगा? शोषण और विषमता को समाप्त करने की दृष्टि से लगाये गये प्रतिबन्ध क्या अप्रजातान्त्रिक हैं? क्या परम्परागत व्यक्ति वाद, जो व्यक्ति के सामाजिक दायित्व का यथेष्ठ ध्यान नहीं रखता, को अबाध गति से विकसित होने देना चाहिए? साम्प्रदायिकता, प्रान्तीयता और जातीयता की ओछी भावना को उभारने वाले भाषण या प्रेस की स्वतन्त्रता पर लगाम देना क्या अधिकारों की अवहेलना है? इन प्रश्नों के साथ और भी प्रश्न सोचे जा सकते हैं। संसार का कोई भी जनतन्त्र अथवा कोई और शासन तन्त्र, चाहे कितना ही परिपक्व और स्थायी हो, इन प्रश्नों और उन परिस्थितियों को, जिनमें वह व्यवस्था विकसित होती है, नज़रअन्दाज़ नहीं कर सकता। वर्तमान में देखें तो किसी भी जनतन्त्रीय देश में शाश्वत अधिकार अथवा असीमित स्वतन्त्रता को स्वीकृति नहीं मिली है। इस प्रसंग पर प्रारूप समिति के अध्यक्ष का कथन उद्धृत करने योग्य है।

संविधान सभा के आलोचना के इस पहलू पर प्रकाश डालते हुए उन्होंने कहा :

> "मौलिक अधिकारों पर की गयी आलोचना के पीछे कोई ठोस आधार प्रतीत नहीं होता। मूलतः यह आलोचना ग़लत अवधारणा पर आधारित है। उनके तर्क का मूल आधार अमेरिकी संविधान है। कुछ लोगों की ऐसी धारणा है कि अमेरिकी संविधान में मौलिक अधिकार अपवाद और प्रतिबन्धों से मुक्त हैं, इसलिए वे अधिकार अधिक वास्तविक हैं। मेरे विचार में यह धारणा सही नहीं है। ऐसा कहना कि अमेरिकी संविधान शाश्वत अथवा निर्बाध स्वतन्त्रता प्रदत्त करता है, पूर्णतया ग़लत है। मौलिक अधिकार राज्य द्वारा प्रदत किये जाते हैं। इस दृष्टि से राज्य इन्हें परिसीमित एवं प्रतिबन्ध करने में भी सक्षम है।" डॉ. आम्बेडकर का यह कथन संवैधानिक जगत में प्रचलित अवधारणा की ही पुष्टि करता है।"

सैद्धान्तिक और व्यावहारिक दोनों ही धरातलों पर मौलिक अधिकार सीमित और प्रतिबन्धित हैं। अधिकार वस्तुतः साध्य नहीं, अपितु सामाजिक राजनीतिक व्यवस्था के इंगित लक्ष्यों के साधन हैं। अतः निर्दिष्ट लक्ष्यों की प्राप्ति के लिए कई बार प्रतिबन्ध आवश्यक हो जाते हैं। समाज संरचना को गत्यात्मक अथवा जीवन्त बनाये रखने की दृष्टि से भी प्रतिबन्ध आवश्यक हो जाते हैं। फिर हमें यह बात भी नहीं भूलनी चाहिए, जैसा कि डॉ. राधाकृष्णन ने कहा है कि, "प्रजातन्त्र का उद्देश्य सदैव समूचे समाज का हित होता है, किसी एक समुदाय अथवा वर्ग का हित नहीं, तथा कोई व्यक्ति किस जाति अथवा धर्म का है, इस आधार पर नहीं।"[30]

उच्चतम न्यायालय के मुख्य न्यायाधीश पी.वी. गजेन्द्र गड़कर ने अपनी पुस्तक *लॉ, लिबर्टी एंड सोशल जस्टिस* में इस प्रसंग का विशद विवेचन किया है। विद्वान न्यायाधीश ने मौलिक अधिकारों पर लगाये गये प्रतिबन्धों को सामाजिक न्याय, राष्ट्र की सुरक्षा तथा एकता के सन्दर्भ में न्यायोचित ठहराया है। उनका कहना है कि :

"जहाँ संविधायकों ने नागरिक अधिकारों को प्रजातान्त्रिक व्यवस्था के लिए अनावश्यक माना है, वहाँ अनुच्छेद 19 में वर्णित प्रतिबन्ध यह सिद्ध करते हैं कि ये अधिकार अपने आप में परिपूर्ण या शाश्वत नहीं हैं। भारतीय जनतन्त्र का लक्ष्य सामाजिक–आर्थिक न्याय की प्राप्ति है। इस दृष्टि से ये प्रतिबन्ध नागरिकों को इस लक्ष्य के लिए आबद्ध ही करते हैं।"[31]

न्यायाधीश श्री पी.एम. छागला भी इसी मत के लगते हैं। उन्होंने अपनी पुस्तक *लॉ, लिबर्टी एंड लाइफ* में इन प्रतिबन्धों को इस आधार पर उचित ठहराया है कि इनके औचित्य का निर्णय न्यायपालिका के हाथ में है। वे कहते हैं :

"अक्सर यह कहा जाता है कि हमारा संविधान एक हाथ से अधिकार प्रदान करता है और अपवादों तथा प्रतिबन्धों के रूप में दूसरे हाथ से वापस ले लेता है। मेरे विचार में यह आलोचना उचित नहीं है। भारतीय संविधान में इन अधिकारों को प्रतिबन्ध तथा अपवादों के माध्यम से सीमित अवश्य कर दिया गया है, किन्तु यह बात ध्यान देने की है कि इन प्रतिबन्धों के औचित्य के निर्णय की शक्ति व्यवस्थापिका अथवा कार्यपालिका को नहीं, अपितु न्यायपालिका को सौंपी गयी है। न्यायपालिका चूँकि स्वतन्त्र निकाय है, इसलिए अपने अधिकारों के लिए नागरिक उस पर भरोसा कर सकते हैं।"[32]

विचारों की इस श्रृंखला में सर्वोच्च न्यायालय के न्यायाधीश जे.एम. शेलट को यहाँ उद्धृत करना पर्याप्त होगा। उन्होंने अपने भाषण में मौलिक अधिकारों के अध्याय पर कहा था कि :

"मौलिक अधिकारों का अध्याय नागरिक अधिकार और समाज तथा राज्य की आवश्यकता के बीच सामंजस्य का अद्‌भुत उदाहरण है। इसमें भविष्य में संविधान के सुगम संचालन का मार्ग प्रशस्त हुआ है। कोई भी अधिकार शाश्वत नहीं है। अपवाद और प्रतिबन्ध परिवर्तित परिस्थितियों की आवश्यकता की दृष्टि से आवश्यक हैं।"[33]

अतः इन न्यायवेत्ताओं की राय को देखते हुए आलोचकों के स्वर में स्वर मिलाना उचित नहीं होगा। यह बात जगज़ाहिर है कि समाज, राज्य और अन्य संस्थाओं की अपरिहार्यता को देखते हुए मौलिक अधिकारों के प्रसंग पर विशुद्ध शास्त्रीय चिन्तन पर्याप्त नहीं है। उनके अर्थ और महत्त्व को समूचे परिवेश के सन्दर्भ में ही आँका जाना चाहिए।

आलोचना के दूसरे बिन्दु, जो संकटकालीन स्थिति में अधिकारों के स्थगन और निवारक निरोध जैसी व्यवस्था से सम्बन्धित हैं, पर भी सांगोपांग विचार किया जाना चाहिए। संविधान सभा के कतिपय सदस्यों का कहना था कि ये प्रावधान नागरिक स्वतन्त्रता पर तो कुठाराघात करते ही हैं, साथ ही निरकुंश तानाशाही को भी निमन्त्रण दे रहे हैं। आलोचकों का यह भी अभिमत था कि कार्यपालिका के हाथों में इतनी बेलगाम शक्ति का संचय जनतान्त्रिक व्यवस्था के लिए प्राणघातक सिद्ध होगा। आलोचना के इस प्रसंग पर विचार करें तो कहना होगा कि जनतन्त्रीय प्रणाली का कोई भी पक्षधर ऐसे प्रावधानों को आत्मसात नहीं कर सकता, क्योंकि इसके पीछे मनुष्य जाति का पुख़्ता कटु अनुभव है। संसार की सभी सरकारें, चाहे वे जनतन्त्रीय ही क्यों न हों, सत्ता विस्तार और सर्वसत्तावादी होने के लोभ का संवरण नहीं कर सकतीं। सत्ता प्राप्त करने के उपरान्त उसे सुदृढ़ करने तथा विस्तार करने की प्रवृत्ति कमोबेश सभी सरकारों में पायी जाती है। देश की एकता, अखण्डता, शान्ति व्यवस्था तथा लोकहित के नाम पर सरकारें प्रतिपक्ष दलों पर कहर ढाती हैं। कई बार संकट देश पर नहीं, सरकारों के अस्तित्व पर होता है। अपने को सतत सत्ता में बनाये रखने के लिए इन प्रावधानों का खुल कर प्रयोग किया जाता है। जिन देशों में प्रजातान्त्रिक परम्पराएँ, अभिसमय और रीति–रिवाज़ लोक संस्कृति के अंग नहीं बन पाये हैं, उन समाजों में इनके दुरुपयोग का सबसे अधिक ख़तरा बना रहता है। एशिया के अनेकानेक देशों में ऐसा हुआ भी है और इसके दुष्परिणाम भी उन्होंने भुगते हैं। अतः संविधान सभा में इन प्रावधानों के सन्दर्भ में जो शंकाएँ की गयी थीं, वे सर्वथा आधारहीन नहीं थीं। वर्तमान में भी ऐसे विधि–विधान पर जो प्रश्न उठाये जा रहे हैं, वे हमें और अधिक सतर्क रहने के लिए आगाह करते ही हैं।

इस समस्या का दूसरा पहलू भी है, जिसे हम मात्र सिद्धान्त अथवा परिकल्पना के आधार पर दृष्टि ओझल नहीं कर सकते। राष्ट्र की विशिष्ट एवं विषम परिस्थितियों, चुनौतियों और समस्याओं से घिरे उस राजनीतिक

समाज की जो औपनिवेशिक राज से मुक्त हो कर नयी राज्य व्यवस्था के निर्माण के लिए कृत संकल्प है, उसके एकीकरण और अखण्ड बने रहने के बीच बाधाएँ तथा क़ानून व्यवस्था की समस्याओं को हम हवा में नहीं उड़ा सकते। स्वतन्त्रता प्राप्ति के प्रसवकाल में भी भारत के समक्ष ऐसी ही कुछ विस्फोटक, विघटनकारी और अशान्ति उत्पन्न करने वाली स्थितियाँ विद्यमान थीं। ऐसे कई समूह सक्रिय थे जो खुलेआम क्रान्ति का आह्वान कर रहे थे। दूसरी ओर, साम्प्रदायिक शक्तियाँ इस देश के ताने–बाने को ही छिन्न–भिन्न करने पर तुली हुई थीं। इन स्थितियों को देखते हुए भारत के संविधायकों ने सरकारी तन्त्र को विशेष शक्तियों से मण्डित किया हो तो कोई आश्चर्य की बात नहीं है। ये प्रावधान एक दृष्टि से भारत की प्रशासनिक आवश्यकता के रूप में देखे जा सकते हैं। सन्दर्भगत प्रश्न यह है कि क्या वर्तमान भारत में यह प्रशासनिक आवश्यकता समाप्त हो गयी है? क्या समय के साथ सत्ता अभिजन एवं शासितजन इतने संजीदा हो गये हैं कि हमें अब ऐसे प्रावधानों की आवश्यकता नहीं रही? इस सम्बन्ध में हमारा अनुभव क्या इंगित करता है?

संविधान में वर्णित इन प्रावधानों के सम्बन्ध में उठाये गये उपरोक्त प्रश्नों के साथ कई और प्रश्न पूछे जा सकते हैं। अब यह बहस परिकल्पना की बात नहीं रह गयी है। पिछले छह दशकों में इनका व्यावहारिक स्वरूप भी उजागर हुआ है। भारतीय गणतन्त्र की स्थापना के बाद देश में चार बार (1962, 1965, 1971 और 1975) आपातकालीन स्थिति लागू की जा चुकी है। सन् 1962, 1965 और 1971 में संकटकाल की स्थिति की घोषणाएँ विदेशी आक्रमण के कारण की गयी थीं। अतः युद्धकालीन परिस्थितियों में राष्ट्र की सुरक्षा के नाम पर तत्कालीन शासन ने जो भी क़दम उठाये, उन पर अधिक आपत्ति नहीं हुई लेकिन सन् 1975 में स्थिति दूसरी थी। पहली बार देश में आन्तरिक राजनीतिक उथल–पुथल और विषम परिस्थितियों में संकटकालीन स्थिति की घोषणा की गयी।

अठारह महीने के इस कालखण्ड को हम किसी भी तरह सुखद नहीं कह सकते। इस अवधि में जो भी घटित हुआ, उस सम्बन्ध में अनेकानेक पुस्तकों और समाचार पत्रों के पन्ने भरे पड़े हुए हैं। उसके औचित्य अथवा अनौचित्य पर कोई टिप्पणी करना मधुमक्खी के छत्ते में हाथ देने जैसा है। लेकिन यह कहना कदाचित ग़लत नहीं होगा कि सन् 1975 की घोषणा हमारे देश की समूची राजनीतिक शैली, संस्कृति, राजनीतिक अभिजन

की कार्य प्रणाली तथा जनसमस्याओं के प्रति अवहेलनापूर्ण बर्ताव की बोलती कहानी है। तत्कालीन इन्दिरा गाँधी की सरकार को इस कारण कड़ी आलोचना का सामना करना पड़ा था। कतिपय राजनीतिकर्मी और पत्रकारों ने इसे जनतन्त्र की हत्या और मीसा जैसे क़ानूनों को काले क़ानून की संज्ञा दी थी। इसके अन्तर्गत प्रतिपक्षी दलों के शीर्षस्थ नेताओं और कार्यकर्ताओं को गिरफ़्तार किया गया तथा प्रेस पर ज़बर्दस्त पाबन्दी लगायी गयी थी। इस अवधि में जहाँ प्रतिपक्ष के राजनीतिकर्मियों का वास्तविक चेहरा उजागर हुआ, वहाँ देश की पुलिस तथा अफसरशाही की क्रूरता तथा दोहरेपन का भी पर्दाफाश हुआ। तत्कालीन कांग्रेस (आई) सरकार को इसका ख़ामियाज़ा भी भुगतना पड़ा। सन् 1977 में जो आम चुनाव हुए, उसमें पहली बार कांग्रेस जैसे राष्ट्रीय दल की करारी हार हुई और नवगठित जनता पार्टी शासन में आयी। यह सारा घटनाक्रम अन्य बातों के साथ यह तो सिद्ध करता है कि सत्तारूढ़ दल इन प्रावधानों को अपने हित में प्रयोग कर सकता है तथा सजग और संगठित जनमत के अभाव में इसका कोई दूसरा उपाय नहीं है। अतः ज़रूरी यह है कि इन प्रावधानों को लागू करने में कोई संस्थागत नियन्त्रण स्थापित किया जाये, जिससे कि भविष्य में जनतान्त्रिक ढाँचे में गतिरोध उत्पन्न न हो।

क्या संसद संशोधन करने में सक्षम है?

देश की संसद मौलिक अधिकारों में संशोधन कर सकती है अथवा नहीं, यह प्रश्न अब विवाद का नहीं है, क्योंकि संविधान के 24 वें और 25 वें संशोधन के पश्चात संसद संविधान के किसी भाग में (जिसमें मौलिक अधिकार भी सम्मिलित हैं) संशोधन करने में सक्षम हो गयी है। सातवें दशक के प्रारम्भ में इन्हीं संशोधनों को लेकर देश के राजनीतिक व क़ानूनी जगत में एक भूचाल सा आ गया था। क़ानून वेत्ता और प्रबुद्ध स्पष्टतया दो शिविरों में बँट गये थे। कतिपय संविधान विशेषज्ञों का कहना था कि इन संशोधनों के बाद संविधान का मूल ढाँचा बिखर सा गया है और चेहरा विकृत हो गया है। इन महानुभावों का अभिमत था कि मौलिक अधिकार संविधान के मूलभूत ढाँचे का आधार है और संसद मूल ढाँचे में कोई परिवर्तन नहीं कर सकती, जबकि देश के अन्य गणमान्य विधिवेत्ता, राजनीतिज्ञ और प्रबुद्धों का कहना था कि देश की संसद संविधान के किसी भी भाग में संशोधन करने में पूर्णतया सक्षम है। इन महानुभावों का कहना है कि

मौलिक अधिकार परम अधिकार, शाश्वत, पवित्र या निर्बाध नहीं हैं। समय और परिस्थितियों के अनुसार इनमें परिवर्तन करना गतिशील समाज की अपरिहार्य आवश्यकता है।

मौलिक अधिकारों में संशोधन की इस बहस और क़ानून जगत में हड़कम्प का प्रमुख कारण था, 'गोलकनाथ बनाम पंजाब राज्य' के मामले में सर्वोच्च न्यायालय का निर्णय। इस विवाद में सर्वोच्च न्यायालय ने जो निर्णय दिया, वह 'शंकरी प्रसाद बनाम बिहार राज्य' तथा 'सज्जन सिंह बनाम अजमेर के मामलों में दिये निर्णय के बिल्कुल विपरीत था। पहले के मामलों में सर्वोच्च न्यायालय ने यह स्वीकार किया था कि मौलिक अधिकार महत्त्वपूर्ण व्यवस्था होते हुए भी अन्य व्यवस्थाओं की तरह परिवर्तनीय हैं। 'ए. के. गोपालन बनाम मद्रास राज्य' के मामले में भी न्यायालय ने इसी सिद्धान्त को मान्यता प्रदान की थी, लेकिन 27 फरवरी, 1967 को गोलकनाथ के मामले में न्यायालय ने इसके वितरीत निर्णय देकर इस विवाद को पुनर्जीवित कर दिया। न्यायालय ने अनुच्छेद, 13 (2) के अन्तर्गत पहले, चौथे और सातवें संशोधन की वैध करार दिया था। एक के बहुमत (निर्णय के पक्ष में 6 तथा विपक्ष में 5 न्यायाधीश थे) से दिये गये निर्णय में भूतपूर्व मुख्य न्यायाधीश सुब्बाराव ने कहा था कि :

> "संविधान द्वारा प्रदत्त ये मौलिक अधिकार सर्वोपरि, अपरिवर्तनीय तथा अपरिहार्य हैं। संसद संविधान के तीसरे अध्याय के किसी उपबन्ध को इस तरह संशोधित नहीं कर सकती, जिनसे मौलिक अधिकारों का हनन अथवा सीमित हों। मौलिक स्वतन्त्रताओं की महत्ता इतनी सर्वोपरि है कि दोनों सदनों के समस्त सदस्यों द्वारा सर्वसम्मति से पारित विधेयक भी इनके प्रयोग की अप्रभावी नहीं बना सकता।"[34]

सर्वोच्च न्यायालय के इस निर्णय पर अगर विचार करें तो कुछ महत्त्वपूर्ण बिन्दु हमारा ध्यान आकर्षित करते हैं। पहला तो यह कि ऐसा निर्णय देकर न्यायपालिका हमारी संवैधानिक व्यवस्था में वह स्थान प्राप्त करना चाहती थी जो संविधान निर्माता उसे देना नहीं चाहते थे। दूसरा, वह संसद को उस अधिकार से वंचित कर रही थी जिसका प्रतिनिधिक संस्था होने के नाते वह अधिकारिणी है। और तीसरा, यह निर्णय न्यायपालिका के वर्ग चरित्र को उजागर करता है! वर्ग चरित्र की बात इस प्रसंग में कि भारत

जैसे ग़रीब, पिछड़े और शोषित समाज में नागरिक स्वतन्त्रताओं को आप किस रूप में देखते हैं? इसमें व्यक्ति की दृष्टि अथवा व्याख्यायित करने की सोच निरपेक्ष नहीं, वर्गगत होती है। अगर आप कहते हैं कि मौलिक अधिकार शाश्वत, अपरिहार्य और अपरिवर्तनीय हैं, तो आप निःसन्देह एक स्थैतिक, जड़वत यथास्थिति के परिपोषक हैं। एक विषमता मूलक सामाजिक संरचना के सन्दर्भ में इस तरह की सैद्धान्तिक स्थापना इसके अतिरिक्त क्या इंगित करती है? यही कि आप उस वर्ग की तरफ़दारी कर रहे हैं।

जो समाज के सर्वोच्च शिखर पर बैठा है। गोलकनाथ के मामले में दिये गये निर्णय को आप किसी भी दृष्टि से देखें, वह एकपक्षीय, राजनीति प्रेरित, प्रतिगामी तथा सामाजिक–आर्थिक न्याय के मार्ग को अवरुद्ध करने वाला निर्णय है। वैसे देखा जाये तो भारत की न्यायपालिका का यह रुख़ नया नहीं है। इससे पहले भी न्यायालय ने ऐसे निर्णय दिये हैं, जो परिवर्तन के मार्ग में बाधा कहे जा सकते हैं। बिहार ज़मींदारी उन्मूलन क़ानून (1950) और बैंक राष्ट्रीयकरण के मामले में दिये गये निर्णय उसके प्रतिगामी रवैये की पुष्टि करते हैं।

गोलकनाथ के इस ऐतिहासिक निर्णय की अनेक क्षेत्रों में प्रतिक्रिया भी हुई। अनेकानेक विधि विशेषज्ञ और राजनीतिक प्रबुद्धों ने इसकी घोर निंदा की है। श्री तिवारी, श्री कुमार मंगलम और श्री पी.बी. मुखर्जी के नाम इस सन्दर्भ में विशेष रूप से उल्लेखनीय हैं, जिन्होंने स्पष्ट शब्दों में इसकी भर्त्सना की थी। श्री पी.बी. मुखर्जी ने बहुमत के इस निर्णय की कड़ी आलोचना करते हुए इसे राजनीति से प्रेरित निर्णय कहा था। अपने ओजस्वी भाषण में उन्होंने कहा :

> "मौलिक अधिकार मात्र इस विशेषण से कि वे मौलिक हैं, संवैधानिक संशोधन की परिधि से बाहर नहीं हैं। अधिकार संविधान द्वारा प्रदत्त किये गये हैं। जिस संविधान द्वारा ये प्रदत्त किये गये हैं, वे संवैधानिक माध्यम से संशोधित भी किये जा सकते हैं। मौलिक होने का अर्थ यह कदापि नहीं है कि वे अपरिवर्तनीय हैं। जो संविधान स्थैतिक अथवा दुरूह होता है, वह क्रान्ति को निमन्त्रित करता है।"[35]

न्यायालय का यह एकपक्षीय दृष्टिकोण एक और दृष्टि से भी न्यायसंगत एवं समसामयिक परिस्थितियों में तर्क संगत नहीं लगता।

भारत जैसे विकासशील देश की प्रमुख समस्याएँ ग़रीबी, विषमता और शोषण के निवारण की हैं। वे मूलतः क़ानूनी नहीं, अपितु सामाजिक–आर्थिक परिवर्तन से सम्बन्धित हैं। संविधान की प्रस्तावना और नीति निदेशक तत्त्वों का चौथा आध्याय भी इसी प्रलेख के अंग हैं। इन दोनों को अलग कर न्यायालय यदि यथार्थ की अवहेलना कर केवल तीसरे अध्याय को सीमित अर्थों में व्याख्यायित करता है, तो हमें संविधान को पुनः लिखना चाहिए। दूसरा, जन–महत्त्व के प्रश्न जिनका सम्बन्ध समूचे समाज से है, उन पर अगर संसद भी क़ानून बनाने अथवा संशोधन करने में सक्षम न हो, तो कौन–सी संस्था सामाजिक परिवर्तन के सन्दर्भों में वांछनीय विधि का निर्माण करेगी? न्यायपालिका इस भूमिका के लिए अपने वर्ग चरित्र, कार्यशैली तथा जनसम्पर्क के सर्वथा अभाव के कारण ऐसा नहीं कर सकती। इस बहस में भारत के पूर्व मुख्य न्यायमूर्ति श्री पी.बी. गजेन्द्र गड़कर के विचारों को उद्धृत करना समीचीन होगा। जो लोग हर संशोधन पर संसद के अधिकार को चुनौती देते हैं अथवा इज़ारेदार या धनपतियों के पक्ष में अधिकारों की व्याख्या को ही सही अर्थों में न्याय मानते हैं, उनके लिए न्यायमूर्ति का यह कहना कि :

> ''देश में संवैधानिक संशोधनों पर अगर हम एक दृष्टि डालें तो प्रतीत होगा कि जनतन्त्रीय समाज में क़ानून स्थैतिक नहीं, अपितु गतिशील होता है। जनतन्त्रीय देश की व्यवस्थापिका क़ानून में संशोधन सामाजिक–आर्थिक चुनौतियों का सामना करने की दृष्टि से करती है और यह उनका प्रथम कर्तव्य भी है।''[36]

सामाजिक और आर्थिक दायित्व की पूर्ति हेतु संविधान में क्रमशः 24वाँ, 25वाँ एवं 29वाँ संशोधन किया गया। 24वाँ संशोधन गोलकनाथ के विवाद में दिये गये निर्णय से जो बाधाएँ उत्पन्न हुईं, उन्हें दूर करने की दृष्टि से किया गया था। इस संशोधन के अन्तर्गत संसद को संविधान के किसी भी प्रावधान, जिनमें मौलिक अधिकार भी सम्मिलित हैं, में संशोधन करने का अधिकार मिल गया। इसी तरह बैंक राष्ट्रीयकरण के मामले में सर्वोच्च न्यायालय के निर्णय को देखते हुए संविधान में 25वाँ संशोधन 9 अगस्त, 1971 को पारित हुआ। 24वाँ संशोधन अधिनियम संसद के सम्मुख प्रस्तुत करते हुए तत्कालीन विधि मन्त्री श्री एच.आर. गोखले ने जो कहा उससे सहमत होना पड़ता है। उन्होंने कहा, ''संविधान साध्य नहीं अपितु कतिपय

लक्ष्यों को प्राप्त करने का साधन है। यह अपरिवर्तनीय नहीं है। अगर ऐसा होता तो वह गतिहीन हो कर नष्ट हो जाता। संविधान को इसी स्थिति से बचाने की दृष्टि से यह संशोधन किया गया है।''

भारतीय संविधान में संशोधन के प्रश्न पर हम अपने पूर्वाग्रह अथवा वैचारिक पृष्ठभूमि में कुछ भी व्याख्या कर सकते हैं। उसमें संसद की हठधर्मिता अथवा उसके द्वारा किये गये संशोधन की उपयोगिता को लेकर मतभेद रख सकते हैं, किन्तु जनतन्त्रीय व्यवस्था में यह बात तो स्वीकार करनी ही होगी कि कोई भी संविधान अपने आप में सम्पूर्ण अथवा कालजयी नहीं होता। उसका मूल ढाँचा भी शाश्वत अथवा पवित्र नहीं माना जा सकता। एक राजनीतिक समाज को जीवन्त और गतिशील बनाये रखने हेतु हर पीढ़ी को समय और आवश्यकतानुसार संशोधन करने का अधिकार होता है। अतः न्यायपालिका के इस अभिमत को कि संसद उसके किसी भाग में परिवर्तन नहीं कर सकती, विवेकसम्मत नहीं कहा जा सकता।

मौलिक अधिकारों सम्बन्धी आलोचना का तीसरा बिन्दु आर्थिक सुरक्षा के अभाव की ओर हमारा ध्यान आकर्षित करता है। दूसरे विश्व युद्ध के पश्चात निर्मित किसी भी संविधान का आकलन करते समय हम ऐसे महत्त्वपूर्ण आधार की अवहेलना नहीं कर सकते।

आकलन के इस आधार को महत्ता प्रदान करने वाले विद्वान संसद बनाम न्यायपालिका इसकी रक्षा में सक्षम हैं अथवा संसद, यह बात भारत जैसे ग़रीब और शोषित समाज में महत्त्व ही क्या रखती है? साम्यवादी प्रबुद्धों की बात छोड़ दें तो जनतन्त्रीय व्यवस्था के पक्षधरों ने भी इसकी महत्ता को स्वीकारा है। संयुक्त राज्य अमेरिका के भूतपूर्व राष्ट्रपति रूज़वेल्ट का यह कथन आलोचकों के विचारों की ही पुष्टि करता है। वे कहते हैं कि ''मैं ऐसे प्रजातन्त्र की रक्षा के लिए कदापि नहीं कहूँगा जो बदले में राष्ट्र के प्रत्येक व्यक्ति के अभावों और कष्टों से उसकी रक्षा नहीं कर सकता।'' भारत के लब्ध प्रतिष्ठित पूर्व राष्ट्रपति डॉ. राधाकृष्णन ने भी अपनी प्रसिद्ध पुस्तक *धर्म और समाज* में इस प्रसंग पर विस्तार से विश्लेषण किया है। आर्थिक सुरक्षा की महत्ता को स्वीकार करते हुए वे लिखते हैं :

> "यदि मनुष्य को अपना गौरव बनाये रखना हो, निर्बाध चलना–फिरना हो, उदार, स्पष्टवादी और स्वाधीन रहना हो, तो उसके लिए न्यूनतम आर्थिक सुरक्षा आवश्यक है।''[37]

संविधान के तीसरे अध्याय में आर्थिक सुरक्षा का प्रावधान नहीं है। इस वस्तुस्थिति से सभी अवगत हैं। संविधान सभा के सदस्य, विशेषकर प्रभुत्व गुट के, इस तथ्य से परिचित थे। आर्थिक और सामाजिक न्याय के अभाव में राजनीतिक अधिकार और यहाँ तक कि संविधान जैसा प्रलेख कोरे काग़ज़ के टुकड़ों से अधिक कुछ नहीं है। यह बात उनसे अधिक कौन जान सकता था। संविधान का चौथा अध्याय, जिसमें नीति निदेशक तत्त्व वर्णित हैं, इसी पहलू के महत्त्व की स्वीकृति है। तत्कालीन परिस्थितियों और उनकी सीमाओं को देखते हुए आर्थिक सुरक्षा का प्रावधान सम्भव नहीं हुआ। इसके उपरान्त भी मौलिक अधिकारों से सम्बन्धित कतिपय प्रश्न हमें गहराई से सोचने के लिए बाध्य करते हैं। प्रश्न तो यह है कि जिस देश में, जहाँ करोड़ों लोग रोटी–रोज़ी, पीने के पानी और अन्य ज़रूरत की चीज़ों को जुटाने के लिए ही संघर्षरत हों, कुपोषण, बीमारी, शीतलहर, तपतपाती गर्मी के कारण मौत के मुँह में पहुँच जाते हों, वहाँ नागरिक स्वतन्त्रता, प्रेस की आज़ादी और न्यायालय में जाने के अधिकार का कितना और क्या अर्थ है? समय और सामाजिक प्रासंगिकता की दृष्टि से विचार करने की बात तो यह है कि जिस देश में निरक्षरता और ग़रीबी दिल दहलाने वाली स्थिति तक पहुँच गयी हो, वहाँ न्यायालय के द्वार खटखटाने की उनमें सामर्थ्य कहाँ से आयेगी? जहाँ शोषण की समस्या कहीं अधिक व्यापक और गहन हो, उस समाज में क्या संसद द्वारा क़ानून बना देना समस्या का निराकरण है? क्या वैधानिक समानता आर्थिक समानता स्थापित कर सकती है? संस्थागत उपकरणों के अभाव में क्या हमारे सारे प्रयत्न निष्फल नहीं हो जायेंगे? मुख्यतः ऐसे ही कुछ प्रश्न हैं जिसके परिप्रेक्ष्य में तीसरे अध्याय का मूल्यांकन किया जाना चाहिए।

देश के लब्ध प्रतिष्ठित समाजशास्त्री आन्द्रे बेते द्वारा सम्पादित पुस्तक *इक्वलिटी एंड इनइक्वलिटी, थ्योरी एंड प्रेक्टिस* में ऐसे ही प्रश्नों और पहलुओं का अध्ययन किया है। यह पुस्तक इस सामाजिक–आर्थिक परिप्रेक्ष्य में संविधान का उत्तम अध्ययन प्रस्तुत करती है। विद्वान सम्पादक ने प्रारम्भ में जो प्रश्न उठाये हैं, वे एक नये आयाम की ओर हमारा ध्यान आकर्षित करते हैं। भारतीय संविधान में जाति, लिंग, नस्ल और धर्म की परम्परागत निर्योग्यताओं को अस्वीकृत कर नागरिक को समानता प्रदत्त की गयी है। श्री आन्द्रे बेते का प्रश्न यह है कि क्या वैधानिक समानता आर्थिक समानता की स्थापित कर सकती है? विगत दो सौ वर्षों के

राजनीतिक–आर्थिक इतिहास साक्षी देते हुए सम्पादक का कहना है कि क़ानून के क्षेत्र में जिस गति से अवसर की समानता स्वीकृत हुई, आर्थिक क्षेत्र में अवसर की असमानता भी बढ़ती गयी है। समानता के प्रति रूमानी अथवा वैचारिक प्रतिबद्धता एक बात है, उसका भूमिकरण सर्वथा अलग। यह इस बात पर निर्भर करता है कि हम परम्परागत ढाँचे को ढहा कर नया ढाँचा किस तरह निर्मित करते हैं।

एक विषमतामूलक समाज व्यवस्था में अवसर की समानता की अपनी सीमाएँ भी होती हैं। सन् 1931 में श्री आर.एच. ताने का अध्ययन वर्तमान व्यवस्थाओं के मूल्यांकन के लिए आज भी इतना ही उपयोगी है, जितना पाँच दशक पहले था। अध्येता का यह अभिमत कि जनसाधारण की दृष्टि से यह सिद्धान्त अपने आप में अपूर्ण एवं अनुपयोगी है, बहुत सीमा तक सत्य जान पड़ता है। अवसर की समानता के नाम पर लोगों को वंचित ही किया जाता है। अतः प्रश्न यह नहीं है कि हमें संविधान में अवसर की समानता कितनी उपलब्ध है, अपितु मुद्दे की बात तो यह है कि व्यवस्था रचना में उसे साकार रूप देने के क्या प्रयत्न हुए हैं तथा उसका लाभ किस तबक़े को मिला है?

हमारे संविधान ने अन्य अधिकारों के साथ शिक्षा का अधिकार प्रदत्त किया है। आशा यह थी कि शिक्षा के माध्यम से शोषित, निर्धन और वंचित तबक़ा भी सत्ता के विभिन्न स्तरों पर समान रूप से भागीदार होगा। सदियों से वंचित अनुसूचित जातियों एवं जनजातियों के लिए आरक्षण की व्यवस्था भी की गयी। लेकिन क्या अवसर की समानता की इस व्यवस्था से इस तबक़े में अपेक्षित परिवर्तन आया? क्या हमारी शिक्षा व्यवस्था परम्परागत सामाजिक ढाँचे के लिए परिवर्तनकारी सिद्ध हुई? दूसरे शब्दों में, क्या हमारी शिक्षा व्यवस्था समतावादी समाज की कारगर वाहक बन पायी? स्वातन्त्र्योतर भारत की शिक्षा व्यवस्था उसकी बुनावट और अन्तर्रचना में विद्यमान अन्तर्विरोधों पर दृष्टिपात करें तो ये प्रश्न ही निरर्थक लगते हैं। प्रश्न अर्थहीन इसलिए हो गये हैं कि शिक्षा व्यवस्था अपेक्षित अभिलाषाओं की पूर्ति करने में अक्षम एवं असफल सिद्ध हुई है। शिक्षा व्यवस्था का मूल्यांकन हमारा विषय नहीं है। किन्तु अवसर की समानता और शिक्षा के माध्यम से परिवर्तन की आशा का प्रसंग हमारा ध्यान अवश्य आकर्षित करता है। हमारी शिक्षा व्यवस्था इस देश में एक भयानक त्रासदी ही रही है। इस व्यवस्था में न्यस्त हितों के गढ़ और किलों को तोड़ने के बजाय उन्हें बढ़ावा ही दिया है।

दूसरे शब्दों में, अगर यह कहें कि इसने सामाजिक पद सोपान को यथावत बनाये रखने में अहम भूमिका निभायी है, तो असत्य नहीं होगा। इस आरक्षण की व्यवस्था के अन्तर्गत एक नये अभिजात वर्ग ने जन्म लिया है, जो धीरे–धीरे अपने सामाजिक–सांस्कृतिक जीवन से कट कर त्रिशंकु का जीवन व्यतीत कर रहा है। श्री जे.पी. नायक का यह कहना कदाचित ग़लत नहीं है, जब वे कहते हैं कि "स्कूल आज पूँजीवादी विकास के आदर्श उपभोक्तावादी संस्कृति की अभिन्न अंग बन चुके हैं।" संक्षेप में यही कहना पर्याप्त होगा कि शिक्षा के क्षेत्र में अपेक्षित सुधार एवं समुचित संस्थागत निर्माण के अभाव में संविधान द्वारा प्रदत्त अधिकार जनसाधारण के लिए अधिक उपयोगी सिद्ध नहीं हो सके।

मौलिक अधिकारों पर की गयी आलोचना का ध्येय इनके अस्तित्व और महत्त्व को पूर्णतया नकारना नहीं है। ऐसा कहना की यह व्यवस्था सर्वथा बोदी और अर्थहीन है, अतिशयोक्ति होगी। यह निर्णय न्याय संगत भी नहीं है। समाज के अन्यान्य स्तरों पर विद्यमान शोषण, ग़रीबी और असमानता के उपरान्त भी राजनीति का व्याख्याकार मौलिक अधिकारों के महत्त्व को नज़रअन्दाज़ नहीं कर सकता। यह निर्विवाद सत्य है कि ये अधिकार जनतान्त्रिक व्यवस्था के मेरुदण्ड हैं और अपवादों, अहर्ताओं तथा कुछ आवश्यक बातों की अवहेलनाओं के उपरान्त भी सामाजिक पृष्ठभूमि में अपना महत्त्व रखते हैं। भारतीय सन्दर्भ में महत्त्वपूर्ण प्रश्न तो यह है कि क्या इन स्वतन्त्रताओं के माध्यम से अपेक्षित सामाजिक परिवर्तन सम्भव हुआ है? क्या हम परिवर्तन के रथ को समुचित दिशा प्रदान कर सके? जिस सामाजिक–आर्थिक क्रान्ति की संविधायकों ने अपेक्षा की थी, उसमें हम कितना सफल हुए?

मौलिक अधिकारों का मूल्यांकन करते समय ऐसे ही कुछ प्रश्न हमारे स्नायुतन्त्र को झकझोरते हैं। साथ ही यह भी लगता है कि इनके उत्तर इतने सरल नहीं हैं, जितने सीधे–सटीक ये प्रश्न हैं। सामाजिक परिवर्तन अपने आप में बड़ी संश्लिष्ट एवं धीमी प्रक्रिया है, कोई अलादीन का चिराग नहीं। हम हिमालय को धकिया सकते हैं, संस्कारों को नहीं। यह बात भारत जैसे विविध, वैशिष्टय और बहुआयामी सामाजिक–सांस्कृतिक परिवेश वाले देश के लिए शत–प्रतिशत लागू होती है। जिस देश के इतिहास की जड़ें अतीत में गहरी हों, अनेकानेक आक्रमणों और उथल–पुथल की साक्षी हों, कई झँझावतों और झटकों को वहन करने के उपरान्त भी

सामाजिक--सांस्कृतिक धरोहर थोड़ी बहुत हेरफेर के साथ अक्षुण्ण बनी रही हों, उस समाज के संस्कार, रीति–रिवाज़ और जीवन शैली में परिवर्तन कोई आसान बात नहीं है। हमने जो जनतान्त्रिक व्यवस्था अपनायी, उसके अन्तर्गत परिवर्तन क्रम और भी धीमी गति से अग्रसर होता है। ऐसी धीमी प्रणाली में सामाजिक समूहों के जातिगत संस्कार, पूर्वाग्रह, विश्वास और पारम्परिक जीवन पद्धति में आमूलचूल परिवर्तन धीरज को चुनौती है। कई बार व्यवस्थाओं में संघर्ष की स्थिति उत्पन्न होती है और व्याख्याकार के लिए यह निश्चय करना कठिन हो जाता है कि समाज के परिवर्तन की दिशा कौन–सी है। कुण्ठा और हताशा की स्थिति में कतिपय प्रबुद्ध व्याख्याकार यह कहने लगते हैं कि पारम्परिक पद्धति में कोई परिवर्तन नहीं हुआ, बल्कि इसके विपरीत परम्परागत ढाँचे ने नयी व्यवस्था को अपने सुविधानुसार ढाल लिया है। भारत के सन्दर्भ में ऐसी कुछ बातें कही जाती रही हैं, जबकि वस्तुस्थिति कुछ और भी इंगित करती है।

सामाजिक परिवर्तन के प्रसंग पर अगर हम गहराई से विचार करें तो प्रतीत होगा कि भारतीय समाज में स्वतन्त्रता के पश्चात परिवर्तन क्रम व्यापक रूप में देखा और अनुभव किया जा सकता है। वयस्क मताधिकार की ही बात को लें तो कहना होगा कि इससे राजनीति का सामाजिक धरातल काफ़ी व्यापक हुआ और समय के साथ जनसाधारण की भागीदारी बढ़ती ही गयी है। हर राजनीतिक दल के लिए जनसमर्थन आवश्यक हो गया है। प्रारम्भ में जो लोग इस प्रावधान के विरुद्ध थे, उन्हें अब तक यह अहसास हो गया होगा कि राजनीतिक सूझबूझ, शासकों को चुनने की क्षमता तथा सार्वजनिक महत्त्व के प्रश्नों की सामान्य समझ पर शिक्षित लोगों की ही बपौती नहीं है। गहरायी से देखा जाये तो संविधान सभा के इस निर्णय ने एक ग़ैर–राजनीतिक, शोषित, मूक तथा अपनी शक्ति से बेख़बर जनसमुदाय को न केवल वाणी अपितु जनसाधारण को सही अर्थों में भागीदार बना दिया और इसके परिणाम भी सामने आये हैं।

चौथे आम चुनाव के बाद आया राजनीतिक बदलाव बालिग मताधिकार की सार्थकता और सफलता की कहानी कहता है। यह परिवर्तन भिन्न नज़रिये से राजनीति को देखने–परखने वालों की आशा के अनुरूप भले ही न रहा हो, लेकिन मतदाता मण्डल ने धीरे–धीरे यह अहसास तो करा ही दिया कि उनका जेब की वस्तु की तरह मनचाहा उपयोग अब नहीं किया जा सकता। छठवें और सातवें आम चुनाव (1977 और 1980) के परिणामों

की हम चाहें जो व्याख्या करें, इस प्रसंग में यह कहना ग़लत नहीं होगा कि जनतन्त्रीय व्यवस्था में सारी जनता को सारे समय के लिए बेवकूफ बना कर नहीं चल सकते। बालिग मताधिकार की इस भूमिका को भारतीय शासन व्यवस्था का व्याख्याकार कभी भी नज़रअन्दाज़ नहीं कर सकता।

मौलिक अधिकारों के अध्याय के भूमिकरण और उसके प्रभाव पर दृष्टि डालें तो एक सीमा तक जनचेतना और राजनीतिक विकास में भी अभिवृद्धि देखी जा सकती है। समय के साथ इसका धरातल भी व्यापक ही हुआ है। विभिन्न जाति समूहों का एकजुट होकर मतदान करना, पददलित एवं अछूत कही जाने वाली जातियों में राजनीतिकरण तथा सत्ता के विभिन्न स्तरों पर हिस्सेदारी का दावा, मध्य जातियों का उद्भव, द्वन्द्व, प्रतिस्पर्धा और यहाँ तक कि देश के कतिपय क्षेत्रों में जानलेवा संघर्ष, न्यायालयों में अधिकारों की लड़ाई, अवहेलना किये जाने पर जन–आन्दोलन जैसे अनेक तत्त्व यथास्थिति में भूचाल के ही संकेत हैं। इसने राज्य व्यवस्था के सभी क्रियाकलापों और राजनीति के हर पहलू को प्रभावित किया है। देश के अधिकांश भागों में विद्यमान जन–संगठन, दबाव समूह तथा जन–महत्त्व के प्रश्नों पर बनती–बिगड़ती राज्य सरकारों के पीछे अधिकारों की लड़ाई ज़बर्दस्त कारक सिद्ध हुई है। कहने का तात्पर्य यह है कि संविधान द्वारा प्रदत्त अधिकारों ने एक सीमा तक बहुत बड़े जनसमुदाय को प्रभावित किया है। स्थैतिक अवस्था को झकझोर कर परिवर्तन की आशा ज़रूर प्रज्वलित की है। व्यापक स्तर पर आकांक्षाओं की क्रान्ति में परोक्ष अथवा अपरोक्ष रूप में इन अधिकारों की महत्ता को दृष्टि ओझल नहीं किया जा सकता।

भारत जैसे स्थैतिक, संस्तरित, जातिगत रूढ़िग्रस्त समाज में इन अधिकारों का महत्त्व एक और दृष्टि से भी विचारणीय है। वह यह कि यहाँ के हर बाशिन्दे को अनादिकाल से जाति और सम्प्रदाय का लेबल लेकर ही चलना होता था। वह जन्म से लेकर मृत्यु तक उसी से जुड़ा रहता था। आनुवंशिक वृत्ति, रोज़गार तथा उससे जुड़ी सामाजिक हैसियत, भूमिका एवं निश्चित स्थान की लक्ष्मण रेखा का लाँघना असम्भव नहीं तो दूभर तो था ही। हरिजन, चमार, डोम, साँसी, गरासिया, भील, भांवी जैसी अनेक अछूत जातियों पर जो निर्मम निर्योग्यताएँ लगी हुई थीं, वे धर्मशास्त्रों द्वारा ईश्वरीय न्याय करार दे कर स्थायी बना दी गयी थीं। इससे एक बहुत बड़ा तबका सत्ता, सम्पत्ति और मानव अधिकारों से युगों–युगों से वंचित रहा। इस समस्त व्यवस्था के परिप्रेक्ष्य में स्वातन्त्र्योत्तर भारत के

संविधान में वर्णित मौलिक अधिकारों को देखें तो जमीन–आसमान का अन्तर दृष्टिगोचर होता है। श्री आन्द्रे बेते का कहना अतिशयोक्ति नहीं है, जब वे कहते है कि :

> "ये अधिकार एक युगान्तकारी परिवर्तन के प्रतीक हैं। नयी व्यवस्था ने प्रतिष्ठा और उत्तरदायित्व वाले पदों का दरवाज़ा सभी लोगों के लिए समान रूप से खोल दिया है, जिनमें हरिजन तथा महिलाएँ भी सम्मिलित हैं।"[38]

श्री आन्द्रे बेते के कथन को हम वर्तमान ऊहापोह और उथल–पुथल को देखते हुए गम्भीरता से नहीं ले सकते। न्यायालयों में दिन–प्रतिदिन होने वाली अधिकारों की लड़ाई, नारी स्वातन्त्र्य को लेकर उभरते संगठनों के स्वर, हरिजन और गिरिजनों के अधिकारों के लिए उठती आवाज़ तथा इन जातियों में सीमित रूप से हो रही हलचल इस बात की पुष्टि करती है कि समाज में समता और स्वतन्त्रता का अधिकार मात्र क़ानून की किताब तक ही सीमित नहीं है। आज अधिकारों की अवहेलना या शासन द्वारा उनका हनन अखबारों के मुखपृष्ठ पर ख़बर बनती है। बेघर, बन्धुआ, मज़दूर, नारी देह व्यापार तथा हरिजनों पर होने वाले अत्याचारों के प्रसंग अनदेखे नहीं रह कर राष्ट्रीय स्तर पर ध्यान आकर्षित करते हैं।

भारत का ग्रामीण समाज, जैसा कि सर्वविदित है, परिवर्तन की दृष्टि से सहृदयी नहीं रहा। जात–पात की ग़ैर–बराबरी, छुआछूत, अन्धविश्वास, रुढ़िग्रस्तता आदि पारम्परिक जीवन पद्धति का अभिन्न अंग रहे हैं। कमोबेश रूप में आज भी ग्रामीण अंचल पारम्परिक व्यवस्था का प्रतिनिधित्व करता है। लेकिन स्वतन्त्रता के बाद इस भूभाग में भी परिवर्तन के चिह्न स्पष्ट देखे जा सकते हैं। जाति व्यवस्था में शिथिलता, पारम्परिक परिवार पद्धति में टूटन, पुश्तैनी धन्धों में बदलाव तथा शिक्षा में बढ़ती दिलचस्पी ऐसे तत्त्व हैं जो वर्तमान ग्रामीण समुदाय में बदलाव का मार्ग प्रशस्त करते जा रहे हैं। इस बदलाव के पीछे पश्चिमीकरण, औद्योगिकीकरण, शहरीकरण तथा अन्य कई ऐतिहासिक कारण हैं, लेकिन नयी संवैधानिक व्यवस्था ने भी प्राचीन सामाजिक व्यवस्था की किलेबन्दी को तोड़कर नये समाज के निर्माण का मार्ग खोला है। श्री एम.एन. श्रीनिवास जैसे समाजशास्त्री भी विभिन्न क्षेत्रों में हो रहे परिवर्तनों की पुष्टि करते हैं। उन्होंने अपनी प्रसिद्ध पुस्तक *आधुनिक भारत में सामाजिक परिवर्तन* में इसका विस्तार से उल्लेख किया है।

जाति, ग्रामीण समुदाय तथा परिवार जैसी संस्थाओं में हो रहे परिवर्तन पर टिप्पणी की है :

> "पिछले कुछ दशकों में, विशेषकर दूसरे महायुद्ध के बाद से, ग्रामीण संचार साधनों में व्यापक सुधार, शहर से लगा कर ग्राम स्तर तक विभिन्न स्तरों पर सर्वव्यापी बालिग मताधिकार और स्वशासन का प्रारम्भ, अस्पृश्यता का उन्मूलन, देहाती जनता में शिक्षा की बढ़ती हुई लोकप्रियता और सामुदायिक विकास योजना–इन सबसे गाँव वालों की आकांक्षाएँ और धारणाएँ बदलती जा रही हैं। शिक्षा और अच्छी ज़िन्दगी की इच्छा व्यापक है और बहुसंख्यक लोग अब पूर्वजों की तरह रहते जाने को तैयार नहीं हैं। वास्तव में आज भारत के गाँव कलहहीन, सहकारितापूर्ण छोटे–छोटे गणतन्त्रों से बहुत दूर हैं, जैसा कि कुछ लोग उनके होने की कल्पना करते हैं।"[39]

परिवर्तन की यह झलक भारतीय परिवार व्यवस्था तथा जाति व्यवस्था में भी देखी जा सकती है।

सन्दर्भ

1. लॉस्की, हेरल्ड जे., *ग्रामर ऑफ़ पोलिटिक्स,* पृ. 9
2. वही, पृ. 12
3. ग्रेवलिन ऑस्टिन का कहना है कि *भारतीय संविधान मूलतः एक सामाजिक प्रलेख है,* देखिए पृ. 50
4. *रिपोर्ट ऑफ़ ए कमेटी टू डिटरमाइन प्रिंसिपल ऑफ़ द कॉन्स्टीट्यूशन, द नेहरू रिपोर्ट,* पृ. 89–90
5. वही
6. कृपलानी जे.बी. का लेख, फंडामेंटल राइट्स द *कॉन्स्टीट्यूशन एंड पार्लियामेन्ट इन इंडिया,* सम्पादक एस.एल. शकधर, 1978, पृ. 85
7. *एडवाइजरी कमेटी,* 27 फरवरी, 1947
8. *द नेहरू रिपोर्ट,* पृ. 89
9. सागर, *हिन्दू कल्चर एंड कास्ट सिस्टम इन इंडिया,* पृ. 12–75
10. वही
11. चट्टोपाध्याय, देवी प्रसाद, *भारतीय दर्शन में क्या जीवन्त है और क्या मृत,* पृ. 171
12. बेते, आन्द्रे, *इनइक्विलिटी अमंग मेन,* पृ. 1–2
13. *अनुच्छेद 14*

14. *चिरंजीत लाल चौधरी बनाम भारत संघ*, 1950 एस.सी.आर., पृ. 869
15. वही
16. *नयनसुखदास बनाम उत्तर प्रदेश, 1950 एस.सी.आर.*, पृ. 1184
17. *सोशल लेजिसलेशन, इट्स रोल इन सोशल वेलफेयर*, 1956, पृ. 220
18. जगजीवनराम. *कास्ट चैलेंज इन इंडिया*, पृ. 51
19. वही
20. आम्बेडकर, *संविधान सभा बहस, खण्ड*–7, पृ. 709
21. मूल संविधान में नागरिकों को सात स्वतन्त्रताएँ प्रदान की गयी थीं। छठी स्वतन्त्रता सम्पत्ति से सम्बन्धित थी। 44वें संवैधानिक संशोधन द्वारा सम्पत्ति के मौलिक अधिकार के साथ–साथ सम्पत्ति की स्वतन्त्रता भी समाप्त कर दी गयी है।
22. *ब्रजभूषण बनाम दिल्ली राज्य, 1950 एस.सी.आर., पृ.* 88
23. *ए. के. गोपालन बनाम मद्रास राज्य, 1950 एस.सी.आर.*, पृ. 88
24. *आम्बेडकर, संविधान सभा बहस, खण्ड*–9, पृ. 1556
25. *ए.के. गोपालन बनाम मद्रास राज्य*, 1950 एस.सी.आर., पृ. 247
26. *आम्बेडकर, संविधान सभा बहस, खण्ड*–9, पृ. 1556
27. *आम्बेडकर, संविधान सभा बहस, खण्ड*–9, पृ. 1556
28. *ए.के. गोपालन बनाम मद्रास राज्य*, 1950 एस.सी.आर., पृ. 247
29. *आम्बेडकर, संविधान सभा बहस, खण्ड*–7, पृ. 953
30. *आम्बेडकर, संविधान सभा बहस, खण्ड*–7, पृ. 40
31. गड़कर, गजेन्द्र, *लॉ लिबर्टी एंड सोशल जस्टिस*, पृ. 80
32. छागला, *एम.लॉ लिबर्टी एंड लाइफ़*, पृ. 80
33. शेल्ट, जे.एम. *द स्प्रिट ऑफ़ द कॉन्स्टीट्यूशन*, पृ. 31
34. *गोलकनाथ बनाम पंजाब राज्य*, 1967 एस.सी.आर.
35. मोहन, एस. कुमार मंगलम, *फंडामेंटल राइट्स एंड कॉन्स्टीट्यूशन एमेंडमेंट, इंस्टीट्यूट ऑफ़ कॉन्स्टीट्यूशनल एंड पार्लियामेंट्री स्टडीज़*, पृ. 89
36. गड़कर, गजेन्द्र, *लॉ लिबर्टी एंड सोशल जस्टिस*, पृ. 96
37. पी.बी. का लेख, *द प्रिएंबल डॉइरेक्टिव प्रिंसिपल एंड फंडामेंटल राइट्स 'द कॉन्स्टीट्यूशन एंड पार्लियामेंट इन इंडिया*, सम्पादक एस.एल. शकधर, पृ. 78
38. बेते, आन्द्रे, *इक्वेलिटी एंड इंइक्वेलिटी* : थ्योरी एंड प्रेक्टिस, पृ. 22
39. श्रीनिवास एम.एन. *आधुनिक भारत में सामाजिक परिवर्तन*, पृ. 121

(सन्दर्भ ग्रन्थ : नेशनल पब्लिशिंग हाउस, दिल्ली से प्रकाशित लेखक की पुस्तक 'भारतीय संविधान और राजनीति')

अध्याय–20

धार्मिक स्वतन्त्रता

–टी. मदन

धार्मिक स्वतन्त्रता एक आधुनिक अवधारणा है जिसका अभ्युदय 300 वर्ष पूर्व पश्चिम में हुआ। विश्व की प्रमुख धार्मिक परम्पराएँ इसे मान्यता प्रदान नहीं करतीं। यदि इनमें से कुछ परम्पराएँ धार्मिक बहुलतावाद की बात करती हैं तो इसलिए नहीं कि वे उससे सिद्धान्ततः सहमत हैं वरन् इसलिए क्योंकि वे व्यावहारिक पक्ष को स्वीकारती हैं। कुछ धर्मों में धार्मिक सहिष्णुता का विकास हुआ व कुछ के धर्मग्रन्थ उसका समर्थन करते हैं। पर, धर्मग्रन्थ सदैव स्पष्ट नहीं होते और जो धर्मग्रन्थों या सांस्कृतिक परम्पराओं में होता है, ज़रूरी नहीं कि वह सामाजिक व्यवहार में परिलक्षित हो। इसे ईसाई धर्म के उदाहरण से समझते हैं।

मूलरूप से ईसाइयत ने धार्मिक स्वतन्त्रता को व्यापक आकार प्रदान किया यद्यपि यह उसकी देन नहीं है। ईसाई धर्म के मध्य जटिल सम्बन्धों ने असहनशीलता को जन्म दिया। यहूदियों द्वारा जीसस को मृत्युदण्ड देना एवं ईश्वर का पुत्र न मानना इत्यादि घटनाओं ने ईसाई व यहूदी धर्म के मध्य संघर्ष को बढ़ावा दिया। इसी क्रम में ईसाई चर्चों का इस्लाम धर्म के प्रति आचरण असहिष्णुतापूर्ण रहा। 7वीं शताब्दी के मध्य में येरूशलम, जो यहूदियों, ईसाइयों एवं मुस्लिमों का पवित्र नगर माना जाता था, इस्लाम धर्म के प्रभाव में आ गया। इसने अनेक धर्म युद्धों को जन्म दिया तथा ईसाई स्थानों पर इस्लाम का प्रभाव स्थापित किया। कालान्तर में परिवर्तित धार्मिक–राजनीतिक परिस्थितियों के कारण धर्म युद्ध की तीव्रता समाप्त हो गयी। ईसाई धर्म के अन्तस में भी अत्यन्त प्राचीन समय से तनाव व्याप्त रहे हैं। इस सन्दर्भ में कैथोलिक तथा प्रोटेस्टेंट समूहों के

मध्य 16वीं शताब्दी में अनेक धर्म युद्ध हुए, इन युद्धों से मानवता की रक्षा करने एवं धार्मिक शान्ति स्थापित करने के लिए 1555 में 'आग्सबर्ग' तथा 1648 में 'वेस्टफेलिया की सन्धि' ने राजवंशों द्वारा संचालित क्षेत्रीय चर्चों को औचित्य एवं वैधता प्रदान की। मार्टिन लूथर और जॉन केल्विन ने अप्रत्यक्ष रूप से धार्मिक स्वतन्त्रता का मार्ग (मानव अधिकार के रूप में) प्रशस्त किया जो जनमत द्वारा प्रस्तावित एवं निष्पक्ष राज्य द्वारा संरक्षित किया जाना था। 17वीं तथा 18वीं शताब्दी में बौद्धिक क्रान्ति ने व्यक्ति को स्व–विवेक एवं स्व–बुद्धि के आधार पर अपने भाग्य का निर्माण करने के लिए प्रेरित किया।

धार्मिक सहिष्णुता को दार्शनिक आधार पर भी विकसित किया गया। जॉन लॉक ने इसे श्रेष्ठ एवं सच्चे चर्च का प्रमुख गुण बताया तथा कहा कि धार्मिक स्वतन्त्रता एक प्राकृतिक अधिकार है, जिसे राज्य द्वारा संरक्षण प्रदान किया जाना चाहिए। लॉक का मत है कि चर्च एवं राज्य के मध्य कार्य सम्बन्धी विभेद होते हैं तथा उनमें पदसोपानीय सम्बन्ध इस तथ्य पर आधारित हैं कि राज्य के क़ानून दैवीय क़ानूनों के अनुरूप होने चाहिए।

1789 की फ्रांसीसी क्रान्ति (जो पादरियों के विरुद्ध तथा गणराज्य एवं पन्थनिरपेक्षता के विचारों से प्रेरित थी) ने धार्मिक स्वतन्त्रता की सुदृढ़ आधारशिला रखी। 1791 के 'मानव–अधिकारों की घोषणा' ने स्वतन्त्रता, सम्पत्ति, सुरक्षा तथा अत्याचार से मुक्ति के साथ–साथ धार्मिक अभिव्यक्ति की स्वतन्त्रता भी प्रदान की। इस घोषणा ने सम्पूर्ण विश्व को व्यापक रूप से प्रभावित किया। अमेरिका में इसके कुछ चिह्न दिखायी देते हैं। औपनिवेशिक काल में उत्तरी अमेरिका में विभिन्न मतों व धर्मों के लोग जर्मनी, नीदरलैंड, इंग्लैंड आदि देशों से आकर निवास करने लगे जिसमें जर्मनी के अनाबेप्टिस्ट लोग क्रन्तिकारी प्रोटेस्टेंट धर्म से सम्बन्धित थे तथा जो व्यक्ति के धार्मिक विश्वासों व आचरण में राज्य के नियन्त्रण के प्रबल विरोधी थे। दूसरी ओर इंग्लैंड से आये व्यक्ति मुख्यतः प्यूरिंटन थे, जिनकी 'दैवीय राष्ट्रमण्डल' की अवधारणा उनमें सहिष्णुता का अभाव दर्शाती थी।

अमेरिका में सर्वप्रथम रोजर विलियम व क्वेकर विलियम ने धार्मिक स्वतन्त्रता एवं धार्मिक सहिष्णुता के विचार को स्थापित किया। 1776 में थॉमस जैफरसन ने 'स्वाधीनता के घोषण पत्र' का प्रारूप निर्मित किया

एवं नागरिकों के 'जीवन, स्वतन्त्रता तथा आनन्द की प्रवृत्ति' को सुनिश्चित किया और कहा कि 'सरकारें जनता द्वारा स्थापित' की जाती हैं। धार्मिक स्वतन्त्रता को परिभाषित करते हुए जैफरसन ने कहा कि किसी भी व्यक्ति को किसी धार्मिक अर्चना व स्थान के समर्थन एवं सहमति देने के लिए बाध्य नहीं किया जायेगा और समस्त व्यक्तियों को धार्मिक मामलों का प्रबन्ध एवं धार्मिक मतों के सन्दर्भ में पूर्ण स्वतन्त्रता प्रदान की जायेगी। इस प्रकार अमेरिका में चर्च एवं राज्य के मध्य एक स्पष्ट विभाजन रेखा खींच दी गयी। राज्य का कोई धर्म नहीं होगा, तथा व्यक्ति को किसी भी धर्म को मानने का अनुल्लंघनीय अधिकार होगा।

संयुक्त राष्ट्र की महासभा द्वारा सन् 1948 में 'सार्वभौमिक मानव–अधिकारों का घोषणापत्र' अंगीकृत किया गया, जिसमें धार्मिक स्वतन्त्रता के सम्बन्ध में प्रत्यक्ष व अप्रत्यक्ष अनेक उपबन्धों का समावेश है। इस घोषणापत्र के अनुच्छेद 18 में धार्मिक स्वतन्त्रता का विशिष्ट उल्लेख करते हुए कहा गया कि प्रत्येक व्यक्ति को विचार, आत्मचेतना एवं धर्म की स्वतन्त्रता है, साथ ही अपनी इच्छानुसार धर्म–परिवर्तन, धार्मिक विश्वासों, उपदेशों, आचरणों आदि की स्वतन्त्रता भी है। इस प्रकार उपरोक्त वक्तव्य सम्पूर्ण विश्व के लिए एक निर्देशिका है।

भारत भी उन राज्यों में से एक है जिन्होंने इस घोषणापत्र के पक्ष में मतदान किया। भारतीय संविधान भी धार्मिक स्वतन्त्रता के अधिकार की विशद विवेचना प्रस्तुत करता है। भारत ने ब्रिटिश शासन के अधीन अनेक धार्मिक भेदभावों एवं अत्याचारों को सहा। अंग्रेज़ों की 'फूट डालो व शासन करो' की प्रवृत्ति, मुस्लिम लीग के 'द्वि राष्ट्र–सिद्धान्त' एवं भारत के विभाजन ने संविधान सभा के समक्ष धर्म की अति वीभत्स छवि प्रस्तुत की; संविधान निर्माताओं ने यद्यपि 'पन्थ निरपेक्ष' अथवा 'पन्थ–निरपेक्षता' शब्द मूल संविधान के प्रयुक्त नहीं किये, तथापि संविधान की आत्मा में धार्मिक स्वतन्त्रता का विचार समाहित रहा है। संविधान में अनुच्छेद 12 से 35 भारतीय नागरिकों के लिए मूल–अधिकारों की व्यवस्था करते हैं, जो न्याय–योग्य हैं एवं अनुच्छेद 13 ऐसे समस्त क़ानूनों को निरस्त करता है जो इन अधिकारों को प्रतिबन्धित करते हैं। ये अधिकार धर्म, जाति, लिंग, जन्मस्थान आदि पर आधारित भेदभावों व अस्पृश्यता का अन्त करते हैं तथा अवसर की समानता उपलब्ध कराते हैं। समस्त मूल अधिकार जनव्यवस्था, नैतिकता एवं स्वास्थ्य को दृष्टिगत रखते हैं तथा राज्य इस

सम्बन्ध में सामाजिक कल्याण एवं सुधार में निरन्तर वृद्धि करने के लिए प्रतिबद्ध हैं। भारतीय संविधान हिन्दुत्व के सुधार का एक राजपत्र है। इस प्रकार संविधान मानव बलि, देवदासी प्रथा जैसी धार्मिक कुरीतियों के समूल नाश का प्रयत्न करता है। संविधान राज्य द्वारा किसी भी धर्म की स्थापना की स्वीकृति नहीं देता। संविधान के अनुसार व्यक्ति के धार्मिक जीवन के सम्बन्ध में राज्य निरपेक्ष तथा उदासीन रहेगा। संविधान के अनुच्छेद 25 से 30 में विशिष्ट रूप से धार्मिक स्वतन्त्रता का प्रावधान है। इसमें चेतना की स्वतन्त्रता, धार्मिक विश्वास, आचरण और धर्म के विस्तार की स्वतन्त्रता, धार्मिक मामलों के प्रबन्ध, करों की अदायगी में छूट, धार्मिक समुदायों द्वारा शिक्षण संस्थाओं के प्रबन्ध व प्रशासन का अधिकार सम्मिलित है। भारतीय संविधान में वर्णित मौलिक अधिकारों को बाधित नहीं किया जा सकता किन्तु इनकी व्याख्या एक निरन्तर चलने वाली प्रक्रिया है। अतः धर्म के प्रचार के अधिकार के विषय में सदैव भ्रमात्मक एवं विरोधी स्थितियाँ उत्पन्न होती रहती हैं। मध्य प्रदेश एवं उड़ीसा में ईसाई मिशनरियों द्वारा आदिवासी एवं जनजातीय समुदायों को धर्मान्तरण के लिए प्रेरित किया जाना भारतीय धर्मान्तरण विरोधी क़ानूनों का स्पष्ट उल्लंघन है। मध्य प्रदेश सरकार ने इस सम्बन्ध में मिशनरियों के क्रिया–कलापों पर निगरानी रखने के लिए एक समिति का गठन किया। विभिन्न ईसाई निकायों द्वारा इस समिति के कार्यों की कटु आलोचना की गयी, इस समिति ने अपनी रिपोर्ट में बताया कि इन मिशनरियों के माध्यम से भारत के आन्तरिक मामलों में विदेशी हस्तक्षेप स्पष्टतः परिलक्षित होता है एवं शिक्षा व स्वास्थ्य के क्षेत्र में इनकी संलग्नता तथा सक्रियता वास्तव में मात्र धर्मान्तरण एवं धर्म परिवर्तन के उद्देश्यों से प्रेरित है। इसी क्रम में अरुणाचल प्रदेश, उड़ीसा, तमिलनाडु आदि प्रदेशों की सरकारों ने बलात धर्म–परिवर्तन पर अंकुश के लिए क़ानूनों का निर्माण किया। इन क़ानूनों को सर्वोच्च न्यायालय में चुनौती दी गयी तथा मुख्य न्यायाधीश ए.एन. रे ने एक मुक़दमे में अपना निर्णय दिया कि जो एक व्यक्ति की स्वतन्त्रता है वही समान रूप से दूसरे की भी स्वतन्त्रता है; अतः मौलिक अधिकार में ऐसा कोई तथ्य नहीं हैं जो अन्य व्यक्ति को उसके स्वधर्म से विरत कर सके क्योंकि इस प्रकार के कृत्य 'चेतना की स्वतन्त्रता" के मार्ग में बाधक हैं जो देश के समस्त नागरिकों को समान रूप से प्रदान किये गये हैं। न्यायमूर्ति रे का तर्क है कि "धर्म–परिवर्तन का कार्य धार्मिक स्वतन्त्रता में

तभी मूर्त होता है जब यह किसी व्यक्ति का ऐच्छिक निर्णय हो, न कि उसे इसके लिए बाध्य किया जाये।" समस्या यह है कि किस प्रकार के धर्म–परिवर्तन को ऐच्छिक धर्म परिवर्तन की संज्ञा दी जायेगी और इसका निर्धारण कैसे किया जाये?

विभिन्न क़ानूनों द्वारा इस सम्बन्ध में जो सिद्धान्त व मानक प्रस्तुत किये गये हैं, वे वास्तविक व व्यावहारिक नहीं हैं। इस दिशा में 'धर्म का बाध्यकारी धर्मान्तरण विरोधी अधिनियम (2002)' एक महत्त्वपूर्ण प्रयास है।

इन अनुचित धर्मान्तरणों व धर्म–परिवर्तनों के कारण यह माँग उठती है कि राज्य एवं नागरिक–समाज इस सन्दर्भ में संरक्षक एवं अभिभावक की भूमिका निभाएँ। राज्य द्वारा पन्थ–निरपेक्ष नीति का अनुपालन एवं विभिन्न धर्मों के प्रति 'सर्वधर्म समभाव' का आचरण प्रदर्शित किया जाना चाहिए। किन्तु भारत में राज्य द्वारा नागरिकों के धार्मिक जीवन में हस्तक्षेप किया जाता रहा है। संविधान के अनुच्छेद 25(2) के अनुसार राज्य को विभिन्न प्रकार की पन्थनिरपेक्ष गतिविधियों को विनियमित एवं प्रतिबन्धित करने की शक्ति है। इसी प्रकार अनुच्छेद 31(क) भी राज्य को जनहित में धार्मिक आचरण का प्रबन्ध करने के लिए अधिनियम 1955, जो अजमेर में प्रसिद्ध सूफी सन्त की दरगाह का प्रबन्ध तथा एक अन्य अधिनियम जो जम्मू–कश्मीर में वैष्णो देवी मन्दिर के प्रबन्ध का अधिकार एवं शक्ति राज्य को प्रदान करता है। जनव्यवस्था, मूल्य, नैतिकता एवं स्वास्थ्य को संरक्षित करने के उद्देश्य से राज्य द्वारा विभिन्न धार्मिक मेलों, कुम्भ मेलों, धार्मिक यात्राओं यथा हज आदि का संचालन किया जाता है और सरकार द्वारा हज़ारों करोड़ रुपये वार्षिक व्यय किये जाते हैं।

व्यवस्थापिका एवं कार्यपालिका द्वारा धार्मिक मामलों में सक्रियता के साथ ही न्यायपालिका ने भी अनेक विवादित क्षेत्रों जैसे धार्मिक पहचान, विश्वास एवं आचरण को परिभाषित करने का प्रयास किया है। उदाहरणार्थ, 1966 में सत्संगी समुदाय के मन्दिरों में अस्पृश्यों के प्रवेश को सर्वोच्च न्यायालय के मुख्य न्यायाधीश गजेन्द्र गड़कर ने सम्भव बनाया। इसी प्रकार 1985 में 'ऑल इंडिया मुस्लिम पर्सनल लॉ' के विरुद्ध सर्वोच्च न्यायालय ने एक मुस्लिम तलाकशुदा महिला शाहबानो के पक्ष में उसके पति द्वारा देय मासिक गुज़ारा भत्ता निश्चित किया। इन दोनों ही मामलों में सम्बद्ध धर्मावलम्बियों द्वारा इन निर्णयों का विरोध किया गया।

मुस्लिम जनमत के अनुसार शरीयत पर आधारित मुस्लिम पर्सनल लॉ की व्यवस्था पन्थनिरपेक्ष न्यायालय के अधिकार से परे है।

इन समस्त विवादों एवं विरोधाभासों ने भारतीय नागरिकों के लिए 'एक समान नागरिक संहिता' की अपरिहार्यता को बल प्रदान किया है।

(शोधार्थी, एक, संख्या चार, अक्तूबर–दिसम्बर, 2005 से साभार)

अध्याय–21

अभिव्यक्ति की आज़ादी के संकट

–रामचन्द्र गुहा

वर्ष 2007 में प्रकाशित अपनी किताब *इंडिया आफ्टर गाँधी* में मैंने अपने देश को 50–50 जनतन्त्र कहा था : भारत व्यापक रूप में कुछ अंशों तक जनतान्त्रिक है, उदाहरण–स्वरूप, स्वतन्त्र और निष्पक्ष चुनाव एवं स्वतन्त्र आवागमन। यह दूसरे रूप में केवल आंशिक तौर पर जनतान्त्रिक है, जैसे फ़ौजदारी न्याय व्यवस्था का करीब–करीब ढह जाना एवं व्यापक राजनीतिक भ्रष्टाचार को ख़त्म करने की असमर्थता।

एक क्षेत्र जहाँ जनतन्त्र का अभाव साफ़ दिखाई देता है। वह अभिव्यक्ति की आज़ादी का क्षेत्र है। इस देश में लेखक, कलाकार एवं फिल्म–निर्माता क्या–क्या कर सकते हैं और क्या–क्या नहीं कर सकते–इन सबकी सीमाएँ हैं। विद्वानों एवं एक्टिविस्टों ने इस अभाव का विश्लेषण किया है और इसकी निंदा की है। हालाँकि अधिकांश लोगों ने इसे क़ानूनी चश्मे से देखा है (जैसा कि गौतम भाटिया ने अपने अध्ययन 'ऑफ़ेंड, शॉक ऑर डिस्टर्ब' में किया है)। यह आलेख क़ानून से शुरू करते हुए समस्या के व्यापक समाजशास्त्रीय आयामों की छानबीन करता है। मैं अभिव्यक्ति की आज़ादी के आठ अलग–अलग संकटों की शिनाख्त करूँगा जो अकेले या सम्मिलित रूप में सक्रिय रहते हैं।

जहाँ तक मुझे मालूम है बारुच स्पिनोजा, पहले विचारक थे, जिन्होंने 1670 में प्रकाशित अपनी पुस्तक *थियोलॉजिकल पोलिटिकल ट्रीटाइज़* में अभिव्यक्ति की आज़ादी के नैतिक एवं राजनीतिक महत्त्व की दृढ़तापूर्वक हिमायत की। यहाँ स्पिनोजा कहते हैं, "कोई भी व्यक्ति न तो अपने स्वतन्त्र चिन्तन एवं किसी भी विषय में कुछ भी फ़ैसला लेने के अपने प्राकृतिक

अधिकार या सामर्थ्य को किसी दूसरे व्यक्ति को हस्तान्तरित कर सकता है, न ही इसके लिए उसे विवश किया जा सकता है। इसीलिए वैसी सरकार जो विचार पर नियन्त्रण करने की कोशिश करती है, दमनकारी समझी जाती है, वे आगे कहते हैं, "वैसी सरकार जो व्यक्ति को अपने विचारों के सम्प्रेषण की आज़ादी देने से इनकार करती है, अतिहिंसक सरकार होगी, जबकि वैसा राज्य जहाँ हर व्यक्ति को यह आज़ादी हासिल है, एक संयत राज्य होगा।"

ये कथन प्रेरणादायी हैं और आज भी नितान्त प्रासंगिक हैं। लेकिन हमें यह सवाल ज़रूर पूछना चाहिए—क्या स्वतन्त्र अभिव्यक्ति की न्यायसंगत या बुद्धिसंगत सीमाएँ हैं? या क्या लोगों को यह इजाज़त दी जानी चाहिए कि वे जो चाहें कहें? नफ़रत—भरे भाषणों का क्या करें? जर्मनी में हिटलर के प्रशंसकों का क्या करें? भारत में नाथूराम गोडसे के गुण गाने वालों का क्या करें?

स्पिनोजा ने इन प्रश्नों पर भी विचार किया था। अपनी उक्त पुस्तक में उन्होंने कहा है कि राज्य अपने नागरिकों को अभिव्यक्ति की आज़ादी ज़रूर दे लेकिन बिना किसी प्रतिबन्ध के स्वतन्त्र अभिव्यक्ति की छूट देना एक राज्य के लिए बहुत ही ख़तरनाक है। इसीलिए हमें यह सवाल अवश्य पूछना चाहिए कि कौन—सी आज़ादी हरेक व्यक्ति को कहाँ तक दी जा सकती है और दी जानी चाहिए ताकि राज्य की स्थिरता से उसका सामंजस्य हो। इस तरह स्पिनोजा ने विचारों की स्वतन्त्र अभिव्यक्ति की सीमाओं को पहचाना था। उदाहरण के लिए, अगर कोई भाषण, पुस्तक, पेंटिंग या फिल्म बृहद् हिंसा, खून—खराबा और अराजकता के लिए भड़काए या प्रेरित करे जिससे राज्य के अस्तित्व या उसकी अखण्डता पर संकट आ जाये तो शायद ऐसी अभिव्यक्ति को खुलेआम विचरने की छूट नहीं दी जानी चाहिए।

अभिव्यक्ति की आज़ादी की सीमाओं के बारे में गाँधी के विचारों को स्पिनोजा के विचारों के बरक्स रखकर देखें। 1910 में जब वे अफ्रीका में ही थे, तब गाँधी ने अपनी पुस्तक *हिन्द स्वराज* प्रकाशित की। पुस्तक का मूल गुजराती संस्करण फीनिक्स सेटलमेंट ने नाटाल में प्रकाशित किया था। फिर भी, जब किसी ने उस पुस्तक को भारत में आयात करने की कोशिश की तो ब्रितानी सरकार ने उसकी सारी प्रतियाँ ज़ब्त कर लीं। उस पुस्तक को एक ऐसी भाषा (अंग्रेज़ी) में जिसे वे पढ़ सकते थे, अनूदित करने के

बाद ब्रिटिश उच्चाधिकारियों ने निश्चय किया कि वह पुस्तक निःसन्देह राजद्रोहात्मक है और इसलिए भारत में अवैध घोषित करने योग्य है।

जब गाँधी ने प्रतिबन्ध के बारे में सुना तो उन्होंने सरकार को एक लम्बा पत्र लिखा जिसमें उन्होंने स्पष्ट किया कि उस पुस्तिका में अन्य बातों के अलावा अहिंसा की हिमायत थी (यह पत्र 'गाँधी की संकलित रचनाएँ' में उपलब्ध नहीं है, यह भारत के राष्ट्रीय लेखागार की एक फाइल में पड़ा है, जिसके बारे में मुझे इतिहासकार एस.आर. मेहरोत्रा ने बताया)। गाँधी ने यहाँ लिखा, ''मेरा विनम्र मत यह है कि हर आदमी को अपना मत चुनने का तथा उसे कार्यरूप देने का भी अधिकार है। बशर्ते ऐसा करने में वह किसी के ख़िलाफ़ शारीरिक हिंसा का इस्तेमाल न करता हो।" मैं सोचता हूँ कि यह टिप्पणी, थोड़े संशोधनों के साथ, उन हदों को उपयोगी तरीक़े से परिभाषित करने में हमारी मदद करती है जो एक जनतान्त्रिक राज्य अभिव्यक्ति की आज़ादी के इर्द–गिर्द खड़ी कर सकता है या उसे खड़ी करनी चाहिए। हमें गाँधी की उक्त लैंगिक भाषा के पार जाकर सोचना चाहिए और यह भी सोचना चाहिए कि 'इस्तेमाल' से उनका तात्पर्य सम्भवतः 'हिमायत' भी रहा होगा। अब हम उसे संशोधित रूप में यूँ पढ़ सकते हैं–"हर आदमी या औरत को अपना मत चुनने का और उसे कार्यरूप देने का भी अधिकार है, बशर्ते ऐसा करने में वह किसी के ख़िलाफ़ शारीरिक हिंसा का इस्तेमाल या उसकी हिमायत न करता हो।"

इस चेतावनी/मानक को सामने रखते हुए मैं अब समकालीन भारत में अभिव्यक्ति की आज़ादी के संकटों का विश्लेषण करूँगा।

पहला संकट है पुराने औपनिवेशिक क़ानूनों को बनाये रखना। भारतीय दण्ड विधान में ऐसी कई धाराएँ हैं जिनका उपयोग (और दुरुपयोग) कलाकृतियों, फिल्मों, पुस्तकों को प्रतिबन्धित करने में धड़ल्ले से होता है। इनमें प्रमुख हैं–धारा 153 (बलवा करने के उद्देश्य से लोगों को भड़काना); धारा 168–क (धर्म, प्रजाति, जन्म–स्थान, निवास स्थान, भाषा आदि के आधारों पर विभिन्न समूहों के बीच शत्रुता को बढ़ावा देना और सौहार्द के सम्पोषण पर प्रतिकूल प्रभाव डालने वाले कार्य करना), धारा 295 (किसी वर्ग के धर्म का अपमान करने के उद्देश्य से उपासना के स्थान को क्षति पहुँचाना या अपवित्र करना); धारा 295–क (सुविचारित और विद्वेषपूर्ण कार्य जो किसी वर्ग के धर्म या धार्मिक विश्वासों का अपमान करके उसकी

धार्मिक भावनाओं को आहत करने के उद्देश्य से किये गये हों, धारा 298 (किसी व्यक्ति की धार्मिक भावनाओं को ठेस पहुँचाने के सुविचारित उद्देश्य से शब्द उच्चारित करना आदि), धारा 499 और 500 जो मानहानि या किसी दूसरे व्यक्ति की ख्याति की हानि पहुँचाने को आपराधिक कृत्य घोषित करता है, धारा 505 (लोक अनिष्ट हेतु दिया गया वक्तव्य); और सबसे ख़तरनाक धारा 124–क तथाकथित राजद्रोह की धारा (जो कोई बोले गये या लिखे गये शब्दों द्वारा या संकेतों द्वारा या दृश्यरूपण द्वारा या अन्य माध्यम से भारत में विधि द्वारा स्थापित सरकार के प्रति घृणा या अपमान पैदा करेगा, या पैदा करने का प्रयत्न करेगा, या अप्रीति उदीप्त करेगा, या उदीप्त करने का प्रयत्न करेगा, वह आजीवन कारावास से दण्डित किया जायेगा)।

ये धाराएँ अदालतों को और राज्य को भी अभिव्यक्ति की आज़ादी पर अंकुश लगाने की असाधारण रूप से खुली छूट दे देती हैं। विडम्बना यह है कि इस दण्ड विधान का मूल प्रारूप थॉमस बैबिंग्टन मैकाले ने तैयार किया था। मैकाले ही थे जिन्होंने अंग्रेज़ी भाषा की शिक्षा–दीक्षा को भारत में बढ़ावा दिया था। वामपन्थी देशभक्त मैकाले को नापसन्द करते हैं क्योंकि वे साम्राज्यवादी थे, जबकि दक्षिणपन्थी देशभक्तों की नफ़रत का कारण यह है कि उन्होंने अंग्रेज़ी को बढ़ावा दिया सो दिया, उनके दिल में देशज बौद्धिक और साहित्यिक परम्पराओं के प्रति भी तिरस्कार का भाव भरा था। राष्ट्रीय स्वयंसेवक संघ ने उन बुद्धिजीवियों को मैकाले–पुत्र की संज्ञा दी है, जो ख़ासकर अंग्रेज़ी में लिखते हैं और जिन पर पाश्चात्य विचारों का साया है।

भारतीय वामपन्थ और भारतीय दक्षिण–पन्थ–दोनों थामस बैबिंग्टन मैकाले से अपनी नफ़रत का खुलेआम इज़हार करते हैं। फिर भी भाकपा (मा) और भाजपा जब–जब ये दोनों दल राज्यों में सत्तासीन हुए हैं, तब–तब इन्होंने अभिव्यक्ति की आज़ादी को कुचलने के लिए मैकाले रचित भारतीय दण्ड विधान का बड़े उत्साह से इस्तेमाल किया है और भाजपा ने तो केन्द्र में भी यह किया है।

भारतीय दण्ड विधान की इन धाराओं का दुरुपयोग कांग्रेसी सरकारों ने भी खूब किया है। कांग्रेस महात्मा गाँधी पर श्रद्धा रखने का दम भरती है और गाँधी खुद जीवनपर्यन्त कांग्रेसी रहे। हमें कांग्रेस को याद दिलाना चाहिए कि असली या बड़े गाँधी अक्सर ख़ुद राजद्रोह–क़ानून के शिकार रहे हैं।

मैंने पहले ही कहा है कि कैसे 1910 में उनकी किताब *हिन्द–स्वराज* प्रतिबन्धित हुई थी। बारह साल बाद जब वे भारत लौटे, उन्हें असहयोग आन्दोलन के लिए गिरफ़्तार कर लिया गया। इस आन्दोलन को भारी जनसमर्थन मिला। इसने ब्रितानी सरकार के छक्के छुड़ा दिये। तब ब्रितानी सरकार ने गाँधी को क़ैद करने और उन पर मुक़दमा चलाने का निर्णय लिया। ब्रिटिश सरकार ने मुक़दमे का आधार उनके पत्र 'यंग इंडिया' में छपे उनके लेखों को बनाया जिन्हें धारा 124–ए के तहत राजद्रोहात्मक माना गया।

गाँधी पहले राष्ट्रवादी नहीं थे, न ही आखिरी, जिन्हें राज्य की नीतियों की आलोचना के लिए क़ैद किया गया और मुक़दमा झेलना पड़ा। गाँधी को आशा थी कि स्वतन्त्रता मिलने के बाद इन क़ानूनों से देशमुक्त होगा क्योंकि एक जनतान्त्रिक एवं आज़ाद मुल्क में इनकी कोई जगह नहीं है। 1999 में उन्होंने 'यंग इंडिया' में एक बहुत ही भावोत्तेजक सम्पादकीय लिखा जिसमें उन्होंने धारा 124–ए को निरस्त करने के लिए देशव्यापी आन्दोलन का आह्वान क्रिया। गाँधी ने कहा कि ''यह धारा 'क़ानून' शब्द का बलात्कार है; यह हमारे सिरों के ऊपर लटकता है चाहे हम दावत करें या रोज़ा रखें।'' धारा 124–ए को नंगी तलवार के सहारे स्थापित किया गया था जिसे निरंकुश शासकों की मर्ज़ी से हम पर टूट पड़ने के लिए मुस्तैद रखा गया–उन शासकों की मर्ज़ी से जिनकी नियुक्ति में जनता की कोई भूमिका नहीं है। गाँधी ने कहा, "इस तरह की तमाम धाराओं के निरसन का मतलब सरकार की मौजूदा व्यवस्था का निरसन है जिसका मतलब स्वराज की प्राप्ति है। इसलिए उस धारा को सचमुच रद्द करने के लिए जिस ताक़त की ज़रूरत है वही ताक़त स्वराज की प्राप्ति के लिए ज़रूरी है।"

दुःख की बात है कि अगस्त, 1947 में भारत की आज़ादी के बाद इस तरह की तमाम धाराओं के उन्मूलन के बदले हमने उन्हें बनाये रखा है, यही नहीं, उन्हें दुरुस्त कर दिया है। ऐसा होना ही है, क्योंकि कई प्रान्तों को वैसे क़ानून पसन्द हैं जो उनके हाथों में असहमति को दबाने की शक्ति देते हैं। लेकिन स्वतन्त्रता के तुरन्त बाद घटी दो घटनाओं ने भारतीय राज्य की असुरक्षा को बढ़ा दिया। पहली घटना थी 30 जनवरी को एक मतान्ध द्वारा गाँधी की हत्या। कहने को तो वह व्यक्ति अकेला था। लेकिन वह उतना भी अकेला नहीं था। उसकी पीठ पर भारत को हिन्दू

पाकिस्तान बनाने वाले आन्दोलनकारियों की एक बृहद् राजनीतिक जमात थी। छह हफ्तों बाद कलकत्ता में एक गुप्त सभा में भारतीय कम्युनिस्ट पार्टी ने भारतीय राज्य के ख़िलाफ़ सशस्त्र युद्ध का आह्वान किया। इस तरह अपने जन्मकाल में ही सुकुमार नवजात आज़ाद भारत की सरकार पर दक्षिणपन्थी अतिवाद और वामपन्थी अतिवाद दोनों संकट मँड़राने लगे।

केन्द्र अपने को सुरक्षित कैसे करे? यह सवाल प्रधानमन्त्री जवाहरलाल नेहरू, गृहमन्त्री वल्लभभाई पटेल और विधिमन्त्री डॉ. बी.आर. आम्बेडकर के सामने खड़ा था। वाम और दक्षिण के हिंसक अतिवादियों से केन्द्र को बचाने के उद्देश्य से भारत सरकार ने राष्ट्रीय स्वयंसेवक संघ के पत्र 'आर्गनाइज़र" एवं कम्युनिस्ट पत्र 'क्रॉस रोड्स' को प्रतिबन्धित कर दिया। इन पत्रों के सम्पादकों ने अदालतों में अपील की और अदालतों ने उन प्रतिबन्धों को निरस्त कर दिया यह कहते हुए कि स्वतन्त्र अभिव्यक्ति की प्रतिष्ठा ज़रूरी है। नेहरू, पटेल और आम्बेडकर ने तब संविधान का पहला संशोधन पेश किया। संविधान का एक अनुच्छेद कहता था, 'अभिव्यक्ति की आज़ादी को तभी प्रतिबन्धित किया जायेगा जब वह राज्य की सुरक्षा को कमज़ोर करता हो या उसे उखाड़ फेंकने की ओर अभिमुख हो।" यह बहुत ही सुस्पष्ट शब्दों में लिखा गया था, जिसका अर्थ था कि कोई साहित्यिक कृति या कला या फिल्म तभी प्रतिबन्धित की जायेगी या की जानी चाहिए जब उससे स्वयं राज्य के समाप्त हो जाने का ख़तरा हो। लेकिन नेहरू, पटेल और आम्बेडकर द्वारा प्रस्तुत और समर्थित प्रथम संशोधन के शब्द भिन्न थे, "अभिव्यक्ति की आज़ादी को प्रतिबन्धित किया जायेगा जब उससे लोक नैतिकता, लोक व्यवस्था और विदेशी राज्यों के साथ सम्बन्धों पर ख़तरा उत्पन्न हो जायेगा।"

बहुत सम्भव था, संविधान के मूल अनुच्छेद ने धारा 158, 153–क, 295, 295–क, 499, 500 और 506 को निष्प्रभावी बना दिया होता, क्योंकि 'लोक अनिष्ट', 'धार्मिक भावनाओं को आहत करना,' 'स्वप्रेरिता से लोगों को भड़काना', 'ख्याति को हानि पहुँचाना' आदि से स्वयं राज्य के अस्तित्व को कोई ख़तरा उपस्थित नहीं होता। कोई भी व्यक्ति इन धाराओं की दुहाई देकर न्यायालय के सामने प्रतिबन्ध की गुहार नहीं लगा सकता था। जहाँ तक धारा 124–ए की बात है, संविधान की छत्रछाया में न्यायालय भी 'राजद्रोह' की व्याख्या अभिव्यक्ति की आज़ादी के पक्ष में करते, भूल से भी राजसत्ता के पक्ष में न करते। लेकिन प्रथम संशोधन ने इस पर पानी फेर दिया।

क्योंकि 'लोक व्यवस्था' और 'लोक नैतिकता' जैसी श्रेणियों का क्षेत्रफल बहुत बड़ा है, जिसने राज्य को असहमति और आलोचना के दमन में बहुत सहूलियतें दे दी हैं, वहीं अदालतों के पास इनकी सुरक्षा के लिए बहुत कम गुंजाइश छोड़ी है। नेहरू, पटेल और आम्बेडकर बहुत दबाव में काम कर रहे थे। एक ऐसे समय में जब भारत का अस्तित्व दाँव पर था, वे असाधारण क़दम उठा रहे थे। फिर भी सिंहावलोकन में वह प्रथम संशोधन भारत में अभिव्यक्ति की आज़ादी के लिए हितकर नहीं था, क्योंकि इसने औपनिवेशिक क़ानूनों की शक्ति को फिर से सन्निविष्ट कर दिया, उस शक्ति को जिसे संविधान ने दूर करने की या निष्फल बनाने की कोशिश की थी।

हमारे उत्तर–औपनिवेशिक युग में (प्रकट रूप से जनतान्त्रिक युग में) अभिव्यक्ति की आज़ादी का गला घोंटने के लिए इन औपनिवेशिक क़ानूनों का उपयोग (और दुरुपयोग) ख़ूब हुआ है। इसी बीच स्वतन्त्र भारत ने अपने कुछ प्रतिबन्ध क़ानून भी जोड़े हैं। उदाहरण के लिए, 'राष्ट्रीय सम्मान का अपमान क़ानून 1971' को ही लें जिसके अन्तर्गत अगर कोई अपने गद्दे पर राष्ट्रीय झण्डे की कढ़ाई करता है या राष्ट्रीय झण्डा ज़मीन से छू जाता है या पानी में घसीटा जाता है तो दोषी व्यक्ति तीन साल की क़ैद से दण्डित किया जायेगा। जो व्यक्ति राष्ट्रगान को गाये जाने से रोकता है वह भी इसी सज़ा का पात्र होता है। इस तरह के निषेधात्मक विधान का ताज़ातरीन उदाहरण है–'सूचना प्रौद्योगिकी अधिनियम 2008' की धारा 66–ए जिसके अन्तर्गत जो भी व्यक्ति अपने (अहिंसक) राजनीतिक मत व्यक्त करेगा वह कारावास का पात्र होगा। (मई, 2015 में उच्चतम न्यायालय ने इस धारा को रद्द कर दिया, लेकिन तब तक कई कलाकार और लेखक जेल की हवा खा चुके थे)।

इस तरह अभिव्यक्ति की आज़ादी पर पहला संकट उन क़ानूनों से उत्पन्न होता है जो पैदाइशी पुराने हैं और अपने मकसद में गम्भीर रूप से जनतन्त्र विरोधी हैं।

दूसरा संकट हमारी न्यायिक व्यवस्था से उत्पन्न होता है। खासकर हमारी निचली अदालतें तो किसी फ़िल्म, पुस्तक या कलाकृति पर प्रतिबन्ध की माँग करने वाली किसी भी याचिका को स्वीकृति प्रदान करने में नितान्त तत्पर और अति लालायित रहती हैं। ये याचिकाएँ तुच्छ होती हैं, या सारहीन होती हैं या राजनीति से प्रेरित होती हैं और 99.99 प्रतिशत

मामलों में फेंक दिये जाने योग्य होती हैं। लेकिन अक्सर उनका हश्र ऐसा नहीं होता। क्यों? एक कारण यह हो सकता है कि लेखकों, अभिनेताओं, राजनीतिज्ञों और खिलाड़ियों की तरह, न्यायाधीश भी अपना नाम सुर्खियों में देखना पसन्द करते हों। लेकिन दूसरे गहरे, स्याह कारण भी हो सकते हैं, जो अधिक मूर्त हितों और वैचारिक असहिष्णुता से सम्बन्धित हों।

उच्च न्यायालय और उच्चतम न्यायालय प्रायः साहित्यकारों और कलाकारों के अधिकारों के प्रति अधिक हमदर्द होते हैं। फिर भी, जब निचली अदालत द्वारा कोई प्रतिबन्ध या रोक लगायी जाती है तब न्यायिक प्रक्रिया की सुस्ती के कारण उस आदेश के पलटने में वर्षों या दशाब्दियाँ लग सकती हैं। कतिपय कलाकार या प्रकाशक ऐसे हैं जिनके पास अपनी लड़ाई इतने लम्बे समय तक जारी रख सकने की साधन–सम्पन्नता हो या दमखम हो। प्रायः वे हथियार डाल देते हैं। द्वेषपूर्ण अर्जीदार और अनभिज्ञ या प्रचार पिपासु अधीनस्थ न्यायाधीश–इन दोनों की जोड़ियाँ भारत में अभिव्यक्ति की आज़ादी के लिए गम्भीर संकट का कारण हैं।

तीसरा संकट है अस्मिता की राजनीति का उदय, उदय ही नहीं बल्कि उसका उत्तरोतर विकास। किसी समुदाय, किसी भी नामालूम समुदाय को बस थोड़ी हाय–तोबा मचानी है कि उसकी भावनाएँ आहत हुई हैं और इस तरह बहुत आसानी से किसी भी किताब या कलाकृति या फिल्म की ज़िन्दगी दाँव पर लग जाती है। 1990 के दशक के प्रारम्भ में जब मण्डल और अयोध्या आन्दोलनों का ज़ोर था (पहला–जातीय अस्मिता की राजनीति और दूसरा–धार्मिक अस्मिता की राजनीति का प्रतिनिधित्व करता था), तब इतिहासकार धर्मा कुमार ने मुझसे कहा था कि हम शिकायतें संग्रह करने वालों का राष्ट्र बन गये हैं। सच में, हम भारतीय केवल शिकायतें संग्रह ही नहीं करते, बल्कि उन्हें ज़बान पर भी लाते हैं और दूसरों पर थोपते भी हैं और इस तरह दूसरों की ज़बान पकड़ते हैं।

मण्डल और अयोध्या आन्दोलनों के बाद से अस्मिता की राजनीति ने अपने पाँव चारों ओर पसार दिये हैं। भारतीय समाज पर इसका संघात बड़े जटिल रूप में हुआ है। कहीं यह हितकारी भी है जैसे कि हमारे अतीत से वैसे नामों को सामने लाना, विद्वानों ने अब तक जिनकी अवहेलना की थी। फिर भी अभिव्यक्ति की आज़ादी पर अस्मिता की राजनीति का संघात समान रूप से नकारात्मक ही रहा है। हर इलाके, जाति या समुदाय के बुत बेऐब, बेदाग़, मुकम्मल–सारी नुक्ता–चीनी से परे हो गये हैं।

इस सम्बन्ध में सलमान रुश्दी की किताब *सैटेनिक वर्सेज* पर 1988 में लगा प्रतिबन्ध एक सीमांकन करने वाली घटना थी। मुल्लाओं के शोर ने चिनगारी का काम किया और वैसे लोग सड़कों पर उतर आए जिन्होंने उस क़िताब को कभी देखा तक न था, पढ़ने की बात तो दूर थी। और इस हो–हल्ले ने भारत सरकार को आतंकित कर दिया। प्रधानमन्त्री राजीव गाँधी प्रकट रूप से तो आधुनिकतावादी थे, लेकिन भीरू थे और उनके सलाहकार घटिया। आम चुनाव सिर पर था और (पूर्व और बाद के कई कांग्रेसी नेताओं की तरह) उन्होंने आम भारतीय मुसलमान वोटरों पर मुल्लाओं के प्रभाव को वास्तविकता से अधिक मान लिया। अपने जनतान्त्रिक उसूलों को छिन्न–भिन्न करते हुए भारत सरकार ने उस किताब को प्रतिबन्धित कर दिया, ईरान से भी पहले।

अब माहौल शान्त होना तो दूर, इस प्रतिबन्ध ने दूसरे पन्थों तथा धर्मों के नेताओं और मतान्धों को ढीठ बना दिया। वे अब अपने हर पूज्य की आलोचना पर डण्डे लेकर उठ खड़े होते, चाहे वह आलोचना कितनी भी सूक्ष्म या पाण्डित्यपूर्ण क्यों न हो। दिल्ली के किसी लेखक ने रवीन्द्रनाथ टैगोर के बारे में कुछ आलोचनात्मक टिप्पणी क्या कर दी, पश्चिम बंगाल विधानसभा ने आसमान सिर पर उठा लिया। दिल्ली के एक दूसरे लेखक ने आम्बेडकर पर एक आलोचनात्मक पुस्तक लिखी और आम्बेडकरवादियों ने उनके साथ धक्का–मुक्की कर दी। एक अमेरिकन विद्वान ने शिवाजी की वंशावली के बारे में किसी पुरानी कहानी को बिना उसका समर्थन किये फिर से कह दिया और उनकी शामत आ गयी। उनकी क़िताब प्रतिबन्धित कर दी गयी और अग्निदेवता के हवाले कर दी गई। लेखक महोदय ख़ुद भारत बदर कर दिये गये।

आज भारत में हम अपने नायकों को नितान्त परिपूर्ण मानते हैं। मुझे सन्देह है कि हम हमेशा ऐसे थे। युधिष्ठिर और राम दूध के धुले नहीं थे, वे छल–कपट और कुपथ से मुक्त नहीं थे–पर हमारे पूर्वजों को इससे कोई ऐतराज़ न था, न ही यह सब जानकर उनके अन्दर रोष की भावना थी। लेकिन आज का बंगाली सुभाष चन्द्र बोस की हलकी–सी आलोचना सुनकर आपे से बाहर हो जायेगा, तमिल पेरियार की, मराठी शिवाजी की, दलित आम्बेडकर की और हिन्दुत्ववादी सावरकर की आलोचना नहीं सुन सकता।

बोस, सावरकर, पेरियार, आम्बेडकर और शिवाजी सभी असाधारण व्यक्ति थे। इनकी महत्ता को समझने के लिए हम उन पर लिखी कई किताबें पढ़ते हैं, उन पर बनी कई फिल्में और नाटक देखते हैं। लेकिन वैसे लेखक विद्वान और नाटककार कहाँ हैं जो इन महान लोगों के बारे में निर्भयता से लिख सकें, जो उनकी उपलब्धियों को उनकी असफलताओं के पहलू में दिखाएँ, जो उनके साहसिक कारनामों और चारित्रिक गुणों को उनकी विरूपताओं एवं पूर्वाग्रहों के आमने सामने रखकर पेश करें?

अजीब बात है, गाँधी ही ऐसे महान भारतीय हैं, यूँ कहें कि गत हज़ार सालों या उससे भी अधिक में वे ही ऐसे महान और विवादास्पद व्यक्ति हैं जिनके बारे में कोई भी बिना अपनी जान को या पुस्तक को जोखिम में डाले जो चाहे सो लिख सकता है क्योंकि बोस, आम्बेडकर, शिवाजी या पेरियार के विपरीत गाँधी सबों के हैं और किसी के भी नहीं हैं। ऐसा कोई कुपित, आक्रामक, असुरक्षित, तुनकमिजाज़ पन्थ नहीं है जो गाँधी का रक्षक हो या उनके बारे में रक्षात्मक हो।

यहाँ तक कि जो भी गाँधी को आलोचना से बचाने की कोशिश करता है, वह प्रायः असफल हो जाता है। 2011 में अमेरिकी लेखक जोसेफ लेलीवेल्ड ने एक क़िताब लिखी जिसमें उन्होंने अनुमान लगाया कि दक्षिण अफ्रीका में गाँधी का किसी के साथ समलैंगिक सम्बन्ध था। नरेन्द्र मोदी जब गुजरात के मुख्यमन्त्री थे और उनकी निगाहें राष्ट्रीय पटल पर थीं, तब उन्होंने उस पुस्तक को अपने राज्य में प्रतिबन्धित कर दिया। उन्हें आशा थी कि इस क़दम से वे गाँधी त्राता माने जायेंगे। केन्द्र की कांग्रेसी सरकार ने इस होड़ में हावी रहने की फिराक़ में किताब को पूरे देश में प्रतिबन्धित करने की ठान ली। फिर भी, गाँधी के अपने पौत्र, जीवनी लेखक राजमोहन तथा राजनयिक और लोकसेवक गोपालकृष्ण ने हस्तक्षेप किया और माँग की कि वह क़िताब गुजरात को छोड़कर पूरे देश में प्रचारित की जाये। उनका तर्क था कि प्रतिबन्ध गाँधीवाद की आत्मा के विरुद्ध है क्योंकि गाँधी ने हमेशा वाद–विवाद का स्वागत किया और यह प्रतिबन्ध भारत के जनतान्त्रिक उसूलों पर भी सवाल खड़े करता है। दुःख की बात है कि अभिव्यक्ति की आज़ादी के प्रति ऐसी प्रतिबद्धता भारतीय इतिहास के अन्य महापुरुषों के जैविक या सैद्धान्तिक वंशजों (द्वारपालों) में नज़र नहीं आती।

एक ऐसे बहुधार्मिक समाज में जहाँ साम्प्रदायिक हिंसा का इतिहास रहा है, कृष्ण, मोहम्मद, ईसा या गुरु नानक जैसे पैगम्बरों का चित्रण करने में शायद लेखकों और कलाकारों को थोड़ा सतर्क रहने की ज़रूरत पड़े। लेकिन जब कोई इतिहास पुरुषों के जीवन–चरित्रों और उनकी विरासतों पर गम्भीरता से या सख़्ती से या उन्मुक्त होकर वाद–विवाद न कर सके तब यह हमारे जनतन्त्र के स्वास्थ्य के लिए अच्छा शगुन नहीं है।

अब मैं अभिव्यक्ति की आज़ादी की परिभाषा पर लौटता हूँ जिससे मैंने इस आलेख की शुरुआत की थी। ब्रिटिश राज में अपनी पुस्तक के प्रतिबन्धित होने पर गाँधी ने जो कहा था। उसमें थोड़ा संशोधन करते हुए मैंने सुझाया था कि किसी भी स्वाभिमानी जनतन्त्र में "हर आदमी या औरत को अपना मत चुनने और उसे कार्यरूप देने का भी हक़ है बशर्ते ऐसा करने में वह किसी के ख़िलाफ़ शारीरिक हिंसा का इस्तेमाल या हिमायत न करता हो।" इस मानक पर भारतीय जनतन्त्र इम्तिहान में फेल हो जाता है। भारतीय अदालतें और भारतीय सरकारें ख़ुद–ब–ख़ुद या आन्दोलनकारियों के दवाब में क़िताबें, फिल्में या कलाकृतियों को प्रतिबन्धित करने या उन्हें संचार से वापस लेने के लिए तत्पर रहती हैं भले ही वे किसी भी तरह शारीरिक हिंसा के इस्तेमाल की हिमायत नहीं करतीं। हो सकता है, इन रचनाओं ने किसी को नाराज़ कर दिया हो, लेकिन बस इतना ही, इससे अधिक नहीं। किसी भी परिपक्व जनतन्त्र में एक क़िताब का जवाब जिसकी बातें आपको नापसन्द हैं, बेशक दूसरी किताब है। एक फिल्म जिसकी विषयवस्तु या अभिप्राय किसी व्यक्ति की पसन्द नहीं तो वह व्यक्ति आसानी से उसका बहिष्कार कर सकता है। लेकिन जब कोई संगठन राज्य को या अदालतों को हिंसक उपायों द्वारा (जो प्रायः कारगर होते हैं) कलाकृतियों को प्रतिबन्धित करने या उन्हें संचार से वापस लेने के लिए मजबूर कर देता है तब यह इस बात का सूचक है कि हम परिपक्व जनतन्त्र कहे जाने से बहुत दूर हैं। इस तरह हमारी परिभाषा सिर के बल खड़ी हो जाती है। भारत में यद्यपि किसी लेखक या कलाकार द्वारा हिंसा का इस्तेमाल या हिमायत नहीं की जाती, तब भी उनकी आवाज़ को दबाने की इच्छा रखने वाले हिंसा का इस्तेमाल या उसकी धमकी से परहेज़ नहीं करते।

भारतीय दिन–ब–दिन अतिसंवेदनशील, असहिष्णु, इतना ही नहीं, परिहासरहित होते जा रहे हैं। ऐतिहासिक रूप से हिन्दुत्व में कुफ़्र की कोई धारणा नहीं रही है। इस्लाम या ईसाई धर्म के विपरीत, कोई अगर अपने देवी–देवताओं पर व्यंग्यात्मक टिप्पणियाँ करता था तो उसे धर्मभ्रष्ट नहीं समझा जाता था। लेकिन आज यह सब बदल गया है। हिन्दू इस मामले में अब मुसलमानों और ईसाइयों की तरह हो गये हैं। सिख और जैन भी उनसे जुदा नहीं हैं।

(मूल अंग्रेज़ी लेख का अशोक कुमार द्वारा किया अनुवाद। अनुवाद मूल प्रश्न, अप्रैल–जून, 2016 से साभार।)

अध्याय–22

विचार व्यक्त करने की स्वतन्त्रता

–नरेश दाधीच

भारतीय संविधान की उद्देशिका में लिखा गया है कि भारत राज्य के निर्माण का संकल्प भारत के लोग इसलिए ले रहे हैं ताकि भारत राज्य के समस्त नागरिकों को न्याय, स्वतन्त्रता, समता प्राप्त हो तथा उन सब में व्यक्ति की गरिमा और राष्ट्र की एकता और अखण्डता सुनिश्चित करने वाली बन्धुता बढ़ाने के लिए संविधान को अंगीकृत, अधिनियमित और आत्मार्पित कर सकें। स्वतन्त्रता को स्पष्ट करते हुए उसमें विचार, अभिव्यक्ति, विश्वास, धर्म और उपासना की स्वतन्त्रता का विशेष उल्लेख किया गया है।

संविधान सभा में 13 दिसम्बर, 1946 को पण्डित जवाहरलाल नेहरू ने संविधान सभा के उद्देश्यों सम्बन्धी प्रस्ताव रखा था जिस पर 22 जनवरी, 1947 तक बहस हुई। नेहरू ने प्रस्ताव को एक प्रतिज्ञा के रूप में प्रस्तुत किया। उन्होंने कहा कि यह प्रस्ताव नहीं एक घोषणा है कि हम आने वाले समय में समाज को किस दिशा में ले जाने वाले हैं। हम भारत को कैसा बनाना चाहते हैं। संविधान केवल क़ानून की पुस्तिका नहीं होगी यह मानवीय मस्तिष्क में विकसित मूल्यों का संचय होगा। इस बात को ध्यान में रखते हुए भारतीय संविधान में कई अन्य प्रावधानों के साथ मूल अधिकार भी सम्मि़लित किये गये। संविधान में मूलभूत अधिकारों में स्वतन्त्रता का अधिकार अनुच्छेद 19 से 22 तक उल्लेखित है।

स्वतन्त्रता का अधिकार और उसकी पालना किसी भी उदारवादी प्रजातन्त्र के लिए आवश्यक है। प्रजातन्त्र एवं व्यक्ति के अधिकार इस मूल भावना से जुड़े हैं कि व्यक्ति में आवश्यक विवेक है जो उसकी स्वयं पर शासन करने वाले शासक को चुनने की क्षमता रखता है तथा जो

अधिकार में व्यक्त होता है। यह अधिकार प्राकृतिक है और आधुनिक सोच का परिणाम है। जॉन स्टुअर्ट मिल जैसे उदारवादी विचारकों ने स्वतन्त्रता के अधिकार को सबसे महत्त्वपूर्ण अधिकार माना है। विचार व्यक्त करने की स्वतन्त्रता न केवल व्यक्ति को मानवीय जीवन जीने के लिए आवश्यक है, अपितु किसी भी प्रजातन्त्र में व्यक्ति की नैतिक शक्ति का प्रमाण है। बीसवीं शताब्दी में वयस्क मताधिकार सभी प्रजातान्त्रिक प्रतिमानों में स्थापित हो गया। वोट देने का अधिकार भी विचार व्यक्त करने की स्वतन्त्रता का राजनीतिक स्वरूप है। लेकिन असल समस्या तब आरम्भ होती है जब सरकार प्रजातान्त्रिक तरीक़े से चुनने के पश्चात शासन करते समय अपनी विचारधारा के कार्यक्रमों को क्रियान्वित करना चाहती है और उसमें विरोध के स्वर को दबाना चाहती है। विरोध या असहमति के स्वर को दबाने के लिए सरकार राष्ट्रवाद का सहारा भी लेती है। अपने अतिराष्ट्रवादी सोच के कारण अन्तर्राष्ट्रीयवाद, मानवाधिकार आदि की वकालत को भी देशद्रोह घोषित किया जाता है। आज भारत में विचारों की स्वतन्त्रता पर बहस हो रही है। विरोध और असहमति के स्वर को दबाने की कोशिश की जा रही है। यह तर्क दिया जा रहा है कि असहमतियाँ–विरोध अपनी संवैधानिक सीमाओं को नहीं लाँघें। एक विशेष घटना में यह कौन तय करेगा कि विरोध के स्वर राष्ट्रविरोधी हैं। विशेष रूप से ऐसे स्थल पर जो विचारों के आदान–प्रदान और विचार उत्पन्न करने, उन पर बहस करने, उनकी सार्थकता तय करने, उनका विश्लेषण करने के लिए स्थापित हुए हैं। उदाहरणार्थ विश्वविद्यालय। विश्वविद्यालय का अर्थ ही यह है कि जहाँ पर नये विचारों पर बहस हो या नयी व्याख्याएँ रची जायें। अगर हम राष्ट्रवाद की अवधारणा लें तो पायेंगे कि समय के अनुसार इसकी व्याख्या बदलती रही है और इसका महत्त्व भी बनता–बिगड़ता रहा है। सत्रहवीं शताब्दी से आरम्भ हुई यह अवधारणा बीसवीं शताब्दी के मध्य में राजनीति की महत्त्वपूर्ण अवधारणा बन गयी। दोनों विश्व युद्ध अतिराष्ट्रवाद के परिणाम थे। प्रथम विश्व युद्ध की विभीषिका को देखकर टैगोर ने राष्ट्रवाद के दुष्परिणामों के प्रति विश्व को सचेत कराया। गाँधी के स्वदेशी आन्दोलन की आलोचना करते हुए टैगोर ने लिखा कि यह आन्दोलन राष्ट्रवाद की भावना से प्रेरित है तथा इसके दूरगामी परिणाम देश के लिए घातक होंगे। भारत अन्य देशों की तुलना में पिछड़ जायेगा, इसलिए अन्तर्राष्ट्रीयवाद को बढ़ावा देना चाहिए।

आज विश्व में यह बहस पुनः महत्त्वपूर्ण हो रही है। हाल ही में ब्रिटेन ने जनमत द्वारा यूरोपियन यूनियन से अलग होने का फ़ैसला लिया है। यह फ़ैसला दक्षिणपन्थी एवं अतिराष्ट्रवादी विचारों की जीत है। इस अतिवादी राष्ट्रवाद के विस्तार से सबसे अधिक नुक़सान विचार प्रकट करने की स्वतन्त्रता का हो रहा है। किसी समय में इस स्वतन्त्रता को सर्वाधिक ख़तरा साम्यवाद या फासीवाद से था। आज अतिराष्ट्रवाद से है। लेकिन यह ख़तरा अधिक गम्भीर है। अतिराष्ट्रवादी ताक़तें जनता का वोट लेकर सत्ता में आ रही हैं और लोकशक्ति के समर्थन से व्यक्तियों के विचार प्रकट करने की स्वतन्त्रता पर अंकुश लगा रही हैं। आर्थिक असमानताओं के बढ़ने से लोग आक्रोशित होकर तुरन्त ही समाधान चाहते हैं और ऐसे लोगों को बढ़ती निराशा से अतिराष्ट्रवादी ताक़तों को समर्थन मिलता है। प्रसिद्ध उदारवादी विचारक जॉन रॉल्स ने अपने न्याय के सिद्धान्त में स्वतन्त्रता के अधिकार को प्राथमिकता दी है। उसके अनुसार सामाजिक–आर्थिक न्याय प्राप्त करने के लिए आवश्यक है कि व्यक्तियों की स्वतन्त्रताओं की रक्षा की जाये। एक अन्य अमेरिकी विचारक फ्रांसिस फुकोयामा के अनुसार–उदारवादी राज्य मानवीय जीवन का सर्वश्रेष्ठ एवं अन्तिम राज्य है। इसे हम आंशिक सत्य भी मानें तो हम कह सकते हैं कि व्यक्ति के विचार व्यक्त करने की स्वतन्त्रता उदारवादी राज्य की आवश्यक शर्त है और इसके अभाव में राज्य अन्य किसी उद्देश्य की प्राप्त नहीं कर सकता है।

भारत जैसे देश में स्वतन्त्रता सहनशीलता का दूसरा नाम है। भारतीय संस्कृति इतनी विभिन्नताओं से ओत–प्रोत है कि उसे किसी एक धर्म, विचार, व्यक्ति से बाँधना असम्भव है। इसलिए विभिन्नता में एकता हमारा मन्त्र रहा है। मत व्यक्त करने की स्वतन्त्रता हमारी संस्कृति का गुण है। सरकारों को दीर्घकालीन वैधता बनाये रखने के लिए असहमति को सहन करने की क्षमता रखनी चाहिए तथा अपने दृष्टिकोण को व्यापक रखना चाहिए।

(मूल प्रश्न, अप्रैल–जून, 2016 से साभार)

अध्याय–23

धर्मान्तरण : संविधान और क़ानूनी प्रतिबन्ध

–अरविन्द जैन

कहने को भारत एक 'पन्थ निरपेक्ष' गणराज्य है। हर नागरिक–व्यक्ति को 'विचार–अभिव्यक्ति, विश्वास, धर्म और उपासना की स्वतन्त्रता' है। संविधान के अनुच्छेद 25 में प्रावधान है कि 'सभी व्यक्तियों को अन्तःकरण की स्वतन्त्रता का और धर्म के अबाध रूप से मानने, आचरण करने और प्रचार करने का समानाधिकार होगा।' यहाँ धर्म का अर्थ है कोई भी धर्म और धर्म की स्वतन्त्रता के इस मौलिक अधिकार में धर्मान्तरण का अधिकार भी शामिल है। अनुच्छेद 15 के अनुसार केवल धर्म के आधार पर विभेद असंवैधानिक होगा। लेकिन 1954–56 में पारित हिन्दू विवाह अधिनियम, हिन्दू उत्तराधिकार अधिनियम, हिन्दू दत्तकता और भरण पोषण अधिनियम, हिन्दू अल्पवयता और संरक्षकता अधिनियम और विशेष विवाह अधिनियम के अनेक प्रावधान ऐसे हैं, जो धर्म की स्वतन्त्रता के मौलिक अधिकार को अर्थहीन घोषित करते हैं। आश्चर्यजनक है कि धर्म की स्वतन्त्रता पर अंकुश लगाते ये क़ानूनी प्रावधान असंवैधानिक नहीं माने जाते। संविधान में प्रदत्त मौलिक अधिकार के बावजूद, हिन्दू क़ानून कहते हैं कि हिन्दू हो तो हिन्दू बन कर रहो और 'गर्व से कहो कि हम हिन्दू हैं' वरना...।

यहाँ 'हिन्दू' के क़ानूनी मतलब में बौद्ध, सिख और जैन भी शामिल हैं। हिन्दू (स्त्री या पुरुष) हिन्दू से विवाह करे या बच्चा गोद ले–किसी को कोई आपत्ति नहीं। मगर कोई हिन्दू (बौद्ध, सिख, जैन) किसी मुस्लिम, ईसाई या पारसी से विवाह करना चाहता है तो मुश्किल है। विवाह तो कर सकता है, लेकिन विशेष विवाह अधिनियम में प्रावधान है कि दूसरे धर्म के व्यक्ति से विवाह करने के फौरन बाद हिन्दू (स्त्री–पुरुष) व्यक्ति

के अपने परिवार से सारे सम्बन्ध समाप्त माने जायेंगे! संयुक्त परिवार की सम्पत्ति में हिस्सा है तो अपना हिस्सा लो और भूल जाओ। स्त्री का संयुक्त परिवार की सम्पत्ति में हिस्सा होता ही नहीं। अन्तर–धार्मिक विवाह पर कोई प्रतिबन्ध नहीं क्योंकि भारत एक धर्मनिरपेक्ष राज्य है। लेकिन परिवार में दूसरे धर्म के व्यक्ति का क्या काम? क्या उसे 'परिवार' में घुसने से रोकने के लिए लगायी, यह क़ानूनी शर्त (प्रतिबन्ध) किसी मौलिक अधिकार का हनन है? नहीं ना यही तो है धर्मनिरपेक्षता। अगर बिना अपना धर्म बदले, किसी अन्य धर्म के व्यक्ति से विवाह करने पर क़ानून में यह 'सज़ा' है तो धर्मान्तरण पर क्या होगा?

हिन्दू विवाह अधिनियम, 1955 की धारा 13 (i) और (ii) के अनुसार अगर कोई हिन्दू पति या पत्नी हिन्दू धर्म छोड़, मुसलमान या ईसाई बन जाये तो पत्नी या पति को इस आधार पर तलाक़ लेने का क़ानूनी अधिकार है। भले ही उसकी शादी, यह क़ानून लागू होने से पहले हो गयी हो। चूँकि हिन्दू धर्म में बौद्ध, सिख या जैन धर्म के लोग भी शामिल हैं, इसलिए वे आपस में विवाह भी कर सकते हैं और धर्म परिवर्तन भी। लेकिन मुस्लिम या ईसाई धर्म स्वीकार करना चाहें तो तलाक़ के लिए तैयार रहें। अगर पति–पत्नी दोनों ही धर्म बदलकर मुस्लिम या ईसाई हो जायें तो कोई बात नहीं। परन्तु धर्म परिवर्तन के बाद तलाक़ लेना चाहें तो दिल्ली उच्च न्यायालय का फ़ैसला है कि तलाक़ हिन्दू विवाह अधिनियम के अन्तर्गत ही होगा, क्योंकि विवाह भी इसी क़ानून के तहत हुआ था।

प्रायः नाबालिग बच्चों का 'धर्म', क़ानूनन वही माना जाता है जो उनके पिता का धर्म हो। पिता हिन्दू तो पुत्र–पुत्री भी हिन्दू ही माने जायेंगे। लेकिन अगर पिता हिन्दू धर्म त्यागकर, मुसलमान या ईसाई हो जाये तो ? तो क्या ?... हिन्दू संरक्षकता अधिनियम 1956 की धारा छह के अनुसार नाबालिग बेटे और अविवाहित बेटी का प्राकृतिक संरक्षक–पिता (और उसके बाद माता) होता है। मगर शर्त यह है कि अगर वह (पिता) हिन्दू नहीं रहा तो नाबालिग बच्चों का प्राकृतिक संरक्षक भी नहीं रहेगा यानी अपने ही बच्चों पर सारे क़ानूनी अधिकार ख़त्म और पत्नी तलाक लेगी सो अलग। पत्नी से पीछा छुड़ाने के लिए अगर धर्म बदलने की सोच रहे हो तो भूल जाओ कि बच्चों और घर पर तुम्हारा अधिकार बना रहेगा। 'हिन्दू' बच्चों का प्राकृतिक संरक्षक 'मुसलमान' या 'ईसाई पिता कैसे हो सकता है? बच्चों को 'धर्मभ्रष्ट' थोड़े ही होने देंगे। पिता हिन्दू नहीं रहा तो क्या हुआ बच्चों को हिन्दू धर्म की 'शिक्षा' माँ देगी।

निस्सन्देह बच्चों का धर्म वही माना जाता है (क़ानून मानता रहा है) जो उसके पिता का धर्म है। प्रिवी काउंसिल से लेकर उच्च न्यायालयों तक के अनेक फ़ैसले मौजूद हैं। अगर ऐसा है तो यह माना जाना चाहिए कि पिता द्वारा धर्मान्तरण के बाद, नया धर्म ही बच्चे का धर्म होगा। इसलिए यह कहना कि धर्मान्तरण के बाद पिता, अपने बच्चों का प्राकृतिक संरक्षक नहीं रहेगा—कहाँ तक न्याय संगत है? मान लो यह न्याय संगत भी है तो उस स्थिति में क्या होगा जब दोनों (माता—पिता) धर्म परिवर्तन कर लें और हिन्दू न रहें? क्या दोनों ही उस बच्चे के प्राकृतिक संरक्षक नहीं रहेंगे, जो नहीं जानता कि धर्म किस बला का नाम है। ऐसे में बच्चे का 'संरक्षक' कौन होगा?

अगर पिता नाबालिग बच्चों का संरक्षक है और बच्चों का धर्म, पिता का धर्म ही माना जाता है तो धर्मान्तरण के बाद पिता संरक्षकता से वंचित करने का अर्थ और उद्देश्य क्या है? अगर बच्चा स्वयं धर्म नहीं बदल सकता और पिता का धर्म ही उसका धर्म है तो ज़ाहिर है कि पिता का नया धर्म ही उसका भी धर्म होगा। अगर बच्चा स्वयं अपना धर्म बदल सकता है तो यह मानना पड़ेगा कि धर्मान्तरण के बाद बच्चे पर माता—पिता की संरक्षकता भी समाप्त हो जायेगी। क्यों नहीं हो सकती? पिता धर्मान्तरण के बाद अगर संरक्षक नहीं माना जायेगा तो बच्चे द्वारा धर्मान्तरण के बाद पिता को संरक्षक कैसे माना जा सकता है?

क्या 1955—56 से धर्मान्तरण के ख़िलाफ़ लागू इन (असंवैधानिक और अनुचित) क़ानूनों के होते हुए और 'कड़े क़ानूनों की ज़रूरत' है? इससे अधिक धार्मिक प्रतिबन्ध क्या हो सकते हैं—उसका पता तो 'राष्ट्रीय बहस' के बाद ही पता लगेगा। ऐसे भयावह समय में समान नागरिक संहिता बनाने की माँग कौन सुनेगा? यह सही है कि हिन्दू दत्तकता और भरण पोषण अधिनियम, 1956 की धारा 9 में प्रावधान है अगर पिता ज़िन्दा है तो सिर्फ़ उसे ही यह अधिकार है कि वह सन्तान गोद दे सके। माँ की सिर्फ़ सहमति चाहिए और वह भी नहीं अगर माँ हिन्दू न रही हो। परन्तु अगर पिता ने धर्म बदल लिया है और हिन्दू नहीं रहा हो तो वह अपनी सन्तान को गोद में देने का अधिकारी नहीं। देना ही होगा तो माँ दे देगी। वैसे भी हिन्दू ही, हिन्दू को 'हिन्दू' बच्चा गोद दे सकता है और फिर धर्मान्तरण के बाद पिता, जब प्राकृतिक संरक्षक ही नहीं रहा तो हिन्दू बच्चे को गोद कैसे दे सकता है? धर्म निरपेक्षता का सिद्धान्त अपनी जगह लेकिन हिन्दू सिर्फ़ हिन्दू बच्चे को, हिन्दू के हाथ से ही गोद ले सकता है।

इसी अधिनियम की धारा 18 के अनुसार पत्नी को पति से अलग रहने और गुज़ारा भत्ता लेने का भी अधिकार होगा अगर पति ने धर्म बदल लिया है और हिन्दू नहीं रहा है यानी तलाक़ ही नहीं, गुज़ारा भत्ता भी देना ही पड़ेगा। धर्म परिवर्तन करके ज़िम्मेदारी से मुक्त नहीं हो सकते। हाँ! अगर पत्नी धर्मान्तरण करती है तो पति से गुज़ारा भत्ते की माँग नहीं कर सकती। क्यों? कहना कठिन है!

इसी कड़ी में हिन्दू उत्तराधिकार अधिनियम, 1956 की धारा 25 को भी देखें, एक प्रावधान यह है कि इस अधिनियम के लागू होने से पहले या बाद में अगर धर्मान्तरण के कारण कोई व्यक्ति हिन्दू नहीं रहा है, धर्मान्तरण के बाद हुए उसके बच्चे या बच्चों के बच्चे, अपने किसी भी हिन्दू सम्बन्धी की सम्पत्ति में उत्तराधिकार पाने के 'अयोग्य' होंगे, बशर्ते कि बच्चे या उनके बच्चे उत्तराधिकार पाने के समय हिन्दू न हों। संक्षेप में अभिप्राय यह कि हिन्दू की किसी भी सम्पत्ति का उत्तराधिकारी हिन्दू ही रहेगा। धर्म परिवर्तन से पहले हुए बच्चे 'हिन्दू' हैं, मगर बाद में हुए बच्चे मुस्लिम या ईसाई। धर्मान्तरण से पूर्व जन्मे बच्चों को उत्तराधिकार मिलेगा लेकिन बाद में हुए बच्चों को नहीं। उन्हें भी मिल सकता है बशर्ते कि 'हिन्दू' बन जायें वरना बिल्कुल नहीं। भारतीय संविधान और हिन्दू क़ानूनों के उपरोक्त अन्तर्विरोधों और विसंगतियों को समझना 'असम्भव' है। हिन्दू कोड बिल पर बहस के दौरान डॉ. आम्बेडकर ने कहा था, "यह कहना बहुत अच्छा लगता है कि हमने अपने संविधान में एक धर्मनिरपेक्ष राज्य की बात कही है। इसका अर्थ यह नहीं है कि हम धर्म को समाप्त कर सकते हैं। इसका अर्थ यह नहीं है कि हम लोगों की धार्मिक भावनाओं की कोई कद्र ही नहीं करेंगे। धर्मनिरपेक्ष राज्य का कुल अर्थ यह है कि यह संसद किसी भी एक धर्म को बाकी लोगों पर लादने की अधिकारी नहीं है।" धार्मिक भावनाओं की कद्र नहीं करते तो धर्म के आधार पर विवाह से लेकर उत्तराधिकार तक के ये हिन्दू क़ानून कैसे बना पाते? "संसद किसी भी एक धर्म को, बाकी लोगों पर लादने की अधिकारी नहीं है।" मगर क्या 'एक धर्म' को उसी धर्म के लोगों पर लादने की अधिकारी है? क्या केवल धर्म के आधार पर परिवार, पत्नी (विवाह), सन्तान (संरक्षकता) और सम्मति के अधिकारों पर प्रत्यक्ष या परोक्ष प्रतिबन्ध लगाने वाले ये क़ानूनी प्रावधान, संविधान के अनुच्छेद 15 का उल्लंघन नहीं? असंवैधानिक नहीं? अगर नहीं तो फिर धार्मिक स्वतन्त्रता का अर्थ क्या है?

उल्लेखनीय है कि 'कास्ट डिसएबिलिटी रिमूवल एक्ट, 1850 अभी भी लागू है। इस अधिनियम में प्रावधान है कि धर्म परिवर्तन (जाति बाहर) के कारण किसी भी व्यक्ति के अधिकार या सम्पत्ति को छीनने वाले क़ानून, प्रथा या रस्मो–रिवाज़ को अदालत द्वारा लागू नहीं कराया जा सकता यानी धर्मान्तरण के कारण जाति बाहर होने से किसी भी व्यक्ति के अधिकारों या सम्पत्ति पर कोई असर नहीं होगा। ख़ेदजनक है कि धर्म की स्वतन्त्रता के इस क़ानून (1850) और संविधान में प्रदत्त व्यापक मौलिक अधिकारों के बावजूद आज़ाद भारत की संसद ने धर्मान्तरण के लिए उपरोक्त 'दण्ड' देना उचित समझा है वरना 'धर्म ख़तरे में' पड़ जाता।

धर्मान्तरण पर प्रतिबन्ध निजी क़ानूनों तक ही सीमित नहीं आरक्षण की राजनीति तक फैला हुआ है। राष्ट्रपति द्वारा जारी अनुसूचित जाति आदेश, 1950 के पैरा 3 में धार्मिक योग्यता निर्धारित करते हुए कहा गया हैं कि कोई भी ऐसा व्यक्ति जो हिन्दू या सिख धर्म से अलग धर्म को मानता है, अनुसूचित जाति का सदस्य नहीं माना जायेगा यानी संविधान और क़ानून में आरक्षण का लाभ सिर्फ़ अनुसूचित जाति के उन लोगों को ही मिलेगा जो हिन्दू या सिख धर्म के अनुयायी हैं। यह लाभ या 'विशेषाधिकार' उन्हें नहीं मिलेगा जिन्होंने धर्मान्तरण किया है और जो धर्मान्तरण करना चाहते हैं–सावधान। आरक्षण का फायदा उठाना चाहते हो तो हिन्दू या सिख बनकर ही रहना होगा! हाँ, दुबारा धर्मान्तरण करके फिर हिन्दू या सिख बन जाओ तो भी आरक्षण मिल सकता है; बशर्ते कि जाति के लोग पुनः स्वीकार कर लें। धर्मनिरपेक्ष गणराज्य में दलितों और हरिजनों को आरक्षण के आदेश के साथ, हिन्दू या सिख बने रहने और हिन्दुत्व मानने की शर्त क्या वास्तव में धर्मान्तरण के विरुद्ध अध्यादेश (प्रतिबन्ध) नहीं? शिक्षा और नौकरियों में आरक्षण के लिए इस आदेश या अध्यादेश की सामाजिक–राजनीतिक और धार्मिक पृष्ठभूमि क्या है? राजसत्ता पर सवर्ण हिन्दुओं का कब्ज़ा होने के कारण ही आरक्षण का आधार हिन्दू या सिख धर्म और हिन्दुत्व (सिख) रखा गया है। आरक्षण में धर्म की यह शर्त हरिजनों को धर्मान्तरण से रोकने का भी हथियार बनी और उनके 'घर वापसी' का रास्ता भी।

'पन्थ निरपेक्ष राज्य' किसी भी एक धर्म को बाकी लोगों पर लादने का अधिकारी नहीं है' परन्तु एक धर्म के लोगों को उसी धर्म में रोकने या वापस बुलाने के क़ानूनी रास्ते तो बना ही सकता है ना। ऐसा कहा जा सकता है

कि संविधान अनुसूचित जाति के व्यक्तियों को भी धर्म की स्वतन्त्रता का मौलिक अधिकार प्रदान करता है। लेकिन आरक्षण की सुविधा चाहिए तो धर्म की स्वतन्त्रता असम्भव है। आरक्षण के नाम पर राजसत्ता द्वारा धर्म की राजनीति और वर्ग हितों में रचे वैधानिक–संवैधानिक षड्यन्त्रों को कौन नहीं जानता? इस सबके बावजूद धर्मनिरपेक्षता और सर्व धर्म समभाव के सिद्धान्त ज़िन्दाबाद..ज़िन्दाबाद!

जैसा कि हम पहले देख चुके हैं–हिन्दू विवाह, दत्तकता, संरक्षकता और उत्तराधिकार अधिनियमों में परिभाषित किया गया है कि हिन्दू के अर्थ में सिख, बौद्ध और जैन भी शामिल हैं। यही नहीं संविधान के अनुच्छेद 25 के स्पष्टीकरण दो में भी कहा गया है 'खण्ड दो के उपखण्ड (ख)' में हिन्दुओं के प्रति निर्देश का यह अर्थ लगाया जायेगा कि उसके अन्तर्गत सिख, जैन या बौद्ध धर्म के मानने वाले व्यक्तियों के प्रति निर्देश है और हिन्दुओं की धार्मिक संस्थाओं के प्रति निर्देश का अर्थ तद्नुसार लगाया जायेगा लेकिन अनुसूचित जाति आदेश 1950 के अनुसार हिन्दू या सिख धर्म के अलावा किसी अन्य धर्म को मानने वाला व्यक्ति अनुसूचित जाति का सदस्य नहीं माना जायेगा। आरक्षण का सवाल आते ही बौद्ध और जैन–हिन्दू धर्म से बाहर क्यों कर दिये गये? क्या सिर्फ़ इसलिए कि बौद्ध और जैन धर्म में जाति व्यवस्था नहीं है?

हिन्दू निजी क़ानूनों में हिन्दू (बौद्ध, सिख, जैन) द्वारा मुस्लिम, ईसाई या पारसी धर्म में जाने पर ही प्रतिबन्ध लगाया गया था। लेकिन अनुसूचित जाति आदेश, 1959 ने अनुसूचित जाति के हिन्दुओं या सिखों पर बौद्ध या जैन धर्म में जाने पर भी प्रतिबन्ध लगा दिया है और यह प्रतिबन्ध सिर्फ़ अनुसूचित जाति के ही हिन्दुओं और सिखों पर है–अन्य जाति के व्यक्तियों पर नहीं। आरक्षण चाहिए तो 'धर्म निरपेक्ष' संविधान की यह शर्त भी माननी ही पड़ेगी वरना तो हरिजनों और दलितों को बौद्ध या जैन बनने से रोकना नामुमकिन है। हिन्दू बहुमत के सामने यही 'धर्म संकट' रहा होगा। धर्म और जाति के आधार पर आरक्षण की राजनीति का यह आदेश निसन्देह धर्म की स्वतन्त्रता के मौलिक अधिकारों की हत्या करने के लिए रचाया गया चक्रव्यूह है। क्या यह बहुमत द्वारा अल्पमत के साथ 'साफ़–सुथरा' भीतरघात नहीं? भीतरघात नहीं करते तो सारे सत्ता समीकरण ही ना बिगड़ जाते। आरक्षण आदेश और अन्य निजी क़ानूनों के बीच, उत्पन्न अन्तर्विरोधों और विसंगतियों को आसानी से समझा जा सकता है।

उदाहरण के लिए अगर कोई अनुसूचित जाति की लड़की (हिन्दू या सिख) किसी बौद्ध या जैन युवक से विवाह करना चाहती है, तो हिन्दू विवाह अधिनियम, 1955 के अन्तर्गत विवाह कर सकती है। किसी प्रकार का कोई क़ानूनी प्रतिबन्ध नहीं है। लेकिन विवाह करने के बाद लड़की को अनुसूचित जाति के आधार पर आरक्षण की सुविधा या लाभ नहीं मिलेगा। हालाँकि यह सुविधा या लाभ उसे तब भी नहीं मिलेगा अगर वह किसी उच्च जाति के हिन्दू या सिख युवक से विवाह करे। मतलब यह कि आरक्षण की सुविधा चाहिए तो विवाह भी अपनी ही जाति या धर्म के व्यक्ति से करना होगी। हाँ! उच्चवर्ग या जाति की लड़की अगर किसी अनुसूचित जाति के युवक से विवाह करती है तो उसे आरक्षण का लाभ मिल भी सकता है और नहीं भी। बहुत ही विचित्र स्थिति है। सुप्रीम कोर्ट के अनुसार लाभ मिल सकता है, लेकिन दिल्ली उच्च न्यायालय के एक फ़ैसले के अनुसार नहीं।

एन.ई. होरो बनाम जहाँआरा जयपाल सिंह (ए.आई.आर. 1972 सुप्रीम कोर्ट 1840) में उच्च जाति की लड़की ने मुण्डा जनजाति के युवक से विवाह किया। उसे जनजाति के बड़े–बुज़ुर्गों द्वारा स्वीकार कर लिया गया। बाद में संसद की आरक्षित सीट खूँटी पर चुनाव लड़ने के लिए श्रीमती जहाँआरा जयपाल सिंह ने नामांकन पत्र भरा लेकिन चुनाव अधिकारी ने रद्द कर दिया। चुनाव अधिकारी के निर्णय को जहाँआरा ने चुनौती दी। जहाँआरा की अपील पर निर्णय देते हुए पटना उच्च न्यायालय ने चुनाव रद्द करार दिया। उच्च न्यायालय के निर्णय के ख़िलाफ़ की गयी अपील पर सर्वोच्च न्यायालय ने फ़ैसला देते हुए कहा कि विवाह के बाद महिला द्वारा पति की स्थिति (जातीय) प्राप्त कर ली गयी है। हालाँकि विवाह से पूर्व वह उच्च जाति की थी। जनजाति का सदस्य होने के लिए ज़रूरी नहीं है कि व्यक्ति वहाँ पैदा हुआ हो। विवाह के माध्यम से भी जनजाति का सदस्य बन सकता है। उच्च न्यायालय के फ़ैसले को सही मानते हुए, सर्वोच्च न्यायालय ने अपील ख़ारिज कर दी! लेकिन उर्मिला गिण्डा बनाम भारत सरकार (ए.आई.आर. 1975 दिल्ली 115) के मामले में दिल्ली उच्च न्यायालय ने सर्वोच्च न्यायालय द्वारा निर्धारित सिद्धान्त को मानने से इनकार कर दिया! यहाँ उच्च जाति की एक लड़की ने अनुसूचित जाति के युवक (चमार) के साथ विवाह किया। अनुवादक की नौकरी के लिए अनुसूचित जाति की उम्मीदवार के रूप में नियुक्त न करने के लिए, सरकारी तर्क यह था

कि अनुसूचित जाति के व्यक्ति से विवाह के आधार पर यह आरक्षित स्थान उसे नहीं दिया जा सकता। न्यायमूर्ति रंगा राजन ने फ़ैसला सुनाया, "मुझे ऐसा लगता है कि उच्च जाति की महिला की अनुसूचित जाति के लिए आरक्षित स्थान के लिए प्रतियोगी होने की अनुमति (सिर्फ़ इस आधार पर देना कि उसने अनुसूचित जाति के व्यक्ति से विवाह किया है) देने से राज्य द्वारा बनाये क़ानूनी प्रावधानों को ही पराजित करना हो सकता है। राज्य द्वारा यह प्रावधान सामाजिक और शैक्षणिक रूप से पिछड़े वर्ग के लिए बनाये गये हैं ताकि उनके लिए स्थान आरक्षित रखे जा सकें।

भारतीय परिप्रेक्ष्य में क्या अभी भी पत्नी का धर्म जाति, सामाजिक स्थिति, पति की जाति, धर्म और सामाजिक स्थिति पर निर्भर नहीं करती? यह मानना कि सिर्फ़ नौकरी के लिए ही उच्च जाति की लड़की ने अनुसूचित जाति के व्यक्ति से विवाह किया है–सर्वथा ग़लत है। अन्तरजातीय या अन्तर धार्मिक विवाह करना इतना आसान नहीं–बहुत हिम्मत और हौसला चाहिए। ऐसे विवाहों का आधार केवल नौकरियों में आरक्षण पाना ही नहीं होता। सामाजिक यथार्थ से आँख मूँदकर देखने से तो संकीर्ण न्यायिक दृष्टिकोण ही सामने आयेगा। इस विवाह से परिणाम स्वरूप हुए बच्चों के बारे में भी क्या इसी तरह के तर्क दिये जा सकते हैं? खैर, दूसरी स्थिति यह भी हो सकती है कि अनुसूचित जाति की लड़की और बौद्ध या जैन धर्म का लड़का, हिन्दू विवाह अधिनियम, 1955 के बजाय, विशेष विवाह अधिनियम, 1954 के अन्तर्गत भी विवाह कर सकते हैं। बिना अपना–अपना धर्म बदले। विशेष विवाह अधिनियम के अनुसार हिन्दू, सिख, बौद्ध, जैन आपस में विवाह कर सकते हैं और धर्मान्तरण वाला प्रतिबन्ध भी लागू नहीं होगा। सवाल यह है कि क्या ऐसे में अनुसूचित जाति की लड़की या लड़के को आरक्षण का लाभ मिल सकता है? इस सन्दर्भ में कोई नज़ीर, अभी तक मेरी नज़र में नहीं आयी। लेकिन मेरा विचार है कि अगर विशेष विवाह अधिनियम के अन्तर्गत विवाह करें तो अनुसूचित जाति के लड़के या लड़की को आरक्षण के लाभ से वंचित नहीं किया जाना चाहिए। अगर मौजूदा 'क़ानूनी चक्रव्यूह' को पूर्ण रूप से तोड़ना कठिन है तो ज़ाहिर है कि सामाजिक–आर्थिक महत्त्वाकांक्षाएँ वैधानिक 'लूप होल्स' का लाभदायक रास्ता चुनने को विवश होंगी या हो रही हैं। वैधानिक या संवैधानिक प्रतिबन्धों से, सामाजिक संकल्पों को आखिर कब तक दबाया या कुचला जा सकता है? सत्ता के हर नये षड्यन्त्र के साथ–साथ, सामाजिक समीकरण भी

बदलते हैं और प्रतिरोध की रणनीति भी। आरक्षण के बाद पुनः धर्मान्तरण के तथ्य इसका प्रमाण हैं।

इसी सन्दर्भ में दत्तकता (doption) सम्बन्धी विवाद पर दो निर्णय उल्लेखनीय हैं। पहला–शान्ता कुमार बनाम मैसूर राज्य (1971(1) (मैसूर लॉ जनरल 21) जिसमें अपीलार्थी को 16 वर्ष की उम्र में पिता ने अपने ही सम्बन्धी को गोद दे दिया था। सम्बन्धी सामाजिक और आर्थिक रूप से कमज़ोर वर्ग का है। आरक्षण के सवाल पर मैसूर उच्च न्यायालय का मानना था कि आरक्षण के लिये गोद लेने वाले पिता की आमदनी या व्यवसाय को आधार मानना उचित नहीं। लेकिन दूसरे मामले–खजानसिंह बनाम भारत सरकार (ए.आई.आर. 1980 दिल्ली 50) में दिल्ली उच्च न्यायालय का कहना है कि खजानसिंह ने दत्तकता द्वारा अनुसूचित जाति की सदस्यता प्राप्त की है। उसके प्रमाण पत्र को रद्द नहीं किया जा सकता हालाँकि उसने क़ानूनी 'लूप होल' का फ़ायदा उठाया है और अनुसूचित जाति के व्यक्ति के यहाँ गोद जाकर थोड़ी 'कॅरियर प्लानिंग' की है। जाति परिवर्तन के पीछे नीयत के प्रश्न व्यर्थ हैं। माननीय न्यायमूर्ति ने अपने निर्णय में लिखा है, "वर्तमान भारतीय समाज में उच्च जाति के व्यक्ति द्वारा अनुसूचित जाति के व्यक्ति के यहाँ गोद जाने का फ़ैसला लेने के लिए भी साहस और बुद्धिमता की आवश्यकता है, भले ही उसने नौकरी पाने के लिए ऐसा किया हो। विद्वान न्यायाधीश ने अन्तराज्यीय विवाह और दत्तकता को प्रोत्साहित करती अनेक सरकारी योजनाओं का हवाला देते हुए यह मानने से साफ़ इनकार किया कि "हरिजन हमेशा हरिजन रहेंगे। सामाजिक समानता और संवैधानिक उद्देश्यों की पूर्ति के लिए अन्तरजातीय और अन्तरधार्मिक विवाह वग़ैरह अनिवार्य हैं।" धार्मिक प्रश्नों पर न्यायपालिका के निर्णय बेहद पेचीदा और अन्तर्विरोधी ही हैं!

निजी क़ानूनों से लेकर आरक्षण तक के सन्दर्भ में वैधानिक या संवैधानिक प्रावधानों में धर्मान्तरण पर प्रतिबन्ध लगाने के पीछे सुविचारित, सुनियोजित और दूरगामी सामाजिक–आर्थिक और धार्मिक ही नहीं, राजनीतिक उद्देश्य भी रहे हैं। सत्ताधारी वर्ग में उच्च वर्ग की उच्च जातियों का बहुमत रहा है और यह बहुमत मूलरूप से कट्टर यथास्थितिवादी हिन्दू नेताओं का है। धर्म के सवाल पर संसद में हुए वाद–विवाद, संवाद और बहस के दौरान, हिन्दू धर्म की रक्षा में दिये गये नेताओं के बयानों या भाषणों को पढ़कर समझा जा सकता है कि असली मुद्दा क्या है?

हिन्दू धर्म के नाम पर अधिकांश राजनीतिक दलों की स्थिति ठीक वैसी ही है, जैसी महिला आरक्षण के प्रश्न पर रही है। यही नहीं, 1968 में मध्य प्रदेश और उड़ीसा ने बलपूर्वक धर्मान्तरण रोकने के लिए क़ानून भी बनाये। मध्य प्रदेश उच्च न्यायालय ने इस क़ानून को संवैधानिक ठहराया लेकिन उड़ीसा उच्च न्यायालय ने नहीं। सर्वोच्च न्यायालय ने उड़ीसा प्रदेश उच्च न्यायालय के फ़ैसले को सही मानते हुए मध्य प्रदेश उच्च न्यायालय का निर्णय रद्द कर दिया। सर्वोच्च न्यायालय के फ़ैसले का मुख्य आधार यह था कि राज्य सरकार ऐसा अधिनियम नहीं बना सकती, लेकिन इसके साथ ही यह भी स्थापना दी कि 'प्रचार' करने के अर्थ में धर्मान्तरण का अधिकार शामिल नहीं है। संविधान विशेषज्ञ, सर्वोच्च न्यायालय के इस फ़ैसले को पूर्णतया ग़लत और अनुचित मानते हैं। लेकिन सही या ग़लत, सर्वोच्च का फ़ैसला है, मानना ही पड़ेगा। हालाँकि ऐसा कोई क़ानून नहीं हो सकता, जो किसी भी व्यक्ति को धर्मान्तरण से रोक सके। और अगर धर्मान्तरण रोकने के लिए, कोई ऐसा क़ानून बनाया जा सकता है, जो संविधान सम्मत हो तो संसद को कौन रोक सकता है?

संविधान की सीमाओं में क़ानून (सही–ग़लत) बनते रहे हैं और शायद भविष्य में भी बनते रहेंगे। सही या ग़लत होने पर संसद और समाज से लेकर सर्वोच्च न्यायालय तक 'बहस' हो सकती है। परन्तु धर्मान्तरण या बल–छलपूर्वक धर्मान्तरण को रोकने के लिए हत्या और हिंसा की साम्प्रदायिक राजनीति के मौजूदा माहौल में 'उदारवादी मुखौटों' के साथ कोई बहस नहीं हो सकती। आतंक और धार्मिक उन्माद का एक रास्ता हत्या तक जाता है और दूसरा आत्महत्या तक। हत्याएँ बहुत हो चुकीं... अब यह समय राष्ट्रीय बहस का नहीं, चिन्ता का है। उड़ीसा में ज़िन्दा जलाकर मारे गये ईसाई मिशनरी की विधवा ने कहा था, "हत्यारों को माफ़ी दे दो।" मगर क्या 'हत्यारों' को राष्ट्र कभी क्षमा कर पायेगा?

(मूल प्रश्न, जुलाई–सितम्बर, 1998 से साभार)

अध्याय–24

राज्य के नीति निदेशक तत्त्व

–वेददान सुधीर

संविधान के चौथे भाग में वर्णित नीति निदेशक तत्त्व मौलिक अधिकारों की तरह भारत की लोकतान्त्रिक व्यवस्था के महत्त्वपूर्ण उपबन्ध कहे जा सकते हैं। यह अध्याय इस दृष्टि से महत्त्वपूर्ण है कि अनुच्छेद 37 से 51 में उल्लेखित सिद्धान्त आने वाली पीढ़ी के लिए आर्थिक और सामाजिक न्याय पर आधारित सामाजिक संरचना की संकल्पना और संकल्प प्रस्तुत करते हैं। मौलिक अधिकारों के अध्याय में संविधायकों ने सामाजिक और आर्थिक न्याय के महत्त्वपूर्ण और आवश्यक प्रसंग की अवहेलना दर्शायी थी। उसकी परिपूर्ति कुछ सीमा तक हम इस अध्याय में देख सकते हैं। इस अध्याय की महत्ता, औचित्य और पृष्ठभूमि को समझने की दृष्टि से संविधान की प्रस्तावना तथा मौलिक अधिकार को इनके साथ जोड़ कर देखना चाहिए, इसलिए कि ये एक ही श्रृंखला की कड़ियाँ हैं और भारत की राजनीतिक व्यवस्था के आदर्शों, उद्देश्यों और इसके अन्तर्निहित दर्शन को प्रतिबिम्बित करते हैं। संविधान सभा में इन सिद्धान्तों को सन्निहित किये जाने की कड़ी आलोचना की गयी है। इसके उपरान्त भी संविधान सभा ने इन्हें संविधान में स्थान प्रदान किया। इसके औचित्य एवं उद्देश्यों को समझने की दृष्टि से संविधान के 42वें संशोधन के पश्चात प्रस्तावना इस प्रकार है :

> "हम भारत के लोग, भारत को एक सम्पूर्ण प्रभुत्व सम्पन्न समाजवादी धर्मनिरपेक्ष, लोकतन्त्रात्मक गणराज्य बनाने के लिए तथा उनके समस्त नागरिकों को सामाजिक, आर्थिक एवं राजनीतिक न्याय, विचार, अभिव्यक्ति, विश्वास, धर्म और

उपासना की स्वतन्त्रता, प्रतिष्ठा एवं अवसर की समानता प्राप्त कराने के लिए तथा उन सब में व्यक्ति की गरिमा और राष्ट्र की एकता और अखण्डता सुनिश्चित करने वाली बन्धुता बढ़ाने के लिए दृढ़ संकल्प होकर अपनी इस संविधान सभा में आज तारीख 26 नवम्बर, 1949 (मिति मार्ग शीर्ष शुक्ल सप्तमी, सम्वत दो हज़ार छह विक्रमी) को एतद् द्वारा इस संविधान को अंगीकृत, अधिनियमित और आत्मार्पित करते हैं।''

प्रस्तावना को हम संविधान की आत्मा और संविधायकों को चिन्तन का प्रतिबिम्ब कह सकते हैं। अस्पष्टता या दुविधा की स्थिति में प्रस्तावना न्यायविदों का पथ प्रदर्शन कर सकती है। मौलिक अधिकार जहाँ विचारों की अभिव्यक्ति, विश्वास, धर्म और उपासना के समान अवसर प्रदान करने का मार्ग प्रशस्त करते हैं, वहीं नीति निदेशक तत्त्व सामाजिक व आर्थिक न्याय को व्यक्त करने का माध्यम हैं। भारत के संविधान के लेखक डॉ. पायली का यह कथन समसामयिक है :

''नीति निदेशक तत्त्व आधुनिक संवैधानिक प्रणाली की एक नवीन विशेषता है, जिनकी प्रेरणा हमें आयरिश संविधान से मिली है। ये सिद्धान्त प्रजातन्त्रात्मक व्यवस्था की आधारशिला हैं। भारत सरकार जब इन्हें कार्यरूप में परिणित कर चुकेगी, तब भारत सही अर्थों में कल्याणकारी राज्य होने का दावा कर सकेगा।''[1]

इस अध्याय से अभिभूत होकर ग्रेवलिन ऑस्टिन ने अपनी सर्वाधिक लोकप्रिय पुस्तक *इंडियन कॉन्स्टीट्यूशन : द कॉर्नर स्टोन ऑफ़ नेशन* में इनकी महत्ता पर इस प्रकार प्रकाश डाला गया है कि :

''नीति निदेशक तत्त्व आर्थिक स्वतन्त्रता की घोषणा, औपनिवेशिक युग का अन्त और नये युग का सूत्रपात करते हैं। इसका अर्थ यह भी है कि अब इस देश की राजनीतिक और आर्थिक सत्ता पर जनतन्त्रीय माध्यम से भारतीय जन का अधिकार है और ब्रिटेनी साम्राज्य उत्तराधिकारी भारतीय पूँजीवादी नहीं हो सकेंगे।''[2]

ग्रेवलिन ऑस्टिन का यह कथन अतिशयोक्ति पूर्ण हो सकता है और इस विश्लेषण से वामपन्थी चिन्तक सहमत भी नहीं होंगे, क्योंकि स्वतन्त्रता

के छह दशक पश्चात भी अर्थ सत्ता और राजसत्ता पर सही अर्थों में सामान्यजन का अधिकार है, यह बात गारंटी से नहीं की जा सकती। लेकिन राष्ट्रीय स्वतन्त्रता के अर्थ और अभिप्राय से देश का तत्कालीन नेतृत्व अनभिज्ञ नहीं था। उन्होंने राष्ट्रीय स्वतन्त्रता के प्रसंग को व्यापक परिप्रेक्ष्य में देखा था। इसलिए औपनिवेशिक इंग्लैंड के शिकंजे से मुक्ति प्राप्त करने का अर्थ वस्तुतः राजनीतिक स्वतन्त्रता तक ही सीमित नहीं था। राष्ट्रीय कांग्रेस के दिग्गज नेताओं के वक्तव्य, सत्ता पर क़ाबिज़ कांग्रेस पार्टी द्वारा समय–समय पर पारित प्रस्ताव तथा संविधान सभा में हुई बहस से इस बात की पुष्टि होती है। इन सब स्रोतों से पता चलता है कि तत्कालीन राजनीतिक अभिजन इस बात से भली–भाँति परिचित था कि आर्थिक समानता के अभाव में राजनीतिक समानता अर्थहीन है। आर्थिक सुरक्षा प्रदान किये बिना नागरिक स्वतन्त्रता कोरी कल्पना एवं अव्यावहारिक है। किसी वाद अथवा विचारधारा से अलग संविधान सभा के कतिपय सदस्य इस बात पर सहमत थे कि राज्य की उपयोगिता जनकल्याण पर निर्भर करती है। उसके अस्तित्व का आकलन इस बात पर निर्भर करता है कि वह किस सीमा तक जन–उपयोगी कार्य सम्पन्न करता है।[3]

भारत के संविधायक नागरिकों के प्रति एक उत्तरदायी और कर्तव्यपरायण राज्य की स्थापना करना चाहते थे, जिसके माध्यम से सामाजिक–आर्थिक परिवर्तन का मार्ग प्रशस्त हो। नीति निदेशक तत्त्वों जैसी व्यवस्था को संविधान में समाहित करने के पीछे दृष्टि यही थी कि एक सामन्ती और न्यस्त हितों पर आधारित सामाजिक व्यवस्था को समाप्त कर सामाजिक–आर्थिक न्याय पर अवलम्बित नये समाज का निर्माण किया जाये। यथास्थिति को तोड़ कर एक शोषणरहित समाजवादी समाज की स्थापना हो। आर्थिक और सामाजिक न्याय के पक्षधर श्री जवाहरलाल नेहरू ने भारत की स्वतन्त्रता के प्रसंग को इसी नज़रिये से देखा था। उन्हीं के शब्दों में :

"भारत की स्वतन्त्रता का मूल ध्येय यहाँ के जनसाधारण और मध्यम वर्ग को शोषण की बेड़ियों से मुक्त कराना है। स्वतन्त्रता की सार्थकता भी इसी में है कि हम उन्हें इस बोझ से किस सीमा तक मुक्त कर सकते हैं। जैसा कि हम सब जानते हैं, शोषण के पीछे विदेशी शासन और स्थानीय विशिष्ट हितों का प्रमुख हाथ है। विशिष्ट हितों के इस दुष्चक्र को तोड़ना ही, जैसा कि गाँधी जी ने कहा है, "स्वतन्त्रता का मुख्य ध्येय है,

विदेशी हुकूमत से सत्ता प्राप्त करने के पश्चात भी अगर हम इन न्यस्त हितों को यथावत क़ायम रखते हैं, तो वह स्वतन्त्रता तो क्या उसकी परछाईं तक होने का दावा भी नहीं कर सकती।"[4]

मूल प्रश्न पर पं. नेहरू ने कहा कि "भारत तथा समस्त विश्व के समक्ष मुख्य बात राजनीतिक, सामाजिक और आर्थिक परिवर्तन की है। इस दृष्टिकोण को अपना कर भारत को विकास की ओर अग्रसर किया जा सकता है तथा जनसामान्य की दयनीय स्थिति से छुटकारा सम्भव है।"[5]

नीति निदेशक तत्त्वों के अध्याय को यदि हम इस मानस–चिन्तन के परिप्रेक्ष्य में देखें तो प्रतीत होता है कि संविधायक इस देश में एक न्यायपूर्ण समतावादी समाज की स्थापना के लिए प्रतिबद्ध थे। संविधान के अनुच्छेद 38 में हम उनकी आकांक्षा की अभिव्यक्ति देख सकते हैं। इस अनुच्छेद में यह कहा गया है कि "राज्य ऐसी सामाजिक व्यवस्था की स्थापना करे, जिसमें सामाजिक, आर्थिक और राजनीतिक न्याय राष्ट्रीय जीवन की सभी संस्थाओं को अनुप्राणित करे।"

डॉ. आम्बेडकर ने इन अनुच्छेदों में निहित आकांक्षाओं, उद्देश्यों तथा अपेक्षित सामाजिक परिवर्तन के माध्यम पर संविधान सभा में जो कहा, उसे उद्धृत करना समीचीन होगा। चौथे अध्याय के अभिप्राय पर उन्होंने कहा :

> "एक ओर हमने राजनीतिक प्रजातन्त्र की स्थापना की है। हमारी अभिलाषा है कि हम आर्थिक जनतन्त्र का आदर्श रख कर कार्य करें। हम केवल सत्ता प्राप्त करने का यन्त्र विन्यास बनाने तक ही सीमित नहीं रह सकते। संविधान के माध्यम से सरकार के समक्ष आदर्श प्रस्तुत करना चाहते हैं। आर्थिक जनतन्त्र स्थापित करने के कई मार्ग हैं। कुछ लोग व्यक्तिवाद को बेहतर तरीक़ा मानते हैं, तो दूसरे समाजवादी राज्य को सर्वोत्तम मानते हैं। हमने जान–बूझकर किसी प्रचलित शब्दावली का प्रयोग नहीं किया है। संविधान बनाने के पीछे हमारे दो मुख्य उद्देश्य हैं–पहला, राजनीतिक जनतन्त्र का आधार तैयार करना और दूसरा, आर्थिक जनतन्त्र के लक्ष्य निश्चित करना। सत्तासीन सरकार का यह कर्तव्य होगा कि इस आदर्श को प्राप्त करे।"[6]

भारतीय संविधान में नीति निदेशक तत्त्व सिद्धान्तों के विस्तृत उल्लेख की पृष्ठभूमि में कई कारक देखे जा सकते हैं। पहला तो यह कि प्रथम युद्ध के बाद संवैधानिक जगत में आये गुणात्मक परिवर्तन जिसके परिणामस्वरूप राज्य की बढ़ती हुई भूमिका का है। बीसवीं शताब्दी के चौथे दशक में निर्मित संविधान के निर्माता इस तथ्य को अनदेखा नहीं कर सकते थे। दूसरा, अमेरिका तथा यूरोप में सामाजिक और आर्थिक क्षेत्र में राज्य की बढ़ती सकारात्मक भूमिका ने संविधायकों को इस ओर सोचने के लिए प्रेरित किया। उन्होंने यह अनुभव किया कि जर्मनी तथा पूर्वी यूरोप का राजनीति परिदृश्य त्वरित गति से बदल रहा है और विश्व में शासन व्यवस्था से बिल्कुल भिन्न उत्तरदायी और सर्वव्यापी राजव्यवस्था उभरती दिखायी दे रही है। उन्होंने इस तथ्य को स्वीकार किया कि बीसवीं शताब्दी के उत्तरार्द्ध में कोई भी राजव्यवस्था सामाजिक, आर्थिक, जनस्वास्थ्य और शिक्षा जैसे पहलुओं पर तटस्थ अथवा भगवान भरोसे का दृष्टिकोण अपना कर जीवित नहीं रह सकती। उसका धराशायी होना अवश्यम्भावी है।

नीति निदेशक सिद्धान्तों के संविधान में प्रक्षेपण के पीछे यूरोप में प्रचलित विभिन्न विचारधाराओं का भी प्रभाव हम देख सकते हैं, जिनसे संविधायकों का प्रभुत्व गुट किसी–न–किसी रूप में प्रभावित था। बेन्थम की उपयोगितावाद, उदारवाद और फैबियन समाजवाद की विचारधाराएँ उल्लेखनीय हैं। कतिपय सदस्य मार्क्सवाद के प्रति भी आकर्षित थे। मार्क्स द्वारा मानव इतिहास की भौतिकवादी व्याख्या की समाज के अन्तःस्थल में विद्यमान शोषण, असमानता, ग़रीबी, साम्राज्यवाद की तह में स्थित कारणों के वैज्ञानिक विश्लेषण में तत्कालीन राजनीतिक अभिजन और स्वप्न दृष्टाओं के स्नायुतन्त्र को झकझोरने में काफ़ी प्रभावी भूमिका रही है। सामाजिक और आर्थिक परिवर्तन की दिशा में नये तरह की सोच और उसी परिप्रेक्ष्य में राजव्यवस्था का निर्माण ऐसे रुझान की अभिव्यक्ति देता है। वैचारिक स्तर पर भारतीय अभिजन का अक्तूबर क्रान्ति के प्रति रुझान का अर्थ यह नहीं लिया जाना चाहिए कि वह सोवियत समाजवादी रूस में स्थापित सर्वहारा वर्ग की तानाशाही का भी समर्थक था। इसके पीछे कई कारण थे। इस प्रसंग में इतना कहना ही पर्याप्त होगा कि भारत की प्रभावशाली अखिल भारतीय कांग्रेस, जिसे सत्ता हस्तान्तरित हुई, ने अपने वर्ग चरित्र, स्वभाव तथा पारम्परिक सांस्कृतिक सोच के कारण उस व्यवस्था को पसन्द नहीं किया। उन्हें पश्चिम की उदारवादी लोकतन्त्रीय सिद्धान्त पर आधारित व्यवस्था अधिक आकर्षक एवं भारतीय सन्दर्भ में प्रासंगिक लगी।

मौलिक अधिकार, संविधान की प्रस्तावना और चौथे अध्याय में वर्णित नीति निदेशक तत्त्वों के प्रावधानों पर दृष्टि डाल कर देखें तो हमें इन विचारधाराओं की स्पष्ट छाप दिखायी देती है। सर आइवर जेनिंग्स ने भारतीय संविधान के इन प्रावधानों पर जो व्यंग्य किया, वह अतिशयोक्तिपूर्ण अवश्य है, परन्तु इनके पीछे विभिन्न विचारों की प्रतिछाया को उजागर किया है। उनका कहना है कि भारतीय संविधान का यह भाग फेबियन समाजवाद की स्थापना करता है, जबकि समाजवाद शब्द नदारद है। भारतीय संविधान के अध्येता इस बात पर एकमत हैं कि संविधान सभा के प्रभावशाली सदस्यों का रुझान फेबियन समाजवादी व्यवस्था की ओर अधिक था। इसलिए हम सामाजिक और आर्थिक न्याय प्रदान करने की अभिलाषा के पीछे समाजवादी विचारधारा का प्रभाव देख सकते हैं। चौथे अध्याय में वर्णित कतिपय उपबन्ध गाँधीवादी विचारधारा से प्रभावित लगते हैं। जैसा कि पूर्व में वर्णित किया जा चुका है कि महात्मा गाँधी भारतीय स्वतन्त्रता आन्दोलन की जानी–मानी हस्ती और पुरोधा व्यक्ति हैं, जिन्हें कांग्रेस का अभिजन न तो पूर्णरूप से आत्मसात कर सका और न उनकी अनदेखी कर सकता था। संक्षेप में यदि कहें तो यह कहना कदाचित ग़लत नहीं होगा कि कुटीर उद्योग, ग्राम पंचायतों की स्थापना, मद्य निषेध, गोरक्षा तथा अन्तर्राष्ट्रीय क्षेत्र में शान्ति के प्रावधानों को सन्निहित कर संविधायकों ने गाँधीवादी तबक़े को आश्वस्त करने का प्रयास किया था। इस समूचे प्रसंग पर यदि हम विचार कर देखें तो ज्ञात होता है कि संविधान निर्माताओं ने किसी एक ही विचारधारा अथवा मार्ग का अनुकरण न कर विभिन्न विचारधाराओं को समाहित करने का प्रयत्न किया है। दूसरे शब्दों में, अपने समय और परिस्थितियों की माँग को देखते हुए कतिपय दिशा–निर्देशों को इस अध्याय में सम्मिलित किया है।

चौथे अध्याय के प्रभावी कारकों में सन् 1935 के अधिनियम में वर्णित दिशा–निर्देश का उल्लेख भी प्रासंगिक है, जिसके कारण इन निर्देशों को नये रूप में वर्णित करने की प्रेरणा प्रदान की। इस दृष्टि से हम यह कह सकते हैं कि नीति निदेशक तत्त्वों का यह अध्याय संविधायकों का मौलिक विचार नहीं है। अन्तर केवल यह है कि जहाँ 1935 के अधिनियम में वर्णित दिशा–निर्देशों का लक्ष्य ब्रिटिश शासन के पाँवों को सुदृढ़ करना था, जबकि इन नीति निदेशक तत्त्वों का ध्येय जनतन्त्रीय माध्यम से सामाजिक–आर्थिक परिवर्तन का मार्ग प्रशस्त करना है। प्रारूप समिति के अध्यक्ष डॉ. आम्बेडकर ने इस पहलू पर कहा था कि :

"ये नीति निदेशक तत्त्व सन् 1935 के अधिनियम के अन्तर्गत गर्वनर जनरल और गर्वनरों को दिये गये निर्देशों के समान ही हैं। वास्तव में ये निदेशक तत्त्व सन् 1935 के अनुदेश पत्रों का दूसरा नाम है। अन्तर केवल यह है कि उस अधिनियम में गर्वनर जनरल तथा गर्वनरों को निर्देश दिये गये थे, जबकि इस संविधान में कार्यपालिका और व्यवस्थापिका को निर्देश दिये गये हैं। शासन की बागडोर जिसके हाथ में होगी, वह मनचाही नहीं कर सकेगा।"[7]

संविधान में वर्णित प्रावधान

नीति निदेशक तत्त्वों का वर्णन संविधान के अनुच्छेद 36 से 51 में किया गया है। इसके अन्तर्गत सामाजिक, आर्थिक, शैक्षणिक तथा अन्तर्राष्ट्रीय क्षेत्र के अनेक पहलुओं को समाहित किया गया है।

अनुच्छेद 38 के अनुसार, "राज्य जन–कल्याण के संवर्द्धन हेतु ऐसी सामाजिक व्यवस्था की स्थापना करने का प्रयत्न करेगा जो सामाजिक, आर्थिक एवं राजनीतिक न्याय, राष्ट्रीय जीवन की सभी संस्थाओं को अनुप्रणित करे।" राज्य विशेषकर अपनी नीति का संचालन इस प्रकार करेगा कि :

(क) देश के सभी नागरिकों को जीविकोपार्जन के समुचित साधन प्राप्त करने का अवसर मिले

(ख) समुदाय की भौतिक सम्पदा के स्वामित्व और नियन्त्रण इस प्रकार बँटे हों जिससे सामूहिक हित की सर्वोत्तम रूप से प्राप्ति हो सके

(ग) आर्थिक व्यवस्था इस प्रकार संचालित हो कि धन और उत्पादन के साधनों का ऐसा केन्द्रीकरण न हो कि सर्वसाधारण के हितों के प्रतिकूल हो

(घ) स्त्री और पुरुष दोनों ही को समान कार्य के लिए समान वेतन मिले

(ड.) श्रमिक पुरुषों और स्त्रियों के स्वास्थ्य और शक्ति तथा सुकुमार अवस्था का दुरुपयोग न होने दे। हम यहाँ इन्हीं प्रावधानों का संक्षेप में ब्योरा प्रस्तुत कर रहे हैं :

1. शैशवावस्या और युवावस्था को शोषण तथा अनैतिक कार्यों से संरक्षण हो। संविधान के 42वें संशोधन द्वारा इसे इस रूप में

लिखा गया है–बच्चों को नैतिक एवं भौतिक बन्धनों व शोषण के विरुद्ध सुरक्षा प्रदान की जायेगी। अनुच्छेद 39ए में जो नया अनुच्छेद जोड़ा गया है, उसमें यह उल्लेख किया गया है कि 'राज्य इस बात का ध्यान रखेगा कि क़ानून व्यवस्था समान अवसर के आधार पर इस प्रकार कार्य करे जिससे न्याय में वृद्धि हो। राज्य ऐसी व्यवस्था करेगा जिसमें मुफ्त क़ानूनी सहायता प्राप्त हो, ताकि अर्थाभाव अथवा अन्य किसी आधार पर कोई नागरिक न्याय से वंचित न रह जाये।"

2. राज्य ग्राम पंचायतों का संगठन करेगा और उन्हें स्वायत्त शासन की इकाई के रूप में कार्य करने के लिए समुचित अधिकार प्रदान करेगा (अनुच्छेद 40)।
3. राज्य अपनी आर्थिक सामर्थ्य और विकास की सीमाओं के भीतर नागरिक को काम पाने तथा शिक्षा का अधिकार देगा। बेकारी, बीमारी, बुढ़ापा और विकलांगता की दशा में सार्वजनिक सहायता प्राप्त करने के अधिकार की सुविधाएँ उपलब्ध कराने का प्रयत्न करेगा (अनुच्छेद 41)।
4. राज्य काम करने के लिए बेहतर परिस्थितियों और प्रसूति के समय सहायता का प्रबन्ध करेगा (अनुच्छेद 42)।
5. नागरिकों के लिए रोज़गार, जीवन निर्वाह, सभी जीवन स्तर और सामाजिक–सांस्कृतिक विकास के सुअवसर प्रदान करेगा तथा विशेषतया कुटीर उद्योग को प्रोत्साहन देगा (अनुच्छेद 43)।
6. राज्य किसी उद्योग से जुड़े हुए लोगों को उसके प्रबन्ध में साझेदार बनाने के लिए समुचित क़ानून अथवा अन्य तरीक़ों से प्रयास करेगा (अनुच्छेद 43ए)।
7. भारत के समस्त राज्य क्षेत्र में नागरिकों के लिए राज्य एक समान व्यवहार संहिता निर्माण करने का प्रयत्न करेगा (अनुच्छेद 44)।
8. संविधान लागू होने के दस वर्ष के भीतर राज्य चौदह वर्ष की आयु के बालकों को अनिवार्य एवं निःशुल्क शिक्षा देने की व्यवस्था करेगा (अनुच्छेद 45)।
9. राज्य कमज़ोर वर्ग के लोगों, विशेषकर अनुसूचित जातियों एवं अनुसूचित जनजातियों की शिक्षा तथा आर्थिक हितों का संवर्द्धन करेगा (अनुच्छेद 46)।

10. राज्य अपने नागरिक के लिए जन स्वास्थ्य में सुधार के प्रयत्न करेगा तथा मादक द्रव्य एवं हानिकारक औषधियों पर प्रतिबन्ध लगायेगा (अनुच्छेद 47)।
11. राज्य कृषि एवं पशुपालन को आधुनिक ढंग से संगठित करेगा। पशुओं की नस्ल सुधार के प्रयत्न करेगा।
12. राज्य वनों तथा वन्य जीवों की सुरक्षा की व्यवस्था के प्रयत्न करेगा (अनुच्छेद 48)।
13. राज्य राष्ट्रीय और ऐतिहासिक महत्त्व वाले स्मारकों और स्थानों की सुरक्षा करेगा (अनुच्छेद 49)।
14. राज्य न्यायपालिका को कार्यपालिका से अलग करने के लिए क़दम उठायेगा (अनुच्छेद 50)।
15. राज्य अन्तर्राष्ट्रीय शान्ति और सुरक्षा को बढ़ावा देगा। राष्ट्रों के बीच न्याय एवं सम्मानपूर्वक सम्बन्धों को बनाये रखने का प्रयास करेगा। अन्तर्राष्ट्रीय क़ानून तथा सन्धियों का सम्मान बढ़ाने और आपसी झगड़ों को पंच फ़ैसले द्वारा निपटाने की रीति को बढ़ावा देगा (अनुच्छेद 51)।

मौलिक अधिकार और निदेशक तत्त्वों में अन्तर

मौलिक अधिकार और नीति निदेशक तत्त्वों में जो अन्तर विद्यमान है, वह प्रारम्भ से ही आलोचना का विषय रहा है। नीति निदेशक तत्त्व सामाजिक और आर्थिक परिवर्तन के लक्ष्य की दृष्टि से भले ही महत्त्वपूर्ण क्यों न हों, विधि की दृष्टि से निदेशक तत्त्व वाद योग्य नहीं हैं। चौथे अध्याय में वर्णित इन नीति सम्बन्धी सिद्धान्तों की यह संवैधानिक स्थिति दोनों के बीच ज़मीन–आसमान का अन्तर कर देती है। संविधान के अनुच्छेद 32 के अनुसार मौलिक अधिकार वाद–योग्य बना दिये गये हैं। वहीं दूसरी ओर, अनुच्छेद 37 के अन्तर्गत नीति निदेशक तत्त्व अवाद योग्य करार दिये गये हैं। अनुच्छेद 37 में स्पष्ट लिखा गया है कि इस अध्याय में वर्णित प्रावधान वाद–योग्य नहीं होंगे, हालाँकि ये निदेशक तत्त्व शासन के मूल आधार और विधि निर्माण करते समय राज्य का मार्गदर्शन करेंगे। संविधान के ये दोनों प्रावधान (अनुच्छेद 32 और 37) तीसरे और चौथे अध्याय के अन्तर को रेखांकित कर देते हैं। इस स्थिति में यदि यह कहें कि नीति निदेशक तत्त्वों का भूमीकरण शासकों की इच्छा, कृपा पर छोड़ दिया गया है, तो असंगत नहीं होगा।

दूसरा बिन्दु दोनों अध्यायों में वर्णित अनुच्छेदों की वरीयता का है। क़ानूनी स्थिति पर दृष्टिपात करें तो प्रतीत होता है कि मौलिक अधिकार निश्चय ही नीति निदेशक तत्त्वों की तुलना में वरीयता ग्रहण किये हुए हैं। संविधान में वर्णित इन प्रावधानों को न्यायविदों, संविधान शास्त्रियों और राजनीतिज्ञों ने अपने–अपने दृष्टिकोण से व्याख्यायित किया है। कतिपय न्यायविदों का स्पष्ट मत रहा है कि नीति निदेशक तत्त्वों को मौलिक अधिकारों की तुलना में वरीयता नहीं दी जा सकती। उनका कहना है कि ऐसा करना संविधान सम्मत नहीं होगा। दूसरा, दृष्टिकोण उन न्यायविदों का है जिन्होंने कतिपय मामलों में अपने निर्णय में नीति निदेशक तत्त्वों को महत्त्व प्रदान किया है। तीसरा, समन्वयकारी दृष्टिकोण है जिसमें क़ानून वेत्ता और न्यायविदों ने नीति निदेशक तत्त्वों को मौलिक अधिकारों की तरह शासन का आधार मानते हुए अपने निर्णयों में समन्वय स्थापित करने का प्रयत्न किया है। पहली श्रेणी के अन्तर्गत जिसमें कि मौलिक अधिकारों को वरीयता प्रदान की गयी है, उनमें हम 'चम्पायकम दोराईराजन बनाम मद्रास राज्य', 'एच.एम. कुरेशी बनाम बिहार राज्य' तथा 'केरल शिक्षा अधिनियम' को ले सकते हैं। 'चम्पायकम दोराईराजन बनाम मद्रास राज्य' के मामले में न्यायाधीश एस.आर. दास ने निर्णय दिया था कि :

> ''संविधान की धारा 37 के अनुसार नीति निदेशक तत्त्व स्पष्टतः वाद–योग्य नहीं हैं। अतः तीसरे अध्याय में वर्णित मौलिक अधिकारों की तुलना में ये नीति निदेशक तत्त्व सर्वोपरि स्थान नहीं ले सकते, क्योंकि इन मूलभूत अधिकारों को अनुच्छेद 32 के अनुसार याचिका, परमादेश आदि के रूप में वाद–योग्य माना गया है। मौलिक अधिकारों का अध्याय एक पवित्र अध्याय है और उसे इस अध्याय में वर्णित परिसीमाओं के अतिरिक्त व्यवस्थापिका तथा कार्यपालिका हनन नहीं कर सकती। राज्य के नीति निदेशक तत्त्वों को इसी के अनुरूप अनुकरण करना होगा। हमारी राय में इन दोनों अध्यायों को इसी रूप में समझना चाहिए।''[8]

'एच.एम. कुरेशी बनाम बिहार राज्य' के मामले में भी न्यायालय का यही कहना था कि मौलिक अधिकारों की तुलना में नीति निदेशक तत्त्वों को प्राथमिकता नहीं दी जा सकती। मुख्यः न्यायाधीश ने अपने निर्णय में कहा :

"राज्य कोई ऐसा क़ानून नहीं बना सकता जो तीसरे अध्याय में वर्णित अधिकारों का हनन करता हो। नीति के निदेशक तत्त्वों को मौलिक अधिकारों की तुलना में वरीयता नहीं दी जा सकती। इन्हें क्रियान्वित करना राज्य का कर्तव्य है, लेकिन राज्य को इनका कार्यान्वयन इस तरह करना होगा जिससे कि मौलिक अधिकारों का हनन न हो। अगर इनकी अवहेलना होती है, तो तीसरे अध्याय की सुरक्षा के प्रावधान रेत की रस्सी सिद्ध होंगे।"[9]

'केरल शिक्षा अधिनियम' तथा 'गोलकनाथ बनाम पंजाब राज्य' में भी न्यायालयों का दृष्टिकोण मौलिक अधिकारों की वरीयता के पक्ष में था। क़ानूनी जगत में हड़कम्प मचाने वाले बहुचर्चित गोलकनाथ के मामले में तो न्यायालय ने 'मुझे मत छुओ' का रवैया अपनाया। 'केरल शिक्षा अधिनियम' में निदेशक सिद्धान्तों की महत्ता को स्वीकार करते हुए भी तीसरे अध्याय को वरीयता दी।

स्वातन्त्र्योतर भारत में न्यायपालिका के समक्ष प्रस्तुत मामलों में कुछ ऐसे निर्णय देखने को मिलते हैं जिनमें सामाजिक, आर्थिक परिवर्तन की दृष्टि से पारित विधियों को व्यक्तिगत हित की तुलना में प्राथमिकता दी है। इस सन्दर्भ में हम 'कामेश्वर सिंह बनाम बिहार राज्य' तथा 'सज्जन सिंह बनाम राजस्थान' राज्य के मामलों को उद्धृत कर सकते हैं। बिहार ज़मींदारी उन्मूलन क़ानून की वैद्यता के प्रसंग पर न्यायमूर्ति महाजन का कहना था कि "यह बात सर्वसिद्ध है कि बड़े पैमाने पर ज़मीन का स्वामित्व भारतीय संविधान के सिद्धान्तों के प्रतिकूल है। इस अधिनियम का मूल ध्येय बड़े ज़मींदारों से ज़मीन ले कर, जहाँ तक सम्भव हो, सार्वजनिक हित को निष्पादित करना है।"[10]

दोनों अध्यायों के बीच विद्यमान अन्तर और श्रेष्ठता तथा पवित्रता की बहस में 'सज्जनसिंह बनाम राजस्थान राज्य' के मामले में दिया गया निर्णय हमें सामाजिक–आर्थिक न्याय के प्रति आशान्वित करता है। सर्वोच्च न्यायालय के समक्ष विचारणीय प्रश्न यह था कि अगर तीसरे अध्याय में वर्णित मौलिक अधिकारों में संशोधन के अधिकार की गुंजाइश नहीं है, तो यह स्थिति सामाजिक गतिशीलता के लिए घातक सिद्ध होगी। न्यायालय ने यह स्वीकार किया कि मौलिक अधिकारों की तरह नीति निदेशक तत्त्व भी शासन के आधार स्तम्भ हैं। तीसरे अध्याय के प्रावधानों के मद्देनज़र

व्याख्यायित करना चाहिए।[11] केशवानन्द भारती के मामले में भी न्यायालय का यही दृष्टिकोण था और उसने 24वें और 25वें संविधान संशोधनों को वैध करार दिया।

समन्वयकारी सिद्धान्त के पक्षधरों ने दोनों अध्यायों के बीच विरोधाभास तथा एक की तुलना में दूसरे की वरीयता के फ़र्क़ को पूर्णतया नकारा है। उनका कहना है कि जिस प्रकार शरीर का हर अंग एक–दूसरे का पूरक है, उसी प्रकार संविधान के ये दोनों अध्याय एक–दूसरे का प्रतिपूरक हैं। इनमें विरोधाभास देखना संविधान की आत्मा को ग़लत ढंग से प्रतिपादित करना है। इस विचारधारा के प्रबल समर्थकों में न्यायमूर्ति देशपाण्डे तथा पी.वी. गजेन्द्र गड़कर का नाम विशेष रूप से उल्लेखनीय है। उदाहरण के तौर पर इनके विचारों को उद्धृत करना समीचीन होगा। न्यायमूर्ति देशपाण्डे का कहना है कि :

> ''संविधान केवल क़ानून की किताब ही नहीं है, अपितु राजनीतिक एवं सामाजिक प्रलेख भी है। मौलिक अधिकार, जो क़ानूनी पहलू है, को याचिकाओं द्वारा व्यवहृत किया जा सकता है। दूसरा, इसका सामाजिक पहलू है, जिसका सम्बन्ध नीति निदेशक तत्त्वों से है। इन्हें भी विधि द्वारा ही व्यवहृत किया जा सकता है। अतः न्यायालय एवं वकील दोनों का यह दायित्व है कि वे इन दोनों ही भागों को वास्तविकता प्रदान करें।''[12]

श्री गजेन्द्र गड़कर भी उन लोगों में से हैं जो सामाजिक–आर्थिक न्याय के इस अध्याय को दीप स्तम्भ के रूप में देखते हैं। उन्होंने इस पहलू पर टिप्पणी की कि ''भारतीय संविधान के इन दोनों भागों को सम्मिलित रूप से देखें तो यही दर्शन उभरता है कि हम सामाजिक–आर्थिक सिद्धान्तों को जनतन्त्रीय ढाँचे के अन्तर्गत ही व्यवहृत करना चाहते हैं। अगर समतावादी समाज के परीक्षण में मौलिक अधिकारों का प्रावधान बाधक बनता है, तो जनतन्त्र के मूल लक्ष्यों की प्राप्ति के लिए इनमें समुचित परिवर्तन अवश्य करना चाहिए।''[13]

नीति निदेशक तत्त्वों के वैधानिक पहलू पर चली इस बहस को समापन की दृष्टि से, मौलिक अधिकारों के मामले में उस निर्णय को, जिसके अन्तर्गत 24, 25 तथा 28वें संशोधनों को चुनौती दी गयी थी, उद्धृत करना उपयुक्त होगा। इस मामले में दिये गये निर्णय से यह बात उभर कर आयी

कि संविधान की प्रस्तावना, मौलिक अधिकार एवं नीति निदेशक तत्त्वों में कोई विरोधाभास नहीं है। ये तीनों ही भाग संविधान के अभिन्न अंग हैं और एक कल्याणकारी राज्य के आदर्शों को समाहित करते हैं। बहुमत का निर्णय प्रस्तुत करते हुए न्यायमूर्ति मैथ्यू ने कहा :

> "मौलिक अधिकार अपने आपमें कोई अर्थ नहीं रखते हैं। बहुत से अधिकार खाली जलपोत के समान हैं, जिन्हें हर पीढ़ी अपने अनुभवों से भरती जाती है और अर्थ देती है। निर्बन्धन, संक्षेपण आदि समय एवं परिस्थितियों के सन्दर्भ में आवश्यक हो जाते हैं, जिसकी संवैधानिक कल्पना भी नहीं कर सकते थे। कौन–सा अधिकार चौथे अध्याय की तुलना में वरीयता रखता है, इसका निर्णय आने वाली पीढ़ी पर छोड़ दिया जाना चाहिए। वही अपनी अनुभूति एवं अनुभव से अर्थवान बना कर उसकी कीमत समझेगी। संसद, जो कि संशोधन करने में सक्षम है, यदि चौथे अध्याय में वर्णित सिद्धान्तों का कार्यान्वयन की दृष्टि से संक्षेपण करती है, तो न्यायालय उसे इस आधार पर बुरा क़ानून घोषित नहीं कर सकता कि नीति निदेशक तत्त्व मौलिक अधिकारों पर वरीयता स्थापित नहीं कर सकते हैं। ऐसा कहना अनुचित है।"

अनदेखे पहलू

क़ानूनी पहलू की लड़ाई के अतिरिक्त नीति निदेशक तत्त्वों से जुड़े हुए कतिपय ऐसे भी प्रश्न हैं जिनका समुचित उत्तर देना सरल नहीं है। पहला तो यह कि इस अध्याय के प्रावधान चूँकि वाद–योग्य नहीं हैं, इसलिए अगर सत्तासीन दल इनके कार्यान्वयन में शिथिलता अथवा अवहेलना का दृष्टिकोण अपनाये तो इसका क्या निराकरण है? दूसरा, अगर कोई सत्तारूढ़ दल इन्हें व्यवहृत करने की नीयत से कारगर क़दम उठाता है, तो निश्चय ही राज्य के अधिकारों में वृद्धि होगी। क्या हम इस स्थिति को आत्मसात करने को तैयार हैं, जिसमें सामाजिक–आर्थिक न्याय के लिए मौलिक अधिकारों को सीमित करें? अगर हम न्यस्त हितों पर आधारित पूँजीवादी ढाँचे पर आघात कर समाजवादी समाज की ओर अग्रसर होते हैं, तो जनतन्त्रीय मूल्यों की दुहाई देकर तानाशाही राज्य के आक्षेप से बच नहीं सकते। वर्तमान में ऐसे लोगों की कमी नहीं है जो इस तरह

के परिवर्तन पसन्द नहीं करते। उनका हित वर्तमान व्यवस्था को यथावत बनाये रखने में ही निहित है। अर्थसत्ता और उसके बल पर राजसत्ता में बैठे ऐसे अनेक लोग इनके क्रियान्वयन को किसी भी कीमत पर स्वीकार नहीं करेंगे। जब तक सत्तारूढ़ अभिजन इन प्रावधानों के कार्यान्वयन के प्रति पूर्णतया प्रतिबद्ध नहीं होते, सामाजिक–आर्थिक न्याय का संकल्प दिवास्वप्न ही रहेगा। प्रतिबद्धता का अभाव एवं अवादयोग्यता की स्थिति इस दृष्टि से हमारे जनतन्त्र को विकलांग ही बनाती है।

दूसरा सम्भावित प्रश्न राष्ट्रपति और प्रधानमन्त्री के बीच उत्पन्न विवाद से सम्बन्धित है। प्रश्न यह है कि यदि कोई विधेयक नीति निदेशक सिद्धान्तों का उल्लंघन अथवा अतिक्रमण करे, तो ऐसी स्थिति में राष्ट्रपति और राज्य के राज्यपाल को क्या हस्ताक्षर करना चाहिए अथवा नहीं? इस प्रश्न पर एकमत तो यह है कि राष्ट्रपति चूँकि संविधान का रक्षक और शपथबद्ध है, अतः उसे यह अधिकार है कि वह ऐसे विधेयक पर स्वीकृति प्रदान न करे। दूसरे मत के लोग इसे संसदीय मर्यादा के अनुकूल नहीं मानते। उनका कहना है कि राष्ट्रपति शासन का नाममात्र अध्यक्ष है, इसलिए उसे मन्त्रिपरिषद की इच्छा के विपरीत क़दम उठाने का अधिकार नहीं है। डॉ. आम्बेडकर ने इसे संकटजनक सिद्धान्त की संज्ञा दी है। उनका तर्क था कि संविधान संसदीय शासन प्रणाली की स्थापना करता है, जिसमें कार्यपालिका विधानमण्डल के प्रति उत्तरदायी है। भारत के राष्ट्रपति के पद की मर्यादा शासन व्यवस्था में उनके स्थान तथा भूमिका को देखते हुए उसके लिए विधेयक को एक सीमा से अधिक रोकना कठिन भी है। राष्ट्रपति का चुनाव प्रत्यक्ष मतदान द्वारा नहीं होता। इसलिए वह जनप्रतिनिधि होने का दावा नहीं कर सकता। अगर संसद या विधानसभा ऐसे किसी विधेयक के माध्यम से इन निदेशक सिद्धान्तों का उल्लंघन करती है तो राष्ट्रपति उस विधेयक को पुनर्विचार के लिए लौटा सकता है। संसद अगर उसे उसी रूप में पुनः पारित कर दे, तो राष्ट्रपति के लिए स्वीकृति देने के अतिरिक्त कोई और दूसरा विकल्प ही क्या है। अतः इस सन्दर्भ में यही कहना उपयुक्त होगा कि चौथे अध्याय का भूमिकरण संसद और विधानसभा के संकल्प और इच्छाशक्ति पर निर्भर है।

आलोचना के बिन्दु

संविधान के अन्य चर्चित अध्यायों में नीति निदेशक तत्त्वों का अध्याय भी आलोचना का केन्द्र बिन्दु रहा है। संविधान सभा और उसके बाहर अनेकानेक संविधान शास्त्री, राज शास्त्री तथा प्रबुद्धों ने कई आधारों पर इन उपबन्धों की आलोचना की है। इनकी अवादयोग्यता को देखते हुए कतिपय विद्वानों ने इन्हें मात्र नैतिक उपदेश, शुभ इच्छाएँ तथा राजनीतिक घोषणा कहा है। श्री एन.आर. राघवाचारी की राय में ये तत्त्व ललित पदावली में व्यक्त उच्चाहदित भावनाओं की ऐसी पक्तियाँ हैं जिसका क़ानूनी दृष्टि से कोई अर्थ नहीं हैं। सर आइवर जेनिंग्स तो इन निदेशक सिद्धान्तों को समय के साथ बदलते मूल्यों के सन्दर्भ में सर्वथा निरर्थक मानते हैं। उनके विचार में उन्नीसवीं शताब्दी में प्रचलित सिद्धान्तों को बीसवीं शताब्दी के मध्य में निर्मित संविधान में सन्निहित करना कोई बुद्धिमतापूर्ण क़दम नहीं है। समय और परिस्थितियाँ परिवर्तनशील हैं, इसलिए ऐसे सिद्धान्त कोई अर्थ नहीं रखते। उनका यह पुख़्ता मत है कि आने वाली शताब्दी में ये तत्त्व निरर्थक हो जायेंगे।[14] संविधान सभा में आलोचना का मुख्य बिन्दु अवैधानिकता का था। कतिपय सदस्यों का आक्षेप यह था कि इन निदेशक तत्त्वों को केवल सरकार की इच्छा पर छोड़ दिया जाना कहाँ तक उचित है? संविधान में लिखित उपबन्ध अगर वाद–योग्य नहीं हैं, तो उसे सन्निहित करने का अर्थ ही क्या है? इस पर तीखा प्रहार के.टी. शाह ने किया था कि :

> ''अगर मैं कहूँ तो कदापि असंगत नहीं होगा कि संविधान का यह प्रावधान न्यायालय एवं कार्यपालिका दोनों ही को इन नीति निदेशक तत्त्वों के प्रति उदासीन बनाता है और अपनी सुविधानुसार इन्हें क्रियान्वित करने अथवा न करने की पूरी छूट देता है। मुझे ऐसा लगता है कि यह एक ऐसा चेक है, जिसका भुगतान बैंक अपनी सुविधानुसार करेगा। मेरे विचार में अगर यह संशोधन प्रस्ताव स्वीकार नहीं किया गया, तो यह अध्याय थोथी आकांक्षाओं की अभिव्यक्ति मात्र होगा। संविधायकों का यह मत कि परिस्थितियों के अनुसार ऐसा–वैसा करना चाहिए, कोई अर्थ नहीं रखता। ये नीति निदेशक तत्त्व मेरी दृष्टि में बिखरे हुए गहरे धुएँ के समान हैं, जिसके माध्यम से जनता की

आँखों में धूल झोंकी जा सकती है। जब कभी इन्हें न्यायालय के समक्ष लाया जायेगा, तो इन प्रावधानों का प्रतिपादन जनहित के लिए न होकर किसी और ही अर्थ में किया जायेगा।''[15]

श्री नसीरुद्दीन अहमद ने इन प्रावधानों पर व्यंग्यात्मक टिप्पणी की कि :

> ''अगर हम संविधान जैसे महत्त्वपूर्ण प्रलेख में ऐसे अधिकारों का उल्लेख करते हैं जिनकी अवज्ञा होने पर कोई उपचार न हो, तो उसे क़ानून की क़िताब में सन्निहित करना व्यर्थ है। ये सिद्धान्त इतने जाने–माने प्रचलित हैं कि इनका उल्लेख करने की कोई आवश्यकता ही नहीं है। अतः मेरा निवेदन है कि इन नीति निदेशक तत्त्वों को, जो केवल निर्देश हैं, संविधान में सम्मिलित नहीं किया जाये। मेरे विचार में कुछ और भी सिद्धान्त हैं जिन्हें संविधान में समुचित स्थान दिया जाना चाहिए जैसे, झूठ मत बोलो, अपने पड़ोसी के साथ दुर्व्यवहार मत करो इत्यादि, इत्यादि।''[16]

श्री पी.सी. देशमुख ने इनकी अर्थहीनता पर कहा कि ''वास्तव में देखा जाये तो इनका क्या अस्तित्व है? यह तो चुनाव घोषणा पत्र की तरह हैं, शासन के आधारभूत सिद्धान्त नहीं। मेरे विचार में इन्हें संविधान में कोई स्थान नहीं दिया जाना चाहिए।''[17]

श्री के.टी. शाह, श्री पी.सी. देशमुख तथा अन्य सभा के सदस्यों के तर्क का आधार यही था कि जिन प्रावधानों को हम विधि के माध्यम से व्यवहृत नहीं कर सकते, उनका उल्लेख अर्थहीन है। दूसरा, कतिपय ऐसे भी सिद्धान्त उल्लेखित किये गये हैं जिनकी आवश्यकता नहीं थी जैसे, मद्यनिषेध, पशुओं की नस्ल सुधारना आदि। प्रारूप समिति के अध्यक्ष डॉ. आम्बेडकर ने इस बहस के उत्तर पर ज़ोर दिया कि इनके पीछे क़ानून की शक्ति नहीं है। इससे कोई अन्तर नहीं पड़ता। शासनकर्ता को जनशक्ति एवं जनइच्छा का आदर करना ही होगा। उनकी दृष्टि में ऐसे सिद्धान्तों को संविधान में सन्निहित करना संविधान की गरिमा को बढ़ाना है। उन्हीं के शब्दों में :

> ''प्रारूप संविधान में मौलिक अधिकारों के बाद नीति निदेशक तत्त्वों का उल्लेख किया गया है। संसदीय प्रणाली पर आधारित इस संवैधानिक व्यवस्था की यह एक विशेषता है।

जनतन्त्रीय जगत में ऐसा उदाहरण आयरलैंड का है, जहाँ संविधान में नीति निदेशक तत्त्व सन्निहित किये गये हैं। इन सिद्धान्तों की इस आधार पर आलोचना की गयी है कि इनके पीछे कोई वैधानिक शक्ति नहीं है। यह आलोचना अर्थहीन है, क्योंकि संविधान स्वयं इसका स्पष्टीकरण करता है। जहाँ तक इनके पीछे क़ानूनी शक्ति के अभाव का प्रश्न है, मैं स्वयं इसे स्वीकार करता हूँ। लेकिन मैं यह कदापि स्वीकार करने के लिए तैयार नहीं हूँ कि इनके पीछे कोई शक्ति है ही नहीं। न मैं यह मानने को तैयार हूँ कि चूँकि ये वाद–योग्य नहीं हैं, इसलिए अर्थहीन हैं। एक अन्य कारण से भी संविधान में इनका सन्निवेश न्यायसंगत है। यह नव–निर्मित संविधान एक शासन व्यवस्था की स्थापना करता है। उसका उद्देश्य किसी एक राजनीतिक दल को सतारूढ़ करना नहीं, जैसा कि कई देशों में किया गया है। शासन संचालन की बागडोर किसके हाथ में हो, यह अधिकार जन–गण द्वारा प्रदत्त किया गया है। प्रजातन्त्र की परख का यह उत्तम उपाय है। इतना निश्चित है कि जो भी सत्ता सँभालेगा, उसे इन नीति निदेशक सिद्धान्तों का आदर करना ही होगा। वह इनकी अवहेलना नहीं कर सकता।''[18]

नीति निदेशक तत्त्वों का मूल्यांकन

नीति निदेशक तत्त्वों को संविधान में सन्निहित करने की उपादेयता की बहस वर्तमान सन्दर्भों में इतनी महत्त्वपूर्ण नहीं है जितनी चार–दशक पहले थी। समय के साथ इनके सन्दर्भ और प्रश्न दोनों ही बदल गये हैं। इन सिद्धान्तों को संविधान में समाविष्ट करने के पीछे सामाजिक, आर्थिक और राजनीतिक सरोकार तथा संविधान के लक्ष्यों के अनुरूप समाज निर्माण की कल्पना थी। वर्तमान में मूल प्रश्न इन लक्ष्यों की उपलब्धियों का है। विश्लेषकों के समक्ष प्रश्न यह है कि क्या भारत के सत्तारूढ़ अभिजन ने संविधायकों द्वारा चिह्नित सामाजिक–आर्थिक लक्ष्यों को व्यवहृत करने के लिए अपेक्षित नीतियों का निर्माण किया अथवा नहीं? और यदि किया है, तो वे किसी सीमा तक सफल रहे हैं? प्रश्न यह है कि स्वतन्त्रता के छह दशक पश्चात भी क्या ये निदेशक सिद्धान्त आम आदमी के लिए दिवास्वप्न ही हैं? दूसरे शब्दों में, जैसे कि आलोचकों ने आशंका जतायी थी

कि ये बैंक के ऐसे चेक हैं जिनका भुगतान सम्भव नहीं है। देखना यह भी है कि क्या भारत के राजनीतिक और प्रशासनिक अभिजन ने संविधान निर्माताओं की कल्पना के अनुरूप नयी सामाजिक संरचना के निर्माण के लिए राजनीतिक इच्छाशक्ति दर्शायी है अथवा नहीं? भारत के लोकतन्त्र की सफलता और असफलता की समीक्षा इन्हीं प्रश्नों के सन्दर्भ में की जानी चाहिए। 20वीं शताब्दी के मध्य में जन्मे विश्व के सबसे बड़े लोकतन्त्र की उपलब्धियों का आकलन इन्हीं बिन्दुओं को ध्यान में रख कर करना उपादेय होगा। ब्रिटिश साम्राज्य से स्वतन्त्रता प्राप्त करना केवल राजनीतिक क्रान्ति थी। सामाजिक और आर्थिक क्रान्ति की यात्रा उसके बाद ही शुरू हुई है।

मूल्यांकन की दृष्टि से हमें नीति निदेशक तत्त्वों के अध्याय में वर्णित कतिपय उपबन्धों को सामने रख कर देखना युक्ति–युक्त होगा। इस अध्याय में सत्तासीन अभिजन की एक जनकल्याणकारी राज्य के संवर्द्धन हेतु ऐसी सामाजिक व्यवस्था की स्थापना करने का आह्वान किया गया है जिसमें सामाजिक, आर्थिक एवं राजनीतिक न्याय की प्राप्ति सम्भव हो सके। विगत छह दशकों में सामाजिक और आर्थिक क्षेत्र में हुए विकास की निष्पक्ष समीक्षा कर देखें तो क्या हम यह दावा कर सकते हैं कि सदियों से वंचित, प्रताड़ित एवं हाशिये पर जीवन–यापन जनसमुदाय को संविधायकों की आशा के अनुरूप न्याय प्राप्त करा पाये हैं?

दूसरे शब्दों में, प्रश्न यह है कि स्वातन्त्र्योतर भारत के शासक अभिजन ने क्या ऐसी सामाजिक एवं आर्थिक व्यवस्था का निर्माण किया है, जिसमें सामान्य व्यक्ति के लिए जीविकोपार्जन के समुचित साधन उपलब्ध कराने में सफलता प्राप्त की है? इस अध्याय में इस बात का भी उल्लेख है कि समुदाय की भौतिक सम्पदा के स्वामित्व और नियन्त्रण इस प्रकार किये जायें जिससे कि सामुदायिक हित की प्राप्ति हो सके। क्या हम इस क्षेत्र में सफल हुए हैं? इस प्रकार क्या हम ऐसा आर्थिक ढाँचा बना पाये हैं, जिसमें उत्पादन के साधनों का केन्द्रीयकरण न हो?

नीति निदेशक सिद्धान्तों के अध्याय से जुड़े कुछ और भी प्रश्न हैं। राज्य ने शैशवावस्था और युवावस्था को शोषण से मुक्त करने का दावा किया है। क्या आज हम यह बात दावे के साथ कह सकते हैं कि इस उद्देश्य में सफल हुए हैं? संविधान को लागू करते समय संविधायकों ने समस्त नागरिकों के लिए समान आचार संहिता की बात कही थी।

क्या हम इस लक्ष्य को प्राप्त कर सके हैं? कमज़ोर वर्ग के लोगों, विशेषकर अनुसूचित जातियों और अनुसूचित जनजातियों के उत्थान की बात लोकगीत की तरह गायी जाती रही है। क्या हम इस समुदाय के लोगों को आधी शताब्दी के बाद भी सामाजिक और आर्थिक न्याय दिलाने का दावा कर सकते हैं? प्रारम्भ में यह भी कहा गया था कि एक दशक के भीतर ही देश के समस्त बालक–बालिकाओं को अनिवार्य एवं निःशुल्क शिक्षा उपलब्ध करायी जायेगी? इस अध्याय में वर्णित सभी उद्देश्यों पर समय–समय पर अन्यान्य मंचों के माध्यम से विचार विश्लेषण होता रहा है। वर्तमान में भी बाल श्रमिक, बन्धुआ मज़दूर, सबको शिक्षा, ढाँचागत विकास, विकास की दिशाएँ, महिला सशक्तीकरण, शोषणमुक्त समाज आदि विषयों पर विमर्श बरकरार है। हमारा ध्येय केवल इन चिह्नित बिन्दुओं के सन्दर्भ में विकास और उपलब्धियों का आकलन करना है और यह भी देखना है कि क्या आज भी ये उपबन्ध संविधान की शोभा मात्र हैं अथवा वास्तविक धरातल पर कुछ सार्थक प्रयत्न किये गये हैं? नीति निदेशक तत्त्वों के भूमिकरण से जुड़े इन प्रश्नों के समुचित उत्तर ढूँढ़ने के लिए दो स्तर पर विचार करना होगा। पहला तो इनके व्यवहत करने की दृष्टि से पारित क़ानून, और दूसरा, वास्तविक धरातल पर किये गये प्रयत्न।

जहाँ तक इनके रूपान्तरण का प्रश्न है, शासन ने निस्सन्देह कुछ क्षेत्रों में कारगर क़दम उठाये हैं। इनमें हम ज़मींदारी उन्मूलन अधिनियम, औद्योगिक अधिनियम, भूमि सुधार सम्बन्धी क़ानून, हिन्दू कोड बिल, सम्पत्ति के मौलिक अधिकार को सीमित करने हेतु संविधान में 24वाँ, 25वाँ और 34वाँ संशोधन, कतिपय बैंकों का राष्ट्रीयकरण और शहरी भूमि सीमाकरण क़ानून को रेखांकित कर सकते हैं। समाज में व्याप्त शोषण की समाप्ति के लिए दासप्रथा, देवदासी प्रथा, बन्धुआ मज़दूरी और अस्पृश्यता उन्मूलन के लिए जो क़ानून पारित हुए हैं, उन्हें हम दृष्टि ओझल नहीं कर सकते।

सामाजिक असमानता और शोषण की समाप्ति की दृष्टि से सम्पत्ति के अधिकार में किये गये संशोधन और उनकी समाप्ति भी सत्तासीन अभिजन के बदलाव के मानस को परिलक्षित करती है। कमज़ोर वर्ग, विशेषकर अनुसूचित जाति और अनुसूचित जनजातियों के लिए शिक्षण संस्थाओं और सरकारी नौकरियों में आरक्षण की व्यवस्था को भी हम जनकल्याण की श्रेणी में रख सकते हैं।

जहाँ तक सत्ता के विकेन्द्रीकरण और स्थानीय स्वशासन की स्थापना का प्रश्न है, इसकी शुरुआत छठे दशक में ही कर दी गयी थी। प्रारम्भ में स्थापित पंचायती राज की संस्थाओं के प्रति बहुत बड़ा उत्साह दिखायी दिया था। तत्कालीन केन्द्र और राज्य सरकारों ने धरातल की इन संस्थाओं की स्थापना और विकसित करने में बहुत दिलचस्पी दिखायी थी। किन्तु सात के दशक में आते–आते यह पंचायत व्यवस्था राजनीतिक दलों की घुसपैठ, सवर्णों का इन स्थानीय संस्थाओं पर एकाधिकार, विधायकों और सांसदों के अवहेलनापूर्ण व्यवहार तथा नौकरशाही के असहयोगपूर्ण रवैये से दम तोड़ गयी। सन् 1970 के बाद इन्हें पुनर्जीवित करने के लिए कई समितियाँ गठित की गयीं। उन समितियों ने कितने ही रचनात्मक सुझाव दिये, किन्तु राजनीतिक इच्छाशक्ति के अभाव में कोई कारगर क़दम नहीं उठाया जा सका। छठे दशक में स्थापित इस व्यवस्था की असफलता पर डॉ. एल.एम. सिंघवी ने अपना जो विश्लेषण प्रस्तुत किया, उसे उद्धृत करना समीचीन होगा। डॉ. सिंघवी ने अपने विश्लेषण में कहा :

> ''अधिकांशतः ये संस्थाएँ अवहेलना का शिकार रहीं और बहुत ही अपमानजनक स्थितियों में कार्य करती देखी जा सकती हैं। प्रारम्भ के कुछ समय पश्चात नौकरशाही की भूमिका उत्साहवर्धक नहीं रही। उसने इन संस्थाओं को नज़रअन्दाज़ करना शुरू कर दिया। दूसरी ओर राजनीतिक इच्छाशक्ति का अभाव स्पष्ट दृष्टिगोचर होता है। राजनीतिक गुटबाजी ने इन संस्थाओं को शक्तिहीनकर दिया।''[19]

नब्बे के दशक में 73वाँ एवं 74वाँ संविधान संशोधन इसी प्रक्रिया की एक कड़ी है, जिसे हम स्थानीय स्वशासन के इतिहास में मील का पत्थर कह सकते हैं। इस संविधान संशोधन ने धरातल की संस्थाओं को क़ानूनी दर्जा प्रदान किया। दूसरा, सदियों से वंचित महिला वर्ग के लिए वार्ड पंच से लेक़र जिला प्रमुख तक के पद पर एक तिहाई आरक्षण की व्यवस्था की। साथ ही अनुसूचित जाति और अनुसूचित जनजाति एवं पिछड़े वर्ग के लिए भी आरक्षण किया गया है। अब इन संस्थाओं के चुनाव हर पाँच वर्ष में नियमित कर दिये गये हैं। राजनीतिक और ब्यूरोक्रेटिक अभिजन इसके प्रति कितना समर्पित हैं, यह तो कहना कठिन है। लेकिन राजस्थान, मध्य प्रदेश और अन्य राज्यों में इन स्थानीय संस्थाओं को जो अधिकार दिये गये हैं,

उनको देख कर यह आशा की जा सकती है कि ग्रामीण क्षेत्र के आम महिला–पुरुषों को अब स्थानीय समस्याओं के निराकरण में भागीदार बनने का अवसर प्राप्त हो गया है।

संसद और राज्य विधानसभाओं द्वारा पारित विधियों के अतिरिक्त उन्हें व्यवहृत करने के जो प्रयत्न हुए हैं, उन्हें भी अनदेखा करना मूल्यांकन की दृष्टि से अन्याय होगा। पंचवर्षीय योजनाओं, ग्रामीण विकास के विभिन्न कार्यक्रमों के अन्तर्गत उठाये गये क़दम और पिछड़े वर्ग के उत्थान से सम्बन्धित बहुआयामी प्रयत्नों ने निश्चय ही देश में सामाजिक–आर्थिक बदलाव की प्रक्रिया को जन्म दिया है। पंचायती राज की स्थापना ने ग्रामीणजन में एक राजनीतिक चेतना को जन्म दिया है। इससे उन्हें अपनी शक्ति और अस्मिता का अहसास हुआ तथा जनतान्त्रिक व्यवस्था को सुदृढ़ आधार प्रदान करने की झलक मिलती है। इसी प्रकार कमज़ोर वर्ग के लिए शिक्षण संस्थाओं, सरकारी नौकरियों तथा अन्य प्रतिष्ठानों में समुचित स्थान दिलाने सम्बन्धी प्रयत्न भी एक सीमा तक सराहनीय हैं। औद्योगिक क्षेत्र में, विशेषकर बड़े उद्योगों में, जो प्रगति हुई है, वह तीसरी दुनिया की वस्तुस्थिति को देखते हुए बहुत उत्साहित करती है। इस क्षेत्र में आधारभूत ढाँचे की स्थापना से भारत औद्योगिक देशों की अग्रणी श्रेणी में आ गया है। ले–देकर यह कहें कि शिक्षा, उद्योग, व्यापार, वाणिज्य, कृषि तथा सामाजिक क्षेत्र में बदलाव की दृष्टि से जो क़दम उठाये गये हैं, वे इस अध्याय की महत्ता को ही दर्शाते हैं, तो ग़लत नहीं होगा। साथ ही ये प्रयत्न सामाजिक–आर्थिक न्याय की अभिलाषा के प्रतीक भी कहे जा सकते हैं।

देश के सर्वांगीण विकास और सामाजिक–आर्थिक बदलाव की दृष्टि से किये जा रहे प्रयत्नों का यदि मूल्यांकन करें, तो तस्वीर का दूसरा पहलू काफ़ी निराशाजनक लगता है। पंचवर्षीय योजनाओं और अन्य कार्यक्रमों की क्रियान्विति के उपरान्त भी भारत के कई राज्यों में अँधेरा अपना पग पसार कर बैठा है। ग़रीबी रेखा के नीचे जीवनयापन करने वालों की संख्या आज भी विशेष ध्यान आकर्षित करती है। असमानता, कुपोषण, बाल श्रमिकों की त्रासद स्थिति, विभिन्न स्तरों पर शोषण के बहुआयामी स्वरूप को देखते हुए ऐसा लगता है कि जैसे विकास का रथ थम–सा गया है।

जनसाधारण की ज्वलन्त समस्याओं को और उनके प्रति शासन की उदासीनता के कारण आम आदमी में यह धारणा बनती जा रही है कि

व्यवस्था में कुछ भी नहीं बदला है। सत्ता बदल गयी है, व्यवस्था नहीं। दो दशक पूर्व उत्तर प्रदेश, बिहार, उड़ीसा और राजस्थान राज्य के कतिपय क्षेत्रों में भूख, बीमारी और दरिद्रता के कारण हज़ारों लोग मौत के शिकार हो गये हैं। इस नयी शताब्दी में भी कई राज्यों में ज़मींदारी प्रथा आज भी विद्यमान है और स्थिति यही दर्शाती है कि सत्तासीन अभिजन आशाओं के अनुकूल व्यवस्था स्थापित करने में असफल रहा है। नीति निदेशक तत्त्वों के अध्याय में सामाजिक–आर्थिक न्याय और संसाधनों तथा भौतिक सम्पदा के स्वामित्व पर नियन्त्रण की बात कही गयी है। यदि इस बिन्दु पर दृष्टि डाल कर देखें तो प्रतीत होगा कि आर्थिक नीतियों के परिणामस्वरूप व्यवस्था का स्वरूप विपरीत दिशा की ओर अग्रसर हुआ है। पंचवर्षीय योजनाओं और विकास के क्षेत्र में किये गये अथक प्रयत्नों के उपरान्त भी देश के करोड़ों लोगों के लिए सामाजिक और आर्थिक न्याय की बात करना व्यर्थ हैं। उनके लिए हम दो जून की रोटी और स्वास्थ्य का प्रबन्ध भी नहीं कर पाये हैं।

देश की आधी से अधिक जनसंख्या की वार्षिक आय और उनके रोज़गार के अवसरों को देखते हुए पौष्टिक भोजन, स्वास्थ्य, चिकित्सा तथा आवास की सुविधा की बात करना बेमानी है। इस देश में ग़रीबी की समस्या कई राज्यों में स्वतन्त्रता के 6 दशक के पश्चात भी गम्भीर रूप से खड़ी है, जो हमारी सारी नीतियों और सामाजिक–आर्थिक न्याय के दावों को निरर्थक बनाती है। प्रश्न यह है कि भूमि सुधार, ग्रामीण विकास, हरित क्रान्ति, औद्योगिकीकरण आदि का लाभ किसे मिला? प्रचलित मुहावरे में पूछ सकते हैं कि केक का बड़ा टुकड़ा किसकी थाली में गया। ऐसे प्रश्नों के उत्तर अब कोई रहस्य की बात नहीं है। हमारे देश में समाजशास्त्री, अर्थशास्त्री एवं अन्य विचारक इस बात पर सहमत हैं कि विगत पचास वर्षों के दौरान कृषि, उद्योग, खनिज तथा अन्यान्य क्षेत्रों में हुए विकास का सर्वाधिक लाभ अल्पमत को मिला है। चाहे वह हरित क्रान्ति हो अथवा श्वेत क्रान्ति, लाभान्वित वही लोग हुए जिनके पास पर्याप्त ज़मीन एवं सिंचाई सुविधा उपलब्ध थी। यही बात अन्य क्षेत्रों पर भी लागू होती है। जो लोग ज़मीन–जायदाद, उद्योग धन्धे और अन्य सम्पदा के स्वामी थे, वे ही विकास के कार्यक्रमों और योजनाओं के अन्तर्गत मुहैया साधनों का दोहन करने में समर्थ हुए हैं, जबकि देश के सामान्यजन का बड़ा तबक़ा इनके लाभ से वंचित ही रहा। श्री साठे का यह कहना युक्ति संगत है, जब वे कहते हैं कि हमने विकास का आधारभूत ढाँचा तो खड़ा कर दिया,

लेकिन आधुनिक सभ्यता की सुख–सुविधाओं को आम आदमी तक पहुँचाने में असफल हो रहे हैं। उन्हीं के शब्दों में :

> "हमने विविध क्षेत्रों में उपलब्धि की है। वास्तव में देखा जाये तो विकास के हर क्षेत्र में अद्भुत क्षमता का परिचय दिया है। वास्तव में हमने आधारभूत ढाँचा बनाया है। हमें अपनी उपलब्धियों पर गर्व है। यह सब करने के उपरान्त वास्तविकता यह है कि इस प्रगति और उपलब्धियों का लाभ अल्पमत को ही मिला है। वस्तुतः हमने ग़रीबी के महासमुद्र में खुशहाली के कुछ टापू ही बनाये हैं, जहाँ जनसंख्या का छोटा–सा भाग ही आधुनिक सभ्यता की सुख–सुविधाओं से लाभान्वित हुआ है। मुम्बई जैसे महानगर हमारी सही अर्थव्यवस्था के प्रतीक हैं, जहाँ एक ओर गगनचुम्बी अट्टालिकाएँ और पाँच सितारा होटल हैं, तो दूसरी ओर झुग्गी–झोंपड़ियाँ हैं, जहाँ ग़रीबी मुँह से बोलती है।"[20]

श्री वसन्त साठे द्वारा प्रस्तुत यह व्याख्या चालीस वर्षों में हुए विकास की सटीक तस्वीर प्रस्तुत करती है। ग्रामीण और शहरी दोनों ही क्षेत्रों में एक वर्ग विशेष की पहचान सहज ही की जा सकती है। स्वतन्त्रता के 5 दशक उपरान्त भी ग्रामीण अंचल में उन्हीं जातियों का प्रभुत्व रहा है जो सामाजिक और आर्थिक सत्ता पर पहले से ही कुण्डली मार कर बैठी थी। उन्होंने इस सम्पूर्ण व्यवस्था का दोहन अपने हित में किया। राजस्थान, बिहार, पंजाब और उत्तर प्रदेश में सवर्ण जातियों का ही हर क्षेत्र में बोलबाला रहा है। हरिजन तथा अन्य दलित जातियाँ सुधारवादी क़ानून और विकास के लाभ से वंचित ही रहीं।

भारत की आज़ादी के पश्चात राजनीतिक सामाजिक और आर्थिक क्षेत्र की प्रगति के परिदृश्य पर प्रो. अमर्त्य सेन और श्री ज्यां द्रेज ने अपनी प्रसिद्ध पुस्तक में सांगोपांग विश्लेषण प्रस्तुत किया है। स्वतन्त्रता प्राप्ति के ऐतिहासिक अवसर पर प्रथम प्रधानमन्त्री पण्डित जवाहरलाल नेहरू द्वारा 'नियति के साथ बाज़ी' (Tryst with destiny) दिया गया भाषण भाषा, भावना और जनमानस के आह्वान की दृष्टि से काफ़ी महत्वपूर्ण था। उसी भाषण को आधार मानते हुए प्रो. अमर्त्य सेन ने समीक्षा की दृष्टि से तीन आयामों पर आकलन करने का प्रयत्न किया है। वे आयाम हैं :

1. लोकतन्त्र का व्यवहार
2. सामाजिक विषमता और पिछड़ेपन का उन्मूलन
3. आर्थिक प्रगति और समान अवसरों की प्राप्ति

प्रो. अमर्त्य सेन कहते हैं कि जहाँ तक पहले आयाम का प्रश्न है, उसे हम कुछ सीमा तक सफलता की गौरवगाथा के रूप में ले सकते हैं। संसद से लेकर ग्राम पंचायत स्तर तक के नियमित चुनाव, शान्तिपूर्ण सत्ता हस्तान्तरण, प्रेस की स्वतन्त्रता, जागरूक मतदाता मण्डल, निष्पक्ष सैन्य बल और स्वतन्त्र तथा निर्भीक न्यायपालिका—ये सभी तत्त्व जनतान्त्रिक प्रणाली के सुदृढ़ीकरण को इंगित करते हैं। जहाँ तक सामाजिक प्रगति और सामाजिक न्याय का प्रश्न है, प्रोफेसर अमर्त्य सेन की दृष्टि में हालत काफ़ी निराशाजनक है। इस आयाम पर उनका विश्लेषण इस प्रकार है :

> "जहाँ तक भूख निवारण और कुपोषण उन्मूलन का प्रश्न है, भारत का निष्पादन बहुत ही शर्मनाक रहा है। इस मामले में भारत की दशा सहारवर्ती क्षेत्रों से भी गयी गुज़री प्रतीत होती है। कुपोषण की स्थिति पर उनका आकलन है कि अफ्रीका की तुलना में यहाँ बालकों की आधी जनसंख्या कुपोषण की शिकार है और आधी से अधिक वयस्क महिलाएँ रक्ताल्पता की चपेट में हैं। यह सब देखकर लगता है कि भारत का इस क्षेत्र में प्रदर्शन विश्व में सबसे निकृष्ट रहा है।"[21]

अब ज़रा शिक्षा के क्षेत्र की उपलब्धियों पर दृष्टि डाल कर देखें तो अन्य एशियाई देशों की तुलना में भारत की स्थिति काफ़ी निराशाजनक प्रतीत होती है। इस पहलू पर अपनी पुस्तक *भारत विकास की दिशाएँ* में प्रो. अमर्त्य सेन एवं श्री ज्यां द्रेज ने वयस्क साक्षरता पर लिखा है :

> "यहाँ इस बात पर ग़ौर करना आवश्यक नहीं है कि आज भारत में साक्षरता दर दक्षिण कोरिया, हांगकांग, थाईलैंड और चीन देशों से कम है या फिर जिस समय इन देशों ने विकास की लम्बी छलाँग लगायी, उस समय भारत उनकी तुलना में साक्षरता की दृष्टि से काफ़ी पिछड़ा हुआ था। हम तो इस बात की ओर पाठकों का ध्यान आकर्षित करना चाहते हैं कि आज भी भारत शिक्षा और साक्षरता के उस स्तर को नहीं छू पाया है, जिस स्तर पर ये देश अपनी विकास यात्रा को प्रारम्भ करने से

> पूर्व ही पहुँच चुके थे। आज के भारत और 1960 के कोरिया या फिर 1980 के चीन के बीच तुलना हमारे इस कथन को और भी अर्थपूर्ण बना देती है। सभी उच्च निष्पादी एशियाई देशों में शिक्षा के प्रसार में सरकार ने ही मुख्य भूमिका निभायी है। इसके विपरीत भारत में तो प्राथमिक एवं माध्यमिक शिक्षा के प्रसार के प्रति विचित्र–सी उदासीनता दृष्टिगोचर होती है।''[22]

सामाजिक प्रगति और सामाजिक न्याय के प्रश्न पर विद्वान लेखक ने शिक्षा के स्तर पर विषमतापूर्ण प्रगति पर कहा है कि भारत में साक्षर पुरुषों का अनुपात अभी भी 75 प्रतिशत पर अटका है, जबकि चीन में यह 90 प्रतिशत है। भारत में नारी साक्षरता 50–52 प्रतिशत है, जबकि चीन में यह 80 प्रतिशत है। जनस्वास्थ्य पर भी प्रो. सेन का यही कहना है कि अन्यान्य राज्यों की मृत्यु दरों में काफ़ी अन्तर पाया जाता है। इस क्षेत्र में विषमता कहीं अधिक उजागर हुई है। स्त्री और बालकों की स्थिति बहुत ही निराशाजनक है। आज़ादी के छह दशक पश्चात शिशुओं और माताओं के प्रसव की दयनीय स्थिति पर प्रकाशित रिपोर्ट तो हमारी उपलब्धियों और विकास के दावों पर पानी फेरती नज़र आती है।

बच्चों के अधिकार सम्बन्धी रिपोर्ट में कहा गया है कि 100 में से 87 बच्चों में जन्म से लेकर पाँच वर्ष की उम्र में मृत्यु दर की सम्भावना अधिक पायी जाती है, हालाँकि भारत में प्रसव के बाद बाल मृत्यु दर में कमी देखी गयी है। इसी रिपोर्ट में कहा गया है कि कुपोषण की दृष्टि से विश्व के तीन बालकों में से एक बालक भारत का है। इसका मुख्य कारण असन्तुलित भोजन, बीमारियाँ और बीमारी के दौरान समुचित उपचार का अभाव देखा जा सकता है। अधिकांश बाल मौतें भूख और कुपोषण से होती हैं। बालिकाओं की स्थिति इससे भी बदतर है। उनकी शिक्षा और स्वास्थ्य पर कोई ध्यान ही नहीं दिया जाता। इसी रिपोर्ट में बच्चों के साथ यौन अत्याचारों का ब्योरा दिया गया है जो हमारे लिये बहुत ही शर्मनाक है। इस रिपोर्ट में बतलाया गया है कि 26 वर्ष से कम आयु की युवतियों का हर 155 मिनट में बलात्कार होता है और 10 वर्ष से कम उम्र की बालिकाओं की स्थिति भी कम बदतर नहीं है। लगभग 6,00,000 से 7,00,000 बच्चे यौन अत्याचार से पीड़ित होते हैं। उन्हें वेश्यावृत्ति और बाल मज़दूरी में भेज दिया जाता है (द हिन्दू, 25 दिसम्बर, 2005)।

बाल जगत की दयनीय दशा पर श्री ज्यां द्रेज ने लिखा है कि ग्यारहवीं पंचवर्षीय योजना के अन्तर्गत भी इस महत्त्वपूर्ण पहलू को नज़रअन्दाज़ किया गया है। इस संवेदनशील पहलू पर लेखक ने लिखा है कि "तथ्यों से हम भली–भाँति परिचित हैं। लगभग बच्चों की आधी आबादी कुपोषण की शिकार है। आधे से अधिक बालक–बालिकाएँ अल्परक्तता से ग्रस्त हैं और उतने ही बच्चे निरोधक टीकों से वंचित रहे हैं। मानवीय जगत की यह त्रासदी केवल बच्चों और उनके परिवारों के नुकसान तक ही सीमित नहीं है और न यह उनके मूलभूत अधिकार का नुक़सान है, अपितु यह सम्पूर्ण राष्ट्र की त्रासदी है। एक सभ्य समाज का निर्माण भूख, कुपोषण एवं रोगग्रस्तता के विध्वंसकारी आधार पर कदापि सम्भव नहीं है" (द हिन्दू, 25 अक्तूबर, 2006)।

शिक्षा और स्वास्थ्य के क्षेत्र में यह निराशाजनक स्थिति क्या इंगित करती है? स्वतन्त्रता के 60 वर्ष पश्चात यह कह कर हम अपने दायित्व से मुक्त नहीं हो सकते कि जनतन्त्रीय व्यवस्था में परिवर्तन धीरे–धीरे ही आता है। इन दोनों क्षेत्रों की दयनीय स्थिति सत्तासीन अभिजन के दोहरे चरित्र को ही उद्घाटित करती है। सामाजिक–आर्थिक स्तर पर जो विषमता विद्यमान थी, उसे कम करने में हमारी व्यवस्था पूर्णतया असफल रही है। आर्थिक विकास के अनेकानेक कार्यक्रम एवं योजनाओं के उपरान्त भी भारतीय समाज में विषमता की खाई को पाटने के लिए सत्तासीन अभिजन ने राजनीतिक इच्छा नहीं दर्शायी है, बल्कि यों कहना चाहिए कि नयी व्यवस्था में शिक्षा आदि के माध्यम से यथास्थिति का ही परिपोषण किया है। हमारी शिक्षण संस्थाएँ हमारे विभाजित समाज का दर्पण हैं। सामाजिक और आर्थिक धरातल पर जो विषमता है, उसे हम शैक्षणिक क्षेत्र में स्पष्ट देख सकते हैं। सरकारी स्कूलों और अन्य पब्लिक स्कूलों के स्तर, सुख–सुविधाओं और प्रति विद्यार्थी खर्च के हिसाब से जो ज़मीन–आसमान का अन्तर है, वह हम सबको मालूम है। अब तो नव–धनाढ्य मध्यम वर्ग के लिए जो स्कूल–कॉलेज खुले हैं, उससे सामाजिक–आर्थिक वर्ग विभेद ही परिलक्षित होगा। एक ओर हिन्दुस्तान के कई राज्यों में बच्चों के बैठने के लिए टाट–पट्टी और छत भी उपलब्ध नहीं हैं, वहाँ दूसरी ओर कुछ स्कूल और कॉलेज ऐसे हैं जहाँ पर हर तरह की सुविधाएँ उपलब्ध हैं। इन विद्यालयों में नौकरशाह, उद्योगपति और धनाढ्य वर्ग के बच्चे ही प्रवेश पाने मे समर्थ हैं।

अब आप ज़रा सत्ता प्रतिष्ठानों पर दृष्टि डालिये तो प्रतीत होगा कि इन प्रतिष्ठानों पर इन्हीं लोगों का वर्चस्व है। देश के जाने–माने शिक्षाविद् श्री जे.पी. नायक की इस परिदृश्य पर की गयी टिप्पणी इसे विश्लेषित करने की दृष्टि से पर्याप्त है। उनका कहना था कि ''मोटे तौर पर स्कूल व्यवस्था स्वातन्त्र्योतर भारत द्वारा अपनायी गयी उपभोक्तावादी पूँजीवादी प्रतिमान का अभिन्न अंग बन चुकी है। समय की माँग है कि हम कोई रचनात्मक और सार्थक विकल्प की ओर अग्रसर हों।''[23]

शिक्षा व्यवस्था को लेकर देश में नये सिरे से बहस शुरू हुई है। इस व्यवस्था में निहित असमानता, विसंगतियों, समय के साथ विकसित अलगाव तथा अन्य अभावों पर बहुत कुछ कहा जा चुका है। इस जगत की समस्याओं से हम अब अवगत हैं। प्रश्न केवल राजनीतिक इच्छाशक्ति का है। सामाजिक और आर्थिक न्याय की उपलब्धि समुचित शिक्षा संसाधनों के अभाव में सम्भव नहीं होगी। वर्तमान में तो यह व्यवस्था भी अन्य प्रतिष्ठानों की तरह 'न्यस्त हितों' का गढ़ है। जब तक यह स्थिति है, व्यापक धरातल पर सामाजिक–आर्थिक बदलाव अथवा राजनीतिक चेतना की आशा करना व्यर्थ है।

राज्य ने जनता के दुर्बल वर्गों, विशेषकर अनुसूचित जातियों और अनुसूचित जनजातियों की शिक्षा और आर्थिक हितों में अभिवृद्धि करके उन्हें सामाजिक अन्याय और सभी प्रकार के शोषण से मुक्ति दिलाने का भी दावा किया है। क्या भारत का राजनीतिक एवं सामाजिक अभिजन यह बात दावे के साथ कह सकता है कि सदियों से प्रताड़ित एवं शोषित यह तबका शोषण और सवर्णों के दमन चक्र से सर्वथा मुक्त हो चुका है? ऐसा कहना अथवा दावा करना सच्चाई को नकारना होगा। बिहार, उत्तर प्रदेश, राजस्थान और उड़ीसा जैसे अनेक राज्यों में इस तबक़े पर हो रहे अत्याचारों को देखते हुए तो यही कहना होगा कि सवर्णों के अत्याचारों में वृद्धि हुई है। ग्रामीण अंचल में अभी भी यह तबक़ा अपनी अलग पहचान रखता है। उनके साथ परम्परागत अस्पृश्यता का बर्ताव वैसे ही जारी है। लौकिकीकरण, जाति के राजनीतिकरण और सामाजिक चेतना में वृद्धि के उपरान्त भी यह तबक़ा सामाजिक–आर्थिक न्याय से वंचित है और सवर्णों के कोप का भाजन बना हुआ है।

विधानमण्डल, संसद, मन्त्रिमण्डल, नौकरशाही तथा शैक्षणिक प्रतिष्ठानों में भागीदारी के उपरान्त भी यह समुदाय सामाजिक–सांस्कृतिक मुख्यधारा

से पूर्णतया जुड़ नहीं पाया है। कतिपय विद्वानों का तो यहाँ तक कहना है कि 'आरक्षण की व्यवस्था' ने इस तबक़े को मूल समाज से तो अलग किया ही है, अपने समुदाय से भी अलगाव के बीज बोये हैं। आरक्षण के माध्यम से सत्ता प्रतिष्ठानों में भागीदारी ने इस समुदाय में एक नये अभिजात्य अथवा ब्राह्मण वर्ग को जन्म दिया है, जो सम्पूर्ण धारा से कट कर त्रिशंकु की ज़िन्दगी जी रहा है। आरक्षण व्यवस्था की यह बहस काफ़ी उलझन भरी है। नौकरी–चाकरी और शिक्षण संस्थाओं में इस तबक़े की घुसपैठ से क्षुब्ध सवर्ण जगत ऐसे अनेक अकाट्य तर्क देकर वर्तमान सुविधाओं को विवेकहीन, अलाभदायक एवं घातक सिद्ध कर सकता है। लेकिन प्रश्न यह है कि यदि आरक्षण व्यवस्था का प्रावधान न होता, तो क्या हरिजन एवं अन्य पिछड़ी जातियाँ सवर्ण से प्रतिस्पर्धा कर वह सब कुछ प्राप्त कर सकते थे जो इस व्यवस्था के माध्यम से प्राप्त किया है?

आरक्षण व्यवस्था की अपनी आन्तरिक कमज़ोरियाँ हैं, लेकिन उनके कारण इसकी महत्ता को नज़रअन्दाज नहीं किया जा सकता। आरक्षण व्यवस्था के बावजूद दलित वर्ग को अपेक्षित सामाजिक और आर्थिक न्याय प्राप्त नहीं हुआ है, यह बात जगत उजागर है। स्वतन्त्रता के चार दशक के पश्चात भी इस वर्ग के लोगों के पास स्थायी आमदनी के स्रोत एवं साधनों का अभाव है। इसके पास न उपजाऊ भूमि है और न अन्य जायदाद। इस कारण ग्रामीण क्षेत्र में ये ही लोग भूपतियों, धनाढ्य किसान और साहूकारों के अत्याचारों के शिकार होते हैं। सरकारी तन्त्र, विशेषतया पुलिस एवं प्रशासन, अधिकांशतः अपनी पारम्परिक मान्यताओं एवं मानसिकता के कारण उच्च जातियों का ही साथ देता है। छोटे–से जुर्म में हरिजन जाति के आदमी को कई वर्षों तक बिना मुक़दमा चलाये जेल में रखना, पुलिस थाने में मारपीट, औरतों के साथ बलात्कार जैसे अत्याचार बिहार जैसे राज्य में आम बात हो गयी है। वे असुरक्षा के वातावरण में जीते हैं। वे भूपति एवं उच्च वर्ण के लोगों के अत्याचार एवं पुलिस दमन में ही जी रहे हैं। अनुसूचित जाति एवं अनुसूचित जनजाति के लोगों पर कितने संगीन ज़ोर–जुल्म हो रहे हैं। गया जिले में स्थित अरवल में 19 अप्रैल, 1986 को हुआ हत्याकाण्ड इसका उदाहरण है। इस हत्याकाण्ड में पुलिस गोली से 23 लोगों की जान गयी, ऐसा बताते हैं। देश के वरिष्ठ पत्रकारों का कहना है कि जलियाँवाला बाग की घटना के बाद इस शताब्दी का यह दूसरा बड़ा हत्याकाण्ड है। अरवल ही क्यों, जाखिम रेलवे स्टेशन, मदनपुर, रशीदपुर, चतरपुर, गंगा बीघा

आदि जगह पुलिस ने इसी तरह गोली चलायी। बिहार के पूर्व मुख्यमन्त्री श्री जगन्नाथ मिश्र ने प्रधानमन्त्री को लिखे पत्र में राज्य में भूमिहीन और पिछड़ी जाति के लोगों की दयनीय दशा का वर्णन करते हुए लिखा था कि प्रशासन पूर्णतया 'भूपति लॉबी' के हाथ में आ गया है और कोई सप्ताह ऐसा नहीं जिसमें भूपति के हाथ ग़रीब की हत्या नहीं हुई हो। ज़मींदार मज़दूरों को इस तरह मार देते हैं, जैसे कोई चिड़िया मारी हो और शायद ही कोई गिरफ़्तारी हुई हो।

अनुसूचित जाति एवं अनुसूचित जनजाति वर्ग को स्वतन्त्रता के पश्चात सवर्णों के अत्याचार और शोषण से कितनी सुरक्षा दे पाये हैं, बानगी के तौर पर सरकारी आँकड़े उद्धृत करने से स्थिति स्पष्ट हो जाती है। राज्यसभा में एक प्रश्न के उत्तर में केन्द्रीय मन्त्रिमण्डल के सदस्य ने बताया था कि जनवरी, 1982 से अक्तूबर के दौरान 3200 व्यक्तियों की हत्याएँ हुईं, 40 महिलाओं के साथ बलात्कार हुआ और 69,917 लोगों से मारपीट की वारदातें प्रकाश में आयीं। ये तो वे आँकड़े हैं जो प्रकाश में आये हैं। दूरदराज़ ग्रामीण क्षेत्रों में ऐसे कितने ही मामले हैं जो अनदेखे रह जाते हैं। ग़रीब हरिजन एवं अन्य दलित जातियों के लोगों के पास कोर्ट–कचहरी या पुलिस थाने जाने की साहस क्षमता नहीं है। सवर्णों की दहशत के कारण आगे आने का साहस नहीं जुटा पाने में भी वे असमर्थ हैं। अतः वस्तुस्थिति को देखते हुए यह कहना कदाचित अतिशयोक्ति नहीं होगी कि सदियों से पीड़ित इस तबके को राज्य सामाजिक–आर्थिक न्याय प्रदान करने में सर्वथा असफल रहा है। ब्राह्मणी सामाजिक संरचना की किलेबन्दी और धर्मशास्त्रों द्वारा खींची गयी लक्ष्मण रेखा को पार करना नयी शताब्दी के इस दशक में भी कठिन है। हम आधुनिक और प्रगतिशील होने का चाहे जितना दावा करें, सच्चाई यह है कि अनुसूचित जातियों और अनुसूचित जनजातियों के प्रति हमारा दृष्टिकोण और मानसिकता वैसी ही है, जैसे पहले थी। इसलिए यह जनसमुदाय आज भी शोषित और सवर्णों के अत्याचारों से पीड़ित है।

नीति निदेशक तत्त्वों के भूमिकरण का यह आकलन सदियों से बनी सामाजिक आर्थिक संरचना को एकाएक समाप्त करना कठिन कार्य है। जनतन्त्रीय व्यवस्था में परिवर्तन इतना तीव्र नहीं होता जितना साम्राज्यवादी या अन्य अधिनायकवादी व्यवस्थाओं में होता है। भारत में कई क्षेत्र इस इक्कीसवीं सदी में भी अँधेरे में डूबे हैं। वंचित और हाशिये पर जीने वाले

लोगों के लिए अभी सूर्य की किरणों ने काफ़ी समय के बाद पदार्पण किया है। धरातल की संस्थाओं में बदलाव की प्रक्रिया शुरू हुई है। आठवें दशक के पश्चात मतदाता मण्डल में अप्रत्याशित राजनीतिकरण हुआ है। मतदाता मण्डल अब अपने वोट की क़ीमत पहचान गया है और हर पाँच वर्ष बाद जनप्रतिनिधियों से हिसाब माँगने लगा है। डॉ. आम्बेडकर ने ठीक ही कहा था कि ''जो सत्ता सँभालेगा, उसे इन सिद्धान्तों का आदर करना ही होगा। वह इनकी अवहेलना नहीं कर सकता।'' अवहेलना करने वाले शासक दल को इसकी कीमत चुकानी पड़ रही है। केन्द्र और राज्यों में हर पाँच वर्ष बाद सत्ता पलट का सिलसिला जनसाधारण की समस्याओं के प्रति अलगाव और अवहेलना का ही परिणाम कहें तो कदाचित ग़लत नहीं होगा।

नागरिकों के कर्तव्य : अनुच्छेद 51(क) में समाविष्ट मूल कर्तव्य इस अध्याय के साथ 42वें संविधान संशोधन अधिनियम, 1976 द्वारा अन्तर्स्थापित किये गये हैं। इस अनुच्छेद के अन्तर्गत उन कर्तव्यों का उल्लेख किया गया है, जिनका भारत के नागरिकों को अपने देश और समाज के हितों के लिए अनुपालन करना है। इसके अधीन भारत के नागरिक का कर्तव्य होगा कि वह :

1. संविधान का पालन करे और उसके आदर्शों, संस्थाओं, राष्ट्रध्वज और राष्ट्रगान का आदर करे।
2. स्वतन्त्रता के लिए हमारे राष्ट्रीय आन्दोलन को प्रेरित करने वाले उच्च आदर्शों को हृदय में सँजोये रखे और उनका पालन करे।
3. भारत की प्रभुता, एकता और अखण्डता की रक्षा करे और उसे अक्षुण्ण रखे।
4. देश की रक्षा करे।
5. भारत के सभी लोगों में समरसता और समान भातृत्व की भावना का निर्माण करे।
6. हमारी सामाजिक संस्कृति की गौरवशाली परम्परा का महत्त्व समझे और उसका परीक्षण करे।
7. प्राकृतिक पर्यावरण की रक्षा और उसका संवर्द्धन करे!
8. वैज्ञानिक दृष्टिकोण और ज्ञानार्जन की भावना का विकास करे।
9. सार्वजनिक सम्पत्ति को सुरक्षित रखे।

10. व्यक्तिगत और सामूहिक गतिविधियों के सभी क्षेत्रों में उत्कर्ष की ओर बढ़ने का सतत प्रयास करे।

सन्दर्भ

1. पायली एम.वी., *इंडियन कॉन्स्टीट्यूशन*, पृ. 330
2. ऑस्टिन, ग्रेवलिन, *इंडियन कॉन्स्टीट्यूशन : द कार्नर स्टोन ऑफ़ द नेशन*, पृ. 16
3. कामथ, एच.वी. *संविधान सभा बहस, खण्ड–7*, पृ. 221
4. नेहरू, जवाहरलाल. *इंडियाज़ फ्रीडम*, पृ. 30–31
5. वही पृ. 33
6. आम्बेडकर, *संविधान सभा बहस, खण्ड–7*, पृ. 494
7. वही, पृ. 41
8. एस.सी.आर. 629 (195)
9. *एच.एम. कुरेशी बनाम बिहार राज्य, ए.आई.आर. 1958, एस.सी. 731*
10. *ए.आई.आर.*, 1951, पृ. 97
11. *सज्जन सिंह बनाम राजस्थान राज्य*, 1965 (1) *एस.सी.आर.* 933
12. *पीपल एंड द कॉन्स्टीट्यूशन*, पृ. 4
13. *एस.सी.सी. 2215, 1973 (4)*
14. जेनिंग्ज, आइवर, *सम करेक्टरस्टिक्स ऑफ़ इडियन कॉन्स्टीट्यूशन*, पृ. 31
15. शाह, टी.के., *संविधान सभा बहस, खण्ड–7*, पृ. 479
16. नसीरुद्दीन, *संविधान सभा बहस, खण्ड–7*, पृ. 225
17. देशमुख, पी.सी., *संविधान सभा बहस, खण्ड–7*, पृ. 251
18. आम्बेडकर, *संविधान सभा बहस, खण्ड–7*, पृ. 40–11
19. *सिंघवी एल.एम., रिपोर्ट*, 1986
20. साठे, वसन्त, *टुर्वडस सोशल रिवाल्यूशन, ए केस फॉर इकोनोमिक डेमोक्रेसी*, पृ. 77
21. सेन, अर्मत्य, ज्यां द्रेजे, *भारत विकास की दिशाएँ*, पृ. 138
22. वही
23. नायक, जे.पी., *द एजुकेशन कमीशन एंड ऑफ्टर*, 1979

(सन्दर्भ ग्रन्थ : नेशनल पब्लिशिंग हाउस, दिल्ली से प्रकाशित लेखक की पुस्तक 'भारतीय संविधान और राजनीति')

❑❑